Kryokonservierung und Recht

Europäische Hochschulschriften Recht

European University Studies in Law

Publications Universitaires Européennes de Droit

Band/Volume **6758**

Vorwort

Die vorliegende Arbeit entstand zum größten Teil während meiner Tätigkeit als wissenschaftliche Hilfskraft am Lehrstuhl für Deutsche Rechtsgeschichte und Bürgerliches Recht an der Georg-August-Universität Göttingen. Sie wurde im Mai 2023 von der Georg-August-Universität Göttingen als Dissertation angenommen. Literatur und Rechtsprechung wurden bis März 2023 berücksichtigt.

Mein besonderer Dank gilt zunächst Frau Prof. Dr. Eva Schumann, die mir die Möglichkeit zur Promotion gab, mich umfassend mit der notwendigen Weitsicht betreute und sich stets die Zeit nahm, um mich durch wertvolle Ratschläge sowie gehaltvolle Diskussionen zu unterstützen. Herrn Prof. Dr. Philipp M. Reuß, MJur (Oxford) danke ich für das schnelle Erstellen des Zweitgutachtens.

Den Mitarbeitern des Lehrstuhls für Deutsche Rechtsgeschichte und Bürgerliches Recht, vor allem meiner Bürokollegin Karina Seebode, danke ich für die zahlreichen inspirierenden Gespräche und die stets freundliche sowie kollegiale Zusammenarbeit.

Ich habe die erfüllende und lehrreiche, teils jedoch auch fordernde Promotionszeit überwiegend in Göttingen verbracht. Ein großer Dank für die fortlaufende Unterstützung und die vielen wertvollen Anregungen während des Verfassens dieser Dissertation gilt meinen guten Freunden Dr. Niklas Hoßbach, Dr. Jann Müller und Dr. Patrick Nölscher. Zudem danke ich meinen guten Freunden Dr. Jonas Kranz, Dr. Lukas Fries, Dr. Jens Petersen und Lukas Richter. Auch wenn in diesem Rahmen nicht alle Studien- und Schulfreunde, die mich bei meinem Dissertationsvorhaben unterstützt und motiviert haben, persönlich genannt werden können, sei Ihnen mein Dank dennoch gewiss.

Meinem Bruder sowie gleichzeitig engstem Freund Philipp Schmechel, LL.M. (Sydney) und meiner Schwägerin Dr. Franziska Friske, LL.M. (Sydney) danke ich von Herzen dafür, dass sie stets an meiner Seite sind und ich mich immer auf ihren bedingungslosen Beistand verlassen kann.

Ein besonders großer Dank gilt meinen Eltern Kirsten Schmechel und Joachim Schmechel, die meinen Lebensweg ermöglicht und mich auf diesem unentwegt unterstützt haben. Durch ihr Vertrauen und ihre unermüdliche Hilfe haben sie mir stets den Rücken freigehalten.

Daneben gilt mein herzlicher Dank dem langjährigen Partner meiner Mutter, Klaus Mackert, sowie der Ehefrau meines Vaters, Frau Prof. Dr. Insa Sjurts.

Auch meinen Großeltern möchte ich meinen herzlichen Dank für das immer dagewesene Interesse an meinem Werdegang aussprechen.

Von Herzen danke ich schließlich meiner Freundin Maja Brieger. Sie stand mir von Beginn der Promotion an bei. Ihr fortlaufender Zuspruch, ihre Unterstützung in jeder Hinsicht und ihr Rückhalt haben mir die Kraft gegeben, die Dissertation zu verfassen. Ihr widme ich diese Arbeit.

Hamburg, den 7. September 2023 Markus Schmechel

Inhaltsübersicht

Inhaltsverzeichnis

Abkürzungsverzeichnis

Abkürzung	**Bedeutung**
2-PN-Zelle	2-Pronuclei-Zelle
a.A.	anderer Ansicht
a.E.	am Ende
ABl.	Amtsblatt
Abs.	Absatz
AcP	Archiv für die civilistische Praxis
AdVermiG	Adoptionsvermittlungsgesetz
AEUV	Vertrag über die Arbeitsweise der Europäischen Union
aF	alte Fassung
AG	Amtsgericht
AGB	Allgemeine Geschäftsbedingungen
AIDS	Acquired Immune Deficiency Syndrome
Akt.	Aktualisierung
Alt.	Alternative
AME-FMedG	Augsburg-Münchner-Entwurf eines Fortpflanzungsmedizingesetzes
AMG	Arzneimittelgesetz
AMWHV	Arzneimittel- und Wirkstoffherstellungsverordnung
Anm.	Anmerkung
AöR	Archiv des öffentlichen Rechts
Art.	Artikel
AT	Allgemeiner Teil
Aufl.	Auflage
Az.	Aktenzeichen
BayObLG	Bayerisches Oberstes Landesgericht
BÄO	Bundesärzteordnung
BBhV	Bundesbeihilfeverordnung
BDSG	Bundesdatenschutzgesetz
Bearb.	Bearbeiter
BeckOGK	beck-online.GROSSKOMMENTAR
BeckOK	beck-online.Kommentar
BeckRS	Beck-Rechtsprechung
Begr.	Begründer

ber.	berichtigt
BFH	Bundesfinanzhof
BGB	Bürgerliches Gesetzbuch
BGBl	Bundesgesetzblatt
BGH	Bundesgerichtshof
BGHSt	Entscheidungen des Bundesgerichtshofs in Strafsachen
BGHZ	Entscheidungen des Bundesgerichtshofs in Zivilsachen
BIC	Bank Identifier Code
BMJV	Bundesministerium der Justiz und für Verbraucherschutz
Brem. ABl.	Bremer Amtsblatt
BT	Bundestag
BVerfG	Bundesverfassungsgericht
BVerfGE	Amtliche Sammlung der Entscheidungen des Bundesverfassungsgerichts
BVerwG	Bundesverwaltungsgericht
bzgl.	bezüglich
bzw.	beziehungsweise
ca.	circa
CMV	Cytomegalievirus
DÄBl	Deutsches Ärzteblatt
DIMDI	Deutsches Institut für Medizinische Dokumentation und Information
DIR	Deutsches IVF-Register
DJT	Deutscher Juristentag
DRiZ	Deutsche Richter Zeitung
Drs.	Drucksache
e.V.	Eingetragener Verein
ebd.	ebenda
EE	Entnahmeeinrichtung
EG	Einführungsgesetz; Europäische Gemeinschaft
EGBGB	Einführungsgesetz zum Bürgerlichen Gesetzbuch
EGMR	Europäischer Gerichtshof für Menschenrechte
EL	Ergänzungslieferung
EMRK	Europäische Menschenrechtskonvention
EmV	Einrichtung der medizinischen Versorgung

ErfK	Erfurter Kommentar
ESchG	Embryonenschutzgesetz
et al.	et alii/et aliae
EU	Europäische Union
EuGH	Europäischer Gerichtshof
EU-GRCh	Charta der Grundrechte der Europäischen Union
EuGRZ	Europäische Grundrechte-Zeitschrift
EuR	Zeitschrift Europarecht
EUV	Vertrag über die Europäische Union
f.	folgende [Seite]
FamRB	Familien-Rechtsberater
FamRZ	Zeitschrift für das gesamte Familienrecht
FAZ	Frankfurter Allgemeine Zeitung
ff.	folgende [Seiten]
FMedG	Fortpflanzungsmedizingesetz
Fn.	Fußnote
Fortgef.	fortgeführt
FPR	Familie Partnerschaft Recht
Frankfurt a.M.	Frankfurt am Main
FS	Festschrift
G	Gesetz
Gem.	gemäß
GesR	GesundheitsRecht
GG	Grundgesetz
ggf.	gegebenenfalls
GKV	Gesetzliche Krankenversicherung
GOÄ	Gebührenordnung für Ärzte
GuP	Gesundheit und Pflege
HIV	Humanes Immundefizienz-Virus
HK-AKM	Heidelberger Kommentar Arztrecht Krankenhausrecht Medizinrecht
Hrsg.	Herausgeber
Hs.	Halbsatz
HTLV	Humanes T-lymphotropes Virus
i.E.	im Endeffekt
i.V.m.	In Verbindung mit
IBAN	International Bank Account Number
ICSI	Intrazytoplasmatische Spermieninjektion

inkl.	inklusive
IPR	Internationales Privatrecht
IUI	Intrauterine Insemination
IVF	*In-vitro*-Fertilisation
JA	Juristische Arbeitsblätter
JRE	Jahrbuch für Recht und Ethik
JURA	Juristische Ausbildung
jurisPR-Medizinrecht	Juris PraxisReport Medizinrecht
JuS	Juristische Schulung
JZ	Juristenzeitung
KG	Kammergericht
krit.	kritisch
LG	Landgericht
Ls.	Leitsatz
m.w.N.	mit weiteren Nachweisen
MB/KK 2009	Musterbedingungen 2009 für die Krankheitskosten- und Krankenhaustagegeldversicherung
MDR	Monatsschrift für Deutsches Recht
MedR	Medizinrecht
Mio	Million
MittBayNot	Mitteilungen der Bayerischen Notarkammer
ml	Milliliter
MTA	Medizinisch-technischer Assistent
MüKo	Münchener Kommentar
MwSt.	Mehrwertsteuer
NEJM	The New England Journal of Medicine
NJW	Neue Juristische Wochenschrift
NJW-RR	Neue Juristische Wochenschrift – Rechtsprechungs-Report
NK	Nomos Kommentar
Nr.	Nummer
NStZ	Neue Zeitschrift für Strafrecht
NZFam	Neue Zeitschrift für Familienrecht
o.g.	oben genannt
OLG	Oberlandesgericht
PLZ	Postleitzahl
RdjB	Recht der Jugend und des Bildungswesens
RegE	Regelungsentwurf

ReproMed	Reproduktionsmedizin
Rn.	Randnummer
RNotZ	Rheinische Notar-Zeitschrift
Rspr.	Rechtsprechung
S.	Satz/Seite
s.	siehe
SaRegG	Samenspenderregistergesetz
SGB V	Sozialgesetzbuch Fünftes Buch
St. Rspr.	Ständige Rechtsprechung
StGB	Strafgesetzbuch
Str.	Straße
StZG	Stammzellgesetz
Techn.	technische
TESE	Testikuläre Samenextraktion
TPG	Transplantationsgesetz
TPG-GewV	TPG-Gewebeverordnung
TSVG	Terminservice- und Versorgungsgesetz
TSVG	Terminservice- und Versorgungsgesetz
u.a.	unter anderem/und andere
Univ. Diss.	universitäre Dissertation
Univ. Habil.-Schr.	universitäre Habilitationsschrift
Urt.	Urteil
v.	von/vom
Var.	Variante
VersR	Versicherungsrecht
Vol.	Volume
vs.	versus
WHO	World Health Organization
z.B.	zum Beispiel
ZfL	Zeitschrift für Lebensrecht
ZfPW	Zeitschrift für die gesamte Privatrechtswissenschaft
ZRP	Zeitschrift für Rechtspolitik
zugl.	zugleich

Erstes Kapitel: Einführung

A. Problemaufriss

Der Kryokonservierung kommt im Rahmen einer Kinderwunschbehandlung eine stetig wachsende Bedeutung zu. Sie ermöglicht es, vitale Zellen und Gewebearten einzufrieren und unbeschadet zu lagern. In den letzten Jahren konnte dieses Verfahren medizinisch derart präzisiert werden, dass sich das Keimmaterial nun über Jahrzehnte und wahrscheinlich sogar über Jahrhunderte aufbewahren lässt. Aufgrund der Möglichkeit zur Aufhebung der zeitlichen Koppelung des Befruchtungsvorganges kann zwischen dem Befruchtungsbeginn und -ende sowie dem Embryotransfer demnach eine erhebliche Zeitspanne liegen. Hieraus ergeben sich diverse Folgefragen, die gesetzlich bisher nur ansatzweise beantwortet wurden.

Die Motive zur Kryokonservierung sind unterschiedlich: So besteht eine medizinische Indikation bei einer verringerten Fertilität oder einer bevorstehenden Infertilität.[1] Demnach kommt die Kryokonservierung beispielsweise im Falle einer Krebserkrankung in Betracht, da sich die Behandlung negativ auf das reproduktive System auswirken und eine Infertilität zur Folge haben kann. Die Kryokonservierung schafft daher die Möglichkeit, nach dem Überstehen der Erkrankung genetisch verwandte Kinder zu zeugen. Überdies werden Keimzellen vielfach auch ohne eine medizinische Indikation kryokonserviert. Beim sog. *Social Freezing* müssen Frauen ihren Kinderwunsch dem aktuellen Partnerschaftsstatus oder beruflichen Verpflichtungen nicht unterordnen, sondern können ihren individuellen Lebensentwurf verwirklichen.

Die Kryokonservierung ist seit ungefähr 40 Jahren möglich und wird in Reproduktionskliniken mittlerweile täglich als Standardverfahren durchgeführt.[2] Trotzdem ist das geltende Recht hieran nicht ausreichend angepasst. Das 1991 eingeführte Embryonenschutzgesetz (ESchG)[3] behandelt einige Problematiken, die hiermit zusammenhängen. So regelt es beispielsweise den

---

1 *Goeckenjan et al.*, Gynäkologische Endokrinologie 2019, 71, 71 ff.

2 Vgl. *Liebermann*, in: Diedrich/Ludwig/Griesinger, Reproduktionsmedizin, 2. Aufl. (2020), S. 237; *Czeromin/Krüssel/Tandler-Schneider*, Deutsches IVF Register, Journal für Reproduktionsmedizin und Endokrinologie, Sonderheft 1/2018, S. 8.

3 Gesetz zum Schutz von Embryonen (Embryonenschutzgesetz – ESchG) vom 13. Dezember 1990, BGBl I, 2746; zuletzt geändert durch Art. 1 Präimplantationsdiagnostikgesetz vom 21. November 2011, BGBl I 2011, 2228.

Umgang mit menschlichen Embryonen. Es hat indes lediglich eine Funktion als Nebenstrafgesetz. Die Defizite des ESchG beruhen darauf, dass zukünftige medizinische Entwicklungen zur Zeit der Verabschiedung des Gesetzes nicht absehbar waren, wie es der Bundestag in seiner Gesetzesbegründung selbst anmerkte.[4] Das geltende Fortpflanzungsmedizinrecht besteht primär aus strafrechtlichen Sanktionierungen und Verboten, während spezielle zivilrechtliche Regelungen zur Kryokonservierung größtenteils fehlen. Zwar wird versucht, dieses Verfahren unter die Vorgaben des geltenden Rechts einzuordnen, jedoch ist dies unter Berücksichtigung der erheblichen Fortschritte der Reproduktionsmedizin letztlich kaum möglich. Die damit einhergehenden Rechtsfragen werden in dieser Arbeit untersucht.

Es stellt sich die Frage, weshalb ein umfassendes Fortpflanzungsmedizingesetz in Deutschland bisher nicht normiert worden ist. Ein solches wurde in anderen europäischen Ländern – beispielsweise in Belgien, Frankreich, Italien, Norwegen, Österreich, Spanien und der Schweiz – bereits eingeführt.[5] Dabei wurde auch in Deutschland wiederholt gefordert, das ESchG durch ein Fortpflanzungsmedizingesetz zu ersetzen.[6] Im Jahre 2013 wurde sogar ein konkreter Entwurf eines Fortpflanzungsmedizingesetzes von Wissenschaftlern erstellt (sog. „*Augsburg-Münchner-Entwurf*").[7] Damit sollte insbesondere eine Abkehr vom strafrechtlichen Charakter des ESchG bewirkt werden, während dessen materieller Schutzgehalt erhalten bleiben sollte.[8] Jedoch blieb die gesetzliche Normierung eines Fortpflanzungsmedizingesetzes unter anderem aufgrund der fehlenden Einigkeit über den moralischen und rechtlichen Status des Embryos aus.[9]

Dennoch bedürfen viele Aspekte vor, während und nach der Kryokonservierung rechtlicher Klarheit. Dies betrifft unter anderem den rechtlichen Status von Keimzellen, 2-PN-Zellen und Embryonen. So ist zu beantworten, ob es sich bei diesen menschlichen pränidativen Entwicklungsstadien um (eigentumsfähige) Rechtsobjekte oder bereits um Rechtssubjekte handelt.

---

4 BT-Drs. 11/5460, S. 6.

5 *Müller-Terpitz*, ZRP 2016, 51, 52.

6 Statt vieler: Schlussbericht der Enquete-Kommission „*Recht und Ethik der modernen Medizin*", BT-Drs. 14/9020, 64; Nationaler Ethikrat, Genetische Diagnostik vor und während der Schwangerschaft (2003), S. 9. Zur Kritik am ESchG auch Günther/Taupitz/Kaiser/*Günther*, 2. Aufl. (2014), B, Rn. 66 ff.

7 *Gassner et al.*, AME-FMedG (2013).

8 Günther/Taupitz/Kaiser/*Taupitz*, ESchG, 2. Aufl. (2014), B, Rn. 10.

9 *Müller-Terpitz*, ZRP 2016, 51, 52.

Anders als im Falle von Keimzellen sind bei der Kryokonservierung von 2-PN-Zellen und Embryonen mehrere Rechtsträger involviert, deren Rechte und Interessen miteinander verknüpft sind. Daher gilt es überdies, die Rechte der Personen zu untersuchen, die an einer Kinderwunschbehandlung beteiligt sind. Im homologen Verfahren betrifft dies die Rechte der genetischen Eltern (von denen die Keimzellen stammen), während im heterologen Verfahren (hierbei erfolgt die Zeugung mithilfe einer Keimzellspende) die Rechte der genetischen Mutter, des Wunschelternteils und des Samenspenders zu berücksichtigen sind.

Problematisch sind vor allem Fallgruppen, bei denen keine Einigkeit bzgl. der Fortsetzung der Kinderwunschbehandlung oder des Verwerfens bzw. Sterbenlassens des kryokonservierten Keimgutes besteht. Dies betrifft den Zeitraum während der Kryokonservierung von 2-PN-Zellen und Embryonen. Es handelt sich hierbei um den sog. gespaltenen Elternwillen, der bereits deutsche und internationale Gerichte beschäftigt und teils vor ein moralisches Dilemma gestellt hat: Kann dem genetischen Vater oder dem (vorigen) Wunschelternteil eine Vaterschaft gegen den Willen aufgezwungen werden? Oder sollte es der genetischen Mutter verwehrt werden, die von ihr stammenden, eingefrorenen Zellen zu verwenden?[10]

Zu untersuchen sind zudem die rechtlichen Beziehungen der genetischen Eltern bzw. der genetischen Mutter und des Samenspenders zum Kryogut sowie nach der Befruchtung zueinander und zu den jeweiligen Vertragspartnern (beispielsweise einen Reproduktionsmediziner, eine Entnahmeeinrichtung oder eine Kryogesellschaft). Außerdem bedarf es einer rechtlichen Bewertung von Handlungen im Umgang mit dem Kryogut.

Ein weiteres Problem der Kryokonservierung ist, dass diese aufgrund der fehlenden gesetzlichen Vorgaben zeitlich unbeschränkt möglich ist. Das kryokonservierte Keimgut kann demnach über Jahrzehnte oder Jahrhunderte gelagert werden, ehe es aufgetaut und weiterverwendet wird. Eine zeitliche Limitierung der Kryokonservierung von Keimzellen, 2-PN-Zellen und Embryonen könnte daher sowohl in rechtlicher als auch in ethischer Hinsicht notwendig sein. Unzureichend geregelt ist auch die sog. Kinderwunschbehandlung *post mortem*. Dies betrifft Fälle, in denen ein genetischer Elternteil verstorben ist, während von ihm stammende Keimzellen, 2-PN-Zellen oder Embryonen kryokonserviert werden und der (Ehe-)Partner des bzw. der Verstorbenen dies

10 Zur Problematik des gespaltenen Elternwillens s. beispielsweise EGMR (Evans/ Vereinigtes Königreich), NJW 2008, 2013.

weiterverwenden möchte. Die Rechtsprechung hierzu ist aufgrund der teils kritisierten und verfassungsrechtlich angezweifelten gesetzlichen Vorgaben uneinheitlich.[11]

Weitere Problematiken gehen mit der Normierung des Samenspenderregistergesetzes (SaRegG)[12] und des § 1600d Abs. 4 Bürgerliches Gesetzbuch (BGB) einher,[13] wodurch die Rechtslage zur Samenspende verändert wurde. Ist das SaRegG auf Keimzellen, 2-PN-Zellen und Embryonen anwendbar, die vor dessen Inkrafttreten kryokonserviert wurden? Auch ist die Frage zu beantworten, ob an einer Beschränkung des Samenspenderregisters auf sog. offizielle Samenspenden festgehalten werden sollte oder ob eine Erweiterung auf andere Formen der Weitergabe menschlichen Keimgutes angebracht ist. Eine Untersuchung der Kryokonservierung betrifft darüber hinaus auch die Umgangsmöglichkeiten mit überzähligen Keimzellen, 2-PN-Zellen und Embryonen. Diese könnten dauerhaft kryokonserviert, verworfen bzw. sterben gelassen, an eine Wunschmutter bzw. ein Wunschelternpaar freigegeben oder zu Forschungszwecken verwendet werden.

In dieser Arbeit wird mithin untersucht, inwiefern die rechtlichen Rahmenbedingungen der Kryokonservierung den Möglichkeiten der Fortpflanzungsmedizin gerecht werden und an welchen Stellen Lücken und Widersprüche auf einen Regelungsbedarf *de lege ferenda* deuten. Letztlich gilt es zu beantworten, ob den vielen von der Kryokonservierung geschaffenen Problemen durch punktuelle Anpassungen bestehender Rechtsnormen begegnet werden kann oder ob der Gesetzgeber nach den jahrzehntelangen Diskussionen ein Fortpflanzungsmedizingesetz normieren sollte.

B. Forschungsstand

In zahlreichen Beiträgen wurde der moralische und verfassungsrechtliche Status des Embryos bereits erörtert, jedoch handelt es sich hierbei noch immer

11 Für einen Überblick über die rechtlichen Problematiken der Kinderwunschbehandlung *post mortem* s. *Schmechel*, RdjB 2019, 82, 86.

12 Gesetz zur Regelung des Rechts auf Kenntnis der Abstammung bei heterologer Verwendung von Samen (Samenspenderregistergesetz – SaRegG) vom 17. Juli 2017, BGBl I 2017, 2513.

13 Bürgerliches Gesetzbuch (BGB) in der Neufassung der Bekanntmachung vom 2. Januar 2002, BGBl I 2002, 42, ber. BGBl I 2002, 2909 und BGBl I 2003, 738; zuletzt geändert durch Art. 24 Gesetz zur Umsetzung der Umwandlungsrichtlinie und zur Änderung weiterer Gesetze vom 22. Februar 2023, BGBl I 2023, Nr. 51.

um eine offene Rechtsfrage. Exemplarisch ist diesbezüglich auf *Müller-Terpitz*, Der Schutz des pränatalen Lebens (2007), *Choi*, Der Umgang mit überzähligen Embryonen in Deutschland und Südkorea (2010) und *Haskamp*, Embryonenschutz *in vitro* (2012) zu verweisen. Neben dem Embryo ist auch dem Schutz von 2-PN-Zellen und Keimzellen Bedeutung zuzuschreiben, weshalb es notwendig ist, den Beginn der Menschenwürde gem. Art. 1 Abs. 1 GG[14] und des Rechts auf Leben gem. Art. 2 Abs. 2 S. 1 GG genau zu bestimmen. Dies ist für eine Untersuchung der Kryokonservierung von Keimzellen, 2-PN-Zellen und Embryonen unter Berücksichtigung des verfassungsrechtlichen Schutzes dieser Zellen erforderlich. Der in dieser Arbeit vertretene verfassungsrechtliche Ansatz bezüglich des Rechts der genetischen Eltern auf reproduktive Selbstbestimmung und des Rechts des Wunschelternteils auf Familiengründung wurde von *Schumann*, Elternschaft nach Kinderwunschbehandlung, in: Beier/Brügge/Thorn/Wiesemann, Assistierte Reproduktion mit Hilfe Dritter (2020) entwickelt. Darüber hinaus wurden diesbezüglich insbesondere die Ausführungen von *Voss*, Leihmutterschaft in Deutschland (2015) sowie *Hieb*, Die gespaltene Mutterschaft im Spiegel des deutschen Verfassungsrechts – Die verfassungsrechtliche Zulässigkeit reproduktionsmedizinischer Verfahren zur Überwindung weiblicher Unfruchtbarkeit (2005) berücksichtigt.

Viele Problematiken der Kryokonservierung werden in den aktuellen Kommentaren zum ESchG, Medizinrecht bzw. Arztrecht, namentlich Günther/Taupitz/Kaiser, ESchG, 2. Aufl. (2014), Spickhoff, Medizinrecht, 4. Aufl. (2022), Laufs/Katzenmeier/Lipp, Arztrecht, 8. Aufl. (2021) untersucht. Überdies ist im HK-AKM, 66. Akt. (November 2016) ein Abschnitt zur Fortpflanzungsmedizin zu finden, in dem verschiedene Aspekte der Kinderwunschbehandlung und der Kryokonservierung aufgegriffen werden. Neben einem Überblick über den rechtlichen Rahmen der Kryokonservierung wurden mehrere Einzelfragen hierzu, beispielsweise die Herausgabe, das Weiterkultivieren oder das Verwerfen bzw. Sterbenlassen des Kryogutes, der Kryovertrag sowie die Kosten der Kryokonservierung von *Frister/Börgers*, Rechtliche Probleme bei der Kryokonservierung von Keimzellen und *Möller/Hilland*, Kryokonservierung von Keimzellen, Rechtlicher Rahmen und Vertragsgestaltung, in Frister/Olzen, Reproduktionsmedizin (2010) behandelt. Jedoch bedürfen diverse weitere Aspekte der Kryokonservierung im Rahmen der Kinderwunschbehandlung

14 Grundgesetz für die Bundesrepublik Deutschland vom 23. Mai 1949, BGBl I 1949, S. 1; zuletzt geändert durch Art. 1 Änderungsgesetz (Art. 82) vom 19. Dezember 2022, BGBl I 2022, S. 2478.

einer genaueren Untersuchung. So fehlt es beispielsweise an einer umfassenden Darstellung der Einwilligungserfordernisse der intendierten Eltern und des Samenspenders hinsichtlich der ärztlich assistierten Befruchtung, der Kryokonservierung und des Embryotransfers unter Berücksichtigung der Unterschiede im homologen und heterologen Verfahren.

Die Herausgabe des Kryogutes an die intendierten Eltern wurde unter anderem bereits in der Urteilsanmerkung von *Spickhoff*, Anmerkung zu OLG Karlsruhe, Urt. v. 17.06.2016, Az. 14 U 165/15 (AG Pforzheim), FamRZ 2016, 1792 und dem Aufsatz von *Mayr*, „Rechte am Embryo" – Zivil- und familienrechtliche Fragestellungen im Rahmen der *In-vitro*-Fertilisation, NZFam 2018, 913–920 thematisiert. Auch *Frister* und *Börgers* haben sich hiermit in ihrem Beitrag „Rechtliche Probleme bei der Kryokonservierung von Keimzellen" in Frister/Olzen, Reproduktionsmedizin (2010) befasst. Bei einer umfassenden Untersuchung der Kryokonservierung von Keimzellen, 2-PN-Zellen und Embryonen ist eine Prüfung der Herausgabeansprüche an dem Kryogut – auch aufgrund des in dieser Arbeit vertretenen verfassungsrechtlichen Schutzes von 2-PN-Zellen und Embryonen – erforderlich.

Eine zeitliche Höchstgrenze der Kryokonservierung wurde bereits vielfach erörtert. Jedoch ist der Gesetzgeber diesbezüglich noch nicht tätig geworden, sodass es sich hierbei noch immer um eine offene Forschungsfrage handelt. Exemplarisch ist auf *Wohn*, Medizinische Reproduktionstechniken und das neue Abstammungsrecht (2001) zu verweisen. Als umfassende und überzeugende Darstellung der Problematik der postmortalen Befruchtung ist grundsätzlich *Velte*, Die postmortale Befruchtung im deutschen und spanischen Recht (2015) zu nennen. Jedoch unterblieb hierbei insbesondere eine Untersuchung der Kinderwunschbehandlung *post mortem* hinsichtlich des Verbotes gem. § 1 Abs. 1 Nr. 2 ESchG, welches relevant wird, wenn die genetische Mutter verstorben ist und der überlebende Elternteil eine Fortsetzung der Kinderwunschbehandlung mit einer anderen Frau anstrebt.

Die Problematik des Umganges mit überzähligen Keimzellen, 2-PN-Zellen und Embryonen wurde bereits von der *Leopoldina*, Fortpflanzungsmedizin in Deutschland (2019) behandelt. Hierbei sind bzgl. der Freigabe des Kryogutes an eine Wunschmutter bzw. ein Wunschelternpaar mehrere Aspekte insbesondere hinsichtlich eines Regelungsvorschlages *de lege ferenda* aufzugreifen. Auch der *Deutsche Ethikrat* hat sich in seiner Stellungnahme „*Embryospende, Embryoadoption und elterliche Verantwortung*" (2016) mit dieser Thematik befasst. Das Verbot der Eizellspende in Deutschland hat in den vergangenen Jahren unter anderem *Radatz*, Die Eizellspende im deutschen und dänischen Recht (2014) untersucht, die bereits einen konkreten Regelungsentwurf zur Legalisierung der Eizellspende unterbreitet hat. Weitere Ausführungen zur Eizellspende finden sich in *Klein*, Zur verfassungsrechtlichen Rechtfertigung des Verbots der Eizellspende mit dem Argument des Schutzes des Kindeswohls (2019). Da die 2-PN-Zell-Adoption und die Eizellspende in Deutschland weiterhin verboten sind und beides hinsichtlich des Umganges mit überzähligen Eizellen und 2-PN-Zellen eng mit der Kryokonservierung verknüpft ist, ist der Frage nach einer möglichen Legalisierung der 2-PN-Zell-Adoption und der Eizellspende im Rahmen dieser Arbeit nachzugehen.

Auch wenn verschiedene Einzelfragen der Kryokonservierung in der rechtswissenschaftlichen Literatur somit zum Teil bereits erörtert wurden, handelt es sich hierbei in vielen Fällen noch um offene Rechtsfragen. Zudem fehlt es an einer umfassenden Darstellung der Kryokonservierung von Keimzellen, 2-PN-Zellen und Embryonen im Rahmen einer Kinderwunschbehandlung. Die Arbeit soll diese Lücke füllen. Dabei erfolgt eine Aufarbeitung rechtlicher Ungenauigkeiten insbesondere aus verfassungsrechtlicher und einfachgesetzlicher Perspektive, um letztlich Regelungsvorschläge *de lege ferenda* zu unterbreiten.

C. Gang der Untersuchung

Die Kryokonservierung ist mit vielen einzelnen Vorgängen der Kinderwunschbehandlung verknüpft. Um eine umfassende Darstellung der zahlreichen Rechtsfragen der Kryokonservierung zu ermöglichen, muss daher auch die Phase vor und nach der Kryokonservierung von Keimzellen, 2-PN-Zellen und Embryonen berücksichtigt werden. In dieser Arbeit wird mithin auch die Keimzellgewinnung, die ärztlich assistierte Befruchtung sowie die Freigabe von Embryonen bzw. 2-PN-Zellen an ein Wunschelternpaar thematisiert, was der Entscheidung über den Umgang mit dem Kryogut in diesen Zusammenhängen eine erhebliche Bedeutung verschafft.

Die Arbeit ist in fünf Kapitel unterteilt. Nach der Einführung (erstes Kapitel) werden im zweiten Kapitel neben Grundbegriffen auch medizinische und rechtliche Grundlagen der Kryokonservierung behandelt. Hierbei werden zunächst relevante Fachtermini definiert, die Grundlagen der homologen und heterologen Kinderwunschbehandlung erläutert und Bezeichnungen der verschiedenen an einer Kinderwunschbehandlung beteiligten Personen bestimmt (A.). Danach werden die genauen biologischen Vorgänge der vorgeburtlichen menschlichen Entwicklung von der Imprägnation bis zur Organogenese erläutert (B.). Dies ist von Bedeutung, da in dieser Arbeit entscheidend auf bestimmte biologisch-physiologische Merkmale der verschiedenen Zellstadien abgestellt wird. Im nächsten Abschnitt (C.) wird die vom ESchG vorgenommene Differenzierung von 2-PN-Zellen und Embryonen erörtert, sodass bereits zu Beginn der Arbeit verdeutlicht wird, dass 2-PN-Zellen und Embryonen in Deutschland ein unterschiedlicher Rechtsschutz zukommt. Im Anschluss werden die medizinischen Grundlagen der Kryokonservierung beleuchtet (D.). Schließlich wird die rechtliche Elternschaft infolge der Kinderwunschbehandlung behandelt (E.), um die rechtliche Bedeutung der verschiedenen Konstellationen der rechtlichen Elternschaft im homologen und heterologen Verfahren aufzuzeigen.

Das dritte Kapitel umfasst neben dem verfassungsrechtlichen Rahmen auch europa- und völkerrechtliche Vorgaben. Die Ergebnisse des verfassungsrechtlichen Abschnitts (A) prägen den weiteren Verlauf der Arbeit. Zunächst wird der Schutz von Keimzellen, 2-PN-Zellen und Embryonen durch die Menschenwürde und das Recht auf Leben untersucht. Hierauf folgt das Recht des Spenderkindes auf Kenntnis der eigenen Abstammung, ehe die Rechtsträgerschaft der genetischen Eltern, des Samenspenders und des Wunschelternteils hinsichtlich des Rechts auf reproduktive Selbstbestimmung und des Rechts auf Familiengründung behandelt wird.

Innerhalb der völkerrechtlichen Vorgaben (B) werden neben dem EU-Vertrag (EUV),[15] dem Vertrag über die Arbeitsweise der Europäischen Union (AEUV)[16] und der Europäischen Grundrechtecharta (EU-GRCh)[17] schwerpunktmäßig die Bestimmungen der Europäischen Menschenrechtskonvention (EMRK)[18] untersucht. Es wird geprüft, inwiefern die EMRK einen Rechtsschutz für Keimzellen, 2-PN-Zellen und Embryonen gewährleistet. Danach wird das Recht des Spenderkindes auf Kenntnis der eigenen Abstammung behandelt, ehe das Recht der genetischen Eltern, des Samenspenders und des

---

15 Vertrag über die Europäische Union in der Form des Vertrags von Lissabon (EUV) vom 13. Dezember 2007, ABl. C 306, 1, ber. ABl. 2008 C 111, 56, ABl. 2009 C 290, 1, ABl. 2011 C 378, 3; zuletzt geändert durch Art. 13, 14 Abs. 1 EU-Beitrittsakte 2013 vom 9. Dezember 2011, ABl. 2012 L 112, 21.

16 Vertrag über die Arbeitsweise der Europäischen Union (AEUV) in der Fassung des am 1. Dezember 2019 in Kraft getretenen Vertrages von Lissabon, Bekanntmachung vom 9. Mai 2008, ABl. EG Nr. C 115, 47; zuletzt geändert durch Art. 2 ÄndBeschl. 2012/419/EU vom 11. Juli 2012, ABl. L 204, 131.

17 Charta der Grundrechte der Europäischen Union vom 26. Oktober 2012, ABl. C 326, 391.

18 Konvention zum Schutz der Menschenrechte und Grundfreiheiten (EMRK) vom 15.12.1953, BGBl II 1954, 14; in der Fassung der Bekanntmachung vom 22. Oktober 2010, BGBl II 1198; zuletzt geändert durch 15. EMRK-Protokoll vom 24. Juni 2013, BGBl II 2014, 1034.

Wunschelternteils auf Privat- und Familienleben sowie auf Familiengründung näher beleuchtet wird.

Im vierten Kapitel dieser Arbeit werden die rechtlichen Rahmenbedingungen der Kryokonservierung behandelt und Regelungsvorschläge *de lege ferenda* unterbreitet. Der erste Abschnitt (A.) betrifft den rechtlichen Status von Keimzellen, 2-PN-Zellen und Embryonen. Bereits zu Beginn dieses Kapitels wird untersucht, ob es sich bei diesen um eigentumsfähige Rechtsobjekte handelt. Auch wird geprüft, ob das Transplantationsgesetz (TPG)[19] auf diese anwendbar ist, was sich erheblich auf die gesetzlichen Erfordernisse der ärztlich assistierten Befruchtung, der Kryokonservierung und des Embryotransfers auswirkt.

Danach werden mit dem Vertrag über die Kinderwunschbehandlung, dem Kryovertrag und dem Spendervertrag drei Vertragstypen detailliert vorgestellt, die im Rahmen der unterschiedlichen Behandlungsabschnitte der Kinderwunschbehandlung von großer Bedeutung sind (B.). Dies betrifft unter anderem die Rechtsnatur, die Vertragspartner und die genauen Vertragsinhalte. Die Darstellung der vertraglichen Grundlagen der Kinderwunschbehandlung zu Beginn dieses Kapitels ist für die im Anschluss folgende Untersuchung der zahlreichen Facetten der Kryokonservierung von Bedeutung. Im Vorfeld des Verfassens dieser Arbeit wurden verschiedene Reproduktionszentren und Kryo-Gesellschaften in Deutschland kontaktiert und um die Übersendung der von ihnen verwendeten Verträge im Rahmen einer Kinderwunschbehandlung gebeten. Die hierbei erhaltenen Kryoverträge wurden auf Wunsch der Reproduktionszentren und Kryo-Gesellschaften anonymisiert. Sie finden sich im Abschnitt B des Anhanges dieser Arbeit. In diesem Sinne wurden auch der hierbei erhaltene Vertrag über das Kryonisieren und Auftauen des Kryogutes sowie ein Spendervertrag (Abschnitte A und C des Anhanges) anonymisiert.

Im Anschluss an diesen Abschnitt werden die Einwilligungserfordernisse im Rahmen der verschiedenen Abschnitte der Kinderwunschbehandlung (Keimzellgewinnung, ärztlich assistierte Befruchtung einer Eizelle, Embryotransfer und Kryokonservierung) untersucht (C.). Die Einwilligungserfordernisse der intendierten Eltern und des Samenspenders werden getrennt voneinander behandelt, da hierbei bedeutende Unterschiede bestehen, die es aufzuzeigen

19 Gesetz über die Spende, Entnahme und Übertragung von Organen und Geweben (Transplantationsgesetz – TPG) vom 5. November 1997, BGBl I 1997, 2631 in der Neufassung vom 4. September 2007, BGBl I 2007, 2206; zuletzt geändert durch Art. 15d Gesundheitsversorgungsweiterentwicklungsgesetz – GVWG vom 11. Juli 2021, BGBl I 2021, 2754.

gilt. Es folgen Ausführungen zu den gesetzlichen Vorgaben der Keimzellgewinnung und der ärztlich assistierten Befruchtung (D.). Unter anderem wird der Frage nachgegangen, ob das SaRegG auch für Spermien, 2-PN-Zellen und Embryonen gilt, die vor Inkrafttreten dieses Gesetzes kryokonserviert wurden.

Im nächsten Abschnitt (E.) erfolgt eine ausführliche Darstellung der Kryokonservierung von Keimzellen, 2-PN-Zellen und Embryonen. Dies betrifft zunächst die gesetzlichen Vorgaben des Kryonisierens, der Lagerung und des Verwerfens bzw. des Sterbenlassens von Keimzellen, 2-PN-Zellen und Embryonen. Zudem wird das Erfordernis einer zeitlichen Höchstgrenze diskutiert und geprüft, ob ein Anspruch auf Herausgabe kryokonservierter Keimzellen, 2-PN-Zellen und Embryonen bestehen kann. Danach wird die Kostenübernahme der Kryokonservierung durch die gesetzliche und die private Krankenkasse sowie durch die Beihilfe für Beamte und deren Angehörige näher beleuchtet (F.).

Der folgende Abschnitt betrifft die Kinderwunschbehandlung *post mortem* (G.). Hierbei werden die Verbote gem. § 4 Abs. 1 Nr. 3 ESchG und gem. § 1 Abs. 1 Nr. 2 ESchG untersucht. Problematisch sind hierbei jeweils die *ratio legis*, die unpräzise bezeichnete Tathandlung und die materielle Verfassungsmäßigkeit beider Verbotsnormen. Zudem werden Differenzierungen von 2-PN-Zellen und Embryonen durch das geltende Recht aufgezeigt, die sich auch in der Praxis auswirken. Ferner werden familien- und erbrechtliche Folgen für das postmortal gezeugte Kind untersucht, um die Problematik der Kinderwunschbehandlung *post mortem* umfassend zu beleuchten.

Im letzten Abschnitt dieses Kapitels (H.) wird der Umgang mit überzähligen Keimzellen, 2-PN-Zellen und Embryonen behandelt. Hierbei werden verschiedene Umgangsmöglichkeiten mit dem überzähligen Kryogut erörtert. Schwerpunktmäßig betrifft dies die Embryoadoption, die 2-PN-Zell-Adoption und die Keimzellspende sowie die Freigabe kryokonservierter überzähliger Keimzellen, 2-PN-Zellen und Embryonen zu Forschungszwecken.

Das abschließende Kapitel besteht aus einem Fazit (A.), einer thesenhaften Darstellung der Ergebnisse der Arbeit (B.) und einer Ausformulierung der zuvor in den einzelnen Abschnitten des vierten Kapitels unterbreiteten Regelungsvorschläge für ein Fortpflanzungsmedizingesetz (C.).

Im Anhang der Arbeit werden die verschiedenen untersuchten und anonymisierten Verträge aufgeführt. Hierbei handelt es sich um einen Vertrag über das Kryonisieren und Auftauen des Kryogutes (A), elf Kryoverträge (B) sowie einen Spendervertrag (C).

Zweites Kapitel: Grundbegriffe, medizinische und rechtliche Grundlagen

Zunächst werden terminologische Fragen zur assistierten Reproduktion beantwortet. Dies betrifft unter anderem die verschiedenen in dieser Arbeit im Vordergrund stehenden Keimzellen, 2-PN-Zellen und Embryonen. Des Weiteren werden Methoden assistierter Reproduktion, die homologe und heterologe Kinderwunschbehandlung, die im jeweiligen Verfahren beteiligten Personen und besondere Fallgruppen sowie die rechtliche Elternschaft infolge der Kinderwunschbehandlung erläutert.

Verkürzt (und ohne Anspruch auf Vollständigkeit) werden zudem die naturwissenschaftlichen Grundlagen der Kryokonservierung dargestellt. Detaillierte naturwissenschaftliche Ausführungen sind in der entsprechenden Fachliteratur zu finden, auf die für eine vertiefende Lektüre verwiesen wird.[20]

A. Fachtermini

I. Keimzellen

Im Rahmen der menschlichen Reproduktion ist die menschliche Keimzelle (bzw. Gamete) der zentrale Ausgangspunkt. Keimzellen sind Geschlechtszellen, die anders als die übrigen Körperzellen durch Reduktionsteilung lediglich einen einfachen bzw. haploiden Chromosomensatz besitzen.[21]

Weibliche Keimzellen, auch Eizellen oder Oozyten genannt, werden während der sog. Oogenese gebildet. Sie entstehen im Rahmen der Embryonalentwicklung aus den sog. Urkeimzellen, die sich durch fortlaufende Teilungen bis zur Geburt zu Eizellen weiterentwickeln. Nach der Pubertät reifen weniger als 500 Eizellen zu befruchtungsfähigen Keimzellen heran, deren Zahl mit steigendem Alter abnimmt.[22]

---

20 Medizinische Darstellungen sind beispielsweise in *Sadler*, Taschenlehrbuch Embryologie, 13. Aufl. (2020) zu finden. Auch beinhaltet die rechtswissenschaftliche Literatur beispielsweise in Günther/Taupitz/Kaiser, ESchG, 2. Aufl. (2014), A oder in *Dettmeyer*, Medizin & Recht, 2. Aufl. (2006), S. 171 ff. detailliertere Ausführungen zur Reproduktionsmedizin.

21 Günther/Taupitz/Kaiser/*Kaiser*, ESchG, 2. Aufl. (2014), A, Rn. 33 f.

22 *Sadler*, Taschenlehrbuch Embryologie, 13. Aufl. (2020), S. 48 f.

Männliche Keimzellen werden auch als Spermien oder Samenzellen bezeichnet. Pro Tag werden ca. 300 Millionen Samenzellen produziert.[23] Das Ejakulat enthält in der Regel über 20 Millionen Spermien pro ml, von denen ungefähr die Hälfte normal konfiguriert ist.[24]

II. 2-PN-Zellen

2-PN-Zellen (zum Teil ungenau auch als „*imprägnierte Eizellen*" bezeichnet[25]) befinden sich im sog. Pronucleus-Stadium (auch „*Vorkernstadium*" genannt). Innerhalb von acht bis zwölf Stunden nach der Imprägnation der Eizelle[26] haben sich zwei Pronuclei bzw. Vorkerne gebildet. Ein Pronucleus verfügt über den haploiden Chromosomensatz der Eizelle, der andere über den haploiden Chromosomensatz des Spermiums.[27] Daher sind 2-PN-Zellen bereits weiter entwickelt als imprägnierte Eizellen und befinden sich in einem Zwischenstadium der Befruchtungskaskade, die wenige Stunden später mit der Konjugation endet.

Die Kryokonservierung von 2-PN-Zellen ist gängige Praxis.[28] Dass in Deutschland regelmäßig 2-PN-Zellen kryokonserviert werden, beruht zunächst darauf, dass das ESchG deutlich geringere Vorgaben an den Umgang mit 2-PN-Zellen als mit Embryonen im Sinne des § 8 Abs. 1 ESchG

---

23 *Sadler*, Taschenlehrbuch Embryologie, 13. Aufl. (2020), S. 52 ff.; *Bergmann*, Der Urologe 2005, 1131 ff.

24 Günther/Taupitz/Kaiser/*Kaiser*, ESchG, 2. Aufl. (2014), A, Rn. 34.

25 Eine Verwendung des Terminus „*imprägnierte Eizelle*" (so z.B. *Oldenburger*, NZFam 2022, 870, 877; *Schwarz*, RNotZ 2022, 421, 423) ist hingegen ungenau, da eine 2-PN-Zelle über zwei Pronuclei verfügt, die sich erst acht bis zwölf Stunden nach der Imprägnation bilden. Zwischen einer 2-PN-Zelle und einer imprägnierten Eizelle ist daher aufgrund der medizinischen und physiologischen Unterschiede zu differenzieren.

26 Bundesärztekammer, Richtlinie zur Entnahme und Übertragung von menschlichen Keimzellen oder Keimzellgewebe im Rahmen der assistierten Reproduktion, umschriebene Fortschreibung 2022 vom 14.01.2022, Ziff. 1.4.

27 Günther/Taupitz/Kaiser/*Kaiser*, ESchG, 2. Aufl. (2014), A, Rn. 36, C, § 1 Abs. 1 Nr. 3, Rn. 6; *Drews*, Taschenatlas der Embryologie (2006), S. 12; Deutscher Ethikrat, Stellungnahme „*Embryospende, Embryoadoption und elterliche Verantwortung*" (2016), S. 15.

28 Deutscher Ethikrat, Stellungnahme „*Embryospende, Embryoadoption und elterliche Verantwortung*" (2016), S. 12, Fn. 7; Saliger/Tsambikakis/*Rosenau*, Strafrecht der Medizin, 1. Aufl. (2022), § 6, Rn. 48.

knüpft.[29] So befinden sich 2-PN-Zellen, bei denen das Erbgut der genetischen Eltern noch voneinander getrennt ist, im Befruchtungsvorgang[30] und werden von § 8 Abs. 1 ESchG nicht erfasst.[31] Darüber hinaus weisen 2-PN-Zellen aufgrund ihrer Zellstruktur nach dem Auftauen eine höhere Überlebensrate als Eizellen auf.[32]

III. Embryonen

Gem. § 8 Abs. 1 ESchG ist als Embryo „*bereits die befruchtete, entwicklungsfähige menschliche Eizelle vom Zeitpunkt der Kernverschmelzung an* [...]" anzusehen. Der Gesetzgeber hat im ESchG somit eine Unterteilung in befruchtete und unbefruchtete Eizellen vorgenommen[33] und die Konjugation als entscheidendes Abgrenzungskriterium gewählt.

IV. Unfruchtbarkeit

Die Unfruchtbarkeit (oder auch Sterilität) stellt einen Oberbegriff für diverse Störungen der Fortpflanzungsfähigkeit dar. Bei einer Frau bedeutet Sterilität eine Empfängnisunfähigkeit.[34] Unter Infertilität ist das Unvermögen einer Frau zum Austragen einer Frucht bis zur Lebensfähigkeit bzw. die Zeugungsunfähigkeit eines Mannes zu verstehen.[35]

---

29 Vgl. Deutscher Ethikrat, Stellungnahme „*Embryospende, Embryoadoption und elterliche Verantwortung*" (2016), S. 16.; *v. Otte/Diedrich/Thill*, Der Gynäkologe 2008, 523, 527; BT-Drs. 17/3759, S. 24.

30 Keller/Günther/Kaiser/*Günther*, ESchG (1992), § 1 Abs. 1 Nr. 2, Rn. 11.

31 Vgl. hierzu *Haskamp*, Embryonenschutz *in vitro* (2012), S. 162 ff.; Günther/Taupitz/Kaiser/*Kaiser*, ESchG, 2. Aufl. (2014), A, Rn. 37.

32 *Velte*, Die postmortale Befruchtung (2015), S. 10 f.

33 Vgl. Keller/Günther/Kaiser/*Keller*, ESchG (1992), § 8 Rn. 1 ff.

34 Günther/Taupitz/Kaiser/*Kaiser*, ESchG, 2. Aufl. (2014), A, Rn. 168; *Taubert/Licht*, in: Schmidt-Matthiesen/Wallwiener, Gynäkologie und Geburtshilfe, 10. Aufl. (2005), S. 123; Spickhoff/*Spickhoff*, Medizinrecht, 4. Aufl. (2022), Vorbemerkung zu § 1591 BGB–§ 1600e BGB, Rn. 9. Ausführlich zur Sterilität s. *Steck*, Praxis der Fortpflanzungsmedizin (2001), S. 9.

35 Günther/Taupitz/Kaiser/*Kaiser*, ESchG, 2. Aufl. (2014), A, Rn. 168; zur Infertilität s. auch *Sadler*, Taschenlehrbuch Embryologie, 13. Aufl. (2020), S. 69. Kann ein (Ehe)paar trotz regelmäßigem Geschlechtsverkehr ohne Anwendung von Verhütungsmitteln keine Schwangerschaft herbeiführen, wird nach einem Jahr von einer primären und wenn in derselben Beziehung bereits früher eine Konzeption aufgetreten ist, von einer sekundären (Ehe)sterilität gesprochen, Günther/Taupitz/Kaiser/*Kaiser*, ESchG, 2. Aufl. (2014), A, Rn. 169. *Taubert/Licht*, in: Schmidt-Matthiesen/

V. Methoden assistierter Reproduktion

Es gibt verschiedene Vorgehensweisen der ärztlich assistierten Befruchtung, mit denen eine ungewollte Kinderlosigkeit (aufgrund einer Sterilität oder Infertilität) überwunden werden kann. Diese unterscheiden sich abhängig von der Indikation.[36]

Unter anderem im ESchG und SaRegG sowie in § 1600d Abs. 4 BGB wird von einer „*künstlichen Befruchtung*" gesprochen. Jedoch wird dieser Begriff mittlerweile kritisiert, da es sich bei der Vereinigung von Keimzellen nicht um ärztliche „*Kunst*" handle.[37] Vorzugswürdig ist daher der Begriff „*ärztlich assistierte Befruchtung*". Wird jedoch der Wortlaut einer bestimmten Norm (z.B. § 4 Abs. 1 Nr. 3, § 1 Abs. 1 Nr. 2 ESchG) untersucht, ist es mitunter notwendig, den Terminus „*künstliche Befruchtung*" zu verwenden.

1. In-vitro-*Fertilisation und Embryotransfer*

Eine extrakorporale ärztlich assistierte Befruchtung wird weltweit vielfach mittels *In-vitro*-Fertilisation (IVF) vorgenommen. Hierunter ist die Vereinigung einer Eizelle mit einer Samenzelle außerhalb des Körpers („*in vitro*") zu verstehen.[38] Die befruchtete Eizelle bzw. der Embryo wird danach mittels des sog. Embryotransfers in die weiblichen Genitalorgane eingebracht.[39]

Erfolgreiche Versuche der Fertilisation einer menschlichen Eizelle außerhalb des Körpers erfolgten bereits in den späten 1950er Jahren. Jedoch dauerte es bis zum Jahre 1978, bis das erste Kind nach einer *In-vitro*-Fertilisation gezeugt

---

Wallwiener, Gynäkologie und Geburtshilfe, 10. Aufl. (2005), S. 123 betrachten eine Ehe oder Partnerschaft hingegen erst nach 2 Jahren des Nichteintritts einer Schwangerschaft trotz regelmäßigem Verkehr ohne Anwendung von Verhütungsmitteln als steril.

36 Vgl. *Neulen/Neises*, in: Kiechle, Gynäkologie und Geburtshilfe, 2. Aufl. (2011), S. 156.

37 Spickhoff/*Müller-Terpitz*, Medizinrecht, 4. Aufl. (2022), § 1 ESchG, Rn. 10 m.w.N.

38 Günther/Taupitz/Kaiser/*Kaiser*, ESchG, 2. Aufl. (2014), A, Rn. 187 ff.; ausführlich hierzu *Sadler*, Taschenlehrbuch Embryologie, 13. Aufl. (2020), S. 69 f.; *Taubert*/Licht, in: Schmidt-Matthiesen/Wallwiener, Gynäkologie und Geburtshilfe, 10. Aufl. (2005), S. 141 ff.; Quaas/Zuck/Clemens/*Zuck*, Medizinrecht, 4. Aufl. (2018), § 68, Rn. 74.

39 *Neulen/Neises*, in: Kiechle, Gynäkologie und Geburtshilfe, 2. Aufl. (2011), S. 157; Deutsch/*Spickhoff*, Medizinrecht, 7. Aufl. (2014), Rn. 1103; Günther/Taupitz/Kaiser/*Kaiser*, ESchG, 2. Aufl. (2014), A, Rn. 187; Keller/Günther/Kaiser/*Kaiser*, ESchG, (1992), A VI, Rn. 24.

wurde.[40] Die Befruchtung wird in einem Reagenzglas oder einer Petrischale vorgenommen, wobei spezielle Zellkulturmedien verwendet werden.[41] Um die Wahrscheinlichkeit einer Schwangerschaft zu erhöhen, werden jeweils mehrere Embryonen übertragen, wobei jedoch lediglich ein Embryo zur Geburt des Kindes führt.[42]

Ein besonderes Verfahren der *In-vitro*-Fertilisation stellt die sog. Intrazytoplasmatische Spermieninjektion („*ICSI*") dar. Hiermit wird eine männliche Infertilität behandelt, bei der nur wenige oder gar keine lebenden Spermien vorhanden sind, da in solchen Fällen eine normale *In-vitro*-Fertilisation in der Regel nicht ausreicht.[43] Das Vorgehen ähnelt der Behandlung einer Patientin bei der *In-vitro*-Fertilisation. Es erfolgt jedoch keine Insemination *in vitro*. Vielmehr werden einzelne Eizellen enzymatisch und mechanisch behandelt, woraufhin Spermien, die in ihrer Beweglichkeit beschränkt wurden, mit einer Glasnadel direkt in Eizellen injiziert werden. Die Erfolgschancen der ICSI gleichen denen der *In-vitro*-Fertilisation. So beträgt die Chance für den Eintritt der Schwangerschaft bei beiden Verfahren ca. 20 %.[44]

2. *Artifizielle Insemination*

Unter artifizieller Insemination ist das Einbringen von Samenflüssigkeit in den weiblichen Genitaltrakt mit Hilfe bestimmter Instrumente zu verstehen.[45] Die Befruchtung findet hierbei im Körper der Mutter („*in vivo*") statt.[46] Es erfolgt somit eine intrakorporale Befruchtung. Als Indikatoren sind sowohl weibliche als auch (zum größten Teil) männliche Fertilitätsstörungen anzuführen.[47]

---

40 *Ludwig*, Der Gynäkologe 2002, 1253, 1257.

41 *Neulen/Neises*, in: Kiechle, Gynäkologie und Geburtshilfe, 2. Aufl. (2011), S. 156 f; Günther/Taupitz/Kaiser/*Kaiser*, ESchG, 2. Aufl. (2014), A, Rn. 191.

42 Quaas/Zuck/Clemens/*Zuck*, Medizinrecht, 4. Aufl. (2018), § 68, Rn. 74. Zu den Erfolgsquoten der *In-vitro*-Fertilisation s. *Sadler*, Taschenlehrbuch Embryologie, 13. Aufl. (2020), S. 69 f.

43 Quaas/Zuck/Clemens/*Zuck*, Medizinrecht, 4. Aufl. (2018), § 68, Rn. 76.

44 *Neulen/Neises*, in: Kiechle, 2. Aufl. (2011), Gynäkologie und Geburtshilfe, S. 157 f. Ausführlich zur ICSI: Günther/Taupitz/Kaiser/*Kaiser*, ESchG, 2. Aufl. (2014), A, Rn. 192; *Neidert*, MedR 1998, 347, 350.

45 Günther/Taupitz/Kaiser/*Kaiser*, ESchG, 2. Aufl. (2014), A, Rn. 176; Keller/Günther/Kaiser/*Kaiser*, ESchG (1992), A VI, Rn. 13.

46 *Zimmermann*, Reproduktionsmedizin und Gesetzgebung (2011), S. 6.

47 Günther/Taupitz/Kaiser/*Kaiser*, ESchG, 2. Aufl. (2014), A, Rn. 177; Keller/Günther/Kaiser/*Kaiser*, ESchG (1991), A VI, Rn. 13 ff. Ausführlich zu männlichen

Darüber hinaus stellt eine artifizielle Insemination auch bei lesbischen Paaren und alleinstehenden Frauen ein gängiges Verfahren dar. Die heutige Vorgehensweise bestimmt sich anhand der Indikation, wobei die Spermaflüssigkeit in die Vagina, den Gebärmutterhals, die Gebärmutterhöhle, den Eileiter oder die Bauchhöhle eingebracht wird.[48]

VI. Homologe und heterologe Kinderwunschbehandlung

Es wird zwischen der homologen und der heterologen Kinderwunschbehandlung differenziert. Der Unterschied zwischen beiden Verfahren liegt in der *„Lebensgemeinschaft"*.[49] Die genetischen Eltern (homologes Verfahren) bzw. die genetische Mutter und der Wunschelternteil (heterologes Verfahren) werden als *„intendierte Eltern"* bezeichnet.

1. Homologes Verfahren

Stammt der für die ärztlich assistierte Befruchtung verwendete Samen vom Ehemann oder dem nicht-ehelichen Lebensgefährten, wird vom homologen Verfahren bzw. der homologen Kinderwunschbehandlung gesprochen.[50] Hierbei werden die Personen, von denen die Keimzellen stammen als genetischer Vater bzw. als genetische Mutter bezeichnet. Zwar ist die Elternschaft dieser genetischen Eltern während der Kinderwunschbehandlung lediglich intendiert, jedoch ist das Verantwortungsbewusstsein über kryokonserviertes Keimgut mit (beginnenden) elterlichen Gefühlen vergleichbar.[51]

Fertilitätsstörungen und -behandlungen: *Schlatt/Kliesch*, Gynäkologische Endokrinologie (2012), 91 ff.

48 Günther/Taupitz/Kaiser/*Kaiser*, ESchG, 2. Aufl. (2014), A, Rn. 179. Vergleichbare Handlungen werden bereits seit vielen Jahrhunderten durchgeführt, *Deutsch/Spickhoff*, Medizinrecht, 7. Aufl. (2014), Rn. 1085.

49 *Deutsch/Spickhoff*, Medizinrecht, 7. Aufl. (2014), Rn. 1086.

50 HK-AKM/*Schumann*, 66. Akt. (November 2016), Fortpflanzungsmedizin, Rn. 25; vgl. Quaas/Zuck/Clemens/*Zuck*, Medizinrecht, 4. Aufl. (2018), § 68, Rn. 70; vgl. Günther/Taupitz/Kaiser/*Kaiser*, ESchG, 2. Aufl. (2014), A, Rn. 176.

51 *De Lacey*, Human Reproduction 2005, 1661, 1665 f. Für die genetischen Eltern sollte es von geringer Bedeutung sein, ob es sich bei dem von ihnen stammenden Kryogut um eine 2-PN-Zelle oder einen Embryo handelt, da es in beiden Fällen in demselben Maße in ihr Leben eingebunden ist, *Schumann*, Anm. zu LG Augsburg, FamRZ 2019, 1378. Der Terminus *„genetische Eltern"* wird überdies verwendet in: Deutscher Ethikrat, Stellungnahme *„Embryospende, Embryoadoption und elterliche Verantwortung"* (2016), S. 14.

2. *Heterologes Verfahren*

Die Verwendung von Fremdsperma wird als heterologes Verfahren bzw. als heterologe Kinderwunschbehandlung bezeichnet.[52] Zur heterologen Kinderwunschbehandlung zählen neben Samenspenden an eine genetische Mutter und einen männlichen Wunschelternteil auch Samenspenden an alleinstehende Frauen, lesbische Paare sowie die Embryoadoption.[53]

a. *Personenbezeichnungen*

Bei der heterologen Kinderwunschbehandlung wird der Mann, der die Samenspende abgegeben hat, als Samenspender[54] und die Empfängerin der Samenspende als genetische Mutter bezeichnet.

Wunschelternteil ist die Person, mit der die genetische Mutter die Kinderwunschbehandlung veranlasst und die sich zuvor für die Übernahme der rechtlich-sozialen Elternschaft bereit erklärt hat. Hierbei kann es sich um den Partner (Wunschvater) oder die Partnerin (Wunschmutter) handeln, wobei es auf den rechtlichen Status der Partnerschaft nicht ankommt.

Kinder, die im heterologen Verfahren durch eine Samenspende gezeugt worden sind, werden als Spenderkinder bezeichnet. Dieser Begriff wird in der Literatur vielfach verwendet,[55] jedoch teils kritisiert. Er stehe für eine nicht mehr zeitgemäße Auffassung von Vaterschaft, bei der die genetische Abstammung als „*Kernbedingung von Vaterschaft*“ verstanden werde. Dass sich der Samenspender bewusst und verantwortungsvoll für die (genetische) Vaterschaft entscheide, rücke hierbei in den Hintergrund. Werde jemand als Spenderkind bezeichnet, erfolge eine deutlich stärkere Kategorisierung als bei einer Verwendung der Beschreibung „*mittels einer Samenspende gezeugt*“.[56]

Da die Betroffenen vielfach jedoch selbst die Bezeichnung „*Spenderkinder*“ wählen,[57] wird auch in dieser Arbeit auf diese Bezeichnung zurückgegriffen.

---

52 HK-AKM/*Schumann*, 66. Akt. (November 2016), Fortpflanzungsmedizin, Rn. 25; vgl. Quaas/Zuck/Clemens/*Zuck*, Medizinrecht, 4. Aufl. (2018), § 68, Rn. 71; vgl. Günther/Taupitz/Kaiser/*Kaiser*, ESchG, 2. Aufl. (2014), A, Rn. 176.

53 Vgl. HK-AKM/*Schumann*, 66. Akt. (November 2016), Fortpflanzungsmedizin, Rn. 25.

54 Eine entsprechende Bezeichnung verwendet der Gesetzgeber in § 1600d Abs. 4 BGB und im SaRegG.

55 Statt vieler: *Grziwotz*, NJW 2022, 3255, 3258; *Gruber*, ZfPW 2016, 68, 72 ff.

56 https://di-netz.de/faq/was-bedeutet-eigentlich-spenderkind/ (zuletzt aufgerufen am 15.03.2023).

57 So z.B. in BGHZ 204, 54, 65 = BGH, BeckRS 2015, 254, 258, Rn. 39.

b. *Offizielle Samenspende und Becherspende*

Im Falle einer sog. offiziellen Samenspende werden Spermien eines Samenspenders in einer Entnahmeeinrichtung im Sinne des § 2 Abs. 1 S. 1 SaRegG zur heterologen Verwendung für eine ärztlich unterstützte künstliche Befruchtung gewonnen.

Im Gegensatz dazu handelt es sich bei sog. „Becherspenden" um privat (teils im Freundes- oder Bekanntenkreis) abgegebene Samenspenden.[58] Einer Becherspende geht oftmals eine Übereinkunft des Spenders mit der genetischen Mutter voraus, wonach dieser angibt, keine rechtliche Vaterschaft über das Kind zu übernehmen.[59] Schwierigkeiten können sich hierbei jedoch insbesondere ergeben, wenn der Spender entgegen der ursprünglichen Vereinbarung eine Vaterschaft des Wunschelternteils anficht[60] oder Umgangsrechte mit dem Kind geltend macht.[61]

c. *Eizellspende*

Unter einer Eizellspende ist die Freigabe und Übertragung einer *„fremden"* Eizelle im heterologen Verfahren zu verstehen.[62] Frauen, die über keine oder nicht genügend geeignete Eizellen verfügen, soll damit zur Erfüllung des Kinderwunsches verholfen werden.[63] Die Eizellspende ist in Deutschland gem. § 1 Abs. 1 Nr. 1, 2 ESchG verboten.[64]

---

58 Hierzu s. *Helms*, FamRZ 2017, 1537, 1538.

59 So z.B. in OLG Bamberg, FamRZ 2017, 1236: Dort lernte die genetische Mutter den Samenspender im Internet kennen und führte eine Schwangerschaft durch Verwendung der Becherspende herbei, ohne Kenntnis der Identität des Spenders zu haben.

60 BGHZ 197, 242 = BGH, NJW 2013, 2589.

61 OLG Frankfurt a.M., FamRZ 2019, 37.

62 *Taupitz/Hermes*, NJW 2015, 1802; Spickhoff/*Müller-Terpitz*, Medizinrecht, 4. Aufl. (2022), § 1 ESchG, Rn. 5.

63 *Taupitz/Hermes*, NJW 2015, 1802. Etwa 1–2 % aller Frauen unter 40 Jahren verfügen über keine oder nicht genügend Eizellen zur Herbeiführung einer Schwangerschaft, *Leopoldina*, Fortpflanzungsmedizin in Deutschland (2019), S. 66.

64 *Leopoldina*, Fortpflanzungsmedizin in Deutschland (2019), S. 67; *Schewe*, FamRZ 2014, 90, 92. Zum Verbot der Eizellspende in Deutschland s. viertes Kapitel, H, I, 3, b.

d. *Leihmutterschaft*

Bei der Leihmutterschaft trägt eine Leihmutter ein Kind aus, das nach der Geburt dauerhaft den intendierten Eltern, bei denen es sich sowohl um genetische Eltern als auch um Wunscheltern handeln kann,[65] überlassen wird.[66]

Die Leihmutterschaft ist in Deutschland gem. § 1 Abs. 1 Nr. 7 ESchG verboten. Führen Ärzte zur Bewirkung einer Leihmutterschaft eine künstliche Befruchtung durch oder übertragen zu diesem Zweck einen Embryo, machen sie sich strafbar. Demgegenüber schließt § 1 Abs. 3 Nr. 2 ESchG eine Strafbarkeit der Leihmutter und der intendierten Eltern aus. Auch im Falle der gem. §§ 13c, 14b AdVermiG[67] strafbaren Vermittlung einer Leihmutter werden die Leihmutter und die intendierten Eltern gem. § 14b Abs. 3 AdVermiG von einer Strafbarkeit ausgenommen.

3. *Kriterien zur Differenzierung zwischen der homologen und der heterologen Kinderwunschbehandlung*

Eine Unterscheidung der homologen von der heterologen Kinderwunschbehandlung wird vielfach anhand des Vorliegens einer Lebensgemeinschaft oder Intimbeziehung zwischen den intendierten Eltern vorgenommen.[68] Dieses Differenzierungskriterium erscheint jedoch mittlerweile aufgrund der wachsenden Zahl unterschiedlicher Familienformen und Elternschaften veraltet.[69]

Daher wird in dieser Arbeit darauf abgestellt, dass der genetische Vater bei der homologen Kinderwunschbehandlung auch eine Elternschaft anstrebt. Es handelt sich hierbei mithin um den intendierten Vater. Demgegenüber verzichtet der Samenspender im Rahmen der heterologen Kinderwunschbehandlung mit der Abgabe der Samenspende auf die Wahrnehmung seiner verfassungsrechtlich geschützten Elternverantwortung.[70]

---

65 Den Oberbegriff der „*intendierten Eltern*" verwendet bereits *Schumann*, in: Beier/Brügge/Thorn/Wiesemann, Assistierte Reproduktion mit Hilfe Dritter (2020), S. 71.

66 *Leopoldina*, Fortpflanzungsmedizin in Deutschland (2019), S. 78.

67 Gesetz über die Vermittlung und Begleitung der Adoption und über das Verbot der Vermittlung von Ersatzmüttern (Adoptionsvermittlungsgesetz – AdVermiG) in der Fassung der Bekanntmachung der Neufassung des Adoptionsvermittlungsgesetzes vom 21. Juni 2021, BGBl I 2021, 2010.

68 So z.B.: Quaas/Zuck/Clemens/*Zuck*, Medizinrecht, 4. Aufl. (2018), § 68, Rn. 70 f.; *Schwarz*, RNotZ 2022, 421, 423.

69 Vgl. Laufs/Katzenmeier/Lipp/*Lipp*, Arztrecht, 8. Aufl. (2021), VIII, Rn. 2, Fn. 1.

70 Vgl. auch Clausen/Schroeder-Printzen/*Makoski*, Münchener Anwaltshandbuch Medizinrecht, 3. Aufl. (2020), § 19, Rn. 13 unter Verwendung der Bezeichnungen

VII. Überzählige Embryonen und Embryoadoption

1. *Überzählige Embryonen*

Im Rahmen einer Kinderwunschbehandlung ist es kaum absehbar, wie viele Embryonen für die erfolgreiche Herbeiführung einer Schwangerschaft benötigt werden, auch wenn eine im Voraus geplante Befruchtung zum Vorrat gem. § 1 Abs. 1 Nr. 5 ESchG verboten ist.[71] Die Zahl lässt sich daher vor der Behandlung nicht dahingehend begrenzen, dass alle Embryonen im Verlauf einer Behandlung implantiert werden können.[72] Die Nichtvornahme eines Embryotransfers kann auf unterschiedlichen Gründen beruhen, beispielsweise einer fehlenden Einwilligung im Sinne des § 4 Abs. 1 Nr. 2 ESchG, gesundheitlichen Gründen oder dem Tod der genetischen Mutter.[73]

„*Überzählig*" sind mithin Embryonen, die zwar in Folge einer *In-vitro*-Fertilisation entstanden sind, jedoch aus bestimmten Gründen nicht zur Herbeiführung einer Schwangerschaft bei den indizierten Eltern verwendet werden können.[74]

Mit dem ESchG sollte das Entstehen überzähliger Embryonen eingegrenzt werden, während die extrakorporale Befruchtung für Fortpflanzungszwecke erlaubt wurde.[75] § 1 Abs. 1 Nr. 3 ESchG bestraft denjenigen, der „*es unternimmt, innerhalb eines Zyklus mehr als drei Embryonen auf eine Frau zu übertragen*". Damit soll das Risiko höhergradiger Mehrlingsschwangerschaften verringert werden.[76] Zudem enthält § 1 Abs. 1 Nr. 5 ESchG die Bestimmung, dass bestraft wird, „*wer es unternimmt, mehr Eizellen einer Frau zu befruchten, als*

„homologe" und „heterologen Insemination"; vgl. Laufs/Katzenmeier/Lipp/*Lipp*, Arztrecht, 8. Aufl. (2021), VIII, Rn. 2.

71 *Frommel*, GesR 2018, 413.

72 *Choi*, Der Umgang mit überzähligen Embryonen in Deutschland und Südkorea (2009), S. 150.

73 *Iliadou*, Forschungsfreiheit und Embryonenschutz (1999), S. 28.

74 *Breuer*, Person von Anfang an? (1995), S. 266; *Choi*, Der Umgang mit überzähligen Embryonen in Deutschland und Südkorea (2009), S. 149; *Thorn/Hilbig-Lugani/Wischmann*, Gynäkologische Endokrinologie 2017, 73.

75 BT-Drs. 11/5460, S. 9; Günther/Taupitz/Kaiser/*Günther*, ESchG, 2. Aufl. (2014), B, Rn. 76 m.w.N.

76 Spickhoff/*Müller-Terpitz*, Medizinrecht, 4. Aufl. (2022), § 1 ESchG, Rn. 14; Erbs/Kohlhaas/*Häberle*, Strafrechtliche Nebengesetze, 243. EL (August 2022), § 1 ESchG, Rn. 6. § 1 Abs. 1 S. 1 Nr. 5 ESchG ist im Zusammenwirken mit § 1 Abs. 1 S. 1 Nr. 3 ESchG zu verstehen, s. *Haßmann*, Embryonenschutz im Spannungsfeld (2003), S. 205; *Neidert*, MedR 2007, 279, 282 f.

ihr innerhalb eines Zyklus übertragen werden sollen". Mit dieser Regelung wollte der Gesetzgeber die Entstehung überzähliger Embryonen verhindern.[77]

a. *„Dreierregel"*

Daraus, dass gem. § 1 Abs. 1 Nr. 3 ESchG lediglich drei Embryonen transferiert werden dürfen, wird zum Teil gefolgert, dass die Befruchtung einer Eizelle derselben zahlenmäßigen Beschränkung unterfalle.[78] So leiten Vertreter der sog. *„Dreierregel"* aus einem Zusammenspiel des § 1 Abs. 1 Nr. 3 und 5 ESchG ab, dass ein Reproduktionsmediziner zum Zwecke der Übertragung innerhalb eines Zyklus maximal drei Eizellen der genetischen Mutter kultivieren dürfe.[79]

Jedoch zeigt sich ein Problem der *„Dreierregel"* darin, dass nicht alle Eizellen, die befruchtet werden, letztlich auch entwicklungsfähig sind. Abhängig vom Alter der genetischen Mutter erreichen durchschnittlich nur 41 bis 56 % der durch die Kultivierung erzeugten Embryonen das sog. Blastozystenstadium,[80] während die übrigen Embryonen bereits nach wenigen Tagen versterben.[81]

b. *„Deutscher Mittelweg"*

Das genaue Verständnis der Vorgaben des § 1 Abs. 1 Nr. 5 ESchG ist hinsichtlich des Bestrebens einer Steigerung der Erfolgsrate einer IVF von zentraler Bedeutung. So geht mit einer größeren Anzahl von Eizellen, die befruchtet werden, eine größere Wahrscheinlichkeit des Entstehens ausreichend vieler (maximal drei) entwicklungsfähiger Embryonen einher, die transferiert werden können.[82]

Beim sog. *„Deutschen Mittelweg"*[83] wird die hohe Sterberate von Embryonen während der Kultivierung bereits bei der Anzahl der zu entwickelnden Embryonen einkalkuliert. Demnach werden so viele Embryonen zum Transfer entwickelt, dass bei einer sorgfältigen individuellen Prognose letztlich maximal drei Embryonen für einen Transfer verfügbar sind.[84] Nach dem derzeitigen Stand

---

77 BT-Drs. 11/5460, 9.

78 Hierzu s. *Taupitz/Hermes*, Der Gynäkologe 2015, 169, 170.

79 *Frister*, GuP 2012, 10, 10.

80 Leopoldina, Fortpflanzungsmedizin in Deutschland (2019), 47. Zum Blastozystenstadium s. zweites Kapitel, B, II.

81 *Frister*, GuP 2012, 10, 10.

82 *Taupitz/Hermes*, Der Gynäkologe 2015, 169, 170.

83 Diesen Begriff entwickelte *Frommel*, hierzu s. *Frommel*, Journal für Reproduktionsmedizin und Endokrinologie 2007; 4 (1), 27 ff.

84 Saliger/Tsambikakis/*Rosenau*, Strafrecht der Medizin, 1. Aufl. (2022), § 6, Rn. 26.

der Wissenschaft werden beim „*Deutschen Mittelweg*“ zwischen vier und acht Eizellen befruchtet.[85] Die individuelle Prognose erfolgt unter Berücksichtigung des Profils der schwangeren Frau, sodass u.a. das Alter und die jeweilige Vorgeschichte beachtet werden.[86] Der Reproduktionsmediziner verfolgt auf der Grundlage eines Algorithmus das Ziel, zwei entwicklungsfähige Embryonen zu erhalten. Grund hierfür ist, dass mit dem Transfer zweier Embryonen (sog. „*double embryo transfer*“, „*DET*“) die höchste Schwangerschaftsrate erlangt[87] und gleichzeitig das Risiko einer höhergradigen Mehrlingsschwangerschaft vermieden wird.[88]

Embryonen, die nicht entwicklungsfähig sind, werden hierbei nicht als Embryonen i.S.d. § 8 Abs. 1 ESchG erachtet, da die Legaldefinition auf „*die befruchtete, entwicklungsfähige menschliche Eizelle vom Zeitpunkt der Kernverschmelzung an*“ abstellt. Aus diesem Grund bleiben Embryonen, die als nicht bzw. weniger entwicklungsfähig eingestuft werden, bei der Bestimmung der zulässigen Anzahl von Befruchtungsversuchen unberücksichtigt.[89]

Bezweckt der Reproduktionsmediziner von Anfang an die Vermeidung des Entstehens überzähliger Embryonen, fehlt es ihm nach Ansicht der Befürworter des „*Deutschen Mittelwegs*“ an dem für eine Strafbarkeit gem. § 1 Abs. 1 Nr. 5 ESchG erforderlichen Vorsatz. Dies sei selbst dann der Fall, wenn trotz der Prognose des Reproduktionsmediziners überzählige taugliche Embryonen entstehen, die dann kryokonserviert werden.[90]

c. Rechtlicher Diskurs bzgl. der Zulässigkeit des „Deutschen Mittelwegs“

Ob ein Vorgehen anhand des „*Deutschen Mittelwegs*“ rechtlich zulässig ist, ist umstritten.[91] Dennoch gehen viele Reproduktionsmediziner in der täglichen Praxis bereits jetzt anhand des „*Deutschen Mittelwegs*“ vor.[92]

---

85 Günther/Taupitz/Kaiser/*Günther*, ESchG, 2. Aufl. (2014), C, § 1 Abs. 1 Nr. 5, Rn. 9 (vier bis sechs Eizellen); Spickhoff/*Müller-Terpitz*, Medizinrecht, 4. Aufl. (2022), § 1 ESchG, Rn. 18 (vier bis sieben Eizellen); *Renzikowski*, Gynäkologische Endokrinologie 2004, 172, 173 (bis zu acht Eizellen).

86 *Frister*, GuP 2012, 10, 10.

87 Günther/Taupitz/Kaiser/Taupitz/, ESchG, 2. Aufl. (2014), C, § 1 Abs. 1 Nr. 3, Rn. 2.

88 *Taupitz/Hermes*, Der Gynäkologe 2015, 169, 170.

89 Günther/Taupitz/Kaiser/*Günther*, ESchG, 2. Aufl. (2014), C, § 1 Abs. 1 Nr. 5, Rn. 9; Clausen/Schroeder-Printzen/*Makoski*, Münchener Anwaltshandbuch Medizinrecht, 3. Aufl. (2020), § 19, Rn. 19.

90 *Taupitz/Hermes*, Der Gynäkologe 2015, 169, 170.

91 *Taupitz/Hermes*, Der Gynäkologe 2015, 169, 170; *Frister*, GuP 2012, 10, 11.

92 *Frister*, GuP 2012, 10, 10.

Zahlreiche Stimmen der Literatur gehen von einer grundsätzlichen Zulässigkeit des „*Deutschen Mittelwegs*" aus, sofern bestimmte Kriterien eingehalten werden.[93]

Nach Ansicht von *Taupitz* und *Hermes* werde die Erfolgsrate einer Befruchtung und eines Embryotransfers entscheidend von den individuellen Besonderheiten der intendierten Eltern beeinflusst. In medizinischer Hinsicht würden gute Gründe dafürsprechen, dass unter Berücksichtigung der Vorgaben des § 1 Abs. 1 Nr. 3 ESchG eine Auswahlmöglichkeit aus möglichst vielen Embryonen bestehe, damit die am entwicklungsfähigsten erscheinenden Embryonen für einen Transfer gewählt werden könnten. Anders als bei einer strikten Anwendung der „*Dreierregel*" könne der genetischen Mutter dadurch möglicherweise eine mehrfache psychisch und physisch belastende Durchführung vergeblicher Befruchtungs- und Transferversuche erspart bleiben.[94] Eine strikte „*Dreierregel*" sei aus dem ESchG nicht abzuleiten. Der Wortlaut des § 1 Abs. 1 Nr. 5 ESchG enthalte – im Gegensatz zu § 1 Abs. 1 Nr. 3 ESchG – keine zahlenmäßige Begrenzung der Befruchtungsversuche.[95]

Überdies sei § 1 Abs. 1 Nr. 5 ESchG als *lex specialis* zu § 1 Abs. 1 Nr. 2 ESchG zu sehen. Letzterer bestraft denjenigen, der „*es unternimmt, eine Eizelle zu einem anderen Zweck künstlich zu befruchten, als eine Schwangerschaft der Frau herbeizuführen, von der die Eizelle stammt*". Damit erfolge eine Festlegung der Schwangerschaft als zulässiges Behandlungsziel in Abgrenzung zur unzulässigen Erzeugung von Embryonen etwa für Forschungszwecke. Die Bestimmung des § 1 Abs. 1 Nr. 5 ESchG richte sich ergänzend zur Regelung des § 1 Abs. 1 Nr. 2 ESchG auf die Vermeidung des Entstehens überzähliger Embryonen, nicht hingegen auf eine strikte Beschränkung der Befruchtung von Eizellen. Die Limitierung auf drei Embryonen gem. § 1 Abs. 1 Nr. 3 ESchG könne somit nicht auf § 1 Abs. 1 Nr. 5 ESchG übertragen werden.[96]

Von Bedeutung sei *Frister* zufolge zudem der Befruchtungsbegriff im Rahmen des § 1 Abs. 1 Nr. 5 ESchG. So limitiere diese Regelung „*entgegen ihrem zu weit gefassten Wortlaut nicht die Befruchtung von Eizellen als solche, sondern sie [verbiete] es, durch die Befruchtung der Eizellen einer Frau mehr übertragbare Embryonen zu erzeugen als der Frau innerhalb eines Zyklus übertragen werden*

93 Günther/Taupitz/Kaiser/*Taupitz*, ESchG, 2. Aufl. (2014), C, § 1 Abs. 1 Nr. 3, Rn. 6 m.w.N.; *Frister*, GuP 2012, 10, 10; *Taupitz/Hermes*, Der Gynäkologe 2015, 169, 170 ff.

94 *Taupitz/Hermes*, Der Gynäkologe 2015, 169, 170.

95 *Taupitz/Hermes*, Der Gynäkologe 2015, 169, 171, 174.

96 *Taupitz/Hermes*, Der Gynäkologe 2015, 169, 171 m.w.N.

sollen." Ein Befruchten bezieht sich den Vertretern des „*Deutschen Mittelwegs*" nach somit auf das „Fertigbefruchten". Die Norm wird somit dahingehend interpretiert, dass eine Beschränkung auf drei befruchtete Eizellen erst hinsichtlich der Weiterkultivierung bestehe.[97]

Demgegenüber erachten andere Stimmen der Literatur ein Vorgehen anhand des „*Deutschen Mittelwegs*" als strafbar. Dies ergebe sich bereits aus dem Wortlaut des Gesetzes. Zudem widerspreche dies der Intention des Gesetzgebers, der das Entstehen überzähliger Embryonen verhindern wollte.[98]

Verschiedene Gerichte und Staatsanwaltschaften haben die Zulässigkeit eines Vorgehens anhand des „*Deutschen Mittelwegs*" indes bereits bestätigt, sofern eine sorgfältige und individuelle Prognose anhand konkreter Parameter erfolgt und die Anzahl der zu befruchtenden Eizellen je nach Einzelfall bestimmt wird.[99] Auch der Bundesfinanzhof erkennt den „*Deutschen Mittelweg*" als zulässig an, wobei er vor allem die Gesetzgebungsgeschichte berücksichtigt. So hätte der Gesetzgeber eine strikte zahlenmäßige Begrenzung nicht nur in § 1 Abs. 1 Nr. 3 ESchG, sondern auch in § 1 Abs. 1 Nr. 5 ESchG aufnehmen können, zumal im Gesetzgebungsverfahren ein entsprechender Änderungsantrag durch die SPD-Fraktion eingebracht wurde.[100]

d. Bewertung

Grundsätzlich überzeugen die Argumente, die für ein Vorgehen anhand des „*Deutschen Mittelwegs*" vorgebracht wurden. Eine zahlenmäßige Begrenzung der Befruchtungsversuche ist dem Wortlaut des § 1 Abs. 1 Nr. 5 ESchG nicht zu entnehmen. Dass sich eine solche Begrenzung aus einer Gesamtwürdigung beider Normen ergibt, erscheint sowohl unter Berücksichtigung

---

97 Vgl. *Schumann*, in: Beier/Brügge/Thorn/Wiesemann, Assistierte Reproduktion mit Hilfe Dritter (2020), S. 73, Fn. 21.

98 Erbs/Kohlhaas/*Häberle*, Strafrechtliche Nebengesetze, 243. EL (August 2022), § 1 ESchG, Rn. 8; *Neidert*, ZRP 2006, 85, 86.

99 AG Wolfratshausen, BeckRS 2008, 29469; vgl. auch AG München, BeckRS 2012, 14678; zu den weiteren Entscheidungen der Gerichte und Staatsanwaltschaften s. *Taupitz/Hermes*, Der Gynäkologe 2015, 169, 174, Fn. 45 m.w.N.; Saliger/Tsambikakis/*Rosenau*, Strafrecht der Medizin, 1. Aufl. (2022), § 6, Rn. 28.

100 BFH, NJW 2017, 3022, 3024, Rn. 21, 23; BT-Drs. 11/8057, 14. Nach dem Änderungsantrag sollte § 1 Abs. 1 Nr. 3 ESchG wie folgt gefasst werden: „*3. es unternimmt, bei einer Frau mehr als drei befruchtungsfähige Eizellen zu gewinnen, zu befruchten und im Rahmen einer Fruchtbarkeitsbehandlung auf sie zu übertragen, oder wer die gewonnenen Eizellen nicht unverzüglich befruchtet und auf die Frau überträgt*".

der Gesetzgebungsgeschichte als auch in gesetzessystematischer Hinsicht zweifelhaft.

Hervorzuheben sind außerdem die medizinischen Vorteile, die durch ein Vorgehen anhand des „*Deutschen Mittelwegs*“ zum Schutze des physischen und psychischen Wohles der genetischen Mutter erlangt werden können.

Es bleibt jedoch festzuhalten, dass eine Strafbarkeit des Vorgehens anhand des „*Deutschen Mittelwegs*“ grundsätzlich möglich ist. Da dieses Verfahren auf Prognosen gestützt ist, kann der Reproduktionsmediziner das Risiko des Entstehens überzähliger Embryonen nicht sicher ausschließen. Im Einzelfall kann hier ein Eventualvorsatz des Reproduktionsmediziners hinsichtlich der Erzeugung überzähliger Embryonen vorliegen.[101] Erfolgt jedoch eine verantwortliche medizinische Prognose zum Ausschluss der Erzeugung von Embryonen, die nicht in demselben Zyklus übertragen werden sollen, betrifft das Verbot des § 1 Abs. 1 Nr. 3 ESchG nicht die Befruchtung von mehr als drei Eizellen i.S.d. „*Deutschen Mittelwegs*“.[102]

2. *Embryoadoption*

Überzählige Embryonen können an ein Wunschelternpaar freigegeben werden, sofern dies die einzig verbleibende Möglichkeit darstellt, um das Absterben des Embryos zu verhindern.[103]

Hierfür werden unterschiedliche Termini verwendet, namentlich die „*Embryoadoption*“ und die „*Embryospende*“ bzw. „*Embryonenspende*“. *Taupitz* und *Hermes* erachten die Terminologie „*Embryoadoption*“ als „*irreführend*“. Bei einer Adoption entstehe eine Rechtsbeziehung zum Kind gem. § 1752 BGB durch staatlichen Hoheitsakt, während bei der Freigabe eines Embryos an ein Empfängerpaar die Frau, die das Kind austrägt, gem. § 1591 BGB mit der Geburt „*automatisch*“ die Mutter werde.[104] *Schumann* spricht sich indes gegen die Bezeichnung „*Embryospende*“ aus. Zwar könne eine Spende von Organen, Geweben und Keimzellen erfolgen, jedoch könne kein menschliches Wesen

---

101 *Frister*, GuP 2012, 10, 11 f.

102 *Frister*, GuP 2012, 10, 11; *Taupitz/Hermes*, Der Gynäkologe 2015, 169, 173.

103 BT-Drs. 11/5460, S. 8; HK-AKM/*Schumann*, 66. Akt. (November 2016), Fortpflanzungsmedizin, Rn. 31.

Der Begriff der „*Embryoadoption*“ impliziert dabei indes nicht, dass die Regelungen des BGB zur Adoption auf den Embryo *in vitro* einschlägig sind. Kritisch zur Verwendung des Terminus „*Embryoadoption*“: *Taupitz/Hermes*, NJW 2015, 1802, 1804; *Thorn/Hilbig-Lugani/Wischmann*, Gynäkologische Endokrinologie 2017, 73.

104 *Taupitz/Hermes*, NJW 2015, 1802, 1803.

gespendet werden. Die Umschreibung der Annahme eines überzähligen Embryos durch die Wunscheltern könne sinnvoll mit dem Begriff der „*Embryoadoption*“ umschrieben werden, wobei die Anwendung der Adoptionsregelungen des BGH damit nicht befürwortet werden solle.[105]

Der Deutsche Ethikrat hat sich im Jahre 2016 in seiner Stellungnahme „*Embryospende, Embryoadoption und elterliche Verantwortung*“ umfassend mit der „*Embryoadoption*“ bzw. „*Embryo(nen)spende*“ befasst und Normierungsvorschläge hierzu unterbreitet. Die Bezeichnung „*Embryospende*“ suggeriere, ein Embryo sei „*lediglich* [...] *eine biologische Substanz wie Organe oder Blut und nicht* [...] *ein individuelles menschliches Lebewesen. Blieben diese Aspekte unreflektiert, könnte dies zu impliziten normativen Wertungen führen, die es zu vermeiden*“ gelte. Die Bezeichnung „*Embryoadoption*“ verdeutliche hingegen, „*dass die elterliche Verantwortung für ein Lebewesen von den genetischen Eltern auf soziale Eltern*“ übergehe.[106]

Die Ausführungen *Schumanns* und des Deutschen Ethikrates überzeugen. Mit dem Wortbestandteil „*adoption*“ soll in diesem Fall nicht auf den staatlichen Hoheitsakt der Annahme eines Kindes gem. § 1752 BGB verwiesen werden. Vielmehr wird hiermit sowohl die besondere Wertigkeit und Schutzwürdigkeit von Embryonen als auch der Übergang der elterlichen Verantwortung für die Embryonen auf die Wunscheltern hervorgehoben. Daher wird in dieser Arbeit die Bezeichnung „*Embryoadoption*“ verwendet.

Eine Embryoadoption beruht meist auf altruistischen Motiven. Vordergründig ist mithin eine Empathie mit Paaren anzuführen, deren Kinderwunsch bisher unerfüllt blieb. Zudem ist eine Embryoadoption für das spendende Paar mit keinem zusätzlichen Aufwand oder medizinischen Risiken verbunden. Finanzielle Aspekte stehen mangels Entgeltzahlung nicht im Vordergrund.[107]

In der Praxis führt derzeit das *Netzwerk Embryospende e.V.* die Vermittlung überzähliger Embryonen an kinderlose Paare durch, die medizinisch und biologisch nicht in der Lage sind, Kinder zu bekommen.[108] Auch wenn das in Folge einer Embryoadoption ausgetragene Kind mit den Wunschelternteilen genetisch nicht verwandt ist, kommt es zwischen der Geburtsmutter und dem

105 Schumann, in: Beier/Brügge/Thorn/Wiesemann, Assistierte Reproduktion mit Hilfe Dritter (2020), S. 72, Fn. 11.

106 Deutscher Ethikrat, Stellungnahme „*Embryospende, Embryoadoption und elterliche Verantwortung*“ (2016), S. 13.

107 *Leopoldina*, Fortpflanzungsmedizin in Deutschland (2019), S. 74 m.w.N.

108 https://www.netzwerk-embryonenspende.de/index.html (zuletzt aufgerufen am 15.03.2023). Hierzu *Schumann*, MedR 2014, 736, 738.

Kind aufgrund des biologischen und psychologischen Austauschs während der Schwangerschaft zu tiefgreifenden Bindungen.[109] Bisher fehlt es noch an systematischen Untersuchungen über die Auswirkungen der Embryoadoption auf die psychologische Situation des Kindes. Es ist jedoch anzunehmen, dass Auswirkungen für das geborene Kind mit denen der Adoption am ehesten vergleichbar sind.[110]

3. *2-PN-Zell-Adoption*

Die Freigabe überzähliger 2-PN-Zellen an ein Wunschelternpaar wird überwiegend als „*Spende*" überzähliger 2-PN-Zellen bezeichnet.[111]

In dieser Arbeit wird jedoch – neben Embryonen – auch die besondere Wertigkeit und Schutzwürdigkeit von 2-PN-Zellen hervorgehoben. Diese weisen (beim Vorliegen der hierfür erforderlichen Rahmenbedingungen) eine aktive Potentialität zur Entwicklung zu einem Menschen auf[112] und verfügen zudem bereits über eine sog. genetische Identität, da sie das gesamte genetische Informationsmaterial der Keimzellen beider genetischer Eltern enthalten.[113]

Daher sollte auch im Falle der Freigabe überzähliger 2-PN-Zellen an ein Wunschelternpaar nicht von eine „*2-PN-Zell-Spende*", sondern von einer „*2-PN-Zell-Adoption*" gesprochen werden.[114] Wie bereits im Falle von Embryonen soll damit nicht auf den staatlichen Hoheitsakt der Annahme eines Kindes gem. § 1752 BGB verwiesen werden.

B. Vorgeburtliche menschliche Entwicklung von der Imprägnation bis zur Organogenese

I. Befruchtung

Im embryonalmedizinischen Sinn stellt die Befruchtung bzw. Fertilisation kein punktuelles Ereignis, sondern vielmehr einen komplexen, ungefähr 24 Stunden andauernden Prozess dar,[115] der auch als Befruchtungskaskade bezeichnet

---

109 *Laufs*, JZ 1986, 769, 775; *Giesen*, JZ 1985, 652, 658 f.; *Choi*, Der Umgang mit überzähligen Embryonen in Deutschland und Südkorea (2009), S. 180 f.

110 *Leopoldina*, Fortpflanzungsmedizin in Deutschland (2019), S. 74.

111 So z.B. Saliger/Tsambikakis/*Rosenau*, Strafrecht der Medizin, 1. Aufl. (2022), § 6, Rn. 64; *Taupitz*, NJW 2019, 337, 339.

112 *Hillgruber/Goos*, ZfL 2008, 43, 45 f.

113 Hierzu s. zweites Kapitel, B, I und C.

114 Zum Verbot der 2-PN-Zell-Adoption s. viertes Kapitel, H, I, 2.

115 Günther/Taupitz/Kaiser/*Kaiser*, ESchG, 2. Aufl. (2014), A, Rn. 38.

wird.[116] Die Befruchtung kann auf natürlichem Wege nach einem Geschlechtsakt oder auf ärztlich assistierte Weise erfolgen.

1. Imprägnation

Die Imprägnation beschreibt den Vorgang des Eindringens der Samenzelle in die Eizelle. Beim Zusammentreffen der Samenzelle mit der Eizelle erfolgt eine artspezifische akrosomale Reaktion, woraufhin die Zellmembranen von Spermium und Eizelle eine enge Verbindung eingehen. Im Rahmen der Verschmelzung der sich berührenden Zellmembranen werden der Spermienkopf und das Mittelstück in das Zytoplasma der Eizelle inkorporiert. Auch wenn nur das Eindringen einer einzigen Samenzelle erforderlich wäre, durchdringen 300 bis 500 Spermien zunächst eine die Eizelle umgebene Zellschicht (die sog. *Corona radiata)* und danach eine schützende Glykoproteinhülle der Eizelle (die sog. *Zona pellucida*). Aufgrund bestimmter Stoffwechselvorgänge kann jedoch lediglich ein Spermium in das eigentliche Innere der Eizelle eindringen, weshalb eine Doppelbefruchtung bzw. Dispermie verhindert wird.[117]

Zur gleichen Zeit erfolgt die zweite Reifeteilung der Eizelle, wonach diese den zur Befruchtung bestimmten haploiden Chromosomensatz aufweist. Die andere, zur Embryonalentwicklung nicht mehr benötigte Hälfte der Chromosomen wird im zweiten Polkörperchen[118] abgestoßen. Nun wird die männliche Vorkernbildung vorbereitet.[119] Mit dem Eindringen eines Spermiums in die Eizelle wird des Weiteren bereits die genetische Geschlechtsbestimmung vollzogen: Nach der Meiose trägt ungefähr die Hälfte aller Spermien ein X-Chromosom und die andere Hälfte ein Y-Chromosom. Es hängt insofern von dem Geschlechtschromosom des penetrierenden Spermiums ab, ob das zukünftige Genom die männliche (XY) oder weibliche (XX) Chromosomenkonstellation haben wird.[120]

---

116 *Neidert*, MedR 2007, 279, 280.

117 Günther/Taupitz/Kaiser/*Kaiser*, ESchG, 2. Aufl. (2014), A, Rn. 35 f.; *Drews*, Taschenatlas der Embryologie (2006), S. 12; ausführlich hierzu auch *Sadler*, Taschenlehrbuch Embryologie, 13. Aufl. (2020), S. 65 ff.

118 *Wisser*, in: Beckmann/Löhr (2013), Der Status des Embryos, S. 28.

119 *Rabe/Gör/Runnebaum*, in: Runnebaum/Rabe, Gynäkologische Endokrinologie und Fortpflanzungsmedizin II (1994), Fortpflanzungsmedizin, S. 22.

120 *Beier*, Reproduktionsmedizin 2000, 332, 333.

2. *Pronucleus-Stadium*

Im Pronucleus-Stadium formieren sich nun jeweils aus dem haploiden Chromosomensatz der Ei- bzw. Samenzelle zwei von Membranen umgebene Vorkerne bzw. Pronuclei.[121] Eine Eizelle wird in diesem Stadium daher als 2-PN-Zelle bezeichnet.[122]

3. *Syngamie*

Aus den Pronuclei entsteht während der sog. Syngamie eine diploide Zelle, die als Ausgangspunkt der menschlichen Zellteilung angesehen wird. 12 bis 18 Stunden nach der Imprägnation erfolgt zunächst die Verdopplung und Kondensation des genetischen Informationsmaterials in jedem Pronucleus (identische Replikation), ehe die Pronuclei aufeinander zuwandern und sich ihre Membranen auflösen. Ungefähr 22 Stunden nach der Imprägnation erfolgt die sog. Konjugation: Die haploiden, reduplizierten Chromosomensätze der Pronuclei vereinigen sich zur ersten gemeinsamen Teilung bzw. Furchung des diploiden Genoms samt Zelle, womit die Befruchtung abgeschlossen ist. Der Embryo besteht nun aus einer einzelnen Zelle und wird als Zygote bezeichnet.[123]

II. Furchung, Blastozystenbildung und Nidation

Am zweiten Entwicklungstag beginnt die Zygote mit stetig voranschreitenden Zellteilungen in gleich große Blastomeren.[124] Bis zum Achtzellstadium sind die einzelnen Zellen noch totipotent. Zwischen dem Acht- und dem Sechzehnzellstadium erfolgt dahingehend eine morphologische Unterscheidung, dass die Zellen pluripotent werden.[125]

---

121 Günther/Taupitz/Kaiser/*Kaiser*, ESchG, 2. Aufl. (2014), A, Rn. 36; *Drews*, Taschenatlas der Embryologie (2006), S. 12; Deutscher Ethikrat, Stellungnahme „*Embryospende, Embryoadoption und elterliche Verantwortung*“ (2016), S. 15.

122 Günther/Taupitz/Kaiser/*Taupitz*, ESchG. 2. Aufl. (2014), C, § 1 Abs. 1 Nr. 3, Rn. 6.

123 Günther/Taupitz/Kaiser/*Kaiser*, ESchG, 2. Aufl. (2014), A, Rn. 36 f.; Deutscher Ethikrat, Stellungnahme „*Embryospende, Embryoadoption und elterliche Verantwortung*“ (2016), S. 15; *Sadler*, Taschenlehrbuch Embryologie, 13. Aufl. (2020), S. 66 f. Von einer Verwendung des Begriffs der *Zellkernverschmelzung* für die *Konjugation* ist abzusehen, *Neidert*, MedR 2007, 279, 280.

124 Günther/Taupitz/Kaiser/*Kaiser*, ESchG, 2. Aufl. (2014), A, Rn. 39.

125 *Heun*, JZ 2002, 517, 519; *Rager*, in: Rager, Beginn, Personalität und Würde des Menschen (2009), S. 77.

Zu diesem Zeitpunkt erfolgt üblicherweise ein Embryotransfer. Aufgetaute und entwicklungsfähige Embryonen werden hierbei infolge einer Kryokonservierung weiterkultiviert und normalerweise zwei oder drei, spätestens sechs Entwicklungstage nach erfolgter Befruchtung mit dem Erreichen des Blastozystenstadiums in den Uterus der intendierten Mutter transferiert.[126]

Die Embryonalentwicklung schreitet dahingehend fort, dass sich aus dem zunächst lockeren Zellgebilde im Rahmen der sog. Kompaktion ein engerer Verband, die sog. Morula, entwickelt.[127] Hieraus bildet sich sodann die sog. Blastozyste.[128] Diese hat am 7. Tag ein Stadium von ungefähr 125 Zellen erreicht und liegt im Inneren der Gebärmutterschleimhaut.

Mit dem Auflösen der diese umgebenden Zellhülle ist nun die sog. Nidation, in welcher die menschliche Blastozyste den ersten Kontakt zur Gebärmutterschleimhaut aufnimmt, vorbereitet. Damit ist die sog. Präimplantationsphase beendet.[129] Wenn sich die Blastozyste vollständig in die Uterusschleimhaut eingenistet hat, ist die Nidation erfolgt.[130]

III. Beginn der Organogenese

Zum Ende der zweiten Woche bzw. zum Beginn der dritten Woche nach der Imprägnation wird der sog. Primitivstreifen ausgebildet.[131] Dieser bestimmt die Körperachse sowie den kranialen und kaudalen Pol des Embryos.[132] Eine Körpergrundgestalt des Embryos ist erkennbar. Die sog. Individuation ist somit erfolgt und eine Bildung von Zwillingen kann nicht mehr eintreten.[133] Daher wird bezüglich der vorigen Entwicklungsstadien mitunter nicht von Embryonen, sondern von „*Präembryonen*“ gesprochen.[134] Eine solche Differenzierung

---

126 *Leopoldina*, Fortpflanzungsmedizin in Deutschland (2019), S. 46.

127 *Drews*, Taschenatlas der Embryologie (2006), S. 50; *Sadler*, Taschenlehrbuch Embryologie, 13. Aufl. (2020), S. 70 f.

128 *Velte*, Die postmortale Befruchtung (2015), S. 8 m.w.N.

129 Günther/Taupitz/Kaiser/*Kaiser*, ESchG, 2. Aufl. (2014), A, Rn. 40–41; *Heun*, JZ 2002, 517, 519 f. Ausführlich zur Implantation s. *Reister*, in: Kiechle, Gynäkologie und Geburtshilfe, 2. Aufl. (2011), S. 166 f.

130 Zur Nidation s. *Rager*, in: Rager, Beginn, Personalität und Würde des Menschen, 3. Aufl. (2009), S. 79.

131 *Sadler*, Taschenlehrbuch Embryologie, 13. Aufl. (2020), S. 91; *Heun*, JZ 2002, 517, 520.

132 Vgl. *Sadler*, Taschenlehrbuch Embryologie, 13. Aufl. (2020), S. 91.

133 *Heun*, JZ 2002, 517, 520.

134 *Heun*, JZ 2002, 517, 519 m.w.N. Der Begriff des *Präembryos* (engl.: „*pre-embryo*“) wurde ursprünglich verwendet, um vom Wortlaut her für die breite Öffentlichkeit

wertet die frühen menschlichen Entwicklungsstadien jedoch ab, weshalb von einer Verwendung dieses Terminus abzusehen ist.

C. Differenzierung von 2-PN-Zellen und Embryonen

I. Der Begriff des Embryos im deutschen und internationalen Raum

Der deutsche Gesetzgeber stellt in seiner Legaldefinition des Embryos § 8 Abs. 1 ESchG entscheidend auf die Konjugation ab und unterteilt befruchtete und unbefruchtete Eizellen. 2-PN-Zellen, bei denen das Erbgut der genetischen Eltern noch voneinander getrennt ist, befinden sich im Befruchtungsvorgang[135] und werden von § 8 Abs. 1 ESchG nicht erfasst.[136]

Im internationalen Raum besteht kein Konsens bezüglich des Begriffs des Embryos, sodass vielfach keine Abgrenzung von Embryonen und 2-PN-Zellen vorgenommen wird. Vielmehr werden in den verschiedenen Definitionen des Embryos jeweils andere biologisch-physiologische Merkmale der vorgeburtlichen menschlichen Entwicklung hervorgehoben.

So versteht das spanische Recht einen Präembryo in *Art. 1 Nr. 2 Ley 14/2006, de 26 de mayo, sobre técnicas de reproducción humana asistida* als Zellgruppe von der Befruchtung der Eizelle bis zur Nidation und Bildung des Primitivstreifens. Von einem Embryo wird demgegenüber erst ab der Organogenese gesprochen.[137] In Großbritannien umfasst der Begriff des Embryos nach *Section 1(1)(b) Human Fertilisation and Embryology Act 1990 as amended by the Human Fertilisation and Embryology Act 2008* auch eine Eizelle, die sich im Befruchtungsvorgang oder einem anderen Prozess befindet, aus dem sich ein Embryo ergeben kann. Demnach unterfallen auch 2-PN-Zellen dem Embryobegriff. Demgegenüber werden in Österreich gem. § 1 Abs. 3 FMedG *„befruchtete Eizellen und daraus entwickelte Zellen"* dem Oberbegriff der *„entwicklungsfähige*[n] *Zellen"* zugeordnet. In der Schweiz werden imprägnierte

---

eine Differenzierung zum Embryo zu schaffen. Während es galt, Embryonen zu schützen, sollte der *Präembryo* als *„etwas anderes"* für Untersuchungen herangezogen werden können, *Tindale*, The Journal of Value Inquiry 1994, 519. Den Terminus *„pre-embryo"* verwendet beispielsweise *Schenker*, Journal of Assisted Reproduction and Genetics 1995, 499.

135 Keller/Günther/Kaiser/*Günther*, ESchG (1992), § 1 Abs. 1 Nr. 2, Rn. 11.

136 Vgl. hierzu *Haskamp*, Embryonenschutz *in vitro* (2012), S. 162 ff.; Günther/Taupitz/Kaiser/*Kaiser*, ESchG, 2. Aufl. (2014), A, Rn. 37.

137 *Kentenich/Arbeitsgruppe Ethik und Recht der European Society for Human Reproduction & Embryology (ESHRE)*, Gynäkologische Endokrinologie 2007, 243, 244.

Eizellen („*die befruchtete Eizelle vor der Kernverschmelzung*") und Embryonen („*die Frucht von der Kernverschmelzung bis zum Abschluss der Organentwicklung*") in Art. 2h, i FMedG zwar unterschieden, jedoch kommt beiden in Bezug auf die Kryokonservierung gem. Art. 16 FMedG derselbe Rechtsschutz zu.

II. Bewertung: 2-PN-Zellen und Embryonen sollte derselbe Rechtsschutz zukommen

Der deutsche Gesetzgeber unterscheidet im Rahmen des ESchG zwischen 2-PN-Zellen und Embryonen. Er stellt maßgeblich auf das Merkmal der Konjugation ab und schützt damit gem. § 8 Abs. 1 ESchG erst die Zygote als einzelne diploide Zelle. *Taupitz* ist der Ansicht, der Gesetzgeber habe medizinisch-biologischen Gegebenheiten mit der Normierung des § 8 Abs. 1 ESchG „*eine klare Absage erteilt*".[138] Es stellt sich die Frage, ob die vom deutschen Gesetzgeber vorgenommene differenzierende Behandlung von 2-PN-Zellen und Embryonen überzeugend ist.

So weisen bereits 2-PN-Zellen – sofern die erforderlichen Rahmenbedingungen dafür gegeben sind – eine aktive Potentialität zur Entwicklung zu einem Menschen auf.[139] Zudem gilt es zu berücksichtigen, dass 2-PN-Zellen bereits über eine sog. genetische Identität verfügen. Sie beinhalten das gesamte genetische Informationsmaterial der Keimzellen beider genetischer Eltern, welches lediglich auf die beiden haploiden Chromosomensätze der Pronuclei aufgeteilt ist.

Gegen ein Hervorheben der Bedeutung der genetischen Identität wird indes vorgebracht, dass die Eigenschaft des individuellen Lebens nicht allein an der Bestimmbarkeit der bereits im Pronucleusstadium bestehenden genetischen Identität festgemacht werden könne. Die Vorkerne seien im Pronucleusstadium noch zwei voneinander getrennte Einheiten. Das neue individuelle Leben entstehe hingegen erst mit der Vereinigung der Erbinformationen. Im Pronucleusstadium seien die Erbinformationen nicht notwendigerweise einzigartig, da die

138 *Taupitz*, Journal für Reproduktionsmedizin und Endokrinologie 2019, 16 (2), 74, 76. Zum Zeitpunkt des Beginns des Schutzes neuen Lebens s. Günther/Taupitz/Kaiser/*Taupitz*, ESchG, 2. Aufl. (2014), C, § 8, Rn. 28 ff. *Schill/Steinhauer*, JA 2006, 122, 124 zufolge ist der Zeitpunkt der Konjugation selbst willkürlich gewählt. Unter Verweis auf *Heun*, JZ 2002, 517, 523 stellen sie fest: „*Soweit eine geringste Relation für den Lebensbeginn maßgeblich wäre, dürfte man nicht auf die Kernverschmelzung, sondern die Imprägnation abstellen*".

139 *Hillgruber/Goos*, ZfL 2008, 43, 45 f.

Individualität des Lebens neben dem Genom auch durch die Umgebungsvoraussetzungen und Entwicklungsbedingungen beeinflusst werde. Entscheidend sei ausschließlich, dass das vollständige Genom die Entwicklung der befruchteten Eizelle autonom steuere.[140] Ein Mensch werde lediglich teilweise durch seine genetische Identität festgelegt, er sei „*mehr als die Summe seiner Gene*".[141] Dies spricht jedoch gleichzeitig gegen ein Abstellen auf die Konjugation. So kommt weder einer 2-PN-Zelle noch einem Embryo *in vitro* eine eigenständige Entwicklungsfähigkeit zu. Eine Weiterentwicklung hängt von einem Embryotransfer und einer Nidation in die Gebärmutter ab. Auch ist zu berücksichtigen, dass ein Genom mit der Konjugation (genau wie eine 2-PN-Zelle) noch nicht abschließend bestimmt ist. Vielmehr erfolgen bereits in der ersten oder zweiten Teilungsphase der Zygote Genmodifikationen.[142]

Eine Differenzierung von 2-PN-Zellen und Embryonen mit dem Grund, dass die Zygote ihre Entwicklung autonom steuere, vermag daher nicht zu überzeugen. Eine größere Bedeutung für die vorgeburtliche menschliche Entwicklung ist vielmehr erst späteren Entwicklungsprozessen zuzuschreiben, namentlich der Nidation des Embryos in die Gebärmutter oder auch infolgedessen der Bildung des Primitivstreifens. In diesem Sinne wird zunehmend vertreten, dass die Nidation für die Embryonalentwicklung einen entscheidenden biologischen Zwischenschritt darstelle, der Anlass für einen eigenständigen Rechtsschutz geben sollte.[143] Dadurch, dass die Nidation mitsamt der daraus folgenden Beiträge des mütterlichen Organismus unbedingt notwendig für die Ausbildung zu einem Menschen sei, könne dieser Zeitpunkt als eine

---

140 *Lehmann*, ZfL 2008, 111; vgl. auch *Müller-Terpitz*, Das Recht der Biomedizin (2006), 47 f.

141 *Heun*, JZ 2002, 517, 521.

142 *Hufen*, JZ 2004, 1011, 1012. Überdies konnten neuere Studien bei Mäusen zeigen, dass mit der *Konjugation* nicht notwendigerweise alle Chromosomen miteinander verbunden werden. Es wurde herausgefunden, dass die elterlichen Genome nach der Konjugation nicht unmittelbar vermischt werden, sondern zunächst weiter getrennt bleiben, bis der Embryo das Zweizellstadium erreicht. Sollte dies ebenfalls in der menschlichen Entwicklung der Fall sein, wäre mit der Konjugation verfrüht von einem Abschluss der Befruchtung ausgegangen worden, *Reichmann* et al., Science (361) 2018, S. 189 ff.; hierzu auch *Taupitz*, NJW 2019, 337, 340.

143 Günther/Taupitz/Kaiser/*Taupitz*, ESchG, 2. Aufl. (2014), C, § 8, Rn. 30 m.w.N.; statt vieler: *Hofmann*, JZ 1986, 253, 258; *Schroth*, JZ 2002, 170, 177; Dreier/*Dreier*, GG, 3. Aufl. (2013), Art. 1 I, Rn. 84 ff.

entscheidende qualitative Zäsur erachtet werden.[144] Vorher gebe es *„zwar schon artspezifisches [...], aber noch kein individuelles menschliches Leben"*.[145]

Es bleibt somit festzuhalten, dass sich ein Embryo erst mit erfolgter Nidation kontinuierlich weiterentwickeln kann und demnach grundsätzlich auch erst dann eine eigenständige Entwicklungsfähigkeit aufweist. Mit der Bildung des Primitivstreifens ist zudem eine Identität anzunehmen und eine Körpergrundgestalt des Embryos erkennbar.[146]

Die besseren Gründe sprechen insofern dafür, einen entscheidenden Einschnitt in der Entwicklung frühestens in der Nidation zu erkennen. Ein Abstellen auf das Merkmal der Konjugation ist indes abzulehnen. Demnach sollte von einer differenzierenden Behandlung von 2-PN-Zellen und Embryonen, wie es das ESchG vornimmt, abgesehen werden. Vielmehr sollte beiden Entwicklungsstadien - wie es unter anderem in Großbritannien, Österreich, Spanien (und der Schweiz hinsichtlich der Kryokonservierung) der Fall ist - derselbe Rechtsschutz zukommen.[147] Dadurch würde der Rechtsschutz von 2-PN-Zellen verstärkt werden, ohne dass sich dies negativ auf den Rechtsschutz von Embryonen auswirkt. Hierfür ist die verfassungsrechtliche Einstufung von 2-PN-Zellen und Embryonen hinsichtlich der Menschenwürde gem. Art. 1 Abs. 1 GG und des Rechts auf Leben gem. Art. 2 Abs. 1 GG entscheidend.[148]

D. Kryokonservierung von Keimzellen, 2-PN-Zellen und Embryonen

Unter dem Begriff Kryokonservierung ist die Lagerung vitaler Zellen und Gewebe in flüssigem Stickstoff bei -196 °C zu verstehen.[149]

Nachdem die *In-vitro*-Fertilisation zu Beginn der 1980er Jahre eingeführt wurde, konnten erste menschliche Embryonen und 2-PN-Zellen kryokonserviert werden. Zunächst wurde die Kryokonservierung entwickelt, um das Reproduktionsvermögen von Männern, Frauen und Kindern erhalten zu

---

144 Dreier/*Schulze-Fielitz*, GG, 3. Aufl. (2013), Art. 2 II, Rn. 29 m.w.N.

145 *Hofmann*, JZ 1986, 253, 258.

146 Mit der Individuation werde *„Identität begründet"*, *Heun*, JZ 2002, 517, 522.

147 Eine Gleichbehandlung von 2-PN-Zellen und Embryonen in Bezug auf die Spende fordert beispielsweise die *Leopoldina*, Fortpflanzungsmedizin in Deutschland (2019), 76 ff.

148 Hierzu s. drittes Kapitel, A, I.

149 *Liebermann*, in: Diedrich/Ludwig/Griesinger, Reproduktionsmedizin, 2. Aufl. (2020), S. 235.

können, die sich einer Krebsbehandlung mit der Gefahr einer späteren Infertilität unterziehen müssen. Mittlerweile nimmt die Relevanz der Kryokonservierung stetig zu, sodass sie im Rahmen einer Kinderwunschbehandlung eine breite Anwendung findet.[150] So entstehen infolge einer Kinderwunschbehandlung in Deutschland ca. 30 % aller Schwangerschaften im sog. Auftauzyklus nach einer Kryokonservierung und nicht im sog. Frischzyklus.[151] Nach einer Kryokonservierung betragen die Geburtenraten bei dem Transfer eines Embryos 20,9 % und bei dem Transfer zweier Embryonen 22 %.[152] Weltweit sind bereits mehr als 700.000 Kinder aus eingefrorenen Eizellen oder Embryonen entstanden. Die Kryokonservierung wird in vielen Laboren täglich routinemäßig zur *In-vitro*-Fertilisation durchgeführt.[153]

Bei der Kryokonservierung von Keimzellen zum Fertilitätserhalt oder nach Abgabe einer Samenspende handelt es sich um ein gängiges Verfahren.[154] Aufgrund der Vorgaben des ESchG werden in Deutschland regelmäßig 2-PN-Zellen kryokonserviert,[155] die nach dem Auftauen zudem aufgrund ihrer Zellstruktur eine höhere Überlebensrate als Eizellen aufweisen.[156] Die Erfolgschancen einer Implantation sind mit dem Frischzyklus vergleichbar, sofern die Zellen das Auftauen überstehen.[157] Jedoch ist es mitunter nur schwer möglich,

---

150 BT-Drs. 17/3759, S. 24; vgl. auch *Sales*, Überzählige Embryonen in der Reproduktionsmedizin (2014), S. 91.

151 *Czeromin/Krüssel/Tandler-Schneider*, Deutsches IVF Register, Journal für Reproduktionsmedizin und Endokrinologie, Sonderheft 1/2018, S. 8.

152 *Czeromin/Krüssel/Tandler-Schneider*, Deutsches IVF Register, Journal für Reproduktionsmedizin und Endokrinologie, Sonderheft 4/2022, S. 11.

153 *Liebermann*, in: Diedrich/Ludwig/Griesinger, Reproduktionsmedizin, 2. Aufl. (2020), S. 237.

154 *Wohn*, Medizinische Reproduktionstechniken (2001), S. 39.

Die Überlebensrate aufgetauter Eizellen beträgt ca. 68 % und die Fertilisationsraten liegen bei ca. 48 %, *V. Otte/Diedrich/Thill*, Der Gynäkologe 2008, 523, 527 m.w.N. Die Implantationsrate beträgt nach einer Kryokonservierung unbefruchteter Eizellen 6–8 %, *Kupka/Dittrich/Nawroth/v. Wolff*, Gynäkologische Endokrinologie 2012, 98, 99 f. Unmittelbar nach der Durchführung einer Chemotherapie sollten Eizellen jedoch nur mit großer Zurückhaltung kryokonserviert werden, dazu: *v. Wolff/Strowitzki*, Gynäkologische Endokrinologie 2006, 189, 191 f.

155 Deutscher Ethikrat, Stellungnahme „*Embryospende, Embryoadoption und elterliche Verantwortung*“ (2016), S. 16.; *v. Otte/Diedrich/Thill*, Der Gynäkologe 2008, 523, 527; BT-Drs. 17/3759, S. 24.

156 *Velte*, Die postmortale Befruchtung (2015), S. 10 f.

157 Zu den Schwangerschaftsraten s. *Kasum et al.* (2014), European Journal of Obstetrics & Gynecology and Reproductive Biology 2014, Vol. 173, 13; *Oktay/*

die Entwicklungsfähigkeit von 2-PN-Zellen richtig einzuschätzen.[158] Embryonen werden kryokonserviert, wenn sie im Rahmen einer Kinderwunschbehandlung überzählig geworden sind.[159]

Die genaue Anzahl der derzeit in Deutschland kryokonservierten 2-PN-Zellen und Embryonen ist nicht bekannt. Im Jahre 2012 lagerten allein in den Zentren des Netzwerks Embryonenspende e.V. ca. 5.000 kryokonservierte Embryonen und ca. 28.500 kryokonservierte 2-PN-Zellen.[160] Fachleute schätzen die aktuelle Gesamtzahl jedoch auf mehr als das Zehnfache. Im Jahre 2019 wurden in Deutschland schätzungsweise ca. 20.000 Embryonen kryokonserviert, von denen die Hälfte im Rahmen eines Embryotransfers verwendet wurde.[161] Diese Zahlen verdeutlichen, dass das ESchG – trotz des bezweckten Embryonenschutzes – das Aufkommen überzähliger Embryonen nicht verhindert.

I. Verfahren

Die dauerhafte Lagerung einer Keimzelle, 2-PN-Zelle oder eines Embryos bei -196 °C bewirkt, dass innerhalb der Zelle jegliche physikalische und chemische Veränderung verlangsamt und schließlich gestoppt wird, ohne dass diese dabei selbst fortwährend geschädigt wird.[162]

Die Aufbewahrung kann über Jahrzehnte, wenn nicht sogar über Jahrhunderte erfolgen.[163] So wurden bereits Kinder nach einer zehn Jahre andauernden Kryokonservierung geboren.[164] Es kam sogar bereits zu einer Geburt nach einer 25 Jahre langen Lagerung des Kryogutes.[165] Durch die Beigabe eines sog.

Rodriguez-Wallberg, Cancer Treatment Reviews 2012, Vol. 38 (5), 354; *Horn et al.*, Der Onkologe 2017, 943, 947 m.w.N.

158 *Kolodziej/Hüppe/Katzorke*, Der Urologe 2011, 47, 49.

159 Deutscher Ethikrat, Stellungnahme „*Embryospende, Embryoadoption und elterliche Verantwortung*" (2016), S. 16.

160 Deutscher Ethikrat, Stellungnahme „*Embryospende, Embryoadoption und elterliche Verantwortung*" (2016), S. 12, Fn. 7.

161 Leopoldina, Neubewertung des Schutzes von *In-vitro*-Embryonen in Deutschland (2021), S. 19.

162 *Liebermann*, in: Diedrich/Ludwig/Griesinger, Reproduktionsmedizin, 2. Aufl. (2020), S. 237; *Möller/Hilland*, in: Frister/Olzen, Reproduktionsmedizin, 1. Aufl. (2010), S. 126 f.

163 *Wohn*, Medizinische Reproduktionstechniken (2001), S. 39; *Nawroth*, Der Gynäkologe 2013, 648.

164 *Neulen/Neises*, in: Kiechle, Gynäkologie und Geburtshilfe, 2. Aufl. (2011), S. 160.

165 *Heil*, Emma Gibson war 25 Jahre eingefroren, FAZ vom 20.12.2017.

Kryoprotektivums wird den Zellen das Wasser entzogen. Damit wird der Eintritt einer sog. intrazellulären Kristallbildung verhindert,[166] welche der Zerstörung der Zellen gleichkäme.[167]

Im zuerst entwickelten klassischen Verfahren („*slow freezing*") erfolgt der Einfrierungsprozess bis zur Lagertemperatur langsam und kontrolliert. Durch die relativ geringe Konzentration der Kryoprotektiva kann das intrazelluläre Wasser während dieses Vorganges aus den Zellen austreten. Beim langsamen Kryokonservieren kann es jedoch zu Einfrierschäden kommen. So kann durch ein zu schnelles Einfrieren eine intrazelluläre Eisbildung erfolgen. Demgegenüber kann die Zelle auch durch ein zu langsames Kryonisieren gefährdet werden, da dies eine extrazelluläre Eisbildung und eine hohe intrazelluläre Elektrolytkonzentration auslösen kann.[168]

Jedoch ist in den letzten Jahren ein eindeutiger Trend zu dem neueren Verfahren – als Vitrifikation bezeichnet – erkennbar.[169] Hierbei wird das Gefriergut extrem schnell abgekühlt, was bewirkt, dass die Lösungen keine Eiskristalle bilden und vielmehr direkt in eine glasförmige Phase übergehen. Der Vorteil dieser Methode besteht darin, dass bei hoher Effizienz sowohl der zeitliche Aufwand als auch die Kosten für die programmierbare Gerätetechnik deutlich verringert werden. Bei der Vitrifikation bedarf es allerdings einer erhöhten Konzentration des Gefrierschutzmittels, welches selbst zelltoxisch wirkt.[170] Die

166 Die Phase der Eiskristallisation ist bei -6 °C problematisch, *Neulen/Neises*, in: Kiechle, Gynäkologie und Geburtshilfe, 2. Aufl. (2011), S. 160.

167 *Neulen/Neises*, in: Kiechle, Gynäkologie und Geburtshilfe, 2. Aufl. (2011), S. 160. Spermien weisen einen niedrigen Wassergehalt auf, weshalb sie gegenüber schädigenden Auswirkungen der Kryokonservierung widerstandsfähiger sind als andere Zellen, *Kliesch/Kamischke/Cooper/Nieschlag*, in: Nieschlag/Behre/Nieschlag, Andrologie, 3. Aufl. (2009), S. 524.

168 Ausführlich hierzu s. *Liebermann*, in: Diedrich/Ludwig/Griesinger, Reproduktionsmedizin, 2. Aufl. (2020), S. 236. Der genaue Ablauf eines Kryokonservierungsvorganges von Spermazellen ist dem „*Protokoll zur Kryokonservierung des Ejakulats*" in: *Nieschlag/Schlatt/Behre/Kliesch*, WHO-Laborhandbuch zur Untersuchung und Aufarbeitung des menschlichen Ejakulates, 5. Aufl. (2012), S. 154 ff. zu entnehmen.

169 Ausführlich hierzu s. *Liebermann*, in: Diedrich/Ludwig/Griesinger, Reproduktionsmedizin, 2. Aufl. (2020), S. 237 ff.

170 Hierzu ausführlich *Möller/Hilland*, in: Frister/Olzen, Reproduktionsmedizin, 1. Aufl. (2010), S. 126 f; *Montag et al.*, Gynäkologische Endokrinologie 2005, 245, 245 ff.; *Liebermann*, in: Diedrich/Ludwig/Griesinger, Reproduktionsmedizin, 2. Aufl. (2020), S. 237 f.

Erfolgsraten der Kryokonservierung von Eizellen konnten mit der Einführung der Vitrifikation deutlich verbessert werden.[171]

Nach dem Auftauen werden die Zellen *in vitro* weiterkultiviert,[172] woraufhin entwicklungsfähige Embryonen normalerweise zwei oder drei Tage nach der Befruchtung und spätestens sechs Tage nach der Befruchtung mit dem Erreichen des Blastozystenstadiums in den Uterus der genetischen Mutter (bzw. im Falle der Embryoadoption der Wunschmutter) mittels eines Embryotransfers übertragen werden.[173] Der Transfer kann zeitlich an den natürlichen Zyklus der Frau angepasst werden. Auch kann die Frau hormonell behandelt werden, um zu bewirken, dass die Gebärmutterschleimhaut und das hormonelle Milieu optimal vorbereitet sind.[174] Nach dem Transfer kryokonservierter Embryonen ist bezüglich der Rate an Frühgeburten, Fehlbildungen und chromosomalen Anomalien kein signifikanter Unterschied zum Transfer nicht kryokonservierter Embryonen zu verzeichnen. Entsprechendes gilt auch für die mentale Entwicklung und das Wachstum der Kinder.[175]

II. Medizinische Indikation und sozial freezing

1. Indikation

Die Kryokonservierung von Keimzellen ist medizinisch indiziert, wenn eine Schädigung oder Verschlechterung der *Fertilität* zu erwarten ist.[176]

Eine Kryokonservierung von Spermien kann zum Fertilitätserhalt vor einem kontrazeptiven oder fertilitätsschädigenden Verfahren oder einer Exposition des genetischen Vaters indiziert sein. Dies betrifft beispielsweise eine

---

171 *Walker et al.*, Reproductive Biomedicine Online 2004 May; 8 (5), 558, 558 ff.; *Dittrich et al.*, Gynäkologe 2013, 613, 619; *Liebermann*, in: Diedrich/Ludwig/Griesinger, Reproduktionsmedizin, 2. Aufl. (2020), S. 238; *Nawroth*, Der Gynäkologe 2013, 648.

172 Deutscher Ethikrat, Stellungnahme „*Embryospende, Embryoadoption und elterliche Verantwortung*" (2016), S. 16.

173 *Leopoldina*, Fortpflanzungsmedizin in Deutschland (2019), S. 46.

174 Deutscher Ethikrat, Stellungnahme „*Embryospende, Embryoadoption und elterliche Verantwortung*" (2016), S. 17.

175 Vgl. *Liebermann*, in: Diedrich/Ludwig/Griesinger, Reproduktionsmedizin, 2. Aufl. (2020), S. 240 ff. m.w.N.; *Neulen/Neises*, in: Kiechle, Gynäkologie und Geburtshilfe, 2. Aufl. (2011), S. 160; *Nawroth*, Social Freezing (2015), S. 25 ff.

176 *Goeckenjan et al.*, Gynäkologische Endokrinologie 2019, 71, 71 ff.; *Kliesch/Kamischke/Cooper/Nieschlag*, in: Nieschlag/Behre/Nieschlag, Andrologie, 3. Aufl. (2009), S. 517.

Vasektomie (sollte der Kinderwunsch zukünftig erneut aufkommen) oder eine Behandlung mit zytotoxischen Medikamenten oder einer Radiotherapie, die sich voraussichtlich negativ auf die Spermatogenese auswirkt. Eine Indikation kann auch bei einer Infertilitätsbehandlung oder der Minimierung des Risikos der Übertragung einer Infektionserkrankung (z.B. HIV) bestehen. Zu berücksichtigen ist schließlich auch eine Kryokonservierung von Spermien zu Zwecke der Samenspende.[177] Spermien eignen sich grundsätzlich sehr gut für eine Kryokonservierung.[178]

Demgegenüber sind Methoden zum weiblichen Fertilitätserhalt durch die Kryokonservierung von Eizellen unter anderem hinsichtlich der Eizellgewinnung und der Überlebensrate der Zellen komplexer.[179] Jedoch lässt sich hiermit bei Eizellspenden oder Embryoadoptionen eine genauere Abstimmung zwischen dem Transfer und dem hormonellen Status der Empfängerin erreichen, wodurch die Chance einer Implantation beim Embryotransfer zu einem späteren Zyklus der Frau gesteigert wird.[180]

Zudem bewirkt die routinemäßige Kryokonservierung von Embryonen im Blastozystenstadium eine Zunahme von Schwangerschaftsraten. So können heutzutage mittels vitrifizierter, erwärmter und frischer Embryonen im Blastozystenstadium vergleichsweise hohe Implantations- und Schwangerschaftsraten erreicht werden. Außerdem ermöglicht es die zunehmende Verlässlichkeit der Kryokonservierungsprotokolle und Techniken, dass weniger Embryonen für einen Transfer erforderlich sind. Dies hat zur Folge, dass es zu weniger Mehrlingsschwangerschaften kommt und gesunde Implantationen

---

177 *Nieschlag/Schlatt/Behre/Kliesch*, WHO-Laborhandbuch zur Untersuchung und Aufarbeitung des menschlichen Ejakulates, 5. Aufl. (2012), S. 155.

178 Dies beruht auf ihrer großen Anzahl und ihrer geringen Größe. Zudem verfügen Spermien über weniger Zytoplasma und weniger intrazellulares Wasser als die meisten anderen Zellen, hierzu s. *Katzorke/Kolodziej*, in: Diedrich/Ludwig/Griesinger, Reproduktionsmedizin, 2. Aufl. (2020), S. 647.

179 Zu den Schwierigkeiten der Kryokonservierung von Eizellen s. *Enquete-Kommission „Recht und Ethik der modernen Medizin“*, Schlussbericht (2002), S. 3 m.w.N.; *Trounson/Kirby*, Fertil Steril 1989, 778; *Choi*, Der Umgang mit überzähligen Embryonen in Deutschland und Südkorea (2009), S. 154.

180 *Choi*, Der Umgang mit überzähligen Embryonen in Deutschland und Südkorea (2009), S. 152.

Zu den Vorteilen der Kryokonservierung: *Wohn*, Medizinische Reproduktionstechniken (2001), S. 40 ff.; *Merz*, Die medizinische, ethische und juristische Problematik artifizieller menschlicher Fortpflanzung (1991), S. 28 ff.

von Embryonen zunehmen.[181] Die Kryokonservierung wirkt sich mithin in verschiedener Hinsicht positiv auf die Kinderwunschbehandlung aus.

Zwar bedarf es im Rahmen einer *In-vitro*-Fertilisation aufgrund der geringen Quote einer erfolgreichen Nidation des Embryos in die Gebärmutter meist mehrerer Versuche, ehe eine Schwangerschaft herbeigeführt werden kann. Die restlichen unbefruchteten Eizellen können indes für spätere Wiederholungsversuche aufbewahrt werden.[182] Einer Studie aus dem Jahre 2016 zufolge weist eine *In-vitro*-Fertilisation mit kryokonservierten Embryonen zudem eine höhere Erfolgsquote auf und bringt geringere Komplikationen mit sich als eine *In-vitro*-Fertilisation von Embryonen, die vorher nicht kryokonserviert worden sind.[183]

Als Mittel zur Fertilitätsprotektion kommt die Kryokonservierung für Männer und Frauen auch im Falle einer malignen Erkrankung in Betracht, wenn die Familienplanung noch nicht abgeschlossen ist und der Fortpflanzungsfähigkeit eine erhebliche Bedeutung für die Lebensqualität zuzuschreiben ist.[184]

---

181 *Liebermann*, in: Diedrich/Ludwig/Griesinger, Reproduktionsmedizin, 2. Aufl. (2022), S. 235; s. auch BT-Drs. 17/3759, S. 24.

182 *Wohn*, Medizinische Reproduktionstechniken (2001), S. 40. Eine Nidation erfolgt in nur 10 % der Fälle, *Choi*, Der Umgang mit überzähligen Embryonen in Deutschland und Südkorea (2009), S. 153.

183 *Chen et al.*, NEJM 2016, 523.

184 Die Überlebensrate von Krebspatienten hat sich in den vergangenen drei Jahrzehnten deutlich verbessert. So beträgt diese bis zum Alter von 45 Jahren durchschnittlich ungefähr 50 %. In Deutschland gibt es damit pro Jahr bis zum Alter von 15 Jahren ungefähr 1.300, bis zum Alter von 35 Jahren ca. 5.000 und bis zum Alter von 45 Jahren ca. 10.000 Überlebende einer Krebserkrankung. Damit geht jedoch auch ein größeres Interesse für die Langzeitfolgen der Behandlung einher, worunter auch das vorzeitige Ovarialversagen mit Infertilität fallen kann. Hierzu ausführlich *Kupka/Dittrich/Nawroth/v. Wolff*, Gynäkologische Endokrinologie 2012, 98. Mit dem Anstieg des mütterlichen Alters bei der Geburt des ersten Kindes von ca. 25 auf 30 Jahren innerhalb der letzten Jahrzehnte ist auch die Wahrscheinlichkeit einer Krebserkrankung vor der Geburt des ersten Kindes gestiegen, *V. Wolff/Strowitzki*, Gynäkologische Endokrinologie 2006, 189 f.

Neben dem oft vorliegenden konkreten Kinderwunsch leiden viele Krebspatientinnen unter psychischen Belastungen, die sich aus der ovarialtoxischen Therapie durch die altersbedingte höhere Wahrscheinlichkeit einer relevanten Ovarialschädigung ergeben. Hinzu kommt, dass fertilitätsprotektive Maßnahmen altersbedingt eine geringere Effektivität aufweisen können. Auf die *Fertilität* kann sich nach einer überstandenen Krebserkrankung weiterhin negativ auswirken, dass berufliche Perspektiven die finanzielle Unabhängigkeit beschränken und den Aufbau von Partnerschaften erschweren oder dass die kräftezehrende Erziehung der Kinder

Krebstherapeutische Maßnahmen können sich negativ auf das reproduktive System auswirken,[185] weshalb vor der Behandlung mittels Kryokonservierung eine „*Zeugungsreserve*" geschaffen werden kann.[186] Ist die Erkrankung überstanden, greift jedoch lediglich ein geringerer Teil auf die „*Zeugungsreserve*" zurück, als man zunächst denken könnte. So verwendeten einer Studie aus dem Jahre 2002 zufolge lediglich 2–27 % der männlichen Patienten nach der erfolgreich überstandenen Behandlung die kryokonservierten Spermien im Rahmen einer Kinderwunschbehandlung.[187]

2. *Social Freezing*

Vielfach wird eine Kryokonservierung auch aus rein sozialen Motiven durchgeführt. Hierbei handelt es sich um das sog. *Social Freezing*.[188] Die Kryokonservierung von Eizellen (oder Ovarialgewebe) erfolgt hierbei zur Fertilitätsreserve, ohne dass dies medizinisch indiziert ist.[189] Damit lässt sich die Familienplanung zeitlich verschieben, weshalb beispielsweise die eigene Karriere zunächst nicht zurückgestellt werden muss. Überwiegend begründen Frauen ihren Entschluss zum *Social Freezing* jedoch mit dem Fehlen eines geeigneten Partners.[190] Es erweist sich indes als problematisch, dass Frauen ein *Social Freezing* im Schnitt erst im Alter von 38 Jahren erwägen, da die Erfolgsaussichten der Kryokonservierung von Eizellen maßgeblich von der Anzahl der vorhandenen Eizellen und dem Alter der genetischen Mutter abhängen.[191] So liegt das optimale Alter

---

nicht mehr gewährleistet werden kann. Zudem können sich Ängste vor einem erhöhten Fehlbildungsrisiko sowie die Sorge um den eigenen vorzeitigen Tod und damit den frühzeitigen Verlust eines Elternteils für das Kind negativ auswirken. Hierzu s. *v. Wolff/Strowitzki*, Gynäkologische Endokrinologie 2006, 189 f. m.w.N.

185 *Griesinger*, in: Woopen, Fortpflanzungsmedizin in Deutschland (2016), S. 27 f.; BT-Drs. 17/3759, S. 24.

186 Indes reicht bei einer onkologischen Therapie mitunter die Zeit nicht aus, um Eizellen gewinnen und fertilisieren zu können, weshalb eine Kryokonservierung nicht immer möglich ist. Auch für präpubertierende Kinder kommt eine Kryokonservierung von Keimzellen nicht in Betracht, *v. Otte/Diedrich/Thill*, Der Gynäkologe 2008, 523, 527.

187 *Schover et al.*, Journal of Clinical Oncology (20) 2002, 1880, 1880 ff.

188 *Griesinger*, in: Woopen, Fortpflanzungsmedizin in Deutschland (2016), S. 28.

189 *V. Wolff*, Gynäkologische Endokrinologie 2013, 222.

190 *Katzorke/Kolodziej*, in: Diedrich/Ludwig/Griesinger, Reproduktionsmedizin, 2. Aufl. (2020), S. 654

191 *Nawroth*, Der Gynäkologe 2013, 648, 649. Im Jahre 2012 waren über 20 % der Mütter bei der Geburt ihrer Kinder mehr als 35 Jahre alt. 0,2 % der Mütter wiesen

einer Frau für eine erfolgreiche Eizellentnahme zwischen 20 und 30 Jahren,[192] wobei die weibliche Fertilität bereits ab der Mitte der dritten Lebensdekade abnimmt.[193]

Während reproduktionsmedizinische Fachgesellschaften dem *Social Freezing* zunächst skeptisch gegenüber standen, werden Risiken, Chancen und der Aufwand dieses Verfahrens für den Fertilitätserhalt mittlerweile jedoch durchaus positiv gesehen.[194] Eine mediale und fachspezifische Diskussion um das *Social Freezing* kam im Oktober 2014 auf, nachdem das Angebot von *Apple* und *Facebook* bekannt wurde, die Kosten eines *Social Freezings* ihrer Mitarbeiterinnen zu übernehmen.[195]

E. Rechtliche Elternschaft infolge der Kinderwunschbehandlung

Nach einer erfolgreich durchgeführten Kinderwunschbehandlung kann es zu verschiedenen Konstellationen der rechtlichen Elternschaft kommen. Dies hängt entscheidend von der aktuellen Partnerschaftssituation der Geburtsmutter ab, die gem. § 1591 BGB rechtliche Mutter des Kindes ist. Ob die Eizelle

---

sogar ein Alter zwischen 45 und 49 Jahren auf, s. *Dorn*, in: Woopen, Fortpflanzungsmedizin in Deutschland (2016), S. 74 m.w.N. Durch *Social Freezing* können in Zukunft vermehrt Schwangerschaften in höherem Alter auftreten, wodurch möglicherweise sowohl die Medizin als auch die Gesellschaft langfristig mit neuen Problemen konfrontiert werden wird, *v. Wolff*, Gynäkologische Endokrinologie 2013, 222, 224.

192 *Dorn*, in: Woopen, Fortpflanzungsmedizin in Deutschland (2016), S. 77.

193 *Nawroth*, Der Gynäkologe 2013, 648.

194 *Griesinger*, in: Woopen, Fortpflanzungsmedizin in Deutschland (2016), S. 28. In Israel wird *Social Freezing* aus präventivmedizinischen Gründen durchgeführt, falls später eine reproduktionsmedizinische Behandlung erforderlich werden könnte, welcher vorgebeugt werden soll, s. *Shkedi-Rafid/Hashiloni-Dolev*, Fertil Steril 2011, 291, 291 ff. In den USA liegt einer Kryokonservierung in ungefähr zwei von drei Fällen eine soziale Motivation zu Grunde, s. *Cil/Bang/Oktay*, Fertil Steril 2013, 492. Jedoch gaben Frauen eines Kinderwunschzentrums in New York (die zum größten Teil älter als 35 Jahre waren) an, sich nicht aufgrund ihrer Karriere, sondern vielmehr aufgrund ihres derzeitigen Beziehungsstandes für ein *Social Freezing* zu entscheiden, *Dorn*, in: Woopen, Fortpflanzungsmedizin in Deutschland (2016), S. 75.

195 *Dorn*, in: Woopen, Fortpflanzungsmedizin in Deutschland (2016), S. 75.

von ihr selbst oder einer anderen Frau stammt, wirkt sich somit diesbezüglich nicht aus.[196]

I. Homologe Kinderwunschbehandlung

Ist das Paar verheiratet, erlangt der Ehemann der Geburtsmutter, bei dem es sich auch um den genetischen Vater handelt, gem. § 1592 Nr. 1 BGB automatisch die rechtliche Vaterschaft.[197]

Wurde indes keine Ehe geschlossen, besteht die Möglichkeit der Erlangung der rechtlichen Vaterschaft durch Anerkennung gem. §§ 1592 Nr. 2, 1594 ff. BGB oder durch gerichtliche Feststellung gem. §§ 1592 Nr. 3, 1600d BGB.[198] Die gerichtliche Feststellung der Vaterschaft kann überdies auch *post mortem* erfolgen.[199]

II. Heterologe Kinderwunschbehandlung

Im Rahmen einer heterologen Kinderwunschbehandlung sind verschiedene Konstellationen der rechtlichen Elternschaft möglich. So kann der Kinderwunsch von der Geburtsmutter gemeinsam mit einem Wunschvater oder einer Wunschmutter geteilt werden.

Zu berücksichtigen ist, dass der Mutter gem. § 1595 Abs. 1 BGB das Recht zukommt, die Zustimmung in die Anerkennung der rechtlichen Vaterschaft trotz entgegenstehender Absprache mit dem Wunschvater zu verweigern. Ist der ursprünglich einverstandene Wunschvater nach der Geburt des Kindes jedoch nicht mehr zur Anerkennung der rechtlichen Vaterschaft bereit, verpflichtet ihn nach Ansicht des BGH im Falle einer konsentierten Samenspende seine abgegebene Einwilligung in die Vornahme der heterologen Insemination zur Unterhaltszahlung, obwohl er kein rechtlicher Elternteil ist.[200]

---

196 Laufs/Katzenmeier/Lipp/*Lipp*, Arztrecht, 8. Aufl. (2021), VIII, Rn. 31. Als zentrales Ziel dieser Norm sollen Leihmutterschaften verhindert und im Falle von Eizell- und Embryospenden Klarheit bzgl. der rechtlichen Mutterschaft geschaffen werden, BT-Drs. 13/8511, S. 69.

197 Dies betrifft demnach auch den Fall, dass eine Schwangerschaft im homologen Verfahren gegen oder ohne den Willen des genetischen Vaters herbeigeführt wird, BGHZ 146, 391, 395 = BGH, NJW 2001, 1789, 1789 f.

198 *Grziwotz*, in: Beck'sches Notar-Handbuch, 7. Aufl. (2019), Kapitel 2, § 15, Rn. 7 ff.; Laufs/Katzenmeier/Lipp/*Lipp*, Arztrecht, 8. Aufl. (2021), VIII, Rn. 32.

199 *Velte*, Die postmortale Befruchtung (2015), S. 115.

200 BGHZ, 207, 135, 142 ff. = BGH, NJW 2015, 3434, 3435 f. Auch wenn dem Kind somit ein Anspruch auf Unterhaltszahlung zusteht, verfügt es dennoch lediglich

Im Falle der Kinderwunschbehandlung bei lesbischen Paaren setzt eine Stiefkindadoption (§§ 1741 Abs. 2 S. 3, 1766a BGB) ebenfalls voraus, dass die intendierten Eltern, in diesem Fall die genetische Mutter und ihre Partnerin, in die Annahme des Kindes eingewilligt haben.[201]

Verfügt das Kind im Rahmen der heterologen Kinderwunschbehandlung neben der Geburtsmutter über keinen weiteren rechtlichen Elternteil, liegt eine sog. Solomutterschaft vor. Weiterhin sind Fälle der in Deutschland verbotenen Leihmutterschaft zu berücksichtigen.

1. Zuordnung des Kindes zum Wunschvater

a. Rechtliche Elternschaft des Wunschvaters

Ein Wunschvater kann die rechtliche Vaterschaft grundsätzlich gem. § 1592 Nr. 1 oder 2 BGB erlangen: Ist die Mutter zum Zeitpunkt der Geburt mit einem anderen Mann als dem genetischen Vater verheiratet, so ist ihr Ehemann gem. § 1592 Nr. 1 BGB rechtlicher Vater des Kindes. Wurde hingegen keine Ehe geschlossen, kann der Wunschvater die rechtliche Vaterschaft nur mit Zustimmung der genetischen Mutter durch Anerkennung gem. § 1592 Nr. 2 BGB erlangen. Eine Feststellung der Vaterschaft des Wunschelternteils gem. § 1592 Nr. 3 BGB ist aufgrund der fehlenden genetischen Verbindung zum Kind hingegen nicht möglich.[202]

b. Ausschluss der Feststellung der rechtlichen Vaterschaft des Samenspenders gem. § 1600d Abs. 4 BGB

Mit der Normierung des neuen § 1600d Abs. 4 BGB kann der Samenspender nicht als rechtlicher Vater des Kindes festgestellt werden. § 1600d Abs. 4 BGB betrifft offizielle Samenspenden. Daher erlangt diese Norm keine Geltung für private Samenspenden bzw. Becherspenden.[203]

Falls das Kind keinen rechtlichen Vater hat, besteht gem. §§ 1592 Nr. 2, 1594 ff. BGB weiterhin die Möglichkeit einer Vaterschaftsanerkennung durch den Samenspender.[204] Der Samenspender ist vor einer rechtlichen

---

über einen rechtlichen Elternteil, *Schumann*, in: Beier/Brügge/Thorn/Wiesemann, Assistierte Reproduktion mit Hilfe Dritter (2020), S. 82 f.

201 Zur Stiefkindadoption s. NK-BGB/*Sanders*, 4. Aufl. (2021), § 1766a BGB, Rn. 7.

202 Vgl. MüKoBGB/*Wellenhofer*, 8. Aufl. (2020), § 1592, Rn. 18.

203 Vgl. *Spickhoff*, ZfPW 2017, 257, 279; MüKoBGB/*Wellenhofer*, 8. Aufl. (2020), § 1600d, Rn. 100.

204 *Frie*, NZFam 2018, 817, 822 m.w.N.; vgl. *Schumann*, in: Beier/Brügge/Thorn/Wiesemann, Assistierte Reproduktion mit Hilfe Dritter (2020), S. 71, Rn. 8.

Inanspruchnahme geschützt, während seine Daten im Samenspenderregister gespeichert werden und ein Auskunftsanspruch des Kindes besteht.[205] Nach Ansicht des Gesetzgebers möchte der Samenspender im heterologen Verfahren keine elterliche Verantwortung übernehmen. Jedoch wirke sich der Ausschluss der rechtlichen Vaterschaft positiv auf die Bereitschaft des Samenspenders aus, Kontakt mit dem Kind aufzunehmen.[206] Der Ausschluss der Feststellung des Samenspenders als rechtlicher Vater soll demnach gewährleisten, dass auch nach Einführung des SaRegG weitere Samenspenden abgegeben werden, obwohl die Spender meist keine elterliche Verantwortung übernehmen möchten. Gleichzeitig werden nun die Daten der Spender im Samenspenderregister gespeichert und der Auskunftsanspruch des Kindes wurde einfachgesetzlich normiert. § 1600d Abs. 4 BGB stellt somit das Gegenstück zur Erfassung im Samenspenderregister dar.[207]

aa. Beschränkung auf offizielle Samenspenden

§ 1600d Abs. 4 BGB enthält einen Verweis auf § 2 Abs. 1 S. 1 SaRegG und nimmt damit eine Beschränkung auf Fälle der sog. offiziellen Samenspende vor. An eine offizielle Samenspende werden bestimmte Vorgaben geknüpft, sodass diese „*qualifiziert*“ sein muss. Vor der Abgabe bedarf es zunächst einer Aufklärung im Sinne des § 2 Abs. 2 S. 1 SaRegG in einer Einrichtung gem. § 2 Abs. 1 S. 1 SaRegG. Zudem muss der Spendersamen gem. § 1600d Abs. 4 BGB für „*eine ärztlich unterstützte künstliche Befruchtung*“ im heterologen System verwendet worden sein, wobei die Befruchtung in einer Einrichtung der medizinischen Versorgung gem. § 1a Nr. 9 TPG erfolgt sein muss.[208]

Nach geltender Rechtslage erweist sich die Beschränkung des § 1600d Abs. 4 BGB auf offizielle Samenspenden als sinnvoll. Zwar kommen private Samenspenden im Bekanntenkreis (Becherspenden) des Öfteren vor, jedoch ist eine Gleichbehandlung mit offiziellen Samenspenden nicht vorteilhaft, solange grundsätzliche Fragen bezüglich der Aufklärung, Weitergabe und Speicherung der Daten des privaten Samenspenders im Samenspenderregister

205 *Frie*, NZFam 2018, 817, 821; *Taupitz/Theodoridis*, MedR 2018, 457, 461; zur Rechtsfolge des § 1600d Abs. 4 BGB s. Spickhoff/*Spickhoff*, Medizinrecht, 4. Aufl. (2022), § 1600d BGB, Rn. 13.

206 BT-Drs. 18/11291, S. 35.

207 *Frie*, NZFam 2018, 817, 821.

208 Zu den Voraussetzungen des § 1600d Abs. 4 BGB s. MüKoBGB/*Wellenhofer*, 8. Aufl. (2020), § 1600d, Rn. 97 f.

noch unbeantwortet sind.[209] Wenn jedoch eine Anpassung der gesetzlichen Vorgaben zur privaten Samenspende erfolgt, sollte § 1600d Abs. 4 BGB eine Erweiterung auf private Samenspenden finden.

In diesem Sinne hat der Arbeitskreis Abstammungsrecht bereits die gesetzliche Berücksichtigung privater Samenspenden empfohlen. Er schlägt vor, dass die Eltern-Kind-Zuordnung bei der Verwendung einer privaten Samenspende bei einer ärztlich assistierten Fortpflanzung nach denselben Regeln erfolgen soll, wie bei der Verwendung einer offiziellen Samenspende. Erforderlich seien demnach eine Einwilligung der „*intendierten Eltern*", ein schriftlicher Verzicht des Spenders auf eine rechtliche Elternschaft sowie das Einverständnis des Spenders, dass seine Daten gespeichert und von einem Arzt an das Spenderregister weitergegeben werden können. Ein konkludenter Verzicht des Samenspenders reiche demgegenüber nicht aus, da er im Rahmen der privaten Spende nicht eindeutig zu entnehmen sei.[210]

Der inzwischen überholte Diskussionsteilentwurf des BMJV vom März 2019 knüpfte daran in § 1598c Abs. 1 S. 1 BGB-E an: „*Bei einer ärztlich unterstützten künstlichen Befruchtung ist es* [...] *egal, ob es sich um eine offizielle Samenspende oder um privat gespendeten Samen handelt, sofern der schriftliche Verzicht des Spenders auf die Elternschaft und das Einverständnis des Spenders mit der Datenspeicherung vorliegen. Dann soll der Fall privat gespendeten Samens wie der Fall einer offiziellen Samenspende behandelt werden.*"[211] Unter diesen Voraussetzungen wäre eine rechtliche Gleichbehandlung der offiziellen und privaten Samenspende angebracht.

bb. Erweiterung auf die Embryoadoption und die Spende überzähliger 2-PN-Zellen

Neben der Samenspende sollte § 1600d Abs. 4 BGB jedoch auch auf Fälle der rechtlich nicht verbotenen Embryoadoption erweitert werden. Nach geltender Rechtslage besteht im Rahmen einer Embryoadoption die Möglichkeit der Feststellung der Vaterschaft des genetischen Vaters, wenn eine Anfechtung der rechtlichen Vaterschaft erfolgt ist (oder es aus anderen Gründen keinen rechtlichen Vater gibt).

209 *Helms*, FamRZ 2017, 1537, 1538 m.w.N.

210 BMJV, Arbeitskreis Abstammungsrecht, Abschlussbericht – Empfehlungen für eine Reform des Abstammungsrechts (2017), S. 64 ff., These 48 f.

211 BMJV, Diskussionsteilentwurf – Entwurf eines Gesetzes zur Reform des Abstammungsrechts (13.03.2019), S. 9, 35.

Der Gesetzgeber war sich dieser Problematik bewusst, da eine Erweiterung des Registers auf die Embryoadoption unter anderem in der Sachverständigenanhörung zum SaRegG erörtert wurde.[212] Eine planwidrige Regelungslücke besteht demnach nicht, weshalb eine analoge Anwendung des § 1600d Abs. 4 BGB auf die Embryoadoption nicht möglich ist.[213] Demgegenüber war im Diskussionsteilentwurf des BMJV gem. § 1598c Abs. 1 S. 2 BGB-E im Falle einer Embryoadoption nach den Vorgaben Abs. 1 S. 1 Nr. 1, 2 ein Ausschluss der Feststellung des genetischen Vaters als Vater des Kindes vorgesehen.[214] Die Normierung des Ausschlusses der Feststellung der rechtlichen Vaterschaft im Falle der Embryoadoption wäre zu begrüßen, da es sich hierbei um vergleichbare Fallgruppen handelt.[215] Sollte zukünftig auch die Adoption überzähliger 2-PN-Zellen legalisiert werden, wäre eine Erweiterung des § 1600d Abs. 4 BGB erforderlich, damit auch diese Fallgruppe umfasst ist.[216]

c. *Keine Anerkennung oder Anfechtung der rechtlichen Elternschaft durch den (vorigen) Wunschelternteil*

Nach geltender Rechtslage ist es möglich, dass ein Kind im heterologen Verfahren gezeugt wird, ohne einem Wunschelternteil nach der Geburt rechtlich zugeordnet zu werden. Der Wunschvater ist, wenn er mit der genetischen Mutter nicht verheiratet ist, (auch noch nach der Geburt) in der Entscheidung frei, ob er die Vaterschaft § 1592 Nr. 2 BGB anerkennen möchte oder nicht.[217]

---

212 Deutscher Bundestag, Ausschuss für Gesundheit, Protokoll Nr. 18/111 (29. März 2017), S. 4, 8, einsehbar unter: https://www.bundestag.de/resource/blob/511936/9a80b9956d885865199815e949347b6f/111_29_03_2017_saregg-data.pdf (zuletzt aufgerufen am 15.03.2023).

213 So bereits *Schumann*, in: Beier/Brügge/Thorn/Wiesemann, Assistierte Reproduktion mit Hilfe Dritter (2020), S. 85 m.w.N.

214 BMJV, Diskussionsteilentwurf – Entwurf eines Gesetzes zur Reform des Abstammungsrechts (13.03.2019), S. 9, 35 f.

215 Eine Vergleichbarkeit der Fallgruppen stellte auch *Becker* (Deutscher Anwaltsverein e.V.) im Rahmen der Sachverständigenanhörung zum SaRegG fest, Deutscher Bundestag, Ausschuss für Gesundheit, Protokoll Nr. 18/111 (29. März 2017), S. 4, einsehbar unter: https://www.bundestag.de/resource/blob/511936/9a80b9956d885865199815e949347b6f/111_29_03_2017_saregg-data.pdf (zuletzt aufgerufen am 15.03.2023).

216 Hierzu s. viertes Kapitel, H, I, 2, IV.

217 *Schumann*, in: Beier/Brügge/Thorn/Wiesemann, Assistierte Reproduktion mit Hilfe Dritter (2020), S. 77, Fn. 47.

Handelt es sich bei dem Wunschelternteil um den Ehemann der genetischen Mutter, so kann dieser die gem. § 1592 Nr. 1 BGB mit der Geburt bestehende rechtliche Vaterschaft andererseits auch anfechten. Jedoch enthält § 1600 Abs. 4 BGB die Regelung, dass die Anfechtung der Vaterschaft durch den Wunschvater ausgeschlossen ist, wenn das Kind sowohl mit seiner Einwilligung als auch mit derjenigen der Mutter durch ärztlich assistierte Befruchtung mittels Samenspende eines Dritten gezeugt worden ist. Eine Anfechtung der Vaterschaft ist demnach weiterhin möglich, wenn die ärztlich assistierte Befruchtung ohne dessen Einwilligung vorgenommen wurde. Hat der Ehemann seine Einwilligung in die Kinderwunschbehandlung noch vor der Konjugation widerrufen, ist § 1600 Abs. 4 BGB nicht anwendbar, da die ärztlich assistierte Befruchtung aufgrund des Widerrufs vor Beendigung des Befruchtungsvorganges ohne Einwilligung des Ehemanns erfolgt ist.[218] Das OLG Frankfurt a.M. geht diesbezüglich richtigerweise davon aus, dass ein Widerruf des Wunschelternteils in die Übernahme der rechtlichen Vaterschaft im Falle einer Trennung bereits konkludent erklärt wird.[219]

Dadurch, dass die Kryokonservierung die zeitliche Koppelung des Befruchtungsvorganges aufhebt, können vermehrt Fälle aufkommen, in denen der Wunschelternteil seine Einwilligung in die Befruchtung der Eizelle oder die Fortsetzung des Befruchtungsvorganges widerruft. § 1600 Abs. 4 BGB könnte demnach des Öfteren nicht einschlägig sein, sodass Wunschväter zu einer Anfechtung gem. § 1592 Nr. 1 BGB berechtigt wären. Es ist anzunehmen, dass dem Gesetzgeber bei der Normierung des § 1600 Abs. 4 BGB die Tragweite der Kryokonservierung von Keimzellen und 2-PN-Zellen nicht bewusst war. Die ursprüngliche Intention des Gesetzgebers war, sicherzustellen, dass dem Kind auch in Fällen einer Samenspende die Zuordnung zum Wunschvater ermöglicht wird. Eine Solomutterschaft sollte somit verhindert werden.[220] Mittlerweile hat

---

218 *Schumann*, in: Beier/Brügge/Thorn/Wiesemann, Assistierte Reproduktion mit Hilfe Dritter (2020), S. 77, Fn. 47; vgl. auch *Spickhoff*, Anm. zu LG München, MedR 2018, 986; OLG Frankfurt a.M., NZFam 2018, 1145, 1149.

219 OLG Frankfurt, NZFam 2018, 1145, 1149.

220 *„Die Regelung ist erforderlich, um den auf diese Weise gezeugten Kindern eine Rechtsstellung im Verhältnis zu dem als ihren Vater geltenden Mann zu verschaffen und zu erhalten, wie sie angenommene minderjährige Kinder haben.* […] *Dem Anfechtungsausschluss als isolierte Rechtsfolge einer konsensualen heterologen Insemination steht nicht entgegen, dass die Zulässigkeit der heterologen Insemination und auch sonstige zivilrechtliche Fragen im Zusammenhang mit der künstlichen Befruchtung beim Menschen bisher nicht umfassend geklärt und gesetzlich geregelt sind. Ausschlaggebend ist vielmehr, dass auf diesem Wege gezeugte Kinder*

sich die Ansicht des Gesetzgebers jedoch gewandelt, da sich dieser spätestens mit der Einführung des SaRegG und der Normierung des § 1600d Abs. 4 BGB der Solomutterschaft geöffnet hat. Dass sich Fälle der Solomutterschaft demnach ebenfalls aufgrund des § 1600d Abs. 4 BGB ergeben können, entspricht somit der derzeitigen Intention des Gesetzgebers.

2. *Zuordnung des Kindes zur Wunschmutter*

Im heterologen Verfahren kann der Wunsch bestehen, dass das Kind rechtlich neben der Geburtsmutter auch einer Wunschmutter zugeordnet wird. Eine solche sog. Mit-Mutterschaft kann im Rahmen einer lesbischen Partnerschaft erfolgen, in der die Geburtsmutter eine Ehefrau oder eine eingetragene Lebenspartnerin hat, welche die rechtliche Elternschaft über das Kind erlangen möchte.[221] Zwar verfügt das Kind wie im Fall der Solomutterschaft über keinen rechtlichen Vater,[222] jedoch kann die Mit-Mutter die rechtliche Elternschaft gem. §§ 1741 Abs. 1 S. 1, Abs. 2 S. 3, 1754 Abs. 1 BGB, § 9 Abs. 7 LPartG mittels einer sog. Stiefkindadoption erlangen.[223] Mit der Änderung des § 1766a BGB im Jahre 2020 ist eine Stiefkindadoption und demnach eine abstammungs- und adoptionsrechtliche Zuordnung des Kindes zur nichtehelichen Lebensgefährtin der Geburtsmutter möglich.[224]

Eine Einwilligung des Samenspenders ist nach der Rechtsprechung des BGH nicht erforderlich, da dieser keine rechtliche Elternschaft anstrebt.[225]

Der Diskussionsteilentwurf des BMJV vom März 2019 sah die bereits vom Arbeitskreis Abstammungsrecht[226] nahe gelegte Gleichstellung der leiblichen und intendierten Elternschaft vor. Daher soll eine unmittelbare Zuordnung des

---

vorhanden sind, die in rechtlicher und sozialer Hinsicht des Schutzes bedürfen.", BT-Drs. 14/2096, S. 7; zu § 1600 Abs. 2 a.F. s. auch *Wanitzek*, FamRZ 2003, 730, 730 ff.; *Vossler*, FamRB 2002, 159.

221 Zur Mit-Mutterschaft s. *Schumann*, in: Beier/Brügge/Thorn/Wiesemann, Assistierte Reproduktion mit Hilfe Dritter (2020), S. 83. Die Mit-Mutterschaft wird weder in direkter noch in entsprechender Anwendung des § 1592 Nr. 1 BGB erlangt, BGHZ 220, 58 Ls. a) = BGH, NJW 2019, 153 Ls. 1.

222 *Motejl*, FamRZ 2017, 345, 349.

223 Vgl. *Schumann*, in: Beier/Brügge/Thorn/Wiesemann, Assistierte Reproduktion mit Hilfe Dritter (2020), S. 83; *Dethloff*, NJW 2018, 23, 27.

224 Jauernig/*Budzikiewicz*, BGB, 18. Aufl. (2021), § 1766a, Rn. 1.

225 BGH, NJW 2015, 1820, 1821, Rn. 18.

226 BMJV, Arbeitskreis Abstammungsrecht, Abschlussbericht – Empfehlungen für eine Reform des Abstammungsrechts (2017), S. 70.

Kindes nach der Geburt zur Ehefrau der Geburtsmutter erfolgen, eine Anerkennung möglich sein sowie die gerichtliche Feststellung der Mit-Mutterschaft im Falle der ärztlich assistierten Befruchtung ermöglicht werden, wenn die Einwilligungen der beiden intendierten Elternteile vorliegen, der Samenspender darauf verzichtet hat, die Elternrolle einzunehmen und dessen Daten in das Samenspenderregister aufgenommen werden können. Ferner sollen die Vorgaben zur Anfechtung der Elternschaft eine Anpassung an die neue Rechtslage finden, wonach eine Frau die Elternstelle neben der Mutter einnehmen kann.[227]

Gegen eine rechtliche Zuordnung des Kindes zum Samenspender wurde im Diskussionsteilentwurf vorgebracht, dass zwar eine genetische Verbindung zwischen dem Samenspender und dem Kind bestehe, diese jedoch (anders als etwa bei einer ungewollten Zeugung eines Kindes im Falle einer kurzen Affäre) darauf beruhe, dass die intendierten Eltern aufgrund der fehlenden Möglichkeit zur eigenen Fortpflanzung um eine Erfüllung des Kinderwunsches durch fremdes Gen-Material gebeten haben. Die Zuordnung des Kindes zu einem Wunschelternteil wirke sich günstiger auf das Kindeswohl aus als die Zuordnung zum Samenspender.[228]

---

227 BMJV, Diskussionsteilentwurf – Entwurf eines Gesetzes zur Reform des Abstammungsrechts (13.03.2019), S. 21.

228 BMJV, Diskussionsteilentwurf – Entwurf eines Gesetzes zur Reform des Abstammungsrechts (13.03.2019), S. 33 f.

Drittes Kapitel: Verfassungs-, europa- und völkerrechtliche Vorgaben

Das dritte Kapitel dieser Arbeit behandelt den verfassungsrechtlichen Rahmen sowie europa- und völkerrechtliche Vorgaben der Kryokonservierung. Hierbei wird jeweils zunächst der Schutz kryokonservierter Keimzellen, 2-PN-Zellen und Embryonen untersucht.

Ferner sind die Rechte der Personen zu untersuchen, die an einer Kinderwunschbehandlung beteiligt sind. Während im homologen Verfahren die Rechte der genetischen Eltern (zunächst) korrelieren, treffen im heterologen Verfahren die Rechte der genetischen Mutter, des Samenspenders und unter Umständen auch eines Wunschelternteils aufeinander. Darüber hinaus ist zu klären, inwiefern die jeweiligen Rechtspositionen im weiteren Verlauf der Kinderwunschbehandlung fortbestehen.

A. Verfassungsrechtliche Vorgaben

I. Verfassungsrechtlicher Schutz von Keimzellen, 2-PN-Zellen und Embryonen

Fraglich ist zunächst, ob und inwiefern Keimzellen, 2-PN-Zellen und Embryonen vom Schutzgehalt der Menschenwürde gem. Art. 1 Abs. 1 GG und des Rechts auf Leben gem. Art. 2 Abs. 2 S. 1 GG erfasst werden. Das Grundgesetz beinhaltet diesbezüglich selbst keine genaue Statusbestimmungen.

1. Recht auf Menschenwürde, Art. 1 Abs. 1 GG

Der Schutz der Menschenwürde wird gem. Art. 1 Abs. 1 GG garantiert. Sie stellt nach Ansicht des BVerfG das tragende Konstitutionsprinzip und den obersten Wert der freiheitlichen Demokratie dar.[229] Zu Recht wird Art. 1 Abs. 1 GG nach der wohl herrschenden Meinung eine echte Grundrechtsgewährleistung zugeschrieben.[230]

229 BVerfGE 5, 85, 204; BVerfGE 115, 118, 152 = BVerfG, NJW 2006, 751, 757; BVerfGE 109, 279, 311 = BVerfG, NJW 2004, 999, 1001.

230 Jarass/Pieroth/*Jarass*, GG, 17. Aufl. (2022), Art. 1, Rn. 3; vgl. v. Münch/Kunig/*Kunig/Kotzur*, GG, 7. Aufl. (2021), Art. 1 Rn. 16 f.; Hofmann/Henneke/Günter/*Hofmann*, GG, 14. Aufl. (2018), Art. 1, Rn. 8; Sachs/*Höfling*, GG, 9. Aufl. (2021), Art. 1 Rn. 5 m.w.N.

a. Persönlicher Schutzbereich

Es ist von besonderer Relevanz, ab wann der Schutz der Menschenwürde eingreift, da diese bereits vom GG als unantastbar deklariert wird und sie damit keiner Abwägung zugänglich ist.[231] Diese Position wird auch durch die Ewigkeitsklausel des Art. 79 Abs. 3 GG geschützt.

aa. Rechtsprechung des BVerfG

Die Rechtsprechung des BVerfG konnte die Problematik um den Beginn des Schutzes der Menschenwürde in zwei Entscheidungen zum Schwangerschaftsabbruch nicht lösen.[232] Aus der ersten Entscheidung zur Abtreibung lässt sich nicht zwingend schließen, dass Embryonen *in vitro* durch die Menschenwürde geschützt sind, da diese Frage vom BVerfG explizit offengelassen wurde.[233] Das BVerfG geht von einer Verknüpfung der Menschenwürde mit dem Recht auf Leben aus[234] („*Wo menschliches Leben existiert, kommt ihm Menschenwürde zu; es ist nicht entscheidend, ob der Träger sich dieser Würde bewußt ist und sie selbst zu wahren weiß.*“[235]) und geht von einem verfassungsrechtlichen Lebensschutz „*jedenfalls vom 14. Tage nach der Empfängnis (Nidation, Individuation) an*“[236] aus. Es stellt hierbei auf das sog. Kontinuitätsargument ab:[237] „*Der damit begonnene Entwicklungsprozeß ist ein kontinuierlicher Vorgang, der keine scharfen Einschnitte aufweist und eine genaue Abgrenzung der verschiedenen Entwicklungsstufen des menschlichen Lebens nicht zuläßt*“.[238]

Die zweite Entscheidung zur Abtreibung präzisierte die Aussagen zur Menschenwürde und zum Lebensschutz, ließ jedoch ebenfalls offen, ob der Nasciturus Träger von Grundrechten ist und wann genau ein Schutz der Menschenwürde beginnt.[239] Aufgrund der vom BVerfG angenommenen Koppelung

---

231 Eine verfassungsändernde Grundrechtsbeschränkung bemisst sich ausschließlich anhand des von Art. 79 Abs. 3 GG geschützten Menschenwürdegehalts eines Grundrechts, BVerfGE 109, 279, 311 = BVerfG, NJW 204, 999, 1001.

232 BVerfGE 39, 1 = BVerfG, NJW 1975, 573; BVerfGE 88, 203 = BVerfG, NJW 1993, 1751.

233 *Haskamp*, Embryonenschutz *in vitro* (2012), S. 88.

234 Kritisch zu der Koppelung von der Menschenwürde und dem Recht auf Leben: *Heun*, JZ 2002, 517, 518 ff.

235 BVerfGE 39, 1, 41 = BVerfG, NJW 1975, 573, 575.

236 BVerfGE 39, 1, 37 = BVerfG, NJW 1975, 573, 574.

237 *Heun*, JZ 2002, 517, 520.

238 BVerfGE 39, 1, 37 = BVerfG, NJW 1975, 573, 574.

239 „*Jedenfalls in der so bestimmten Zeit der Schwangerschaft handelt es sich bei dem Ungeborenen um individuelles, in seiner genetischen Identität und damit in seiner*

des Rechts auf Leben und der Menschenwürde ist anzunehmen, dass das BVerfG auch von einem Schutz der Menschenwürde zumindest am 14. Tag nach der Nidation ausgeht.[240] Ob bzw. inwiefern ein Schutz gem. Art. 1 Abs. 1 GG für den Zeitraum davor gewährleistet wird, bleibt jedoch auch in der zweiten Entscheidung unbeantwortet.[241]

bb. Auseinandergehende Ansichten in der rechtswissenschaftlichen Literatur

Zur Bestimmung des Beginns der Menschenwürde werden in der rechtswissenschaftlichen Literatur verschiedene Ansätze vertreten. Hierbei sind sog. Schwellen-Konzeptionen von graduellen Positionen zu unterscheiden. Während Schwellen-Konzeptionen den vollen Schutzgehalt der Menschenwürde ab einem bestimmten Stadium der vorgeburtlichen menschlichen Entwicklung anerkennen, gehen graduelle Positionen von einem stetigen Wachsen des Schutzgehaltes aus.[242]

Einige Ansichten gehen von einem sog. intrinsischen Status aus, bei dem mithilfe der sog. „*SKIP-Argumente*" der moralische Status des Embryos ermittelt werden soll.[243] Das Akronym „*SKIP*" setzt sich aus den vier Anfangsbuchstaben

---

Einmaligkeit und Unverwechselbarkeit bereits festgelegtes, nicht mehr teilbares Leben, das im Prozeß des Wachsens und Sich-Entfaltens sich nicht erst zum Menschen, sondern als Mensch entwickelt [...]. [Die] *Würde des Menschseins liegt auch für das ungeborene Leben im Dasein um seiner selbst willen. Es zu achten und zu schützen bedingt, daß die Rechtsordnung die rechtlichen Voraussetzungen seiner Entfaltung im Sinne eines eigenen Lebensrechts des Ungeborenen gewährleistet*", BVerfGE 88, 203, 251 f. = BVerfG, NJW 1993, 1751, 1753. S. auch *Heun*, JZ 2002, 517, 518 f.

240 Nach Ansicht von *Herdegen* spreche das BVerfG (unter Verweis auf BVerfGE 88, 203, 252 f. = BVerfG, NJW 1993, 1751, 1753) „*dem menschlichen Leben zumindest ab Nidation Würde zu*", vgl. Maunz/Dürig/*Herdegen*, GG, 99. EL (September 2022), Art. 1 Abs. 1, Rn. 60.

241 Die Aussagen des BVerfG werden daher in der rechtswissenschaftlichen Literatur einerseits dahingehend interpretiert, dass der Schutz der Menschenwürde den menschlichen Embryo umfasst und andererseits als Argumente dagegen vorgebracht, *Haskamp*, Embryonenschutz *in vitro* (2012), S. 87; krit. hierzu auch *Zimmermann*, Reproduktionsmedizin und Gesetzgebung (2011), S. 90 f.

242 *Schöne-Seifert*, Der moralische Status des Embryos (*in vitro*). Wo steht die Debatte?, Vortrag auf dem 4. Göttinger Symposium zum Medizinrecht im Juni 2019, *Schmechel/Spangenberg*, Der Gynäkologe 2019, 948.

243 Vgl. *Zimmermann*, Reproduktionsmedizin und Gesetzgebung (2011), S. 84 ff.; *Schöne-Seifert*, Der moralische Status des Embryos (*in vitro*). Wo steht die Debatte?,

der einzelnen Argumente (Spezies-, Kontinuitäts-, Identitäts- und Potentialitätsargument) zusammen. Mit dem „*Speziesargument*" wird auf die Zugehörigkeit zur Spezies Mensch abgestellt. Daher wird eine Teilhabe des Schutzes der Menschenwürde unter Berücksichtigung der Gleichberechtigung mit geborenen Menschen angenommen. Nach dem „*Kontinuitätsargument*" entwickle sich der Embryo nicht zu einem Menschen, sondern vielmehr als Mensch.[244] Dem „*Identitätsargument*" zufolge seien Embryo und der später geborene Mensch identisch, weshalb eine Differenzierung hinsichtlich der Würde oder des moralischen Status nicht möglich sei. Das „*Potentialitätsargument*" berücksichtigt das volle Potential eines Embryos, sich zu einem Individuum zu entwickeln, weshalb diesem derselbe moralische Status wie einem geborenen Menschen zukomme.[245]

Der intrinsische Status ist vom sog. extrinsischen Status zu unterscheiden, bei dem relationale Aspekte (z.B. die Differenzierung von Embryonen *in vivo* und *in vitro*) im Vordergrund stehen.[246]

(1). Schwellen-Konzeptionen

Einer vielfach vertretenen Auffassung zufolge schützt die Menschenwürde sämtliche vom Menschen gezeugte Lebewesen und beinhaltet somit einen umfassenden Schutz von Anfang an.[247] Während 2-PN-Zellen und Embryonen dieser Ansicht nach somit dem Schutz der Menschenwürde unterfallen, ist

---

Vortrag auf dem 4. Göttinger Symposium zum Medizinrecht im Juni 2019, *Schmechel/Spangenberg*, Der Gynäkologe 2019, 948.

244 *Zimmermann*, Reproduktionsmedizin und Gesetzgebung (2011), S. 85 f. Krit. zum Kontinuitätsargument: *Heun*, JZ 2002, 517, 520, wonach dieses Argument als Fehlschluss in Form des sog. *Sorites-Paradoxons* zu erachten sei.: „*Die Tatsache, daß kein Zwischenschritt oder Übergang einen scharfen Einschnitt darstellt, widerlegt nicht die Möglichkeit und Notwendigkeit differenzierender Abgrenzung, wie das Beispiel der Entstehung eines Sandhaufens aus einzelnen Sandkörnern plastisch lehrt, bei dem nie gesagt werden kann, welches Sandkorn den Sandhaufen zu einem solchen werden läßt.*"

245 Ausführlich zu den SKIP-Argumenten: *Zimmermann*, Reproduktionsmedizin und Gesetzgebung (2011), S. 85 ff.

246 *Schöne-Seifert*, Der moralische Status des Embryos (*in vitro*). Wo steht die Debatte?, Vortrag auf dem 4. Göttinger Symposium zum Medizinrecht im Juni 2019, *Schmechel/Spangenberg*, Der Gynäkologe 2019, 948.

247 Sachs/*Höfling*, GG, 9. Aufl. (2021), Art. 1, Rn. 62; v. Mangoldt/Klein/Starck/*Starck*, GG, 7. Aufl. (2018), Art. 1 Abs. 1, Rn. 18 ff.; *Böckenförde*, JZ 2003, 809, 811 f.; *Hillgruber/Goos*, ZfL 2008, 43, 45. Ablehnend: Dreier/*Dreier*, GG, 3. Aufl. (2013), Art. 1 I, Rn. 73.

es umstritten, ob der Schutz der Menschenwürde unter Berücksichtigung von Genmanipulation sogar auf unbefruchtete Keimzellen auszuweiten ist.[248]

Einem anderen Ansatz zufolge sei entscheidend auf die Konjugation abzustellen, sodass der Schutz der Menschenwürde zwar Embryonen, jedoch keine Keimzellen oder 2-PN-Zellen umfasse.[249] Hierbei wird anerkannt, dass eine Nidation mit der Implantation einen Eingriff von außen erfordert, weshalb eine gänzlich natürliche Entwicklung zum Menschen nicht erfolgt. Jedoch präge der Kinderwunsch die Bestimmung der entstandenen Zygote zur Entwicklung im Mutterleib und helfe somit über diese Schwelle hinweg.[250] Gegen eine Zuerkennung der Menschenwürde für den Embryo wird indes vorgebracht, dass dessen Entwicklung *„noch nicht als Mensch, sondern zu einem individuellen Menschen“*[251] erfolge.

Andere erkennen einen Schutz der Menschenwürde erst ab der *Nidation* an, wobei mitunter auf die Rechtsprechung des BVerfG Bezug genommen wird.[252] Erst hiermit sei *„das Programm zur Menschwerdung vollständig“*.[253]

Schließlich wird auf spätere Entwicklungsstadien, namentlich die Ausdifferenzierung des Gehirns,[254] die Ausbildung des Nervensystems[255] oder die Geburt[256] abgestellt. Für Letzteres spreche insbesondere die Rechtsprechung des BVerfG zum Schwangerschaftsabbruch, welche den Schluss nahelege, dass dem Embryo selbst keine Trägerschaft der Menschenwürde zukomme.[257]

---

248 *Starck*, Gutachten A für den 56. DJT (1986), S. 17. Auch wenn isolierten Keimzellen *„Leben“* attestiert werden könne, erachtet *Herdegen* dies als *„absurd“*, Maunz/Dürig/*Herdegen*, GG, 99. EL (September 2022), Art. 1 Abs. 1, Rn. 68.

249 Maunz/Dürig/*Herdegen*, GG, 99. EL (September 2022), Art. 1 Abs. 1, Rn. 65 f. m.w.N.; statt vieler: *Brohm*, JuS 1998, 197, 200 f.; *Müller-Terpitz*, Der Schutz des pränatalen Lebens (2007), S. 341 ff.; v. Mangoldt/Klein/Starck/*Starck*, GG, 7. Aufl. (2018), Art. 1, Rn. 19.

250 Maunz/Dürig/*Herdegen*, GG, 99. EL (September 2022), Art. 1 Abs. 1, Rn. 66 m.w.N.

251 *Schroth*, JZ 2002, 170, 177.

252 *Rosenau*, in: Schreiber/Rosenau/Ishizuka/Kim, Recht und Ethik im Zeitalter der Gentechnik (2004), S. 146 ff.

253 *Rosenau*, in: Schreiber/Rosenau/Ishizuka/Kim, Recht und Ethik im Zeitalter der Gentechnik (2004), S. 146.

254 *Heun*, JZ 2002, 517, 522.

255 *Joerden*, JuS 2003, 1051, 1053.

256 Dreier/*Dreier*, GG, 3. Aufl. (2013), Art. 1 Abs. 1, Rn. 82 ff.; *Ipsen*, JZ 2001, 989, 991 f.; *Hoerster*, Ethik des Embryonenschutzes (2002), S. 1 ff., 28 f.

257 Dreier/*Dreier*, GG, 3. Aufl. (2013), Art. 1 Abs. 1, Rn. 82 ff.; *Ipsen*, JZ 2001, 989, 992; hierzu auch *Haskamp*, Embryonenschutz *in vitro* (2012), S. 90.

(2). Graduelle Positionen
Einigen Stimmen der rechtswissenschaftlichen Literatur zufolge werde der Schutz der Menschenwürde nicht vollumfänglich gewährleistet. Er sei vielmehr gestuft, wobei eine Abhängigkeit zum vorgeburtlichen Entwicklungsfortschritt bestehe.[258] Hierfür komme es nicht auf eine Einschränkbarkeit oder Möglichkeit der Abwägung beim Aufeinandertreffen mit anderen Verfassungsgütern an. Im Vordergrund stehe demgegenüber der für eine Entwicklungsstufe des pränatalen Lebens angemessene Achtungs- und Schutzanspruch.[259] Der Wortlaut des Art. 1 Abs. 1 S. 1 GG lasse derartige Stufungen zu, da sich die Unantastbarkeit der Würde auf den „*Menschen*" und nicht auf das menschliche Leben beziehe.[260]

Andere schreiben der Menschenwürde für den Embryo eine Vorwirkung[261] bzw. einen erstarkenden Basisschutz zu.[262] Bei dem Embryo selbst handle es sich demnach um keinen aktuellen Würdeträger.[263] Die Menschenwürde wirke somit im vorgeburtlichen oder im pränidativen Stadium auf einer objektivrechtlichen Ebene.[264] Bei der Menschenwürde sollten vordergründig – hinsichtlich der Identität und Selbstachtung – die verfassungsrechtlichen Vorgaben der Menschenwürde und nicht die Würde des werdenden Lebens selbst zu berücksichtigen sein.[265] Da der Menschenwürde kein zeitloser Gehalt zugeschrieben werden könne, der von kulturellen Einbindungen unabhängig ist, bestehe die Möglichkeit, dass sich der Schutzgehalt je nach Bezugsobjekt unterscheide.[266] Dem Embryo komme im objektiven Sinn ein existenzieller Minimalschutz zu. Seine Einbindung in die menschliche Entwicklung als Frühform

---

258 *Herdegen*, JZ 2001, 773, 773 ff. Hierzu auch *Müller-Terpitz*, Der Schutz des pränatalen Lebens (2007), S. 349 ff.

259 Maunz/Dürig/*Herdegen*, GG, 99. EL (September 2022), Art. 1 Abs. 1, Rn. 71.

260 *Herdegen*, JZ 2001, 773, 774.

261 *Zimmermann*, Reproduktionsmedizin und Gesetzgebung (2011), S. 89 f. m.w.N.; ausführlich zur Vorwirkung der Menschenwürde s. *Hartleb*, Grundrechtsschutz in der Petrischale (2006), S. 248 ff.

262 Schmidt-Bleibtreu/Hofmann/Henneke/*Hofmann*, 15. Aufl. (2022), Art. 1, Rn. 11 f.

263 *Zimmermann*, Reproduktionsmedizin und Gesetzgebung (2011), S. 89 f. m.w.N.; ausführlich zur Vorwirkung der Menschenwürde s. *Hartleb*, Grundrechtsschutz in der Petrischale (2006), S. 248 ff.

264 *Ipsen*, JZ 2001, 989, 993; *Schill/Steinhauer*, JA 2006, 122, 125 f.; Jarass/Pieroth/*Jarass*, GG, 17. Aufl. (2022), Art. 1, Rn. 9; *Hofmann*, AöR (118) 1993, 353, 376.

265 *Lorenz*, ZfL 2001, 38, 44 f.; *Hofmann*, AöR (118) 1993, 353, 375 f.

266 *Lorenz*, ZfL 2001, 38, 45 m.w.N.; *Hofmann*, AöR (118) 1993, 353, 374; vgl. BVerfGE 39, 1, 41, 45 = BVerfG, NJW 1975, 573, 575 f.

menschlichen Lebens verschaffe diesem eine für seine körperliche Existenz prägende Bestimmung.[267]

cc. Bewertung

(1). Schutz der Menschenwürde ab der Geburt

Aufgrund der zahlreichen unterschiedlichen Ansätze zur Bestimmung der Menschenwürde kommt einzelnen Positionen kaum ein Anspruch auf Evidenz zu.[268]

Es stellt sich zunächst die Frage, ob von einer Koppelung der Menschenwürde mit dem Recht auf Leben auszugehen ist. Dagegen spricht, dass das Recht auf Leben bei einer Koppelung mit der Menschenwürde entgegen den Gesetzesvorbehalt gem. Art. 2 Abs. 2 S. 3 GG ebenfalls unantastbar wäre.[269] Die Koppelung könnte indes als *de-facto*-Zusammenhang zu verstehen sein, sodass mit dem Leben gleichzeitig auch Menschenwürde besteht. Dann würde die Menschenwürde nicht auf das Recht auf Leben übergreifen. Letztlich ist jedoch *Herdegen* beizupflichten, der unter Berücksichtigung des Wortlautes des Grundgesetzes feststellt, dass es bei dem pränatalen Würdeschutz und dem Beginn des grundrechtlichen Lebensschutzes einer scharfen Trennung bedarf: In Art. 1 Abs. 1 S. 1 GG werde von der „*Würde des Menschen*" und nicht von der „*Würde menschlichen Lebens*" gesprochen.[270] Daher ist entgegen der Ansicht des BVerfG davon auszugehen, dass keine Koppelung der Menschenwürde mit dem Recht auf Leben besteht.

Konzepte eines umfassenden Schutzes der Menschenwürde von Anfang an oder ab erfolgter Konjugation sind unter Berücksichtigung des verfassungsrechtlich anerkannten Schwangerschaftsabbruchs und der daraus resultierenden Möglichkeit nidationshemmender Mittel durch die „*Pille danach*" abzulehnen. So erkennt das Abtreibungsstrafrecht insbesondere Einschränkungen für den

---

267 *Lorenz*, ZfL 2001, 38, 46 f.

268 Maunz/Dürig/*Herdegen*, GG, 99. EL (September 2022), Art. 1 Abs. 1, Rn. 60.

269 *Heun*, JZ 2002, 517, 518; *Hofmann*, AöR 118 (1993), 353, 376. Anders hingegen *Lorenz*, ZfL 2001, 38, 44: Eine Verknüpfung von Menschenwürde und Recht auf Leben bedeute nicht, dass einer Verletzung des Rechts auf Leben unmittelbar eine Beeinträchtigung der Menschenwürde folge. Eine solche Beeinträchtigung erfordere vielmehr eine normspezifische Begründung. Dies ergebe sich bereits aus Art. 2 Abs. 2 S. 3 GG, *Lorenz*, ZfL 2001, 38, 44. Ausführlich zum Schutz der Menschenwürde ab der Geburt: *Haskamp*, Embryonenschutz *in vitro* (2012), S. 90 ff.

270 Maunz/Dürig/*Herdegen*, GG, 99. EL (September 2022), Art. 1 Abs. 1, Rn. 61.

Embryo an, was vom BVerfG nicht beanstandet wurde. Unter Berücksichtigung des § 218 Abs. 1 S. 2 StGB[271] erfolgt ein Schutz des Abtreibungsstrafrechts erst am 14. Tag nach der Nidation, was insofern einem umfassenden subjektiven Schutz des Embryos vor und nach der Nidation entgegensteht.[272]

Der subjektive Schutz der Menschenwürde setzt vielmehr erst mit der Geburt des Menschen ein. So kommt dem BVerfG zufolge jeder geborenen Person durch die Zugehörigkeit zur menschlichen Gattung eine Trägerschaft der Menschenwürde zu.[273]

(2). Vorwirkung der Menschenwürde

Vorgeburtliche menschliche Entwicklungsstadien sollten jedoch, auch wenn sie selbst keine Träger der Menschenwürde sind, von einem Schutzgehalt der Menschenwürde nicht gänzlich unberücksichtigt bleiben. So ist insbesondere unter Berücksichtigung der stetig wachsenden Möglichkeiten der Genetik eine gewisse Selbstachtung vor der menschlichen Gattung zu erhalten.[274] Da der Schutzgehalt der Menschenwürde – wie bereits vom BVerfG und in der rechtswissenschaftlichen Literatur vorgebracht – variieren kann, besteht die Möglichkeit, vorgeburtlichen menschlichen Entwicklungsstadien einen existentiellen Minimalschutz der Menschenwürde zuzuschreiben, der folglich vom vollumfassenden Schutzgehalt geborener Menschen zu differenzieren ist.

An welche Merkmale ein Schutz vorgeburtlicher menschlicher Entwicklungsstadien zu knüpfen ist, kann durchaus unterschiedlich betrachtet werden. Da sich die Entwicklungsstadien mitunter nur minimal unterscheiden, erscheint es vorteilhaft, eine Unterscheidung primär anhand biologisch-physiologischer Merkmale vorzunehmen. Wie bereits *Herdegen* festgestellt hat, vermeidet eine Betrachtung des Achtungs- und Schutzanspruchs der Menschenwürde anhand einer entwicklungsorientierten Betrachtungsweise künstliche Trennungslinien beim „*Ob*“ des Schutzes und erleichtert eine Erstreckung des Schutzgehaltes der Menschenwürde auf früheste menschliche Entwicklungsstadien. Demgegenüber verleitet eine schematische Gleichsetzung mit dem Würdeschutz

271 Strafgesetzbuch (StGB) in der Fassung der Bekanntmachung vom 13. November 1998, BGBl I, 3322; zuletzt geändert durch Art. 4 Gesetz zur Änderung des Bundeszentralregistergesetzes und des Strafgesetzbuches vom 4. Dezember 2022, BGBl I 2022, 2146.

272 *Haskamp*, Embryonenschutz *in vitro* (2012), S. 93 f.

273 BVerfGE 87, 209, 228 = BVerfG, NJW 1993, 1457, 1458 f.

274 Vgl. *Hofmann*, AöR (118) 1993, 353, 377.

geborener Menschen zu einer Kürzung des vorgeburtlichen Schutzgehaltes durch bestimmte Zäsuren wie z.B. die Nidation oder die Geburt.[275]

Die Menschenwürde ist ein subjektives Grundrecht, das überdies einen objektiv-rechtlichen Schutzgehalt beinhaltet. Wie *Lorenz* und *Hofmann* richtigerweise darlegen, kommt es nicht primär auf die Trägereigenschaft der Menschenwürde, sondern auf ihren konkreten Schutzgehalt an. Bereits den Frühformen des menschlichen Lebens kommt eine prägende Bedeutung für den späteren Menschen zu. Daher ist der Menschenwürdegarantie eine Vorwirkung zu Gunsten des werdenden Lebens zuzuschreiben, mit der sich ein objektiv-rechtlicher Schutz der Menschenwürde begründen lässt.[276] Wie *Ipsen* überzeugend feststellt, ist die Rechtsprechung des BVerfG in dogmatischer Hinsicht lediglich dann beständig, wenn die Menschenwürde eine objektivrechtlich abgeleitete Schutzpflicht darstellt, die sich im Einzelfall auswirkt und nicht lediglich auf die Erhaltung des ungeborenen Lebens abzielt.[277]

Der objektiv-rechtliche Schutzgehalt der Menschenwürde muss sowohl 2-PN-Zellen als auch Embryonen umfassen, auch wenn diese selbst keine Träger der Menschenwürde sind.[278] Die beruht darauf, dass bereits im Pronucleusstadium (und nicht erst infolge der Konjugation) eine *„individuelle Prägung"* der Zelle vorliegt.[279] 2-PN-Zellen verfügen über eine genetische Identität[280] und eine Potentialität zur Entwicklung zu einem Menschen.[281]

Demgegenüber kommt einer Keimzelle, die für sich genommen keine derartige Potentialität aufweist und nur über den haploiden Chromosomensatz eines genetischen Elternteils verfügt, kein Schutz der Menschenwürde zu.

b. Sachlicher Schutzgehalt der Menschenwürde für Embryonen und 2-PN-Zellen

Es stellt sich die Frage, was der objektiv-rechtliche Schutzgehalt der Menschenwürde für 2-PN-Zellen und Embryonen genau beinhaltet. Die

---

275 Maunz/Dürig/*Herdegen*, GG, 99. EL (September 2022), Art. 1 Abs. 1, Rn. 60.

276 *Ipsen*, JZ 2001, 989, 993.

277 *Ipsen*, JZ 2002, 989, 992.

278 Kritisch zum Konzept der Vorwirkung der Menschenwürde bezüglich Embryonen sowie (unter Berücksichtigung der Potenzialität) 2-PN-Zellen: *Hartleb*, Grundrechtsschutz in der Petrischale (2006), S. 263 ff.

279 *Herdegen*, JZ 2001, 773, 774.

280 Auch *Heun* spricht sich dafür aus, 2-PN-Zellen *„aus logischen Gründen* [...] *dem vollen Schutz der Verfassung"* zu unterstellen, *Heun*, JZ 2002, 517, 523, Fn. 99.

281 *Heun*, JZ 2002, 517, 520.

Menschenwürdegarantie schreibt dem Einzelnen einen Schutz *„in seinem Sosein“* zu.[282] Die Tatbestandsseite des Art. 1 Abs. 1 GG bezieht sich im Gegensatz zu diversen anderen Grundrechten auf keine menschliche Aktivität. Die Menschenwürde ist vielmehr mit der menschlichen Subjektivität und dementsprechend mit der Anerkennung des Menschen durch die Rechtsordnung als Rechtssubjekt verknüpft.[283] Damit sie als Realität verstanden werden kann, ist die Menschenwürde in verschiedenen Lebenssituationen unterschiedlich zu erfassen.[284] Wann sie verletzt wird, *„ist im Einzelfall mit Blick auf die spezifische Situation zu konkretisieren, in der es zum Konfliktfall kommen kann.“*[285]

Nach der Rechtsprechung des BVerfG ist eine Verletzung der Menschenwürde im konkreten Einzelfall festzustellen.[286] Es sollte daher nicht nach einer abstrakten Definition der Menschenwürde gesucht werden, sondern vielmehr stets anhand des konkreten Einzelfalls geprüft werden, ob den Umständen zufolge eine Verletzung der Menschenwürde vorliegt.[287] Das BVerfG nimmt eine Verletzung der Menschenwürde an, wenn der Mensch bloßes Objekt der Verhältnisse, der gesellschaftlichen Entwicklung sowie des Rechts ist und seine Subjektqualität durch eine Behandlung in Frage gestellt wird oder eine Behandlung die Würde des Menschen im konkreten Fall willkürlich missachtet.[288] Eine Verletzung der Menschenwürde kann somit im konkreten Einzelfall bei einer objektivierenden oder einer willkürlichen Behandlung erfolgen.

aa. Objektivierende Behandlung von 2-PN-Zellen und Embryonen

Das Verständnis von einer objektivierenden Behandlung ist – anders als beim entwickelten und geborenen Menschen – auf die konkrete Situation des Embryos bzw. der 2-PN-Zelle anzupassen, was jedoch keiner Relativierung der Menschenwürde gleichkommt.[289]

---

282 Maunz/Dürig/*Herdegen*, GG, 99. EL (September 2022), Art. 1 Abs. 1, Rn. 52.

283 *Iliadou*, Forschungsfreiheit und Embryonenschutz (1999), S. 117 m.w.N.

284 *Choi*, Der Umgang mit überzähligen Embryonen in Deutschland und Südkorea (2009), S. 161 f.; vgl. *Losch*, Wissenschaftsfreiheit, Wissenschaftsschranken, Wissenschaftsverantwortung (1993), S. 351.

285 BVerfGE 115, 118, 153 = BVerfG, NJW 2006, 751, 758; vgl. BVerfGE 30, 1, 25 f. = BVerfG, NJW 1971, 275, 279.

286 Vgl. BVerfGE 30, 1, 25 f. = BVerfG NJW 1971, 275, 279.

287 BVerfG, NJW 1993, 3315; *Choi*, Der Umgang mit überzähligen Embryonen in Deutschland und Südkorea (2009), S. 161.

288 BVerfGE 30, 1, 26 = BVerfG NJW 1971, 275, 279.

289 *Paul*, Möglichkeiten und Grenzen der Forschung an embryonalen Stammzellen und des therapeutischen Klonens (2004), S. 51 f. Hierzu ausführlich *Choi*,

So ist eine beliebige Behandlung eines Embryos oder einer 2-PN-Zelle als Sache, welche dessen oder deren Integrität zuwider ist, als objektivierend zu erachten, weshalb dies eine Verletzung des Art. 1 Abs. 1 GG darstellt.[290] Eine solche objektivierende Behandlung ist insbesondere bei einer Verwendung von 2-PN-Zellen und Embryonen zu (verbrauchenden) Forschungszwecken gegeben.[291] Des Weiteren erweist sich eine zeitlich unbegrenzte Kryokonservierung von 2-PN-Zellen und Embryonen dahingehend als objektivierend, dass es den 2-PN-Zellen und Embryonen die Möglichkeit nimmt, sich als Subjekt weiterzuentwickeln.[292]

bb. Willkürliche Behandlung von 2-PN-Zellen und Embryonen

Der unbestimmte Rechtsbegriff der „*willkürlichen Behandlung*" bedarf einer Präzisierung: So besteht eine Willkür dem BVerfG zufolge, „*wenn eine offensichtlich einschlägige Norm nicht berücksichtigt oder der Inhalt einer Norm in krasser Weise mißdeutet wird* [...] *Von willkürlicher Mißdeutung kann jedoch nicht gesprochen werden, wenn das Gericht sich mit der Rechtslage eingehend auseinandersetzt und seine Auffassung nicht jedes sachlichen Grundes entbehrt.*"[293] Das Vorliegen einer willkürlichen Mißdeutung bemisst sich somit entscheidend daran, ob ein sachlicher Grund vorliegt. Fehlt es hieran, ist eine offensichtliche Sachwidrigkeit und demnach eine objektive Willkür gegeben.[294] In diesem Sinne ist der Umgang mit 2-PN-Zellen und Embryonen somit als willkürlich zu erachten, wenn er eines jeden sachlichen Grundes entbehrt.

Relevant wird dies insbesondere im Falle des Verwerfens kryokonservierter 2-PN-Zellen und des Sterbenlassens kryokonservierter Embryonen. So steht der objektiv-rechtliche Schutzgehalt der Menschenwürde diesem grundsätzlich nicht entgegen. Entscheidend wirkt sich vielmehr der Zweckgehalt der jeweiligen Behandlung aus. Als ein ausreichender sachlicher Grund für das Verwerfen bzw. Sterbenlassen kann einerseits vorgebracht werden, dass das Ziel der Herbeiführung einer Schwangerschaft unmöglich geworden ist. Dies betrifft den Fall, dass die intendierten Eltern das Kryogut verwerfen bzw. sterben lassen möchten.[295] Darüber hinaus ist ein sachlicher Grund andererseits auch darin zu

---

Der Umgang mit überzähligen Embryonen in Deutschland und Südkorea (2009), S. 161 f.

290 *Schill/Steinhauer*, JA 2006, 122, 126.

291 Hierzu s. viertes Kapitel, H, II, 1.

292 Hierzu s. viertes Kapitel, E, III, 3.

293 BVerfGE 87, 273, 279 = BVerfG, NJW 1993, 996, 997.

294 BVerfGE 57, 39, 42.

295 Hierzu s. viertes Kapitel, E, II, 1.

sehen, dass eine Schwangerschaft im Rahmen der Kinderwunschbehandlung bereits herbeigeführt und der Kinderwunsch der intendierten Eltern somit erfüllt wurde.

c. *Ergebnis*

Die Menschenwürde wird mit der Geburt gewährleistet. Aufgrund der Selbstachtung des Menschen vor der eigenen Gattung ist 2-PN-Zellen und Embryonen jedoch ein objektiv-rechtlicher Schutz der Menschenwürde zuzuschreiben, der diese vor objektivierenden und willkürlichen Behandlungen schützt. Keimzellen unterfallen dem Schutz der Menschenwürde hingegen nicht.

2. *Recht auf Leben, Art. 2 Abs. 2 S. 1 GG*

a. *Persönlicher Schutzbereich*

Dem Verfassungstext ist in Art. 2 Abs. 2 S. 1 GG kein Hinweis auf eine zeitliche Komponente des Lebensschutzes zu entnehmen.[296] Daher ist die Frage zu beantworten, ob bzw. ab wann der Lebensschutz *in vitro* beginnt. Die Ansichten in Rechtsprechung und rechtswissenschaftlicher Literatur gehen diesbezüglich auseinander.

aa. *Rechtsprechung des BVerfG*

Wie bereits erörtert, geht das BVerfG von einer Koppelung des Rechts auf Leben und der Menschenwürde aus[297] und erkennt menschliches Leben jedenfalls ab dem 14. Tag nach der Nidation an.[298] Es tendiert zu einer extensiven Auslegung des Lebensrechts.[299]

Während das BVerfG die Frage nach dem verfassungsrechtlichen Schutz von Embryonen in einer weiteren Entscheidung offen ließ,[300] stellte es im Rahmen einer Entscheidung zur Finanzierung ärztlich assistierter Befruchtungen fest,

---

296 Zum vorgeburtlichen Lebensschutz s. Schmidt-Bleibtreu/Hofmann/Henneke/*Hofmann*, GG, 15. Aufl. (2022), Art. 2, Rn. 61 ff.

297 BVerfGE 39, 1, 41 = BVerfG, NJW 1975, 573, 57; Sachs/*Murswiek/Rixen*, GG, 9. Aufl. (2021), Art. 2, Rn. 144.

298 BVerfGE 39, 1, 37 = BVerfG, NJW 1975, 573, 575.

299 *Schill/Steinhauer*, JA 2006, 122, 123.

300 BVerfGE 39, 1, 41 = BVerfG, NJW 1975, 573, 575: „*Hingegen braucht* […] *nicht entschieden zu werden, ob der nasciturus selbst Grundrechtsträger ist oder aber wegen mangelnder Rechts- und Grundrechtsfähigkeit ‚nur' von den objektiven Normen der Verfassung in seinem Recht auf Leben geschützt wird.*"

dass es keine Vorwirkungen des Grundrechts auf Leben bezüglich noch nicht existierender Embryonen gebe.[301] Da kryokonservierte Embryonen jedoch bereits existieren, lässt sich dieser Gedanke nicht auf kryokonservierte Embryonen und ebenso wenig auf kryokonservierte 2-PN-Zellen übertragen. Die Rechtsprechung des BVerfG kann dahingehend interpretiert werden, dass ein verfassungsrechtlicher Schutz bereits mit der Konjugation beginnen und dass dieser somit auch Embryonen umfassen soll.[302] Eine genaue Bestimmung des Status des Embryos bezüglich des Grundrechts auf Leben hat das BVerfG jedoch noch nicht vorgenommen.[303]

bb. Auseinandergehende Auffassungen in der rechtswissenschaftlichen Literatur

In der rechtswissenschaftlichen Literatur werden verschiedene Anknüpfungspunkte für den Beginn des verfassungsrechtlich geschützten menschlichen Lebens gewählt. Wie bereits im Rahmen der Menschenwürde lassen sich die Ansichten in Schwellen-Konzeptionen und graduelle Positionen unterteilen.

(1). Schwellen-Konzeptionen

Ein Teil der Literatur geht von einem Beginn des verfassungsrechtlich geschützten menschlichen Lebens mit dem Pronucleusstadium aus. Dafür sprechen die genetische Identität und die Untrennbarkeit der miteinander verbundenen Keimzellen.[304] 2-PN-Zellen komme bereits eine aktive Potentialität zur Entwicklung zu einem Menschen zu, sofern die erforderlichen Rahmenbedingungen dafür gegeben seien.[305]

---

301 BVerfGE 117, 316, 322.

302 HK-AKM/*Schumann*, 66. Akt. (November 2016), Fortpflanzungsmedizin, Rn. 10. Anders hingegen *Faßbender*, NJW 2001, 2745, 2749 und *Ipsen*, JZ 2001, 989, 993, die jeweils zu dem Ergebnis kommen, dass sich aus den Entscheidungen des BVerfG keine Grundrechtsträgerschaft des Embryos schließen lasse. Das BVerfG sei hinsichtlich des Embryos nicht von einer subjektiv-rechtlichen Verbürgung der Grundrechte ausgegangen. Vielmehr ergebe sich eine staatliche Schutzpflicht lediglich aus dem objektiv-rechtlichen Gehalt der Grundrechte.

Neben einer jeden staatlichen Schutzpflicht gelte es jedoch auch subjektive Abwehrechte zu berücksichtigen. Sofern das BVerfG von einer staatlichen Schutzpflicht aus Art. 1 Abs. 1 S. 1 GG ausgehe, würde dies eine Grundrechtsträgerschaft des Embryos auch bzgl. des Rechts auf Leben begründen, *Lungstras*, Der Umgang mit dem Embryo *in vitro* (2008), S. 43 f.

303 *Haskamp*, Embryonenschutz *in vitro* (2012), S. 95.

304 *Hillgruber/Goos*, ZfL 2008, 43, 45; *Prehn*, MedR 2011, 559, 561 m.w.N.

305 *Hillgruber/Goos*, ZfL 2008, 43, 45 f.

Zu großen Teilen wird im Rahmen des Beginns des verfassungsrechtlich geschützten Lebens in der Literatur indes entscheidend auf die Konjugation abgestellt,[306] wobei sich der Lebensschutz auch auf den Embryo *in vitro* beziehen soll.[307] Argumente für einen umfassenden Lebensschutz des Embryos sind größtenteils mit denen für einen umfassenden Schutz der Menschenwürde des Embryos vergleichbar.[308] Teils wird hierbei auch von einer Koppelung des Rechts auf Leben mit der Menschenwürde ausgegangen.[309]

Weitere Stimmen in der rechtswissenschaftlichen Literatur sehen den Beginn des verfassungsrechtlichen Schutzes menschlichen Lebens in der Nidation des Embryos in die Gebärmutter. Erst ab diesem Zeitpunkt sei eine potenzielle eigenständige Entwicklungschance des Embryos gegeben.[310] Vorher „*befinden sich* [die] *Frühstadien menschlichen Lebens* […] *nach dem derzeitigen Stand der medizinischen Forschung nicht in dem kontinuierlichen Entwicklungsprozess, der ohne einwirkende Unterbrechung zur Geburt des voll rechtsfähigen Menschen führt, wie ihn das BVerfG in seinen Entscheidungen zum Abtreibungsrecht auch als Grundlagen für den embryonalen Grundrechtsschutz zu Grunde gelegt hat*“.[311]

Darüber hinaus wird vertreten, dass menschliches Leben zu noch späteren Zeitpunkten, nämlich mit dem Abschluss der Individuation nach der abgeschlossenen Implantation,[312] dem Eintritt der Hirntätigkeit,[313] der Fähigkeit zur

---

306 Sachs/*Rixen*, GG, 9. Aufl. (2021), Art. 2, Rn. 143 ff.; *Beckmann*, MedR 2001, 169, 171; *Böckenförde*, JZ 2003, 809, 812; *Fink*, JURA 2000, 210, 215; *Hufen*, MedR 2001, 400, 447; *Ipsen*, JZ 2001, 989, 995; *Lorenz*, in: FS für Brohm, 2002, S. 445; *Lorenz*, ZfL 2001, 38, 43; v. Münch/Kunig/*Kunig*, GG, 7. Aufl. (2021), Art. 2, Rn. 92; *Laufs*, JZ 1986, 769, 774; *Prehn*, MedR 2011, 559, 561 m.w.N.

307 *Fink*, JURA 2000, 210, 215; *Müller-Terpitz*, in: Isensee/Kirchhof, Handbuch des Staatsrechts VII, (2009), § 147, Rn. 47.

308 *Haskamp*, Embryonenschutz *in vitro* (2012), S. 96.

309 So beispielsweise *Isensee*, ZfL 2009, 114, 121 m.w.N.

310 *Hofmann*, JZ 1986, 253, 258 f.; vgl. *Hufen*, MedR 2001, 440, 447. Auch *Jarass* hält einen Schutz ab der Nidation für „*sachgerechter*“. Jedoch erkennt er einen gewissen Vorwirkungsschutz an, welcher jedoch extrakorporal erzeugtes Leben vor der Nidation nicht umfassen soll, Jarass/Pieroth/*Jarass*, GG, 17. Aufl. (2022), Art. 2, Rn. 98.

311 Schmidt-Bleibtreu/Hofmann/Henneke/*Hofmann*, GG, 15. Aufl. (2022), Art. 2, Rn. 64.

312 *Heun*, JZ 2002, 517, 522: Solange die Zellen noch totipotent sind, könne kein „*identifizierbarer individueller biologischer Organismus* [vorliegen], *der eine abgrenzbare kohärente Entität ist*“.

313 Hierzu s. *Joerden*, JuS 2003, 1051, 1053 f.

Wahrnehmung eigener Interessen[314] oder der Geburt[315] vom Schutzbereich des Art. 2 Abs. 2 S. 1 GG umfasst sei.

(2). Graduelle Positionen

Vielfach wird mittlerweile das Konzept des gestuften vorgeburtlichen Lebensschutzes angenommen, der mit der Konjugation beginne und bis zur Geburt gelte.[316] Hiermit sollen unter anderem die geltenden Regelungen zum Schwangerschaftsabbruch verfassungsrechtlich gerechtfertigt werden.[317] Zwar bestehe ein subjektiver Schutz des menschlichen Embryos in dessen Lebensrecht, jedoch sei dieser aufgrund des Eingriffsvorbehalts in Art. 2 Abs. 2 S. 3 GG nicht absolut.[318] Die Stufungen des vorgeburtlichen Lebensschutzes orientieren sich demnach an der Lebensfähigkeit des jeweiligen Entwicklungsstadiums in utero.[319]

Eine Stufung des Lebensschutzes wird indes teils stark kritisiert.[320] So sei eine Unterteilung des Rechts auf Leben in verschiedene Klassen abzulehnen.

---

314 Vgl. *Merkel*, JZ 1996, 1145, 1151 ff., der jedoch nicht notwendigerweise den Beginn menschlichen Lebens zu bestimmen versucht, sondern vielmehr ein Eigeninteresse an einem möglichen Weiterleben mit der Erzwingung einer Lebenspflicht gegen den Willen des Betroffenen abwägt.

315 *Hoerster* JuS 1989, 172, 178; *Rüpke*, ZRP 1974, 73, 74 f. Dies wird mit der verfassungsrechtlich anerkannten Regelung des Abtreibungsstrafrechts begründet, vgl. *Ipsen*, JZ 2001, 989, 994 f. (der die Frage des Beginns des verfassungsrechtlich geschützten Lebens jedoch offen lässt). Hierzu s. *Haskamp*, Embryonenschutz *in vitro* (2012), 96 f m.w.N.

316 Hierzu s. HK-AKM/*Schumann*, 66. Akt. (November 2016), Fortpflanzungsmedizin, Rn. 11 m.w.N. Das Konzept des gestuften vorgeburtlichen Lebensschutzes wird unter anderem vertreten von *Dreier*, ZRP 2002, 377; *Hilgendorf*, NJW 1996, 758, 761; Dreier/*Schulze-Fielitz*, GG, 3. Aufl. (2013) Art. 2 II, Rn. 67 ff.; Günther/Taupitz/Kaiser/*Taupitz*, ESchG, 2. Aufl. (2014), B, Rn. 30a.

317 Hierzu s. HK-AKM/*Schumann*, 66. Akt. (November 2016), Fortpflanzungsmedizin, Rn. 10.

318 *Dreier*, ZRP 2002, 377; zum Teil zustimmend: *Frommel*, ZRP 2002, 530. Dagegen lehnen *Roth-Stielow*, ZRP 2002, 530 und *Hoerster*, ZRP 2003, 218 eine solche Abstufung des Lebensrechts ab.

319 Günther/Taupitz/Kaiser/*Taupitz*, ESchG, 2. Aufl. (2014), B, Rn. 30a. *Dreier* ist der Ansicht, dass das BVerfG dem Konzept des gestuften Lebensschutzes in BVerfGE 39, 1, 45 = BVerfG, NJW 1975, 573, 576 offen gegenüberstehe, weshalb zumindest keine entgegenstehende Judikatur des BVerfG anzunehmen sei, *Dreier*, ZRP 2002, 377, 382.

320 Eine Stufung des Lebensschutzes sei in verfassungsrechtlicher und rechtsethischer Sicht unhaltbar. Das Recht auf Leben bestehe für Embryonen entweder von Beginn an oder überhaupt nicht, *Hoerster*, JuS 2003, 529. Aus *Hoerstfil* der „*Bejahung*

„Die Menschenrechte kennen nur die Kategorie des Menschen und nicht die des Unter-, Halb-, Teil oder Vormenschen.“[321] Das Grundgesetz schützt *„das“* und eben nicht *„ein“* Lebensrecht, weshalb eine Stufung nicht möglich sei.[322] Kritisiert wird des Weiteren, dass der gestufte Lebensschutz aus einem Rückschluss vom einfachen Recht auf das Verfassungsrecht hervorgehe.[323] Ferner fehle es an verfassungsrechtlichen Gründen für verschiedene Stufen oder Integritätsgrade des Rechts auf Leben.[324]

Ein weiterer Ansatz stellt auf objektive Vorfelder des subjektiven Lebensschutzes ab. Im Gegensatz zur subjektiven Ausgestaltung des Rechts auf Leben, stelle die Menschenwürde neben ihrer Funktion als individuelles Grundrecht ein objektives Recht als Wirkprinzip dar. Eine Schutzverpflichtung des menschlichen Lebens durch die öffentliche Gewalt, ohne diesem Leben subjektive Rechte zuzuschreiben, lasse sich nur aus dem objektiven Gewährleistungsgehalt des Art. 1 Abs. 1 GG ableiten.[325] Entscheidend für die Bestimmung des Beginns verfassungsrechtlich geschützten Lebens sei, dass das genetisch programmierte Selbstentfaltungsprogramm menschlichen Leben auf eine Weise begonnen habe, die sich lediglich durch aktive oder passive Einwirkung beenden lasse.[326]

---

des Menschseins“ sei zwingend auf die Unzulässigkeit einer jeden Herabstufung des Lebensrechtes bzw. des daraus abzuleitenden Lebensschutzes zu schließen, *Hoerster*, JuS 1995, 192, 192 f.

321 *Haßmann*, Embryonenschutz im Spannungsfeld (2003), S. 88 f. Darüber hinaus wird die Frage aufgeworfen, warum das Lebensrecht geborener Menschen eine konstante Größe darstelle und es nicht weiter wachse, *Beckmann*, ZRP 2003, 97, 101; *Hoerster*, ZRP 2003, 218; *Hoerster*, JuS 2003, 529, 530; *Lehmann*, Die *In-vitro*-Fertilisation und ihre Folgen (2008), S. 31 f.

322 Vgl. *Hoerster*, JuS 2003, 529, 530; *Lehmann*, Die *In-vitro*-Fertilisation und ihre Folgen (2008), S. 31.

323 *Lehmann*, Die *In-vitro*-Fertilisation und ihre Folgen (2008), S. 31; *Beckmann*, ZRP 2003, 97, 99.

324 *Hoerster*, JuS 2003, 529, 530. Dem setzt *Dreier* entgegen, dass eine Begründung mit einfachem Recht aus einem Mangel an verfassungsrechtlichen Regelungen hierzu erfolge, *Dreier*, ZRP 2002, 377, 382. Dennoch ist *Lehmann* der Ansicht, dass *„nicht an der Verfassung vorbei aus dem einfachen Gesetz die Schutzwürdigkeit der Embryonen bestimmt werden“* dürfe, bloß *„weil der Wortlaut nicht explizit von geborenen und ungeborenen Menschen* [spreche]“, *Lehmann*, Die *In-vitro*-Fertilisation und ihre Folgen (2008), S. 31.

325 Maunz/Düring/*Di Fabio*, GG, 88. EL (August 2019), Art. 2 Abs. 2 S. 1, Rn. 28.

326 Maunz/Düring/*Di Fabio*, GG, 88. EL (August 2019), Art. 2 Abs. 2 S. 1, Rn. 24. Eine Beendigung des Selbstentfaltungsprogramms menschlichen Lebens könnte

cc. Bewertung

Das Recht auf Leben gewährt einen Schutz, der gem. Art. 2 Abs. 2 S. 3 GG einfachgesetzlich beschränkt werden kann. Zunächst gilt es zu klären, ob biologisch-physiologische Gründe für einen verfassungsrechtlichen vorgeburtlichen Schutz des Rechts auf Leben sprechen. Darüber hinaus ist fragwürdig, ob ein gradueller Schutz des Rechts auf Leben in Betracht kommt und ob Keimzellen, 2-PN-Zellen und Embryonen *in vitro* einen Lebensschutz erfahren.

(1). Lebensschutz ab der Nidation

Für ein Beginn des Lebensschutzes in früheren Entwicklungsstadien, namentlich ab dem Pronucleusstadium oder der Konjugation, spricht zwar die Potentialität und die genetische Identität der Zellen in diesen Entwicklungsstadien, jedoch kommt 2-PN-Zellen und Embryonen *in vitro* ohne einen Transfer in den Körper der genetischen Mutter bzw. der Wunschmutter keine selbstständige Entwicklungsmöglichkeit zu.

Demgegenüber erfolgt mit der Nidation des Embryos in die Gebärmutterschleimhaut eine maßgebliche Zäsur im Rahmen der vorgeburtlichen menschlichen Entwicklung. Ist diese erfolgt, übersteigt die eigenständige Entwicklungsfähigkeit eines Embryos im mütterlichen Körper diejenige von 2-PN-Zellen und Embryonen (*in vivo* oder *in vitro*). Auch kann sich ein Embryo infolgedessen nicht mehr in zwei Embryonen teilen und weist somit eine Individualität auf. Darüber hinaus bildet der Embryo mit der genetischen Mutter bzw. der Wunschmutter nach erfolgter Nidation eine Einheit, weshalb ihm eine soziale Existenz zukommt.[327] Die Nidation muss somit als maßgebliches qualitatives Merkmal des Lebensbeginns erachtet werden.[328] Das Recht auf Leben ist demnach mit der Nidation des Embryos voll gewährleistet. Dies stimmt grundsätzlich auch mit der Rechtsprechung des BVerfG überein, wonach Leben 14 Tage nach der Empfängnis anzunehmen sei.[329] Der personale Schutzbereich des Rechts auf Leben gem. Art. 2 Abs. 2 S. 1 GG umfasst daher

---

also nur noch gewalttätig oder durch Entzug der für den Stoffwechsel benötigten Ausgangsstoffe erfolgen, *Prehn*, MedR 2011, 559, 561.

327 *Schroth*, in: Roxin/Schroth, Handbuch des Medizinstrafrechts, 4. Aufl. (2010), S. 560.

328 Vgl. *Böckenförde-Wunderlich*, Präimplantationsdiagnostik als Rechtsproblem (2002), S. 176. Hierzu s. *Choi*, Der Umgang mit überzähligen Embryonen in Deutschland und Südkorea (2009), S. 51 f.

329 BVerfGE 39, 1, 37 = BVerfG, NJW 1975, 573, 574.

keine pränidativen Entwicklungsstadien, weshalb weder Keimzellen noch 2-PN-Zellen oder Embryonen Träger dieses Grundrechts sind.

(2). Gradueller Schutz pränidativer Entwicklungsstadien

Ein Schutz pränidativer Entwicklungsstadien gem. Art. 2 Abs. 2 S. 1 GG könnte durch eine Stufung des Lebensrechts erreicht werden, die parallel zur wachsenden eigenständigen Lebensfähigkeit im Mutterleib ansteigt. Mit diesem Konzept soll kein Lebensrecht genommen werden, es wird vielmehr bezweckt, dass der Schutz des Lebensrechts eine Erweiterung auf vorgeburtliche menschliche Entwicklungsstadien erfährt. Ferner ist zu betonen, dass sich das BVerfG nicht explizit gegen eine Stufung des vorgeburtlichen Lebensschutzes ausgesprochen hat.

Gegen das Konzept des gestuften Lebensschutzes spricht jedoch, dass es auf einem Rückschluss vom einfachen Recht auf das Verfassungsrecht beruht, während das einfache Recht stets anhand des Verfassungsrechts auszulegen ist. Dem kann indes entgegengesetzt werden, dass zwischen dem Verfassungsrecht und dem einfachen Recht eine gewisse Wechselwirkung besteht, die aufgrund der Dynamik des Verfassungsrechts mit Einschränkungen unschädlich sein kann. Von einer Stufung des Lebensschutzes ist dennoch abzusehen, da hiermit eine Kategorisierung von „*Vormenschen*" im vorgeburtlichen Raum erfolgt. Dies ist mit Art. 2 Abs. 2 S. 1 GG unvereinbar.

Auch der auf objektive Vorfelder des subjektiven Lebensschutzes abstellende Ansatz vermag nicht zu überzeugen, da eine Koppelung der Menschenwürde und des Rechts auf Leben abzulehnen ist.

(3). Ausstrahlungswirkung auf 2-PN-Zellen und Embryonen

Es stellt sich die Frage, ob sich ein gewisser Lebensschutz von 2-PN-Zellen und Embryonen verfassungsrechtlich herleiten lässt, ohne dass diese Träger des Rechts auf Leben sind.

Das Recht auf Leben hat eine subjektive Ausgestaltung. Da eine Koppelung des Rechts auf Leben mit der Menschenwürde nicht überzeugt, ergibt sich ein Schutz von 2-PN-Zellen und Embryonen nach Art. 2 Abs. 2 S. 1 GG, ohne dass diese Träger dieses Grundrechts sind, nicht aus dem objektiven Gewährleistungsgehalt der Menschenwürde, welchen diese neben ihrer Funktion als individuelles Grundrecht beinhaltet.[330]

---

330 Vgl. Maunz/Dürig/*Di Fabio*, GG, 99. EL (September 2022), Art. 2 Abs. 2 S. 1, Rn. 28.

2-PN-Zellen und Embryonen kommt vielmehr eine Ausstrahlungswirkung des Rechts auf Leben zu, welche beide im selben Maße schützt.[331] Diese Ausstrahlungswirkung wirkt sich sowohl *in vivo* als auch *in vitro* aus, da die Gefahr missbräuchlicher Behandlungen der Zellen (beispielsweise durch eine Verwendung zu Forschungszwecken) gerade *in vitro* besteht und die Schutzbedürftigkeit von 2-PN-Zellen und Embryonen *in vitro* somit umso größer ist. Es bedarf eines Schutzes durch eine Ausstrahlungswirkung des Rechts auf Leben, da sowohl 2-PN-Zellen als auch Embryonen eine Potentialität zur Entwicklung zu einem Menschen sowie eine genetische Identität aufweisen. Unter Berücksichtigung dieser biologisch-physiologischen Gegebenheiten wäre es unbillig, diesen Zellen einen Schutz nach Art. 2 Abs. 2 S. 1 GG gänzlich vorzuenthalten. Demgegenüber kommt Keimzellen, die über diese Merkmale nicht verfügen, kein Schutz gem. Art. 2 Abs. 2 S. 1 GG zu.

b. Schutzgehalt des Rechts auf Leben für 2-PN-Zellen und Embryonen

Das Recht auf Leben ist primär als individuelles Abwehrrecht gegen das Leben gefährdende Handlungen zu erachten.[332] Neben dem Verbot unmittelbar staatlichen Eingreifens in das (sich entwickelnde) Leben hat der Staat das Leben zu schützen, zu fördern und insbesondere vor rechtswidrigen Eingriffen durch andere zu bewahren.[333] Das BVerfG schreibt dem menschlichen Leben innerhalb der grundgesetzlichen Ordnung *„einen Höchstwert“* zu.[334] Es entnimmt das konkrete Maß für den gebotenen Schutz eines Embryos Art. 2 Abs. 2 GG,[335] wobei der Schutzgehaltes anhand bestimmter Phasen der Schwangerschaft variiert.[336]

---

331 Auch *Jarass* befürwortet den Schutz des Lebens ab der Nidation und erkennt einen gewissen Vorwirkungsschutz an. Dieser umfasse extrakorporal erzeugtes Leben vor der Nidation jedoch nur begrenzt, Jarass/Pieroth/*Jarass*, GG, 17. Aufl. (2022), Art. 2, Rn. 98. Zur Ausstrahlungswirkung von Grundrechten s. Sachs/*Sachs*, GG, 9. Aufl. (2021), Vorbemerkungen zu Abschnitt I, Rn. 32 f.

332 *Choi*, Der Umgang mit überzähligen Embryonen in Deutschland und Südkorea (2009), S. 162 m.w.N.

333 BVerfGE 88, 203, 251 = BVerfG, NJW 1993, 1751, 1753. Hierzu auch Schmidt-Bleibtreu/Hofmann/Henneke/*Hofmann*, GG, 15. Aufl. (2022), Art. 2, Rn. 61.

334 BVerfGE 46, 160, 164 = BVerfG, NJW 1977, 2255; BVerfGE 49, 24, 53 = BVerfG, NJW 1978, 2235, 2236.

335 BVerfGE 88, 203, 251 = BVerfG, NJW 1993, 1751, 1753.

336 BVerfGE 88, 203, 266 = BVerfG, NJW 1993, 1751, 1757.

Wie bereits erörtert, sind das Lebensrecht und die Menschenwürde nicht miteinander verknüpft. Zwischen beiden Grundrechten besteht ein maßgeblicher Unterschied darin, dass in das Recht auf Leben rechtmäßig eingegriffen und es demnach – anders als die Menschenwürde – mit anderen Grundrechten gem. Art. 2 Abs. 2 S. 3 GG abgewogen werden kann.[337]

Der Schutzgehalt einer Ausstrahlungswirkung des Rechts auf Leben auf 2-PN-Zellen und Embryonen sollte diesen einen existentiellen Minimalschutz zukommen lassen. Daher sollten 2-PN-Zellen und Embryonen vor willkürlichen Behandlungen geschützt werden, sodass ein Verwerfen bzw. Sterbenlassen eines sachlichen Grundes bedarf. Eine willkürliche Behandlung ist mithin nicht gegeben, wenn das Ziel der Herbeiführung einer Schwangerschaft unmöglich geworden ist oder eine Schwangerschaft im Rahmen der Kinderwunschbehandlung bereits erfolgreich herbeigeführt wurde. Dem Willen der intendierten Eltern ist hierbei somit eine entscheidende Bedeutung zuzuschreiben.

c. *Ergebnis*

Das Recht auf Leben gem. Art. 2 Abs. 2 S. 1 GG besteht ab der *Nidation* des Embryos im Mutterleib. Ohne selbst Träger dieses Grundrechts zu sein, werden kryokonservierte 2-PN-Zellen und Embryonen durch eine Ausstrahlungswirkung des Rechts auf Leben vor willkürlichen Behandlungen geschützt. Sie dürfen demnach nur verworfen bzw. sterben gelassen werden, wenn ein sachlicher Grund hierfür gegeben ist. Für Keimzellen gilt dies indes nicht.

II. Recht des Spenderkindes auf Kenntnis der eigenen Abstammung

Das Recht auf Kenntnis der eigenen Abstammung wurde vom BVerfG entwickelt und ist Art. 2 Abs. 1 GG i.V.m. Art. 1 Abs. 1 GG zu entnehmen.[338] Dem BVerfG zufolge entwickle jeder Einzelne seine Individualität in dem autonomen Bereich privater Lebensgestaltung. Die Abstammung des Einzelnen stelle einen konstitutiven Faktor der Individualität dar, der eng mit der Entfaltung der Individualität verknüpft sei. Daher lege sie nicht nur die genetische Ausstattung des Einzelnen fest, sondern erweise sich auch für dessen Persönlichkeit als

---

337 *Haskamp*, Embryonenschutz *in vitro* (2012), S. 95.

338 BVerfGE 79, 256, 268 ff. = BVerfG, NJW 1998, 891 f. Hierzu s. auch BGH, NJW 2015, 1098, Rn. 7 = BGHZ 204, 54, 56, Rn. 7; Spickhoff/*Spickhoff*, Medizinrecht, 4. Aufl. (2022), Vorbemerkung zu §§ 1591–1600e BGB, Rn. 6; *Spilker*, JuS 2016, 988, 988 f.

prägend, sodass sie eine „*Schlüsselstellung*" für die Findung der Individualität und das Selbstverständnis einnehme.[339]

Das Recht auf Kenntnis der eigenen Abstammung ist insbesondere für Spenderkinder relevant.[340] Auch wenn Samenspender überwiegend kein Interesse daran haben, von den von ihnen stammenden Kindern gefunden zu werden, kann ihnen dennoch keine Anonymität zugesichert werden. Vielmehr erfordert die Kenntnis des Kindes von der eigenen Abstammung den Zugriff auf diese Informationen. Der Gesetzgeber muss hier das Recht des Samenspenders auf Anonymität mit dem Auskunftsanspruch des Kindes abwägen.[341]

Für eine Einschränkbarkeit des allgemeinen Persönlichkeitsrechts gilt die Schrankentrias des Art. 2 Abs. 1, 2. Hs. GG.[342] Überdies besteht eine Einschränkungsmöglichkeit durch kollidierendes Verfassungsrecht.[343]

III. Rechte der genetischen Eltern und des Samenspenders

Keimzellen, 2-PN-Zellen und Embryonen werden sowohl im homologen als auch im heterologen System kryokonserviert. Daher sind die verfassungsrechtlichen Rechte der genetischen Eltern (homologes Verfahren) sowie der genetischen Mutter und des Samenspenders (heterologes Verfahren) näher zu beleuchten.

1. Recht auf reproduktive Selbstbestimmung

a. Herleitung

Es ist sowohl in der Rechtsprechung als auch in der rechtswissenschaftlichen Literatur unbestritten, dass Frauen und Männern eine umfassende Fortpflanzungsfreiheit zusteht. Diese Freiheit kann jedoch beschränkt werden.[344] Bei der Frage, welchem Grundrecht das Recht auf reproduktive Selbstbestimmung[345]

339 BVerfGE 79, 256, 268 f. = BVerfG, NJW 1989, 891.

340 Hierzu s. http://www.spenderkinder.de/ (zuletzt aufgerufen am 15.03.2023).

341 *Sanders*, Mehrelternschaft (2018), S. 345; vgl. Maunz/Dürig/*Di Fabio*, GG, 99. EL (September 2022), Art. 2 Rn. 213 m.w.N.

342 BVerfGE 120, 180, 201 = BVerfG, NJW 2008, 1793, 1795.

343 Maunz/Dürig/*Di Fabio*, GG, 99. EL (September 2022), Art. 2 Abs. 1, Rn. 134.

344 *Leopoldina*, Fortpflanzungsmedizin in Deutschland (2019), S. 33 m.w.N.

345 Auch als „*Recht auf Fortpflanzung*", „*Recht auf reproduktive Autonomie*" oder „*Recht auf Nachkommenschaft*" bezeichnet, hierzu s. Spickhoff/*Müller-Terpitz*, Medizinrecht, 4. Aufl. (2022), Art. 6 GG, Rn. 1. Weitere Bezeichnungen finden sich in *Voss*, Leihmutterschaft in Deutschland (2015), S. 268 m.w.N.

zuzuordnen ist, gehen die Meinungen indes auseinander. Das BVerfG hat einen solchen Fall noch nicht entschieden.[346]

aa. Schutz der Familie gem. Art. 6 Abs. 1 GG

Überwiegend wird das Recht auf reproduktive Selbstbestimmung als Basis eines Fortpflanzungsrechts aus dem Grundrecht auf Schutz der Familie gem. Art. 6 Abs. 1 GG hergeleitet.[347] Dieses Grundrecht erfasse auch die Freiheit, den Kinderwunsch zu verwirklichen[348] und somit die freie Entscheidung über den Zeitpunkt des Kinderkriegens und die Anzahl der Kinder.[349] Da Art. 6 Abs. 1 GG die Familiengründung schütze, sei das Recht auf reproduktive Selbstbestimmung, das für die Identitätsfindung unabdingbar sei, hiervon zwingend mit eingeschlossen. Das allgemeine Persönlichkeitsrecht trete subsidiär zurück, da Art. 6 Abs. 1 GG mit der Verwirklichung der personellen Identität in der familiären Gemeinschaft selbst Aspekte der Persönlichkeitsentfaltung enthalte.[350]

bb. Allgemeines Persönlichkeitsrecht gem. Art. 2 Abs. 1 GG i.V.m. Art. 1 Abs. 1 GG

Demgegenüber vertreten andere Stimmen wiederum, dass das Recht auf reproduktive Selbstbestimmung in dem allgemeinen Persönlichkeitsrechts gem. Art. 2 Abs. 1 GG i.V.m. Art. 1 Abs. 1 GG verankert sei.[351] Insbesondere die Entscheidung für oder gegen die eigene Fortpflanzung unterfalle dem allgemeinen Persönlichkeitsrecht.[352] Das Recht auf Nachkommen gehöre zum Kernbereich der freien Entfaltung der Persönlichkeit.[353] Die eigene Fortpflanzung

---

346 Spickhoff/*Müller-Terpitz*, Medizinrecht, 4. Aufl. (2022), Art. 6 GG, Rn. 1. Ausführlich zur Herleitung des Rechts auf reproduktive Selbstbestimmung s. *Voss*, Leihmutterschaft in Deutschland (2015), S. 268 ff.

347 Spickhoff/*Müller-Terpitz*, Medizinrecht, 4. Aufl. (2022), Art. 6 GG, Rn. 2; Jarass/Pieroth/*Pieroth*, GG, 17. Aufl. (2022), Art. 6 Rn. 11; *Kloepfer* JZ 2002, 417, 424; *Voss*, Leihmutterschaft in Deutschland (2015), S. 271 ff.; *Gülzow*, GesR 2017, 552, 553.

348 BVerfGE 66, 84, 94 = BVerfG, NJW 1984, 1523; Dreier/*Brosius-Gersdorf*, GG, 3. Aufl. (2013), Art. 6, Rn. 115 ff.; *Leopoldina*, Fortpflanzungsmedizin in Deutschland (2019), S. 34, Fn. 131 m.w.N.

349 Jarass/Pieroth/*Jarass*, GG, 17. Aufl. (2022), Art. 6, Rn. 11.

350 Spickhoff/*Müller-Terpitz*, Medizinrecht, 4. Aufl. (2022), Art. 6 GG, Rn. 2.

351 *Balz*, Heterologe künstliche Samenübertragung beim Menschen (1980), S. 20 f.; *Günther*, Der Kindeswohlbegriff als Zulässigkeitskriterium für die *In-vitro*-Fertilisation (1996), S. 58 ff.; *Rüsken*, NJW 1998, 1745, 1749.

352 *Gassner et al.*, AME-FMedG (2013), S. 31.

353 *Rüsken*, NJW 1998, 1745, 1749.

stelle einen integralen Bestandteil des allgemeinen Persönlichkeitsrechts dar und sei nur beschränkbar, wenn der Schutz überragend wichtiger Rechtsgüter bezweckt werde.[354]

Schumann zufolge sei das Recht, über die Fortpflanzung mit eigenen Keimzellen zu entscheiden, nicht dasselbe wie das Recht, eine Familie zu gründen. Während das Recht auf reproduktive Selbstbestimmung dem allgemeinen Persönlichkeitsrecht unterfalle, sei das Recht auf Familiengründung unter Art. 6 Abs. 1 GG einzuordnen. Sie differenziert zwischen den genetischen Eltern und den Wunscheltern, was sich im homologen und heterologen System verschieden auswirkt: So habe das Recht auf Familiengründung im homologen Verfahren gegenüber dem Recht auf reproduktive Selbstbestimmung keinen Mehrwert. Die Unterschiede zeichnen sich indes im heterologen System ab: Dort stehe das Recht auf reproduktive Selbstbestimmung der genetischen Mutter und dem Samenspender zu, wohingegen der Wunschelternteil lediglich dem personalen Schutzbereich des Rechts auf Familiengründung unterfalle.[355]

cc. Weitere Ansätze

Einer weiteren Auffassung zufolge besteht eine Verschränkung des allgemeinen Persönlichkeitsrechts mit Art. 6 Abs. 1 GG.[356] So manifestiere sich sowohl im Kinderwunsch als auch in dessen Verwirklichung eine enge Verbindung einer spezifischen Persönlichkeitsentfaltung mit dem Familien- und Eheleben.[357]

Schließlich wird noch vertreten, dass das Recht auf reproduktive Selbstbestimmung in Art. 2 Abs. 1 GG zu verorten sei.[358]

---

354 *Gassner et al.*, AME-FMedG (2013), S. 31 f.

355 *Schumann*, in: Beier/Brügge/Thorn/Wiesemann, Assistierte Reproduktion mit Hilfe Dritter (2020), S. 74 ff.

Andere Ansicht im Falle der Leihmutterschaft: *Wapler*, in: Schramm/Wermke, Leihmutterschaft und Familie (2018), S. 111 ff., 115: Auch ohne genetische Verwandtschaft zum Kind sei das Recht der genetischen Eltern auf reproduktive Selbstbestimmung betroffen. Fortpflanzung sei grundlegend von sozialen Bezügen umgeben und lediglich im Rahmen dieser Bezüge komme ihr eine Bedeutung zu. Daher fuße die Fortpflanzung auf der selbstbestimmten Entscheidung und sei primär als Ausdruck des individuellen Selbstbestimmungsrechts zu verstehen.

356 *Hieb*, Die gespaltene Mutterschaft (2005), S. 24; vgl. *Hufen*, MedR 2001, 440, 442.

357 *Hieb*, Die gespaltene Mutterschaft (2005), S. 25.

358 *Starck*, Gutachten A für den 56. DJT (1986), S. A 17 f. Ablehnend *Günther*, Der Kindeswohlbegriff als Zulässigkeitskriterium für die *In-vitro*-Fertilisation (1996), S. 57.

dd. Bewertung

(1). Verortung im allgemeinen Persönlichkeitsrecht oder in Art. 6 Abs. 1 GG

Die verfassungsrechtliche Verankerung des Rechts auf reproduktive Selbstbestimmung bedarf einer genaueren Untersuchung. Eine Herleitung des Rechts auf reproduktive Selbstbestimmung lediglich aus der allgemeinen Handlungsfreiheit gem. Art. 2 Abs. 1 GG kann nicht überzeugen. Die persönlichkeitsrechtliche Überlagerung der Freiheit, über die eigene Fortpflanzung zu entscheiden, bliebe damit nicht ausreichend berücksichtigt. Hiergegen spricht überdies die Subsidiarität des Art. 2 Abs. 1 GG gegenüber anderen Grundrechten.

Auch eine Verknüpfung des allgemeinen Persönlichkeitsrechts mit Art. 6 Abs. 1 GG vermag nicht zu überzeugen, da sich hierbei ebenfalls keine genaue Differenzierung des homologen und heterologen Verfahrens bewirken lässt.

Zu entscheiden ist daher, ob die besseren Argumente für das allgemeine Persönlichkeitsrecht oder Art. 6 Abs. 1 GG sprechen. Die Tatsache, dass das Recht auf Familiengründung und das allgemeine Persönlichkeitsrecht eine vergleichbare Schutzintensität aufweisen, könnte Zweifel an der Notwendigkeit einer genauen Einordnung des Rechts auf reproduktive Selbstbestimmung schüren. Dem ist jedoch dahingehend zu widersprechen, dass Eingriffe in das allgemeine Persönlichkeitsrecht unter bestimmten Voraussetzungen möglich sind, sofern sie nicht den Kernbereich privater Lebensgestaltung beschränken,[359] während Eingriffe in den Gewährleistungsgehalt des Art. 6 Abs. 1 GG nur durch kollidierendes Verfassungsrecht zulässig sind.[360]

(2). Subsidiarität des allgemeinen Persönlichkeitsrechts als Ausschlusskriterium?

Das allgemeine Persönlichkeitsrecht wird teils als Grundlage des Rechts auf reproduktive Selbstbestimmung gesehen, da der Kinderwunsch einen Kernbereich der menschlichen Persönlichkeit darstelle und daher auch die Menschenwürde berührt sei.[361]

Steht einer Anwendung des allgemeinen Persönlichkeitsrechts jedoch möglicherweise der speziellere Schutzbereich eines Einzelgrundrechts im Wege?

---

359 BVerfGE 6, 32, 41 = BVerfG, NJW 1957, 297, 298.

360 Sachs/*v. Coelln*, GG, 9. Aufl. (2021), Art. 6, Rn. 23.

361 *Balz*, Heterologe künstliche Samenübertragung beim Menschen (1980), S. 20. Auch der Sexualbereich unterfällt dem Recht auf reproduktive Selbstbestimmung, *Hieb*, Die gespaltene Mutterschaft (2012), S. 14.

Für eine Subsidiarität des allgemeinen Persönlichkeitsrechts spricht, dass Art. 6 Abs. 1 GG durch den Schutz der Verwirklichung der personellen Identität in familiärer Gemeinschaft gewisse Aspekte der Persönlichkeitsentfaltung beinhaltet.[362] *Niederer* zufolge stelle das Recht auf eigene Kinder, auch wenn es dem Recht auf freie Entfaltung der Persönlichkeit unterzuordnen ist, eine ungeschriebene aber notwendige Voraussetzung von Art. 6 GG dar.[363] Überdies wird eine enge Verknüpfung der Erfüllung des Kinderwunsches mit der Persönlichkeitsentwicklung des Einzelnen angezweifelt.[364] Auch schütze Art. 6 Abs. 1 GG die Verwirklichung der personellen Identität in der familiären Gemeinschaft, sodass der Akt der Gründung dieser Gemeinschaft unter denselben Schutzbereich einzuordnen sein könnte.[365]

Jedoch ist die reproduktive Selbstbestimmung nicht notwendigerweise mit der Gründung einer Familie verknüpft. Auch wenn eine Reproduktion stets in sozialen Beziehungen erfolgt oder auf diese abzielt, kann ein sozialer Bezug nicht mit sämtlichen Handlungen und Entscheidungen über die Reproduktion in Verbindung gebracht werden. Dies verdeutlicht sowohl die Entscheidung zur Abgabe einer Samenspende als auch die Entscheidung gegen die Zeugung eigener Kinder.[366] Daher ist der genetischen und nicht der sozialen Komponente der Fortpflanzung eine maßgebliche Bedeutung für die Reproduktion zuzuschreiben. Der Schutzbereich des Art. 6 Abs. 1 GG ist aufgrund der fehlenden zwingenden Koppelung von genetischer und sozialer Komponente der Fortpflanzung nicht spezieller als derjenige des allgemeinen Persönlichkeitsrechts. Aus diesem Grund tritt das allgemeine Persönlichkeitsrecht im Falle der reproduktiven Selbstbestimmung nicht subsidiär hinter Art. 6 Abs. 1 GG zurück.

(3). Differenzierung des homologen und des heterologen Verfahrens erforderlich

Darüber hinaus sollten bei der Verortung des Rechts auf reproduktive Selbstbestimmung die unterschiedlichen Rechtslagen im homologen und heterologen Verfahren berücksichtigt werden. Im Sinne des Art. 6 Abs. 2 S. 1 GG handelt es sich bei Eltern um die Personen, von denen das Kind „*leiblich*" abstammt. Dies

---

362 Spickhoff/*Müller-Terpitz*, Medizinrecht, 4. Aufl. (2022), Art. 6 GG, Rn. 2.

363 *Niederer*, Reproduktionsmedizinische Methoden zur Überwindung männlicher Infertilität im Spiegel des Rechts (1989), S. 29.

364 *Voss*, Leihmutterschaft in Deutschland (2015), S. 274.

365 Spickhoff/*Müller-Terpitz*, Medizinrecht, 4. Aufl. (2022), Art. 6 GG, Rn. 2; *Voss*, Leihmutterschaft in Deutschland (2015), S. 269.

366 *Wapler*, in: Schramm/Wermke, Leihmutterschaft und Familie (2018), 112.

betrifft somit die genetische Mutter, die Geburtsmutter und den genetischen Vater. Demgegenüber entspringt die Elternschaft von Wunscheltern lediglich einer einfachgesetzlichen Zuordnung.[367]

An dieser Stelle überzeugt der Ansatz *Schumanns* dadurch, dass unter Berücksichtigung der genetischen Komponente genau zwischen dem homologen und dem heterologen Verfahren unterschieden wird: Ein (infertiler) Wunschelternteil kann sich hierbei zwar nicht auf das Recht auf reproduktive Selbstbestimmung aus dem allgemeinen Persönlichkeitsrecht berufen, jedoch kommt ihm ein Schutz aus dem Familiengrundrecht gem. Art. 6 Abs. 1 GG zu. Dieser hat – anders als der genetische Vater im homologen Verfahren – keine genetische Beziehung zu dem kryokonservierten Keimgut. Der Wunschelternteil ist daher bei der Frage nach dem Fortbestand oder der Verwendung des kryokonservierten Keimgutes nicht in seiner reproduktiven Selbstbestimmung betroffen. Im Falle einer Trennung sollte er die Entscheidungsmöglichkeiten der genetischen Mutter über ihre reproduktive Selbstbestimmung somit auch nicht mehr beeinflussen können.

Eine solche Differenzierung des homologen und des heterologen Verfahrens bleibt bei einer Verankerung des Rechts auf reproduktive Selbstbestimmung in Art. 6 Abs. 1 GG hingegen aus.

(4). Ergebnis: Verankerung im allgemeinen Persönlichkeitsrecht

Zwar beinhaltet die Familiengründung gewisse Aspekte der Persönlichkeitsentfaltung, jedoch ist eine Reproduktion nicht notwendigerweise mit einer sozialen Komponente verknüpft. Entscheidend ist vielmehr auf die genetische Verbindung zum Kind abzustellen. Eine Verortung des Rechts auf reproduktive Selbstbestimmung in Art. 6 Abs. 1 GG überzeugt daher nicht.

Bei einer Herleitung des Rechts auf reproduktive Selbstbestimmung aus dem allgemeinen Persönlichkeitsrecht findet die persönlichkeitsrechtliche Überlagerung in Bezug auf die Weitergabe der eigenen Gene hingegen eine angemessene Berücksichtigung. Auch lässt sich hiermit eine genaue Differenzierung des homologen und des heterologen Verfahrens erreichen. Mithin überzeugt die Lösung *Schumanns*, sodass anzunehmen ist, dass sich das Recht auf reproduktive Selbstbestimmung aus dem allgemeinen Persönlichkeitsrecht ergibt.

---

367 Vgl. *Schumann*, in: Beier/Brügge/Thorn/Wiesemann, Assistierte Reproduktion mit Hilfe Dritter (2020), S. 77.

b. Schutzbereich

aa. Persönlicher Schutzbereich

Träger des Rechts auf reproduktive Selbstbestimmung ist stets eine einzelne Person, auch wenn es zur Verwirklichung dieses Rechts einer weiteren Person bedarf, die ihrerseits von ihrem Recht auf reproduktive Selbstbestimmung Gebrauch macht. Ob zwischen diesen Personen eine Paarbeziehung besteht, ist indes irrelevant.[368]

(1). Homologes Verfahren
Im homologen Verfahren unterfallen beide genetischen Elternteile dem personalen Schutzbereich dieses Grundrechts. Demnach können in dieser Konstellation beide Partner ihr Recht auf reproduktive Selbstbestimmung verwirklichen.

Das Recht der genetischen Eltern auf reproduktive Selbstbestimmung endet schließlich, wenn der Embryotransfer auf die genetische Mutter durchgeführt wurde. Infolgedessen besteht ein verfassungsrechtlicher Schutz der genetischen Mutter gem. Art. 2 Abs. 2 S. 1 GG sowie aus ihrem allgemeinen Persönlichkeitsrecht in Form des Rechts auf reproduktive Selbstbestimmung.

(2). Heterologes Verfahren
Im heterologen Verfahren ist neben der genetischen Mutter der Samenspender vom personalen Schutzbereich des Rechts auf reproduktive Selbstbestimmung umfasst. Bei der genetischen Mutter bestehen keine Unterschiede zum homologen Verfahren.

Demgegenüber endet Recht des Samenspenders auf reproduktive Selbstbestimmung bereits im Vorfeld der eigentlichen Kinderwunschbehandlung. Zwar ist die persönlichkeitsrechtliche Bedeutung der Zeugung von Nachkommen durch den Samenspender zu berücksichtigen. Jedoch überwiegt hier die fremdnützige Natur der Samenspende, die mit einer freien Verfügung des Samenspenders über die abgegebene Spende unvereinbar ist. Zudem ist den Familien, die bereits mit den Spermien eines bestimmten Samenspenders ein Kind gezeugt haben, die Möglichkeit zur Zeugung weiterer Kinder desselben Spenders zu verschaffen, damit in der Familie Vollgeschwister leben können.

In diesem Sinne geht auch der BGH von einem Grundrechtsverzicht des Samenspenders aus, der die rechtliche Vaterschaft von vornherein nicht einnehmen möchte: „*In diesem Fall ergibt sich bereits aus den Umständen*

---

368 So bereits *Schumann*, in: Beier/Brügge/Thorn/Wiesemann, Assistierte Reproduktion mit Hilfe Dritter (2020), S. 75.

der – medizinisch assistierten – Zeugung, dass der leibliche Vater seine Grundrechtsposition nicht wahrnehmen will.“[369]

Hat der Samenspender demnach in die heterologe Verwendung der Samenspende eingewilligt, verzichtet er mit der Abgabe der Samenspende diesbezüglich auf sein Recht auf reproduktive Selbstbestimmung und die spätere Wahrnehmung seines Elternrechts gem. Art. 6 Abs. 2 GG.

Somit ist nach der Abgabe der Spende im Rahmen der heterologen Kinderwunschbehandlung lediglich die genetische Mutter Trägerin des Rechts auf reproduktive Selbstbestimmung.

bb. Sachlicher Schutzbereich

Unter den sachlichen Schutzbereich des Rechts auf reproduktive Selbstbestimmung ist das Interesse zu zählen, mit eigenen Keimzellen ein Kind zu zeugen.[370] Es handelt sich um ein Abwehrrecht gegenüber dem Staat, das dem Rechtsinhaber keinen Anspruch auf Fortpflanzung gewährt. Vielmehr wird ein Schutz dahingehend gewährleistet, in der Fortpflanzungsmöglichkeit nicht beeinträchtigt zu werden.[371] Die Fortpflanzung kann natürlich oder durch assistierte Reproduktion erfolgen.[372] In den Schutzbereich ist die Entscheidung über das „*Ob*“, „*Wann*“, „*Wie*“ und „*Wieviel*“ an Nachkommen miteinbezogen.[373] Dies betrifft folglich die Dauer der Kryokonservierung („*Wann*“). Darüber hinaus wird sowohl die Entscheidung über die Fortsetzung der Kinderwunschbehandlung[374] als auch über das Verwerfen bzw. Sterbenlassen des kryokonservierten

---

369 BGH, NJW 2015, 1820, 1821, Rn. 18.

370 Fortpflanzung bezieht sich somit nur auf die Weitergabe eigener Gene. Vgl. *Voss*, Leihmutterschaft in Deutschland, S. 281; vgl. *Lindner*, in: Rosenau, Ein zeitgemäßes Fortpflanzungsmedizingesetz für Deutschland (2012), S. 143; *Schumann*, in: Beier/Brügge/Thorn/Wiesemann, Assistierte Reproduktion mit Hilfe Dritter (2020), S. 75 f.

371 OLG München, FamRZ 2017, 904, 907; bzgl. Art. 6 Abs. 1 GG: Spickhoff/*Müller-Terpitz*, Medizinrecht, 4. Aufl. (2022), Art. 6 GG, Rn. 3 ff.

372 Spickhoff/*Müller-Terpitz*, Medizinrecht, 4. Aufl. (2022), Art. 6 GG, Rn. 5.

373 Spickhoff/*Müller-Terpitz*, Medizinrecht, 4. Aufl. (2022), Art. 6 GG, Rn. 5; *Prehn*, MedR 2011, 559, 560 f.

374 Vgl. *Hieb*, Die gespaltene Mutterschaft (2005), S. 28 ff.; vgl. *Schumann*, in: Beier/Brügge/Thorn/Wiesemann, Assistierte Reproduktion mit Hilfe Dritter (2020), S. 78.

Keimgutes geschützt („*Ob*"). Weiterhin ist auch die Wahl des Partners („*mit Wem*") von dem Schutzbereich dieses Rechts erfasst.[375]

(1). Entscheidungsbefugnisse über Keimzellen, 2-PN-Zellen und Embryonen

Das Recht auf reproduktive Selbstbestimmung verschafft den genetischen Eltern Entscheidungsbefugnisse über kryokonservierte Keimzellen, 2-PN-Zellen und Embryonen.

(a). Keimzellen

Dem genetischen Vater kommt ein alleiniges Bestimmungsrecht über die Verwendung der von ihm stammenden Keimzellen zu.[376] Das Recht auf reproduktive Selbstbestimmung schützt diesen somit vor Verwendungen seiner kryokonservierten Keimzellen, die seinem Willen entgegenstehen. Zu berücksichtigen ist, dass dieses Bestimmungsrecht im heterologen Verfahren nur so lange besteht, wie der Spender auch dem personalen Schutzbereich des Rechts auf reproduktive Selbstbestimmung unterfällt. Ist also die Imprägnation der Eizelle mit dem Spendersamen im Rahmen der Kinderwunschbehandlung erfolgt, so stehen dem Samenspender keine weiteren Bestimmungsrechte über die Verwendung der (nun imprägnierten Eizelle) mehr zu.

Eine vielfach diskutierte Entscheidung hat der BGH im Jahre 1994 bezüglich des Persönlichkeitsrechts des genetischen Vaters getroffen: In seiner sog. „*Sperma-Entscheidung*"[377] erachtete er das Verwerfen kryokonservierter Spermien als Verletzung des Körpers des genetischen Vaters und machte damit eine Ausnahme von dem Grundsatz, dass abgetrennten Körperteilen eine

---

375 *Schumann*, in: Beier/Brügge/Thorn/Wiesemann, Assistierte Reproduktion mit Hilfe Dritter (2020), S. 76; *Schlüter*, Schutzkonzepte für menschliche Keimbahnzellen in der Fortpflanzungsmedizin (2008), S. 221; *Velte*, Die postmortale Befruchtung (2015), S. 54, 62 f.; *Bernat*, MedR 1991, 308; *Coester-Waltjen*, in: Arndt/Obe, Fortpflanzungsmedizin in Deutschland (2001), S. 159.

376 Vgl. *Coester-Waltjen*, Gutachten B für den 56. DJT (1986), S. B 37 zur Bestimmungsbefugnis über Spermien.

377 BGHZ 124, 52 = BGH, NJW 1994, 127: Ein damals 31-jähriger Mann hatte vor einer Krebstherapie, welche diesen infertil machen würde, Keimzellen kryokonservieren lassen, um die Möglichkeit der Fortpflanzung aufrechterhalten zu können. Die Kryobank kündigte dem späteren Kläger unter einer Fristsetzung die Vernichtung der Keimzellen an, wenn eine weitere Kryokonservierung nicht erwünscht sei. Der Kläger teilte ein entsprechendes Verlangen in einem eingeschriebenen Brief mit, welcher bei der Beklagten auch einging. Die Willensäußerung gelang jedoch aus unbekanntem Grund letztlich nicht in die Akte des genetischen Vaters, was dazu führte, dass die Keimzellen gegen dessen Willen verworfen wurden.

Sachqualität zukommt. Seien Körpersubstanzen nach dem Willen des Trägers dazu bestimmt, wieder in den eigenen Körper eingepflanzt oder zurückgeführt zu werden, so bestehe während der Trennung eine funktionale Einheit der abgetrennten Substanz mit dem Körper. Auch wenn Sperma endgültig vom Körper getrennt sei, gelte es aufgrund der Bestimmung mit der Fortpflanzung eine körpertypische Funktion zu erfüllen, auch hierfür. Daher sei aufgrund des allgemeinen Persönlichkeitsrechts des genetischen Vaters eine erweiterte Rechtsanwendung des § 847 Abs. 1 BGB vorzunehmen mit der Folge, dass diesem aufgrund einer Körperverletzung ein Anspruch auf Schmerzensgeld gem. § 823 Abs. 1 BGB zustehe.[378] Diese Entscheidung wird in der rechtswissenschaftlichen Literatur größtenteils abgelehnt.[379] Die Erweiterung des Begriffs der Körperverletzung sei überzogen und in ihren Folgen schwer absehbar. Daher sei das Verwerfen des Spermas einer zeugungsfähig gewordenen Person vielmehr als schwere Verletzung des allgemeinen Persönlichkeitsrechts zu erachten, was nach allgemeiner Rechtsprechung die Zahlung eines Schmerzensgeldes mit sich bringt.[380]

(b). 2-PN-Zellen

Auf 2-PN-Zellen wirken im homologen Verfahren die Persönlichkeitsrechte beider genetischer Elternteile ein.[381] Gem. Art. 2 Abs. 1 GG i.V.m. Art. 1 Abs. 1 GG gewährt das Recht auf reproduktive Selbstbestimmung den genetischen Eltern mithin – in Form eines gemeinsamen Mitbestimmungsrechts bezüglich der Lagerung und Verwerfung – eine Entscheidungsbefugnis über die von ihnen stammenden 2-PN-Zellen.[382] Überdies verschafft es den genetischen Eltern eine Entscheidungsbefugnis über das Weiterkultivieren der 2-PN-Zellen zu Embryonen.[383] Eine bestimmungswidrige Verwendung oder Vernichtung kann daher

---

378 BGHZ 124, 52, 54 ff. = BGH, NJW 1994, 127, 127 f. Ausführlich zur „*Sperma-Entscheidung*" des BGH: *Schlüter*, Schutzkonzepte für menschliche Keimbahnzellen in der Fortpflanzungsmedizin, (2008), S. 137 ff.

379 So z.B. *Peris*, Anm. zu BGH, MedR 1994, 113; *Taupitz*, NJW 1995, 745, 746 f.; Staudinger/*Stieper* (2021), § 90 BGB, Rn. 32 m.w.N. Demgegenüber stimmt *Schnorbus*, JuS 1994, 830, 834 f. dem BGH zu.

380 *Deutsch/Spickhoff*, Medizinrecht, 7. Aufl. (2014), Rn. 1220.

381 *Frister/Börgers*, in: Frister/Olzen, Reproduktionsmedizin, 1. Aufl. (2010), S. 98 ff.; *Prehn*, MedR 2011, 559, 562.

382 *Frister/Börgers*, in: Frister/Olzen, Reproduktionsmedizin, 1. Aufl. (2010), S. 99, 107 ff.; Clausen/Schroeder-Printzen/*Makoski*, Münchener Anwaltshandbuch Medizinrecht, 3. Aufl. (2020), § 19, Rn. 91.

383 *Frister/Börgers*, in: Frister/Olzen, Reproduktionsmedizin, 1. Aufl. (2010), S. 105.

als Verletzung der Persönlichkeitsrechte der genetischen Eltern erachtet werden.[384] Aufgrund der Höchstpersönlichkeit der an 2-PN-Zellen bestehenden Rechte ist deren Verkehrsfähigkeit jedoch beschränkt.[385]

Im heterologen Verfahren kommen der genetischen Mutter aufgrund ihres Rechts auf reproduktive Selbstbestimmung dieselben Entscheidungsbefugnisse zu. Daneben ist jedoch – sofern es sich um keinen Fall der Solomutterschafft handelt – auch das Recht des Wunschelternteils auf Familiengründung gem. Art. 6 Abs. 1 GG zu berücksichtigen. Da der Wunschelternteil mittels der Kinderwunschbehandlung eine rechtliche Elternschaft erlangen möchte, sind hierbei ebenfalls seine persönlichkeitsrechtlichen Interessen berührt. Streben beide eine gemeinsame Elternschaft an, können diese über den Umgang mit den im heterologen Verfahren erzeugten 2-PN-Zellen nur gemeinsam entscheiden.

(c). Embryonen

Auch auf Embryonen wirkt das Persönlichkeitsrecht der genetischen Eltern ein.[386] *Deutsch* begründet dies damit, dass die genetischen Eltern das werdende Persönlichkeitsrecht der von ihnen stammenden Embryonen wahrnehmen. Insbesondere sei dies bei der Frage relevant, was mit dem Embryo geschehen soll.[387] Aus dem Recht auf reproduktive Selbstbestimmung ergeben sich im homologen Verfahren somit gemeinsame Entscheidungsbefugnisse der genetischen Eltern bezüglich der Verwendung des Embryos im Rahmen einer Kinderwunschbehandlung in Form eines Embryotransfers, der Lagerung und des Sterbenlassens des Embryos.

Demgegenüber wird mitunter vertreten, dass den genetischen Eltern ab der Entstehung des vorgeburtlichen menschlichen Lebens lediglich ein Elternrecht gem. Art. 6 Abs. 2 GG einzuräumen sei, welches dann an die Stelle des Persönlichkeitsrechts trete. Hieraus ergeben sich Bestimmungsbefugnisse der genetischen Eltern, welche sich am Wohl des werdenden Lebens orientieren.[388] Dies hängt jedoch entscheidend vom Verständnis des Zeitpunktes ab, in dem das verfassungsrechtlich geschützte Leben beginnt. Aufgrund des in dieser Arbeit

---

384 *Mayr*, NZFam 2018, 913; *Frister/Börgers*, in: Frister/Olzen, Reproduktionsmedizin, 1. Aufl. (2010), S. 98; vgl. auch *Taupitz/Hermes*, NJW 2015, 1802, 1806; *Prehn*, MedR 2011, 559, 562; BeckOGK/*Mössner* (01.03.2021), § 90 BGB, Rn. 16.2 m.w.N.

385 *Prehn*, MedR 2003, 559, 562; *Frister/Börgers*, in: Frister/Olzen, Reproduktionsmedizin, 1. Aufl. (2010), S. 99 f. Hierzu s. viertes Kapitel, A, I, 2, c.

386 *Spickhoff*, FamRZ 2016, 1792, 1793.

387 *Deutsch*, MDR 1985, 177, 180.

388 *Brohm*, JuS 1998, 197, 201; *Harks*, NJW 2002, 716, 719; *Lehmann*, Die *In-vitro-*Fertilisation und ihre Folgen (2008), S. 123 ff.

vertretenen Ansatzes, wonach ein Lebensschutz gem. Art. 2 Abs. 2 S. 1 GG erst ab der Nidation des Embryos im Mutterleib gewährt wird, kann sich ein Bestimmungsrecht der genetischen Eltern über kryokonservierte Embryonen bereits nicht aus Art. 6 Abs. 2 GG ergeben.

Im heterologen Verfahren hat die genetische Mutter aufgrund ihres Rechts auf reproduktive Selbstbestimmung dieselben Entscheidungsbefugnisse über die von ihr stammenden Embryonen wie im homologen Verfahren. Allerdings ist hierbei (wie bereits im Falle von 2-PN-Zellen) das Recht des Wunschelternteils auf Familiengründung gem. Art. 6 Abs. 1 GG zu berücksichtigen, sofern es sich um keinen Fall der Solomutterschafft handelt. Da der Wunschelternteil mittels der Kinderwunschbehandlung eine rechtliche Elternschaft anstrebt, sind seine persönlichkeitsrechtlichen Interessen hinsichtlich des Umganges mit den im heterologen Verfahren erzeugten Embryonen betroffen. Daher können die intendierten Eltern nur gemeinsam über den Umgang mit den Embryonen entscheiden.

(2). Gespaltener Elternwille

Das Recht auf reproduktive Selbstbestimmung beinhaltet nicht nur eine positive, sondern auch eine negative Ausprägung. Die negative Ausprägung betrifft das Interesse, mit dem eigenen Keimgut eben kein Kind zu zeugen oder die kryokonservierten Embryonen nicht für eine Embryoadoption freizugeben. Diese negative Ausprägung des Rechts auf reproduktive Selbstbestimmung ist beim gespaltenen Elternwillen von Bedeutung.

(a). Fehlender Konsens hinsichtlich der Fortsetzung der Kinderwunschbehandlung

Jede Person kann sich frei für oder gegen eine Elternschaft entscheiden.[389] Haben die intendierten Eltern eine Kinderwunschbehandlung begonnen und 2-PN-Zellen oder Embryonen kryokonserviert, so kann es zu Fällen des gespaltenen Elternwillens kommen, wenn sich diese nicht darüber einig sind, ob die Kinderwunschbehandlung fortgesetzt oder das Kryogut verworfen werden soll.

An dieser Stelle zeigt sich eines der Hauptprobleme des Rechts auf reproduktive Selbstbestimmung: Wenn die Keimzellen zweier Individuen miteinander verbunden sind, kollidieren gleichzeitig auch deren Grundrechte.

389 BGHZ 146, 391, 396 = BGH, NJW 2001, 1789, 1790: „*Die freie Entscheidung für oder gegen eine Elternschaft* [entspreche] *der Wertordnung unserer Verfassung* […], *die der Einzelpersönlichkeit für diesen innersten Bereich der Lebensverwirklichung einen Freiheitsraum gewähre, zu dem die Gemeinschaft keinen Zugang habe.*“

Beim sog. gespaltenen Elternwillen steht im homologen Verfahren die positive Ausprägung des Rechts auf reproduktive Selbstbestimmung durch den einen genetischen Elternteil der negativen Ausprägung dieses Grundrechts durch den anderen genetischen Elternteil gegenüber. Beide Grundrechte sind jedoch gleichwertig, weshalb die Gerichte vor einem moralischen Dilemma stehen: Sollte der Vorrang nun demjenigen gebühren, der die Kinderwunschbehandlung fortsetzen möchte oder überwiegt das Recht desjenigen, der diese eben nicht fortsetzen möchte?

Sowohl nach Ansicht des EGMR als auch des BGH bedürfe es im homologen Verfahren für die Vornahme eines Embryotransfers der Zustimmung beider genetischer Elternteile. Die Widerrufsmöglichkeit der Einwilligung ergebe sich aus dem Recht auf reproduktive Selbstbestimmung.[390] Dem ist zuzustimmen. Das Recht, kein Kind zu bekommen, darf nicht unberücksichtigt bleiben. Eine Fortsetzung der Kinderwunschbehandlung gegen den Willen des genetischen Vaters würde diesem eine Elternschaft „*aufzwingen*“. Das „*Ob*“ des Kinderkriegens erfordert ein Einvernehmen der genetischen Eltern. In diesem Sinne können kryokonservierte 2-PN-Zellen auch nur verworfen und kryokonservierte Embryonen nur sterben gelassen werden, wenn beide genetischen Eltern dem zustimmen. Ein Verwerfen bzw. Sterbenlassen gegen den Willen des anderen genetischen Elternteils würde dessen Recht auf reproduktive Selbstbestimmung verletzen.

Sollte der gespaltene Elternwille jedoch von Dauer sein, kann diese Fallgruppe nicht sinnvoll mittels einer dauerhaften Kryokonservierung der 2-PN-Zellen oder Embryonen gelöst werden. Dies wäre bereits mit dem objektiv-rechtlichen Schutzgehalt der Menschenwürde gem. Art. 1 Abs. 1 GG, dem 2-PN-Zellen und Embryonen unterfallen, unvereinbar, da ihnen dann jegliche Möglichkeit zur Weiterentwicklung genommen werden würde, sodass eine objektivierende Behandlung vorläge. Die Kryokonservierung kann hierbei vielmehr nur eine Übergangslösung darstellen, damit sich die genetischen Eltern währenddessen über den weiteren Umgang mit dem Keimgut einigen können. Sollte letztlich jedoch keine Einigung über die Fortführung der Kinderwunschbehandlung erfolgen, überwiegt die negative Ausprägung des Rechts auf reproduktive Selbstbestimmung, sodass die 2-PN-Zellen verworfen bzw. die Embryonen sterben gelassen werden müssen.

390 EGMR (Evans/Vereinigtes Königreich), NJW 2008, 2013, 2014, ff.; BGHZ 146, 391, 395 f. = BGH, NJW 2001, 1789, 1790.

Im heterologen Verfahren treffen das Recht der genetischen Mutter auf reproduktive Selbstbestimmung gem. Art. 2 Abs. 1 GG i.V.m. Art. 1 Abs. 1 GG und das Recht des Wunschelternteils auf Familiengründung gem. Art. 6 Abs. 1 GG aufeinander. Der gespaltene Elternwille hinsichtlich der Fortsetzung der Kinderwunschbehandlung durch das Weiterkultivieren des Kryogutes und den Embryotransfer hängt hierbei davon ab, ob das Recht des Wunschelternteils auf Familiengründung hinsichtlich des Kryogutes fortbesteht. Entscheidend hierfür ist, ob sich die intendierten Eltern getrennt haben bzw. ob ein Einverständnis mit einer gemeinsamen Elternschaft weiterhin gegeben ist.[391]

(b). Embryoadoption

Zum gespaltenen Elternwillen kann es auch im Falle der Embryoadoption kommen, wenn sich die intendierten Eltern über die Freigabe überzähliger Embryonen zur Embryoadoption nicht einig sind. Auch diese Entscheidung ist mit den persönlichkeitsrechtlichen Interessen der intendierten Eltern eng verknüpft. Daher betrifft dies die genetischen Eltern (homologes Verfahren) bzw. die genetische Mutter (heterologes Verfahren) in ihrem Recht auf reproduktive Selbstbestimmung. Sollte die genetische Mutter die ursprüngliche Kinderwunschbehandlung, aus der die überzähligen Embryonen stammen, gemeinsam mit einem Wunschelternteil durchgeführt haben, wird dieser hierbei in seinem Recht auf Familiengründung berührt.

Im homologen Verfahren überwiegt auch bei der Entscheidung über die Freigabe der Embryonen zur Embryoadoption die negative Ausprägung des Rechts auf reproduktive Selbstbestimmung. So kann einem genetischen Elternteil nicht aufgezwungen werden, dass das eigene Keimgut an ein Wunschelternpaar weitergegeben wird. Dies wiegt im Vergleich schwerer als eine Fortsetzung der Kryokonservierung bzw. das Verwerfen der kryokonservierten Embryonen.

Auch im heterologen Verfahren gilt dies im Falle der genetischen Mutter. Demgegenüber kann sich der Wunschelternteil hinsichtlich des Kryogutes nur auf sein Recht auf Familiengründung berufen, solange die Paarbeziehung mit der genetischen Mutter fortbesteht bzw. beide eine gemeinsame Elternschaft anstreben. Jedoch wirkt sich die Entscheidung über die Freigabe der Embryonen zur Embryoadoption unmittelbar auf die Möglichkeit der Familiengründung mit der genetischen Mutter aus. Da die genetische Mutter die Kinderwunschbehandlung gemeinsam mit dem Wunschelternteil begonnen hat, sind seine persönlichkeitsrechtlichen Interessen bei der Entscheidung über die Freigabe der Embryonen zur Embryoadoption gleichwertig zu berücksichtigen, auch

391 Hierzu s. drittes Kapitel, A, IV, 2, a und b, bb.

wenn der Wunschelternteil keine genetische Verbindung zu den Embryonen aufweist.[392]

Demnach kann die Freigabe kryokonservierter Embryonen sowohl im homologen als auch im heterologen Verfahren nur konsentiert, nicht jedoch gegen den Willen eines intendierten Elternteils erfolgen.

(3). Kinderwunschbehandlung *post mortem*

Ein Schutz des postmortalen Persönlichkeitsrechts besteht nach Ansicht des BVerfG lediglich durch den Achtungsanspruch gem. Art. 1 Abs. 1 GG.[393] Träger des Grundrechts des Art. 2 Abs. 1 GG sei lediglich eine lebende Person, weshalb das allgemeine Persönlichkeitsrecht gem. Art. 2 Abs. 1 GG i.V.m. Art. 1 Abs. 1 GG für den Schutz des postmortalen Persönlichkeitsrechts nicht in Betracht komme.[394]

Demgegenüber nimmt ein Teil der rechtswissenschaftlichen Literatur entgegen der Rechtsprechung des BVerfG an, dass sich ein postmortaler Persönlichkeitsschutz aus dem allgemeinen Persönlichkeitsrecht ergeben müsse.[395] Das allgemeine Persönlichkeitsrecht wirke über den Tod hinaus. Ein alleiniges Abstellen auf die Menschenwürde schließe eine Güterabwägung aus. Dies sei mit der zeitlichen und sachlichen Abstufung des Würdeschutzes nach dem Tod nicht vereinbar. Es sei die sog. Kommunikationstheorie zu berücksichtigen.[396] Hiernach sei die Würde der Toten dadurch begründet, dass „*die Ehrung des Andenkens derjenigen, die einmal unter uns oder vor uns waren, zur eigenen, wechselseitig anzuerkennenden Identität und Selbstachtung gehört*".[397] Daher könne ein postmortaler Persönlichkeitsschutz nicht ewig gewährt werden, sondern verblasse mit der Zeit.[398] Im Falle der Kinderwunschbehandlung *post mortem* gebühre der Schutz dem Lebenden. Dieser müsse sich darauf verlassen können, dass sein zu Lebzeiten geäußerter Wille für oder gegen eine Fortpflanzung auch *post mortem* eine angemessene Berücksichtigung finde. Fehle es an

392 Hierzu s. drittes Kapitel, A, IV, 2, a und b, bb.

393 Statt vieler: BVerfGE 30, 173, 194 = BVerfG, NJW 1971, 1645, 1647; BVerfG; NJW 2001, 594 f.; v. Mangoldt/Klein/Starck/*Starck*, 7. Aufl. (2018), Art. 1 Abs. 3, Rn. 211; Sachs/*Rixen*, 9. Aufl. (2021), Art. 2, Rn. 78 m.w.N.

394 BVerfG, NJW 2001, 594, 594 f.

395 Maunz/Dürig/*Herdegen*, GG, 99. EL (September 2022), Art. 1 Abs. 1, Rn. 57; Dreier/*Dreier*, GG, 3. Aufl. (2013), Art. 1 I Rn. 74 ff.; hierzu *Velte*, Die postmortale Befruchtung (2015), S. 83 m.w.N.

396 Dreier/*Dreier*, GG, 3. Aufl. (2013), Art. 1 I, Rn. 74 ff.

397 *Hofmann*, AöR (118) 1993, 353, 375.

398 Dreier/*Dreier*, GG, 3. Aufl. (2013), Art. 1 I, Rn. 77; Maunz/Dürig/*Herdegen*, GG, 99. EL (September 2022), Art. 1 Abs. 1, Rn. 57.

einem Konsens über die Verwendung von Keimzellen des Verstorbenen, werde dieser als Rechtsträger dadurch verletzt, dass seine höchstpersönliche Entscheidung übergangen werde.[399]

Unter Berücksichtigung der Ausführungen der rechtswissenschaftlichen Literatur ist anzunehmen, dass sich ein Persönlichkeitsschutz nach dem Tod aus dem allgemeinen Persönlichkeitsrecht ergibt. Dadurch, dass der Schutzbereich des Rechts auf reproduktive Selbstbestimmung die Entscheidung über das „*Ob*" und „*Wann*" der eigenen Fortpflanzung umfasst, besteht ein Persönlichkeitsrechtsschutz, der auch eine postmortale Wirkung entfaltet.[400] Demnach findet die Entscheidungsfreiheit des Grundrechtsträgers – wie im Falle der postmortalen Organspende – auch nach seinem Tod Berücksichtigung.[401] Entscheidungen über das Keimmaterial eines verstorbenen genetischen Elternteils hängen insofern stets von dessen zu Lebzeiten abgegebenen Willen ab. Wurde kein Wille geäußert, kann ein solcher letztlich auch nicht vermutet werden. Vielmehr ist das fehlende Einverständnis als entgegenstehender Wille zu werten, weshalb eine Kinderwunschbehandlung *post mortem* in einem solchen Fall nicht fortgesetzt werden darf.[402] Ansonsten bestünde ein Verstoß gegen das

---

399 So (ohne sich diesbezüglich auf eine Verankerung in Art. 1 Abs. 1 S. 1 GG oder dem allgemeinen Persönlichkeitsrecht festzulegen) *Velte*, Die postmortale Befruchtung (2015), S. 84.

400 *Prehn*, MedR 2011, 559, 561 m.w.N. Zur verfassungsrechtlichen Rechtsprechung über einen postmortalen Persönlichkeitsschutz Maunz/Dürig/*Di Fabio*, GG, 99. EL (September 2022), Art. 2, Rn. 226 m.w.N.

401 *Prehn*, MedR 2011, 559, 560 f.

402 Fälle dieser Art beschäftigten auch die deutschen Gerichte: So hatte in der Entscheidung des OLG Rostock, FamRZ 2010, 1117, 1119 ein Mann vor seinem plötzlichen Tod noch den Willen geäußert, dass seine Ehefrau die Eizellen, welche noch zu dessen Lebzeiten mit seinen Samenzellen imprägniert wurden, auch nach seinem Tod zur Herbeiführung einer Schwangerschaft verwenden könne. Daher stimmte das OLG dem entsprechenden Begehren der Klägerin zu.

Obwohl es in der Entscheidung OLG Karlsruhe, FamRZ 2016, 1790 dem erklärten Willen der verstorbenen Ehefrau des genetischen Vaters entsprach, dass dieser die aus seinen Keimzellen entstandenen, kryokonservierten 2-PN-Zellen oder Embryonen mit seiner neuen Ehefrau zur Herbeiführung einer Schwangerschaft verwenden könne, lehnte das OLG sein Herausgabeverlangen ab. Ansonsten würden sich die Mitarbeiter der Reproduktionsklinik gem. § 1 Abs. 1 Nr. 2 ESchG strafbar machen.

Auch in der Entscheidung OLG München, FamRZ 2017, 904, 907 f. wurde ein Herausgabeverlangen nach dem Tod des genetischen Vaters abgelehnt. Dieser hatte keine Erklärung über die Verwendung seines Erbmaterials nach dem Tod abgegeben. Eine solche ließe sich nach dem Tod nicht vermuten.

Persönlichkeitsrecht des Verstorbenen in Form des Rechts auf reproduktive Selbstbestimmung.[403]

Bei der Entscheidung über Fälle der Kinderwunschbehandlung *post mortem* ist dem Recht auf reproduktive Selbstbestimmung des verstorbenen genetischen Elternteils somit eine entscheidende Bedeutung beizumessen.

cc. Ergebnis

Im homologen und im heterologen Verfahren bestehen Unterschiede im personalen Schutzbereich des Rechts auf reproduktive Selbstbestimmung. So unterfällt der Samenspender diesem Recht im Gegensatz zu den genetischen Eltern lediglich bis zur Abgabe der Samenspende.

Aus dem Recht auf reproduktive Selbstbestimmung ergeben sich Entscheidungsrechte der genetischen Eltern über die kryokonservierten Keimzellen, 2-PN-Zellen und Embryonen. Über Keimzellen ist der genetische Vater bzw. die genetische Mutter allein entscheidungsberechtigt.

Demgegenüber erfordert die ärztlich assistierte Befruchtung bzw. deren Fortsetzung im Falle kryokonservierter 2-PN-Zellen, der Embryotransfer, die Kryokonservierung von 2-PN-Zellen und Embryonen, das Verwerfen kryokonservierter 2-PN-Zellen bzw. das Sterbenlassen kryokonservierter Embryonen sowie die Freigabe überzähliger Embryonen zur Embryoadoption im homologen Verfahren grundsätzlich die Zustimmung beider genetischer Elternteile. Sollten sich die genetischen Eltern über den weiteren Umgang mit kryokonservierten 2-PN-Zellen und Embryonen jedoch dauerhaft uneinig sein, überwiegt langfristig die negative Ausprägung dieses Rechts, sodass das Keimgut zu verwerfen bzw. sterben zu lassen ist.

Im heterologen Verfahren ist nur die genetische Mutter Trägerin des Rechts auf reproduktive Selbstbestimmung, während sich der Wunschelternteil nur auf sein Recht auf Familiengründung berufen kann. Auch hier ist grundsätzlich ein übereinstimmender Wille der intendierten Eltern bzgl. der zuvor bezeichneten Umgangsmöglichkeiten mit 2-PN-Zellen und Embryonen erforderlich. Im Falle des gespaltenen Elternwillens kommt es auf die Entscheidungsbefugnis des Wunschelternteils jedoch nur an, sofern sich die intendierten Eltern nicht getrennt haben bzw. sofern ein Einverständnis mit einer gemeinsamen Elternschaft weiterhin gegeben ist.

---

403 *Coester-Waltjen*, Gutachten B für den 56. DJT (1986), S. B 32; *Velte*, Die postmortale Befruchtung (2015), S. 83 m.w.N.

Auch das postmortale Persönlichkeitsrecht eines Verstorbenen ist hinsichtlich der reproduktiven Selbstbestimmung geschützt.

c. *Einschränkbarkeit*

Für das Rechts auf reproduktive Selbstbestimmung gem. Art. 2 Abs. 1 GG i.V.m. Art. 1 Abs. 1 GG gilt die Schrankentrias des Art. 2 Abs. 1, 2. Hs. GG. Zudem kann eine Einschränkung durch kollidierendes Verfassungsrecht erfolgen.

2. *Recht auf Familiengründung, Art. 6 Abs. 1 GG*

a. *Schutzbereich*

aa. *Persönlicher Schutzbereich*

Der von Art. 6 Abs. 1 GG gewährte Schutz von Ehe und Familie besteht unabhängig davon, ob der Rechtsträger verheiratet oder überhaupt in einer Partnerschaft ist.[404] Familie ist nach Ansicht des BVerfG als *„umfassende Gemeinschaft von Eltern und Kindern, in der den Eltern vor allem Recht und Pflicht zur Pflege und Erziehung der Kinder erwachsen*" zu verstehen.[405] Demnach ist der Familienbegriff von dem Begriff der Ehe *„dogmatisch entkoppelt*",[406] weshalb der Schutz der Familie unabhängig von der statusrechtlichen elterlichen Beziehung gewährleistet wird.[407] Weiterhin wird für einen Schutz auch keine sog. biparentale Familie, also eine aus zwei Elternteilen bestehende Familie, vorausgesetzt. Vielmehr ist auch die Gemeinschaft alleinerziehender Mütter oder Väter zu dem Kind (sog. monoparentale Familien) vom Schutzbereich des Art. 6 Abs. 1 GG umfasst.[408]

---

404 BVerfGE 80, 81, 90 f. = BVerfG, NJW 1989, 2195, 2195 f.; *Velte*, Die postmortale Befruchtung (2015), S. 103; Maunz/Dürig/*Badura*, GG, 99. EL (September 2022), Art. 6, Rn. 61 m.w.N.; zur Veränderung des Familienbegriffs im Recht s. *Leopoldina*, Fortpflanzungsmedizin in Deutschland (2019), S. 23 f.

405 BVerfGE 10, 59, 66 = BVerfG, NJW 1959, 1483.

406 Spickhoff/*Müller-Terpitz*, Medizinrecht, 4. Aufl. (2022), Art. 6 GG, Rn. 6; *Müller-Terpitz*, in: Frister/Olzen, Reproduktionsmedizin (2010), S. 14; vgl. BVerfGE 133, 59, 83 = BVerfG, NJW 2013, 847, 851.

407 *Velte*, Die postmortale Befruchtung (2015), S. 104.

408 Statt vieler: BVerfGE 18, 97, 105 f. = BVerfG, NJW 1964, 1563; *Müller-Terpitz*, in: Frister/Olzen, Reproduktionsmedizin (2010), S. 14; *Velte*, Die postmortale Befruchtung (2015), S. 105 m.w.N.

Im homologen Verfahren steht den genetischen Eltern ein Recht auf Familiengründung gem. Art. 6 Abs. 1 GG zu.

Im heterologen Verfahren ist hingegen lediglich die genetische Mutter Trägerin dieses Grundrechts, während der Samenspender vom personalen Schutzbereich nicht umfasst ist. Dieser möchte einem anderen Paar zur Verwirklichung des Kinderwunsches verhelfen und keine eigene Familie gründen.[409]

bb. Sachlicher Schutzbereich

Das Recht auf Familiengründung gem. Art. 6 Abs. 1 GG gewährt einen Schutz hinsichtlich der biparentalen und auch monoparentalen Familiengründung durch Maßnahmen der Reproduktionsmedizin.[410] Gerade monoparentale Familien weisen aufgrund ihres Abweichens vom Leitbild der Familie eine erhöhte Schutzbedürftigkeit auf.[411] Daher unterfällt eine alleinstehende Frau, die im Falle einer postmortalen Befruchtung eine Gründung einer monoparentalen Familie anstrebt, dem Schutzbereich des Rechts auf Familiengründung.[412] Des Weiteren ist sowohl die soziale Elternschaft in einer Stieffamilie als auch die gleichgeschlechtliche Elternschaft umfasst. Der Schutzgehalt bezieht sich in diesen Fällen auf „*das Interesse, in einer Lebensgemeinschaft mit einer anderen Person und deren Kind zu leben bzw. eine solche Gemeinschaft zu gründen.*“[413]

Der sachliche Schutzbereich des Rechts auf Familiengründung entspricht im homologen Verfahren größtenteils demjenigen des Rechts auf reproduktive Selbstbestimmung, obwohl die Rechte auf Familiengründung und reproduktive Selbstbestimmung keinen identischen Inhalt gewährleisten.[414] In Bezug auf den gespaltenen Elternwillen ist im homologen Verfahren daher auf die Aussagen im Rahmen des Rechts auf reproduktive Selbstbestimmung zu verweisen.

Im Falle der Kinderwunschbehandlung *post mortem* ist zu berücksichtigen, dass der genetische Vater nach seinem Tod die Herbeiführung der

---

409 *Schumann*, in: Beier/Brügge/Thorn/Wiesemann, Assistierte Reproduktion mit Hilfe Dritter (2020), S. 76.

410 Spickhoff/*Müller-Terpitz*, Medizinrecht, 4. Aufl. (2022), Art. 6 GG, Rn. 5, 7; *Velte*, Die postmortale Befruchtung (2015), S. 104 f.

411 Vgl. *Velte*, Die postmortale Befruchtung (2015), S. 105; v. Mangoldt/Klein/Starck/*Robbers*, GG, 7. Aufl. (2018), Art. 6, Rn. 90.

412 *Velte*, Die postmortale Befruchtung (2015), S. 105.

413 *Schumann*, in: Beier/Brügge/Thorn/Wiesemann, Assistierte Reproduktion mit Hilfe Dritter (2020), S. 76 m.w.N.

414 *Schumann*, in: Beier/Brügge/Thorn/Wiesemann, Assistierte Reproduktion mit Hilfe Dritter (2020), S. 76.

Schwangerschaft bei der genetischen Mutter mit zuvor zu dessen Lebzeiten kryokonservierten Keimzellen, 2-PN-Zellen oder Embryonen gar nicht mehr erlebt. So kann zwischen ihm und dem Kind gar keine soziale Bindung aufgebaut werden und er weder rechtlich noch tatsächlich eine familiäre Verantwortung für das Kind übernehmen. Folglich ist es dem genetischen Vater *post mortem* nicht möglich, mit dem Kind im Sinne des Art. 6 Abs. 1 GG eine Familie zu gründen.[415] Das Recht auf Familiengründung gem. Art. 6 Abs. 1 GG schützt im Rahmen des Kinderwunschbehandlung *post mortem* somit nicht den verstorbenen genetischen Vater. Aus demselben Grund lässt sich ein postmortaler Schutz der verstorbenen genetischen Mutter in deren Recht auf Familiengründung gem. Art. 6 Abs. 1 GG verneinen, wenn der genetische Vater mit einer weiteren Frau eine Fortsetzung der Kinderwunschbehandlung mit den kryokonservierten 2-PN-Zellen oder Embryonen der Verstorbenen anstrebt.

b. Einschränkbarkeit

Für das Recht auf Familiengründung gem. Art. 6 Abs. 1 GG gelten verfassungsimmanente Schranken. Eine Einschränkung kann daher lediglich zum Schutze kollidierenden Verfassungsrechts erfolgen.

IV. Rechte des Wunschelternteils

Im Falle einer heterologen Kinderwunschbehandlung sind neben der genetischen Mutter mit dem Samenspender und dem Wunschelternteil weitere Personen in die Zeugung des Kindes involviert. Während der Samenspender das genetische Material gibt und auf eine rechtliche Elternschaft verzichtet, erklärt der Wunschelternteil mit seinem Einverständnis in die Kinderwunschbehandlung die Bereitschaft für die Übernahme der rechtlichen Elternschaft.

1. Recht auf reproduktive Selbstbestimmung

Der Wunschelternteil ist aufgrund der fehlenden genetischen Verbindung zum Kind hier in diesen Fällen nicht vom Schutzbereich des Rechts auf reproduktive Selbstbestimmung umfasst.

---

415 *Velte*, Die postmortale Befruchtung (2015), S. 105.

2. *Recht auf Familiengründung, Art. 6 Abs. 1 GG*

a. *Persönlicher Schutzbereich*

Im heterologen Verfahren unterfällt der Wunschelternteil dem Schutzbereich des Rechts auf Familiengründung gem. Art. 6 Abs. 1 GG.

Bei dem Wunschelternteil kann es sich um einen Mann oder eine Frau handeln, der bzw. die im heterologen Verfahren ein Kind bekommen möchte. Hierbei kann es zu unterschiedlichen Familienkonstellationen kommen: So kann ein Wunschvater die rechtliche Elternschaft mit der genetischen Mutter anstreben, welche Spendersamen zur Herbeiführung der Schwangerschaft verwendet. Auch kann es in einer gleichgeschlechtlichen Paarbeziehung eine Wunschmutter geben, während die andere Partnerin als genetische Mutter den Spendersamen verwendet.

Um die Rechtslage modernen gesellschaftlichen Strukturen anzupassen, in denen eine Vielzahl von Partnerschaften auch ohne Eheschließung bestehen und vermehrt auf die Möglichkeiten der medizinisch assistierten Reproduktion zurückgegriffen wird, könnte eine Stärkung der Rechte des Wunschelternteils als angemessene Lösung zu erachten sein. Dann wäre dem Recht auf Familiengründung unabhängig vom Bestehen der Partnerschaft zur genetischen Mutter eine Geltung zuzuschreiben, sofern ein gemeinsames Einverständnis in die Kinderwunschbehandlung mit Spendersamen abgegeben wurde. Da jedoch sowohl der genetischen Verbindung zum Kind als auch dem Bestehen der Paarbeziehung zur genetischen Mutter eine entscheidende Bedeutung beizumessen ist, vermag ein derart umfassendes Verständnis nicht zu überzeugen.

Mithin ist das Recht auf Familiengründung des Wunschelternteils vom Bestehen der Partnerschaft zur genetischen Mutter abhängig. Es endet im Falle einer Trennung.[416] Daher steht es dem Wunschelternteil infolge einer Trennung nicht zu, die Entscheidung der genetischen Mutter zur Weiterbehandlung und zum Embryotransfer mit einem neuen Wunschelternteil zu beeinflussen. Eine Ausnahme hiervon besteht, wenn die genetische Mutter und der Wunschelternteil mit einer gemeinsamen Elternschaft einverstanden sind.

---

416 In Großbritannien besteht eine solche einfachgesetzliche Regelung, welche die Fortsetzung der Kinderwunschbehandlung im homologen Verfahren infolge einer Kryokonservierung vom Fortbestehen der Partnerschaft abhängig macht, vgl. EGMR (Evans/Vereinigtes Königreich), NJW 2008, 2013.

Schumann stellt ebenfalls entscheidend auf ein Fortbestehen der Paarbeziehung zur genetischen Mutter ab, *Schumann*, in: Beier/Brügge/Thorn/Wiesemann, Assistierte Reproduktion mit Hilfe Dritter (2020), S. 77 f.

b. Sachlicher Schutzbereich

Das Recht des Wunschelternteils auf Familiengründung bezweckt die Verwirklichung der Schwangerschaft durch den Embryotransfer oder durch intrakorporale Befruchtung. Die Zuerkennung dieses Grundrechts soll den Wunscheltern insbesondere dahingehend dienen, dass höhere Voraussetzungen an einen Grundrechtseingriff gestellt werden.

aa. Abstammungsrechtliche Zuordnung zum Kind

Der Wunschelternteil hat durch sein Einverständnis in die Kinderwunschbehandlung gemeinsam mit der genetischen Mutter eine entscheidende Ursache für die Kinderwunschbehandlung gesetzt. Sein Recht auf Familiengründung könnte möglicherweise beinhalten, dass dieser dem Kind, das mit dem kryokonservierten Keimgut gezeugt werden soll, abstammungsrechtlich zugeordnet wird.[417]

Ein derart umfassendes Verständnis des Rechts des Wunschelternteils auf Familiengründung ist jedoch abzulehnen. Das Einverständnis des Wunschelternteils in die Kinderwunschbehandlung ist mit dem natürlichen Fortpflanzungsakt nicht vergleichbar. Zwar erlangt der Wunschelternteil regelmäßig die rechtliche Elternschaft über das Kind, wenn die Partnerschaft zum Zeitpunkt der Geburt fortbesteht. Jedoch erfolgt die Zuordnung des Wunschelternteils zum Kind, anders als bei den genetischen Eltern, erst durch eine einfachgesetzliche Zuordnung des Kindes.[418] Haben sich die genetische Mutter und der Wunschelternteil getrennt, wird das Recht des Wunschelternteils auf Familiengründung im Falle einer Fortsetzung der Kinderwunschbehandlung nicht

---

417 *Helms* spricht sich dafür aus, der abstammungsrechtlichen Zuordnung des Wunschelternteils in die Kinderwunschbehandlung dieselbe Funktion wie der genetischen Abstammung gem. § 1592 Nr. 3 BGB zuzuschreiben, die ebenfalls eine subsidiäre Stellung innehabe. Es sei erstrebenswert, das Einverständnis des Wunschelternteils in die Kinderwunschbehandlung dem natürlichen Fortpflanzungsakt entsprechend anzuerkennen. Eine subsidiäre Anknüpfung der Vater-Kind-Zuordnung bei unverheirateten Frauen an die Einwilligung des Wunschelternteils habe die Funktion einer vorweggenommenen Vaterschaftsanerkennung. Wie unter anderem bereits in Österreich gem. § 144 Abs. 1 Nr. 3 ABGB i.V.m. § 148 Abs. 3 ABGB gesetzlich normiert, solle die Einwilligung erst dann greifen, wenn eine Zuordnung des Kindes gem. § 1592 Nr. 1 oder 2 BGB nicht erfolgt ist, *Helms*, Gutachten F zum 71. DJT (2016), S. 18 ff.

418 *Schumann*, in: Beier/Brügge/Thorn/Wiesemann, Assistierte Reproduktion mit Hilfe Dritter (2020), S. 77 f.

mehr berührt, es sei denn, es besteht ein Einverständnis über eine gemeinsame Elternschaft. Demnach kann der Wunschelternteil grundsätzlich auch nicht verhindern, dass ein neuer Wunschelternteil die rechtliche Elternschaft über das Kind erlangt.[419]

bb. Entscheidungsbefugnisse über das Kryogut

Da der Wunschelternteil im Rahmen der Kinderwunschbehandlung, die er gemeinsam mit der genetischen Mutter durchführt, eine rechtliche Zuordnung zum Kind anstrebt, sind hierbei dessen persönlichkeitsrechtliche Interessen betroffen. Dies ist verfassungsrechtlich in seinem Recht auf Familiengründung gem. Art. 6 Abs. 1 GG verankert. Der Umgang mit kryokonservierten 2-PN-Zellen und Embryonen berührt somit die persönlichkeitsrechtlichen Interessen des Wunschelternteils, solange die Paarbeziehung mit der genetischen Mutter fortbesteht bzw. die intendierten Eltern eine gemeinsame Elternschaft anstreben.

Daher stehen dem Wunschelternteil – gemeinsam mit der genetischen Mutter – Entscheidungsbefugnisse über den Umgang mit kryokonservierten 2-PN-Zellen und Embryonen zu. Dies betrifft die Vornahme der ärztlich assistierten Befruchtung, den Embryotransfer, die Kryokonservierung, das Verwerfen des Kryogutes und auch die Entscheidung über die Freigabe überzähliger Embryonen zur Embryoadoption.[420]

cc. Kinderwunschbehandlung post mortem

Da die Elternschaft des Wunschelternteils lediglich auf rechtlicher Ebene möglich ist, kommt die Problematik der Kinderwunschbehandlung *post mortem* im Falle des Todes des Wunschelternteils nicht auf. Stirbt der Wunschelternteil, so stammt das Kind nicht *„von einem Toten ab“*. Auch beinhaltet das Recht auf Familiengründung – anders als das Recht auf reproduktive Selbstbestimmung – keinen postmortalen Persönlichkeitsschutz.

c. Ergebnis

Dem Wunschelternteil kommt gem. Art. 6 Abs. 1 GG das Recht auf Familiengründung zu. Im Rahmen des sachlichen Schutzbereiches bestehen jedoch aufgrund der fehlenden genetischen Verbindung des Wunschelternteils zum

---

419 Vgl. *Schumann*, in: Beier/Brügge/Thorn/Wiesemann, Assistierte Reproduktion mit Hilfe Dritter (2020), S. 78.

420 Zum gespaltenen Elternwillen s. drittes Kapitel, A, III, 1, b, bb, (2).

Kind deutliche Unterschiede zu den genetischen Eltern. So hängt das Recht des Wunschelternteils auf Familiengründung insbesondere vom Fortbestehen der partnerschaftlichen Verbindung zur genetischen Mutter bzw. dem Vorliegen eines Einverständnisses der intendierten Eltern mit einer gemeinsamen Elternschaft ab, was sich maßgeblich auf Fälle des gespaltenen Elternwillens auswirkt.

V. Ergebnis

Sowohl 2-PN-Zellen als auch Embryonen genießen einen objektiv-rechtlichen Schutz der Menschenwürde vor willkürlichen Behandlungen gem. Art. 1 Abs. 1 GG, auch wenn sie nicht Träger dieses Grundrechts sind. Auch sind sie aufgrund einer Ausstrahlungswirkung des Rechts auf Leben gem. Art. 2 Abs. 2 S. 1 GG vor willkürlichen Behandlungen geschützt, obwohl sie dem Schutzbereich ansonsten nicht unterfallen. Personen, die aus Keimzellen, 2-PN-Zellen oder Embryonen entstanden sind, welche infolge der Kryokonservierung zur Herbeiführung einer Schwangerschaft verwendet wurden, haben ein Recht auf Kenntnis der eigenen Abstammung. Dieses wird aus dem allgemeinen Persönlichkeitsrecht hergeleitet. Zudem werden das Kindeswohl sowie die Eltern-Kind-Beziehung durch Art. 6 Abs. 2 GG geschützt.

Im homologen Verfahren sind beide genetischen Elternteile Träger des Rechts auf reproduktive Selbstbestimmung, welches aus dem allgemeinen Persönlichkeitsrecht gem. Art. 2 Abs. 1 GG i.V.m. Art. 1 Abs. 1 GG hergeleitet wird und die Zeugung eines Kindes mit eigenem Keimgut schützt. Überdies kommt ihnen das Recht auf Familiengründung gem. Art. 6 Abs. 1 GG zu, welches die Familiengründung mit Maßnahmen der Reproduktionsmedizin schützt.

Im heterologen Verfahren sind die genetische Mutter und der Samenspender, dessen Recht jedoch mit der Abgabe der Samenspende endet, Träger des Rechts auf reproduktive Selbstbestimmung. Die genetische Mutter unterfällt überdies dem Schutzbereich des Rechts auf Familiengründung gem. Art. 6 Abs. 1 GG. Der Wunschelternteil unterfällt dem personalen Schutzbereich des Rechts auf reproduktive Selbstbestimmung nicht. Er ist Träger des Rechts auf Familiengründung gem. Art. 6 Abs. 1 GG, welches jedoch vom Fortbestand der partnerschaftlichen Verbindung zur genetischen Mutter bzw. deren Einverständnis mit einer gemeinsamen Elternschaft abhängig ist.

Die genetischen Eltern bzw. die genetische Mutter haben aufgrund ihres Rechts auf reproduktive Selbstbestimmung Entscheidungsbefugnisse über die von ihnen stammenden Keimzellen, 2-PN-Zellen und Embryonen. Eine Entscheidungsbefugnis des Wunschelternteils über 2-PN-Zellen und Embryonen ergibt sich aus seinem Recht auf Familiengründung. Die intendierten Eltern können über den Umgang mit 2-PN-Zellen und Embryonen nur konsentiert entscheiden. Im Falle des gespaltenen Elternwillens überwiegt bei einer dauerhaften Uneinigkeit der intendierten Eltern die negative Ausprägung dieses Rechts. Im heterologen Verfahren ist allerdings entscheidend, ob der Wunschelternteil noch Träger des Rechts auf Familiengründung ist und demnach zur Entscheidung über die kryokonservierten 2-PN-Zellen und Embryonen befugt ist.

B. Europa- und völkerrechtliche Vorgaben

Neben den verfassungsrechtlichen Vorgaben der Kinderwunschbehandlung sind auch europa- und völkerrechtliche Bestimmungen von Bedeutung. Vorliegend wird jedoch lediglich ein kurzer Überblick über relevante Teile des europäischen Völkerrechts zum Verfahren der Kryokonservierung verschafft. Hierbei ist insbesondere die EMRK von Bedeutung.

I. EUV und AEUV

Die Europäische Union hat gem. Art. 168 AEUV bezüglich der Reproduktionsmedizin als solche keine Regelungskompetenz inne.[421] Auch beziehen sich ihre Kompetenzen im Gesundheitswesen nicht auf die Befugnis zur Harmonisierung der Rechtsvorschriften der Mitgliedsstaaten (Art. 168 Abs. 5 AEUV). Demzufolge sind die Mitgliedsstaaten in diesen Bereichen in eigener Kompetenz und nicht zur Durchführung des Unionsrechts tätig. Die Vorschriften des EUV und des AEUV sind somit für die Reproduktionsmedizin und damit auch für das Verfahren der Kryokonservierung nicht entscheidend. Lediglich die Unionsbürgerschaft und die Grundfreiheiten müssen berücksichtigt werden.[422]

---

421 Jedoch ist nicht abschließend geklärt, ob zumindest Randbereiche dieses Rechtsgebietes von der Kompetenz des Art. 168 AEUV umfasst sind. Dies betrifft jedoch lediglich *In-vitro*-Diagnostika und ist für diese Arbeit nicht weiter relevant, HK-AKM/*Schumann*, Fortpflanzungsmedizin, 66. Akt. (November 2016), Rn. 14, Fn. 64.

422 Laufs/Katzenmeier/Lipp/*Lipp*, Arztrecht, 8. Aufl. (2021), VIII, Rn. 6.

II. EU-GRCh

Die EU-GRCh ist seit Inkrafttreten des Vertrags von Lissabon rechtsverbindlich.[423] Den Geltungsbereich bestimmt Art. 51 Abs. 1 S. 1 EU-GRCh, wonach diese Charta *„für die Organe, Einrichtungen und sonstigen Stellen der Union unter Wahrung des Subsidiaritätsprinzips und für die Mitgliedsstaaten ausschließlich bei der Durchführung des Rechts der Union“* gilt. Für eine Anwendbarkeit der EU-Grundrechtecharta auf den Bereich der Reproduktionsmedizin ist somit erforderlich, dass für dieses Rechtsgebiet Unionsrecht gilt. Aufgrund der Regelung des Art. 168 Abs. 5 AEUV verfügen die Mitgliedsstaaten im Bereich der Reproduktionsmedizin jedoch über eigene Kompetenzen, weshalb sie Unionsrecht nicht durchsetzen müssen. Daher ist die EU-GRCh auf die Reproduktionsmedizin nicht anzuwenden.[424]

III. EMRK

Anders als die EU-GRCh ist die Europäische Menschenrechtskonvention (EMRK) auf die Reproduktionsmedizin anzuwenden. Der rechtliche Rahmen, den die EMRK für die Kryokonservierung schafft, ist somit näher zu beleuchten.

1. Rechtliche Einordnung

Die Europäische Menschenrechtskonvention ist ein von den Mitgliedsstaaten des Europarats ausgearbeiteter völkerrechtlicher Vertrag.[425] Sie wurde im Jahre 1950 ratifiziert und trat in Deutschland im Jahre 1953 in Kraft.[426] Gem. Art. 59 Abs. 2 GG ist ihr der Rang eines einfachen Gesetzes

---

423 Vertrag von Lissabon zur Änderung des Vertrags über die europäische Union und des Vertrags zur Gründung der europäischen Gemeinschaft, Amtsblatt der Europäischen Union vom 17.12.2007, C 306/1.

424 HK-AKM/Schumann, 66. Akt. (2016), Fortpflanzungsmedizin, Rn. 14; Laufs/Katzenmeier/Lipp/*Lipp*, Arztrecht, 8. Aufl. (2021), VIII, Rn. 6; Spickhoff/*Müller-Terpitz*, Medizinrecht, 4. Aufl. (2022), Art. 35 GRCh, Rn. 47. Zur Problematik der Anwendbarkeit des EU-Rechts des EuGH s. beispielsweise EuGH (Åklagare/Åkerberg Fransson), NJW 2013, 1415.

425 Meyer-Ladewig/Nettesheim/v. Raumer/*Meyer-Ladewig/Nettesheim*, EMRK, 4. Aufl. (2017), Rn. 14; Karpenstein/Mayer/*Mayer*, EMRK, 3. Aufl. (2022), Einleitung Rn. 12.

426 Bekanntmachung über das Inkrafttreten der Konvention zum Schutze der Menschenrechte und Grundfreiheiten (EMRK) vom 15.12.1953, BGBl II 1954, 14.

zuzuschreiben.[427] Verschiedene Ansätze, mit denen der EMRK ein Verfassungsrang zugeordnet werden sollte, konnten sich hingegen nicht durchsetzen.[428]

Nach Ansicht des BVerfG seien die Gewährleistungen der Konvention bei der Auslegung der Grundrechte und der rechtsstaatlichen Grundsätze des Grundgesetzes zu berücksichtigen (sog. Orientierungs- und Leitfunktion),[429] weshalb die EMRK als völkerrechtlicher Vertrag letztlich eine gesonderte Stellung zum einfachen Recht innehabe. Durch die verfassungsrechtliche Bedeutung dieses völkerrechtlichen Vertrages, welcher dem regionalen Menschenrechtsschutz diene und „*Ausdruck der Völkerrechtsfreundlichkeit des Grundgesetzes*" sei,[430] erfolge eine „*Hochzonung*" der EMRK.[431] Der EMRK sei daher ein mittelbarer Verfassungsrang zuzuschreiben.[432] Damit finden die EMRK sowie ihre Interpretation durch den EGMR Berücksichtigung im deutschen Rechtssystem. Die Grenzen der völkerrechtsfreundlichen Rechtsanwendung liegen jedoch im Grundgesetz.[433]

---

427 Statt vieler: BVerfGE 128, 326, 367 ff. = BVerfG, NJW 1931, 1935; Meyer-Ladewig/Nettesheim/v. Raumer/*Meyer-Ladewig/Nettesheim*, EMRK, 4. Aufl. (2017), Einleitung Rn. 18.

428 Ausführliche Darstellungen der vertretenen Ansätze finden sich in *Grabenwarter/Pabel*, EMRK, 7. Aufl. (2021), § 3, Rn. 9 f. m.w.N.; Karpenstein/Mayer/*Mayer*, EMRK, 3. Aufl. (2022), Einleitung, Rn. 103 ff.; *Cammareri*, JuS 2016, 791 m.w.N.: Einem Ansatz zufolge wird der EGMR als zwischenstaatliche Einrichtung im Sinne des Art. 24 GG angesehen. Diesem sollen insofern Hoheitsrechte übertragen worden sein, womit ein Vorrang der EMRK gegenüber einfachem Recht bestünde (hierzu *Ress*, in: FS für Zeidler II (1987), S. 1790 ff.; *Everling*, EuR 2005, 411, 417 f.). Da jedoch die Entscheidungen des EGMR eine Bindungswirkung lediglich auf völkerrechtlicher Ebene entfalten und insofern keine innerstaatliche Wirkung aufweisen, ist eine Übertragung etwaiger Hoheitsrechte an den EGMR nicht erfolgt. Auch stellt die EMRK entgegen einer weiteren Ansicht (*Hoffmeister*, Der Staat 2001, 349, 364 ff.) keine „*Grundrechtsverfassung*" dar, da der Begriff der Grundrechte auf das Grundgesetz der Bundesrepublik Deutschland beschränkt ist. Einem weiteren Ansatz zufolge ist der EMRK gem. Art. 25 GG aufgrund der Stellung als Völkergewohnheitsrechts ein Verfassungsrang zuzuschreiben (so z.B. *Bleckmann*, EuGRZ 1994, 149, 153 f.). Hierbei wird indes übersehen, dass eine allgemeine Rechtsüberzeugung, wie sie für das Bestehen eines Völkergewohnheitsrechts erforderlich ist, für sämtliche, der in der EMRK garantierten Rechte nicht gegeben ist, *Grabenwarter/Pabel*, EMRK, 7. Aufl. (2021), § 3, Rn. 9.

429 BVerfGE 111, 307, 315 f. = BVerfG, NJW 2004, 3407, 3408.

430 BVerfGE 111, 307, 317 = BVerfG, NJW 2004, 3407, 3408.

431 *Ress*, EuGRZ 1996, 350, 353.

432 *Grabenwarter/Pabel*, EMRK, 7. Aufl. (2021), § 3, Rn. 10 m.w.N.

433 BVerfGE 111, 307, 318 = BVerfG, NJW 2004, 3407, 3408.

Bei ihrer Entscheidungsfindung sind die deutschen Gerichte verpflichtet, die Leitlinien der EMRK interpretationsleitend einfließen zu lassen.[434]

2. *Relevante Rechte der EMRK*

Es stellt sich die Frage, inwiefern Keimzellen, 2-PN-Zellen und Embryonen sowie die an dem Vorgang der Kryokonservierung beteiligten Personen durch die EMRK geschützt sind.

a. *Rechte von Keimzellen, 2-PN-Zellen und Embryonen*

aa. *Menschenwürde*

Die Menschenwürde wird als solche in der EMRK nicht erwähnt.[435] Daher lässt sich die deutsche Auffassung, wonach diese ein tragendes Konstitutionsprinzip aller Menschenrechte darstellt, auf die EMRK nicht übertragen.[436] Sie ist jedoch als „*Ziel und Zweck der EMRK in ihrer Gesamtheit*" anzusehen.[437]

Es besteht ein vorwirkender Schutz der Menschenwürde aus Art. 2 EMRK, dessen Ausgestaltung nicht weiter konkretisiert wurde und den Vertragsstaaten überlassen bleibt.[438] Ein solcher Schutz sei aufgrund der Würde des Menschen notwendig, ohne dass der Embryo mit einem „*Menschen*" gleichgesetzt werde.[439] Die Ausgestaltung dieses Schutzes bleibt den Konventionsstaaten überlassen.[440]

Demgegenüber finden sich keine expliziten Angaben des EGMR zum Schutz von 2-PN-Zellen durch die Menschenwürde. Unter Berücksichtigung der genetischen Identität und der Potentialität von 2-PN-Zellen zur Entwicklung zu einem Menschen sollte diesen jedoch in demselben Maße wie Embryonen eine Vorwirkung des Schutzes der Menschenwürde durch die EMRK zugeschrieben werden. Die im Rahmen des Verfassungsrechts vorgebrachten Argumente zu einer Angleichung des Schutzgehaltes der Menschenwürde für 2-PN-Zellen und Embryonen lassen sich hierauf übertragen. Der Schutzgehalt

---

434 BVerfGE 111, 307, 317 = BVerfG, NJW 2004, 2308. Zur Wirkung von Urteilen des EGMR auf die deutsche Rechtsordnung Karpenstein/Mayer/*Breuer*, EMRK, 3. Aufl. (2022), Art. 46, Rn. 49 ff.

435 *Haßmann*, Embryonenschutz im Spannungsfeld (2003), S. 61.

436 Quaas/Zuck/Clemens/*Zuck*, Medizinrecht, 4. Aufl. (2018), § 3, Rn. 29.

437 *Haßmann*, Embryonenschutz im Spannungsfeld (2003), S. 62.

438 Karpenstein/Mayer/*Schübel-Pfister*, EMRK, 3. Aufl. (2022), Art. 2 Rn. 10.

439 EGMR (Vo/Frankreich), NJW 2005, 727, 731.

440 Karpenstein/Mayer/*Schübel-Pfister*, EMRK, 3. Aufl. (2022), Art. 2 Rn. 10.

der Menschenwürde für 2-PN-Zellen und Embryonen sollte sich auch im Rahmen der EMRK auf willkürliche und objektivierende Behandlungen beziehen. Es bleibt jedoch abzuwarten, ob der EGMR sich für einen entsprechenden Schutz von 2-PN-Zellen durch die EMRK ausspricht.

Keimzellen kommt hingegen kein Schutz der Menschenwürde durch die EMRK zu.

bb. Recht auf Leben

Art. 2 Abs. 1 S. 1 EMRK enthält das Recht eines jeden Menschen auf Leben. Es stellt die Spitze des Katalogs der Menschenrechte dar, wodurch die fundamentale Bedeutung dieses Rechts für die Konvention unterstrichen wird.[441] Die Bedeutung des Begriffs des Lebens ist für den persönlichen und sachlichen Schutzbereich des Art. 2 EMRK entscheidend. Während Keimzellen dem Schutzbereich nicht unterfallen, ist es fraglich, wie es sich mit 2-PN-Zellen und Embryonen verhält. So lässt der Wortlaut des Art. 2 Abs. 1 EMRK mit der Formulierung „*toute personne*" in der französischen Fassung oder dem Begriff „*everyone*" in der englischen Fassung keine eindeutigen Schlüsse zu.[442] Da es jedoch innerhalb der Konventionsstaaten keinen Konsens zu der Frage des Beginns des menschlichen Lebens gibt, umfasst die Schutzpflicht des Staates nach Art. 2 Abs. 1 EMRK Keimzellen, 2-PN-Zellen und Embryonen letztlich nicht.[443]

Nach Ansicht des EGMR sei es den Mitgliedsstaaten selbst überlassen, den genauen Beginn des menschlichen Lebens zu bestimmen und somit über die Möglichkeit des rechtmäßigen Schwangerschaftsabbruches zu entscheiden. Den Mitgliedsstaaten wird insofern ein gewisser Ermessensspielraum zugeschrieben.[444] Die Vorgaben der EMRK hierzu wurden zurückhaltend entwickelt, wobei die bestehenden Normen der Mitgliedsstaaten über den Schwangerschaftsabbruch berücksichtigt wurden.[445]

441 *Grabenwarter/Pabel*, EMRK, 7. Aufl. (2021), § 20, Rn. 1.

442 *Grabenwarter/Pabel*, EMRK, 7. Aufl. (2021), § 20, Rn. 3.

443 Vgl. Karpenstein/Mayer/*Schübel-Pfister*, EMRK, 3. Aufl. (2022), Art. 2, Rn. 9 f.

444 EGMR (Vo/Frankreich), NJW 2005, 727, 731; EGMR (Evans/Vereinigtes Königreich), NJW 2008, 2013, 2015 f.

445 *Haßmann*, Embryonenschutz im Spannungsfeld (2003), S. 57 ff. m.w.N.

b. Recht des Spenderkindes auf Kenntnis der eigenen Abstammung

Als Bestandteil des Rechts auf Achtung des Privatlebens wird das Recht auf Kenntnis der eigenen Abstammung (oder der eigenen Identität) gem. Art. 8 Abs. 1 EMRK geschützt.[446] Dies ist insbesondere für Personen relevant, die infolge einer Kryokonservierung im heterologen Verfahren gezeugt wurden. Ein Verstoß hiergegen kann somit mittelbar einen rechtswidrigen Eingriff in das allgemeine Persönlichkeitsrecht gem. Art. 2 Abs. 1 GG i.V.m. Art. 1 Abs. 1 GG darstellen.[447]

c. Rechte der genetischen Eltern und des Samenspenders

aa. Recht auf Privat- und Familienleben

Art. 8 Abs. 1 EMRK umfasst das Recht auf Privat- und Familienleben.

(1). Persönlicher Schutzbereich
Die genetischen Eltern sind nach Ansicht des EGMR nur vom Schutzbereich des Art. 8 Abs. 1 EMRK umfasst, wenn bestimmte Hinweise auf eine enge persönliche Beziehung zum Kind deuten.[448] Im homologen Verfahren unterfallen daher beide genetischen Elternteile dem personalen Schutzbereich des Rechts auf Familienleben gem. Art. 8 EMRK, sofern ein solches effektives Zusammenleben angenommen werden kann.

Dagegen ist der Samenspender im heterologen Verfahren, anders als die genetische Mutter beim Vorliegen einer ausreichenden Beziehung zum Kind, vom personalen Schutzbereich dieses Rechts ausgeschlossen.

(2). Sachlicher Schutzbereich
Das Recht auf Privatleben schließt *„das Recht auf Achtung der Entscheidung für oder gegen eine Mutter- oder Vaterschaft ein“*.[449] Damit ist folglich auch das Recht auf reproduktive Selbstbestimmung von Art. 8 Abs. 1 EMRK enthalten, welches sich jedoch ausschließlich auf die genetische Elternschaft bezieht. Der Schutzbereich des Art. 8 EMRK beinhalte das Recht eines Paares, ein Kind zu bekommen und hierfür die medizinisch assistierte Fortpflanzung zu nutzen.[450] Zudem umfasse das Recht auf Achtung des Privat- und Familienlebens

---

446 Karpenstein/Mayer/*Pätzold*, EMRK, 3. Aufl. (2022), Art. 8, Rn. 24.

447 *Spilker*, JuS 2016, 988, 991.

448 EGMR (Lebbing/Niederlande), Urt. v. 01.06.2004, 45582/99, Slg. 04-IV; hierzu auch Meyer-Ladewig/Nettesheim/v. Raumer/*Meyer-Ladewig/Nettesheim*, EMRK, 4. Aufl. (2017), Art. 8, Rn. 57.

449 EGMR (Evans/Vereinigtes Königreich), NJW 2008, 2013, 2014.

450 EGMR (S. H. u.a./Österreich), NJW 2012, 207, 209.

gem. Art. 8 EMRK die Entscheidung eines Paares über die Zeugung eines Kindes mittels ärztlich assistierter Befruchtung.[451]

Ohne es explizit zu benennen, befasste sich der EGMR mit dem Recht auf reproduktive Selbstbestimmung zuvor bereits in der viel beachteten Entscheidung *Evans vs. UK* vom 10.04.2007.[452]

Dem lag folgender Sachverhalt zugrunde: Einer Frau aus Großbritannien wurden aufgrund einer Krebserkrankung die Eierstöcke entfernt, weshalb diese zuvor Eizellen entnehmen und mit den Keimzellen ihres damaligen Lebensgefährten befruchten ließ. Über diese (sechs *in vitro* gezeugten) Embryonen, die kryokonserviert wurden, kann nach der dortigen Rechtslage bis zum Embryotransfer der Widerruf der Zustimmung in die Fortsetzung der Behandlung durch den genetischen Vater oder die genetische Mutter erfolgen. Aufgrund der Trennung des Paares wenig später erfolgte ein solcher Widerruf durch den ehemaligen Lebensgefährten. Nach englischem Recht bedeutet dies, dass die Embryonen vernichtet werden müssen. Da diese für die Frau jedoch die letzte Chance auf ein genetisch mit ihr verwandtes Kind bedeuteten, klagte sie zunächst vergeblich auf nationaler Ebene, ehe sie sich an den EGMR wandte.

Der EGMR lehnte eine Verletzung der Embryonen in deren Recht auf Leben (Art. 2 EMRK) ab, da diese ein solches Recht im Sinne des Art. 2 EMRK nicht hätten. Auch eine Verletzung der Frau in ihrem Recht auf reproduktive Selbstbestimmung (Art. 8 EMRK) wurde verneint. In Europa gebe es keinen Konsens über den Beginn menschlichen Lebens, weshalb dem nationalen Gesetzgeber ein Ermessensspielraum bei der Frage zustehe, inwiefern über die widerstreitenden Interessen der genetischen Eltern zu entscheiden sei. Die englische Lösung stelle aufgrund der zu Beginn der Behandlung erfolgten Aufklärung sowie der Einwilligung der genetischen Eltern in die spätere Widerrufsmöglichkeit, die beiden zukomme, eine angemessene Lösung dar. Dadurch, dass der britische Gesetzgeber die Verwendung der Embryonen an die fortdauernde Zustimmung der genetischen Eltern zu der *In-vitro*-Fertilisation knüpfe, überschreite er seinen Ermessensspielraum nicht. Jedoch seien auch andere Lösungsmöglichkeiten denkbar.[453]

---

451 EGMR (S. H. u.a./Österreich), NJW 2012, 207, Ls. 1.

452 EGMR (Evans/Vereinigtes Königreich), NJW 2008, 2013.

453 EGMR (Evans/Vereinigtes Königreich), NJW 2008, 2013, 2014 ff.
Die Entscheidung des EGMR überzeugt. Er orientiert sich an den Rechten der EMRK, sodass der Verweis auf den Ermessensspielraum des nationalen Gesetzgebers richtig ist.

Der EGMR hat in dieser Entscheidung hervorgehoben, dass mit der Kryokonservierung (aufgrund der Aufhebung der zeitlich-räumlichen Koppelung verschiedener Teile des Fortpflanzungsvorganges) ein maßgeblicher Unterschied zwischen einer *In-vitro*-Fertilisation und einer natürlichen Befruchtung über den Geschlechtsverkehr geschaffen wurde. Daher sei es wünschenswert, dass die Mitgliedsstaaten rechtliche Regelungen schaffen, mit denen diese Möglichkeit der zeitlichen Verschiebung angemessen berücksichtigt werde.[454] Einerseits bezwecke das Recht auf Privatleben den Schutz einzelner Personen gegen willkürliche staatliche Eingriffe. Andererseits zählen hierzu Maßnahmen zum Schutz des Privatlebens zwischen Privatpersonen, wobei im Rahmen der positiven und negativen Verpflichtungen des Staates ein Ausgleich der widerstreitenden Interessen zu erreichen sei. Hierbei werde dem Staat ein gewisser Ermessensspielraum zugeschrieben. Bei Fragen, die einen bedeutenden Aspekt der Existenz oder der Identität eines Menschen betreffen, sei dieser begrenzt, während er wie z.B. im Fall des gespaltenen Elternwillens in Bezug auf die Moral und Ethik weiter gefasst sei.[455]

Wiederholt hatte sich der EGMR in den vergangenen Jahren im Rahmen des Art. 8 Abs. 1 EMRK mit Fragestellung bezüglich der Kinderwunschbehandlung *post mortem* zu befassen.

So entschied er im Jahre 2019, dass das in Frankreich bestehende Verbot, wonach Keimzellen, die zum Zwecke einer ärztlich assistierten Befruchtung kryokonserviert wurden, nicht zur Durchführung einer Kinderwunschbehandlung *post mortem* ins Ausland verbracht werden dürfen, nicht gegen Art. 8 EMRK verstoße.[456]

In einer weiteren Entscheidung aus dem Jahre 2022 lehnte der EGMR die Verletzung der Ehefrau eines verstorbenen Mannes in ihrem Recht auf Privatleben im Falle einer Kinderwunschbehandlung *post mortem* ab. Entscheidend waren hierbei die gesetzlichen Vorgaben Tschechiens, wonach die Einwilligung eines Paares in die Vornahme einer ärztlich assistierten Befruchtung nur für einen Zeitraum von sechs Monaten gültig ist. Der genetische Vater verstarb jedoch mehr als sechs Monate nach der Erteilung seiner Einwilligung. Zudem ist eine ärztlich assistierte Befruchtung nach tschechischem Recht nur für Paare und nur unter Lebenden zulässig. Der EGRM erachtete die Vorgabe, dass eine Einwilligung des Mannes und der Frau vorliegen müsse, für stichhaltig

454 EGMR (Evans/Vereinigtes Königreich), NJW 2008, 2013, 2016.
455 EGMR (Evans/Vereinigtes Königreich), NJW 2008, 2013, 2015.
456 EGMR (Lanzmann/Frankreich), FamRZ 2020, 351, 351 ff.

und zweifelte deren Rechtmäßigkeit nicht an. Die Rechte aus Art. 8 EMRK seien nicht absoluter Natur und verpflichteten die Vertragsstaaten demnach nicht, eine Kinderwunschbehandlung *post mortem* zuzulassen.[457] Er betonte jedoch, dass es das tschechische Recht nicht verbiete, eine Kinderwunschbehandlung *post mortem* in einem anderen Land vorzunehmen, in dem dies legal sei, auch wenn die Verbringung der kryokonservierten Spermien ins Ausland an bestimmte Voraussetzungen geknüpft sein könnte. In den meisten der wenigen Länder, in denen die Kinderwunschbehandlung *post mortem* erlaubt sei, bedürfe es jedoch der zu Lebzeiten erteilten Einwilligung des verstorbenen genetischen Vaters.[458]

Auch das Recht auf Familienleben ist durch Art. 8 Abs. 1 EMRK geschützt. Der EGMR legt den Begriff des Familienlebens unabhängig von den Gewährleistungen der Rechtsordnungen der Mitgliedsstaaten aus und versteht diesen generell weit.[459] Demnach schützt das Recht auf Familienleben gem. Art. 8 Abs. 1 EMRK alle sozialen, moralischen und kulturellen Beziehungen zwischen Familienmitgliedern. Während dies einerseits die eheliche oder nichteheliche Beziehung der hetero- oder homosexuellen Partner zueinander betrifft, ist davon auch die Eltern-Kind-Beziehung umfasst.[460] Neben dem Schutz vor willkürlichen Eingriffen des Staates schließt das Recht auf Familienleben zudem die positive Verpflichtung mit ein, durch gesetzliche Regelungen oder die Verpflichtung staatlicher Organe zum Schutz oder zur Unterstützung familiärer Beziehungen ein normales Familienleben zu ermöglichen.[461] Da Art. 8 EMRK jedoch lediglich bestehende Familien schützt, ergibt sich hieraus kein Recht auf Familiengründung.[462]

bb. Recht auf Familiengründung

Ein Recht auf Familiengründung wird gem. Art. 12 EMRK geschützt. Umfasst werden lediglich verheiratete Paare, weshalb dieses Recht ausschließlich das homologe Verfahren betrifft.[463] Ehegatten wird hiermit das Recht zugeschrieben,

---

457 Vgl. EGMR (Pejřilová/Tschechien), BeckRS 2022, 34872, Rn. 57 ff.

458 EGMR (Pejřilová/Tschechien), BeckRS 2022, 34872, Rn. 60.

459 *Rixe*, FPR 2008, 222, 223.

460 *Eichenhofer*, in: Huber/Eichenhofer/Endres de Oliveira, Aufenthaltsrecht, 1. Aufl. (2017), Teil 1. AufenthG, Rn. 709 m.w.N. zur Rechtsprechung des EGMR.

461 *Rixe*, FPR 2008, 222, 223.

462 Karpenstein/Mayer/*Pätzold*, EMRK, 3. Aufl. (2022), Art. 8, Rn. 40.

463 *Rixe*, FPR 2008, 222, 224; Meyer-Ladewig/Nettesheim/v. Raumer/*Meyer-Ladewig/Nettesheim*, EMRK, 4. Aufl. (2017).

gemeinsame Kinder zu haben.[464] Jedoch ist das Recht auf Familiengründung mit Hilfe ärztlich assistierter Reproduktionstechniken von Art. 12 EMRK nicht erfasst.[465]

d. Rechte der Wunscheltern

aa. Recht auf Privat- und Familienleben

Ein Recht auf reproduktive Selbstbestimmung als Teil des Rechts auf Privatleben gem. Art. 8 Abs. 1 EMRK besteht für Wunscheltern aufgrund der fehlenden genetischen Verbindung zum Kind nicht. Auch sind diese nach Ansicht des EGMR nicht vom Recht auf Familienleben geschützt. Aufgrund der fehlenden genetischen Verbindung zwischen ihnen und dem Kind fehle es an einem Familienleben im Sinne des Art. 8 Abs. 1 EMRK.[466]

bb. Recht auf Familiengründung

Zwar unterfällt ein mit der genetischen Mutter verheirateter Wunschelternteil dem personalen Schutzbereich des Art. 12 EMRK. Aufgrund des Ausschlusses ärztlich assistierter Reproduktionstechniken von diesem Grundrecht ist eine Relevanz des Art. 12 EMRK für den Wunschelternteil im Rahmen des Verfahrens der Kryokonservierung hingegen nicht gegeben.

3. Ergebnis

Für das Verfahren der Kryokonservierung sind auf europäischer völkerrechtlicher Ebene insbesondere die Vorgaben der EMRK bedeutsam. Embryonen und 2-PN-Zellen genießen anders als Keimzellen einen vorwirkenden Schutz der Menschenwürde aus Art. 2 EMRK. Demgegenüber unterfallen weder Embryonen noch 2-PN-Zellen oder Keimzellen dem Schutz des Rechts auf Leben gem. Art. 2 Abs. 1 EMRK.

Spenderkindern steht gem. Art. 8 Abs. 1 EMRK ein Recht auf Kenntnis der eigenen Abstammung (bzw. der eigenen Identität) zu. Die genetischen Eltern unterfallen im homologen Verfahren dem personalen Schutzbereich des Rechts auf Familienleben gem. Art. 8 EMRK, wenn ein effektives Zusammenleben angenommen werden kann. Aus Art. 8 EMRK ist auch deren Recht auf

---

464 *Rixe*, FPR 2008, 222, 224.

465 Karpenstein/Mayer/*Pätzold*, EMRK, 3. Aufl. (2022), Art. 12, Rn. 15 m.w.N. zur diesbezüglichen Rechtsprechung des EGMR.

466 Hierzu s. *Sanders*, NJW 2017, 925, 925 f.

Privatleben geschützt, welches das Recht auf reproduktive Selbstbestimmung beinhaltet. Schließlich sind die genetischen Eltern, sofern sie miteinander verheiratet sind, noch in ihrem Recht auf Familiengründung gem. Art. 12 EMRK geschützt. Im heterologen Verfahren gilt dies lediglich für die genetische Mutter und nicht für den Samenspender. Dagegen genießen Wunscheltern weder den Schutz eines Rechts auf reproduktive Selbstbestimmung gem. Art. 8 Abs. 1 EMRK noch den Schutz eines Rechts auf Familiengründung gem. Art. 12 EMRK.

Viertes Kapitel: Rechtliche Rahmenbedingungen und Regelungsvorschläge *de lege ferenda*

In diesem Kapitel werden die einfachgesetzlichen Vorschriften zur Kryokonservierung im Rahmen einer Kinderwunschbehandlung auf der Grundlage des zuvor dargestellten verfassungs- und völkerrechtlichen Rahmens näher beleuchtet. Stellt sich heraus, dass ein Handlungsbedarf des Gesetzgebers besteht, werden Regelungsvorschläge *de lege ferenda* unterbreitet.

A. Rechtlicher Status von Keimzellen, 2-PN-Zellen und Embryonen

Um eine genaue rechtliche Untersuchung der Kryokonservierung von Keimzellen, 2-PN-Zellen und Embryonen zu ermöglichen, ist der rechtliche Status des Keimgutes hinsichtlich der Sachqualität und Eigentumsfähigkeit zu bestimmen. Des Weiteren ist für die Beantwortung der Frage, ob es bei der ärztlich assistierten Befruchtung, der Kryokonservierung, dem Weiterkultivieren nach dem Auftauen und dem Embryotransfer gem. §§ 20b, c Arzneimittelgesetz (AMG)[467] einer sog. arzneimittelrechtlichen Kontrolle bedarf, entscheidend, ob Keimzellen, 2-PN-Zellen und Embryonen als Gewebe im Sinne des § 1a Nr. 4 TPG anzusehen sind.

I. Sacheigenschaft und Eigentumsfähigkeit

Von Bedeutung ist zunächst, ob Keimzellen, 2-PN-Zellen und Embryonen als Sachen einzustufen sind und ob diese eigentumsfähig sind.

---

467 Gesetz über den Verkehr mit Arzneimitteln (Arzneimittelgesetz – AMG) in der Fassung vom 12. Dezember 2005, BGBl I 2005, 3394; zuletzt geändert durch Art. 8c Gesetz zur Pflegepersonalbemessung im Krankenhaus sowie zur Anpassung weiterer Regelungen im Krankenhauswesen und in der Digitalisierung (Krankenhauspflegeentlastungsgesetz – KHPflEG) vom 20. Dezember 2022, BGBL I 2022, 2793.

1. Keimzellen

a. Sachqualität

Die Legaldefinition des § 90 BGB benennt Sachen als körperliche Gegenstände, jedoch ist der lebende Mensch diesem Sachbegriff nicht unterzuordnen.[468] Es ist mithin nicht möglich, dass der Körper des Menschen Objekt eines Herrschaftsrechts ist, weshalb dieser auch nicht eigentumsfähig ist.[469] Infolge einer Entnahme oder Abtrennung werden die einzelnen Bestandteile des menschlichen Körpers nach überwiegender Ansicht in der Literatur indes selbst zu Sachen.[470]

Dass dem menschlichen Körper keine Sacheigenschaft zukommt, könnte nahelegen, dass Substanzen, die als potenzielles Element zur Weitergabe menschlichen Lebens besonders hochwertig sind, genau so wenig als Sachen betrachtet werden können.[471] Eine solche Hochwertigkeit von Keimzellen könnte als Unterscheidungsmerkmal von sonstigen Körpersubstanzen vorgebracht werden, weshalb das Potentialitätsargument gegen eine Qualifikation von Keimzellen als Sache sprechen könnte.[472]

Es ist jedoch zu berücksichtigen, dass eine Keimzelle allein kein neues Individuum zu entwickeln vermag.[473] Anders als bei einer 2-PN-Zelle oder einem Embryo kommt einer einzelnen Keimzelle mithin keine eigenständige Potentialität zur Entwicklung zu einem Menschen zu. Die Potentialität einer Keimzelle ist somit nur anteilhaft gegeben und überdies rein passiver Natur, da Keimzellen nicht notwendigerweise für Fortpflanzungszwecke verwendet werden.[474]

---

468 BeckOK BGB/*Fritzsche*, 65. Ed. (01.02.2023), § 90, Rn. 32; Staudinger/*Stieper* (2021), § 90 BGB, Rn. 27; Erman/*J. Schmidt*, BGB, 16/17. Aufl. (2020/2023), § 90, Rn. 5; MüKoBGB/*Stresemann*, 9. Aufl. (2021), § 90, Rn. 2; Grüneberg/*Ellenberger*, BGB, 82. Aufl. (2023), § 90, Rn. 3; *Velte*, Die postmortale Befruchtung (2015), S. 216; *Taupitz*, NJW 1995, 745.

469 Staudinger/*Stieper* (2021), § 90 BGB, Rn. 27 m.w.N.

470 Statt vieler MüKoBGB/*Stresemann*, 9. Aufl. (2021), § 90, Rn. 26 f.; *Danz/Pagel*, MedR 2008, 602, 603 f.

471 *Coester-Waltjen*, Gutachten B für den 56. DJT (1986), S. B 31; *Brohm*, JuS 1998, 197, 201. Hierzu *Prehn*, MedR 2011, 559, 561; *Rütz*, Heterologe Insemination (2008), S. 18 f.

472 *Velte*, Die postmortale Befruchtung (2015), S. 230 f.; *Roth*, Eigentum an Körperteilen (2009), S. 72 f.; *Britting*, Die Postmortale Insemination (1989), S. 67.

473 *Wolf/Naujoks*, Anfang und Ende der Rechtsfähigkeit des Menschen (1955), S. 145; vgl. hierzu *Roth*, Eigentum an Körperteilen (2009), S. 73. Keimzellen seien *„noch nicht ungeborenes oder werdendes Leben"*, *Becker*, FamRZ 1968, 409, 411.

474 *Rager*, ZfL 2004, 66, 69; *Velte*, Die postmortale Befruchtung (2015), S. 231 f.

Die Sachqualität eines Gegenstandes wird letztlich nach der Verkehrsauffassung bestimmt und ist von einer subjektiven Zweckbestimmung unabhängig.[475] Hierbei ist dem Verfassungsrecht eine entscheidende Bedeutung zuzuschreiben: Keimzellen genießen keinen eigenen Grundrechtsschutz und sind demnach auch nicht als Rechtssubjekte zu erachten.[476] So beginnt ein Schutz der Menschenwürde gem. Art. 1 Abs. 1 GG in objektiv-rechtlicher Weise erst ab dem Pronucleusstadium.[477] Auch ein Schutz des Rechts auf Leben gem. Art. 2 Abs. 2 S. 1 GG ist für Keimzellen nicht gewährleistet, sondern betrifft durch eine Ausstrahlungswirkung ebenfalls erst das Pronucleusstadium.

Keimzellen sind somit nicht als Rechtssubjekte, sondern als Rechtsobjekte einzustufen. Sie weisen daher eine Sachqualität auf.[478]

b. Eigentumsfähigkeit von Keimzellen

Dass Keimzellen als Sachen anzusehen sind, bedeutet nicht notwendigerweise, dass sie auch eigentumsfähig sind. Die Frage nach der Eigentumsfähigkeit von Keimzellen ist äußerst umstritten.

aa. Anwendbarkeit des Sachenrechts

Überwiegend wird in der rechtswissenschaftlichen Literatur vertreten, dass das Eigentum des genetischen Vaters an den von ihm stammenden Keimzellen durch eine entsprechende Anwendung von § 953 BGB erlangt wird.[479] Eine Eigentumsfähigkeit als Sachen infolge der Trennung vom menschlichen Körper erscheint vielen als derart selbstverständlich, dass diese Aussage oft ohne weitergehende Begründung getroffen wird.[480]

Für eine analoge Anwendung des § 953 BGB werden in der Literatur folgende Argumente vorgebracht: Während der menschliche Körper zu Lebzeiten

475 Staudinger/*Stieper* (2021), § 90 BGB, Rn. 31.

476 So im Ergebnis auch *Velte*, Die postmortale Befruchtung (2015), S. 232; *Backmann*, Künstliche Fortpflanzung und IPR (2002), S. 26.

477 Hierzu s. drittes Kapitel, A, I, 1, a, cc.

478 Als Rechtsobjekte werden 2-PN-Zellen auch von *Frister* und *Börgers* erachtet, *Frister/Börgers*, in: Frister/Olzen, Reproduktionsmedizin, 1. Aufl. (2010), S. 97.

479 Grüneberg/*Ellenberger*, 82. Aufl. (2023), § 90 BGB, Rn. 3; MüKoBGB/*Oechsler*, 9. Aufl. (2023), § 953, Rn. 5; *Bilsdorfer*, MDR 1984, 803, 804; *Roth*, Eigentum an Körperteilen (2009), S. 58 f. m.w.N., 80.

480 *Roth*, Eigentum an Körperteilen (2009), S. 72 f. So z.B. Günther/Taupitz/Kaiser/*Taupitz*, ESchG, 2. Aufl. (2014), C, § 1 Abs. 1 Nr. 1, Rn. 17; *Bilsdorfer*, MDR 1984, 803, 804.

und vor der Herauslösung einzelner Substanzen nicht als Gegenstand des Eigentumsrechts zu erachten sei, unterliege er vielmehr einer persönlichkeitsrechtlichen Bindung, die jedoch sämtliche Herrschaftsrechte übertreffe. Infolge einer Abtrennung sei daher eine Eigentumsposition an abgetrennten Teilen anzunehmen, mit der eine Herrschaftsbefugnis einer Person über eine Sache fortbestehe.[481] Zwischen Persönlichkeitsrecht und Eigentum bestehe eine funktionelle Vergleichbarkeit, da beide als Schutzrechte vor Beeinträchtigungen Dritter fungieren.[482] Als Weiterführung des vorigen Bestimmungsrechts stelle eine analoge Anwendung des § 953 BGB eine logische Folge der intensiven Bindung des Körpers an die Persönlichkeit dar.[483] Für die Eigentumsfähigkeit spreche somit der Schutz, den das Eigentum gegen einen eigenmächtigen Umgang Unbefugter mit den Keimzellen gewährleiste.[484] Kryokonservierte Keimzellen, die zum Zwecke einer Kinderwunschbehandlung gelagert werden, seien demnach als Sachen anzusehen und stehen folglich im Eigentum des genetischen Elternteils.[485]

Kritik wird indes dahingehend ausgeübt, dass das besondere Rechtsverhältnis eines Menschen zu seinem Körper, welches die Umwandlung von Persönlichkeitsrecht in Eigentum bewirke, als hinreichende dogmatische Begründung nicht genüge.[486]

bb. Persönlichkeitsrechtlicher Ansatz

Vereinzelt wird demgegenüber ein persönlichkeitsrechtlicher Ansatz vertreten. Hiernach könne eine eigentumsrechtliche Einordnung abgetrennter Körpersubstanzen den Interessen des genetischen Elternteils nicht entsprechen. Eine Verfügung über Teile des Körpers beruhe oft auf individuellen und persönlichen Zweckbestimmungen, deren Schutz das Eigentum nicht angemessen

---

481 *Roth*, Eigentum an Körperteilen (2009), S. 58 f. m.w.N.

482 *Müller*, Die kommerzielle Nutzung menschlicher Körpersubstanzen (1997), S. 36 f.; vgl. *Schäfer*, Rechtsfragen zur Verpflanzung von Körper- und Leichenteilen (1961), S. 49.

483 *Taupitz*, JZ 1992, 1089, 1092; *Rütz*, Heterologe Insemination (2008), S. 21.

484 *Koch*, MedR 1986, 259, 262; vgl. BeckOGK/*Schermaier* (01.12.2022), § 953 BGB, Rn. 10.

485 LG Neubrandenburg, FamRZ 2010, 686; Staudinger/*Stieper* (2021), § 90 BGB, Rn. 31; *Frister/Börgers*, in: Frister/Olzen, Reproduktionsmedizin, 1. Aufl. (2010), 97.

486 *Schünemann*, Die Rechte am menschlichen Körper (1985), S. 66. Weitere Argumente gegen eine analoge Anwendung des § 953 BGB finden sich in *Roth*, Eigentum an Körperteilen (2009), S. 58 f.

vermitteln könne.[487] Infolge einer Trennung vom Körper ergeben sich Rechtspositionen hieran vielmehr aus dem fortbestehenden Persönlichkeitsrecht. Damit lasse sich ein Schutz der Interessen des genetischen Elternteils auf effektivere Weise gewährleisten und unerwünschte Folgen der eigentumsrechtlichen Vorschriften wie z.B. ein gutgläubiger Erwerb können ausgeschlossen werden.[488]

cc. *Kombination des sachenrechtlichen und persönlichkeitsrechtlichen Ansatzes*

In der rechtswissenschaftlichen Literatur wird vermehrt von einer Verknüpfung des sachenrechtlichen und des persönlichkeitsrechtlichen Ansatzes ausgegangen. Da eine Alternativität zwischen Persönlichkeits- und Sachenrecht nicht zwingend festgelegt ist, können Persönlichkeitsrechte auch an körperlichen Gegenständen bestehen, die grundsätzlich dem Sachenrecht unterliegen.[489]

(1). Überlagerungsthese

Nach der vereinzelt vertretenen sog. Überlagerungsthese handelt es sich bei dem menschlichen Körper aufgrund seiner gegenständlichen Wahrnehmbarkeit als Materie im tatsächlichen Sinne grundsätzlich um eine Sache. Die Sacheigenschaft werde jedoch durch die besondere Verbindung von Körper und Geist vollständig durch das Persönlichkeitsrecht des jeweiligen Individuums überlagert.[490]

Nach einer Abtrennung sei die persönlichkeitsrechtliche Bindung an die Körpersubstanzen gelockert und sachenrechtliche Aspekte rücken in den Vordergrund. Jedoch sei das Eigentum weiterhin durch das fortbestehende Persönlichkeitsrecht überlagert.[491]

---

487 *Forkel*, JZ 1974, 593, 595. Vgl. hierzu auch *Roth*, Eigentum an Körperteilen (2009), S. 60 f.

488 So z.B. *Forkel*, JZ 1974, 593, 595 f.; ausführliche Angaben hierzu finden sich in *Velte*, Die postmortale Befruchtung (2015), 217 f. m.w.N.

489 *Velte*, Die postmortale Befruchtung (2015), S. 218 f. Einen derartigen Ansatz vertreten unter anderem *Taupitz*, AcP 191 (1991), 201, 208 ff.; *Taupitz*, JZ 1992, 1089, 1093; *v. Freier*, MedR 2005, 321, 322; vgl. Soergel/*Marly*, BGB, 13. Aufl. (2000), § 90 Rn. 7 f.

490 *Schünemann*, Die Rechte am menschlichen Körper (1985), S. 91 ff.

491 Hierzu ausführlich *Velte*, Die postmortale Befruchtung (2015), S. 219 m.w.N.

(2). Modifizierter sachenrechtlicher Ansatz

Vermehrt wird indes der sog. modifizierte sachenrechtliche Ansatz[492] vertreten, der auf dem Gedanken beruht, dass die Abwehr- und Bestimmungsbefugnisse, die sich aus dem Persönlichkeitsrecht ergeben, auch im Falle einer Eigentumsübertragung grundsätzlich beim vorigen Substanzträger bleiben und demnach nicht erlöschen.[493]

Dies soll einer kommerziell motivierten Weitergabe von Keimzellen und einer gleichzeitigen Degradierung zur Handelsware entgegenwirken.[494] Das erhebliche Entwicklungspotential von Keimzellen verschaffe diesen eine Höherwertigkeit gegenüber sonstigen Körperbestandteilen, die ein solches Potential nicht aufweisen. Auch sei das Bestimmungsrecht des genetischen Elternteils als Teil der Selbstbestimmung des Menschen zu berücksichtigen, was sich insbesondere bei der Übergabe von Keimzellen an Dritte entscheidend auswirken könne. So könne eine rein eigentumsrechtliche Einordnung von Keimzellen keine ausreichende Sicherheit für eine Verwendung ohne oder gegen den Willen des ursprünglichen genetischen Elternteils gewährleisten. Die mit der Annahme von Eigentum zusammenhängende freie Verfügungsmöglichkeit über Keimzellen stelle einen Widerspruch zu der Entwicklungsmöglichkeit der Keimzellen zu neuem Leben dar.[495]

Eine dogmatische Begründung des modifizierten sachenrechtlichen Ansatzes erfolgt auf verschiedene Weise: So wird einerseits vertreten, dass Persönlichkeitsrechte auch nach der Trennung am Körpermaterial unmittelbar fortbestehen. Die Verwendung der getrennten Körpersubstanz durch andere erfordere demnach eine (mutmaßliche oder stellvertretende) Einwilligung.[496] Das Bestimmungsrecht eines genetischen Elternteils über Keimzellen sei

---

492 Auch fortentwickelter sachenrechtlicher Ansatz genannt, *Müller*, Die kommerzielle Nutzung menschlicher Körpersubstanzen (1995), S. 42.

493 *Taupitz*, NJW 1995, 745, 746; vgl. *Velte*, Die postmortale Befruchtung (2015), S. 220.

494 So *Roth*, Eigentum an Körperteilen (2009), S. 74 über die Aussage in *Britting*, Die postmortale Insemination (1989), S. 70: „*Von hier aus wäre es nur noch ein kleiner Schritt, ihnen einen Vermögenswert zuzusprechen. Die Kommerzialisierung wäre dann perfekt.*“

495 *Britting*, Die postmortale Insemination (1989), S. 67, 70 ff. Vgl. hierzu auch *Roth*, Eigentum an Körperteilen (2009), S. 73 f.

496 *V. Freier*, MedR 2005, 321, 322, 325 f. Ausnahmen sollen diesbezüglich lediglich im Rahmen der Strafverfolgung bzgl. der Entnahme und der Untersuchung von Körpersubstanzen zur Erfüllung angemessener staatskonstitutiver Aufgaben gelten, für welche Duldungspflichten bestehen.

Ausfluss seines allgemeinen Persönlichkeitsrechts, weshalb dieses Recht höchstpersönlicher Natur sei. Demnach bestehe keine Verkehrsfähigkeit und zudem eine zeitliche Limitierung durch dessen Tod.[497]

Eine weitere dogmatische Herleitung des modifizierten sachenrechtlichen Ansatzes erfolgt dadurch, dass zwar kein Fortbestehen des Persönlichkeitsrechts des Substanzträgers an dem Körperteil selbst anerkannt wird, es jedoch für möglich erachtet wird, dass eine Verwendung der abgetrennten Substanz durch den zum Eigentümer gewordenen Dritten das allgemeine Persönlichkeitsrecht des genetischen Elternteils berührt.[498] Die konkrete Verwendung der Keimzellen wirkt sich mithin auf das Persönlichkeitsrecht des genetischen Elternteils aus. Es bedarf daher einer Überprüfung, ob eine Verwendung von Keimzellen die persönlichkeitsrechtlichen Belange des genetischen Elternteils betrifft. Wenn dies der Fall ist, ist dessen Einwilligung notwendig.[499]

dd. Ansicht des BGH

Der BGH nimmt durch eine Ausweitung des Begriffs der „*funktionalen Einheit*“ an, dass auch die Vernichtung kryokonservierten Spermas eine Körperverletzung darstelle.[500] Die Eigentumsfähigkeit von Keimzellen verneint er, sofern eine Erzeugung neuen menschlichen Lebens bezweckt sei.[501]

Dies wird in der rechtswissenschaftlichen Literatur größtenteils abgelehnt.[502] Für die Begründung eines Anspruchs auf Schmerzensgeld bedürfe es nicht notwendigerweise der Ausdehnung des Körperbegriffes, da das allgemeine Persönlichkeitsrecht in dogmatischer Hinsicht als Alternative anzusehen sei.[503]

---

497 *Coester-Waltjen*, Gutachten B für den 56. DJT (1986), S. B 31 m.w.N.; *Coester-Waltjen*, FamRZ 2015, 1981; *Laufs*, JZ 1986, 769, 772; vgl. *Backmann*, Künstliche Fortpflanzung und IPR (2002), S. 33 ff., 39 ff.; vgl. *Brohm*, JuS 1998, 197, 201.

498 So z.B. *Nixdorf*, VersR 1995, 740, 742. Zu beiden Möglichkeiten s. *Taupitz*, AcP 191 (1991), 201, 209 f; *Velte*, Die postmortale Befruchtung (2015), S. 220 f. m.w.N.

499 *Taupitz*, AcP 191 (1991), 201, 209 ff.

500 BGHZ 124, 52, 56 = BGH, NJW 1994, 127, 128.

501 BGHZ 124, 52, 54 ff. = BGH, NJW 1994, 127, 127 f.

502 Statt vieler *Taupitz*, NJW 1995, 745, 746 ff.; Staudinger/*Stieper* (2021), § 90 BGB, Rn. 32; MüKoBGB/*Stresemann*, 9. Aufl. (2021), § 90, Rn. 27; *Roth*, Eigentum an Körperteilen (2009), S. 75, Fn. 86 m.w.N.

503 Staudinger/*Stieper* (2021), § 90 BGB, Rn. 32; vgl. *Wolf/Neuner*, AT BGB, 11. Aufl. (2016), § 24, Rn. 12.

ee. Bewertung

Eine eigentumsrechtliche Einordnung von Keimzellen im Sinne der Ansicht *Roths* kann nur erfolgen, wenn eine Rechtsübertragung aus wirtschaftlichen Gründen die Menschenwürdegarantie nicht betrifft.[504] Jedoch unterfallen Keimzellen nicht dem Schutz der Menschenwürde. Daher steht das Verfassungsrecht einer eigentumsrechtlichen Einordnung von Keimzellen nicht entgegen.

Als Rechtsobjekte sollten Keimzellen nach deren Gewinnung oder Entnahme im Eigentum des genetischen Elternteils stehen, um die Befugnisse hieran nach den Vorgaben des Sachenrechts zu orientieren. Daher ist der rein persönlichkeitsrechtliche Ansatz abzulehnen.

(1). Eigentumserwerb

Eine eigentumsrechtliche Zuordnung von Keimzellen zum genetischen Elternteil ist insbesondere erforderlich, um die Rechtsposition des genetischen Elternteils im Rahmen einer Kinderwunschbehandlung zu schützen. Wie bereits erörtert, wird in der Literatur vielfach angenommen, dass der genetische Elternteil Eigentum an den von ihm stammenden Keimzellen durch eine analoge Anwendung des § 953 BGB erlangt.

Für eine Analogie müssten eine planwidrige Regelungslücke und eine vergleichbare Interessenlage vorliegen. Der Eigentumserwerb an Keimzellen infolge einer Gewinnung oder Entnahme ist gesetzlich nicht bestimmt. Daher liegt eine Regelungslücke vor. Ferner war sich der Gesetzgeber der fehlenden Normierung des Eigentumserwerbs an Keimzellen auch nicht bewusst, sodass die Regelungslücke planwidrig ist. § 953 BGB bestimmt, dass Erzeugnisse und sonstige Bestandteile einer Sache auch nach der Trennung dem Eigentümer der Sache gehören, soweit sich aus §§ 954 bis 957 BGB nichts anderes ergibt. Jedoch handelt es sich bei Keimzellen weder um Erzeugnisse noch um sonstige Bestandteile einer Sache, da diese von einem Menschen stammen. Somit greift § 953 BGB nicht direkt, sondern beinhaltet eine vergleichbare Interessenlage.

Die Voraussetzungen einer Analogie sind mithin erfüllt. Der genetische Elternteil erwirbt nach einer Keimzellgewinnung oder -entnahme gem. § 953 BGB analog das Eigentum an den von ihm stammenden Keimzellen.

---

504 *Roth*, Eigentum an Körperteilen (2009), S. 77.

(2). Möglichkeit der Übertragung des Eigentums an Keimzellen

Eine Beschränkung der Verkehrsfähigkeit von Keimzellen wird in der Literatur teils mit einer Höherwertigkeit von Keimzellen begründet. Jedoch beinhaltet eine einzelne Keimzelle nicht die Potentialität, sich zu einem Menschen zu entwickeln. Ihre Potentialität ist demnach begrenzt und mit der vollständigen Potentialität einer 2-PN-Zelle oder eines Embryos nicht vergleichbar.

Da die Übertragbarkeit ferner ein bedeutendes Merkmal des Eigentums darstellt, sind Keimzellen nicht als eigentumsfähige *res extra commercium* zu erachten. Ansonsten wäre eine Vereinbarkeit mit dem sachenrechtlichen *numerus clausus* nicht gewährleistet, da eine Beschränkung der Möglichkeit des gutgläubigen Erwerbs den gesetzlichen Vorgaben der §§ 932 ff. BGB zuwider liefe. Das Eigentum an Keimzellen kann somit an Dritte übertragen werden.

Eine Besonderheit von Keimzellen gegenüber anderen Körperzellen ergibt sich allerdings daraus, dass Keimzellen aufgrund ihrer Schlüsselstellung für die Fortpflanzung entscheidend mit dem Recht des genetischen Elternteils auf reproduktive Selbstbestimmung verknüpft sind. Daher gilt es, Keimzellen über die Vorgaben des Sachenrechts hinaus zu schützen, sodass Abwehr- und Bestimmungsbefugnisse des genetischen Vaters bzw. der genetischen Mutter auch nach einer Eigentumsübertragung der Keimzellen an Dritte nicht erlöschen. Dem modifizierten sachenrechtlichen Ansatz ist somit beizupflichten.

Wie bereits *Taupitz* dargelegt hat, ist entscheidend darauf abzustellen, ob eine Verwendung der Keimzellen nach der Eigentumsübertragung das Recht des genetischen Elternteils auf reproduktive Selbstbestimmung verletzt, welches sich aus dem allgemeinen Persönlichkeitsrecht des genetischen Elternteils ergibt. Zwar besteht das Persönlichkeitsrecht des genetischen Elternteils nicht an den Keimzellen fort, allerdings kann deren Verwendung durch einen Dritten das Recht des genetischen Elternteils auf reproduktive Selbstbestimmung berühren. Daher erfordert eine Verwendung der Keimzellen durch einen Dritten, in dessen Eigentum die Keimzellen stehen, eine Einwilligung des genetischen Elternteils.

(3). Ergebnis

Nach der Gewinnung oder Entnahme von Keimzellen erlangt der genetische Elternteil hieran nach § 953 BGB analog Eigentum. Dieses Eigentum kann an Dritte übertragen werden, jedoch darf eine Verwendung der Keimzellen den genetischen Elternteil nicht in seinem Recht auf reproduktive Selbstbestimmung verletzen.

2. *2-PN-Zellen*

Die Problematik bzgl. der Sachqualität und Eigentumsfähigkeit von 2-PN-Zellen fußt auf der Frage, ob eine 2-PN-Zelle als Rechtsobjekt oder Rechtssubjekt – also als ein „*Etwas*“ oder ein „*Jemand*“ – anzusehen ist.[505]

a. *Überwiegende Ansicht in der Literatur*

Nach (wohl) überwiegender Ansicht in der Literatur genießen 2-PN-Zellen keinen eigenen verfassungsrechtlichen Schutz.[506] Sie werden mithin noch nicht als Rechtssubjekte, sondern (wie Keimzellen) als Rechtsobjekte angesehen.[507] Ihnen wird eine Sacheigenschaft zugeschrieben, aufgrund derer eine Eigentumsfähigkeit besteht.[508] Die bisherigen Rechte der genetischen Eltern haben als gemeinsame Rechte an 2-PN-Zellen Bestand. Demzufolge erlangen die genetischen Eltern, wenn eine Imprägnation der Eizelle durch die Samenzelle erfolgt ist, nach dem Rechtsgedanken des § 947 Abs. 1 BGB[509] Miteigentum an den 2-PN-Zellen.[510]

Das allgemeine Persönlichkeitsrecht der genetischen Eltern wirke sich auf die Entscheidungsbefugnis über die 2-PN-Zellen aus:[511] So seien die eigentumsrechtlichen Ansprüche und Befugnisse der genetischen Eltern bezüglich der von ihnen stammenden 2-PN-Zellen persönlichkeitsrechtlich überlagert.[512] Den genetischen Eltern stehe ein gemeinsames Mitbestimmungsrecht über die 2-PN-Zellen zu.[513] Eine bestimmungswidrige Nutzung bzw. das Verwerfen der Zellen könne deren allgemeines Persönlichkeitsrecht somit verletzen.[514]

---

505 *Frister/Börgers*, in: Frister/Olzen, Reproduktionsmedizin, 1. Aufl. (2010), S. 95.

506 *Coester-Waltjen*, FamRZ 2015, 1981; *Müller-Terpitz*, ZfL 2006, 34, 36 f.; BeckOGK/*Mössner* (01.03.2021), § 90 BGB, Rn. 16.2.

507 Vgl. *Neuner*, AT BGB, 12. Aufl. (2020), § 24, Rn. 17 ff.

508 BeckOGK/*Mössner* (01.03.2021), § 90 BGB, Rn. 16.2; *Neuner*, JuS 2019, 1, 2.

509 Vgl. *Bilsdorfer*, MDR 1984, 803, 804; *Neuner*, AT BGB, 12. Aufl. (2020), § 24, Rn. 17.

510 *Frister/Börgers*, in: Frister/Olzen, Reproduktionsmedizin, 1. Aufl. (2010), S. 97; *Prehn*, MedR 2011, 559, 561 f.

511 *Prehn*, MedR 2011, 559, 562.

512 *Frister/Börgers*, in: Frister/Olzen, Reproduktionsmedizin, 1. Aufl. (2010), S. 98; *Coester-Waltjen*, FamRZ 2015, 1981; *Prehn*, MedR, 2011, 559, 561.

513 Vgl. Clausen/Schroeder-Printzen/*Makoski*, Münchener Anwaltshandbuch Medizinrecht, 3. Aufl. (2020), § 19, Rn. 91.

514 Vgl. *Frister/Börgers*, in: Frister/Olzen, Reproduktionsmedizin, 1. Aufl. (2010), S. 98.

Ferner beschränke die persönlichkeitsrechtliche Überlagerung des Sacheigentums die Verkehrsfähigkeit der 2-PN-Zellen.[515] 2-PN-Zellen werden in der Literatur demnach vielfach als *res extra commercium* angesehen. Solange diesen eine den eigentlichen Körperteilen vergleichbare Rechtsstellung zugeschrieben werden könne, seien sie nicht verkehrsfähig.[516]

b. Ansichten der Rechtsprechung

Die vom BGH vertretene Ausweitung der funktionalen Einheit[517] führt auch bei einer Übertragung auf 2-PN-Zellen zu fragwürdigen Ergebnissen. So gehört eine 2-PN-Zelle demnach als einzelner Körperteil zwei Menschen. *Frister* und *Börgers* stimmen der rechtlichen Zuordnung einer 2-PN-Zelle zu beiden genetischen Eltern zwar zu, sprechen sich jedoch dagegen aus, dies dem Rechtsgut der körperlichen Unversehrtheit zuzuordnen.[518]

Der Bundesfinanzhof sieht in der Befruchtung der Eizelle und dem Embryotransfer *„die Ursache für die Entstehung menschlichen Lebens"*. Ab der Befruchtung sei auch die *„Würde des werdenden Lebens"* geschützt.[519] Da 2-PN-Zellen noch nicht befruchtet sind, ist dieser Ansicht somit zu entnehmen, dass sie als Rechtsobjekte einzuordnen sind. Das OLG Rostock erachtet 2-PN-Zellen (als *„imprägnierte Eizellen"* bezeichnet) ohne nähere Begründung als eigentumsfähig.[520]

c. Bewertung

2-PN-Zellen unterfallen, genau wie Keimzellen, nicht dem personalen Schutzbereich eines Grundrechts. Daher sind sie nicht als Rechtssubjekte anzusehen. Ein Unterschied ergibt sich indes daraus, dass 2-PN-Zellen einem objektivrechtlichen Schutz der Menschenwürde unterfallen, der sie vor objektivierenden und willkürlichen Behandlungen schützt. Überdies entfaltet das Recht auf

---

515 *Prehn*, MedR 2011, 559, 562; *Frister/Börgers*, in: Frister/Olzen, Reproduktionsmedizin, 1. Aufl. (2010), S. 99 ff.

516 *Prehn*, MedR 2011, 559, 562; a.A. hingegen BeckOGK/*Mössner* (01.03.2021), § 90 BGB, Rn. 16.2. Demgegenüber nehmen *Frister* und *Börgers* an, eine Übertragung des Eigentums an 2-PN-Zellen sei erst möglich, *„nachdem die persönlichkeitsrechtliche Sonderstellung entfallen* ist", *Frister/Börgers*, in: Frister/Olzen, Reproduktionsmedizin, 1. Aufl. (2010), S. 100 f.

517 BGHZ 124, 52, 56 = BGH, NJW 1994, 127, 128.

518 *Frister/Börgers*, in: Frister/Olzen, Reproduktionsmedizin, 1. Aufl. (2010), S. 99.

519 BFH, NJW 2005, 3517, 3520.

520 OLG Rostock, FamRZ 2010, 1117.

Leben gem. Art. 2 Abs. 2 S. 1 GG eine Ausstrahlungswirkung auf 2-PN-Zellen, welche diese ebenfalls vor willkürlichen Behandlungen schützt. Unter Berücksichtigung des ihnen zukommenden verfassungsrechtlichen Schutzes handelt es sich bei 2-PN-Zellen mithin auch nicht um Rechtsobjekte. Ihnen kommt somit weder eine Qualität als Rechtssubjekt noch als Rechtsobjekt zu. Sie befinden sich vielmehr in einem rechtlichen Zwischenstadium.

An 2-PN-Zellen besteht ferner kein Eigentum, sodass ihre Verkehrsfähigkeit beschränkt ist. Jedoch sind die persönlichkeitsrechtlichen Interessen der intendierten Eltern mit den 2-PN-Zellen verknüpft. Dies betrifft im homologen Verfahren die genetischen Eltern, deren Recht auf reproduktive Selbstbestimmung gem. Art. 2 Abs. 1 GG i.V.m. Art. 1 Abs. 1 GG bei einem Umgang mit den 2-PN-Zellen betroffen ist. Im heterologen Verfahren sind neben dem Recht der genetischen Mutter auf reproduktive Selbstbestimmung auch die persönlichkeitsrechtlichen Interessen des Wunschelternteils mit den 2-PN-Zellen verknüpft, obwohl keine genetische Verbindung des Wunschelternteils zum Kryogut besteht. Dieser strebt eine rechtliche Zuordnung zu dem Kind an, das im Wege der Kinderwunschbehandlung erzeugt werden soll. Solange die Paarbeziehung mit der genetischen Mutter fortbesteht bzw. die intendierten Eltern eine gemeinsame Elternschaft anstreben berührt der Umgang mit den 2-PN-Zellen den Wunschelternteil in seinem Recht auf Familiengründung gem. Art. 6 Abs. 1 GG.

Aufgrund dieser verfassungsrechtlichen Vorgaben haben die intendierten Eltern Entscheidungsbefugnisse über die 2-PN-Zellen. Eine Verwendung ohne ihr Einverständnis verletzt die genetischen Eltern in ihrem Recht auf reproduktive Selbstbestimmung bzw. den Wunschelternteil in seinem Recht auf Familiengründung. Unter Berücksichtigung des verfassungsrechtlichen Schutzes von 2-PN-Zellen werden die Entscheidungsbefugnisse der intendierten Eltern allerdings dahingehend begrenzt, dass 2-PN-Zellen nicht objektivierend oder willkürlich behandelt werden dürfen.

3. *Embryonen*

a. *Ansichten der Literatur*

Vielfach wird in der Literatur vertreten, dass ein Embryo, genau wie der lebende Mensch, als Person anzusehen sei und er demnach nicht als Sache erachtet werden könne.[521] Ein Embryo könne nicht als eine bloße Verbindung

---

521 Erman/*J. Schmidt*, 16/17. Aufl. (2020/2023), § 90 BGB, Rn. 5; Staudinger/*Stieper*, (2021), § 90 BGB, Rn. 37; vgl. *Neuner*, AT BGB, 12. Aufl. (2020), § 24, Rn. 19.

eigentumsfähiger Körpersubstanzen angesehen werden, sondern nehme vielmehr eine „*Vorstufe zum Menschen*" ein.[522] Ist die Konjugation erfolgt, sei eine Sachqualität und demnach auch eine Eigentumsfähigkeit aufgrund des nun bestehenden Schutzes der Garantie der Menschenwürde und des Rechts auf Leben ausgeschlossen.[523]

Auch *Spickhoff* spricht sich vor dem Hintergrund der Herausgabe von 2-PN-Zellen bzw. Embryonen an die genetischen Eltern[524] gegen eine Sacheigenschaft von Embryonen aus: 2-PN-Zellen und erst recht Embryonen (zwischen denen nicht zweifelsfrei differenziert werden könne) seien nicht eigentumsfähig oder zumindest von den Persönlichkeitsrechten der genetischen Eltern überlagert. Daher komme eine unmittelbare Anwendbarkeit von § 985 BGB nicht in Betracht.[525]

Demgegenüber nimmt *Bilsdorfer* eine Sacheigenschaft und Eigentumsfähigkeit von Embryonen an. Die genetischen Eltern erlangen analog § 953 BGB Eigentum an den Keimzellen. Die Sachqualität gehe mit der Konjugation indes nicht verloren, sodass die genetischen Eltern nach § 947 Abs. 1 BGB Miteigentümer des Embryos seien.[526]

b. Rechtsprechung

Das OLG Karlsruhe schließt sich der überwiegend in der Literatur vertretenen Ansicht an. Der menschliche Körper sei als Rechtssubjekt und demnach nicht als Gegenstand zu erachten. Aufgrund der Tatsache, dass der menschliche Embryo eine Vorstufe zum geborenen Menschen darstelle, könne er nicht als Sache angesehen werden, auch wenn es ihm noch an einer selbstständigen Überlebensfähigkeit fehle.[527]

c. Bewertung

Auch im Rahmen der Einordnung des rechtlichen Status von Embryonen wirkt sich das Verfassungsrecht entscheidend aus. Da Embryonen demselben verfassungsrechtlichen Schutz wie 2-PN-Zellen unterliegen, ohne jedoch selbst eine Rechtsträgerschaft innezuhaben, sind sie ebenfalls weder Rechtssubjekt

---

522 MüKoBGB/*Stresemann*, 9. Aufl. (2021), § 90, Rn. 27.
523 BeckOGK/*Mössner* (01.03.2021), § 90 BGB, Rn. 16 m.w.N.
524 OLG Karlsruhe, FamRZ 2016, 1790.
525 *Spickhoff*, FamRZ 2016, 1792, 1793.
526 *Bilsdorfer*, MDR 1984, 803, 804.
527 OLG Karlsruhe, FamRZ 2016, 1790, 1792.

noch Rechtsobjekt und mithin in einem rechtlichen Zwischenstadium einzuordnen. Sie befinden sich jedoch nur so lange in diesem rechtlichen Zwischenstadium, bis die Nidation infolge des Embryotransfers erfolgt ist. Danach unterfallen diese dem personalen Schutzbereich des Rechts auf Leben gem. Art. 2 Abs. 2 S. 1 GG und sind folglich als Rechtssubjekt zu erachten.

Embryonen sind nicht eigentumsfähig. Die Verkehrsfähigkeit von Embryonen ist aufgrund der höchstpersönlichen Natur der an ihnen bestehenden Rechte beschränkt. Wie im Falle von 2-PN-Zellen haben die intendierten Eltern Entscheidungsbefugnisse über die Embryonen. Dies beruht auf der persönlichkeitsrechtlichen Verknüpfung der intendierten Eltern mit den Embryonen.

So berührt im homologen Verfahren jede Entscheidung über den Umgang mit den Embryonen die genetischen Eltern in ihrem Recht auf reproduktive Selbstbestimmung gem. Art. 2 Abs. 1 GG i.V.m. Art. 1 Abs. 1 GG. Demgegenüber besteht im heterologen Verfahren eine Verknüpfung der persönlichkeitsrechtlichen Interessen der genetischen Mutter und des Wunschelternteils mit den Embryonen. Die genetische Mutter ist hier ebenfalls in ihrem Recht auf reproduktive Selbstbestimmung und der Wunschelternteil in seinem Recht auf Familiengründung gem. Art. 6 Abs. 1 GG betroffen. Da der Wunschelternteil eine rechtliche Zuordnung zu dem Kind, das im heterologen Verfahren gezeugt werden soll, anstrebt, betrifft eine Entscheidung über den Umgang mit den 2-PN-Zellen seine persönlichkeitsrechtlichen Interessen. Dies ist jedoch nur der Fall, solange die Paarbeziehung mit der genetischen Mutter fortbesteht bzw. ein Einverständnis bzgl. einer gemeinsamen Elternschaft mit der genetischen Mutter vorliegt.

Wie im Falle von 2-PN-Zellen sind die Entscheidungsbefugnisse der intendierten Eltern jedoch dahingehend begrenzt, dass die Embryonen nicht objektivierend oder willkürlich behandelt werden dürfen.

II. Anwendbarkeit des TPG

Eine weitere bedeutende Statusbestimmung im Rahmen dieser Arbeit betrifft die Frage, ob es sich bei Keimzellen, 2-PN-Zellen und Embryonen um Gewebe gem. § 1a Nr. 4 TPG handelt. Hiernach *„sind Gewebe alle aus Zellen bestehenden Bestandteile des menschlichen Körpers, die keine Organe nach Nummer 1 sind, einschließlich einzelner menschlicher Zellen*".

Anhand des Gewebebegriffs gem. § 1a Nr. 4 TPG wird demnach der Gegenstand des TPG bestimmt.[528] Dies ist vorliegend relevant, da es die Frage betrifft,

528 *Müller-Terpitz/Ruf*, in: Spranger, Aktuelle Herausforderungen der Life Sciences (2010), S. 38.

ob Keimzellen, 2-PN-Zellen und Embryonen im Rahmen der ärztlich assistierten Befruchtung, der Kryokonservierung, dem Weiterkultivieren nach dem Auftauen und des Embryotransfers einer arzneimittelrechtlichen Kontrolle unterliegen. Voraussetzung hierfür ist jeweils eine Anwendbarkeit des TPG.

1. *Keimzellen*

Keimzellen sind den Vorgaben der EU-Geweberichtlinie[529] entsprechend als Gewebe im Sinne des § 1a Nr. 4 TPG zu erachten, auch wenn sie als solche nicht explizit bezeichnet werden.[530] Dies ist jedoch nur der Fall, „*soweit Regelungen zur Qualität und Sicherheit in Umsetzung der EU-Geweberichtlinie getroffen werden und deren Gewinnung und Verwendung zur Übertragung nach den Vorschriften des Embryonenschutzgesetzes (ESchG) im Rahmen der medizinisch unterstützten Befruchtung erlaubt ist.*“[531]

Dies hat zur Folge, dass bei der ärztlich assistierten Befruchtung, der Kryokonservierung, dem Weiterkultivieren nach dem Auftauen und dem Embryotransfer gem. §§ 20b, c AMG eine arzneimittelrechtliche Kontrolle erforderlich ist.

2. *Embryonen*

Unterschiede ergeben sich indes im Falle von Embryonen. Für eine Einordnung dieser unter den Gewebebegriff gem. § 1a Nr. 4 TPG wird vorgebracht, dass die

529 Richtlinie 2004/23/EG des Europäischen Parlaments und des Rates vom 31. März 2004 zur Festlegung von Qualitäts- und Sicherheitsstandards für die Spende, Beschaffung, Testung, Verarbeitung, Konservierung, Lagerung und Verteilung von menschlichen Geweben und Zellen, Amtsblatt der Europäischen Union, L 102/48. In Art. 3 a) EU-Geweberichtlinie werden Zellen als „*einzelne menschliche Zellen oder Zellansammlungen, die durch keine Art von Bindegewebe zusammengehalten werden*“ definiert. Als Gewebe sind Art. 3 b) zufolge „*alle aus Zellen bestehenden Bestandteile des menschlichen Körpers*“ zu erachten.

530 HK-AKM/*Schumann*, 66. Akt. (November 2016), Fortpflanzungsmedizin, Rn. 36; Bockenheimer-Lucius/Thorn/*Wendehorst*, Umwege zum eigenen Kind (2008), S. 110 f.; *Schafhausen*, jurisPR-MedizinR 9/2010, Anm. 1; *Ratzel*, GesR 2009, 281, 283; Deutscher Ethikrat, Stellungnahme „*Embryospende, Embryoadoption und elterliche Verantwortung*“ (2016), S. 61; *Prehn*, MedR 2011, 559, 562.

531 BT-Drs. 16/3146, S. 23. So auch (Muster-)Richtlinie der Bundesärztekammer zur Entnahme und Übertragung von menschlichen Keimzellen im Rahmen der assistierten Reproduktion, DÄBl 2018, S. A 3.

Gewebedefinition neben Keimzellen ohne weitere Differenzierung auch Embryonen umfasse.[532]

Gegen eine Einordnung von Embryonen unter den Gewebebegriff spreche nach Ansicht von *Müller-Terpitz* und *Ruf* indes, dass Embryonen im Zygotenstadium im Gegensatz zu anderen transplantierbaren Körperzellen ein lebendiges System darstellen, das sich selbst organisiert. Hierbei entfalten die spezialisierten Elemente eine Wirkung zu einem funktionsfähigen Ganzen. Demnach komme Embryonen das aktive Potential zu, sich bei Hinzutreten der für dieses System erforderlichen Umgebungsbedingungen durch Zellteilung kontinuierlich zu einem erwachsenen („*fertigen*") Menschen zu entwickeln.[533]

Der Gesetzgeber stellte infolge der Umsetzung der EG-Geweberichtlinie fest, dass Embryonen als solche nicht vom Anwendungsbereich des TPG erfasst seien.[534] Nach geltendem Recht sind Embryonen mithin nicht als Gewebe gem. § 1a Nr. 4 TPG anzusehen. Demnach erlangen insbesondere §§ 20b, c, AMG für Embryonen keine Geltung.[535]

Dies überzeugt in gesetzessystematischer Hinsicht, da gem. § 22 TPG die Vorgaben des ESchG und des Stammzellgesetzes (StZG)[536] unberührt bleiben. Gewebe im Sinne des § 1a Nr. 4 TPG und Embryo im Sinne des § 8 Abs. 1 ESchG und des § 3 Nr. 4 StZG sind somit unterschiedlich zu verstehen. Nach Ansicht von *Müller-Terpitz* und *Ruf* zeugen diese Legaldefinitionen von einem Normverständnis des Gesetzgebers, wonach Embryonen im Zygotenstadium als (teil-)rechtsfähige Individuen zu erachten seien, denen Würde- und Lebensschutz zukomme. Eine Gleichstellung von Embryonen mit menschlichen Geweben oder Körperzellen würde erstere als Objekt behandeln, was mit den

---

532 *Frister/Börgers*, in: Frister Olzen, Reproduktionsmedizin, 1. Aufl. (2010), S. 118. Diese verweisen ferner auf § 1a Nr. 10 TPG aF, wonach die Verwechslung von Embryonen bei Maßnahmen einer medizinisch unterstützten Befruchtung ein meldepflichtiges, unerwünschtes Ereignis darstellte. Die aktuelle Fassung dieser Norm beinhaltet diese Aussage jedoch nicht mehr. Krit. hierzu *Müller-Terpitz/Ruf*, in: Spranger, Aktuelle Herausforderungen der Life Sciences (2010), S. 40.

533 *Müller-Terpitz/Ruf*, in: Spranger, Aktuelle Herausforderungen der Life Sciences (2010), S. 38.

534 BT-Drs. 16/3146, S. 23.

535 Vgl. Kügel/Müller/Hofmann/*Pannenbecker*, AMG, 3. Aufl. (2022), § 4, Rn. 314.

536 Gesetz zur Sicherstellung des Embryonenschutzes im Zusammenhang mit Einfuhr und Verwendung menschlicher embryonaler Stammzellen (Stammzellgesetz – StZG) vom 28. Juni 2002, BGBl I 2002, 2277; zuletzt geändert durch Art. 50 G zum Abbau verzichtbarer Anordnungen der Schriftform im Verwaltungsrecht des Bundes vom 29.03.2017, BGBl I 2017, 626.

Grundentscheidungen des Gesetzgebers im ESchG und StZG unvereinbar wäre.[537]

3. 2-PN-Zellen

Die Einordnung von 2-PN-Zellen unter den Gewebebegriff des § 1a Nr. 4 TPG ist umstritten.

In der Richtlinie der Bundesärztekammer werden 2-PN-Zellen explizit als Gewebe gem. § 1a Nr. 4 TPG aufgeführt.[538] Einige Stimmen der rechtswissenschaftlichen Literatur kommen zu demselben Ergebnis.[539] So spreche für eine Einordnung von 2-PN-Zellen unter den Gewebebegriff, dass sich aus der Durchführungsrichtlinie 2006/86/EG der EU-Kommission schließen lasse, die arzneimittelrechtliche Überwachung im Rahmen der Gewebegewinnung und der Gewebeverarbeitung ende gem. §§ 20b, c AMG mit dem Pronucleusstadium. Dies ergebe sich aus der Bestimmung in Abs. 6 S. 2 der Richtlinie, wonach diese nicht für die Anwendung beim Menschen gelten solle.[540]

Andere Teile der rechtswissenschaftlichen Literatur sprechen sich indes gegen eine Einordnung von 2-PN-Zellen unter den Gewebebegriff des § 1a Nr. 4 TPG aus.[541] Für ein Verständnis des Gewebebegriffs müsse auch das Regelungsumfeld dieser Norm beachtet werden. So beschränke sich der Anwendungsbereich des TPG gem. § 1 Abs. 1 S. 1 TPG aF – jetzt § 1 Abs. 2 S. 1 TPG – auf die Spende und die Entnahme menschlicher Keimzellen für deren Übertragung. Jedoch würden sowohl der Spende als auch der Entnahme einer 2-PN-Zelle, um diese auf eine andere Frau zu übertragen, die Vorgaben des ESchG entgegenstehen. In § 1 Abs. 1 S. 1 TPG aF wurde ein Übertragungsakt angesprochen, der sich in gesetzessystematischer Hinsicht auf zulässig gespendetes bzw. entnommenes Gewebe beziehe, das vorliegend jedoch nicht existiere. Daher sei § 1a Nr. 4 TPG

537 *Müller-Terpitz/Ruf*, in: Spranger, Aktuelle Herausforderungen der Life Sciences (2010), S. 39 f.

538 (Muster-)Richtlinie der Bundesärztekammer zur Entnahme und Übertragung von menschlichen Keimzellen im Rahmen der assistierten Reproduktion, DÄBl 2018, S. A 3.

539 *Frister/Börgers*, in: Frister/Olzen, Reproduktionsmedizin, 1. Aufl. (2010), S. 101 f., 119; (wohl) *Prehn*, MedR 2011, 559, 562; *Schafhausen*, jurisPR-Medizinrecht 9/2010, Anm. 1.

540 *Hilland*, Journal für Reproduktionsmedizin und Endokrinologie 2007, 293 f.

541 *Müller-Terpitz/Ruf*, in: Spranger, Aktuelle Herausforderungen der Life Sciences (2010), S. 41 f.; Günther/Taupitz/Kaiser/*Taupitz*, ESchG, 2. Aufl. (2014), B, Rn. 11a; Kügel/Müller/Hofmann/*Pannenbecker*, AMG, 3. Aufl. (2022), § 4, Rn. 314.

unter Berücksichtigung des § 1 Abs. 1 S. 1 TPG aF bzw. des § 1 Abs. 2 S. 1 TPG dahingehend zu verstehen, dass sowohl Embryonen als auch imprägnierte Eizellen dem Gewebebegriff des TPG nicht unterfallen. Dies beziehe sich ferner auf isolierte Bezugnahmen auf die Gewebedefinition des § 1a Nr. 4 TPG wie z.B. in §§ 20b, c AMG. Die transplantationsrechtliche Gewebedefinition sei stets unter Berücksichtigung ihres Regelungsumfeldes (§§ 1 Abs. 1, 22 TPG) zu interpretieren, sodass auch ein isolierter Verweis hierauf keine Abweichung dieser Sichtweise bewirken könne.[542]

Wenn bereits eine Gleichsetzung menschlicher Embryonen mit menschlichen Geweben oder Körperzellen in verfassungsrechtlicher Hinsicht nicht geboten ist,[543] lässt sich diese Erwägung indes unter Berücksichtigung des in dieser Arbeit vertretenen verfassungsrechtlichen Ansatzes, wonach 2-PN-Zellen und Embryonen derselbe verfassungsrechtliche Schutz zukommt, auf 2-PN-Zellen übertragen (auch wenn der Gesetzgeber 2-PN-Zellen im Rahmen des ESchG im Gegensatz zu Embryonen keine Subjektqualität zukommen lässt). Zudem spricht sowohl die im Pronucleusstadium bestehende genetische Identität als auch die 2-PN-Zellen zukommende Potentialität zur Entwicklung zu einem Menschen dafür, dass 2-PN-Zellen nicht als Gewebe gem. § 1a Nr. 4 TPG anzusehen sind. Die Vorgaben des TPG sind auf diese somit nicht anwendbar.

4. *Ergebnis*

Während Keimzellen dem Gewebebegriff des § 1a Nr. 4 TPG unterfallen, handelt es sich bei Embryonen und – entgegen der Ansicht der Bundesärztekammer – auch bei 2-PN-Zellen nicht um Gewebe, weshalb das TPG und auch die §§ 20b, c AMG auf diese nicht anwendbar sind.

Dies wirkt sich dahingehend aus, dass Keimzellen als Gewebe im Rahmen der ärztlich assistierten Befruchtung, der Kryokonservierung, dem Weiterkultivieren nach dem Auftauen und des Embryotransfers gem. §§ 20b, c AMG einer arzneimittelrechtlichen Kontrolle unterliegen. Demgegenüber kommt 2-PN-Zellen ein Schutz gem. § 9 Nr. 1 und 4 ESchG und für Embryonen gem.

---

542 *Müller-Terpitz/Ruf*, in: Spranger, Aktuelle Herausforderungen der Life Sciences (2010), S. 41 f. Auch *Pannenbecker* erachtet imprägnierte Eizellen (und demnach wohl auch 2-PN-Zellen) unter Berücksichtigung des § 4 Abs. 30 AMG nicht als Gewebe im Sinne des § 1a Nr. 4 TPG, Kügel/Müller/Hofmann/*Pannenbecker*, AMG, 3. Aufl. (2022), § 4, Rn. 314.

543 *Müller-Terpitz/Ruf*, in: Spranger, Aktuelle Herausforderungen der Life Sciences (2010), S. 39 f.

§ 9 Nr. 1, 3 und 4 ESchG zu, wonach für verschiedene Handlungen im Rahmen einer Kinderwunschbehandlung, für die künstliche Befruchtung (Nr. 1), die Kryokonservierung (Nr. 4) und den Embryotransfer (Nr. 3), ein Arztvorbehalt bestimmt ist. Zudem sind Ärzte an das Standesrecht gebunden, welches in den Berufsordnungen festgelegt ist.[544]

B. Verträge im Rahmen der Kinderwunschbehandlung

Die Kinderwunschbehandlung umfasst mit der Keimzellgewinnung, der ärztlich assistierten Befruchtung, der Kryokonservierung und dem Embryotransfer unterschiedliche Behandlungsabschnitte. Hierbei stehen drei Vertragstypen im Vordergrund: der ärztliche Behandlungsvertrag, der Kryovertrag und der Spendervertrag. Es bestehen zum Teil deutliche Unterschiede hinsichtlich der Vertragspartner, der Rechtsnatur und der Vertragsinhalte.

Um gängige Vertragsklauseln in der täglichen Praxis der Reproduktionsmedizin untersuchen zu können, wurden beim Verfassen dieser Arbeit verschiedene Reproduktionszentren und Kryo-Gesellschaften, Arztpraxen und Kliniken in Deutschland um die Übersendung der von ihnen derzeit verwendeten Verträge gebeten. Die hierbei erhaltenen Kryoverträge und ein Spendervertrag wurden dem Anhang anonymisiert beigefügt.

I. Vertrag über die Kinderwunschbehandlung

Die intendierten Eltern schließen mit dem Reproduktionsmediziner einen Vertrag über die Kinderwunschbehandlung. Hierbei handelt es sich um einen Behandlungsvertrag gem. § 630a Abs. 1 BGB.[545] Da der Behandlungsvertrag keinen Behandlungserfolg, namentlich keine Gesundheitsgarantie, enthält, unterscheidet er sich von einem Werkvertrag gem. § 631 BGB. Er ist vielmehr als dienstvertragsähnlicher Vertrag einzustufen.[546]

---

544 *Müller-Terpitz/Ruf*, in: Spranger, Aktuelle Herausforderungen der Life Sciences (2010), S. 42.

545 MüKoBGB/*Wagner*, 9. Aufl. (2023), § 630a BGB, Rn. 104; Laufs/Katzenmeier/Lipp/*Lipp*, Arztrecht, 8. Aufl. (2021), VIII, Rn. 36. (Muster-)Richtlinie der Bundesärztekammer zur Entnahme und Übertragung von menschlichen Keimzellen im Rahmen der assistierten Reproduktion, DÄBl 2018, S. A 4.

546 Spickhoff/*Spickhoff*, Medizinrecht, 4. Aufl. (2022), § 630a BGB, Rn. 6; Laufs/Katzenmeier/Lipp/*Lipp*, Arztrecht, 8. Aufl. (2021), III, Rn. 26.

1. *Vertragsinhalt*

Gem. § 630a Abs. 1 BGB hat der Behandlungsvertrag die (medizinische) „*Behandlung*“ eines Patienten zum Gegenstand. Hierunter ist jede zwischen den Parteien vereinbarte Tätigkeit zu verstehen. Die Behandlung muss einen Patienten betreffen, der Vertragspartner des Arztes werden kann. Eine medizinische Behandlung erfordert, dass diese zumindest dem äußeren Anschein nach von einem Mediziner vorgenommen wird.[547]

Der konkrete Inhalt der Leistungspflicht des behandelnden Arztes ist neben dem Gesundheitszustand des Patienten auch von dem konkreten Anliegen und den gegebenen medizinischen Möglichkeiten abhängig.[548] Demnach hat ein Vertrag über eine homologe oder heterologe Kinderwunschbehandlung unter anderem eine bestimmte Behandlungsmethode, wie zum Beispiel die Keimzellgewinnung, die ärztlich assistierte Befruchtung (beispielsweise mittels *In-vitro*-Fertilisation oder Intrazytoplasmatischer Spermieninjektion)[549] und/oder die Durchführung des Embryotransfers zum Inhalt.[550] Die eigentliche Behandlung erfolgt (allgemein gefasst) in verschiedenen Stadien. Zu unterscheiden sind hierbei die Diagnose, die eigentliche Therapie und die Nachsorge.[551]

2. *Vertragspartner*

Bei der homologen und der heterologen Kinderwunschbehandlung sind die intendierten Eltern Vertragspartner des Reproduktionsmediziners.

Im homologen Verfahren handelt es sich hierbei um die genetischen Eltern, während im heterologen Verfahren neben der genetischen Mutter auch der Wunschelternteil Patient im Rahmen des Behandlungsvertrages gem. §§ 630a ff. BGB ist.[552] Eine Ausnahme hiervon gilt für den Fall der Solomutterschaft,

---

547 Spickhoff/*Spickhoff*, Medizinrecht, 4. Aufl. (2022), § 630a BGB, Rn. 13, 15 f.

548 MüKoBGB/*Wagner*, 9. Aufl. (2023), § 630a BGB, Rn. 103. Zu den vertragstypischen Pflichten beim Behandlungsvertrag s. Spickhoff/*Spickhoff*, Medizinrecht, 4. Aufl. (2022), § 630a BGB, Rn. 37 ff.

549 Laufs/Katzenmeier/Lipp/*Lipp*, Arztrecht, 8. Aufl. (2021), VIII, Rn. 40.; vgl. Formulierungsvorschläge für einen Vertrag über die Kinderwunschbehandlung in *Schwarz*, RNotZ 2022, 421, 427; vgl. MüKoBGB/*Wagner*, 9. Aufl. (2023), § 630a BGB, Rn. 104.

550 Zu den vertragstypischen Pflichten des Arztes beim Behandlungsvertrag s. Laufs/Katzenmeier/Lipp/*Lipp*, Arztrecht, 8. Aufl. (2021), III, Rn. 34 ff.; MüKoBGB/*Wagner*, 9. Aufl. (2023), § 630a, Rn. 100 ff.

551 MüKoBGB/*Wagner*, 9. Aufl. (2023), § 630a BGB, Rn. 103.

552 Vgl. *Schwarz*, RNotZ 2022, 421, 430.

bei der die genetische Mutter Vertragspartnerin des Reproduktionsmediziners ist.[553]

3. *Erfordernis der Aufklärung und Einwilligung der intendierten Eltern*

Zwar schafft der Behandlungsvertrag gem. § 630a BGB die rechtliche Grundlage einer ärztlichen Tätigkeit, jedoch genügt dies nicht, um die zahlreichen im Einzelnen durchzuführenden ärztlichen Maßnahmen zu legitimieren. Vielmehr erfordert jede ärztliche Maßnahme zudem eine sachliche Rechtfertigung, die sich beispielsweise auf die medizinische Indikation bezieht, sowie eine Einwilligung des Patienten.[554]

Die Vorgaben zur Aufklärung, Einwilligung und dem Widerruf der Einwilligung ergeben sich aus den §§ 630d, 630e BGB. Wie im allgemeinen Arztrecht besteht auch hier das Erfordernis einer informierten Zustimmung (sog. „*informed consent*"). Fehlt es daran, ist die Behandlung rechtswidrig.[555]

Die Wirksamkeit der Einwilligung gem. § 630d Abs. 1 S. 1 BGB setzt voraus, dass über die vorzunehmende Maßnahme nach Maßgabe des § 630e Abs. 1–4 BGB aufgeklärt wurde, § 630d Abs. 2 BGB.[556] Mit der sog. Selbstbestimmungsaufklärung ist die Grundlage einer ärztlichen Information und Aufklärung in § 630e BGB normiert. Es müssen demnach die Personen aufgeklärt werden, deren Einwilligungen die jeweilige Behandlungsmaßnahme erfordert.[557] Die Aufklärung muss alle wesentlichen medizinischen Aspekte vor dem Eingriff umfassen[558] und für die Rechtfertigung des medizinischen Eingriffs vollständig und gewissenhaft erfolgen.[559]

---

553 Zur rechtlichen Zulässigkeit der Solomutterschaft in Deutschland s. *Taupitz*, NJW 2021, 1430, 1430 ff.

554 Laufs/Katzenmeier/Lipp/*Lipp*, Arztrecht, 8. Aufl. (2021), III, Rn. 2.

555 Hierzu ausführlich Laufs/Katzenmeier/Lipp/*Katzenmeier*, Arztrecht, 8. Aufl. (2021), V, Rn. 5 ff.; MüKoStGB/*Hardtung*, 4. Aufl. (2021), § 223, Rn. 94 ff.; MüKoBGB/*Wagner*, 9. Aufl. (2023), § 630d, Rn. 3 ff.

556 *Hülsmann*, JZ 1992, 1106, 1109; *Frister/Börgers*, in: Frister/Olzen, Reproduktionsmedizin, 1. Aufl. (2010), S. 106.

557 Vgl. MüKoBGB/*Wagner*, 9. Aufl. (2023), § 630e, Rn. 4.

558 HK-AKM/*Schumann*, 66. Akt. (November 2016), Fortpflanzungsmedizin, Rn. 39; vgl. MüKoBGB/*Wagner*, 9. Aufl. (2023), § 630e, Rn. 4 ff.

559 *Frister/Börgers*, in: Frister/Olzen, Reproduktionsmedizin, 1. Aufl. (2010), S. 106. Ausführlich zum Inhalt der Aufklärung s. (Muster-)Richtlinie der Bundesärztekammer zur Entnahme und Übertragung von menschlichen Keimzellen im Rahmen der assistierten Reproduktion, DÄBl 2018, S. A 5 ff.

Demnach muss der Patient so weit aufgeklärt werden, dass er das Risiko des ärztlichen Eingriffs selbst abschätzen kann, um eine informierte Entscheidung über die Vornahme der Behandlung treffen zu können. Ansonsten ist die vom Patienten abgegebene Einwilligung als unwirksam anzusehen und der Eingriff gem. § 280 Abs. 1 BGB in vertragsrechtlicher Hinsicht pflichtwidrig.[560]

II. Kryovertrag

Bei der Kryokonservierung von Keimzellen schließt der genetische Vater bzw. die genetische Mutter einen Vertrag mit einer Kryo-Gesellschaft ab,[561] die mit dem Kinderwunschzentrum zusammenarbeitet.[562] Teils übernimmt eine Arztpraxis oder eine Klinik auch neben dem Einfrieren die Lagerung des Kryogutes.[563] Im Falle der Kryokonservierung von 2-PN-Zellen und Embryonen handelt es sich bei den Vertragspartnern der Kryo-Gesellschaft (bzw. der Arztpraxis oder Klinik) um die intendierten Eltern, sofern keine Solomutterschaft angestrebt wird.[564] Die intendierten Eltern werden in den Kryoverträgen – unabhängig vom homologen und heterologen Verfahren – oftmals als „*Eheleute*“[565] oder „*Auftraggeber*“[566] bezeichnet.

1. Rechtsnatur

Die Kryokonservierung erfolgt in drei Phasen: dem Kryonisieren, der Lagerung und dem Auftauen des Kryogutes. Jedoch betreffen Kryoverträge nur die Lagerung des Kryogutes.[567] Da mittels der Lagerung des Kryogutes lediglich

---

560 MüKoBGB/*Wagner*, 9. Aufl. (2023), § 630e, Rn. 6. Zur Entbehrlichkeit der Aufklärung unter den in § 630e Abs. 3 BGB genannten Voraussetzungen s. (Muster-)Richtlinie der Bundesärztekammer zur Entnahme und Übertragung von menschlichen Keimzellen im Rahmen der assistierten Reproduktion, DÄBl 2018, S. A 4.

561 Verträge 1–5, 8.

562 *Möller/Hilland*, in: Frister/Olzen, Reproduktionsmedizin, 1. Aufl. (2010), S. 138; Clausen/Schroeder-Printzen/*Makoski*, Münchener Anwaltshandbuch Medizinrecht, 3. Aufl. (2020), § 19, Rn. 45, 87. Ein Vertrag zur Vitrifizierung und zum Auftauen von 2-PN-Zellen und Embryonen findet sich im Anhang (Vertrag über das Kryonisieren und Auftauen des Kryogutes), während die alleinige Lagerung des Kryogutes in den Verträgen 1–3, 9–11 geregelt ist.

563 Verträge 4–6, § 1, Verträge 7–8.

564 Verträge 6, 7, 9, 11.

565 Vertrag 7.

566 Verträge 6, 9.

567 *Möller/Hilland*, in: Frister/Olzen, Reproduktionsmedizin, 1. Aufl. (2010), S. 136 f.; s. Vertrag über das Kryonisieren und Auftauen des Kryogutes: „*Wir sind darüber*

dessen *Status quo* erhalten wird, sind die persönlichkeitsrechtlich geschützten Interessen der intendierten Eltern hierbei nicht betroffen.

Demgegenüber wird bei den ärztlichen Leistungen des Kryonisierens, des Aufbereitens und des Auftauens von Keimzellen, 2-PN-Zellen und Embryonen sowie bei der Herstellung von Kryoproben ein Behandlungsvertrag mit einem Arzt gem. § 630a BGB geschlossen.[568] Hierbei werden maßgebliche Entscheidungen über den Umgang mit dem Kryogut getroffen, die sich auf dessen Fortbestehen auswirken, da über eine Verwendung im Rahmen einer Kinderwunschbehandlung oder das Verwerfen bzw. Sterbenlassen des Kryogutes zu entscheiden ist. Dies betrifft im homologen Verfahren die Persönlichkeitsrechte der genetischen Eltern, die sich hierbei auf ihr Recht auf reproduktive Selbstbestimmung gem. Art. 2 Abs. 1 GG i.V.m. Art. 1 Abs. 1 GG berufen können. Im heterologen Verfahren wird die genetische Mutter in ihrem Recht auf reproduktive Selbstbestimmung und – sofern es sich um keinen Fall der Solomutterschaft handelt – der Wunschelternteil in seinem Recht auf Familiengründung gem. Art. 6 Abs. 1 GG berührt. Aufgrund dieser persönlichkeitsrechtlichen Bedeutung für die intendierten Eltern gelten für das Kryonisieren und das Auftauen des Kryogutes die Vorgaben des Behandlungsvertrags gem. §§ 630a ff. BGB.

Kryoverträge weisen im Falle von Keimzellen Elemente eines entgeltlichen Verwahrungsvertrages gem. § 688 BGB auf.[569] Während als charakterisierende Leistungspflicht eines Verwahrungsvertrages das Aufbewahren einer beweglichen Sache zu nennen ist,[570] fehlt es bei 2-PN-Zellen und Embryonen demgegenüber an der Sacheigenschaft. In diesen Fällen besteht somit eine Regelungslücke.

Damit die Vorgaben des Verwahrungsvertrages gem. §§ 688 ff. BGB analog auf Verträge über die Kryokonservierung von 2-PN-Zellen und Embryonen angewendet werden können, müsste diese Regelungslücke planwidrig sein und überdies die Interessenlage bei der Kryokonservierung von 2-PN-Zellen und Embryonen mit derjenigen der Verwahrung von beweglichen Sachen

informiert und damit einverstanden, dass o.g. Ärzte [eine Praxis] mit der Lagerung der eingefrorenen Zellen beauftragen. Wir sind damit einverstanden, dass die Rechnungsstellung der Lagerung der eingefrorenen Zellen über die [Praxis] erfolgt. Wir haben hierüber einen Vertrag mit der [Praxis] abgeschlossen."; Verträge 9–11, § 1–3.

568 Vgl. LG München, FamRZ 2018, 1629, 1630; vgl. hierzu auch *Möller/Hilland*, in: Frister/Olzen, Reproduktionsmedizin, 1. Aufl. (2010), S. 136.

569 *Möller/Hilland*, in: Frister/Olzen, Reproduktionsmedizin, 1. Aufl. (2010), S. 137.

570 MüKoBGB/*Henssler*, 9. Aufl. (2023), § 688, Rn. 1.

vergleichbar sein. Der Gesetzgeber hat bei der Normierung der §§ 688 ff. BGB die Kryokonservierung von 2-PN-Zellen und Embryonen nicht bedacht, sodass die Regelungslücke planwidrig ist. Übergibt ein Hinterleger dem Verwahrer eine bewegliche Sache, so übernimmt letzterer die Verpflichtung, die Sache aufzubewahren und sie dem Hinterleger zurückzugeben, wobei die Aufbewahrungspflicht eine Obhutspflicht beinhaltet.[571]

Ein Kryovertrag regelt die Aufbewahrung von 2-PN-Zellen und Embryonen, wobei die intendierten Eltern vertragliche Entscheidungsbefugnisse zugeschrieben bekommen und die Kryo-Gesellschaft (bzw. die Arztpraxis oder Klinik) für den Schutz des Kryogutes Sorge zu tragen hat. Trotz der fehlenden Sacheigenschaft von 2-PN-Zellen und Embryonen ist mithin eine vergleichbare Interessenlage anzunehmen, sodass ein Kryovertrag als verwahrungsähnliches Rechtsverhältnis zu erachten ist. Demnach sind die §§ 688 ff. BGB analog auf Verträge über die Kryokonservierung von 2-PN-Zellen und Embryonen anwendbar.[572]

2. *Vertragsinhalt*

Die Kryo-Gesellschaften (bzw. die Arztpraxen oder Kliniken) gestalten die von ihnen verwendeten Kryoverträge i.S.d. Vertragsfreiheit individuell. Daher unterscheiden sich Kryoverträge hinsichtlich ihrer inhaltlichen Vorgaben teils erheblich voneinander. Oftmals orientierten sich die Verträge jedoch an den Vorgaben eines vom Bundesverband Reproduktionsmedizinischer Zentren Deutschlands e.V. erstellten Mustervertrages,[573] wobei die Vorgaben dieses Mustervertrages nicht bindend sind. Bei der privatautonomen Vertragsgestaltung sind vielmehr zwingende gesetzliche Vorgaben zu berücksichtigen.[574]

Dies betrifft im Falle von Kryoverträgen vor allem § 134 BGB. Verstößt ein Kryovertrag gegen ein gesetzliches Verbot, kann dies gem. § 134 BGB die Nichtigkeit des Vertrages zur Folge haben. Hiermit zeichnet sich das Prinzip ab, dass die Vertragsfreiheit lediglich innerhalb der Grenzen der ihr vorgegebenen Rechtsordnung bestehen kann.[575] Als Verbotsgesetze kommen hierbei Gesetze

---

571 Vgl. MüKoBGB/*Henssler*, 9. Aufl. (2023), § 688, Rn. 7.

572 *Möller/Hilland*, in: Frister/Olzen, Reproduktionsmedizin, 1. Aufl. (2010), S. 136 f.; *Kramp*, Arzthaftung bei fehlerhafter Präimplantationsdiagnostik, 1. Aufl. (2015), S. 128; LG Darmstadt, BeckRS 2019, 20419, Rn. 18.

573 *Krüssel/Leeb*, Der Gynäkologe 2010, 696, 697. Jedoch ist dieser Mustervertrag öffentlich nicht einsehbar.

574 Zu den Grenzen der Vertragsfreiheit s. *Musielak*, JuS 2017, 949, 950 ff.

575 Erman/*Arnold*, BGB, 16./17. Aufl. (2020/23), § 134 BGB, Rn. 1.

im formellen Sinn, Verordnungen und – unter bestimmten Voraussetzungen – auch Satzungen in Betracht.[576] Vorliegend sind entsprechende Verbotsnormen vor allem dem ESchG, dem TPG und auch dem Berufsrecht zu entnehmen.[577] Der objektive Verstoß gegen ein Verbotsgesetz hat allerdings nicht zwangsweise die Nichtigkeit des Rechtsgeschäfts zur Folge. Vielmehr ist durch Auslegung nach Sinn und Zweck der Gesetzesvorschrift zu ermitteln, ob die Rechtsnorm ein gesetzliches Verbot enthält. Liegt ein Verstoß gegen ein solches Verbot vor, ist zu prüfen, ob der Verstoß zur Nichtigkeit führt, da neben dem Geschäft selbst auch äußere Umstände durch das Verbotsgesetz missbilligt werden können.[578]

Von Bedeutung sind überdies die Vorgaben der §§ 305 ff. BGB. Da Kryoverträge normalerweise von den Kryo-Gesellschaften (bzw. der Arztpraxis oder Klinik) gestellt werden, wobei eine Wiederverwendung impliziert wird, enthalten diese in den meisten Fällen Allgemeine Geschäftsbedingungen (AGB) gem. § 305 Abs. 1 S. 1 BGB.[579] Durch Inhaltskontrollen ist zu prüfen, ob eine unangemessene Benachteiligung der Vertragspartner entgegen des Gebotes von Treu und Glauben besteht.[580] Die inhaltliche Angemessenheit von AGB ist primär anhand der §§ 307–309 BGB zu bewerten.[581] So kann eine Unwirksamkeit einer AGB des Kryovertrages gem. § 307 BGB anhand einer inhaltlichen Bestimmung festgestellt werden, sofern eine unangemessene Benachteiligung des Vertragspartners des Verwenders der AGB entgegen den Geboten von Treu und Glauben besteht (S. 1) bzw. die AGB unklare oder unverständliche Bestimmungen enthalten (S. 2). Eine Unwirksamkeit der AGB kann sich zudem gem. §§ 308 f. BGB aus einem Verstoß gegen Klauselverbote mit bzw. ohne Wertungsmöglichkeit ergeben.

---

576 MüKoBGB/*Armbrüster*, 9. Aufl. (2021), § 134, Rn. 41 m.w.N. Ausnahmsweise können sich Verbotsgesetze auch aus dem Grundgesetz selbst ergeben. So haben Grundrechte im Rahmen der mittelbaren Drittwirkung über Generalklausen eine Einstrahlungswirkung in das Zivilrecht, MüKoBGB/*Armbrüster*, 9. Aufl. (2021), § 134, Rn. 47; vgl. Erman/*Westermann*, 16./17 Aufl. (2020/2023), § 134 BGB, Rn. 10.

577 *Möller/Hilland*, in: Frister/Olzen, Reproduktionsmedizin, 1. Aufl. (2010), S. 28 m.w.N. Ausführlich zu berufsrechtlichen Verbotsgesetzen: MüKoBGB/*Armbrüster*, 9. Aufl. (2021), § 134, Rn. 41.

578 MüKoBGB/*Armbrüster*, 9. Aufl. (2021), § 134 BGB, Rn. 177.

579 Zur Legaldefinition des § 305 Abs. 1 S. 1 sowie zum Begriff der AGB, MüKoBGB/*Fornasier*, 9. Aufl. (2022), § 305 BGB, Rn. 1.

580 *Möller/Hilland*, in: Frister/Olzen, Reproduktionsmedizin, 1. Aufl. (2010), S. 128.

581 MüKoBGB/*Fornasier*, 9. Aufl. (2022), § 305 BGB, Rn. 65.

Jedoch bleibt ein Kryovertrag im Übrigen gem. § 306 Abs. 1 Var. 3 BGB wirksam, sofern eine Orientierung des Inhalts des Vertrages nach Abs. 2 an den gesetzlichen Vorschriften möglich ist. Ist das Festhalten hingegen auch unter Berücksichtigung der nach Abs. 2 vorgesehenen Änderung für die Vertragspartner hingegen unzumutbar, ist der gesamte Kryovertrag gem. Abs. 3 unwirksam.

a. Vertragsgegenstand

Gegenstand des Kryo-Vertrages ist die Lagerung der kryokonservierten Keimzellen, 2-PN-Zellen oder Embryonen durch die Kryo-Gesellschaft (bzw. die Arztpraxis oder Klinik).[582]

Teilweise wird in den beigefügten Kryoverträgen als Vertragsgegenstand zudem auch das Einfrieren und das Auftauen des Kryogutes benannt,[583] während dies in anderen Kryoverträgen explizit ausgeschlossen wird.[584] Wie bereits erörtert, ist Letzteres unter Berücksichtigung der persönlichkeitsrechtlichen Interessen der intendierten Eltern überzeugender.[585]

b. Dauer des Vertragsverhältnisses

Das Vertragsverhältnis beginnt oftmals mit der Vertragsunterzeichnung an dem Tag, an dem das kryokonservierte Keimgut von der Kryo-Gesellschaft (bzw. der Arztpraxis oder Klinik) übernommen und eingelagert wurde.[586] Häufig wird eine Laufzeit von einem halben[587] oder einem Jahr bestimmt,[588] die periodisch (teils sogar automatisch)[589] verlängert werden kann.[590]

---

582 Verträge 1–6, § 1; Vertrag 7 Nr. 1; Vertrag 8; Verträge 9–11, § 1.

583 In Vertrag 2, § 1 und in Vertrag 3 § 1 ist die technische Vorbereitung der Kryokonservierung und in den Verträgen 4–6, § 1, Vertrag 7 Nr. 1 sowie in Vertrag 8 das Kryonisieren ebenfalls Gegenstand des Kryovertrages.

584 In den Verträgen 9–11, § 2 werden die Vorbereitung, das Einfrieren und auch das Auftauen explizit von dem Vertragsgegenstand ausgeschlossen. Eine solche Differenzierung wird auch im Vertrag über das Kryonisieren und Auftauen des Kryogutes vorgenommen.

585 Hierzu s. viertes Kapitel, B, II, 1.

586 So z.B. in Vertrag 5, § 4 Nr. 1.

587 Vertrag 8; Verträge 9–11, § 4 Nr. 1.

588 Vertrag 3, § 9 Nr. 1; Verträge 4–6, § 4 Nr. 1; Vertrag 7 Nr. 1.

589 Vertrag 3, § 9 Nr. 1; Vertrag 8; Verträge 9–11, § 4 Nr. 2.

590 Vertrag 3, § 9 Nr. 1; Verträge 4–6, § 4 Nr. 2; Vertrag 7 Nr. 2 („*Die Verlängerung der Aufbewahrungsfrist ist nur in begründeten Ausnahmefällen möglich*“); vgl. Verträge 9–11, § 4 Nr. 2.

Grundsätzlich endet das Vertragsverhältnis, wenn die vertraglich bestimmte Lagerungsdauer abgelaufen ist,[591] das kryokonservierte Keimgut vollständig im Rahmen der Kinderwunschbehandlung verwendet[592] oder verworfen bzw. sterben gelassen wurde[593] oder wenn eine Herausgabe des Kryogutes erfolgt ist.[594] Darüber hinaus enden Kryoverträge meist im Falle des Todes eines intendierten Elternteils[595] oder der rechtskräftigen Scheidung bzw. dauerhaften Trennung der intendierten Eltern.[596] Mitunter wird auch eine Altershöchstgrenze der Auftraggeber bestimmt, mit deren Erreichen der Vertrag endet.[597] Vielfach findet sich überdies die Vorgabe, dass das Vertragsverhältnis endet, wenn die Kryokonservierung durch Änderungen der Gesetzeslage oder der Rechtsprechung unzulässig werden sollte.[598]

Kryoverträge können zudem mittels Kündigung beendet werden. Neben einer ordentlichen Kündigung durch beide Vertragsparteien ist oftmals eine Berechtigung der Kryo-Gesellschaft (bzw. der Arztpraxis oder Klinik) zur außerordentlichen Kündigung für Fälle bestimmt, in denen die intendierten Eltern mit der Zahlung der Vergütung in Verzug sind[599] oder ihren Mitwirkungspflichten nicht nachkommen. Zu diesen Mitwirkungspflichten zählen beispielsweise Informationspflichten über Änderungen der Anschrift oder des Aufenthaltsortes, über eine Scheidung oder dauerhafte Trennung der intendierten Eltern sowie über den Tod eines intendierten Elternteils.[600] Als Mitwirkungspflicht kann jedoch auch die Information über eine Willensänderung eines intendierten Elternteils über die Fortsetzung der Kinderwunschbehandlung bestimmt werden.[601] Der Kryo-Gesellschaft

591 Explizit bestimmt in den Verträgen 4–6, § 4 Nr. 1.

592 Vertrag 2, § 9 Nr. 1; Vertrag 6, § 4 Nr. 1.

593 Vertrag 3, § 9 Nr. 2; Verträge 4–6, § 4 Nr. 1.

594 Vertrag 1, § 3 Nr. 1; vgl. Vertrag 2, § 3 Nr. 2; Vertrag 3, § 9 Nr. 2; Vertrag 4, § 4 Nr. 1; Vertrag 5, § 4 Nr. 1; Vertrag 6, § 4.

595 Verträge 2–3, § 9 Nr. 2; vgl. Vertrag 8; Vertrag 9, § 4 Nr. 4c; Verträge 10–11, § 4 Nr. 4b.

596 Vertrag 6, § 4 Nr. 3b; Vertrag § 7 Nr. 3; Vertrag 9, § 4 Nr. 4b.

597 Vertrag 1, § 3, Nr. 2.

598 Vertrag 1, § 3 Nr. 4; Verträge 2–3, § 9 Nr. 3; Verträge 4–6, § 4 Nr. 4.

599 Vertrag 1, § 9 Nr. 1; Vertrag 2, § 10 Nr. 1; Vertrag 3, § 9 Nr. 2, § 10; Verträge 4–6, § 10 Nr. 1; Vertrag 7 Nr. 6; Vertrag 8; Verträge 9–11, § 9 Nr. 1.

600 Vertrag 1, §§ 6, 9 Nr. 2; Vertrag 2, §§ 6, 10 Nr. 2; Vertrag 3, §§ 7, 9 Nr. 2; Verträge 4–6, §§ 7, 10 Nr. 2; Verträge 9–11, §§ 6, 9 Nr. 2.

601 Verträge 1–2, § 6 Nr. 3.

kann ferner ein Sonderkündigungsrecht im Falle einer Geschäftsaufgabe zukommen.[602]

Bei der Lagerung von Keimzellen wird darüber hinaus vielfach auch ein Recht zur außerordentlichen Kündigung durch beide Vertragsparteien ohne Angabe von Gründen bestimmt.[603]

c. *Vergütung*

Bei der Zahlung der Vergütung für die Lagerung des Kryogutes handelt es sich um eine vertragliche Leistungspflicht der intendierten Eltern.[604] Vielfach enthalten Kryoverträge die Bestimmung, dass die intendierten Eltern für die Ansprüche der Kryo-Gesellschaft (bzw. der Arztpraxis oder Klinik) als Gesamtschuldner haften.[605] Im Falle der Weitergabe des Kryogutes haben diese ferner etwaige zusätzliche Kosten zu tragen, sofern dies auf ihren Wunsch hin erfolgt.[606]

Die genaue Höhe der Vergütung ist – abhängig von der jeweiligen Kryo-Gesellschaft (bzw. der Arztpraxis oder Klinik) – unterschiedlich. So betragen die Kosten für die Lagerung kryokonservierter Keimzellen über einen Zeitraum von einem Jahr ca. 209,00 € bis 300,00 €.[607] Im Falle von 2-PN-Zellen wird eine Vergütung von ca. 209,00 € für eine einjährige Lagerung vorausgesetzt.[608] Zwar sind den beigefügten Kryoverträgen keine Angaben hinsichtlich der Vergütung für die Lagerung von Embryonen zu entnehmen,[609] jedoch ist anzunehmen, dass die Höhe der Vergütung grundsätzlich vergleichbar mit den zuvor genannten Beträgen ist.

---

602 Vertrag 3, § 9, Nr. 4; Vertrag 5, § 4 Nr. 4.

603 Vertrag 1, § 9 Nr. 3; Vertrag 8; Verträge 4–6, § 10 Nr. 1, 2; Vertrag 8; Verträge 9–11, § 9 Nr. 1, 2.

604 Verträge 1–2, § 5 Nr. 1; Vertrag 3, § 4 Nr. 1; Verträge 4–6, § 5 Nr. 1; Vertrag 7, Nr. 5; Vertrag 8; Verträge 9–11, § 5 Nr. 1; *Möller/Hilland*, in: Frister/Olzen, Reproduktionsmedizin, 1. Aufl. (2010), S. 139.

605 Verträge 1–2, § 5 Nr. 3; Vertrag 6, § 5 Nr. 4; Verträge 9–11, § 5 Nr. 1, 4.

606 Vertrag 1–2 § 5 Nr. 2; Vertrag 3, § 4 Nr. 2; Verträge 4–6, § 5 Nr. 3; Verträge 9–11, § 5 Nr. 3.

607 Vgl. Vertrag 5 a.E.: 208,60 €; Vertrag 4 a.E.: 210,00 €; Vertrag 3, § 4 Nr. 1: 299,00 €vgl. Verträge 1, 2, § 5 Nr. 1: 300,00 €.

608 Vgl. Vertrag 7, Nr. 5.

609 Die Kryo-Gesellschaft bestand darauf, dass die Kostenangaben in dem beigefügten Kryovertrag (Vertrag 9, § 5) nicht veröffentlicht werden.

d. Herausgabe des Kryogutes

Das Kryogut wird von der Kryo-Gesellschaft aufbewahrt,[610] sofern die Klinik oder Praxis die Lagerung nicht selbst vornimmt.[611] Der vertragliche Herausgabeanspruch berechtigt die Auftraggeber dazu, eine Weitergabe des Kryogutes an eine andere Kryo-Gesellschaft oder einen Reproduktionsmediziner verlangen zu können.[612] Für den Transport des Kryogutes wird ein separater Vertrag mit dem Dritten geschlossen. Mit der Besitzübertragung erfolgt ein Gefahrübergang an dem Kryogut.[613] Wurden die Kosten für die Weitergabe des Kryogutes indes im Voraus nicht bezahlt, kann die Kryo-Gesellschaft ein Zurückbehaltungsrecht gem. §§ 273, 274 BGB geltend machen.[614]

Problematisch ist indes, dass einige Kryoverträge einen Herausgabeanspruch der intendierten Eltern beinhalten, wonach die Keimzellen[615] bzw. die 2-PN-Zellen und Embryonen[616] unmittelbar an diese zu übergeben sind.

Dies ist auf die in den Kryoverträgen benannten Eigentumspositionen der intendierten Eltern zurückzuführen, aufgrund derer den intendierten Eltern Verfügungsrechte zugeschrieben werden. So wird in den beigefügten Kryoverträgen zunächst richtigerweise angegeben, dass der genetische Vater bzw. die genetische Mutter das Eigentum an den kryokonservierten Keimzellen

---

610 Vertrag 1, § 2 Nr. 1; Vertrag 2, § 3 Nr. 1; Vertrag 3, § 1; Verträge 9–11, § 3.

611 Verträge 4–6, §§ 1, 3 Nr. 1; Vertrag 7, Vertrag 8.

612 Vertrag 1, § 10 Nr. 2; Vertrag 2, § 11 Nr. 4; Vertrag 3, § 5 Nr. 1, 3; Verträge 4–5, § 12 Nr. 3; Vertrag 6, § 11 Nr. 3; Verträge 9–11, § 11 Nr. 3.

613 Vgl. Verträge 1–2, § 8 Nr. 3; Vertrag 3, § 5 Nr. 5; Vertrag 4, § 3 Nr. 3, § 12 Nr. 3c; Vertrag 5, § 12 Nr. 3c; Vertrag 6, § 11 Nr. 3; Vertrag 9–11, § 11 Nr. 3c.

614 *Möller/Hilland*, in: Frister/Olzen, Reproduktionsmedizin, 1. Aufl. (2010), S. 143.

615 Vertrag 1, § 10 Nr. 2: Eine Herausgabe der Keimzellen an einen Dritten ist möglich. Vertrag 2, § 11 Nr. 1, 2: Die Keimzellen können an den genetischen Elternteil oder einen Dritten herausgegeben werden. Vertrag 3, § 5 Nr. 3: Eine Herausgabe der Keimzellen kann nur an eine medizinische Einrichtung erfolgen, die über eine Zulassung nach §§ 20b, c AMG verfügt. Verträge 4–5, § 12 Nr. 3b: Eine Herausgabe kann nur an einen Dritten erfolgen, der die Anforderungen des § 20c AMG erfüllt und schriftlich vom Auftraggeber bevollmächtigt wurde. Verträge 9–11, § 11 Nr. 3b: Eine Herausgabe des Kryogutes kann nur an einen Dritten erfolgen, der nach § 20c AMG zur Lagerung berechtigt ist.

616 Vertrag 6, § 11 Nr. 3: Möglichkeit der Herausgabe der 2-PN-Zellen an die Auftraggeber selbst oder einen Dritten zur Durchführung der Behandlung oder der Fortsetzung der Kryokonservierung. Vertrag 9, § 11 Nr. 3b: Möglichkeit der Herausgabe der 2-PN-Zellen und Embryonen an einen Dritten, der die Anforderungen des § 20c AMG erfüllt.

innehat.[617] Demgegenüber wird in den Kryoverträgen teils angenommen, dass 2-PN-Zellen und Embryonen im Miteigentum der intendierten Eltern stehen.[618] Dem ist – unter Berücksichtigung des in dieser Arbeit vertretenen verfassungsrechtlichen Schutzes von 2-PN-Zellen und Embryonen – zu widersprechen. Da 2-PN-Zellen und Embryonen verfassungsrechtlich durch den objektivrechtlichen Schutzgehalt der Menschenwürde gem. Art. 1 Abs. 1 GG und eine Ausstrahlungswirkung des Rechts auf Leben gem. Art. 2 Abs. 2 S. 1 GG geschützt werden, handelt es sich bei diesen weder um Rechtsobjekte noch um Rechtssubjekte. Daher kann an 2-PN-Zellen und Embryonen kein Eigentum bestehen.[619]

Eine unmittelbare Herausgabe des Kryogutes an die intendierten Eltern ist aufgrund der bestehen gesetzlichen Vorgaben nicht möglich. So können Keimzellen lediglich an einen anderen Arzt herausgegeben werden. Eine direkte Herausgabe von Keimzellen an den genetischen Vater bzw. die genetische Mutter aufgrund eines im Kryovertrag bestimmten Herausgabeanspruchs verstößt indes gegen § 8d Abs. 2 TPG und ist daher gem. § 275 Abs. 1 BGB rechtlich unmöglich.[620]

Einer unmittelbaren Herausgabe kryokonservierter 2-PN-Zellen an die intendierten Eltern steht § 1 Abs. 1 Nr. 2 ESchG entgegen.[621] Hierbei handelt es sich um ein gesetzliches Verbot. Aufgrund des verfassungsrechtlichen Schutzes von 2-PN-Zellen ist eine vertragliche Klausel, die eine unmittelbare Herausgabe kryokonservierter 2-PN-Zellen an die intendierten Eltern zum Inhalt hat, mithin gem. § 134 BGB nichtig. Demnach ist eine unmittelbare Herausgabe kryokonservierter 2-PN-Zellen an die intendierten Eltern gem. § 275 Abs. 1 BGB rechtlich unmöglich.

Zwar ist die unmittelbare Herausgabe kryokonservierter Embryonen an die intendierten Eltern durch keine spezielle Norm verboten, jedoch ergibt sich ein Verbot letztlich daraus, dass die Grundrechte der intendierten Eltern und der

---

617 Vertrag 2, § 11, Nr. 1; Verträge 4–5, § 12 Nr. 1; Vertrag 6, § 11 Nr. 1; Verträge 9–11, § 11 Nr. 1. Vertrag 9 bezieht sich sowohl auf die Lagerung unbefruchteter Eizellen als auch auf die Lagerung von 2-PN-Zellen und Embryonen und spricht in § 11 Nr. 1 insofern von einem „*gemeinschaftliche*[n] *Eigentum der Auftraggeber*“. Zum Eigentum an Keimzellen s. viertes Kapitel, A, I, 1, b, ee.

618 Gemeinschaftliches Eigentum an den kryokonservierten 2-PN-Zellen: Vertrag 6, § 11 Nr. 1; Vertrag 7 Nr. 3; Vertrag 9, § 11 Nr. 1. Gemeinschaftliches Eigentum an den kryokonservierten Embryonen: Vertrag 9, § 11 Nr. 1.

619 Hierzu s. viertes Kapitel, A, I, 2, c, 3, c.

620 Ausführlich hierzu s. viertes Kapitel, E, IV, 2, a.

621 Ausführlich hierzu s. viertes Kapitel, E, IV, 2, b.

Embryonen durch die Generalklausel des § 134 BGB in das bürgerliche Recht einwirken. Im Falle einer unmittelbaren Herausgabe an die intendierten Eltern überwiegt hierbei der verfassungsrechtliche Schutz von Embryonen vor willkürlichen und objektivierenden Behandlungen aus dem objektiv-rechtlichen Schutzgehalt der Menschenwürde gem. Art. 1 Abs. 1 GG und einer Ausstrahlungswirkung des Rechts auf Leben gem. Art. 2 Abs. 2 S. 1 GG. Der Schutz von Embryonen vor willkürlichen und objektivierenden Behandlungen muss stets gewährleistet werden. Hierfür bedarf es einer Lagerung der Embryonen in einer reproduktionsmedizinischen Einrichtung. Daher ist auch eine unmittelbare Herausgabe kryokonservierter Embryonen an die intendierten Eltern gem. § 134 BGB verboten. Auch wenn eine Klausel des Kryovertrags die unmittelbare Herausgabe kryokonservierter Embryonen an die intendierten Eltern im Kryovertrag bestimmt, ist dies dem Reproduktionsmediziner somit gem. § 275 Abs. 1 BGB rechtlich unmöglich.[622]

In den Kryoverträgen sollte darüber aufgeklärt werden, dass eine unmittelbare Herausgabe an die intendierten Eltern den gesetzlichen Vorgaben zuwider ist. Die intendierten Eltern können lediglich verlangen, dass das Kryogut an eine andere Kryo-Gesellschaft (bzw. Arztpraxis oder Klinik) übergeben wird.

e. *Verwerfen bzw. Sterbenlassen des Kryogutes*

Kryoverträge weisen meist genaue Bestimmungen über das Verwerfen kryokonservierter Keimzellen und 2-PN-Zellen sowie das Sterbenlassen kryokonservierter Embryonen auf. Endet das Vertragsverhältnis beispielsweise durch Zeitablauf, Kündigung oder den Tod eines intendierten Elternteils, wird das Keimgut unverzüglich verworfen bzw. sterben gelassen.[623] Klauseln dieser Art sind grundsätzlich zulässig, sofern beide intendierten Eltern mit dem Verwerfen des Kryogutes einverstanden sind.[624] Genauere Bestimmungen zum Umgang mit Fällen des gespaltenen Elternwillens sind in den beigefügten Kryoverträgen allerdings nicht enthalten.

Die intendierten Eltern können die Kryo-Gesellschaft (bzw. die Arztpraxis oder Klinik) bis zu einem bestimmten Zeitpunkt vor Vertragsende

---

622 Ausführlich hierzu s. viertes Kapitel, E, IV, 2, b.

623 Vertrag 1, § 10 Nr. 1; Vertrag 2, § 11 Nr. 3, 5; Vertrag 3, § 10; Verträge 4–5, § 12 Nr. 2, 4; Vertrag 6, § 11 Nr. 2, 4; Vertrag 7 Nr. 3; vgl. Vertrag 8; Verträge 9–11, § 11, Nr. 2, 4.

624 Hierzu s. viertes Kapitel, E, II, 1. Zum eigenmächtigen Verwerfen des Reproduktionsmediziners und einer Begrenzung seiner Lagerungspflicht s. viertes Kapitel, E, II, 2, 3.

anweisen, das Kryogut an einen Reproduktionsmediziner oder eine andere Kryo-Gesellschaft zu übergeben.[625] Des Weiteren wird die Kryo-Gesellschaft (bzw. die Arztpraxis oder Klinik) häufig zum Verwerfen bzw. Sterbenlassen des Kryogutes ermächtigt, wenn die intendierten Eltern mit den Zahlungen der Vergütung in Verzug sind und der Vertrag nach mehreren Mahnungen kündigungsbedingt endet.[626] Dies ist rechtlich zulässig. So besteht die Verpflichtung des Reproduktionsmediziners zum Schutz und zur Überwachung des Kryogutes nur, solange die Vergütung gezahlt wird.[627]

f. Haftung der Kryo-Gesellschaft

In Kryoverträgen ist bestimmt, dass die Kryo-Gesellschaft (bzw. die Arztpraxis oder Klinik) lediglich für eine ordnungsgemäße Lagerung des Kryogutes verantwortlich ist, die sich anhand der gesetzlichen Vorgaben bzw. der wissenschaftlichen und medizinischen Standards orientiert.[628] Es wird darüber aufgeklärt, dass die Kryokonservierung den Verlust der Vitalität des Kryogutes aus biologischen Gründen zur Folge haben kann, die von der Kryo-Gesellschaft (bzw. der Arztpraxis oder Klinik) nicht zu vertreten sind.[629]

Kryoverträge enthalten grundsätzlich Haftungsbegrenzungen und -ausschlüsse der Kryo-Gesellschaft (bzw. der Arztpraxis oder Klinik). So werden teils Haftungsausschlüsse für nicht zu vertretende Schäden[630] oder nicht vorhersehbare technische Probleme bestimmt,[631] wobei teils eine Limitierung des Schadensersatzes im Falle höherer Gewalt auf die bis dahin angefallenen Lagerungskosten erfolgt.[632] Darüber hinaus wird vielfach eine Haftung für die Qualität des Kryogutes hinsichtlich einer Eignung zur Herbeiführung einer

---

625 Vertrag 2, § 11 Nr. 3; vgl. Vertrag 3, § 10; Verträge 4–5, § 12 Nr. 2; Vertrag 6, § 11 Nr. 2; Verträge 9–11, § 11 Nr. 2.

626 Vertrag 1, § 9 Nr. 1, § 10 Nr. 2; Vertrag 2, § 10 Nr. 1, § 11 Nr. 3; Vertrag 3, § 10; Vertrag 7, Nr. 6; Vertrag 8. In den Verträgen 4–6, § 10 Nr. 1 und den Verträgen 9–11, § 9 Nr. 1 ist demgegenüber lediglich bestimmt, dass die Kryo-Gesellschaft zur außerordentlichen Kündigung mit einer Auslauffrist von einem Monat berechtigt ist, wenn der Auftraggeber mit der Zahlung der Vergütung in Verzug ist.

627 Ausführlich hierzu s. viertes Kapitel, E, II, 3.

628 Verträge 1–3, § 8 Nr. 1; Verträge 4–6, § 6 Nr. 1; Vertrag 7 Nr. 7.

629 Verträge 4–6, § 9 Nr. 2; Verträge 9–11, § 8 Nr. 2.

630 Vertrag 1–3, § 8 Nr. 2; Vertrag 7 Nr. 8.

631 Vertrag 7 Nr. 8.

632 Verträge 1–3, § 8 Nr. 2. In Nr. 4 findet sich zudem eine Haftungsbegrenzung für Schäden im Sinne dieser Verträge auf einen maximalen Betrag von 1.500 EUR.

Schwangerschaft nach dem Auftauen und dem Transfer ausgeschlossen.[633] Zudem betreffen Haftungsausschlüsse teils weitergehende Ansprüche auf Schadensersatz.[634]

Für den Fall der Beschädigung oder des Verlusts des Kryogutes wird überwiegend vertraglich festgelegt, dass die Kryo-Gesellschaft (bzw. die Arztpraxis oder Klinik) nur für ein vorsätzliches oder grob fahrlässiges Verhalten der Mitarbeiter haftet, während eine Haftung für leichte Fahrlässigkeit ausgeschlossen wird.[635]

Es stellt sich allerdings die Frage, ob in den AGB eines Kryovertrages ein Haftungsausschluss auch für den Fall bestimmt werden kann, dass die Keimzellen, 2-PN-Zellen oder Embryonen fahrlässig oder vorsätzlich verletzt oder verworfen bzw. sterben gelassen werden. So ist ein Haftungsausschluss bzw. eine Haftungsbegrenzung für fahrlässige oder vorsätzliche Verletzungen von Leben, Körper und Gesundheit gem. § 309 Nr. 7a BGB verboten. Werden Keimzellen im Sinne des BGH als Teil des Körpers erachtet, wäre eine vertragliche oder deliktische Haftungsbegrenzung der Kryo-Gesellschaft im Falle des unerlaubten Verwerfens bzw. Sterbenlassens nicht möglich.[636] Dieser rechtlichen Einordnung von Keimzellen ist jedoch nicht zuzustimmen. Entgegen der Ansicht des BGH ist diesbezüglich vielmehr auf eine Persönlichkeitsrechtsverletzung abzustellen. Eine solche Verletzung wird von § 309 Nr. 7a BGB allerdings nicht erfasst. Daher ist eine vertragliche oder deliktische Haftungsbegrenzung der Kryo-Gesellschaft im Falle von Keimzellen möglich.

Zwar ist auch das Verwerfen von 2-PN-Zellen und das Sterbenlassen von Embryonen als Persönlichkeitsverletzung der intendierten Eltern zu erachten, jedoch besteht dahingehend ein Unterschied zu Keimzellen, dass 2-PN-Zellen und Embryonen der Ausstrahlungswirkung des Rechts auf Leben gem. Art. 2 Abs. 2 S. 1 GG unterfallen. Dadurch werden sie insbesondere davor geschützt, gegen den Willen der intendierten Eltern verworfen bzw. sterben gelassen zu werden. Somit verbietet § 309 Nr. 7a Var. 1 BGB die Bestimmung eines Haftungsausschlusses für das Verwerfen von 2-PN-Zellen und das Sterbenlassen von Embryonen in den AGB des Kryovertrages.

---

633 Verträge 1–3, § 8 Nr. 1; Verträge 4–6, § 9 Nr. 2; Vertrag 7, Nr. 7; Verträge 9–11, § 8 Nr. 2.

634 Verträge 1–3, § 8 Nr. 2.

635 Vertrag 1–3, § 8 Nr. 2; Verträge 4–6, § 9 Nr. 1; Verträge 9–11, § 8 Nr. 1.

636 *Möller/Hilland*, in: Frister/Olzen, Reproduktionsmedizin, 1. Aufl. (2010), S. 144 f.

g. Verjährung der Ansprüche der Vertragspartner

Kryoverträge enthalten überdies auch Angaben zur Verjährung der Ansprüche der Vertragspartner. Jedoch wird die Verjährungsfrist teilweise in unzulässiger Weise verkürzt. Dies betrifft Fälle, in denen bestimmt wird, dass die Ansprüche aus dem Vertragsverhältnis bereits nach einem[637] oder zwei[638] Jahren verjähren, wobei die Verjährungsfrist mit dem Schluss des Jahres beginnt, in dem der Anspruch entstanden ist.[639] Deliktische Ansprüche sind hiervon oftmals ausgenommen.[640]

Die regelmäßige Verjährungsfrist beträgt gem. §§ 194, 195 BGB indes drei Jahre. Derartige AGB-Klauseln begrenzen somit die Durchsetzbarkeit von Schadensersatzansprüchen durch das Verkürzen der gesetzlichen Verjährungsfristen. Klauseln dieser Art verstoßen mithin gegen die Klauselverbote des § 309 Nr. 7a, b BGB, sodass sie unwirksam sind.[641]

III. Spendervertrag

Bei dem Vertrag zwischen einem Samenspender und dem Arzt bzw. der Samenbank als Entnahmeeinrichtung handelt es sich um einen sog. Spendervertrag. Die gespendeten Spermien sollen in einer heterologen Kinderwunschbehandlung von einem dem Spender unbekannten Empfängerpaar bzw. einer ihm unbekannten Empfängerin verwendet werden.

1. Rechtsnatur

Der Spendervertrag ist im Vergleich zu einem normalen Behandlungsvertrag fremdnütziger Natur.[642] Es handelt sich hierbei um einen Vertrag mit Schutzwirkung für das Kind.[643] So möchte der Samenspender nach Abgabe der Spende

---

637 Verträge 4–5, § 14 Nr. 1; Vertrag 6, § 13 Nr. 1; Verträge 9–11, § 13 Nr. 1.

638 Vertrag 1, § 12 Nr. 1; Vertrag 2, § 13 Nr. 1; Vertrag 3, § 12 Nr. 1.

639 Vertrag 1, § 12 Nr. 2; Vertrag 2, § 13 Nr. 2; Vertrag 3, § 12 Nr. 2; Verträge 4–5, § 14 Nr. 2; Vertrag 6, § 13 Nr. 2; Verträge 9–11, § 13 Nr. 2.

640 Vertrag 1, § 12 Nr. 1; Vertrag 2, § 13 Nr. 1; Vertrag 3, § 12 Nr. 1; Verträge 4–5, § 14 Nr. 1; Vertrag 6, § 13 Nr. 1; Verträge 9–11, § 13 Nr. 1.

641 BGHZ 170, 31, 37 f. = BGH, NJW 2007, 674, 675; *Möller/Hilland*, in: Frister/Olzen, Reproduktionsmedizin, 1. Aufl. (2010), S. 144 f.

642 Spickhoff/*Spickhoff*, Medizinrecht, 4. Aufl. (2022), § 630a BGB, Rn. 19; Laufs/Katzenmeier/Lipp/*Lipp*, Arztrecht, 8. Aufl. (2021), VIII, Rn. 40.

643 Laufs/Kern/Rehborn/*Kern/Rehborn*, Handbuch des Arztrechts, 5. Aufl. (2019), § 42, Rn. 64.

grundsätzlich nicht mehr auf die gespendeten Keimzellen zugreifen, sondern den Kinderwunsch eines unbekannten Empfängerpaares bzw. einer unbekannten Empfängerin gegen Zahlung einer Aufwandsentschädigung erfüllen. In diesem Fall ist die spätere Lagerung der Samenzellen somit auch nicht als normaler Kryovertrag zu erachten, auf den die Vorgaben der §§ 688 ff. BGB anzuwenden sind.

Als Rechtsnatur des Spendervertrages könnte ein Kaufvertrag gem. § 433 BGB in Betracht kommen. Jedoch wird für die Keimzellspende kein Kaufpreis als synallagmatische Gegenleistung gezahlt. Der Spender erhält lediglich eine Aufwandsentschädigung. Es fehlt somit an einer Kaufpreiszahlung gem. § 433 Abs. 2 BGB, weshalb der Spendervertrag nicht als Kaufvertrag erachtet werden kann.[644] Vielmehr kommt eine Vergleichbarkeit mit dem Vertrag über eine Blutspende oder dem Probandenvertrag in Betracht, welche jedoch keinem bestimmten Vertragstypen des BGB entsprechen.[645]

Bei dem Spendervertrag handelt es sich demnach um einen Vertrag *sui generis*: Der Spender übergibt die Spermien an den Arzt und verschafft diesem bzw. der Entnahmeeinrichtung mit der Übergabe der Samenspende das Eigentum daran. Der Arzt zahlt im Gegenzug eine Aufwandsentschädigung.[646] Mit der Abgabe der Samenspende verzichtet der Samenspender diesbezüglich zudem auf sein Recht auf reproduktive Selbstbestimmung gem. Art. 2 Abs. 1 GG i.V.m. Art. 1 Abs. 1 GG und die spätere Wahrnehmung seines Elternrechts gem. Art. 6 Abs. 2 GG.

2. *Vertragsinhalt*

a. *Vertragsgegenstand*

Der Spendervertrag hat die Gewinnung der Spermien zum Gegenstand, damit diese im Rahmen einer heterologen Kinderwunschbehandlung ungewollt kinderloser Paare und Frauen verwendet werden können.

Die vertraglichen Bestimmungen betreffen neben der Spermiengewinnung auch deren Be- und Verarbeitung, Konservierung, Lagerung und

---

644 *Rütz*, Heterologe Insemination – Die rechtliche Stellung des Samenspenders (2008), S. 18 ff., 22.

645 Laufs/Katzenmeier/Lipp/*Lipp*, Arztrecht, 8. Aufl. (2021), VIII, Rn. 40, VI, Rn. 62 ff.

646 *Rütz*, Heterologe Insemination – Die rechtliche Stellung des Samenspenders (2008), S. 22, 30. Zur Übertragung des Eigentums an der Samenspende durch den Samenspender an den Reproduktionsmediziner bzw. die Entnahmeeinrichtung gem. § 929 S. 1 BGB s. viertes Kapitel, C, II, 1, D, III, 5.

Inverkehrbringen. Diese Handlungen orientieren sich an den Vorgaben der §§ 20b, c AMG. Nähere Bestimmungen zur Kryokonservierung, beispielsweise bzgl. des Lagerungsortes oder der Lagerungsdauer, werden in dem Spendervertrag grundsätzlich nicht festgelegt.[647]

b. Gesundheits-Checks, organisatorischer Ablauf der Spende und Qualitätserfordernis

Bereits vor der Aufnahme des Samenspenders in das Spenderprogramm und bis zu einem halben Jahr nach Abgabe der letzten Spende werden mit Einverständnis des Samenspenders bei diesem verschiedene Untersuchungen, unter anderem auf bestimmte Infektionsparameter und Chromosomenaberrationen (zum Beispiel auf HIV-1 und -2, Hepatitis B und C), durchgeführt. Diese „*Gesundheits-Checks*" werden zu Beginn des Spendervertrages ausführlich dargestellt.[648]

Weitere vertragliche Ausführungen betreffen den organisatorischen Ablauf der Samenspende und Mindestanforderungen der Spermien, um deren Tauglichkeit im Rahmen einer Kinderwunschbehandlung gewährleisten zu können.[649]

c. Aufklärung des Samenspenders

Der Spendervertrag beinhaltet größtenteils eine umfassende Aufklärung des Samenspenders über die rechtlichen Grundlagen des SaRegG.[650] Bei der Aufklärung über die rechtlichen Folgen der Samenspende handelt es sich um eine vertragliche Nebenpflicht.[651] Diese bezieht sich unter anderem darauf, dass eine rechtliche Vaterschaft des Spenders gem. § 1600d Abs. 4 BGB ausgeschlossen ist. Zudem wird der Samenspender unter anderem über die Möglichkeit einer psychosozialen Beratung vor und nach der Spende, Maßnahmen zum Schutz des Spenders und die ärztliche Schweigepflicht aufgeklärt.[652] Nach ausreichender

---

647 Spendervertrag, Nr. 1. Zur möglichen Sittenwidrigkeit eines Spendervertrages, welche vor allem von Kritikern der Samenspende angenommen wird, s. *Rütz*, Heterologe Insemination – Die rechtliche Stellung des Samenspenders, S. 22 ff. m.w.N.

648 Spendervertrag, Nr. 2.

649 Spendervertrag, Nr. 3.

650 Spendervertrag, Nr. 6.

651 So zur alten Rechtslage: *Rütz*, Heterologe Insemination – Die rechtliche Stellung des Samenspenders (2008), S. 27 ff.

652 Spendervertrag, Nr. 7.

Bedenkzeit hat der Spender schriftlich zu bestätigen, dass er die Aufklärungsinhalte verstanden hat.[653]

d. Einwilligung des Samenspenders

Als Voraussetzung für den aktiven Beginn der Spendertätigkeit willigt der Samenspender schriftlich in die Abgabe einer Samenspende ein. Hierbei besteht eine Auswahlmöglichkeit für die Verwendung der Samenspende durch alleinstehende Frauen im Rahmen einer sog. Solomutterschaft.[654]

Die Einwilligung in die Abgabe der Samenspende verpflichtet den Samenspender vertraglich jedoch nicht zur Vornahme der Spende. Dies beruht auf der besonderen Natur der Samenspende, die ein fremdnütziges Zurverfügungstellen eigener Keimzellen zur heterologen Verwendung durch Dritte zum Gegenstand hat. So kann der Samenspender seine Einwilligung in die Übergabe und Übertragung der Samenspende bis zur Erfüllung dieser Verpflichtung widerrufen.[655] Auch in dem Spendervertrag, der dem Anhang beigefügt ist, wird der Samenspender über sein Widerrufsrecht aufgeklärt („*die schriftliche Einwilligung zum Spenden ist Voraussetzung für den Beginn der aktiven Spendetätigkeit […] die Einwilligung kann schriftlich widerrufen werden.*“).[656] Grund für dieses Widerrufsrecht ist insbesondere, dass der Umgang mit der Samenspende den Samenspender in seinem Recht auf reproduktive Selbstbestimmung gem. Art. 2 Abs. 1 GG i.V.m. Art. 1 Abs. 1 GG betrifft, solange dieser noch Träger dieses Rechts ist.

Dieses Widerrufsrecht besteht allerdings lediglich bis zur Abgabe der Samenspende, mit welcher der Samenspender diesbezüglich auf sein Recht auf reproduktive Selbstbestimmung gem. Art. 2 Abs. 1 GG i.V.m. Art. 1 Abs. 1 GG und die spätere Wahrnehmung seines Elternrechts gem. Art. 6 Abs. 2 GG verzichtet. Nach der Abgabe ist es dem Samenspender demnach nicht mehr möglich, die heterologe Verwendung der Samenspende durch einen Widerruf seiner Einwilligung zu verhindern.

Dies ergibt sich, sofern die Unwiderruflichkeit der Einwilligung ab der Abgabe der Samenspende nicht bereits explizit im Spendervertrag bestimmt wird, aus einer Auslegung des Spendervertrags unter Berücksichtigung der

---

653 Spendervertrag, Nr. 6.

654 Spendervertrag, Nr. 9.

655 *Coester-Waltjen*, Jura 1987, 629, 635; Laufs/Kern/Rehborn/*Kern/Rehborn*, Handbuch des Arztrechts, 5. Aufl. (2019), § 42, Rn. 66 m.w.N.

656 Spendervertrag, Nr. 7.

Interessen der Vertragsparteien. So gibt der Samenspender die Spende primär fremdnützig zur Erfüllung des Kinderwunsches der (ihm unbekannten) intendierten Eltern ab. Dies spricht bereits gegen einen Willen des Samenspenders, die heterologe Verwendung der Spende nach deren Abgabe mittels eines Widerrufs verhindern zu können. Dem Arzt bzw. dem Inhaber der Entnahmeeinrichtung ist überdies ein wirtschaftliches Interesse daran zuzuschreiben, über die abgegebene Samenspende im Rahmen einer heterologen Kinderwunschbehandlung verfügen zu können, ohne dass der Samenspender weitere Rechte daran geltend machen kann.

e. *Pflichten des Samenspenders*

Der Spendervertrag verpflichtet den Samenspender dazu, keine Ansprüche und Forderungen an die Empfängerin der Spende oder deren Ehemann oder Lebenspartner bzw. deren Lebenspartnerin oder an das Kind, welches durch Verwendung der Spendersamen gezeugt wurde, zu stellen. Zudem verzichtet der Spender darauf, Kenntnis von möglichen Behandlungserfolgen, also der Geburt von Kindern durch seine Samenspende, zu erlangen.

Darüber hinaus hat der Spender umfassende medizinische Untersuchungen (beispielsweise HIV-1 und -2, Hepatitis B und C sowie *Chlamydia trachomatis*) durchführen zu lassen. Dies gilt auch für Erkrankungen und keimschädigende Störungen, die während der Spendezeit auftreten.[657] Weitere Mitteilungspflichten bestehen unter anderem bei einem Aufenthalt in nichteuropäischen Ländern, vorhandenen bzw. neu hinzugekommenen Tätowierungen und Piercings, der Kenntnisnahme des Samenspenders von auftretenden Erbkrankheiten in der Familie, dem Auftreten chronischer oder sonstiger Erkrankungen oder möglichen Infektionsrisiken.[658]

f. *Aufwandsentschädigung*

Mit der ersten abgegebenen Samenprobe des Spenders wird lediglich dessen Eignung als Samenspender überprüft. Erst für jede weitere Samenspende, die den Qualitätserfordernissen gerecht wird, zahlt die Entnahmeeinrichtung eine Aufwandsentschädigung.

Die Zahlung dieser Aufwandsentschädigung erfolgt zunächst jedoch lediglich anteilhaft, um zu bewirken, dass der Spender nach mehr als 180 Tagen Quarantänezeit einen erneuten Gesundheits-Check vornehmen lässt. Erst

---

657 Spendervertrag, Nr. 2.
658 Spendervertrag, Nr. 8.

danach ist eine vollständige Zahlung vorgesehen. Werden die Anforderungen des Gesundheits-Checks nicht erfüllt, findet die Probe keine Verwendung, wobei dem Spender möglicherweise noch eine verringerte Aufwandsentschädigung gezahlt wird. Demgegenüber entfällt der Zahlungsanspruch, wenn der Spender den Gesundheits-Check nicht durchführen lässt.[659]

C. Einwilligungserfordernisse im Rahmen der Kinderwunschbehandlung

I. Einwilligungserfordernisse der intendierten Eltern

Bevor die Kinderwunschbehandlung durchgeführt wird, sind bestimmte Einwilligungsvoraussetzungen zu erfüllen. Diese betreffen die konkrete Behandlungsmaßnahme und demnach die Keimzellgewinnung, die ärztlich assistierte Befruchtung einer Eizelle, die Kryokonservierung des Keimgutes oder den Embryotransfer.

Der Kryokonservierung kommt in diesen unterschiedlichen Stadien der Kinderwunschbehandlung eine erhebliche Bedeutung zu, da Keimzellen, 2-PN-Zellen und Embryonen häufig vor oder während der Kinderwunschbehandlung kryokonserviert werden. Die für eine Fortsetzung der Kinderwunschbehandlung erforderliche Einwilligung in den jeweils nächsten Behandlungsschritt bezieht sich dann auf das Kryogut.

Im Folgenden werden zunächst die Einwilligungserfordernisse der intendierten Eltern in die Keimzellgewinnung, Befruchtung, den Embryotransfer und die Kryokonservierung untersucht. Danach werden die Einwilligungserfordernisse des Samenspenders und die Einholung dieser Einwilligungen in der Praxis näher beleuchtet, sodass die Unterschiede zwischen dem homologen und dem heterologen Verfahren deutlich werden.

1. Keimzellgewinnung

a. Einwilligungserfordernis

aa. Gewinnung von Spermien

Die Gewinnung von Spermien erfordert gem. § 630d Abs. 1 S. 1 BGB die Einwilligung des genetischen Vaters.[660] Diese kann gem. § 630d Abs. 3 BGB

659 Spendervertrag, Nr. 5.

660 Laufs/Katzenmeier/Lipp/*Lipp*, Arztrecht, 8. Aufl. (2021), VIII, Rn. 38.

jederzeit formfrei ohne Angabe von Gründen widerrufen werden. Der Widerruf ist somit bis zur Gewinnung der Spermien möglich.

Zudem wird für die Gewinnung menschlicher Samenzellen im Rahmen einer medizinisch assistierten Befruchtung gem. § 8b Abs. 2, 1 S. 1 TPG sowohl die Einwilligungsfähigkeit als auch die Einwilligung des genetischen Vaters vorausgesetzt. Ein Verstoß hiergegen wird gem. § 19 Abs. 1 Nr. 3 TPG mit einer Freiheitsstrafe bis zu fünf Jahren oder mit Geldstrafe bestraft. Die Einwilligung ist nach § 8b Abs. 1 S. 2 TPG i.V.m. § 8 Abs. 2 S. 4 TPG aufzuzeichnen.

Es ist jedoch fraglich, ob § 8b TPG neben der Einwilligungsfähigkeit und der Einwilligung auch den Widerruf der Einwilligung in die Gewinnung von Spermien zur ärztlich assistierten Befruchtung regelt. Während § 8b Abs. 2 TPG eine entsprechende Geltung des Abs. 1 (Aufklärung und Einwilligung) für die Gewinnung von Spermien für eine medizinisch unterstützte Befruchtung beinhaltet, fehlt es an einem Verweis auf Abs. 3 (Widerruf der Einwilligung). Daher ist dem Gesetzestext nicht eindeutig zu entnehmen, ob die Vorschriften zum Widerruf auch für den genetischen Vater Geltung erlangen.[661] Von einer solchen Anwendbarkeit ist jedoch auszugehen.[662] Die Einwilligung kann daher gem. § 8b Abs. 3 TPG i.V.m. § 8 Abs. 2 S. 6 TPG schriftlich, elektronisch oder mündlich widerrufen werden, wenn sich der genetische Vater gegen eine Verwendung der Spermien für eine medizinisch unterstützte Befruchtung entschieden hat.

Jedoch enthält § 8 Abs. 2 S. 6 TPG keine Angabe bzgl. des letztmöglichen Zeitpunktes des Widerrufs der Einwilligung. Unter Berücksichtigung der Trägerschaft des Rechts auf reproduktive Selbstbestimmung durch den genetischen Vater ist anzunehmen, dass dieser seine Einwilligung bis zur Gewinnung der Keimzellen widerrufen kann.

bb. Gewinnung von Eizellen

Die Gewinnung von Eizellen erfordert gem. § 630d Abs. 1 S. 1 BGB die Einwilligung der genetischen Mutter.[663] Gem. § 630d Abs. 3 BGB ist ein formfreier Widerruf der Einwilligung ohne Angabe von Gründen jederzeit, also bis zur Eizellgewinnung, möglich.

Überdies könnte das Einwilligungserfordernis im Falle der Eizellgewinnung auch in § 8c Abs. 1 Nr. 1b TPG bestimmt sein, was zur Folge hätte, dass ein

---

661 HK-AKM/*Schumann*, 66. Akt. (November 2016), Fortpflanzungsmedizin, Rn. 36.
662 Höfling/*Schmidt-Recla*, TPG, 2. Aufl. (2013), § 8b TPG, Rn. 16.
663 Laufs/Katzenmeier/Lipp/*Lipp*, Arztrecht, 8. Aufl. (2021), VIII, Rn. 38.

Verstoß hiergegen gem. § 19 Abs. 1 Nr. 1 TPG bestraft wird. Jedoch erscheint eine Anwendbarkeit des § 8c Abs. 1 TPG diesbezüglich nicht passend, da nach der ärztlich assistierten Befruchtung ein Embryo und nicht die unbefruchtete Eizelle als Gewebe transferiert wird. Es erfolgt demnach keine „*Rückübertragung des* […] *Gewebes*" im Sinne des § 8c Abs. 1 TPG. Anders als von der Bundesärztekammer angenommen, ist das Einwilligungserfordernis der genetischen Mutter in die Eizellentnahme demnach nicht in § 8c Abs. 1 Nr. 1a TPG enthalten.[664]

b. Aufklärungspflichten

aa. Gewinnung von Spermien

Für die Gewinnung von Spermien gelten die Vorgaben der §§ 630d Abs. 2, 630e Abs. 1–4 BGB, wonach eine wirksame Einwilligung des Patienten bzw. des zur Einwilligung Berechtigten eine Aufklärung nach den Vorgaben des § 630e Abs. 1–4 BGB voraussetzt. Es bedarf demnach einer Aufklärung des genetischen Vaters.

bb. Gewinnung von Eizellen

Für die Gewinnung von Eizellen bedarf es einer Aufklärung der genetischen Mutter gem. §§ 630d Abs. 2, 630e Abs. 1–4 BGB. Da es sich bei dem späteren Embryotransfer, wie bereits erörtert, nicht um eine „*Rückübertragung des* […] *Gewebes*" im Sinne des § 8c Abs. 1 TPG handelt, ist § 8c Abs. 1 Nr. 1b TPG auf die Eizellentnahme indes nicht anwendbar.

2. Ärztlich assistierte Befruchtung einer Eizelle

a. Einwilligung

aa. Einwilligungserfordernis aus dem Behandlungsvertrag

Gem. § 630d Abs. 1 S. 1 BGB ist für die ärztlich assistierte Befruchtung einer Eizelle die Einwilligung der genetischen Eltern erforderlich.[665] Dies beruht

---

664 (Muster-)Richtlinie der Bundesärztekammer zur Entnahme und Übertragung von menschlichen Keimzellen im Rahmen der assistierten Reproduktion, DÄBl 2018, S. A 7.

665 Laufs/Katzenmeier/Lipp/*Lipp*, Arztrecht, 8. Aufl. (2021), VIII, Rn. 38. Das LG Dortmund hat entschieden, dass bei einer Herausgabe kryokonservierter Spermien zur Verwendung entgegen den vertraglichen Bestimmungen und gegen den

darauf, dass das Einwilligungserfordernis gem. § 630d Abs. 1 S. 1 BGB nur für Maßnahmen besteht, die sich auf die körperliche Integrität des Patienten oder dessen persönlichkeitsrechtlich geschützte Interessen beziehen.[666]

Es stellt sich unterdessen die Frage, ob im heterologen Verfahren neben der genetischen Mutter auch der Wunschelternteil in die ärztlich assistierte Befruchtung einwilligen muss. Dieser ist zwar ebenfalls Vertragspartner des Behandlungsvertrages,[667] jedoch stammt das verwendete Keimgut nicht von ihm, sondern von der genetischen Mutter und dem Samenspender. Dies könnte dagegensprechen, dass es für die ärztlich assistierte Befruchtung und den Embryotransfer der Einwilligung des Wunschelternteils gem. § 630d Abs. 1 S. 1 BGB bedarf. Dann käme lediglich eine analoge Anwendung dieser Norm in Betracht, wofür eine planwidrige Regelungslücke und eine vergleichbare Interessenlage erforderlich wären.

Überzeugender ist es jedoch, § 630d Abs. 1 S. 1 BGB bezüglich des Wunschelternteils unmittelbar anzuwenden. So weist der Inhalt des Behandlungsvertrages einen konkreten Bezug zum Wunschelternteil auf. Zudem sind die persönlichkeitsrechtlichen Interessen des Wunschelternteils dahingehend berührt, dass dieser bei der Kinderwunschbehandlung das gem. Art. 6 Abs. 1 GG geschützte Interesse der Gründung einer Familie mit seiner Partnerin, der genetischen Mutter, innehat. Er strebt eine rechtliche Zuordnung zum Kind an, sodass er von den Rechtsfolgen der Kinderwunschbehandlung betroffen ist. Der Gesetzgeber wollte Patienten mit der Normierung des § 630d Abs. 1 S. 1 BGB davor schützen, dass sich medizinische Maßnahmen (wie zum Beispiel ein Eingriff in den Körper des Patienten oder dessen Gesundheit) auf sein Leben, den Körper oder seine Gesundheit auswirken, ohne dass dies seinem Willen entspricht. Die Einwilligung sei Ausdruck des Persönlichkeitsrechts des Patienten.[668]

Um dem Persönlichkeitsrecht des Wunschelternteils zu entsprechen, ist im heterologen Verfahren demnach auch dessen Einwilligung in die ärztlich assistierte Befruchtung gem. § 630d Abs. 1 S. 1 BGB erforderlich.

Willen des genetischen Vaters Ansprüche auf Ersatz des Unterhaltsschadens gegen den Arzt geltend gemacht werden können, LG Dortmund, FamRZ 2013, 334.

666 Vgl. Spickhoff/*Spickhoff*, Medizinrecht, 4. Aufl. (2022), § 630d BGB, Rn. 2.

667 Hierzu s. viertes Kapitel, B, I, 2.

668 BT-Drs. 17/10488, S. 23.

bb. Einwilligungserfordernisse aus dem ESchG und dem TPG

Ein Einwilligungserfordernis der genetischen Eltern in die ärztlich assistierte Befruchtung ist zudem in § 4 Abs. 1 Nr. 1 ESchG normiert. Der Einwilligung kommt eine Wirkung als tatbestandsausschließendes Einverständnis zu.[669] In § 4 Abs. 1 Nr. 1 ESchG sind keine bestimmten Formerfordernisse für die Einwilligung festgelegt. Maßgeblich ist vielmehr, dass das Einverständnis tatsächlich vorliegt,[670] wobei die einwilligende Person eine natürliche Einsichts- und Urteilsfähigkeit haben muss.[671] Die Einwilligung hat sich auch auf die Anzahl der Eizellen, die befruchtet werden, zu beziehen.[672]

Es stellt sich ferner die Frage, ob das Einwilligungserfordernis des § 8b Abs. 2, 1 S. 1 TPG auch in Bezug auf die Verwendung der Spermien zur ärztlich assistierten Befruchtung Geltung erlangt. Dann würde ein Verstoß hiergegen nach § 19 Abs. 1 Nr. 3 TPG bestraft werden. Gem. § 8b Abs. 2 TPG ist Abs. 1 auf die „*Gewinnung von menschlichen Samenzellen, die für eine medizinisch unterstützte Befruchtung bestimmt sind*", anwendbar. Demnach bedarf es der Einwilligungsfähigkeit, der Aufklärung nach § 8 Abs. 2 S. 1, 2 TPG und der Einwilligung des genetischen Vaters hierzu. Während der Wortlaut explizit eine Beschränkung auf die Gewinnung der Spermien beinhaltet, spricht für eine Anwendbarkeit dieser Norm auf die ärztlich assistierte Befruchtung, dass der Widerruf der Einwilligung gem. § 8b Abs. 3 TPG i.V.m. § 8 Abs. 2 S. 6 TPG keine zeitliche Begrenzung aufweist. Hieraus lässt sich schließen, dass ein Widerruf der Einwilligung in die Verwendung von Spermien zur ärztlich assistierten Befruchtung bis zum Befruchtungsbeginn, also der Imprägnation einer

---

669 Spickhoff/*Müller-Terpitz*, Medizinrecht, 4. Aufl. (2022), § 4 ESchG, Rn. 2; Günther/Taupitz/Kaiser/*Taupitz*, ESchG, 2. Aufl. (2014), C, § 4 ESchG, Rn. 6.

670 Günther/Taupitz/Kaiser/*Taupitz*, ESchG, 2. Aufl. (2014), C, § 4, Rn. 8; Spickhoff/*Müller-Terpitz*, Medizinrecht, 4. Aufl. (2022), § 4 ESchG, Rn. 2. Zu den Voraussetzungen des Einverständnisses s. *Wessels/Beulke*, Strafrecht Allgemeiner Teil, 52. Aufl. (2022), Rn. 557 ff.

671 Spickhoff/*Müller-Terpitz*, Medizinrecht, 4. Aufl. (2022), § 4 ESchG, Rn. 2.

672 Günther/Taupitz/Kaiser/*Taupitz*, ESchG, 2. Aufl. (2014), C, § 4 ESchG, Rn. 9; *Frister/Börgers*, in: Frister/Olzen, Reproduktionsmedizin, 1. Aufl. (2010), S. 106. Erfolgt eine ärztlich assistierte Befruchtung, ohne dass zuvor ordnungsgemäß aufgeklärt wurde bzw. eine rechtmäßige Einwilligung gegeben ist, können die genetischen Eltern (homologes Verfahren) Schadensersatzansprüche gegen den Reproduktionsmediziner gem. § 823 Abs. 2 S. 1 BGB i.V.m. § 4 Abs. 1 Nr. 1 ESchG geltend machen, *Frister/Börgers*, in: Frister/Olzen, Reproduktionsmedizin, 1. Aufl. (2010), S. 106.

Eizelle, möglich ist. Als *argumentum e contrario* ist daher anzunehmen, dass eine Einwilligung des genetischen Vaters in die ärztlich assistierte Befruchtung nach § 8b Abs. 2, 1 S. 1 TPG i.V.m. § 8 Abs. 2 S. 1, 2 TPG notwendig ist. Die in § 8b Abs. 1 S. 1 TPG genannte Einwilligungsfähigkeit ist eine Voraussetzung einer wirksamen Einwilligung.

Eine Einwilligung des Wunschelternteils ist nach den Vorgaben des ESchG und des TPG hingegen nicht erforderlich.

b. *Aufklärungspflichten*

Damit die Einwilligung in die ärztlich assistierte Befruchtung einer Eizelle wirksam ist, müssen die intendierten Eltern gem. §§ 630d Abs. 2, 630e Abs. 1–4 BGB aufgeklärt werden.

Des Weiteren bedarf es für die Wirksamkeit der Einwilligung der genetischen Eltern in die ärztlich assistierte Befruchtung einer Eizelle gem. § 4 Abs. 1 Nr. 1 ESchG einer umfassenden ärztlichen Aufklärung. Eine unzureichende oder fehlerhafte Aufklärung bewirkt somit, dass die Einwilligung unwirksam ist.[673]

In § 8b Abs. 2, 1 S. 1 TPG i.V.m. § 8 Abs. 2, S. 1, 2 TPG sind Aufklärungserfordernisse enthalten, die sich zwar auf die Gewinnung von menschlichen Samenzellen beziehen, jedoch sollen diese eine Verwendung im Rahmen einer „*medizinisch unterstützte*[n] *Befruchtung*" finden. Demnach bestimmt sich eine Aufklärung des genetischen Vaters in die ärztlich assistierte Befruchtung grundsätzlich auch anhand des § 8b Abs. 2, 1 S. 1 TPG i.V.m. § 8 Abs. 2, S. 1, 2 TPG.

Für das heterologe Verfahren beinhaltet das SaRegG weitere Vorgaben zur Aufklärung der genetischen Mutter. So bestimmt § 4 S. 1 SaRegG Aufklärungspflichten der Einrichtung der medizinischen Versorgung[674] gegenüber der Empfängerin einer Samenspende, bevor eine Verwendung der Spendersamen erfolgen kann. Die Empfängerin ist (wie bereits der Samenspender) über einen Auskunftsanspruch der durch die heterologe Verwendung von Samen gezeugten Person nach § 10 SaRegG, die Bedeutung der Kenntnis von der eigenen Abstammung für die menschliche Entwicklung und über Beratungsmöglichkeiten

---

673 Günther/Taupitz/Kaiser/*Taupitz*, ESchG, 2. Aufl. (2014), C, § 4, Rn. 7; *Hülsmann*, JZ 1992, 1106, 1109; vgl. Spickhoff/*Müller-Terpitz*, Medizinrecht, 4. Aufl. (2022), § 4 ESchG, Rn. 2.

674 In einer Einrichtung zur medizinischen Versorgung erfolgt hingegen die heterologe Verwendung von Samen für eine ärztlich assistierte Befruchtung, § 3 Abs. 1 SaRegG.

über die Folgen einer ärztlich assistierten Befruchtung im heterologen Verfahren zu unterrichten (Nr. 1). Weitere Aufklärungspflichten beziehen sich unter anderem auf die Information über die Erhebung personenbezogener Daten und deren Speicherung (Nr. 2). Darüber hinaus ist die Empfängerin über die Verarbeitung und Übermittlung der Daten an das DIMDI (Nr. 3a), die Speicherung der Daten im Samenspenderregister (Nr. 3b) und über die Verpflichtung des DIMDI zur Auskunftserteilung über den Samenspender aus dem Samenspenderregister auf Antrag einer anspruchsberechtigen Person zu informieren (Nr. 4). Die Aufklärung muss überdies auch den Ausschluss der rechtlichen Vaterschaft gem. § 1600d Abs. 4 BGB beinhalten (Nr. 6).

Gem. § 4 S. 2 SaRegG ist eine schriftliche Bestätigung der Empfängerin über die Aufklärung und ein Verständnis der Aufklärungsinhalte im Sinne des S. 1 erforderlich. Darüber hinaus ist sie gem. S. 3 im Aufklärungsgespräch darüber zu unterrichten, dass sie eine Geburt innerhalb von drei Monaten zu melden hat.[675]

c. Widerruf der Einwilligung

aa. Gesetzliche Vorgaben

Die intendierten Eltern können ihre Einwilligung in die ärztlich assistierte Befruchtung gem. § 630d Abs. 3 BGB *„jederzeit und ohne Angabe von Gründen formlos“* widerrufen. Eine genaue Bestimmung des letztmöglichen Zeitpunktes des Widerspruchs wird im folgenden Abschnitt vorgenommen.

Eine Widerrufsmöglichkeit der Einwilligung der genetischen Eltern ist zudem § 4 Abs. 1 Nr. 1 ESchG zu entnehmen, auch wenn in dem Wortlaut dieser Norm keine Angaben zum Widerruf enthalten sind.[676] Dies ergibt sich vielmehr aus einer verfassungsrechtlichen Auslegung der Norm unter Berücksichtigung des Rechts der genetischen Eltern auf reproduktive Selbstbestimmung.

Der Widerruf der Einwilligung des genetischen Vaters in die ärztlich assistierte Befruchtung ist ferner in § 8b Abs. 3 TPG i.V.m. § 8 Abs. 2 S. 6 TPG normiert und kann schriftlich, elektronisch oder mündlich erklärt werden. Da die Vorgaben des TPG lediglich für Keimzellen gelten, ist das Fortsetzen des Befruchtungsvorganges nach dem Auftauen von 2-PN-Zellen von § 8b Abs. 3 TPG i.V.m. § 8 Abs. 2 S. 6 TPG indes nicht erfasst.

---

675 Hierzu s. *Seebode*, Der Gynäkologe 2018, 633, 635; *Kemper*, FamRB 2017, 438.
676 Spickhoff/*Müller-Terpitz*, Medizinrecht, 4. Aufl. (2022), § 4 ESchG, Rn. 2.

bb. Letztmöglicher Zeitpunkt des Widerrufs

Insbesondere aufgrund der Möglichkeit zur Aufhebung der zeitlichen Koppelung des Befruchtungsvorganges durch die Kryokonservierung ist es von erheblicher Bedeutung, einen genauen Zeitpunkt für den letztmöglichen Widerruf der Einwilligung in die ärztlich assistierte Befruchtung zu bestimmen. Zu beantworten ist somit die Frage, ob eine Widerrufsmöglichkeit lediglich bis zum Befruchtungsbeginn (Imprägnation) oder bis zum Ende des Befruchtungsvorganges (Konjugation) besteht. Die Angaben des § 630d Abs. 3 BGB („*jederzeit*") sprechen für ein umfassendes Widerrufsrecht. Demnach könnte ein Widerruf möglicherweise auch erklärt werden, wenn die Befruchtung bereits begonnen hat.

Eine genauere Bestimmung des letztmöglichen Zeitpunktes des Widerrufs könnte indes § 4 Abs. 1 Nr. 1 ESchG zu entnehmen sein. Hiernach wird derjenige bestraft, der „*es unternimmt, eine Eizelle künstlich zu befruchten*", wenn die erforderlichen Einwilligungen nicht vorliegen. Der Terminus „*befruchten*" erweist sich hierbei jedoch als unpräzise, da sowohl auf den Befruchtungsbeginn (Imprägnation) als auch auf die Beendigung des Befruchtungsvorganges (Konjugation) abgestellt werden kann. Dies wird in der rechtswissenschaftlichen Literatur zu Recht kritisiert.[677] Es stellt sich daher die Frage, bis zu welchem Zeitpunkt ein Widerruf der Einwilligungen in die künstliche bzw. ärztlich assistierte Befruchtung erfolgen kann. Hierzu wird in der rechtswissenschaftlichen Literatur entweder auf die Imprägnation oder auf die Konjugation abgestellt.

(1). Imprägnation der Eizelle

Überwiegend wird vertreten, dass ein Widerruf nur bis zur Imprägnation der Eizelle möglich ist. Bei § 4 Abs. 1 Nr. 1 ESchG handle es sich um ein Unternehmensdelikt im Sinne des § 11 Abs. 1 Nr. 6 StGB. Da sich die Einwilligung als tatbestandsausschließendes Einverständnis auswirke, müsse sie bis zum „*Beginn der Tatausführung*", also bis zum Zeitpunkt der Imprägnation der Eizelle, erteilt worden sein.[678] Die Widerrufsmöglichkeit der Einwilligung bestehe

---

677 Vgl. HK-AKM/*Schumann*, 66. Akt. (November 2016), Fortpflanzungsmedizin, Rn. 30.

678 Günther/Taupitz/Kaiser/*Taupitz*, ESchG, 2. Aufl. (2014), C, § 4, Rn. 10. So wohl auch *Lipp*: Seiner Ansicht nach könne die Einwilligung vom Mann und der Frau „*bis zur Befruchtung*" widerrufen werden, Laufs/Katzenmeier/Lipp/*Lipp*, Arztrecht, 8. Aufl. (2021), VIII, Rn. 39. Unklar ist bei seiner Aussage jedoch, ob sich diese Bezeichnung auf die Imprägnation oder die Konjugation bezieht. Auch

somit bis zum „*Beginn der Tatausführung*".[679] „[D]*er einwilligende Vater kann bereits dann die Einwilligung nicht mehr widerrufen, wenn die Einbringung des Samens in die Partnerin oder die Injektion in ihre Eizelle im Reagenzglas vorgenommen wurde*".[680] Die Imprägnation der Eizelle schaffe für die genetische Mutter bereits „*unumkehrbare Fakten*", da eine Trennung der beiden Keimzellen nicht möglich sei. Daher sei die Entscheidung über die Elternschaft bereits zu diesem Zeitpunkt als verbindlich zu erachten und dem genetischen Vater von der Imprägnation an keine Entscheidungsbefugnis mehr zuzuschreiben.[681]

(2). Konjugation

Demgegenüber wird mitunter auch die Konjugation als letztmöglicher Zeitpunkt des Widerrufs der Einwilligung angesehen.[682] Nach Ansicht des LG Bonn könne die Einwilligung des Mannes und der Frau zumindest bis zum „*Zeitpunkt der Befruchtung*" auch widerrufen werden, wobei es jedoch explizit davon ausgeht, dass eine imprägnierte Eizelle noch als unbefruchtet im Sinne des § 1 Nr. 1 ESchG zu erachten sei.[683] Daraus ist zu schließen, dass eine Widerrufsmöglichkeit bis zur Konjugation angenommen wird.

(3). Bewertung

Sowohl beim künstlichen Befruchten im Sinne des § 4 Abs. 1 Nr. 1 ESchG als auch im Rahmen des § 4 Abs. 1 Nr. 3 ESchG könnte entscheidend auf die Vollendung des Befruchtungsvorganges abgestellt werden, damit ein einheitliches Verständnis des künstlichen Befruchtens besteht. Dies wäre aus Gründen der Gesetzessystematik jedoch verfehlt: Während Abs. 1 Nr. 3 das künstliche Befruchten als Erfolgsdelikt beinhaltet, bestraft Abs. 1 Nr. 1 denjenigen, der „*es unternimmt, eine Eizelle künstlich zu befruchten*". Dieses Unternehmensdelikt unterscheidet sich daher von der Tathandlung des in Abs. 1 Nr. 3

Löhnig und *Runge-Rannow* sprechen lediglich von einer Widerrufsmöglichkeit bis zur „*Befruchtung*", *Löhnig/Runge-Rannow*, FamRZ 2018, 10, 13.

679 Günther/Taupitz/Kaiser/*Taupitz*, ESchG, 2. Aufl. (2014), C, § 4, Rn. 10. S. auch Keller/Günther/Kaiser/*Keller*, ESchG, (1992), § 4, Rn. 12; in diesem Sinne auch Spickhoff/*Müller-Terpitz*, Medizinrecht, 4. Aufl. (2022), § 4, Rn. 2; vgl. auch *Wessels/Beulke*, Strafrecht Allgemeiner Teil, 52. Aufl. (2022), Rn. 578 m.w.N.

680 *Grziwotz*, notar 2018, 163, 171 Fn. 102.

681 *Mayr*, NZFam 2018, 913, 919.

682 *Wilms*, RNotZ 2012, 141, 155; *Schwarz*, RNotZ 2022, 421, 427 m.w.N. Demgegenüber erachtet *Grziwotz* eine Widerrufsmöglichkeit bis zur Konjugation als „*unrichtig*", *Grziwotz*, notar 2018, 163, 171 Fn. 102.

683 LG Bonn, FamRZ 2017, 447, 449.

bestimmten Erfolgsdelikts. Es bedarf im Rahmen des Abs. 1 Nr. 1 somit keines Deliktserfolges im Sinne einer vollendeten Befruchtung. Vielmehr knüpft das Handlungsunrecht bereits an den Beginn der Tatausführung, namentlich die Imprägnation der Eizelle, an.

Ein Widerruf der Einwilligung in die ärztlich assistierte Befruchtung kann demnach nur bis zur Imprägnation einer Eizelle mit dem Spermium erklärt werden.

Während gem. § 630d Abs. 3 BGB die intendierten Eltern widerrufsberechtigt sind, enthält § 4 Abs. 1 Nr. 1 ESchG lediglich Einwilligungserfordernisse der genetischen Eltern, sodass hiernach auch nur diese ihre Einwilligung widerrufen können. Die Widerrufsmöglichkeit der Einwilligung des genetischen Vaters besteht zudem gem. § 8b Abs. 3 TPG i.V.m. § 8 Abs. 2 S. 6 TPG.

d. Ergebnis

Für die ärztlich assistierte Befruchtung bedarf es gem. § 630d Abs. 1 S. 1 BGB der Einwilligung der intendierten Eltern. Für die Wirksamkeit der Einwilligung ist gem. §§ 630d Abs. 2, 630e Abs. 1–4 BGB eine Aufklärung erforderlich. Die Einwilligung in die ärztlich assistierte Befruchtung kann von den intendierten Eltern gem. § 630d Abs. 3 BGB bis zur Imprägnation der Eizelle formfrei ohne Angabe von Gründen widerrufen werden.

Das Einwilligungserfordernis der genetischen Eltern in die ärztlich assistierte Befruchtung ist überdies strafrechtlich normiert. So ist die Einwilligung der genetischen Eltern gem. § 4 Abs. 1 Nr. 1 ESchG erforderlich, für deren Wirksamkeit eine Aufklärung notwendig ist. Diese Einwilligung kann formfrei bis zur Imprägnation der Eizelle widerrufen werden.

Zudem besteht ein Einwilligungserfordernis des genetischen Vaters in die ärztlich assistierte Befruchtung gem. § 8b Abs. 2, 1 S. 1 TPG i.V.m. § 8 Abs. 2 S. 1, 2 TPG, wobei sich die Aufklärung anhand des § 8b Abs. 2, 1 S. 1 TPG i.V.m. § 8 Abs. 2, S. 1, 2 TPG bestimmt. Die Einwilligung kann gem. § 8b Abs. 3 TPG i.V.m. § 8 Abs. 2 S. 6 TPG bis zur Imprägnation der Eizelle schriftlich, elektronisch oder mündlich widerrufen werden.

3. Embryotransfer

a. Einwilligung

aa. Zivilrechtliche Vorgaben

Bei dem Embryotransfer handelt es sich um eine medizinische Maßnahme im Rahmen eines Behandlungsvertrages. Für die Vornahme eines Embryotransfers bedarf es gem. § 630d Abs. 1 S. 1 BGB der Einwilligung der genetischen Mutter, da der Transfer ihre körperliche Integrität und persönlichkeitsrechtlichen Interessen betrifft.

Im homologen Verfahren muss gem. § 630d Abs. 1 S. 1 BGB zudem der genetische Vater in den Embryotransfer einwilligen. Dies ist auch der Rechtsprechung des BGH zu entnehmen. So stellte der BGH in einer Entscheidung zur Widerrufsmöglichkeit der Einwilligung des genetischen Vaters vor dem Embryotransfer im homologen Verfahren fest, dass die von ihm erteilte Einwilligung in die ärztlich assistierte Befruchtung einer Eizelle keine dauerhafte Bindungswirkung entfalten könne. Dem genetischen Vater müsse vielmehr ein Widerrufsrecht zustehen.[684] Als *argumentum e contrario* ist mithin anzunehmen, dass der BGH das Vorliegen einer Einwilligung des genetischen Vaters aus dem Behandlungsvertrag für den Embryotransfer als erforderlich erachtet.

Im heterologen Verfahren ist neben der Einwilligung der genetischen Mutter auch eine Einwilligung des Wunschelternteils gem. § 630d Abs. 1 S. 1 BGB erforderlich. Zwar wird kein eigenes Keimgut des Wunschelternteils verwendet, jedoch sind seine persönlichkeitsrechtlichen Interessen dadurch berührt, dass er gem. Art. 6 Abs. 1 GG ein Interesse an der Gründung einer Familie mit der Wunschmutter hat und eine rechtliche Zuordnung zum Kind anstrebt. Die Erwägungen hierfür gleichen denen im Rahmen der ärztlich assistierten Befruchtung.[685]

bb. Einwilligungserfordernis gem. § 4 Abs. 1 Nr. 2 ESchG

In § 4 Abs. 1 Nr. 2 ESchG ist bestimmt, dass die formfreie Einwilligung der Frau, auf die der Embryo übertragen wird, erforderlich ist. Im homologen und heterologen Verfahren handelt es sich hierbei um die genetische Mutter. Demgegenüber wird ein Fortbestehen der Einwilligung des genetischen Vaters bzw. des Wunschelternteils bis zum Zeitpunkt des Embryotransfers vom ESchG nicht vorausgesetzt.[686] Im Falle des genetischen Vaters beruht dies darauf, dass § 4 Abs. 1 Nr. 1 ESchG zu diesem Zeitpunkt nicht mehr einschlägig ist. Demgegenüber ist der Wunschelternteil bereits nicht von § 4 Abs. 1 Nr. 1 und Nr. 2 ESchG erfasst.

---

684 BGHZ 146, 391, 395 = BGH, NJW 2001, 1789, 1790.

685 Hierzu s. viertes Kapitel, C, I, 2, a, aa.

686 Vgl. Günther/Taupitz/Kaiser/*Taupitz*, ESchG, 2. Aufl. (2014), C, § 4, Rn. 18.

Nach Ansicht des LG München sei eine erweiternde Auslegung des § 4 Abs. 1 Nr. 1 ESchG (aufgrund des dort enthaltenen Einwilligungserfordernisses des genetischen Vaters) auf den Embryotransfer mit dem Analogieverbot gem. Art. 103 Abs. 2 GG nicht zu vereinbaren. Dies bedeute jedoch nicht, dass ein Embryotransfer neben der Einwilligung der Empfängerin nicht auch die Einwilligung des genetischen Vaters erfordere.[687]

Daher ist zu beantworten, ob eine Einwilligung des genetischen Vaters bzw. des Wunschelternteils auf strafrechtlicher Ebene ebenfalls eine Voraussetzung des Embryotransfers darstellt oder ob ein Transfer möglicherweise gegen dessen Willen vorgenommen werden kann, ohne dass strafrechtliche Konsequenzen drohen.[688]

Dem LG München zufolge müsse berücksichtigt werden, dass das Selbstbestimmungsrecht der Empfängerin bei einem Embryotransfer durch den Eingriff in ihre körperliche Integrität stärker betroffen werde als dasjenige des genetischen Vaters. Daher sei ihr Schutz in § 4 Abs. 1 Nr. 2 ESchG zusätzlich auf strafrechtlicher Ebene normiert.[689] Der Gesetzgeber des ESchG habe sich demnach dazu entschieden, strafrechtliche Verbote lediglich zu normieren, wenn sie hinsichtlich des Schutzes besonders hochrangiger Rechtsgüter unverzichtbar seien.[690] Dass die Einwilligung des Mannes in dieser Norm nicht aufgeführt sei, werte dessen Selbstbestimmungsrecht nicht ab. Auch wenn kein strafrechtlicher Schutz bestehe, erlangen andere Rechtsgüter durch einen (bloßen) zivilrechtlichen Schutz weiterhin Geltung. Aus dem Recht auf reproduktive Selbstbestimmung ergebe sich daher ein Einwilligungserfordernis des genetischen Vaters in den Embryotransfer.[691]

Die Ausführungen des LG München überzeugen. Der Gesetzgeber hat das Einwilligungserfordernis in § 4 Abs. 1 Nr. 2 ESchG normiert, um der erhöhten Schutzbedürftigkeit des Selbstbestimmungsrechts der Empfängerin des Embryotransfers Ausdruck zu verleihen,[692] die hierbei sowohl in ihrer körperlichen Integrität als auch in ihrem Persönlichkeitsrecht berührt wird. Aufgrund des

687 LG München, FamRZ 2018, 1629, 1630.

688 Hierzu auch Clausen/Schroeder-Printzen/*Makoski*, Münchener Anwaltshandbuch Medizinrecht, 3. Aufl. (2020), § 19, Rn. 39 f.

689 LG München, FamRZ 2018, 1629, 1630 f.

690 BT-Drs. 11/5460, S. 6.

691 LG München, FamRZ 2018, 1629, 1630 f.

692 LG München, FamRZ 2018, 1629, 1630 f.

strafrechtlichen Analogieverbotes gem. Art. 103 Abs. 2 GG ist eine Erweiterung des Anwendungsbereiches des § 4 Abs. 1 Nr. 2 ESchG über den Wortlaut hinaus nicht möglich.[693] Daher kann sich ein Einwilligungserfordernis des genetischen Vaters bzw. des Wunschelternteils in den Embryotransfer bereits nicht aus § 4 Abs. 1 Nr. 2 ESchG ergeben.

In der rechtswissenschaftlichen Literatur wird § 4 Abs. 1 Nr. 2 ESchG kritisiert. So könne die genetische Mutter im Falle des gespaltenen Elternwillens einen Embryotransfer gegen den Willen des genetischen Vaters durchführen wollen. Zudem handle es sich in Fällen der Embryoadoption bei der Frau, auf die der Embryo übertragen werden soll, nicht notwendigerweise um die genetische Mutter.[694]

Diese Kritik ist nachvollziehbar. Wird ein Embryotransfer gegen oder ohne den Willen des genetischen Vaters bzw. des Wunschelternteils durchgeführt, so wird der genetische Vater dadurch in seinem Recht auf reproduktive Selbstbestimmung gem. Art. 2 Abs. 1 i.V.m. Art. 1 Abs. 1 GG bzw. der Wunschelternteil in seinem Recht auf Familiengründung gem. Art. 6 Abs. 1 GG verletzt. Ferner zeigt die Rechtsprechung zum gespaltenen Elternwillen, dass diese Fallgruppe nicht bloß die Theorie betrifft, sondern bereits in der Praxis angekommen ist. Aufgrund der stetig wachsenden Möglichkeiten der Reproduktionsmedizin wird es demnach vermehrt zu entsprechenden Fallgruppen kommen.

Dies bedeutet allerdings nicht, dass eine Änderung der strafrechtlichen Regelungen zum Schutz der Rechte des genetischen Vaters und des Wunschelternteils zwingend erforderlich ist. Hervorzuheben ist vielmehr, dass der Embryotransfer den genetischen Vater bzw. den Wunschelternteil im Gegensatz zur genetischen Mutter lediglich auf persönlichkeitsrechtlicher Ebene und demnach in geringerem Maße betrifft. Zudem sind die Einwilligungserfordernisse des genetischen Vaters und des Wunschelternteils bereits zivilrechtlich durch die Vorgaben des Behandlungsvertrages normiert. Auch wenn

693 Das Analogieverbot besteht unstreitig, statt vieler: BVerfGE 14, 174, 185 = BVerfG, NJW 1962, 1339; BVerfGE 130, 1, 43 = BVerfG, NJW 2012, 907, 915, Rn. 164. Hierzu ausführlich Maunz/Dürig/*Remmert*, GG, 99. EL (September 2022), Art. 103 Abs. 2, Rn. 82 m.w.N.

694 HK-AKM/Schumann, 66. Akt. (November 2016), Fortpflanzungsmedizin, Rn. 30. Weitere Kritikpunkte äußern *Coester-Waltjen*, in: Trotnow/Coester-Waltjen, Möglichkeiten, Gefahren und rechtliche Schranken befruchtungstechnischer und gentechnischer Eingriffe (1990), Juristischer Teil, S. 9; *Schroeder*, in: FS für Miyazawa (1995), S. 544.

die persönlichkeitsrechtlichen Interessen des genetischen Vaters und des Wunschelternteils beim Embryotransfer mithin keinen strafrechtlichen Schutz genießen, werden sie bereits ausreichend auf zivilrechtlicher Ebene durch das Einwilligungserfordernis gem. § 630d Abs. 1 S. 1 BGB abgesichert.

Es bleibt daher festzuhalten, dass auf strafrechtlicher Ebene gem. § 4 Abs. 1 Nr. 2 ESchG lediglich ein Einwilligungserfordernis der Frau, auf die der Embryo übertragen wird, besteht. Hierbei handelt es sich – abgesehen von der Embryoadoption – um die genetische Mutter. Eine Einwilligung des genetischen Vaters bzw. des Wunschelternteils ist gem. § 4 Abs. 1 Nr. 2 ESchG indes nicht erforderlich.

cc. Vorgaben des TPG

Das Erfordernis der Einwilligung der genetischen Eltern in den Embryotransfer ist von § 8b Abs. 1 S. 1 TPG nicht umfasst. Dies beruht darauf, dass die Vorgaben des TPG im Falle von 2-PN-Zellen und Embryonen nicht einschlägig sind, da es sich bei diesen nicht um Gewebe im Sinne des § 1a Nr. 4 TPG handelt.[695] Auch wenn Keimzellen als Gewebe im Sinne des § 1a Nr. 4 TPG anzusehen sind, wird jedoch nicht dieses Gewebe reimplantiert, sondern ein extrakorporal entstandener Embryo.[696]

b. Aufklärungspflichten

Damit die Einwilligung der intendierten Eltern in den Embryotransfer wirksam ist, bedarf es gem. §§ 630d Abs. 2, 630e Abs. 1–4 BGB zunächst einer umfassenden Aufklärung.[697]

§ 4 Abs. 1 Nr. 2 ESchG beinhaltet überdies – auch wenn es dem Wortlaut nicht explizit zu entnehmen ist – ebenfalls das Erfordernis einer umfassenden Aufklärung in den Embryotransfer.[698] Da jedoch lediglich die Einwilligung der Frau vorausgesetzt wird, auf die der Embryo übertragen wird, ist nach dem ESchG auch nur sie aufzuklären.

---

695 Anders hingegen *Frister/Börgers*, in: Frister/Olzen, Reproduktionsmedizin, 1. Aufl. (2010), S. 119 f., die von einer Anwendbarkeit des TPG auf 2-PN-Zellen und Embryonen ausgehen.

696 *Müller-Terpitz/Ruf*, in: Spranger, Aktuelle Herausforderungen der Life Sciences (2010), S. 48.

697 Vgl. Laufs/Katzenmeier/Lipp/*Lipp*, Arztrecht, 8. Aufl. (2021), VIII, Rn. 38.

698 Hierzu s. Günther/Taupitz/Kaiser/*Taupitz*, ESchG, 2. Aufl. (2014), C, § 4, Rn. 18, 8.

c. *Widerruf der Einwilligung*

aa. *Zivilrechtliche Vorgaben*

Der Widerruf der Einwilligung in den Embryotransfer stellt eine Problematik dar, die von der Rechtsprechung bereits mehrfach behandelt wurde und über die auch in der Literatur ein rechtlicher Diskurs andauert.

Insbesondere wenn ein genetischer Elternteil oder ein Wunschelternteil seine Einwilligung in den Embryotransfer widerruft, kann dies zur Folge haben, dass die genetische Mutter keine eigenen, genetisch verwandten Kinder aus dem kryokonservierten Keimgut bekommen kann. Es stellt sich somit folgende Frage: Ist es ethisch vertretbar, der genetischen Mutter dadurch eigene genetisch verwandte Kinder zu verwehren, dass dem genetischen Vater bzw. dem Wunschelternteil ein Widerrufsrecht seiner Einwilligung in den Embryotransfer zugeschrieben wird, oder sollte der genetische Vater bzw. der Wunschelternteil durch Aberkennung dieses Widerrufsrechts zu einer Elternschaft gegen seinen Willen gezwungen werden können?

(1). Homologes Verfahren

(a). *Rechtsprechung*

Dem genetischen Vater komme nach Ansicht des BGH die Möglichkeit zu, seine Einwilligung bis zum Embryotransfer zu widerrufen, da seine ursprünglich abgegebene Einwilligung keine dauerhafte Bindungswirkung entfalten könne. Die Entscheidung über das Mitwirken beim Entstehen neuen Lebens sei eine höchstpersönliche Angelegenheit. Eine Bindungswirkung dieser Entscheidung würde die dauerhaft bestehende Möglichkeit zur Entscheidung für oder gegen ein Kind beschränken, wodurch die verfassungsrechtlich verankerte personale Würde des Einzelnen sowie dessen Selbstbestimmungsrecht verletzt werden. Vereinbarungen über die Familienplanung seien dem Kernbereich der ehelichen Lebensgemeinschaft zuzuordnen. Ihnen komme keine Rechtsbindungswirkung zu. Ferner sei eine Bindungswirkung weder mit dem individuellen Selbstbestimmungsrecht eines jeden Ehepartners noch mit dem Wesen der Ehe zu vereinbaren. Daher könnten diese Vereinbarungen von jedem Ehegatten aufgekündigt werden, auch wenn dies dem Willen des anderen zuwider sei. Größtenteils werde dies hinsichtlich der vereinbarten Kinderlosigkeit erörtert, während es jedoch ebenfalls die gemeinsame Entscheidung zur Zeugung von Kindern betreffe.[699]

---

699 BGHZ 146, 391, 395 f. = BGH, NJW 2001, 1789, 1790. In diesem Sinne wird auch im Rahmen des Diskussionsteilentwurfs eines Gesetzes zur Reform des

Das LG München schloss sich diesem Ergebnis an. Der genetische Vater könne seine Einwilligung in den „*Eizellentransfer*" grundsätzlich widerrufen.[700] In diesem Sinne wendete sich auch das LG Bonn gegen die Vornahme einer Zeugung, welche dem Willen des genetischen Vaters zuwider sei. Dies sei mit dem Kindeswohl nicht zu vereinbaren. So könne es sich negativ auf die Identitätsfindung des Kindes auswirken, wenn das Kind mit dem Wissen aufwachse, dass die Zeugung gegen den Willen des genetischen Vaters vorgenommen wurde.[701] Dem wird in der rechtswissenschaftlichen Literatur jedoch entgegengesetzt, dass es für solche negativen Auswirkungen auf das Kindeswohl bisher an Nachweisen fehle.[702] Nach Ansicht des OLG Frankfurt a.M. besteht auch ein Widerrufsrecht des Wunschelternteils „*bis die zur Schwangerschaft führende künstliche Befruchtung durchgeführt worden ist*"[703] und demnach (wohl) bis zur Vornahme des Embryotransfers.

Auch die große Kammer des EGMR sprach sich im Falle *Evans/Vereinigtes Königreich*, die den gespaltenen Elternwillen im homologen Verfahren betrifft, für eine Widerrufsmöglichkeit der Einwilligung in die Fortsetzung der Kinderwunschbehandlung aus. Die genetische Mutter werde weder sozial noch juristisch oder physisch an einer Mutterschaft gehindert. Vielmehr bestehe die Möglichkeit zur Adoption. Ferner könne sie ein Kind zur Welt bringen, dass *in vitro* mit den Keimzellen eines Spenders gezeugt wurde. Der Widerruf des genetischen Vaters bewirke lediglich, dass es ihr nicht mehr zustehe, aus dem bereits erzeugten Keimgut ein genetisch verwandtes Kind zu bekommen. Der

---

Abstammungsrechts des BMJV aus dem Frühjahr 2019 angenommen, dass eine Einwilligung bis zum Embryotransfer widerrufen werden kann. Jedoch sollen die „*intendierten Eltern*" – wie es bereits der Arbeitskreis Abstammungsrecht empfohlen hat – in Bezug auf die Feststellung der Vater- oder der Mit-Mutterschaft an ihre Einwilligung gebunden sein, wenn (infolge des Embryotransfers) die Zeugung des Kindes erfolgt ist und der natürliche Verlauf der Dinge darüber entscheidet, ob hieraus ein Kind entsteht. Mit erfolgtem Embryotransfer sei die Widerrufsmöglichkeit der „*intendierten Eltern*" somit ausgeschlossen. Zum Schutze ihrer Rechtsposition sei die Erklärung des Samenspenders, wonach dieser auf die Elternrolle verzichtet und sein Einverständnis in der Aufnahme seiner Daten gem. § 2 Abs. 2 S. 1 SaRegG zugestimmt hat, demgegenüber nicht widerrufbar, BMJV, Diskussionsteilentwurf – Entwurf eines Gesetzes zur Reform des Abstammungsrechts (13.03.2019), S. 9, 21, 38 f.

700 LG München, FamRZ 2018, 1629, 1629 ff.

701 LG Bonn, FamRZ 2017, 447, 450.

702 *Mayr*, NZFam 2018, 913, 919 m.w.N.

703 OLG Frankfurt a.M., NZFam 2018, 1145, 1149.

Gesetzgeber habe Vorschriften erlassen, die keine Ausnahme enthalten, um zu gewährleisten, dass jedem Spender von Keimzellen von Anfang an bewusst ist, dass deren Verwendung nicht ohne seine fortdauernde Einwilligung möglich ist. Damit werden die Würde und der freie Wille des Menschen geschützt. Es werde versucht, einen gerechten Ausgleich zwischen den genetischen Eltern herzustellen. Mit dieser absoluten Regelung wurde überdies bezweckt, für Rechtssicherheit zu sorgen und Willkür sowie mangelnde Kohärenz auszuschließen.[704]

Der EGMR unterstreicht das ernüchternde Ergebnis, dass beide Interessen miteinander unvereinbar seien. Letztlich bleiben *„die Interessen eines der zwei Partner bei der IVF-Behandlung auf der Strecke“*.[705]

(b). Lösungsvorschläge der rechtswissenschaftlichen Literatur

Gegen die Rechtsprechung des BGH und des EGMR wendet *Mayr* ein, dass Fälle, in denen das kryokonservierte Keimgut für die genetische Mutter die letzte Chance auf eigene genetisch verwandte Kinder darstellt und somit von *„absoluter Natur“* sei, nach der Argumentation beider Gerichte keine Berücksichtigung fänden. Die vom EGMR nahegelegte Ausweichmöglichkeit, eine Adoption oder Embryoadoption durchzuführen, könne dem Recht der genetischen Mutter auf reproduktive Selbstbestimmung hingegen nicht als *„Trostpflaster“* gerecht werden. Vielmehr sei die Fertilität der genetischen Mutter als Differenzierungskriterium anzuführen. In Fällen der letzten Möglichkeit der genetischen Mutter zur Zeugung eigener genetisch verwandter Kinder, sei das Recht des Mannes nachrangig. Einerseits handle es sich bei der Einwilligung des genetischen Vaters *„nicht um eine ad-hoc-Entscheidung, sondern eine über lange Zeit gereifte gemeinsame Übereinkunft“*, andererseits habe der Mann seine Entscheidungsbefugnis ohnehin bereits mit erfolgter Imprägnation der Eizelle verloren.[706]

Demgegenüber pflichtet unter anderem *Schumann* der Rechtsprechung des BGH und des EGMR grundsätzlich bei. Im homologen Verfahren könne eine Fortsetzung der Kinderwunschbehandlung nur erfolgen, wenn der genetische Vater, dessen Recht auf reproduktive Selbstbestimmung unabhängig vom Bestehen der Partnerschaft zur genetischen Mutter fortbesteht, hierzu eingewilligt habe. Jedoch seien Fälle des gespaltenen Elternwillens im heterologen Verfahren differenzierend zu behandeln. Nach einer Trennung sei das Recht des Wunschelternteils auf Familiengründung nicht mehr betroffen, weshalb

704 EGMR (Evans/Vereinigtes Königreich), NJW 2008, 2013, 2014 ff.

705 EGMR (Evans/Vereinigtes Königreich), NJW 2008, 2013, 2015.

706 *Mayr*, NZFam 2018, 913, 918 f.

in diesem Fall die Fortsetzung der Kinderwunschbehandlung gegen den Willen des Wunschelternteils möglich sei.[707] *Lipp* erkennt sowohl ein Widerrufsrecht des „*Wunschvaters*“ (aufgrund seiner rechtlichen Bindung in Form der Vaterschaftsanerkennung ab der „*Zeugung*“) als auch eines der „*Wunschmutter*“ (aufgrund des Einwilligungserfordernisses des § 4 Abs. 1 Nr. 2 ESchG ein Widerrufsrecht in die Vornahme des Embryotransfers) an. Der Widerruf könne bis zum Transfer erklärt werden und verhindere die Embryoübertragung.[708]

(c). Bewertung

Fälle des gespaltenen Elternwillens lassen sich letztlich lediglich durch eine genaue Berücksichtigung der verfassungsrechtlichen Vorgaben der an der jeweiligen Kinderwunschbehandlung beteiligten Personen entscheiden. So orientiert sich bereits der BGH maßgeblich an dem Recht auf reproduktive Selbstbestimmung und auch der EGMR stellt auf völkerrechtlicher Ebene entscheidend hierauf ab. Aus der Rechtsprechung geht eindeutig hervor, dass die genetische Mutter einen Embryotransfer nicht gegen den Willen des genetischen Vaters vornehmen kann.

Dem ist beizupflichten. Unter Berücksichtigung des Rechts auf reproduktive Selbstbestimmung bedarf es für den Embryotransfer der Einwilligung beider genetischen Elternteile. Sowohl der genetischen Mutter als auch dem genetischen Vater muss es möglich sein, die Einwilligung gem. § 630d Abs. 3 BGB „*jederzeit*“, also bis zur Vornahme des Transfers, zu widerrufen. Ferner bestehen hierfür keine Formvorschriften und es bedarf keiner Angabe von Gründen.

Dieses Ergebnis wirkt sich im Ergebnis zu Lasten infertiler Frauen aus, da die Zuerkennung eines Widerrufsrechts des anderen genetischen Elternteils die Zeugungsmöglichkeit eigener genetisch verwandter Nachkommen aus dem kryokonservierten Keimgut verhindern kann. Jedoch ist es der genetischen Mutter weiterhin durch gewisse Ausweichmöglichkeiten möglich, den Kinderwunsch zu erfüllen. Dies kann beispielsweise durch eine Embryoadoption oder eine Adoption gem. §§ 1741 ff. BGB erfolgen.

---

707 *Schumann*, in: Beier/Brügge/Thorn/Wiesemann, Assistierte Reproduktion mit Hilfe Dritter (2020), S. 77 f; auch *Kamps*, MedR 1994, 339, 347 hält das Vorliegen der Einwilligung des „*Ehemann*[es] *und der Ehefrau*“ für den Embryotransfer für erforderlich. Nimmt der Arzt den Transfer gegen den Willen des genetischen Vaters vor, mache er sich aufgrund einer Persönlichkeitsrechtsverletzung des Ehemanns gem. § 823 Abs. 1 BGB schadensersatzpflichtig. Dasselbe gelte für die Ehefrau.

708 Laufs/Katzenmeier/Lipp/*Lipp*, Arztrecht, 8. Aufl. (2021), VIII, Rn. 39.

(2). Heterologes Verfahren

Im heterologen Verfahren ist das Widerrufsrecht der genetischen Mutter und des Wunschelternteils ebenfalls § 630d Abs. 3 BGB zu entnehmen. Der Widerruf ist somit bis zur Vornahme des Embryotransfers möglich.

Hat der Wunschelternteil im Rahmen der Kinderwunschbehandlung eingewilligt, die rechtliche Elternschaft über das Kind zu übernehmen, kann er seine Einwilligung gem. § 630d Abs. 3 BGB grundsätzlich auch gegen den Willen der genetischen Mutter widerrufen, solange sein Recht auf Familiengründung betroffen ist. Für die Vornahme des Embryotransfers fehlt es sodann an der erforderlichen Einwilligung des Wunschelternteils.[709]

Unterschiede zwischen dem homologen Verfahren und dem heterologen Verfahren bestehen aufgrund des Rechts des Wunschelternteils auf Familiengründung gem. Art. 6 Abs. 1 GG. Haben sich die genetische Mutter und der Wunschelternteil getrennt und liegt kein Einverständnis bezüglich einer gemeinsamen Elternschaft vor, endet das Recht des Wunschelternteils auf Familiengründung und die Rechtswirkung der gem. § 630d Abs. 1 S. 1 BGB erteilten Einwilligung des Wunschelternteils in den Embryotransfer entfällt. Eine Durchführung des Embryotransfers berührt dessen persönlichkeitsrechtlichen Interessen dann nicht mehr.

bb. Vorgaben des § 4 Abs. 1 Nr. 2 ESchG

Weitere Bestimmungen zum Widerruf ergeben sich aus den strafrechtlichen Vorgaben des ESchG. Die Frau, auf die der Embryo übertragen wird, kann ihre Einwilligung gem. § 4 Abs. 1 Nr. 2 ESchG bis zur Vornahme des Embryotransfers formfrei widerrufen.[710] Hierbei handelt es sich im homologen sowie im heterologen Verfahren um die genetische Mutter.

d. Zwischenergebnis

Der Embryotransfer erfordert gem. § 630d Abs. 1 S. 1 BGB das Vorliegen einer Einwilligung der intendierten Eltern, die nach Abs. 3 bis zur Vornahme des Transfers widerrufen werden kann. Die Wirksamkeit der Einwilligung setzt eine Aufklärung gem. §§ 630d Abs. 2, 630e Abs. 1–4 BGB voraus.

---

709 Zur Anerkennung und Anfechtung der Vaterschaft des Wunschelternteils s. zweites Kapitel, E, II, 1, c.

710 Vgl. Laufs/Katzenmeier/Lipp/*Lipp*, Arztrecht, 8. Aufl. (2021), VIII, Rn. 39; vgl. *Kamps*, MedR 1994, 339, 347; vgl. HK-AKM/*Schumann*, 66. Akt. (November 2016), Fortpflanzungsmedizin, Rn. 30.

Haben sich die genetische Mutter und der Wunschelternteil getrennt und fehlt es an einem Einverständnis bezüglich einer gemeinsamen Elternschaft, endet das Recht des Wunschelternteils auf Familiengründung. Dies hat zur Folge, dass die Rechtswirkung der gem. § 630d Abs. 1 S. 1 BGB erteilten Einwilligung des Wunschelternteils in den Embryotransfer entfällt.

Strafrechtlich ist das Einwilligungserfordernis in den Embryotransfer in § 4 Abs. 1 Nr. 2 ESchG normiert. Hiernach bedarf es der Einwilligung der Frau, auf die der Embryo übertragen wird. Im homologen und heterologen Verfahren handelt es sich hierbei um die genetische Mutter. Diese muss umfassend aufgeklärt werden und kann ihre Einwilligung bis zur Vornahme des Embryotransfers formfrei widerrufen.

e. *Internationaler Vergleich*

In verschiedenen europäischen Ländern finden sich bereits genaue gesetzliche Vorgaben für den Embryotransfer. Im Gegensatz zum geltenden Recht in Deutschland wurde im europäischen Ausland vielfach genau bestimmt, welche Erfordernisse für eine Einwilligung in den Embryotransfer und deren Widerruf bestehen.

So bestimmt das österreichische Recht in § 8 Abs. 1 FMedG, dass für eine medizinisch unterstützte Fortpflanzung, die gem. § 1 Abs. 2 Nr. 4 Var. 2 FMedG auch das Einbringen von Eizellen mit Samen in die Gebärmutter oder den Eileiter der Frau umfasst, die Zustimmung der Ehegatten, der eingetragenen Partner oder der Lebensgefährten erforderlich ist.[711] Die Einwilligung bedarf bei Lebensgefährten sowie bei der Verwendung des Samens oder der Eizellen einer dritten Person eines Notariatsaktes. Eine Widerrufsmöglichkeit ist in Abs. 4 normiert: Hiernach kann der Widerruf dem Arzt gegenüber formfrei von jedem Ehegatten, eingetragenen Lebenspartner oder Lebensgefährten bis zur Vornahme des Transfers „*des Samens, der Eizellen oder der entwicklungsfähigen Zellen in den Körper der Frau*“ erklärt werden. Darüber hinaus beinhaltet Abs. 5 die Vorgabe, dass eine Zustimmung zum Transfer in den Körper der Frau lediglich für eine Frist von zwei Jahren gültig ist.

711 Anders hingegen *Dethloff*, in: Dethloff, Familienrecht, 33. Aufl. (2022), § 10, Rn. 116: Die Frau könne nach österreichischem Recht allein über die Vornahme des Embryotransfers bestimmen.

In der Schweiz ist in Art. 5b Abs. 2 FMedG bestimmt, dass es *„für das Reaktivieren von konservierten Embryonen und imprägnierten Eizellen"* der *„schriftliche*[n] *Einwilligung des Paares"* bedarf. Art. 17 Abs. 2 FMedG enthält Vorgaben zur maximalen Entwicklung des Embryos *in vitro*, bevor ein Transfer durchgeführt wird. Für den Embryotransfer bedarf es schließlich der Einwilligung des Paares. So bestraft Art. 34 Abs. 1 FMedG denjenigen, der *„ein Fortpflanzungsverfahren ohne Einwilligung der Person, von der die Keimzellen stammen, oder des betroffenen Paares anwendet"*. Als Fortpflanzungsverfahren gilt gem. Art. 2a FMedG auch der Embryotransfer.

Auch in Frankreich und Griechenland steht es dem Mann im Rahmen einer Kinderwunschbehandlung zu, seine Einwilligung bis zur Embryotransfer zu widerrufen.[712]

f. Ergebnis

Die gesetzlichen Vorgaben Frankreichs, Griechenlands, Österreichs und der Schweiz zeigen, dass sich eine Norm zum Embryotransfer nicht lediglich auf die Einwilligung der Empfängerin beschränken muss. Vielmehr erweist sich auch die genaue Bestimmung der Einwilligungserfordernisse des genetischen Vaters und des Wunschelternteils als sinnvoll, um einer bestehenden Rechtsunsicherheit entgegenzuwirken.

Auch die Vorgaben des deutschen Rechts bzgl. der Einwilligungen in den Embryotransfer sollten die Unterschiede des homologen und heterologen Verfahrens berücksichtigen. Da die Normen des geltenden Rechts, die hierfür Geltung erlangen, zu unpräzise sind, sollten die Einwilligungserfordernisse der intendierten Eltern im Sinne der Wesentlichkeitstheorie des BVerfG[713] einfachgesetzlich genau festgelegt werden.

4. Kryokonservierung

a. Einwilligung

Bei der Kryokonservierung handelt es sich um einen Teil der Kinderwunschbehandlung. Im Rahmen der Einwilligung in die Kryokonservierung ist zu differenzieren: Neben dem Kryonisieren und dem Auftauen des Kryogutes ist auch dessen Lagerung in kryokonservierter Form zu berücksichtigen.

---

712 *Dethloff*, in: Dethloff, Familienrecht, 33. Aufl. (2022), § 10, Rn. 116.

713 Zur Wesentlichkeitstheorie, statt vieler: BVerfGE 108, 282, 317 = BVerfG, NJW 2003, 3111, 3117.

Klärungsbedürftig ist hierbei insbesondere die Frage, welche Folgen die Einwilligung eines genetischen Elternteils bzw. des Wunschelternteils in das Verwerfen kryokonservierter Keimzellen und 2-PN-Zellen bzw. das Sterbenlassen kryokonservierter Embryonen mit sich bringt.

aa. Kryonisieren und Auftauen

(1). Zivilrechtliche Vorgaben

Sowohl beim Kryonisieren als auch beim Auftauen von Keimzellen, 2-PN-Zellen und Embryonen infolge einer Kryokonservierung handelt es sich um medizinische Maßnahmen im Rahmen eines Behandlungsvertrages mit einem Reproduktionsmediziner.[714] Demnach ist das Kryonisieren und Auftauen des Kryogutes von der Lagerung zu trennen.[715]

Da beim Kryonisieren und Auftauen über den Umgang mit den Keimzellen, 2-PN-Zellen und Embryonen entschieden wird, ist das Recht der genetischen Eltern auf reproduktive Selbstbestimmung betroffen. Daher bedarf es hierfür gem. § 630d Abs. 1 S. 1 BGB der Einwilligung der genetischen Eltern (homologes Verfahren) bzw. der genetischen Mutter (heterologes Verfahren). Diese Einwilligungen können gem. § 630d Abs. 3 BGB widerrufen werden. Bei dem Wunschelternteil handelt es sich im heterologen Verfahren ebenfalls um einen Vertragspartner des Behandlungsvertrages. Das Kryonisieren und das Auftauen von 2-PN-Zellen und Embryonen betrifft sein persönlichkeitsrechtliches Interesse an der Gründung einer Familie gem. Art. 6 Abs. 1 GG mit der genetischen Mutter. Demnach erfordert dies im heterologen Verfahren ebenfalls gem. § 630d Abs. 1 S. 1 BGB die Einwilligung des Wunschelternteils.[716]

(2). Vorgaben des ESchG

Sowohl das Kryonisieren als auch das Auftauen des Keimgutes wird von § 4 Abs. 1 Nr. 1 ESchG nicht erfasst, sodass es an strafrechtlichen Vorgaben des ESchG zur Einwilligung und deren Widerruf fehlt. Eine analoge Anwendung des § 4 Abs. 1 Nr. 1 ESchG kommt aufgrund des strafrechtlichen Analogieverbotes nicht in Betracht.

---

714 Hierzu s. viertes Kapitel, B, II, 1, 2, a.

715 Vertrag über das Kryonisieren und Auftauen des Kryogutes, Verträge 9–11, §§ 1–3.

716 Hierfür s. auch Anhang, A, Vertrag über das Kryonisieren und Auftauen des Kryogutes.

bb. Lagerung des Kryogutes

(1). Zivilrechtliche Vorgaben

Anders als beim Kryonisieren oder dem Auftauen des Kryogutes findet § 630d Abs. 1 S. 1 BGB in Bezug auf die Lagerung kryokonservierter Keimzellen, 2-PN-Zellen und Embryonen indes keine Anwendung. Dies beruht darauf, dass es sich hierbei um keine medizinischen Maßnahmen eines Behandlungsvertrages handelt.[717] Die Lagerung bewirkt lediglich einen Erhalt des *Status quo* des Keimgutes und wirkt weder in die körperliche Integrität der genetischen Eltern bzw. des Wunschelternteils noch in deren persönlichkeitsrechtlich geschützte Interessen ein.

Für die Lagerung des Kryogutes wird vielmehr ein Kryovertrag geschlossen. Die Vorgaben des Verwahrungsvertrages gem. §§ 688 ff. BGB erlangen hier Geltung. Während diese im Falle von Keimzellen direkt anwendbar sind, ist eine Anwendbarkeit im Falle von 2-PN-Zellen und Embryonen lediglich analog möglich.[718] Ein Kryovertrag erfordert als Konsensualvertrag das Vorliegen korrespondierender Willenserklärungen.[719]

Unter Berücksichtigung des Rechts auf reproduktive Selbstbestimmung bedarf es für die Lagerung kryokonservierter Keimzellen einer Willenserklärung des genetischen Vaters bzw. der genetischen Mutter. Demgegenüber erfordert die Lagerung kryokonservierter 2-PN-Zellen und Embryonen eine Willenserklärung der intendierten Eltern. Während die Entscheidung über das Kryogut die genetischen Eltern in ihrem Recht auf reproduktive Selbstbestimmung gem. Art. 2 Abs. 1 GG i.V.m. Art. 1 Abs. 1 GG betrifft, wird der Wunschelternteil hierbei in seinem gem. Art. 6 Abs. 1 GG geschützten Interesse an der Gründung einer Familie mit der genetischen Mutter berührt. Die Lagerung des Kryogutes ist demnach mit den persönlichkeitsrechtlichen Interessen der intendierten Eltern verknüpft.[720]

---

717 Vgl. *Möller/Hilland*, in: Frister/Olzen, Reproduktionsmedizin, 1. Aufl. (2010), S. 136 f.

718 Hierzu s. viertes Kapitel, B, II, 1.

719 Hierzu s. MüKoBGB/*Henssler*, 9. Aufl. (2023), § 688, Rn. 4.

720 Auch *Taupitz* hebt die Bedeutung des allgemeinen Persönlichkeitsrechts für die Kryokonservierung hervor, Günther/Taupitz/Kaiser/*Taupitz*, ESchG, 2. Aufl. (2014), C, § 9, Rn. 14.

(2). Vorgaben des ESchG
Die Lagerung kryokonservierter Keimzellen, 2-PN-Zellen und Embryonen wird vom Wortlaut des § 4 Abs. 1 Nr. 1 ESchG nicht erfasst. Daher enthält das ESchG auch keine Vorgaben zur Einwilligung in die Lagerung des Kryogutes.

cc. Verwerfen bzw. Sterbenlassen des Kryogutes

(1). Zivilrechtliche Vorgaben
Da es sich bei dem Kryovertrag um ein Dauerschuldverhältnis handelt, wird die Lagerung mittels Kündigung beendet.[721] Infolge der Kündigung werden die kryokonservierten Keimzellen und 2-PN-Zellen verworfen bzw. die kryokonservierten Embryonen sterben gelassen. Hierfür wird das Kryogut aufgetaut und schlicht stehen gelassen. Das Verwerfen bzw. Sterbenlassen des Kryogutes entspricht daher grds. dem bereits erörterten Auftauen des Kryogutes. Ein Unterschied besteht hinsichtlich des Zwecks des Auftauens, welches hier nicht der Fortsetzung der Kinderwunschbehandlung dient.

Bei dem Verwerfen bzw. Sterbenlassen vermischen sich die Vorgaben des Verwahrungsvertrages gem. §§ 688 ff. BGB mit denen des Behandlungsvertrages gem. §§ 630a ff. BGB. Da hierbei eine bedeutende Entscheidung über den Fortbestand des Keimgutes getroffen wird, der unter anderem den Fortgang der Kinderwunschbehandlung entscheidend beeinflussen kann, werden hierbei die persönlichkeitsrechtlichen Interessen der intendierten Eltern in erheblich Maße berührt. Daher überwiegen unter Berücksichtigung des Rechts der genetischen Eltern auf reproduktive Selbstbestimmung gem. Art. 2 Abs. 1 GG i.V.m. Art. 1 Abs. 1 GG und des Rechts des Wunschelternteils auf Familiengründung gem. Art. 6 Abs. 1 GG die Elemente des Behandlungsvertrages.

(a). Verwerfen von Keimzellen
Das Verwerfen kryokonservierter Keimzellen erfordert die Einwilligung des genetischen Vaters bzw. der genetischen Mutter gem. § 630d Abs. 1 S. 1 BGB. Wurde die Einwilligung erteilt, sind die Keimzellen umgehend zu verwerfen. Die Einwilligung kann gem. § 630d Abs. 3 BGB bis zum Verwerfen der Keimzellen widerrufen werden.

(b). Verwerfen von 2-PN-Zellen bzw. Sterbenlassen von Embryonen
Es stellt sich die Frage, ob für das Verwerfen kryokonservierter 2-PN-Zellen und das Sterbenlassen kryokonservierter Embryonen bereits die Einwilligung

721 MüKoBGB/*Henssler*, 9. Aufl. (2023), § 696, Rn. 5.

eines intendierten Elternteils gem. § 630d Abs. 1 S. 1 BGB ausreicht oder ob dies lediglich konsentiert erfolgen kann.

In der Literatur wird vermehrt vertreten, dass bereits der Widerruf der Einwilligung eines genetischen Elternteils in die Kryokonservierung die medizinische Einrichtung zum Verwerfen der 2-PN-Zellen oder dem Sterbenlassen der Embryonen berechtige und verpflichte.[722] So ziehen *Frister* und *Börgers* aus der Tatsache, dass es für das Weiterkultivieren einer 2-PN-Zelle der Einwilligung beider genetischer Eltern bedarf, den Umkehrschluss, dass für das Verwerfen einer 2-PN-Zelle die Einwilligung des genetischen Vaters oder der genetischen Mutter ausreichen müsse. Hat sich dieser endgültig gegen ein Weiterkultivieren der 2-PN-Zelle entschieden, bliebe ein Weiterkultivieren gegen den Willen des anderen genetischen Elternteils rechtswidrig, auch wenn die Möglichkeit einer Willensänderung nicht ausgeschlossen werden könne. Nach dem Grundsatz von Treu und Glauben gem. § 242 BGB sei dem genetischen Elternteil, der das Weiterkultivieren der 2-PN-Zelle ablehnt, deshalb das Recht zuzuschreiben, von dem anderen die Zustimmung zum Verwerfen der 2-PN-Zelle verlangen zu können.[723]

Diese Herleitung vermag nur in Teilen zu überzeugen. Zwar ist der Gedanke nachvollziehbar, aus dem Entschluss gegen ein Weiterkultivieren des Kryogutes über den Grundsatz von Treu und Glauben eine Berechtigung zum Verwerfen herzuleiten. Dennoch ist zu berücksichtigen, dass es sich bei der Einwilligung in das Verwerfen um eine andere Einwilligung als diejenige in das Kryonisieren oder die Lagerung des Kryogutes handelt. So erfolgt das von *Frister* und *Börgers* beschriebene Weiterkultivieren des Kryogutes erst nach dem Auftauen. Jedoch erfordert letzteres bereits eine Einwilligung beider intendierter Eltern gem. § 630d Abs. 1 S. 1 BGB.

Für eine Beantwortung dieser Frage kommt letztlich den verfassungsrechtlichen Positionen der genetischen Eltern eine entscheidende Bedeutung zu: So beschränkt das Verwerfen bzw. Sterbenlassen des Kryogutes den genetischen Elternteil, der sich hiergegen ausspricht oder hiervon gar keine Kenntnis hat, erheblich in seinem Recht auf reproduktive Selbstbestimmung. Unter Umständen kann es sich bei den kryokonservierten 2-PN-Zellen und Embryonen um die letzte Zeugungsreserve eines infertilen genetischen Elternteils handeln.[724]

722 Günther/Taupitz/Kaiser/*Taupitz*, ESchG, 2. Aufl. (2014), C, § 9, Rn. 14; *Möller/Hilland*, in: Frister/Olzen, Reproduktionsmedizin, 1. Aufl. (2010), S. 140 f.

723 *Frister/Börgers*, in: Frister/Olzen, Reproduktionsmedizin, 1. Aufl. (2010), S. 107 f.

724 So z.B. in der Entscheidung des EGMR (Evans/Vereinigtes Königreich), NJW 2008, 2013.

Auch der Wunschelternteil wird im heterologen Verfahren in seinem persönlichkeitsrechtlichen Interesse an der Gründung einer Familie mit der genetischen Mutter berührt, welches verfassungsrechtlich in seinem Recht auf Familiengründung Art. 6 Abs. 1 GG verankert ist.

Grundsätzlich ist das Verwerfen kryokonservierter 2-PN-Zellen bzw. das Sterbenlassen kryokonservierter Embryonen somit an das Erfordernis zu knüpfen, dass beide intendierte Eltern gem. § 630d Abs. 1 S. 1 BGB ihre Einwilligung hierzu erteilt haben.

Verweigert ein intendierter Elternteil jedoch die Einwilligung in das Verwerfen der 2-PN-Zellen bzw. das Sterbenlassen der Embryonen, wird deren Vitalität durch die fortgesetzte Lagerung zwar aufrechterhalten, jedoch verbleiben diese dann in ihrem jeweiligen Entwicklungsstadium. Sollten sich die intendierten Eltern dauerhaft über den weiteren Umgang mit dem Kryogut uneinig sein, würde damit eine dauerhafte Kryokonservierung der 2-PN-Zellen und Embryonen einhergehen, wodurch diesen die Möglichkeit zur Weiterentwicklung genommen werden würde. In diesem Fall läge eine objektivierende Behandlung vor, sodass die kryokonservierten 2-PN-Zellen und Embryonen in dem objektiv-rechtlichen Schutzgehalt der Menschenwürde gem. Art. 1 Abs. 1 GG verletzt wären. Hervorzuheben ist zudem, dass eine langfristige Kryokonservierung mit erheblichen Kosten verbunden ist, die sich insbesondere zulasten des intendierten Elternteils auswirkt, der möchte, dass das Keimgut verworfen bzw. sterben gelassen wird.

Aus diesen Gründen kommt eine Fortsetzung der Kryokonservierung von 2-PN-Zellen und Embryonen beim gespaltenen Elternwillen daher zwar nicht zur dauerhaften Lösung dieser Fallgruppe, jedoch als befristete Übergangslösung in Betracht. Hierbei erscheint eine Orientierung an den Vorgaben des britischen Rechts sinnvoll.[725] So sollte den intendierten Eltern im Falle eines fehlenden Konsenses über den weiteren Umgang mit den kryokonservierten 2-PN-Zellen und Embryonen innerhalb einer Frist von einem Jahr (sog. „*cooling-off*"-Periode) die Möglichkeit gegeben werden, sich zu einigen. Wird keine Einigung erlangt, sind die 2-PN-Zellen und Embryonen nach Fristablauf umgehend zu verwerfen bzw. sterben zu lassen. In diesem Fall überwiegt somit die negative Ausprägung des Rechts auf reproduktive Selbstbestimmung des genetischen Vaters bzw. der genetischen Mutter.

Es lässt sich somit festhalten, dass für das Verwerfen kryokonservierter 2-PN-Zellen und das Sterbenlassen kryokonservierter Embryonen die Einwilligung

---

725 Hierzu s. viertes Kapitel, C, I, 4, c.

beider intendierter Eltern gem. § 630d Abs. 1 S. 1 BGB vorliegen muss. Diese Einwilligung kann gem. § 630d Abs. 3 BGB bis zum Verwerfen der 2-PN-Zellen und dem Sterbenlassen der Embryonen widerrufen werden.

Im Falle des gespaltenen Elternwillens bedarf es hierbei jedoch einer Anpassung der gesetzlichen Vorgaben, um eine dauerhafte, kostenintensive Kryokonservierung der 2-PN-Zellen und Embryonen zu verhindern. Hierbei erscheint die Normierung einer sog. „*cooling-off*"-Periode hilfreich, die im Rahmen des Regelungsvorschlages am Ende dieses Abschnitts weiter erörtert wird.[726]

(2). Vorgaben des ESchG

§ 4 Abs. 1 Nr. 1 ESchG enthält keine Bestimmungen bezüglich des Verwerfens kryokonservierter Keimzellen und 2-PN-Zellen bzw. des Sterbenlassens kryokonservierter Embryonen. Eine analoge Anwendung dieser Norm kommt aufgrund des strafrechtlichen Analogieverbotes nicht in Betracht. Somit fehlt es an genauen Bestimmungen des ESchG über die Einwilligung der intendierten Eltern in das Verwerfen bzw. Sterbenlassen des Kryogutes.

Grundsätzlich steht das ESchG einem Verwerfen von Keimzellen und 2-PN-Zellen bzw. einem Sterbenlassen von Embryonen rechtlich indes nicht entgegen.[727] Während 2-PN-Zellen von dem Schutzgehalt des ESchG gar nicht erfasst sind, können selbst entwicklungsfähige und morphologisch nicht auffällige Embryonen sterben gelassen werden, ohne dass dies ein verbotenes Verwenden nach § 2 Abs. 1 ESchG darstellt.[728] Dies beruht darauf, dass das ESchG keine Pflicht beinhaltet, den Embryos *in vitro* zu erhalten.

Demnach kann die medizinische Einrichtung Embryonen *in vitro* sterben lassen, wenn das ursprüngliche Ziel der Herbeiführung einer Schwangerschaft unmöglich geworden ist.[729] Dies ist der Fall, wenn die intendierten Eltern die Kinderwunschbehandlung nicht mehr fortsetzen möchten und ihre Einwilligung in das Sterbenlassen der Embryonen erteilen.

---

726 Hierzu s. viertes Kapitel, C, III, 3.

727 Hierzu s. viertes Kapitel, E, II.

728 HK-AKM/*Schumann*, 66. Akt. (November 2016), Fortpflanzungsmedizin, Rn. 52. Ausführlich zur fehlenden Strafbarkeit eines Verwendens im Rahmen des § 2 Abs. 1 ESchG durch Unterlassen im Sinne der Entsprechungsklausel des § 13 Abs. 1 StGB: Günther/Taupitz/Kaiser/*Günther*, ESchG, 2. Aufl. (2014), C, § 2, Rn. 32 ff.

729 Günther/Taupitz/Kaiser/*Taupitz*, ESchG, 2. Aufl. (2014), C, § 9, Rn. 14 m.w.N.; vgl. *Möller/Hilland*, in: Frister/Olzen, Reproduktionsmedizin, 1. Aufl. (2010), S. 140 f.

b. Aufklärungspflichten

Sowohl für das Einfrieren von Keimzellen, 2-PN-Zellen und Embryonen als auch für das Auftauen des Kryogutes wird ein Behandlungsvertrag mit einem Reproduktionsmediziner geschlossen.[730] Daher ist für die Wirksamkeit der Einwilligung gem. § 630d Abs. 1 S. 1 BGB eine Aufklärung der intendierten Eltern gem. §§ 630d Abs. 2, 630e Abs. 1–4 BGB erforderlich. Ausführliche Angaben zum Inhalt der Aufklärungspflicht, zum Eingriffszweck, dessen Notwendigkeit, des Umfanges und der Durchführung der Maßnahme sowie etwaiger Erfolgsaussichten, sind in der (Muster-)Richtlinie der Bundesärztekammer aufgeführt.[731]

Für die Lagerung des Kryogutes wird mit einer Kryo-Gesellschaft ein separater Kryovertrag geschlossen. Im Falle von Keimzellen sind hierbei die Vorgaben des Verwahrungsvertrages direkt und im Falle von 2-PN-Zellen und Embryonen analog anwendbar. Jedoch beinhalten diese Vorgaben keine Aufklärungspflichten.

Die Wirksamkeit der Einwilligung der intendierten Eltern gem. § 630d Abs. 1 S. 1 BGB in das Verwerfen bzw. Sterbenlassen des Kryogutes setzt eine Aufklärung §§ 630d Abs. 2, 630e Abs. 1–4 BGB voraus. Während somit der genetische Vater bzw. die genetische Mutter bezüglich des Verwerfens kryokonservierter Keimzellen aufzuklären ist, betrifft dies im Falle des Verwerfens von 2-PN-Zellen und des Sterbenlassens Embryonen die intendierten Eltern.

c. Internationaler Vergleich

In anderen Rechtsordnungen sind die Einwilligungsvoraussetzungen für die Kryokonservierung vielfach genau bestimmt. So bedarf es in Großbritannien beispielsweise einer schriftlichen Einwilligung für die Kryokonservierung von Keimzellen und Embryonen (2-PN-Zellen unterfallen dem Embryobegriff), die schriftlich widerrufen werden kann, *Human Fertilisation and Embryology Act 2008, Explanatory Notes, Commentary on Sections, Part 1: Amendments of the Human Fertilisation and Embryology Act 1990, Section 13, No. 74, 77.* Für die Fallgruppe des gespaltenen Elternwillens ist überdies eine sog. „*cooling*

---

730 Vgl. *Möller/Hilland*, in: Frister/Olzen, Reproduktionsmedizin, 1. Aufl. (2010), S. 136 ff.

731 (Muster-)Richtlinie der Bundesärztekammer zur Entnahme und Übertragung von menschlichen Keimzellen im Rahmen der assistierten Reproduktion, DÄBl 2018, S. A 5 ff.

off"-Periode vorgesehen (*No. 78 f.*): Im Falle eines Widerrufs der Einwilligung eines Elternteils in die Kryokonservierung erfolgt die Lagerung für ein weiteres Jahr, wobei das Keimgut in diesem Zeitraum nicht verworfen bzw. sterben gelassen werden kann, solange sich nicht auch der andere Elternteil hierfür ausspricht. Diese Vorschrift ermöglicht somit die Lagerung des Keimgutes für ein weiteres Jahr, während den entgegenstehenden Parteien die Möglichkeit zukommt, eine Lösung für den zukünftigen Umgang mit dem Keimgut zu finden. Können sich diese jedoch nicht einigen, ist gesetzlich bestimmt, dass das Keimgut mit dem Ablauf der Jahresfrist verworfen bzw. sterben gelassen werden kann.

Auch in der Schweiz finden sich Regelungen zur Kryokonservierung. Hiernach erfordert die Kryokonservierung von Keimzellen gem. Art. 15 Abs. 1 S. 1 FMedG die schriftliche Einwilligung des genetischen Elternteils. Wird diese Einwilligung gem. Abs. 3 schriftlich widerrufen, sind die Keimzellen nach Abs. 4 sofort zu verwerfen. Die Kryokonservierung „*imprägnierter Eizellen*" und Embryonen *in vitro* darf gem. Art. 16 Abs. 1 FMedG nur erfolgen, wenn das „*betroffene Paar*" schriftlich eingewilligt hat und die spätere Herbeiführung einer Schwangerschaft bezweckt wird. Nach Abs. 3 steht es hierbei jedem der Partner zu, die Einwilligung jederzeit schriftlich zu widerrufen. Der Widerruf bewirkt nach Abs. 4 S. 1, dass das Keimgut sofort zu verwerfen bzw. sterben zu lassen ist.

d. Ergebnis

aa. Überblick über die Einwilligungserfordernisse des geltenden Rechts

Das Kryonisieren und das Auftauen von Keimzellen erfordert gem. § 630d Abs. 1 S. 1 BGB eine Einwilligung des genetischen Vaters bzw. der genetischen Mutter. Für die Wirksamkeit der Einwilligung bedarf es gem. §§ 630d Abs. 2, 630e Abs. 1–4 BGB einer Aufklärung des genetischen Vaters bzw. der genetischen Mutter. Ein Widerruf der Einwilligung ist gem. gem. § 630d Abs. 3 BGB möglich. Das Kryonisieren und das Auftauen von 2-PN-Zellen und Embryonen erfordert gem. § 630d Abs. 1 S. 1 BGB eine Einwilligung der intendierten Eltern. Auch hier ist eine Aufklärung gem. §§ 630d Abs. 2, 630e Abs. 1–4 BGB erforderlich. Die intendierten Eltern können ihre Einwilligungen gem. § 630d Abs. 3 BGB widerrufen.

Für die Lagerung des Kryogutes wird ein Kryovertrag geschlossen. Im Falle von Keimzellen sind die §§ 688 ff. BGB direkt und bei 2-PN-Zellen und Embryonen analog anwendbar. Unter Berücksichtigung des Rechts auf reproduktive Selbstbestimmung bedarf es für die Lagerung kryokonservierter Keimzellen einer Willenserklärung des genetischen Elternteils, während die Lagerung kryokonservierter 2-PN-Zellen und Embryonen die Willenserklärung der intendierten Eltern voraussetzt.

Für das Verwerfen kryokonservierter Keimzellen ist die Einwilligung des genetischen Elternteils gem. § 630d Abs. 1 S. 1 BGB notwendig. Das Verwerfen kryokonservierter 2-PN-Zellen bzw. das Sterbenlassen kryokonservierter Embryonen erfordert die Einwilligung der intendierten Eltern gem. § 630d Abs. 1 S. 1 BGB. Die Wirksamkeit der Einwilligung setzt voraus, dass eine Aufklärung nach §§ 630d Abs. 2, 630e Abs. 1–4 BGB erfolgt ist. Die Einwilligung kann gem. § 630d Abs. 3 BGB widerrufen werden.

Das Kryonisieren und Auftauen, die Lagerung sowie das Verwerfen bzw. Sterbenlassen des Kryogutes wird von § 4 Abs. 1 Nr. 1 ESchG nicht erfasst. Es fehlt diesbezüglich mithin an strafrechtlichen Vorgaben des ESchG zur Einwilligung und deren Widerruf.

bb. Bewertung

Der Kryokonservierung kommt im Rahmen einer Kinderwunschbehandlung heutzutage eine erhebliche praktische Relevanz zu. Jedoch wird die geltende Rechtslage in Deutschland diesem Verfahren noch nicht gerecht.

Für die Kryokonservierung menschlicher Keimzellen, 2-PN-Zellen und Embryonen sollte daher – wie es bereits in Großbritannien und der Schweiz erfolgt ist – eine eindeutige gesetzliche Regelung geschaffen werden. Hierbei sollten neben den Einwilligungserfordernissen auch genaue Bestimmungen über den Widerruf der Einwilligung und dessen Folgen getroffen werden. Nur so kann dieser ethisch stark überlagerten Thematik in einem angemessenen Rahmen begegnet werden. Im Falle des gespaltenen Elternwillens sollte überdies die Möglichkeit einer psychosozialen Beratung geschaffen werden, um auf einen elterlichen Konsens hinwirken zu können.

II. Einwilligungserfordernisse des Samenspenders

Im Rahmen der heterologen Kinderwunschbehandlung stammt das Keimgut von der genetischen Mutter und dem Samenspender. Inwiefern es für die jeweiligen Abschnitte der Kinderwunschbehandlung auf eine Einwilligung des Samenspenders ankommt, hängt maßgeblich von der Trägerschaft des Rechts auf reproduktive Selbstbestimmung ab. Hier zeigen sich deutliche Unterschiede zu den Einwilligungserfordernissen des genetischen Vaters im homologen Verfahren.

1. *Übertragung des Eigentums an der Samenspende*

Nach der Abgabe der Samenspende übergibt der Spender diese an den Reproduktionsmediziner bzw. die Entnahmeeinrichtung. Zudem überträgt er das Eigentum an der Samenspende gem. § 929 S. 1 BGB an diesen bzw. diese.[732] Hierzu ist er durch den Spendervertrag jedoch nicht verpflichtet. Vielmehr kann er seine Einwilligung in die Abgabe der Samenspende bis zur Erfüllung dieser Verpflichtung widerrufen.[733]

Hat der Samenspender in die heterologe Verwendung seines Samens eingewilligt, verzichtet er mit der Abgabe der Samenspende auf sein Recht auf reproduktive Selbstbestimmung gem. Art. 2 Abs. 1 GG i.V.m. Art. 1 Abs. 1 GG[734] und die spätere Wahrnehmung seines Elternrechts gem. Art. 6 Abs. 2 GG. Anders als der genetische Vater ist der Samenspender somit bereits vor einer Verwendung der Spermien im Rahmen der Kinderwunschbehandlung und demnach vor der Imprägnation der Eizelle nicht mehr Träger des Rechts auf reproduktive Selbstbestimmung. Dies wirkt sich erheblich auf die Einwilligungserfordernisse im Rahmen der heterologen Kinderwunschbehandlung aus.

2. *Gesetzliche Vorgaben zur Einwilligung und Aufklärung des Samenspenders*

Der Gesetzgeber hat das Erfordernis der Einwilligung und der Aufklärung des Samenspenders im Rahmen der heterologen Kinderwunschbehandlung sowohl zivil- als auch strafrechtlich bestimmt. Hierbei sind neben den Regelungen des BGB und des SaRegG auch die Vorgaben des ESchG und des TPG zu berücksichtigen.

a. *Keimzellgewinnung*

aa. *Einwilligungserfordernisse*

Für die Keimzellgewinnung ist gem. § 630d Abs. 1 S. 1 BGB eine Einwilligung des Samenspenders erforderlich.[735] Der Samenspender kann diese Einwilligung

---

732 *Rütz*, Heterologe Insemination – Die rechtliche Stellung des Samenspenders (2008), S. 22; Clausen/Schroeder-Printzen/*Makoski*, Münchener Anwaltshandbuch Medizinrecht, 3. Aufl. (2020), § 19, Rn. 99.

733 Hierzu s. viertes Kapitel, B, III, 2, d.

734 Hierzu s. drittes Kapitel, A, III, 1, b, aa, (2).

735 Vgl. Laufs/Katzenmeier/Lipp/*Lipp*, Arztrecht, 8. Aufl. (2021), VIII, Rn. 40.

gem. § 630d Abs. 3 BGB jederzeit, also bis zur Abgabe der Samenspende, formfrei und ohne Angabe von Gründen widerrufen.

Zudem ist in § 8b Abs. 2, 1 S. 1 TPG bestimmt, dass der Samenspender für die Keimzellgewinnung einwilligungsfähig ist und seine Einwilligung hierzu erteilt hat. Ein Verstoß hiergegen wird gem. § 19 Abs. 1 Nr. 3 TPG mit einer Freiheitsstrafe bis zu fünf Jahren oder mit Geldstrafe bestraft. Die Einwilligung ist gem. § 8b Abs. 1 S. 2 TPG i.V.m. § 8 Abs. 2 S. 4 TPG aufzuzeichnen. Der Samenspender kann die Einwilligung gem. § 8b Abs. 3 TPG i.V.m. § 8 Abs. 2 S. 6 TPG schriftlich, elektronisch oder mündlich widerrufen. Der Widerruf ist unter Berücksichtigung des Verzichts des Samenspenders auf das Recht auf reproduktive Selbstbestimmung bis zur Abgabe der Samenspende möglich.

bb. Aufklärungspflichten

(1). Gesetzliche Aufklärungspflichten

Vor der Abgabe der Samenspende muss der Samenspender von einem Arzt nach den Vorgaben der §§ 630d Abs. 2, 630e Abs. 1–4 BGB aufgeklärt werden. Dies betrifft auch eine Aufklärung über die möglichen Rechtsfolgen der Gewinnung von Spermien. Grund hierfür ist, dass einem Arzt, der auf dem Gebiet der Fortpflanzungsmedizin tätig ist, grundsätzlich ein höherer Wissenstand über die weitreichenden juristischen Konsequenzen einer Samenspende zugeschrieben werden kann als dem Spender selbst.[736] In diesem Sinne setzt bereits die Richtlinie der Bundesärztekammer zur Reproduktionsmedizin ein juristisches Grundwissen des Fortpflanzungsmediziners über die Samenspende voraus.

Der Arzt ist gem. § 630e Abs. 1 BGB unter anderem dazu verpflichtet, den Spender über sämtliche für die Einwilligung wesentlichen Umstände aufzuklären, zu denen auch zu erwartende Risiken und Folgen der Maßnahme zählen.[737] Jedoch verweist die Bundesärztekammer auf die Komplexität der Gesetzeslage sowie die weitreichenden Konsequenzen der Samenspende, weshalb sie in der (Muster-)Richtlinie für die assistierte Reproduktion feststellt: „*Der Arzt nimmt keine rechtliche Beratung vor. Aufgrund der komplexen Gesetzeslage und der*

736 Vgl. *Spickhoff*, VersR 2006, 1569, 1573; *Taupitz/Schlüter*, AcP 205 (2005), 591, 621; Clausen/Schroeder-Printzen/*Makoski*, Münchener Anwaltshandbuch Medizinrecht, 3. Aufl. (2020), § 19, Rn. 35.

737 (Muster-)Richtlinie der Bundesärztekammer zur Entnahme und Übertragung von menschlichen Keimzellen im Rahmen der assistierten Reproduktion, DÄBl 2018, S. A 4.

weitreichenden Konsequenzen wird in diesem Zusammenhang empfohlen, auf die Möglichkeit einer rechtlichen Beratung durch einen Rechtsanwalt oder Notar auch mit Blick auf einen ggf. notariell beglaubigten Vertrag hinzuweisen.“[738]

Das Einwilligungserfordernis des Samenspenders in die Keimzellgewinnung ist zudem in § 8b Abs. 2, 1 S. 1 TPG i.V.m. § 8 Abs. 2, S. 1, 2 TPG normiert. Die Aufklärung hat „*in verständlicher Form*“ zu erfolgen und sich unter anderem auf „*Untersuchungen sowie das Recht, über die Ergebnisse der Untersuchungen unterrichtet zu werden*“ (§ 8 Abs. 2 S. 1 Nr. 2 TPG) oder auf „*die Verarbeitung personenbezogener Daten*“ (§ 8 Abs. 2 S. 1 Nr. 6 TPG) zu beziehen.[739] Ein Verstoß gegen § 8b Abs. 1 S. 1 TPG auch in Verbindung mit Abs. 2 wird gem. § 19 Abs. 1 Nr. 3 TPG bestraft.

Im Falle der offiziellen Samenspende, bei welcher die Spermien eines Samenspenders in einer Entnahmeeinrichtung im Sinne des § 2 Abs. 1 S. 1 SaRegG zur heterologen Verwendung für eine ärztlich unterstützte künstliche Befruchtung gewonnen werden, ergeben sich weitere Aufklärungspflichten aus dem SaRegG.

So ist eine umfassende Aufklärung der Beteiligten aufgrund der hohen Sensibilität der im Samenspenderregister zu erhebenden Daten auch nach den Vorgaben des SaRegG notwendig.[740] Der Inhalt der Aufklärung des Samenspenders ist in § 2 Abs. 1 S. 1 SaRegG normiert. Der Spender ist über den Auskunftsanspruch einer durch heterologe Verwendung des Spendersamens gezeugten Person gem. § 10 SaRegG, die Bedeutung der Kenntnis der eigenen Abstammung für die Entwicklung eines Menschen und die Möglichkeit der Beratung über die Folgen einer Samenspende zu informieren (Nr. 1). Die weiteren relevanten Aspekte der Aufklärung betreffen insbesondere die Pflicht der Entnahmeeinrichtung zur Erhebung personenbezogener Daten des Spenders sowie deren Speicherung (Nr. 2). Auch ist der Spender darüber in Kenntnis zu setzen, dass eine Speicherung der sensiblen Daten des Spenders in dem Samenspenderregister für eine Dauer von 110 Jahren erfolgt (Nr. 3b) und dass das Deutsche Institut für Medizinische Dokumentation und Information (DIMDI) die Anschriftsdaten des Spenders bei der Meldebehörde anfragen kann (Nr. 4). Die Samenspende darf infolgedessen gem. § 3 Abs. 1 SaRegG nur abgegeben werden, wenn

738 (Muster-)Richtlinie der Bundesärztekammer zur Entnahme und Übertragung von menschlichen Keimzellen im Rahmen der assistierten Reproduktion, DÄBl 2018, S. A 7.

739 Zur Aufklärung des Samenspenders nach dem TPG s. Spickhoff/*Scholz*/*Middel*, Medizinrecht, 4. Aufl. (2022), § 8 TPG, Rn. 10 f.

740 *Taupitz*/*Theodoridis*, MedR 2018, 457, 459.

der Spender die Aufklärung nach § 2 Abs. 1 S. 1 SaRegG sowie das Verständnis der Aufklärungsinhalte (S. 2) schriftlich bestätigt hat.[741]

(2). Exkurs: Erfordernis der Aufklärung eines Samenspenders über eine mögliche Verfassungswidrigkeit des § 1600d Abs. 4 BGB?

Wie bereits erörtert, muss der Samenspender vor der Abgabe der Samenspende von einem Arzt auch über die möglichen Rechtsfolgen der Samenspende aufgeklärt werden. Hierbei stellt sich indes die Frage, welchen Umfang diese Aufklärungspflicht hat und ob sich diese auch auf offene Rechtsfragen bezieht.

Vorliegend betrifft dies eine mögliche Aufklärungspflicht über etwaige Rechtsfolgen, die der Samenspender in dem Fall zu erwarten hätte, dass § 1600d Abs. 4 BGB aufgrund einer möglichen Unvereinbarkeit der Solomutterschaft mit dem sog. Zwei-Eltern-Prinzip verfassungswidrig sein sollte.

(a). Verfassungsrechtliche Bedenken an der Solomutterschaft

Mit dem Ausschluss des Samenspenders von der Feststellung als rechtlicher Vater gem. § 1600d Abs. 4 BGB geht das erhöhte Risiko einer rechtlichen Vaterlosigkeit des Kindes einher.

Wehrstedt stellt die Verfassungsmäßigkeit der Solomutterschaft hinsichtlich des Zwei-Eltern-Prinzips des BVerfG[742] gem. Art. 6 Abs. 2 S. 1 GG in Frage.[743] Jedoch ist der Entscheidung des BVerfG zum Zwei-Eltern-Prinzip nicht zu entnehmen, dass ein Kind mindestens zwei rechtliche Eltern haben muss. Vielmehr stellt das BVerfG darauf ab, dass ein Kind höchstens zwei rechtlichen Eltern zugeordnet sein kann.[744]

Dass es im Falle der Solomutterschaft an einem zweiten rechtlichen Elternteil fehlt, da der Spender gem. § 1600d Abs. 4 BGB nicht als rechtlicher Vater festgestellt werden kann,[745] kann sich für das Kind allerdings als problematisch erweisen. Hierbei ist zu berücksichtigen, dass das BVerfG das Kindeswohl als „*oberste Richtschnur*" der Elternverantwortung erachtet.[746] Der Deutsche

---

741 Zur Aufklärung des Spenders nach dem SaRegG s. *Taupitz/Theodoridis*, MedR 2018, 457, 459; *Seebode*, Der Gynäkologe 2018, 633, 634.

742 BVerfGE 108, 82, 101 = BVerfG, NJW 2003, 2151, 2152 f.

743 Vgl. *Wehrstedt*, MittBayNot 2019, 122, 126.

744 BVerfGE 108, 82, 101 = BVerfG, NJW 2003, 2151, 2152 f.; hierzu s. auch *Sanders*, Mehrelternschaft (2018), S. 331 f. Zum Schutz gleichgeschlechtlicher Elternteile durch Art. 6 Abs. 2 S. 1 GG s. BVerfGE 133, 59, 77 ff. = BVerfG, NJW 2013, 847, 849, Rn. 47 ff.

745 Vgl. hierzu *Helms*, Gutachten F zum 71. Deutschen Juristentag (2016), S. F 21.

746 BVerfGE 59, 360, 376 = BVerfG, NJW 1982, 1375, 1376; BVerfGE 60, 79, 88 = BVerfG, NJW 1982, 1379, 1379.

Ethikrat stellte bezüglich der Solo-Mutterschaft im Falle einer Embryoadoption fest, dass dies dem Kind sowohl die rechtliche als auch die ökonomische Sicherheit durch eine zweite Erziehungsperson im Prinzip vorenthalte, auch wenn ein umfassendes soziales Umfeld der Empfängermutter das Kind in emotionaler und sozialer Hinsicht fördern könne. Ferner sei der bewusste Verzicht auf die zweite Elternrolle dem Kindswohl zuwider.[747]

Dem ist beizupflichten. Die bewusste Abkehr vom Zwei-Eltern-Prinzip erfolgt auf Kosten einer rechtlichen und ökonomischen Absicherung des Kindes durch einen zweiten rechtlichen Elternteil sowie einer sozialen Bindung zu diesem. Es ist mithin zu befürchten, dass sich die Solomutterschaft tatsächlich negativ auf das Kindeswohl auswirkt. Daher erscheint eine Vereinbarkeit der Solomutterschaft mit dem Kindeswohl jedenfalls zweifelhaft. Möglicherweise hat das BVerfG somit zukünftig über die Verfassungsmäßigkeit des § 1600d Abs. 4 BGB im Falle der Solomutterschaft zu entscheiden.

Zur Beschränkung oder Verhinderung des Aufkommens rechtlicher Vaterlosigkeit könnte unter anderem die Vorgabe bestimmt werden, dass Samenspenden auf Grundlage des bestehenden Rechts nur für eine Kinderwunschbehandlung von Paaren verwendet werden sollten.[748] Ferner könnte eine Gesamtreform des Abstammungsrechts angebracht sein, um eine schnelle und zuverlässige Zuordnung des Kindes zu einem zweiten rechtlichen Elternteil zu gewährleisten, auch wenn die Mutter zum Zeitpunkt der Geburt nicht gem. § 1592 Nr. 1 BGB verheiratet ist, da eine Vaterschaftsanerkennung gem. § 1592 Nr. 2 BGB oder eine Stiefkindadoption bei lesbischen Paaren nicht in jedem Fall erfolgt.[749] Alternativ könnte im Rahmen eines neuen Reformentwurfes jedoch auch die Vorgabe eingeführt werden, dass es der Einwilligung des Samenspenders in die Solomutterschaft bedarf.[750]

(b). Rechtsfolgen einer möglichen Verfassungswidrigkeit des § 1600d Abs. 4 BGB

Sollte § 1600d Abs. 4 BGB verfassungswidrig sein und vom Bundestag aufgehoben werden, stellt sich die Frage, ob die Vaterschaft eines Samenspenders,

---

747 Deutscher Ethikrat, Stellungnahme „*Embryospende, Embryoadoption und elterliche Verantwortung*“ (2016), S. 109, 132.

748 Vgl. *Runge-Rannow*, ZRP 2017, 43, 46; *Schumann*, in: Beier/Brügge/Thorn/Wiesemann, Assistierte Reproduktion mit Hilfe Dritter (2020), S. 82.

749 *Helms*, FamRZ 2017, 1537, 1541.

750 In dem Spendervertrag, der dem Anhang beigefügt ist, wird eine solche Einwilligung bereits vorausgesetzt, s. Spendervertrag, Ziff. 9.

dessen Spende erst nach dem Inkrafttreten des § 1600d Abs. 4 BGB verwendet wurde, auch rückwirkend festgestellt werden könnte.

Aufgrund der genetischen Verbindung des Samenspenders zum Kind wäre die rechtliche Vaterschaft als gegenwärtiger, nicht abgeschlossener Sachverhalt zu erachten. Die Feststellung der Vaterschaft würde auf zukünftige Rechtsbeziehungen zwischen dem Samenspender und dem Kind einwirken. Zugleich wären die damit einhergehenden Verpflichtungen des Samenspenders als nachträgliche Entwertungen seiner betroffenen Rechtspositionen anzusehen. Es läge somit ein Fall der unechten Rückwirkung vor. Diese ist verfassungsrechtlich grundsätzlich zulässig, wobei jedoch Begrenzungen durch den Grundsatz des Vertrauensschutzes und das Verhältnismäßigkeitsprinzip bestehen können.[751]

Fraglich ist mithin, ob das Vertrauensschutzinteresse des Bürgers in den Bestand der Rechtsordnung das Rücknahmeinteresse des Staates, wonach verfassungswidrigen Gesetzen keine Rechtswirkung zukommen soll, überwiegt. Hierbei würde dem Bestandsinteresse des Samenspenders, welches dem Rechtsstaatsprinzip aus Art. 20 Abs. 3 GG zu entnehmen ist,[752] das Recht des Kinds auf Zuordnung zu beiden Elternteilen gem. Art. 2 Abs. 1 GG i.V.m. Art. 6 Abs. 2 GG gegenüberstehen.[753] Der Samenspender würde jedoch kein Vertrauensschutz auf eine verfassungskonforme Norm, sondern vielmehr auf eine verfassungswidrige Norm geltend machen. Ob sein Vertrauensschutz in dieser Rückwirkungskonstellation überhaupt zum Tragen kommt, ist daher bereits zweifelhaft. Es ist letztlich anzunehmen, dass das Recht des Kindes auf eine Zuordnung zum Samenspender höher zu gewichten wäre als das Recht des Samenspenders auf Bestandsschutz, wodurch dieser eine Zuordnung verhindern möchte. Eine unechte Rückwirkung wäre daher gerechtfertigt.

Könnte der Samenspender somit nachträglich als rechtlicher Vater festgestellt werden, hätte dies zur Folge, dass er dem Kind zur Zahlung des Kindesunterhaltes verpflichtet wäre und erbrechtliche Ansprüche bestehen.

---

751 BVerfGE 101, 239, 263 = BVerfG, NJW 2000, 413, 415.

752 Sachs/*Sachs*, GG, 9. Aufl. (2021), Art. 20, Rn. 131 ff. m.w.N.

753 Statt vieler: BVerfGE 133, 59, 73 ff. = BVerfG, NJW 2013, 847, 848, Rn. 40 ff.; BGHZ 203, 350, 362, Rn. 41 = BGH, NJW 2015, 479, 482 f. Rn. 41; zur Gewährleistung der Zuordnung des Kindes zu den Eltern s. *Schumann*, in: Beier/Brügge/Thorn/Wiesemann, Assistierte Reproduktion mit Hilfe Dritter (2020), S. 79 m.w.N.

(c). Aufklärung über eine mögliche Verfassungswidrigkeit des § 1600d Abs. 4 BGB als vertragliche Nebenpflicht?

Dem Samenspender können Schadensersatzansprüche gem. § 280 Abs. 1 BGB zustehen, wenn er dadurch finanzielle Einbußen erleidet, dass er wider Erwarten zu Unterhaltszahlungen an das Kind bzw. dessen Mutter verpflichtet ist.[754] Hierfür bedarf es jedoch einer Pflichtverletzung durch die Entnahmeeinrichtung bzw. den behandelnden Arzt. Eine solche Pflichtverletzung könnte in Form einer unzureichenden Risikoaufklärung des Samenspenders liegen.[755]

Die Aufklärung des Samenspenders über eine mögliche Verfassungswidrigkeit des § 1600d Abs. 4 BGB könnte daher als vertragliche Nebenpflicht des Spendervertrages zu erachten sein. Die Frage nach der möglichen Verfassungswidrigkeit des § 1600d Abs. 4 BGB setzt grundlegende juristische Kenntnisse voraus. Jedoch betrifft sie mit der Samenspende einen Bereich, in dem auch ein Fortpflanzungsmediziner ein gewisses juristisches Fachwissen vorweisen kann. Der Grundsatz des Vertrauensschutzes gem. Art. 20 Abs. 3 GG erlaubt es, sich auf die Rechtmäßigkeit einer geltenden Norm zu verlassen. Da in Bezug auf die Verfassungsmäßigkeit des § 1600d Abs. 4 BGB jedoch ein rechtlicher Diskurs andauert, könnte auch ein Reproduktionsmediziner an einem dauerhaften Fortbestehen dieser Bestimmung zweifeln. Demnach kann eine Aufklärung des Samenspenders über mögliche wirtschaftliche Folgen der Samenspende, die sich zukünftig aus einer Verfassungswidrigkeit des § 1600d Abs. 4 BGB ergeben könnten, durchaus als rechtliche Nebenpflicht des Spendervertrages angesehen werden.

Um sich rechtlich abzusichern, sollte die Entnahmeeinrichtung bzw. der behandelnde Arzt den Samenspender somit darüber aufklären, dass die neue Rechtslage zur Feststellung der Vaterschaft möglicherweise nicht von Dauer ist. Entscheidend ist, dass der Samenspender Kenntnis davon erlangt, dass er in Zukunft entgegen der geltenden Rechtslage als rechtlicher Vater festgestellt werden und demnach auch unterhaltspflichtig sein könnte. Darüber hinaus sollte dem Samenspender eine rechtliche Beratung durch einen Rechtsanwalt oder Notar nahegelegt werden.[756]

---

754 *Taupitz/Schlüter*, AcP 205 (2005), 591, 621 ff.

755 *Spickhoff*, VersR 2006, 1569, 1573.

756 Einer Aufklärung über juristische Risiken stimmen auch *Taupitz/Schlüter*, AcP 205 (2005), 591, 621, Fn. 99 m.w.N. zu.

Spickhoff wirft indes die Frage auf, ob der behandelnde Arzt bzw. die Entnahmeeinrichtung neben der Aufklärung im Spendervertrag einen vertraglichen Haftungsausschluss bzgl. des Ersatzes etwaiger Unterhaltszahlungen des Kindes gegenüber dem Spender vereinbaren könnte, um etwaige Ansprüche des Spenders

b. Ärztlich assistierte Befruchtung

aa. Einwilligungserfordernisse

Die ärztlich assistierte Befruchtung bedarf gem. § 630d Abs. 1 S. 1 BGB der Einwilligung des Samenspenders.

Zudem ist die Einwilligung des Samenspenders in die ärztlich assistierte Befruchtung gem. § 4 Abs. 1 Nr. 1 ESchG erforderlich. Hierbei ist zu berücksichtigen, dass sich die Einwilligung auch auf die Anzahl der Eizellen, die befruchtet werden, zu beziehen hat.[757] In der Praxis willigt der Samenspender pauschal in die heterologe Verwendung seines Spendersamens ein, sodass die Möglichkeit zur wiederholten Verwendung des Spendersamens – beispielsweise zur Zeugung von Vollgeschwistern – nicht begrenzt wird.[758]

Der Samenspender muss gem. § 8b Abs. 1 S. 1 TPG einwilligungsfähig sein. Das Erfordernis seiner Einwilligung in die ärztlich assistierte Befruchtung ist in § 8b Abs. 2, 1 S. 1 TPG i.V.m. § 8 Abs. 2 S. 1, 2 TPG bestimmt. Ein Verstoß hiergegen wird gem. § 19 Abs. 1 Nr. 3 TPG bestraft.

Da der Samenspender mit der Abgabe der Samenspende auf sein Recht auf reproduktive Selbstbestimmung gem. Art. 2 Abs. 1 GG i.V.m. Art. 1 Abs. 1 GG verzichtet, während der genetische Vater auch nach der Keimzellgewinnung noch Träger dieses Rechts ist, bestehen hier Unterschiede zwischen dem homologen und dem heterologen Verfahren.

---

auf Schadensersatz auszuschließen. Jedoch wäre ein solcher Haftungsausschluss bereits von vornherein unwirksam, wenn darin eine Vorsatzhaftung (§ 276 Abs. 3 BGB) oder eine Haftung auch für grobe Fahrlässigkeit (§ 309 Nr. 7b BGB) ausgeschlossen wird. Er erachtet einen solchen Haftungsausschluss jedoch gem. § 138 Abs. 1 BGB als sittenwidrig. Eine weitere Möglichkeit der Entnahmeeinrichtung oder des behandelnden Arztes, eine Inanspruchnahme des Samenspenders zu umgehen, könnte die Absicherung des Spenders durch einen Schuldbeitritt der Wunscheltern darstellen. Dies ist grundsätzlich zulässig, jedoch kann eine mögliche Zahlungsunfähigkeit der Wunscheltern nicht ausgeschlossen werden, *Spickhoff*, VersR 2006, 1569, 1573.

757 Günther/Taupitz/Kaiser/*Taupitz*, ESchG, 2. Aufl. (2014), C, § 4 ESchG, Rn. 9; *Frister/Börgers*, in: Frister/Olzen, Reproduktionsmedizin, 1. Aufl. (2010), S. 106.

758 Dass die Samenspende für eine Vielzahl von Befruchtungen verwendet werden kann, wird in dem Spendervertrag, der dem Anhang beigefügt ist, im Rahmen der Aufklärung des Samenspenders in Ziff. 6 verdeutlicht: „*Mir ist bewusst, dass bei der Geburt eines oder mehrerer auf diese Art und Weise gezeugten Kinder keine rechtliche Vaterschaft entsteht.*“.

bb. Aufklärungspflichten

Damit die Einwilligung in die ärztlich assistierte Befruchtung einer Eizelle wirksam ist, muss der Samenspender zunächst gem. §§ 630d Abs. 2, 630e Abs. 1–4 BGB aufgeklärt werden.

Auch die Wirksamkeit der Einwilligung des Samenspenders gem. § 4 Abs. 1 Nr. 1 ESchG erfordert eine umfassende ärztliche Aufklärung.

In § 8b Abs. 2, 1 S. 1 TPG i.V.m. § 8 Abs. 2, S. 1, 2 TPG sind Aufklärungserfordernisse enthalten, die sich zwar auf die Gewinnung von menschlichen Samenzellen beziehen, jedoch sollen diese eine Verwendung im Rahmen einer „*medizinisch unterstützte*[n] *Befruchtung*" finden. Demnach bestimmt sich eine Aufklärung des Samenspenders in die ärztlich assistierte Befruchtung grundsätzlich auch anhand des § 8b Abs. 2, 1 S. 1 TPG i.V.m. § 8 Abs. 2, S. 1, 2 TPG.

cc. Widerruf der Einwilligung

Der Samenspender kann seine Einwilligung in die ärztlich assistierte Befruchtung gem. § 630d Abs. 3 BGB formlos jederzeit und ohne Angabe von Gründen widerrufen.

Es bestehen jedoch Unterschiede zur Widerrufsmöglichkeit der Einwilligung des genetischen Vaters im homologen Verfahren, da der Samenspender mit der Abgabe der Samenspende auf sein Recht auf reproduktive Selbstbestimmung gem. Art. 2 Abs. 1 GG i.V.m. Art. 1 Abs. 1 GG verzichtet. Im Gegensatz zum genetischen Vater ist der Samenspender nach der Keimzellgewinnung mithin nicht länger Träger dieses Rechts. Unter Berücksichtigung dieser verfassungsrechtlichen Vorgaben ist „*jederzeit*" i.S.d. § 630d Abs. 3 BGB somit verfassungsrechtlich dahingehend zu auszulegen, dass der Samenspender seine Einwilligung in die ärztlich assistierte Befruchtung lediglich bis zur Abgabe der Samenspende widerrufen kann.

Wie bereits im Falle der genetischen Eltern[759] umfasst § 4 Abs. 1 Nr. 1 ESchG unter Berücksichtigung des Rechts des Samenspenders auf reproduktive Selbstbestimmung auch den Widerruf seiner Einwilligung in die ärztlich assistierte Befruchtung.[760] Zudem ist der Widerruf der Einwilligung des Samenspenders in die ärztlich assistierte Befruchtung (schriftlich, elektronisch oder mündlich) in § 8b Abs. 3 TPG i.V.m. § 8 Abs. 2 S. 6 TPG normiert.

---

759 Hierzu s. viertes Kapitel, C, I, 2, c, aa.

760 Vgl. HK-AKM/*Schumann*, 66. Akt. (November 2016), Fortpflanzungsmedizin, Rn. 30.

Auch in diesen beiden Fällen bestimmt sich der letztmögliche Zeitpunkt des Widerrufs der Einwilligung des Samenspenders anhand der Trägerschaft des Rechts auf reproduktive Selbstbestimmung. Da er mit der Abgabe der Samenspende auf dieses Recht verzichtet, kann er seine Einwilligung in die ärztlich assistierte Befruchtung infolge des Verzichts nicht mehr widerrufen.

c. *Embryotransfer*

Aufgrund des Verzichts des Samenspenders auf das Recht auf reproduktive Selbstbestimmung mit der Abgabe der Samenspende ist seine Einwilligung für den Embryotransfer gem. § 630d Abs. 1 S. 1 BGB nicht erforderlich.[761] Auch das ESchG enthält keine Vorgaben zur Einwilligung des Samenspenders in den Embryotransfer.

Wie bereits erörtert, ist § 8b Abs. 1 S. 1 TPG kein Einwilligungserfordernis in den Embryotransfer zu entnehmen, da die Vorgaben des TPG im Falle von 2-PN-Zellen und Embryonen, bei denen es sich nicht um Gewebe im Sinne des § 1a Nr. 4 TPG handelt, nicht einschlägig sind.[762]

Für den Embryotransfer bedarf es mithin keiner Einwilligung des Samenspenders. Hat dieser auf sein Recht auf reproduktive Selbstbestimmung verzichtet, kann er den späteren Embryotransfer somit nicht verhindern.

d. *Kryokonservierung*

Der Verzicht des Samenspenders auf sein Recht auf reproduktive Selbstbestimmung gem. Art. 2 Abs. 1 GG i.V.m. Art. 1 Abs. 1 GG mit der Abgabe der Samenspende wirkt sich auch im Rahmen der Kryokonservierung entscheidend auf die Einwilligungserfordernisse aus.

So ist das Recht des Samenspenders auf reproduktive Selbstbestimmung – anders als beim genetischen Vater – weder beim Kryonisieren und Auftauen noch beim Verwerfen der Keimzellen betroffen. Daher bedarf es hierfür keiner Einwilligung des Samenspenders gem. § 630d Abs. 1 S. 1 BGB. Bei der Lagerung der Keimzellen nach den Vorgaben des Verwahrungsvertrages gem. §§ 688 ff. BGB besteht aufgrund des Verzichts auf das Recht auf reproduktive Selbstbestimmung ebenfalls kein Einwilligungserfordernis des Samenspenders.

---

761 Hierzu s. drittes Kapitel, A, III, 1, b, aa, (2).

762 Hierzu s. viertes Kapitel, C, I, 3, a, cc. Anders hingegen Spickhoff/*Scholz/Middel*, Medizinrecht, 4. Aufl. (2022), §§ 8b TPG, Rn. 3: Das Gesetz enthalte keine Beschränkung des Widerrufsrechts bis zu einem bestimmten Stadium, sodass eine Widerrufsmöglichkeit bis zur Vornahme des Embryotransfer bestehe.

Wie bereits erörtert, enthält das ESchG keine Regelungen bzgl. der Einwilligungserfordernisse für das Kryonisieren, Lagern, Auftauen und Verwerfen von Keimzellen,[763] sodass es diesbezüglich auch strafrechtlich keiner Einwilligung des Samenspenders bedarf.

3. *Pauschale Einwilligung vor der Abgabe der Samenspende*

In der Praxis wird eine Einwilligung des Samenspenders in die ärztlich assistierte Befruchtung einer Eizelle bzw. die Kryokonservierung des Spendersamens nicht erst dann eingeholt, wenn dies im konkreten Fall durchgeführt werden soll. Vielmehr gibt der Samenspender bereits vor der Abgabe der Samenspende eine pauschale Einwilligung in die Verwendung seines Spendersamens im Rahmen der heterologen Kinderwunschbehandlung ab. Dies ist ebenfalls in dem Spendervertrag, der dem Anhang beigefügt ist, bestimmt: „*Nach der Aufklärung und ausreichend Bedenkzeit bestätige ich, dass ich die Aufklärungsinhalte verstanden habe. Darüber hinaus willige ich in die Samenspende und die heterologe Verwendung des Samens im Rahmen einer ärztlich unterstützten künstlichen Befruchtung durch eine EmV ausdrücklich ein. Mir ist bewusst, dass bei der Geburt eines oder mehrerer auf diese Art und Weise gezeugten Kinder keine rechtliche Vaterschaft entsteht.*“[764]

Eine derartige Regelung des Einwilligungserfordernisses des Samenspenders überzeugt. So verdeutlicht eine Auslegung der Willenserklärung des Samenspenders gem. §§ 133, 157 BGB, dass diese Regelung den Interessen der Beteiligten, also des Samenspenders, der genetischen Mutter, des Wunschelternteils und auch dem Arzt bzw. dem Inhaber der Entnahmeeinrichtung,[765] entspricht:

Der Wille des Samenspenders bezieht sich bei der Abgabe der Samenspende nicht darauf, Einfluss auf die späteren Abschnitte der heterologen Kinderwunschbehandlung nehmen zu können. Da ihm das standardisierte Vorgehen bei einer heterologen Kinderwunschbehandlung bewusst ist, hat er kein Interesse an einem Widerruf seiner Einwilligung zu einem späteren Zeitpunkt, der die (weitere) Durchführung der Kinderwunschbehandlung verhindern

---

763 Hierzu s. viertes Kapitel, C, I, 4, a, aa, (2), bb, (2), cc, (2).

764 Spendervertrag, Ziff. 6.

765 Unter einer Entnahmeeinrichtung ist gem. § 2 Abs. 1 S. 1 SaRegG eine Einrichtung zu verstehen, in der Samen zur heterologen Verwendung für eine ärztlich assistierte Befruchtung gewonnen wird.

könnte. Er gibt die Samenspende primär fremdnützig ab, um den intendierten Eltern die Erfüllung des Kinderwunsches zu ermöglichen. Dafür erhält er eine Aufwandsentschädigung.[766] Die genetische Mutter bzw. die intendierten Eltern haben ein erhebliches Interesse an einer selbstbestimmten Durchführung der heterologen Kinderwunschbehandlung, ohne dass der Samenspender, der selbst keine Elternschaft anstrebt, diese beeinflussen kann. Dem Arzt bzw. dem Inhaber der Entnahmeeinrichtung ist ein wirtschaftliches Interesse daran zuzuschreiben, dass der Samenspender nach der Abgabe der Spende über diese nicht länger verfügen kann. Die Möglichkeit zur uneingeschränkten Verwendung der abgegebenen Samenspende im heterologen Verfahren ist für diesen von großer Bedeutung.

Dadurch, dass es nach der Abgabe der Spende keiner weiteren Einwilligung des Samenspenders in die jeweilige Verwendung seines Spendersamens und die bestimmten Verfahrensabschnitte bedarf, wird der fremdnützigen Ausgestaltung der Samenspende Rechnung getragen. Außerdem wird damit die Möglichkeit der genetischen Mutter bzw. der intendierten Eltern zur Zeugung von Vollgeschwistern, die von einem bestimmten Samenspender stammen, gesichert. Eine pauschale Einwilligung des Samenspenders vor der Abgabe der Spende berücksichtigt demnach die Interessen der an der heterologen Kinderwunschbehandlung beteiligten Personen.

Es bleibt daher festzuhalten, dass der Samenspender vor der Abgabe der Samenspende eine pauschale Einwilligung in die Verwendung seines Spendersamens in der heterologen Kinderwunschbehandlung abgibt. Diese Einwilligung umfasst eine Vielzahl von Befruchtungen und ist nach der Abgabe der Spende unwiderruflich. Hat der Samenspender in die heterologe Verwendung der Samenspende eingewilligt, überträgt er das Eigentum an der Samenspende mit deren Abgabe an die Entnahmeeinrichtung bzw. den Reproduktionsmediziner. Zudem verzichtet er mit der Abgabe der Samenspende diesbezüglich auf sein Recht auf reproduktive Selbstbestimmung gem. Art. 2 Abs. 1 GG i.V.m. Art. 1 Abs. 1 GG und die spätere Wahrnehmung seines Elternrechts gem. Art. 6 Abs. 2 GG.

---

766 Spendervertrag, Ziff. 5: „*Für jede die o. g. Qualitätskriterien erfüllende Samenspende wird, in der Regel innerhalb eines Monats, eine Aufwandsentschädigung per Überweisung gezahlt. Zunächst erhält der Spender 35 Euro. Weitere 45 Euro werden bei erneut infektionsserologisch unauffälliger Untersuchung nach mehr als 180 Tagen Quarantänezeit überwiesen.*“.

4. *Ergebnis*

Aufgrund des Verzichts des Samenspenders auf sein Recht auf reproduktive Selbstbestimmung gem. Art. 2 Abs. 1 GG i.V.m. Art. 1 Abs. 1 GG mit der Abgabe der Samenspende bestehen deutliche Unterschiede zwischen den Einwilligungserfordernissen des Samenspenders im heterologen Verfahren und des genetischen Vaters im homologen Verfahren.

So willigt der Samenspender mit dem Spendervertrag pauschal in die heterologe Verwendung der Samenspende und demnach in eine Vielzahl von Befruchtungen ein. Diese Einwilligung ist nach der Abgabe der Samenspende unwiderruflich. Die erforderlichen Einwilligungen des Samenspenders betreffen die Keimzellgewinnung und die ärztlich assistierte Befruchtung einer Eizelle mit dem Spendersamen, während weder für einen Embryotransfer noch für die Kryokonservierung der Keimzellen des Samenspenders dessen Einwilligung notwendig ist.

Die pauschale Einwilligung bezieht sich auf die folgenden gesetzlichen Vorgaben des BGB, SaRegG, ESchG und TPG:

Gem. § 630d Abs. 1 S. 1 BGB bedarf es für die Keimzellgewinnung der Einwilligung des Samenspenders. Vor der Abgabe der Samenspende muss der Samenspender von einem Arzt gem. §§ 630d Abs. 2, 630e Abs. 1–4 BGB umfassend – auch über mögliche Rechtsfolgen der Keimzellgewinnung – aufgeklärt werden. Bei einer offiziellen Samenspende ist der Samenspender zudem gem. § 2 Abs. 1 S. 1 SaRegG aufzuklären. Die Samenspende darf gem. § 3 Abs. 1 SaRegG nur abgegeben werden, wenn der Samenspender die Aufklärung gem. § 2 Abs. 1 S. 1 SaRegG und das Verständnis der Aufklärungsinhalte (S. 2) schriftlich bestätigt hat. Der einwilligungsfähige Samenspender muss ferner gem. § 8b Abs. 2, 1 S. 1 TPG aufgeklärt werden und seine Einwilligung in die Keimzellgewinnung erteilen. Ein Verstoß hiergegen wird gem. § 19 Abs. 1 Nr. 3 TPG bestraft.

Der Samenspender kann seine Einwilligung in die Keimzellgewinnung bis zur Abgabe der Samenspende gem. § 630d Abs. 3 BGB und § 8b Abs. 3 TPG i.V.m. § 8 Abs. 2 S. 6 TPG widerrufen.

Die ärztlich assistierte Befruchtung erfordert, dass der Samenspender gem. §§ 630d Abs. 2, 630e Abs. 1–4 BGB aufgeklärt wird und seine Einwilligung gem. § 630d Abs. 1 S. 1 BGB erteilt. Auch gem. § 4 Abs. 1 Nr. 1 ESchG ist eine Aufklärung und Einwilligung des Samenspenders erforderlich. Die Einwilligung hat sich auf die Anzahl der Eizellen, die befruchtet werden, zu beziehen. In der Praxis erfolgt dies durch die pauschale Einwilligung in die heterologe Verwendung des Spendersamens. Ein weiteres Erfordernis zur Aufklärung und

Einwilligung des gem. § 8b Abs. 1 S. 1 TPG einwilligungsfähigen Samenspenders besteht gem. § 8b Abs. 2, 1 S. 1 TPG i.V.m. § 8 Abs. 2 S. 1, 2 TPG. Ein Verstoß hiergegen wird gem. § 19 Abs. 1 Nr. 3 TPG bestraft.

Bis zur Abgabe der Samenspende kann der Samenspender seine Einwilligung in die ärztlich assistierte Befruchtung gem. § 630d Abs. 3 BGB, § 4 Abs. 1 Nr. 1 ESchG und § 8b Abs. 3 TPG i.V.m. § 8 Abs. 2 S. 6 TPG widerrufen.

III. Regelungsvorschlag *de lege ferenda*

1. Einwilligung in die ärztlich assistierte Befruchtung

In einem Fortpflanzungsmedizingesetz sollte bestimmt werden, dass die ärztlich assistierte Befruchtung einer Eizelle die Einwilligung der intendierten Eltern voraussetzt. Diese können ihre Einwilligungen bis zur Imprägnation der Eizelle widerrufen. Es sollte explizit normiert werden, dass das Einwilligungserfordernis des Wunschelternteils vom Fortbestehen der Partnerschaft mit der genetischen Mutter bzw. dem Vorliegen eines Einverständnisses in die gemeinsame Elternschaft abhängt. Unter Berücksichtigung der erheblichen Tragweite der Einwilligungen im Rahmen der Kinderwunschbehandlung sollte für die Einwilligungen aus Rechtsschutzgründen ein Schriftformerfordernis bestehen.

In einem Fortpflanzungsmedizingesetz sollte überdies bestimmt werden, dass im heterologen Verfahren zudem die Einwilligung des Samenspenders in die ärztlich assistierte Befruchtung erforderlich ist. Hierbei sollte festgelegt werden, dass er die Einwilligung nur bis zur Abgabe der Spende widerrufen kann. Der mit der Abgabe der Samenspende erfolgende Verzicht des Samenspenders auf sämtliche an der Samenspende bestehenden Rechte sollte gesetzlich ebenfalls explizit normiert werden.

2. Einwilligung in den Embryotransfer

Ein Fortpflanzungsmedizingesetz sollte die Einwilligungserfordernisse im Rahmen des Embryotransfers genau bestimmen, um einer Rechtsunsicherheit im Falle des gespaltenen Elternwillens entgegenzuwirken. Hierbei sollten die Unterschiede im homologen und heterologen Verfahren berücksichtigt werden. Zudem sollte auch hier ein Schriftformerfordernis an die Einwilligungen und deren Widerruf geknüpft werden.

Im homologen Verfahren sollte explizit bestimmt werden, dass die schriftliche Einwilligung beider genetischer Eltern für die Vornahme des

Embryotransfers erforderlich ist. Für das heterologe Verfahren sollte einfachgesetzlich festgelegt werden, dass es der schriftlichen Einwilligung der genetischen Mutter und – sofern diese die Kinderwunschbehandlung gemeinsam mit einem Wunschelternteil durchführen möchte – des Wunschelternteils bedarf. Da der Wunschelternteil ebenfalls die Erlangung der (rechtlichen) Elternschaft anstrebt, sollte seine Rechtsposition durch die Normierung dieses Einwilligungserfordernisses gestärkt werden. Die Stärkung der Rechte des Wunschelternteils wirkt sich nicht unverhältnismäßig zu Lasten der genetischen Mutter aus. Grund hierfür ist, dass die genetische Mutter die Kinderwunschbehandlung gemeinsam mit dem Wunschelternteil durchführen möchte.

Ferner sollte normiert werden, dass die Einwilligungen bis zur Vornahme des Embryotransfers schriftlich widerrufen werden können. Im heterologen Verfahren sollte jedoch das Fortbestehen der Paarbeziehung zwischen der genetischen Mutter und dem Wunschelternteil dahingehend von Bedeutung sein, dass der Wunschelternteil nach einer Trennung von der genetischen Mutter die Vornahme des Embryotransfers durch einen Widerruf seiner ursprünglich abgegebenen Einwilligung nicht mehr verhindern kann. Eine Ausnahme hiervon sollte indes den Fall betreffen, dass ein Einverständnis der genetischen Mutter und des Wunschelternteils hinsichtlich einer gemeinsamen Elternschaft vorliegt.

3. *Einwilligung in die Kryokonservierung*

In einem Fortpflanzungsmedizingesetz sollten die Einwilligungserfordernisse in Bezug auf die Kryokonservierung von Keimzellen, 2-PN-Zellen und Embryonen genau bestimmt werden. Die Kryokonservierung wird in der Fortpflanzungsmedizin täglich angewandt und ihre Bedeutung wächst stetig. Wie bereits in zahlreichen europäischen Ländern sollte es daher auch in Deutschland eindeutige Vorgaben zu den Einwilligungen der intendierten Eltern bezüglich der Kryokonservierung geben. Damit ließe sich eine Berücksichtigung des Rechts der genetischen Eltern auf reproduktive Selbstbestimmung gem. Art. 2 Abs. 1 GG i.V.m. Art. 1 Abs. 1 GG sowie des Rechts des Wunschelternteils auf Familiengründung gem. Art. 6 Abs. 1 GG sicherstellen.

Es sollte einfachgesetzlich explizit normiert werden, dass das Kryonisieren und Auftauen von Keimzellen die schriftliche Einwilligung des genetischen Vaters bzw. der genetischen Mutter und das Kryonisieren und Auftauen von 2-PN-Zellen und Embryonen die schriftliche Einwilligung der intendierten

Eltern erfordert. Diese Einwilligungen sollten bis zum Kryonisieren bzw. Auftauen des Kryogutes schriftlich widerrufen werden können.

Ferner sollte explizit bestimmt werden, dass es für die Lagerung kryokonservierter Keimzellen der schriftlichen Einwilligung des genetischen Vaters bzw. der genetischen Mutter bedarf, während die Lagerung kryokonservierter 2-PN-Zellen und Embryonen die schriftliche Einwilligung der intendierten Eltern voraussetzen sollte.

Auch eine Regelung bezüglich des Verwerfens bzw. Sterbenlassens des Kryogutes sollte geschaffen werden. Hiernach sollte explizit bestimmt werden, dass das Verwerfen von Keimzellen die schriftliche Einwilligung des genetischen Vaters bzw. der genetischen Mutter erfordert. Demgegenüber sollte das Verwerfen von 2-PN-Zellen bzw. das Sterbenlassen von Embryonen die schriftliche Einwilligung der intendierten Eltern voraussetzen. Ein schriftlicher Widerruf dieser Einwilligungen sollte bis zum Verwerfen der Keimzellen und 2-PN-Zellen bzw. dem Sterbenlassen der Embryonen möglich sein.

Im Falle des gespaltenen Elternwillens bezüglich des Verwerfens von 2-PN-Zellen und des Sterbenlassens von Embryonen sollte eine kostenintensive dauerhafte Kryokonservierung verhindert werden, die mit dem objektiv-rechtlichen Schutzgehalt der Menschenwürde gem. Art. 1 Abs. 1 GG, dem 2-PN-Zellen und Embryonen unterfallen, unvereinbar ist. Um dieser Fallgruppe angemessen begegnen zu können, sollte den intendierten Eltern nach den Vorgaben des britischen Rechts eine „*cooling-off*"-Periode gewährt werden:

Stimmt lediglich ein intendierter Elternteil dem Verwerfen bzw. Sterbenlassen zu, sollten 2-PN-Zellen demnach nicht unmittelbar zu verwerfen sein und Embryonen nicht unmittelbar sterben gelassen werden. Vielmehr sollte für diesem Fall gesetzlich eine Frist von einem Jahr bestimmt werden, in der die streitenden Parteien einen Kompromiss über den Umgang mit den kryokonservierten 2-PN-Zellen oder Embryonen finden und somit gemeinsam über den Verbleib ihres Keimgutes entscheiden können. Hierbei sollte ihnen die Möglichkeit einer psychosozialen Beratung gegeben werden, um auf einen Konsens hinzuwirken. Die „*cooling-off*"-Periode sollte enden, wenn ein übereinstimmender Wille der intendierten Eltern vorliegt. Dieser Wille kann sich auf ein Verwerfen bzw. Sterbenlassen, eine Fortdauer der Kryokonservierung, eine Fortsetzung der Kinderwunschbehandlung oder eine Spende des Keimgutes beziehen. Können sich beide indes nicht einigen, sollte das Keimgut unmittelbar nach Ablauf der Jahresfrist zu verwerfen sein bzw. sterben gelassen werden.

D. Gewinnung und Verwendung von Samenzellen zur ärztlich assistierten Befruchtung

Bei der Keimzellgewinnung und der späteren Verwendung von Keimzellen für eine ärztlich assistierte Befruchtung sind diverse gesetzliche Vorgaben zu beachten.

I. Einrichtungen zur Keimzellentnahme, -untersuchung, -lagerung und -verwendung

Damit eine Entnahmeeinrichtung gem. § 2 Nr. 11 AMWHV, § 1a Nr. 8 TPG, § 2 Abs. 1 SaRegG menschliche Keimzellen zur Verwendung im Rahmen einer ärztlich assistierten Reproduktion gewinnen und die hierfür notwendigen Untersuchungen durchführen kann, bedarf es gem. § 20b Abs. 1 S. 1 AMG grundsätzlich der Erlaubnis der zuständigen Behörde, sofern keine Ausnahme nach Abs. 2 einschlägig ist. Für die Keimzellgewinnung und -untersuchung gelten neben § 8d TPG die Vorgaben der TPG-Gewebeverordnung (TPG-GewV)[767], welche gewährleisten soll, dass die Keimzellen für eine weitere Verwendung ihre biologischen und physikalischen Eigenschaften beibehalten, § 2 TPG-GewV. Zudem sind für Entnahmeeinrichtungen bzw. Gewebespenderlabore im Sinne der Arzneimittel- und Wirkstoffherstellungsverordnung (AMWHV)[768] die Vorgaben der §§ 32–34 AMWHV zu berücksichtigen.[769]

Die Erlaubnis für Einrichtungen zur Konservierung, Prüfung und Lagerung von Keimzellen regelt § 20c AMG. Hiervon sind menschliche Keimzellen erfasst, die im Rahmen einer medizinisch unterstützten Befruchtung durch

---

767 Verordnung über die Anforderungen an Qualität und Sicherheit der Entnahme von Geweben und deren Übertragung nach dem Transplantationsgesetz (TPG-Gewebeverordnung – TPG-GewV) vom 26. März 2008, BGBl I 2008, 5112; zuletzt geändert durch Art. 2 Verordnung zur Fortschreibung der Vorschriften für Blut- und Gewebezubereitungen und zur Änderung anderer Vorschriften vom 7. Juli 2017, BGBl I 2017, 2842.

768 Verordnung über die Anwendung der Guten Herstellungspraxis bei der Herstellung von Arzneimitteln und Wirkstoffen und über die Anwendung der Guten fachlichen Praxis bei der Herstellung von Produkten menschlicher Herkunft (Arzneimittel- und Wirkstoffherstellungsverordnung – AMWHV) vom 3. November 2006, BGBl I 2006, 2523; zuletzt geändert durch Art. 3a Gesetz für mehr Sicherheit in der Arzneimittelversorgung vom 9. August 2019, BGBl I 2019, 1202.

769 (Muster-)Richtlinie der Bundesärztekammer zur Entnahme und Übertragung von menschlichen Keimzellen im Rahmen der assistierten Reproduktion, DÄBl 2018, S. A 2.

In-vitro-Fertilisation oder Intrazytoplasmatische Spermieninjektion verwendet werden.[770] § 20d AMG beinhaltet eine Ausnahme von dem Erfordernis einer Erlaubnis gem. §§ 20b Abs. 1, 20c Abs. 1 AMG, die unter anderem den Fall betrifft, dass die Keimzellgewinnung bereits bei einem bestimmten Arzt erfolgte und sich die Keimzellen bei diesem bis zur Anwendung befinden. Der Arzt muss die Behandlung persönlich vornehmen, er kann sich durch sein medizinisches Personal jedoch unterstützen lassen.[771]

II. Dokumentationspflichten

Bei der Gewinnung und Verwendung von Samenzellen im Rahmen einer ärztlich assistierten Befruchtung sind die speziellen Dokumentationspflichten des TPG, der TPG-GewV und seit Juli 2018 auch die Vorgaben des SaRegG zu berücksichtigen.

1. TPG und der TPG-GewV

Das TPG und die TPG-GewV enthalten Verpflichtungen zur Dokumentation der Spenderdaten. So ist in § 8b Abs. 1, S. 2 TPG i.V.m. § 8 Abs. 2 S. 4 TPG eine Dokumentationspflicht hinsichtlich der Aufklärung und Einwilligung des Samenspenders bzw. des genetischen Vaters bestimmt, dessen personenbezogene Daten gem. § 15 Abs. 1 TPG mindestens über einen Zeitraum von 30 Jahren aufzubewahren sind.

Eine Entnahmeeinrichtung im Sinne des § 1a Nr. 8 TPG hat gem. § 8d Abs. 2 TPG i.V.m. § 15 Abs. 2 TPG jede Keimzellentnahme und -abgabe zu dokumentieren. Hiermit wird die Sicherstellung der Rückverfolgbarkeit und zudem die Gewährleistung der medizinischen Versorgung des Spenders bzw. des genetischen Vaters sowie der Risikoerfassung und Überwachung unter anderem nach den Vorgaben des AMG bezweckt. Überdies kommt der Entnahmeeinrichtung gem. § 5 TPG-GewV die Pflicht zu, eine Spenderakte anzulegen und einen Entnahmebericht an die Gewebeeinrichtung, die das

---

770 BT-Drs. 16/5443, S. 57.

771 Ausführlich zu den rechtlichen Voraussetzungen für die Entnahme und Übertragung im Rahmen einer ärztlich assistierten Reproduktion sowie zu den Anforderungen, welche an die Einrichtungen der medizinischen Versorgung, Gewebeeinrichtungen und Untersuchungslabore gestellt werden, s. (Muster-) Richtlinie der Bundesärztekammer zur Entnahme und Übertragung von menschlichen Keimzellen im Rahmen der assistierten Reproduktion, DÄBl 2018, S. A 3, A 14 f.

entnommene Gewebe be- oder verarbeitet, zu übermitteln. Werden Spermien nicht in einer Entnahmeeinrichtung gewonnen, muss der Entnahmebericht gem. § 6 Abs. 1 S. 4 TPG-GewV Angaben zur Identität des Spenders beinhalten.

Bei der Spende, Entnahme oder Übertragung von Keimzellen durch eine Einrichtung der medizinischen Versorgung ist diese gem. § 13a TPG zur Dokumentation im Sinne des § 16a TPG verpflichtet. In § 7 TPG-GewV sind nähere Angaben zur Dokumentation nach § 13a TPG enthalten, sodass unter anderem der Zeitpunkt der Übertragung (Nr. 2), Daten des übertragenden Arztes (Nr. 3) und der Name der Gewebeeinrichtung, von der das Gewebe erhalten wurde (Nr. 5), anzugeben sind.

In § 5 Abs. 2 S. 2 TPG-GewV ist eine Pflicht zur Dokumentation der Freigabe der Keimzellen im Sinne des § 8d Abs. 1 S. 2 Nr. 4 TPG zur Aufbereitung, Be- oder Verarbeitung, Konservierung oder Aufbewahrung bestimmt.

2. *SaRegG*

Durch die Einführung des SaRegG im Juli 2018 sind maßgebliche Änderungen der Dokumentationspflichten im Rahmen einer ärztlich assistierten Befruchtung im heterologen Verfahren erfolgt. Das SaRegG bezweckt gem. § 1 Abs. 2 S. 1 SaRegG, dass *„für Personen, die durch heterologe Verwendung von Samen bei einer ärztlich unterstützten künstlichen Befruchtung gezeugt worden sind, die Verwirklichung des Rechts auf Kenntnis ihrer Abstammung“* sichergestellt wird.[772]

Obwohl es seit den 1980er Jahren immer wieder Appelle gab, die Identität des Samenspenders zu dokumentieren,[773] um der mit den Spendersamen gezeugten Person eine Auskunft über den Spender zu ermöglichen, wurde hierfür keine spezifische gesetzliche Regelung erlassen. Dies führte dazu, dass die Rechtsprechung einen Auskunftsanspruch gem. § 242 BGB über das Konstrukt des (Behandlungs-)Vertrags mit Schutzwirkung zugunsten Dritter herleitete.[774]

---

772 Das SaRegG ist jedoch lediglich für Fälle der (quasi offiziellen) Samenspende bestimmt, s. *Helms*, FamRZ 2017, 1537, 1538.

773 Vgl. hierzu beispielsweise die Abstimmungsergebnisse des 56. DJT Berlin 1986, NJW 1986, 3069, III.7.c, d.

774 BGHZ 204, 54, 57, Rn. 9 = BGH NJW 2015, 1098, Rn. 9; hierzu s. auch *Helms*, FamRZ 2017, 1537. Daneben wurde eine Rechtsgrundlage für den Auskunftsanspruch auch in § 1618a BGB gesehen, wonach Kinder und Eltern einander Beistand und Rücksicht schuldig sind, vgl. Spickhoff/*Spickhoff*, Medizinrecht, 4. Aufl. (2022), Vorbemerkung zu §§ 1591–1600e BGB, Rn. 6.

Der Staat hat volljährigen Kindern einen gerichtlich durchsetzbaren Anspruch auf die entsprechenden Informationen zu gewähren, wenn das Persönlichkeitsrecht

Mit dem SaRegG hat das in Art. 2 Abs. 1 GG i.V.m. Art. 1 Abs. 1 GG verankerte Recht auf Kenntnis der eigenen Abstammung einer Person, die mit einer Samenspende gezeugt wurde, nun schließlich eine einfachgesetzliche Abbildung gefunden. Hierfür soll eine weitergehende Dokumentation die Auffindbarkeit des Spenders gewährleisten.[775]

a. Erfassung und Speicherung der Spenderdaten

§ 2 Abs. 2 SaRegG enthält die Pflicht zur Erhebung und Speicherung personenbezogener Daten des Spenders (S. 1) sowie zur Speicherung der Spendenkennungssequenz nach § 41b Abs. 1 S. 3 AMWHV oder der eindeutigen Spendennummer nach § 41b Abs. 2 S. 1 AMWHV (S. 2). Etwaige zusätzliche vom Spender gemachte Angaben über die eigene Person und die Beweggründe für die Samenspende sind von der Entnahmeeinrichtung gem. § 2 Abs. 2 S. 1 SaRegG zu speichern.

Die medizinische Einrichtung ist gem. § 5 Abs. 2 SaRegG verpflichtet, vor der heterologen Verwendung von Samen die personenbezogenen Daten der Empfängerin sowie den Namen und die Anschrift der Entnahmeeinrichtung sowie die Spendenkennungssequenz oder die eindeutige Spendennummer des heterolog verwendeten Samens zu speichern. Darüber hinaus enthält Abs. 3 eine Verpflichtung der Einrichtung der medizinischen Versorgung zur Speicherung des Verwendungsdatums, des herbeigeführten Schwangerschaftseintritts sowie des errechneten Geburtstermins, nachdem der Samen verwendet wurde. Die von der Entnahmeeinrichtung und der Einrichtung zur medizinischen Versorgung gespeicherten Daten sind gem. § 6 SaRegG an das Deutsche Institut für Medizinische Dokumentation und Information (DIMDI) zu übermitteln, wo sie gem. § 8 S. 1 SaRegG für einen Zeitraum von 110 Jahren im Samenspenderregister gespeichert werden.[776]

---

des Kindes das Recht der Mutter auf Ehe und Familie (BVerfGE 79, 256, 268 ff. = BVerfG, NJW 1989, 891) oder ein anderes wichtiges Gemeinschaftsgut (BVerfGE 90, 263, 270 ff. = BVerfG, NJW 1994, 2475) überwiegt, Sachs/*Murswiek/Rixen*, 9. Aufl. (2021), GG Art. 2, Rn. 75a. Hierbei wirkt das Recht des gezeugten Kindes auf den Zeitpunkt der Vornahme der Kinderwunschbehandlung voraus. Dies beruht darauf, dass dieses Recht später lediglich dann gewährleistet werden kann, wenn eine behandlungsbezogene Dokumentation der Daten des Spenders erfolgt, HK-AKM/*Schumann*, 66. Akt. (November 2016), Fortpflanzungsmedizin, Rn. 11.

775 BT-Drs. 18/11291, S. 25.

776 Zum Inhalt des SaRegG s. *Grziwotz*, notar 2018, 163, 165 f.; *Frie*, NZFam 2018, 817; *Helms*, FamRZ 2017, 1537; *Taupitz/Theodoridis*, MedR 2018, 457.

Im SaRegG sind keine formbedürftigen Einwilligungserfordernisse des Spenders und der Empfängerin der Spende in die Datenspeicherung und die Verwendung der Daten im Sinne des § 2 Abs. 1, § 4 SaRegG enthalten.[777] Jedoch besteht gem. § 2 Abs. 3 S. 1 SaRegG das Erfordernis einer schriftlichen Einwilligung des Spenders in die Speicherung weiterer persönlicher Angaben zu dessen Person und den Beweggründen für die Samenspende. Die Einwilligung bezieht sich auf Angaben, die zusätzlich zu den in Abs. 2 bestimmten Pflichtangaben (unter anderem Familienname, Vorname, Geburtstag, Staatsangehörigkeit) getroffen wurden. Dem Samenspender kommt eine Widerrufsmöglichkeit der Einwilligung zu. Diese Widerrufsmöglichkeit bezieht sich gem. § 2 Abs. 3 S. 2 SaRegG jedoch lediglich auf die zusätzlichen Angaben des Spenders zur eigenen Person und den Beweggründen der Spende. Daher sind die Pflichtangaben des Abs. 2 nicht widerrufbar.

b. *Anspruch gem. § 10 SaRegG*

Vermutet eine Person, durch eine offizielle Samenspende gezeugt worden zu sein, hat sie zur Verwirklichung ihres Rechts auf Kenntnis der eigenen Abstammung[778] gegenüber dem Bundesinstitut für Arzneimittel und Medizinprodukte gem. § 10 Abs. 1 S. 1 SaRegG einen Anspruch auf Auskunftserteilung aus dem Samenspenderregister. Der Auskunftsanspruch bezieht sich gem. § 10 Abs. 2 SaRegG auf personenbezogene Daten des Spenders sowie freiwillig von diesem gemachte Angaben zu seiner Person und den Beweggründen der Spende.

Es ist erforderlich, dass die genetische Mutter der Spenderkinder im Zeitraum der Empfängnis vor deren Geburt eine ärztlich assistierte Befruchtung im heterologen Verfahren durchgeführt hat, die im Samenspenderregister erfasst ist.[779] Gem. § 10 Abs. 1 S. 2 SaRegG kann das Spenderkind den Anspruch, der sich gem. Abs. 2 auf die personenbezogenen Daten des Samenspenders bezieht, mit Vollendung des 16. Lebensjahres selbst geltend machen.[780] Der Anspruch

---

777 *Taupitz/Theodoridis*, MedR 2018, 457, 459.

778 *Dethloff*, in: Dethloff, Familienrecht, 33. Aufl. (2022), § 10, Rn. 90; *Taupitz/Theodoridis*, MedR 2018, 457, 460.

779 *Frie*, NZFam 2018, 817, 820.

780 Vor Erreichen des 16. Lebensjahres bedarf es hierfür eines gesetzlichen Vertreters, *Helms*, FamRZ 2017 1537, 1539; *Frie*, NZFam 2018, 817, 820; vgl. hierzu auch BGHZ 204, 54, 61 = BGH, 2015, 1098 Rn. 26.

Nach Ansicht von *Reuß* sollte überlegt werden, eine internationale Vernetzung der Spenderregister vorzunehmen, um grenzüberschreitende Sachverhalte bestimmen zu können, *Reuß*, Theorie eines Elternschaftsrechts (2018), S. 479.

besteht nach Abs. 1 S. 3 für die Dauer der Speicherung fort. Der Samenspender ist nach Abs. 5 S. 1 vier Wochen vor der Erteilung der Auskunft durch das DIMDI über die bevorstehende Auskunftserteilung zu informieren, um zu ermöglichen, dass dieser sich auf eine mögliche Kontaktaufnahme vorbereiten kann. Während eine rechtliche Verpflichtung des Spenders zur Kontaktaufnahme gesetzlich nicht geregelt ist, steht es diesem jedoch nicht zu, eine Kontaktaufnahme des Kindes durch Eintragung eines Sperrvermerks oder Einlegung eines Widerspruchs bereits im Voraus zu verhindern.[781]

c. *Anwendbarkeit des SaRegG auf Altfälle*

aa. *Vor dem Inkrafttreten des SaRegG kryokonservierte Spermien*

Keimzellen eines Samenspenders, die bereits vor dem Inkrafttreten des SaRegG am 01.07.2018 gewonnen und kryokonserviert wurden, können grundsätzlich weiterhin für eine ärztlich assistierte Befruchtung im heterologen Verfahren verwendet werden. Hierfür müssen die Vorgaben des SaRegG nachträglich erfüllt werden.[782] Diese sog. Altfälle sind in § 13 SaRegG geregelt. Mit den Übergangsregelungen dieser Norm wird bezweckt, dass die zum Zeitpunkt des Inkrafttretens des SaRegG bereits vorhandenen, kryokonservierten Samenspenden verworfen werden müssen. Zudem soll das verfassungsrechtlich geschützte Auskunftsrecht der Kinder, die mit dem bereits vorhandenen Spendersamen gezeugt werden, auch hier gesichert werden.[783]

§ 13 Abs. 1 SaRegG betrifft Spermien, die vor Inkrafttreten des SaRegG in Entnahmeeinrichtungen gewonnen wurden. Diese dürfen für eine ärztlich assistierte künstliche Befruchtung nur dann an eine Einrichtung der medizinischen Versorgung abgegeben werden, wenn nachträglich eine Aufklärung des Samenspenders entsprechend § 2 Abs. 1 S. 1 SaRegG sowie über die Möglichkeit, einer Verwendung der Spermien zu widersprechen, erfolgt ist (Nr. 1). Zudem bedarf es einer schriftlichen Bestätigung des Samenspenders, dass eine Aufklärung gem. Nr. 1 erfolgt ist und er die Aufklärungsinhalte verstanden hat (Nr. 2). Ferner darf der Samenspender der heterologen Verwendung seiner Spermien nicht widersprochen haben (Nr. 3). Die Entnahmeeinrichtung muss die in § 2 Abs. 2 S. 1 SaRegG genannten Daten des Samenspenders erhoben

781 *Helms*, FamRZ 2017 1537, 1539; *Grziwotz*, notar 2018, 163, 165.

782 Spickhoff/*Köppen*, Medizinrecht, 4. Aufl. (2022), § 13 SaRegG, Rn. 1.

783 BT-Drs. 18/11291, S. 34; Spickhoff/*Köppen*, Medizinrecht, 4. Aufl. (2022), § 13 SaRegG, Rn. 1.

und gespeichert haben. Sie muss zudem die Spendenerkennungssequenz oder die eindeutige Spendennummer gem. § 2 Abs. 2 S. 2 gespeichert haben (Nr. 4).

Nach § 13 Abs. 2 SaRegG dürfen Einrichtungen der medizinischen Versorgung Spermien, die vor Inkrafttreten des SaRegG in einer Entnahmeeinrichtung gewonnen und von dieser an sie abgegeben wurden, nur für eine heterologe ärztlich assistierte Befruchtung verwenden, wenn die Voraussetzungen des § 5 Abs. 1 erfüllt sind. Zudem müssen sie eine schriftliche Bestätigung der Entnahmeeinrichtung, von der sie die Samenspende erhalten haben, eingeholt haben, dass die Voraussetzungen des § 13 Abs. 1 SaRegG erfüllt sind.

In § 13 Abs. 3 S. 1 ist die Verpflichtung der Entnahmeeinrichtungen zur Speicherung personenbezogener Daten des Samenspenders gem. § 2 Abs. 2 S. 1 SaRegG und des Erkennungscodes der Samenspende für einen Zeitraum von 110 Jahren normiert, falls diese den Samen zur heterologen Verwendung im Rahmen einer ärztlich assistierten Befruchtung abgegeben haben.

Personen, die vor Inkrafttreten des SaRegG mittels einer Samenspende gezeugt wurden, können sich für eine Auskunft über die Daten des Spenders indes nicht an das DIMDI wenden. Die Speicherung der Daten erfolgt bei Altfällen dezentral bei den jeweiligen Entnahmeeinrichtungen und Einrichtungen zur medizinischen Versorgung. Auch steht den Spenderkindern kein Anspruch gem. § 10 Abs. 1 S. 1 SaRegG zu. Sie müssen auf den von der Rechtsprechung entwickelten Auskunftsanspruch zurückgreifen.[784]

bb. *Vor dem Inkrafttreten des SaRegG kryokonservierte 2-PN-Zellen und Embryonen*

Zu untersuchen ist indes, ob die Übergangsregelungen des SaRegG auch gelten, wenn Eizellen im heterologen Verfahren mittels einer offiziellen Samenspende imprägniert wurden und vor Inkrafttreten des SaRegG als 2-PN-Zellen oder Embryonen kryokonserviert wurden. Hierbei stellt sich überdies die Frage, ob ein Weiterkultivieren nach dem Auftauen sowie ein späterer Embryotransfer überhaupt rechtlich zulässig ist.

(1). Wann wird eine Samenzelle i.S.d. § 13 Abs. 4 SaRegG „*verwendet*“?

Gem. Art. 229, § 46 EGBGB gilt der in § 1600d Abs. 4 BGB normierte Ausschluss der Feststellung der Vaterschaft des Samenspenders nicht, wenn der Samen, mit dem das Kind gezeugt wurde, vor Inkrafttreten des SaRegG „*verwendet wurde*“. Jedoch verpflichtet § 13 Abs. 4 SaRegG die Einrichtungen der medizinischen

784 Hierzu s. viertes Kapitel, D, II, 2.

Versorgung (unter anderem) dazu, personenbezogene Daten der Empfängerin der Samenspende nach § 5 Abs. 2 S. 1 SaRegG und den Kennzeichnungscode der Samenspende für einen Zeitraum von 110 Jahren aufzubewahren, wenn diese *„Samen für eine ärztlich unterstützte künstliche Befruchtung heterolog verwendet haben"*. Das Spenderkind kann somit auch hierbei lediglich den von der Rechtsprechung entwickelten Auskunftsanspruch geltend machen.

Es stellt sich die Frage, ob 2-PN-Zellen und Embryonen, die vor Inkrafttreten des SaRegG kryokonserviert wurden, bereits als *„verwendet"* gem. § 13 Abs. 4 SaRegG, Art. 229, § 46 EGBGB zu erachten sind.[785]

Dies erfordert eine genaue Begriffsbestimmung eines Verwendens des Spendersamens. In der Literatur wird hierfür teils auf die Tathandlung des Befruchtens einer Eizelle gem. § 4 Abs. 1 Nr. 3 ESchG und auf die Entscheidung des OLG Rostock zur postmortalen Befruchtung[786] verwiesen.[787] Dies beruht darauf, dass dort ebenfalls ein Verwenden kryokonservierter 2-PN-Zellen untersucht wird. Jedoch war der genetische Vater in dem Fall, welcher der Entscheidung des OLG Rostock zugrunde lag, bereits verstorben, sodass sich das Verwenden hier auf die Tathandlung des § 4 Abs. 1 Nr. 3 ESchG bezieht.[788] Diese Norm soll verhindern, dass *„nicht Samen eines Mannes verwendet"* wird, *„der bereits verstorben ist"*.[789]

Ein Verwenden i.S.d. § 4 Abs. 1 Nr. 3 ESchG, also ein *„Befruchten"*, liegt nach der in dieser Arbeit vertretenen Auffassung erst mit erfolgter Konjugation vor. Grund hierfür ist unter anderem, dass § 1 Abs. 2 Nr. 1 und 2 ESchG im Gegensatz zu § 4 Abs. 1 Nr. 3 ESchG explizit auf das Eindringen der Samenzelle in die Eizelle abstellen. Zudem handelt es sich bei § 4 Abs. 1 Nr. 3 ESchG um ein Erfolgsdelikt, sodass hier eine Vollendung der Befruchtung und nicht deren Beginn entscheidend ist.[790] Die Begriffsbestimmungen eines Verwendens i.S.d. § 4 Abs. 1 Nr. 3 ESchG hängen somit entscheidend von der strafrechtlichen Natur dieser Norm ab. Da es sich bei § 13 SaRegG indes um keine Strafnorm handelt, ist ein Verweis auf § 4 Abs. 1 Nr. 3 ESchG und auf die Rechtsprechung des OLG Rostock hier nicht überzeugend.

---

785 Hierzu s. *Seebode*, Der Gynäkologe 2018, 633, 635.

786 OLG Rostock, FamRZ 2010, 1117.

787 *Taupitz/Theodoridis*, MedR 2018, 457, 464 Fn. 88; *Theodoridis/Taupitz/Kentenich*, Journal für Reproduktionsmedizin und Endokrinologie 2018; 15 (4), 174, 178; *Wehrstedt*, MittBayNot 2019, 122, 125.

788 OLG Rostock, FamRZ 2010, 1117, 1118 ff.

789 BT-Drs. 11/8057, S. 16.

790 Zur ausführlichen Behandlung dieser Problematik s. viertes Kapitel, G, I, 3.

Für eine nähere Bestimmung eines Verwendens des Spendersamens i.S.d. § 13 SaRegG ist zu berücksichtigen, dass eine Eizelle und eine Samenzelle nach der Imprägnation untrennbar miteinander verbunden sind.[791] Demnach kann eine Samenzelle nur einmalig für die ärztlich assistierte Befruchtung einer Eizelle verwendet werden. Ein Verwenden i.S.d. § 13 SaRegG erfolgt demnach bereits mit der Imprägnation der Eizelle und nicht erst mit der Konjugation.[792]

(2). Rechtsfolgen für diese Altfälle

2-PN-Zellen und Embryonen, die vor Inkrafttreten des SaRegG kryokonserviert wurden und nach dem Inkrafttreten aufgetaut werden, um im Rahmen einer Kinderwunschbehandlung (weiterkultiviert und) auf die Empfängerin transferiert zu werden, sind gem. § 13 Abs. 4 SaRegG, Art. 229, § 46 EGBGB als bereits „*verwendet*" zu erachten. In diesem Fall ist keine nachträgliche Aufklärung des Samenspenders erforderlich.[793]

Die Speicherung der Daten bestimmt sich anhand § 13 Abs. 4 SaRegG. Die Daten des Spenders sind in Altfällen nun gem. § 13 Abs. 3, 4 SaRegG für 110 Jahre dezentral aufzubewahren, woraus sich *Helms* zufolge ableiten lasse, dass der Auskunftsanspruch des Kindes in dieser Zeit auch nicht verjährt.[794]

Hiermit gezeugten Kindern steht daher zwar kein Auskunftsanspruch gem. § 10 Abs. 1 S. 1 SaRegG zu, jedoch bestimmt § 1600d Abs. 4 BGB in diesem Fall auch keinen Ausschluss der rechtlichen Vaterschaft des Samenspenders. Dies ist auch dann der Fall, wenn diese kryokonservierten 2-PN-Zellen und Embryonen erst Jahre bzw. Jahrzehnte nach dem Inkrafttreten des SaRegG aufgetaut und auf eine Empfängerin übertragen werden. Die Feststellung der Vaterschaft des Samenspenders ist in diesen Altfällen demnach möglich.

Das SaRegG steht einer Fortsetzung der Kinderwunschbehandlung durch Weiterkultivierung und Vornahme des Embryotransfers auf die genetische Mutter bzgl. dieser Altfälle nicht entgegen.[795] Für eine Möglichkeit der

---

791 Vgl. *Prehn*, MedR 2011, 559, 565; *Mayr*, NZFam 2018, 913, 918 m.w.N.

792 Vgl. *Wehrstedt*, MittBayNot 2019, 122, 125; vgl. *Taupitz/Theodoridis*, MedR 2018, 457, 464, Fn. 88.

793 *Taupitz/Theodoridis*, MedR 2018, 457, 465; *Theodoridis/Taupitz/Kentenich*, Journal für Reproduktionsmedizin und Endokrinologie 2018; 15 (4), 174, 178; *Wehrstedt*, MittBayNot 2019, 122, 125.

794 *Helms*, FamRZ 2017, 1537, 1540.

795 Vgl. *Theodoridis/Taupitz/Kentenich*, Journal für Reproduktionsmedizin und Endokrinologie 2018; 15 (4), 174, 178; BeckOGK/*S. Lange* (01.02.2023), § 13 SaRegG, Rn. 9.

Fortsetzung der Kinderwunschbehandlung in diesen Altfällen spricht vor allem der Schutz der persönlichkeitsrechtlichen Interessen der intendierten Eltern. Dies betrifft insbesondere die Fallgruppen, in denen die intendierten Eltern über keine weiteren kryokonservierten Eizellen verfügen oder die Zeugung von Vollgeschwistern wünschen.[796]

cc. Ergebnis

Gem. § 13 Abs. 1, 2 SaRegG kann eine vor Inkrafttreten des SaRegG gewonnene und möglicherweise auch an eine Einrichtung der medizinischen Versorgung abgegebene Samenspende nur für eine Kinderwunschbehandlung verwendet werden, wenn die Erfordernisse des SaRegG im Nachhinein erfüllt werden. In diesen Altfällen ist lediglich eine Speicherung der Daten des Samenspenders und der Empfängerin in den jeweiligen Entnahmeeinrichtungen und Einrichtungen zur medizinischen Versorgung vorzunehmen. Hierbei erlangt die alte Rechtslage Geltung, weshalb Spenderkinder in diesen Fällen keinen Auskunftsanspruch gem. § 10 Abs. 1 S. 1 SaRegG innehaben. Ihnen kommt vielmehr der von der Rechtsprechung entwickelte Auskunftsanspruch zu. § 1600d Abs. 4 SaRegG ist auf diese Fälle jedoch anwendbar.

Vor Inkrafttreten des SaRegG kryokonservierte 2-PN-Zellen und Embryonen sind gem. § 13 Abs. 4 SaRegG, Art. 229, § 46 EGBGB als bereits „*verwendet*" zu erachten. Daher gilt hierbei die alte Rechtslage, sodass ein Auskunftsanspruch des Spenderkindes gem. § 10 Abs. 1 S. 1 SaRegG nicht besteht und § 1600d Abs. 4 BGB gem. Art. 229, § 46 EGBGB nicht anwendbar ist. Das SaRegG steht einer Fortsetzung der Kinderwunschbehandlung durch Auftauen, Weiterkultivieren und Embryotransfer hier nicht entgegen. Zum Schutz der persönlichkeitsrechtlichen Interessen der intendierten Eltern ist eine Fortsetzung der Kinderwunschbehandlung in diesen Altfällen möglich.

d. Bewertung

Mit der vom SaRegG geschaffenen zentralen Anlaufstelle für Kinder, die vermuten, mit einer Samenspende gezeugt worden zu sein, und denen gem. § 10 Abs. 1 S. 1 SaRegG ein Auskunftsanspruch zusteht, wurde ein erster Schritt in die richtige Richtung gemacht. Jedoch sollte von der Beschränkung auf offizielle Samenspenden abgesehen werden. Das Spenderregister sollte vielmehr

796 Vgl. *Theodoridis/Taupitz/Kentenich*, Journal für Reproduktionsmedizin und Endokrinologie 2018; 15 (4), 174, 178.

auf alle legalen Formen der Kinderwunschbehandlung erweitert werden. Dies betrifft einerseits private Samenspenden, sofern diese die Anforderungen des SaRegG erfüllen und ein Reproduktionsmediziner die benötigten Daten an das DIMDI weiterleitet. Andererseits sollte zudem die Embryoadoption erfasst werden, um das Auskunftsrecht der Spenderkinder gesetzlich abzubilden.[797] Sofern in Zukunft auch die Eizellspende oder die Spende überzähliger 2-PN-Zellen rechtlich zugelassen werden sollte, wäre eine Erweiterung des Registers auf diese Fallgruppen angezeigt.

Die Regelung für Altfälle bewirkt, dass kryokonservierte Keimzellen zwar verwendet werden können, wenn die Erfordernisse des SaRegG nachträglich erfüllt werden und § 1600d Abs. 4 BGB hierbei Geltung erlangt. Im Gegenzug steht den Spenderkindern jedoch lediglich ein Auskunftsanspruch gem. § 242 BGB – und nicht der Anspruch gem. § 10 Abs. 1 S. 1 SaRegG – zu. Der Ausgleich, den das SaRegG und der neue § 1600d Abs. 4 BGB zwischen dem Auskunftsrecht des Kindes und der rechtlichen Inanspruchnahme des Samenspenders schaffen sollten, umfasst demnach keine Altfälle. Kinder, die mit Spermien gezeugt wurden, die vor Inkrafttreten des SaRegG kryokonserviert wurden und § 13 Abs. 1, 2 SaRegG unterfallen, sind daher im Vergleich mit Kindern, die mit Samenspenden gezeugt wurden, die nach Inkrafttreten des SaRegG abgegeben wurden, rechtlich benachteiligt.

2-PN-Zellen und Embryonen, die vor Inkrafttreten des SaRegG bereits kryokonserviert wurden, unterfallen der alten Rechtslage. Oftmals wäre es nicht möglich, die Samenspender zu erreichen, um die erforderliche Belehrung durchzuführen und eine erneute Einwilligung einzuholen, ehe ein Transfer auf die Empfängerin durchgeführt werden kann. Zwar steht den Spenderkindern hierbei kein Anspruch gem. § 10 Abs. 1 S. 1 SaRegG zu, jedoch ist im Gegenzug § 1600d Abs. 4 BGB nicht anwendbar. Eine Benachteiligung der Spenderkinder zu Gunsten der Samenspender besteht daher nicht.

e. *Regelungsvorschlag* de lege ferenda

Das Samenspenderregister sollte umstrukturiert und als generelles Spenderregister verstanden werden. Neben Samenspenden sollte es alle Formen der legalen Weitergabe menschlichen Keimgutes erfassen.

Es sollten daher Voraussetzungen bestimmt werden, um sowohl bei privaten Samenspenden als auch bei Embryoadoptionen die Daten des bzw. der Spender

797 So bereits *Reuß*, Theorie eines Elternschaftsrechts (2018), S. 478 f. m.w.N.; *Taupitz/Theodoridis*, MedR 2018, 457, 465 f.

und der Empfängerin in das zentrale Register des DIMDI aufnehmen zu können. Damit ließe sich gewährleisten, dass allen Kindern, die im heterologen Verfahren gezeugt werden, der Auskunftsanspruch gem. § 10 Abs. 1 S. 1 SaRegG zukommt. Sollte in Zukunft die Adoption überzähliger 2-PN-Zellen legalisiert werden, wäre eine Erweiterung des Registers hierauf angezeigt.[798]

III. Keimzellgewinnung bzw. Samenspende

Liegt eine wirksame Einwilligung des genetischen Vaters bzw. des Samenspenders vor, kann eine Keimzellgewinnung erfolgen. Das ESchG verbietet eine Samenspende für eine intra- oder extrakorporale ärztlich assistierte Befruchtung nicht. Auch eine Eizellgewinnung bedarf der Einwilligung der genetischen Mutter. Die Eizellspende ist jedoch gem. § 1 Abs. 1 Nr. 2 ESchG verboten.[799]

1. Ausschluss der anonymen Samenspende

Die anonyme Abgabe einer Samenspende ist in Deutschland nicht zulässig. Dies beruht darauf, dass gem. § 8b Abs. 2, 1 S. 1 TPG i.V.m. § 8 Abs. 2 S. 1 TPG eine wirksame Aufklärung und Einwilligung des Samenspenders erforderlich ist. Zudem ist die Anonymität des Spenders mit dem Recht des Kindes auf Kenntnis der eigenen Abstammung unvereinbar, welches verfassungsrechtlich in Art. 2 Abs. 1 GG i.V.m. Art. 1 Abs. 1 GG verankert und einfachgesetzlich in § 14 Abs. 3 S. 1 TPG, § 10 Abs. 1 SaRegG abgebildet ist.[800]

Auch wenn das Verbot einer anonymen Samenspende *de facto* die Verwendung sog. Samencocktails ausschließt, worunter eine Mischung von Samenzellen mehrerer Spender zu verstehen ist, beinhaltet das SaRegG hierfür kein explizites Verbot. Dies erweist sich dahingehend als schwierig, dass in diesem Fall mehrere Männer als potenzielle Väter in Betracht kommen und die Durchsetzung des Rechts des Kindes auf Kenntnis der eigenen Abstammung folglich erschwert wird.[801]

---

798 Hierzu s. viertes Kapitel, H, I, 2, c sowie IV, 1.

799 Vgl. HK-AKM/*Schumann*, 66. Akt. (November 2016), Fortpflanzungsmedizin, Rn. 31.

800 Vgl. HK-AKM/*Schumann*, 66. Akt. (November 2016), Fortpflanzungsmedizin, Rn. 36; *Olzen*, GuP 2015, 41, 42; vgl. *Rütz*, Heterologe Insemination – Die rechtliche Stellung des Samenspenders (2008), 32 ff., 158; *Wellenhofer*, FamRZ 2013, 825, 826; Laufs/Katzenmeier/Lipp/*Lipp*, Arztrecht, 8. Aufl. (2021), VIII, Rn. 42 m.w.N.

801 *Taupitz/Theodoridis*, MedR 2018, 457, 465.

2. *Untersuchung der Keimzellen und Eignung des Spenders*

Zur Vermeidung von Infektionen werden gem. § 6 Abs. 2 TPG-GewV hohe Anforderungen an die Untersuchung männlicher Keimzellen gestellt, um bei einer späteren Verwendung gespendeter Samenzellen die Gesundheitsrisiken minimieren zu können. Nach einer ärztlichen Beurteilung wird die Eignung des Spenders neben seinem Alter und Gesundheitszustand auch anhand seiner Anamnese bewertet. Zudem werden in Anlage 4 des TPG-GewV erforderliche Laboruntersuchungen für die Verwendung von Keimzellen nach § 6 TPG-GewV genannt.[802]

3. *Kennzeichnung, Aufbewahrung und Transport*

Zum Zeitpunkt der Keimzellentnahme sind die Behältnisse, in denen sich die Keimzellen befinden (S. 1), oder das Begleitdokument (S. 2) nach den Vorgaben des § 34 Abs. 6 AMWHV zu kennzeichnen. Damit soll eine zweifelsfreie Zuordnung zum Spender gewährleistet werden. Zudem sollen hiermit Angaben über Ort und Zeit der Spende entnommen werden können (S. 3). Für den Transport der Keimzellen zur Be- oder Verarbeitung und Entgegennahme innerhalb der Gewebeeinrichtung sind die genauen Vorgaben des § 35 AMWHV zu beachten.[803]

4. *Fehlende Höchstgrenze der von einem Samenspender gezeugten Kinder*

a. *Rechtslage*

Nach derzeitiger Rechtslage ist es einem Samenspender möglich, unbegrenzt Samenspenden abzugeben und demnach eine Vielzahl von Kindern zu zeugen. So ist es bereits vorgekommen, dass ein einzelner Samenspender im heterologen Verfahren hunderte Kinder gezeugt hat.[804] Dies bringt ein

802 Ausführlich hierzu s. (Muster-)Richtlinie der Bundesärztekammer zur Entnahme und Übertragung von menschlichen Keimzellen im Rahmen der assistierten Reproduktion, DÄBl 2018, S. A 8.

803 (Muster-)Richtlinie der Bundesärztekammer zur Entnahme und Übertragung von menschlichen Keimzellen im Rahmen der assistierten Reproduktion, DÄBl 2018, S. A 11.

804 *Dethloff/Gerhardt*, ZRP 2013, 91, 92.

gesteigertes Inzestrisiko mit sich. Zudem erhöht es die Wahrscheinlichkeit, dass der Samenspender mögliche Kontaktaufnahmen der von ihm gezeugten Kinder verweigert.[805]

Zwar beinhaltete die Richtlinie des Arbeitskreises für Donogene Insemination zur Qualitätssicherung der Behandlung mit Spendersamen in Deutschland eine Limitierung auf 10 Samenspenden pro Spender[806] und die (Muster-)Richtlinie der Bundesärztekammer aus dem Jahre 2006 in Punkt 5.3.1. eine Limitierung auf 15 Samenspenden pro Spender.[807] Jedoch können sich die Vorgaben einer solchen Richtlinie nur dann auswirken, wenn die jeweilige Landesärztekammer eine entsprechende Regelung in ihrer Berufsordnung aufnimmt.[808]

Allerdings beinhalten die Berufsordnungen der Landesärztekammern derzeit keine Vorgaben zur Limitierung der abgegebenen Samenspenden eines Spenders. Dasselbe gilt für die aktuelle Richtlinie der Bundesärztekammer zur Entnahme und Übertragung von menschlichen Keimzellen im Rahmen der assistierten Reproduktion aus dem Jahre 2018.

b. Erfordernis einer Limitierung der Spenden eines Samenspenders

Die geltende Rechtslage ist insbesondere unter Berücksichtigung des Kindeswohls bedenklich. Bisher tendierten das medizinische Personal, die genetische Mutter und der Wunschelternteil in vielen Fällen dazu, sowohl die Tatsache, dass eine Samenspende in Anspruch genommen wurde, als auch die Identität des Spenders zu verschleiern.[809]

---

805 *Taupitz/Theodoridis*, MedR 2018, 457, 465; Stellungnahme des Vereins Spenderkinder zum Antrag der Fraktion Bündnis 90/Die Grünen, BT-Drs. 18/7655, S. 11 f.

806 Richtlinien des Arbeitskreises für Donogene Inseminationen zur Qualitätssicherung der Behandlung mit Spendersamen in Deutschland v. 8. Februar 2006, S. 25.

807 (Muster-)Richtlinie der Bundesärztekammer zur Entnahme und Übertragung von menschlichen Keimzellen im Rahmen der assistierten Reproduktion, DÄBl 2006, S. A 1392, A 1393.

808 *Taupitz/Theodoridis*, MedR 2018, 457, 465. Die Berufsordnungen der Landesärztekammern beinhalten derzeit jedoch keine Vorgaben zur Limitierung der abgegebenen Samenspenden eines Spenders.

809 *Helms*, FamRZ 2017, 1537, 1541. Die Aufklärungsquote von Spenderkindern über ihre genetische Abstammung durch die Eltern ist gering. Als Beweggründe für die Nichtvornahme einer solchen Aufklärung wird einerseits der Schutz des Kindes angeführt. Andererseits handle es sich bei der Zeugung um eine private Angelegenheit, *Tallandini et al.*, Human Reproduction, April 2016, 1275, 1284 f. Es mangelt jedoch an Studien zur Aufklärungsrate in Deutschland, *Motejl*, FamRZ 2017, 345, 348.

Erfolgt eine Kenntniserlangung des Spenderkindes über seine tatsächliche Abstammung jedoch in einem höheren Alter, sind die damit einhergehenden psychischen Belastungen nicht unerheblich. So kann sich zum einen die fehlende Ehrlichkeit der Eltern verletzend auswirken, da das Spenderkind sein Leben lang davon ausgegangen ist, genetisch von dem „*Vater*" abzustammen, während dieser letztlich als Wunschelternteil die soziale Elternschaft innehat.[810] Mit der Kenntnis von der Zeugung im heterologen Verfahren kommen oftmals Fragen auf, die für das Spenderkind von maßgeblicher Bedeutung sind: Neben der Identität des Spenders und dessen Motivation für die Spende handelt es sich hierbei insbesondere um die Frage, ob das Spenderkind über Halbgeschwister von demselben Spender verfügt. Daher könnte sich die Erkenntnis, dass der Spender hunderte Spenden abgegeben hat und das Spenderkind mithin eine Vielzahl von Halbgeschwistern hat, als weitere erhebliche Belastung auswirken.[811] Eine geringere Zahl der von einem Spender gezeugten Kinder könnte demgegenüber bewirken, dass der Spender einer Kontaktaufnahme durch die Spenderkinder positiver gegenübersteht. Auch könnte das Gefühl von Spenderkindern verringert werden, aus einer „*Massenproduktion*" zu stammen.[812]

Zu berücksichtigen ist überdies auch das Wohl des Spenders. Um zu verhindern, dass eine Samenspende beispielsweise aus einer finanziellen Motivation abgegeben wird, ohne dass sich der Spender bewusst ist, wie groß die Zahl der hiermit gezeugten Spenderkinder wirklich ist, erscheint eine Limitierung der Spenden eines bestimmten Samenspenders auch in seinem Interesse erforderlich.

Anders als in Deutschland wurde eine Limitierung der Verwendung von Spenden eines Samenspenders in der Schweiz und in Österreich bereits normiert. So enthält das Schweizer Recht in Art. 22 Abs. 2 FMedG die Vorgabe, dass die Spermien eines Spenders für die Zeugung von maximal acht Kindern verwendet werden dürfen. Ein anderer Anknüpfungspunkt wird demgegenüber in Österreich gewählt. Anstatt auf eine bestimmte Zahl von Kindern festzulegen, die maximal von einem Spender gezeugt werden dürfen, wird dort vielmehr die Anzahl der Familien eingeschränkt, welche die Spermien eines bestimmten

---

810 *Kreß*, FPR 2013, 240, 241.

811 Auch das neue SaRegG verschafft dem Spenderkind jedoch weder einen Anspruch auf Angaben zu potenziellen Halbgeschwistern durch den Spender noch darauf, ob es weitere, von diesem stammende Halbgeschwister gibt, *Frie*, NZFam 2018, 817, 821.

812 http://www.spenderkinder.de/ueberuns/politischeforderungen/ (Zuletzt aufgerufen am 15.03.2023).

Samenspenders verwenden können. So findet sich in § 14 Abs. 2 FMedG die Vorgabe, dass eine Samenspende „*für medizinisch unterstützte Fortpflanzungen in höchstens drei Ehen, eingetragenen Partnerschaften oder Lebensgemeinschaften verwendet werden*" darf.

Der in Österreich gewählte Anknüpfungspunkt vermag zu überzeugen: Den intendierten Eltern wird hiermit gesetzlich nicht vorgeschrieben, wie viele Kinder diese als Vollgeschwister bekommen können. Daher erscheint es sinnvoll, auch in Deutschland eine Limitierung gesetzlich dahingehend zu bestimmen, dass maximal drei Frauen die Spenden eines bestimmten Samenspenders verwenden dürfen.

c. *Regelungsvorschlag* de lege ferenda

Der Gesetzgeber sollte bei der Normierung eines Fortpflanzungsmedizingesetzes eine Regelung einführen, welche die Verwendung von Samenspenden einer einzelnen Person im heterologen Verfahren limitiert.[813] Anstatt zu bestimmen, dass die Spermien eines Samenspenders maximal für die Zeugung einer bestimmten Anzahl von Kindern verwendet werden können, sollte vielmehr gesetzlich festgelegt werden, dass die Spermien eines Samenspenders höchstens zur Verwendung von drei Frauen zugelassen sind.

5. *Eigentum an den Keimzellen infolge der Keimzellgewinnung*

Im homologen Verfahren bleibt das Eigentum an den Keimzellen infolge der Keimzellgewinnung bei der genetischen Mutter bzw. dem genetischen Vater. Werden die Keimzellen indes (trotz der Verbote gem. § 1 Abs. 1 Nr. 2 und § 4 Abs. 1 Nr. 1 ESchG sowie der Vorgaben des § 8b Abs. 2, 1 S. 1 TPG i.V.m. § 8 Abs. 2 S. 1, 2 TPG) gegen den Willen des genetischen Elternteils zur Verwendung im Rahmen einer Kinderwunschbehandlung herausgegeben, so können dem genetischen Elternteil Ansprüche auf Ersatz des Unterhaltsschadens gegen den Arzt zustehen.[814]

---

813 So bereits *Taupitz/Theodoridis*, MedR 2018, 457, 465; *Hübner/Pühler*, MedR 2017, 929, 931; *Zypries/Zeeb*, ZRP 2014, 54, 56; Stellungnahme des Vereins Spenderkinder zum Antrag der Fraktion Bündnis 90/Die Grünen, BT-Drs. 18/7655, S. 11 f.; Stellungnahme des Lesben- und Schwulenverbands zum Gesetzesentwurf der Bundesregierung eines Gesetzes zur Regelung des Rechts auf Kenntnis der Abstammung bei heterologen Verwendung von Samen – BT-Drs. 18/11291 v. 22.02.2017, S. 6.

814 LG Dortmund, FamRZ 2013, 334.

Im heterologen Verfahren überträgt der Samenspender das Eigentum an der Samenspende mit deren Abgabe an den Reproduktionsmediziner bzw. die Entnahmeeinrichtung. Wird die Samenspende nun im heterologen Verfahren zur Befruchtung einer Eizelle verwendet, so kann weder an der daraus entstehenden 2-PN-Zelle noch an dem nach einer Weiterkultivierung entstandenen Embryo Eigentum bestehen. Dies beruht – wie bereits erörtert – darauf, dass 2-PN-Zellen und Embryonen (nach der in dieser Arbeit vertretenen Auffassung) aufgrund ihres verfassungsrechtlichen Schutzes keine Rechtsobjekte und somit auch nicht eigentumsfähig sind. Die genetischen Eltern bzw. die genetische Mutter haben jedoch aufgrund des Rechts auf reproduktive Selbstbestimmung und der Wunschelternteil aufgrund des Rechts auf Familiengründung Entscheidungsbefugnisse über die 2-PN-Zellen und Embryonen.[815]

IV. Ärztlich assistierte Befruchtung

Im Folgenden werden die gesetzlichen Vorgaben zur ärztlich assistierten Befruchtung näher beleuchtet. Eine extrakorporale Befruchtung darf gem. § 1 Abs. 1 Nr. 2, Abs. 2 ESchG lediglich zum Zwecke der Herbeiführung einer Schwangerschaft der Frau, von der die Eizelle stammt, erfolgen.

Liegen die erforderlichen Einwilligungen des genetischen Vaters bzw. des Samenspenders und der genetischen Mutter gem. § 4 Abs. 1 Nr. 1 ESchG, § 8b Abs. 2, 1 S. 1 TPG i.V.m. § 8 Abs. 2 S. 1, 2 TPG vor, können die Samenzellen grundsätzlich zur ärztlich assistierten Befruchtung einer Eizelle verwendet werden. Für die Verwendung der Keimzellen sind jedoch weitere gesetzliche Vorgaben des ESchG, der AMWHV und des AMG zu berücksichtigen.

1. Arztvorbehalt

In § 9 Nr. 1 ESchG ist ein Arztvorbehalt für die Vornahme einer ärztlich assistierten Befruchtung normiert. Ein Arzt gem. § 9 ESchG ist, wer nach deutschem Recht gem. §§ 2 ff. Bundesärzteordnung (BÄO)[816] die Approbation für Humanmedizin besitzt. Für die Vornahme der in § 9 ESchG genannten Handlungen ist ferner eine ärztliche Berufserlaubnis gem. § 10 BÄO erforderlich.[817]

---

815 Hierzu s. viertes Kapitel, A, I, 2, c, 3, c.

816 Bundesärzteordnung in der Fassung der Bekanntmachung v. 16. April 1987, BGBl I 1987, 1218, zuletzt geändert durch Art. 4 Fachkräfteeinwanderungsgesetz vom 15. August 2019, BGBl I 2019, 1307.

817 Keller/Günther/Kaiser/*Keller*, ESchG (1992), § 9, Rn. 7; Günther/Taupitz/Kaiser/*Taupitz*, ESchG, 2. Aufl. (2014), C, § 9, Rn. 6.

Nach Ansicht des Bundesrats beruhen die Arztvorbehalte des § 9 ESchG darauf, dass für eine Behandlung im Rahmen der Fortpflanzungsmedizin wissenschaftlich fundierte medizinische Kenntnisse notwendig sind. Für die erforderliche umfassende Aufklärung über Auswirkungen, Risiken und mögliche Alternativen genügt das Wissen des medizinischen Hilfspersonals nicht.[818] Der Arzt hat jedoch die Möglichkeit, bestimmte Tätigkeiten zu delegieren und somit beispielsweise mit einem fachlich entsprechend ausgebildeten Reproduktionsbiologen arbeitsteilig vorzugehen. Der Reproduktionsbiologe ist hierbei ordnungsgemäß auszuwählen und die behandlungsnotwendigen Grundsätze der Laborführung müssen festgelegt sein. Auch muss der Arzt die Einhaltung der von ihm festgelegten medizinischen Standards regelmäßig prüfen.[819]

Ein Verstoß gegen den Arztvorbehalt wird gem. § 11 Abs. 1 Nr. 1 ESchG mit einer Freiheitsstrafe bis zu einem Jahr oder mit Geldstrafe bestraft, wobei die genetischen Eltern bzw. der Samenspender gem. Abs. 2 von einer Strafbarkeit ausgenommen sind.

2. *Medizinische Indikation der Verwendung der Samenzellen*

Im Rahmen einer medizinisch assistierten Befruchtung beinhaltet § 6 Abs. 1 S. 1 TPG-GewV die Vorgabe, dass *„nach ärztlicher Beurteilung die Verwendung medizinisch indiziert und der gesundheitliche Schutz der Empfängerin und des Kindes gewährleistet sind."* Nach Angaben der Bundesärztekammer ist eine solche Indikation beispielsweise gegeben, wenn keine weiteren Behandlungsmöglichkeiten in Betracht kommen oder die Herbeiführung einer Schwangerschaft durch alternative Behandlungsmaßnahmen zu unwahrscheinlich ist.[820] Bei alleinstehenden Frauen und Frauen in einer gleichgeschlechtlichen Paarbeziehung fehlt es im Rahmen einer ärztlich assistierten Befruchtung jedoch an der geforderten medizinischen Indikation.[821] In diesen Fällen werden die Voraussetzungen des § 6 Abs. 1 TPG-GewV somit nicht erfüllt. Dies könnte bedeuten, dass die Verwendung des gespendeten Samens in

818 BR-Drs. 417/89 (Beschluss), S. 4; Erbs/Kohlhaas/*Häberle*, Strafrechtliche Nebengesetze, 243. EL (August 2022), § 9 ESchG, Rn. 1.

819 Günther/Taupitz/Kaiser/*Taupitz*, ESchG, 2. Aufl. (2014), C, § 9, Rn. 7.

820 (Muster-)Richtlinie der Bundesärztekammer zur Entnahme und Übertragung von menschlichen Keimzellen im Rahmen der assistierten Reproduktion, DÄBl 2018, S. A 8.

821 HK-AKM/*Schumann*, 66. Akt. (November 2016), Fortpflanzungsmedizin, Rn. 37 m.w.N.

diesen Fällen untersagt ist. Die Folgen eines Verstoßes gegen § 6 Abs. 1 TPG-GewV betreffen jedoch lediglich den behandelnden Arzt. Zu berücksichtigen ist diesbezüglich insbesondere § 17 Abs. 1 TPG.[822] Es ist somit möglich, dass die Rechtfertigung der Kinderwunschbehandlung zulasten des behandelnden Arztes verneint wird.[823]

Die (Muster-)Richtlinie der Bundesärztekammer aus dem Jahre 2018 enthält (im Gegensatz zur (Muster-)Richtlinie aus dem Jahre 2006)[824] keine Beschränkung auf verheiratete und heterosexuelle Paare in einer festen Beziehung.[825] Auch einige Landesärztekammern haben die Behandlung von Frauen in einer gleichgeschlechtlichen Paarbeziehung mittels einer ärztlich assistierten Befruchtung offengelassen (z.B. Bremen[826] oder Niedersachsen[827]). Demnach können alleinstehende Frauen und Frauen in einer gleichgeschlechtlichen Paarbeziehung in vielen Reproduktionszentren Deutschlands eine heterologe Kinderwunschbehandlung vornehmen.

---

822 In der TPG-GewV selbst sind keine Ordnungswidrigkeiten normiert. Auch § 17 Abs. 2 TPG ist nicht einschlägig, da Keimzellen als Gewebe nach § 1a Nr. 4 TPG nicht im Rahmen einer Heilbehandlung verwendet werden.

823 *Wehrstedt*, MittBayNot 2019, 122, 126.

824 (Muster-)Richtlinie zur Durchführung der assistierten Reproduktion, DÄBl 2006, S. A 1392, A 1395, Punkt 3.1.1. Zur Kinderwunschbehandlung alleinstehender Frauen und gleichgeschlechtlicher Paare unter der (Muster-)Richtlinie der Bundesärztekammer aus dem Jahre 2006 auch *Jofer*, Regulierung der Reproduktionsmedizin (2014), S. 546.

825 (Muster-)Richtlinie der Bundesärztekammer zur Entnahme und Übertragung von menschlichen Keimzellen im Rahmen der assistierten Reproduktion, DÄBl 2018, S. A 1 ff.

826 *Ärztekammer Bremen*, Berufsordnung für Ärztinnen und Ärzte im Lande Bremen vom 20. September 2004, Brem. ABl. 2004, 995 ff.; zuletzt geändert durch den Beschluss der Delegiertenversammlung vom 26. September 2022, ABl. der Freien Hansestadt Bremen vom 10. April 2019, 356. Da den Vorschriften kein ausdrückliches Verbot zu entnehmen ist, kann angenommen werden, dass Bremer Ärzten berufsrechtlich die Möglichkeit zukommt, eine heterologe ärztlich assistierte Befruchtung sowohl bei alleinstehenden Frauen als auch bei Frauen in einer gleichgeschlechtlichen Partnerschaft vornehmen zu können.

Ein Überblick über die Vorgaben der Berufsordnungen der Ärztekammern zur assistierten Reproduktion bei Frauen in einer lesbischen Partnerschaft findet sich in: https://www.lsvd.de/recht/ratgeber/kuenstliche-befruchtung.html#c7731 (zuletzt abgerufen am 15.03.2023).

827 Berufsordnung der Ärztekammer Niedersachsen in der Fassung der Neubekanntmachung vom 1. Juni 2018; zuletzt geändert durch Satzung vom 2. April 2020.

3. *Freigabe der Keimzellen für eine* In-vitro-*Fertilisation*

Damit Keimzellen zur Verwendung in einer ärztlich assistierten Befruchtung freigegeben werden können, müssen des Weiteren die Anforderungen des § 38 AMWHV erfüllt sein. So darf die Freigabe unter anderem nur von der verantwortlichen Person gem. § 20c AMG und nur nach einer zuvor genehmigten Standartanweisung vorgenommen werden. Auch gilt es, eine versehentliche Freigabe zu verhindern (Abs. 1). Eine Vertretung der verantwortlichen Person ist zwar möglich (Abs. 3), erforderlich ist dafür jedoch eine Sachkenntnis des anderen nach § 20c Abs. 3 AMG. Darüber hinaus wird vorausgesetzt, dass alle erforderlichen Unterlagen das Übereinstimmen der Keimzellen mit ihren Spezifikationen durch eine Überprüfung bestätigen (Abs. 2). Zu diesen Unterlagen ist unter anderem eine Kontraindikationsprüfung des Spenders mit unauffälligem Ergebnis und dessen Einwilligung zu zählen.[828]

V. Ergebnis

Im Rahmen der Gewinnung und Verwendung von Samenzellen zur ärztlich assistierten Befruchtung besteht dahingehend ein gesetzlicher Regelungsbedarf, dass eine gesetzliche Höchstgrenze der Samenspenden eines Spenders bestimmt werden sollte. Das SaRegG sollte auf alle Formen der legalen Weitergabe menschlichen Keimgutes erweitert und zu einem generellen Spenderregister werden.

E. Kryokonservierung von Keimzellen, 2-PN-Zellen und Embryonen

Dieser Abschnitt betrifft die einfachgesetzlichen Bestimmungen zur Kryokonservierung von Keimzellen, 2-PN-Zellen und Embryonen. Hierbei werden die Vorgaben des geltenden Rechts zum Kryonisieren, zur Lagerung und zum Verwerfen bzw. Sterbenlassen von Keimzellen, 2-PN-Zellen und Embryonen erläutert und kritisch gewürdigt. Zudem werden die Normierung einer zeitlichen Höchstgrenze der Kryokonservierung und die Herausgabe des Kryogutes behandelt.

---

828 (Muster-)Richtlinie der Bundesärztekammer zur Entnahme und Übertragung von menschlichen Keimzellen im Rahmen der assistierten Reproduktion, DÄBl 2018, S. A 11 ff.

I. Kryonisieren und Lagern des Keimgutes

Auch wenn das geltende Recht keine umfassende Regelung zur Kryokonservierung enthält, sind spezielle Vorgaben des ESchG, des TPG, der TPG-GewV, des AMG und der AMWHV zu beachten. Diesbezüglich ist dem Gewebebegriff des § 1a Nr. 4 TPG eine erhebliche Bedeutung zuzuschreiben.[829] Dieser wirkt sich auf die Frage aus, ob bezüglich Keimzellen, 2-PN-Zellen und Embryonen eine Anwendbarkeit des TPG und derjenigen Gesetze besteht, die exemplarisch auf den Gewebebegriff des TPG verweisen.

1. Keimzellen

Das ESchG steht der Kryokonservierung von Keimzellen nicht entgegen.[830] Diese können daher eingefroren werden, um im Rahmen einer Kinderwunschbehandlung möglicherweise zu einem späteren Zeitpunkt verwendet zu werden.[831]

Da es sich bei Keimzellen jedoch um Gewebe gem. § 1a Nr. 4 TPG handelt, unterfallen diese im Rahmen der Kryokonservierung einer arzneimittelrechtlichen Kontrolle. Die Erlaubnis einer Einrichtung zur Be- oder Verarbeitung, Konservierung, Prüfung, Lagerung oder dem Inverkehrbringen von Keimzellen bestimmt sich anhand des § 20c AMG. Nach Abs. 1 wird die Entscheidung über eine Erlaubniserteilung im Benehmen mit der zuständigen Bundesoberbehörde von der zuständigen Behörde des Landes getroffen, in dem die Betriebsstätte liegt oder liegen soll.

In § 20c Abs. 2 AMG ist bestimmt, wann die Erlaubnis versagt werden kann. Dies betrifft nach Abs. 2 S. 1 Nr. 1 den Fall, dass es für die Kryokonservierung von Keimzellen an einer verantwortlichen Person fehlt, die über die erforderliche Sachkenntnis und Erfahrung nach Abs. 3 verfügt. Für den Nachweis dieser Sachkenntnis bedarf es gem. Abs. 3 eines Zeugnisses „*über eine nach abgeschlossenem Hochschulstudium der Humanmedizin, Biologie, Biochemie oder einem als gleichwertig anerkannten Studium abgelegte Prüfung sowie eine*[r] *mindestens zweijährige*[n] *praktische*[n] *Tätigkeit auf dem Gebiet der Be- oder Verarbeitung von Geweben oder Gewebezubereitungen*“. In Nr. 2 wird die Fallgruppe bestimmt, dass das mitwirkende Personal nicht über die ausreichende

829 Zum Gewebebegriff des § 1a Nr. 4 TPG s. viertes Kapitel, A, II.

830 Saliger/Tsambikakis/*Rosenau*, Strafrecht der Medizin, 1. Aufl. (2022), § 6, Rn. 40 f.

831 *Choi*, Der Umgang mit überzähligen Embryonen in Deutschland und Südkorea (2009), S. 155.

Qualifikation verfügt. Dies bezieht sich einerseits auf dessen praktische und theoretische Kompetenzen und andererseits auf eine Kenntnis der relevanten gesetzlichen Vorgaben. Hierfür hat die verantwortliche Person zu sorgen.[832]

Des Weiteren bestimmt Abs. 2 S. 1 Nr. 3 die Möglichkeit, die Erlaubnis zu versagen, wenn die Räume und Einrichtungen für die beabsichtigten Tätigkeiten nicht geeignet sind. Ein Versagen der Erlaubnis für die Kryokonservierung von Keimzellen ist ferner möglich, wenn gem. Abs. 2 S. 1 Nr. 4 eine „*Be- oder Verarbeitung einschließlich der Kennzeichnung, Konservierung und Lagerung sowie die Prüfung nach dem Stand von Wissenschaft und Technik*" nicht gewährleistet wird oder nach Abs. 2 S. 1 Nr. 5 ein Qualitätsmanagementsystem, welches den Grundsätzen der guten fachlichen Praxis entspricht, nicht eingerichtet ist oder dem neuesten Stand nicht entspricht. Schließlich betrifft Abs. 2 S. 1 Nr. 6 die Fallgruppe, dass es an der erforderlichen Zuverlässigkeit der verantwortlichen Person gem. § 20c oder des Anspruchsstellers zur Tätigkeitsausübung fehlt.

Wird nachträglich bekannt, dass Versagungsgründe nach Abs. 2 bereits bei der Erlaubniserteilung vorgelegen haben, ist die Erlaubnis nach § 20c Abs. 7 S. 1 AMG zurückzunehmen. Sind die Versagungsgründe hingegen erst später eingetreten, so ist die Erlaubnis nach Abs. 7 S. 2 zu widerrufen.

Neben dem § 20c AMG sind auch die Vorgaben des § 36 AMWHV zur Bearbeitung, Verarbeitung und Lagerung von Keimzellen und des § 39 Abs. 1, 4, 5 AMWHV zum Inverkehrbringen von Keimzellen und deren Transport durch die Gewebeeinrichtung zu beachten. Zudem ist das Dokumentations- und Rückverfolgbarkeitsgebot gem. § 13a TPG zu berücksichtigen.[833]

2. 2-PN-Zellen und Embryonen

a. Arztvorbehalt und erforderlicher Zweck des Erhaltens des Embryos

Anders als im Falle von Keimzellen handelt es sich bei 2-PN-Zellen und Embryonen – wie bereits erörtert – nicht um Gewebe gem. § 1a Nr. 4 TPG.[834] Daher ist bei der Kryokonservierung dieser beiden Zellstadien keine arzneimittelrechtliche Kontrolle vorgeschrieben. Ein rechtlicher Schutz von 2-PN-Zellen

832 *Möller/Hilland*, in: Frister/Olzen, Reproduktionsmedizin, 1. Aufl. (2010), S. 133.

833 *Möller/Hilland*, in: Frister/Olzen, Reproduktionsmedizin, 1. Aufl. (2010), S. 131. Wird das Keimgut demgegenüber an eine Gewebeeinrichtung übergeben, muss diese gem. § 5 Abs. 2 TPG-GewV von der Entnahmeeinrichtung einen Entnahmebericht unter anderem mit Angaben über die Identität des Spenders und die Art des Gewebes erhalten, ebd. S. 131.

834 Hierzu s. viertes Kapitel, A, II, 2, 3.

und Embryonen im Rahmen der Kryokonservierung ergibt sich jedoch aus dem ESchG. Zwar beinhaltet dieses für das Kryonisieren und die Lagerung von 2-PN-Zellen und Embryonen in tiefgefrorener Form grundsätzlich keine Beschränkungen.[835] Jedoch ist gem. §§ 9 Nr. 4, 12 ESchG ein Arztvorbehalt für die Kryokonservierung von 2-PN-Zellen und Embryonen bestimmt.[836] Demnach müssen der Einfriervorgang, die Lagerung und auch das spätere Auftauen des Kryogutes unter der Aufsicht eines Arztes erfolgen. Da die Lagerung möglicherweise über einen erheblichen Zeitraum erfolgt, ist hierfür allerdings keine durchgehende ärztliche Präsenz erforderlich.[837] Eine Zuwiderhandlung gegen den Arztvorbehalt stellt gem. § 12 Abs. 1 ESchG eine Ordnungswidrigkeit dar und kann mit einer Geldbuße geahndet werden (Abs. 2). Jedoch ist gem. § 10 ESchG niemand zur Vornahme oder Mitwirkung an Maßnahmen der in § 9 ESchG bezeichneten Art verpflichtet.

Somit kommt auch dem Reproduktionsmediziner die Möglichkeit zu, die Durchführung einer Kryokonservierung gem. §§ 10, 9 Nr. 4 ESchG zu verweigern. Jedoch erachten *Frister* und *Börgers* eine plötzliche Weigerung richtigerweise als treuwidrig gem. § 242 BGB, weshalb diesbezüglich eine Begrenzung des ärztlichen Weigerungsrechts gem. § 10 ESchG bestehe. Dem Reproduktionsmediziner komme vielmehr eine sog. Residualpflicht zu, wonach er Risiken von den 2-PN-Zellen und Embryonen bis zur Übernahme durch einen anderen Reproduktionsmediziner abwenden müsse.[838]

Zu berücksichtigen ist überdies, dass Embryonen ab dem Zeitpunkt der Konjugation dem Embryobegriff des § 8 Abs. 1 ESchG unterfallen und daher gem. § 2 Abs. 1 ESchG sowie mittelbar aus § 1 Abs. 1 Nr. 2 sowie Nr. 5 ESchG nur Verwendungen zulässig sind, die den Erhalt des Embryos bezwecken und damit dessen Lebensinteresse dienen. Bei einer engen Auslegung des ESchG ist eine Kryokonservierung von Embryonen rechtlich nur zulässig, wenn ein Embryotransfer aufgrund einer fehlenden Einwilligung der genetischen Mutter nicht möglich ist.[839] Demgegenüber ist eine Erzeugung von Embryonen mit

835 Vgl. Laufs/Katzenmeier/Lipp/*Lipp*, Arztrecht, 8. Aufl. (2021), VIII, Rn. 18; Saliger/Tsambikakis/*Rosenau*, Strafrecht der Medizin, 1. Aufl. (2022), § 6, Rn. 48.

836 Hierzu s. Spickhoff/*Müller-Terpitz*, Medizinrecht, 4. Aufl. (2022), § 9 ESchG, Rn. 2; Günther/Taupitz/Kaiser/*Taupitz*, ESchG, 2. Aufl. (2014), C, § 9, Rn. 4; Saliger/Tsambikakis/*Rosenau*, Strafrecht der Medizin, 1. Aufl. (2022), § 6, Rn. 48 m.w.N.

837 *Möller/Hilland*, in Frister/Olzen, Reproduktionsmedizin, 1. Aufl. (2010), S. 136 f.

838 *Frister/Börgers*, in: Frister/Olzen, Reproduktionsmedizin, 1. Aufl. (2010), S. 107, 109 f.

839 HK-AKM/*Schumann*, 66. Akt. (November 2016), Fortpflanzungsmedizin, Rn. 26. Demgegenüber sieht *Zuck* die Kryokonservierung menschlicher Embryonen als

dem einzigen Zweck, diese zu kryokonservieren bzw. diese für Forschungszwecke zu verwenden, verboten.

b. „Dreierregel" und „Deutscher Mittelweg"

Die Vornahme einer Kryokonservierung zur Aufteilung von Embryonen auf mehrere Zyklen der Frau ist gem. § 1 Abs. 1 Nr. 5 ESchG untersagt. Erlaubt ist es unterdessen, Embryonen zu kryokonservieren, um diese in einen späteren Zyklus der Frau zu transferieren.[840] Auch die Kryokonservierung überzähliger Embryonen ist mit § 2 Abs. 1 ESchG vereinbar, da sie oftmals als deren *„einzige Überlebenschance"* zu erachten ist.[841]

Für die Kryokonservierung von 2-PN-Zellen und Embryonen kommt den Vorgaben des § 1 Abs. 1 Nr. 3 und 5 ESchG eine erhebliche Bedeutung zu. § 1 Abs. 1 Nr. 3 ESchG bestraft denjenigen, der *„es unternimmt, innerhalb eines Zyklus mehr als drei Embryonen auf eine Frau zu übertragen"*. Indes wird gem. § 1 Abs. 1 Nr. 5 ESchG bestraft, *„wer es unternimmt, mehr Eizellen einer Frau zu befruchten, als ihr innerhalb eines Zyklus übertragen werden sollen"*.

Wie bereits erörtert, leiten Vertreter der *„Dreierregel"* aus einem Zusammenwirken des § 1 Abs. 1 Nr. 3 und Nr. 5 ESchG ab, dass ein Reproduktionsmediziner zum Zwecke der Übertragung innerhalb eines Zyklus maximal drei Eizellen der genetischen Mutter kultivieren dürfe.[842]

Demgegenüber werden bei einem Vorgehen anhand des *„Deutschen Mittelwegs"* so viele Embryonen zum Transfer entwickelt, dass bei einer sorgfältigen individuellen Prognose letztlich maximal drei Embryonen für einen Transfer verfügbar sind.[843] Nicht entwicklungsfähige Embryonen werden hierbei nicht als Embryonen i.S.d. § 8 Abs. 1 ESchG erachtet und bei der Bestimmung der zulässigen Anzahl von Befruchtungsversuchen nicht berücksichtigt.[844]

---

unzulässig an, Quaas/Zuck/Clemens/*Zuck*, Medizinrecht, 4. Aufl. (2018), § 68, Rn. 85.

840 Günther/Taupitz/Kaiser/*Taupitz*, ESchG, 2. Aufl. (2014), C, § 9, Rn. 13. Die Variante des *„Verwendens"* gem. § 2 Abs. 1 ESchG kann das Verfahren der Kryokonservierung mittelbar umfassen, Keller/Günther/Kaiser/*Günther*, ESchG (1992), § 2, Rn. 30, 37.

841 Günther/Taupitz/Kaiser/*Günther*, ESchG, 2. Aufl. (2014), C, § 2, Rn. 45.

842 *Frister*, GuP 2012, 10, 10. Zur *„Dreierregel"* s. zweites Kapitel, A, VII, 1, a.

843 Saliger/Tsambikakis/*Rosenau*, Strafrecht der Medizin, 1. Aufl. (2022), § 6, Rn. 26. Zum *„Deutschen Mittelweg"* s. zweites Kapitel, A, VII, 1, b.

844 Vgl. Günther/Taupitz/Kaiser/*Günther*, ESchG, 2. Aufl. (2014), C, § 1 Abs. 1 Nr. 5, Rn. 9; Clausen/Schroeder-Printzen/*Makoski*, Münchener Anwaltshandbuch Medizinrecht, 3. Aufl. (2020), § 19, Rn. 19.

Bezweckt der Reproduktionsmediziner von Anfang an die Vermeidung des Entstehens überzähliger Embryonen, so handelt er nach Ansicht der Befürworter des „*Deutschen Mittelwegs*" ohne den gem. § 1 Abs. 1 Nr. 5 ESchG erforderlichen Vorsatz.[845]

Vertreter des „*Deutschen Mittelwegs*" interpretieren § 1 Abs. 1 Nr. 5 ESchG dahingehend, dass sich das Verbot der extrakorporalen Befruchtung von mehr als drei Eizellen nur auf das „*Fertigbefruchten*" beziehe und erst die Weiterkultivierung (nach einer Kryokonservierung) auf drei befruchtete Eizellen beschränkt ist. Es ist somit zulässig, 2-PN-Zellen „*auf Vorrat*" zu erzeugen und diese zu kryokonservieren, um sie der genetischen Mutter in einem späteren Zyklus einsetzen zu können. Bei einer strikten Interpretation des ESchG ist erst die Weiterkultivierung auf drei befruchtete Eizellen beschränkt.[846] Nach dem derzeitigen Stand der Wissenschaft werden bei einem Vorgehen anhand des „*Deutschen Mittelwegs*" in der Praxis zwischen vier und acht Eizellen befruchtet.[847] Sofern eine sorgfältige und individuelle Prognose anhand konkreter Parameter erfolgt und der Reproduktionsmediziner die Anzahl der zu befruchtenden Eizellen je nach Einzelfall bestimmt, erachten mehrere Gerichte und Staatsanwaltschaften sowie der Bundesfinanzhof den „*Deutschen Mittelweg*" als zulässig.[848]

Wie bereits erörtert, ist von einer Zulässigkeit des „*Deutschen Mittelwegs*" auszugehen, auch wenn dies noch immer umstritten ist. Dem Wortlaut des § 1 Abs. 1 Nr. 5 ESchG ist keine zahlenmäßige Begrenzung der Befruchtungsversuche zu entnehmen. Ferner sprechen gesetzessystematische Gründe dagegen, dass sich eine solche Begrenzung aus einer Gesamtwürdigung des § 1 Abs. 1 Nr. 3 und Nr. 5 ESchG ergibt. Eine solche Limitierung erscheint schließlich auch unter Berücksichtigung der Gesetzgebungsgeschichte

---

845 *Taupitz/Hermes*, Der Gynäkologe 2015, 169, 170.

846 *Schumann*, in: Beier/Brügge/Thorn/Wiesemann, Assistierte Reproduktion mit Hilfe Dritter (2020), S. 73, Fn. 21; Günther/Taupitz/Kaiser/*Günther*, ESchG, 2. Aufl. (2014), C, § 1 Abs. 1 Nr. 5, Rn. 3, 6 ff.

847 Günther/Taupitz/Kaiser/*Günther*, ESchG, 2. Aufl. (2014), C, § 1 Abs. 1 Nr. 5, Rn. 9 (vier bis sechs Eizellen); Spickhoff/*Müller-Terpitz*, Medizinrecht, 4. Aufl. (2022), § 1 ESchG, Rn. 18 (vier bis sieben Eizellen); *Renzikowski*, Gynäkologische Endokrinologie 2004, 172, 173 (bis zu acht Eizellen).

848 AG Wolfratshausen, BeckRS 2008, 29469; vgl. AG München, BeckRS 2012, 14678; zu den weiteren Entscheidungen der Gerichte und Staatsanwaltschaften s. *Taupitz/Hermes*, Der Gynäkologe 2015, 169, 174, Fn. 45 m.w.N.; BFH, NJW 2017, 3022.

fernliegend.[849] Da eine Strafbarkeit der Reproduktionsmediziner bei dem auf einer Prognoseentscheidung basierenden Vorgehen anhand des „*Deutschen Mittelwegs*" jedoch nicht auszuschließen ist, sollte sich der Gesetzgeber dieser Thematik annehmen.

Ein Tätigwerden des Gesetzgebers ist zudem erforderlich, um einen rechtlichen Rahmen für die Kryokonservierung überzähliger 2-PN-Zellen und Embryonen zu schaffen. Diese können neben den zuvor benannten medizinischen Gründen auch aufkommen, da sich die intendierten Eltern für das von ihnen stammende Keimgut verantwortlich fühlen. Um keine endgültige Entscheidung über den Verbleib der kryokonservierten 2-PN-Zellen und Embryonen treffen zu müssen, könnten sich die intendierten Eltern eher für die Fortsetzung der Kryokonservierung auf unbestimmte Zeit entscheiden, auch wenn damit langfristige Kosten der Kryokonservierung einhergehen.[850]

c. *Regelungsvorschlag* de lege ferenda

In einem Fortpflanzungsmedizingesetz sollte explizit Bezug auf das Kryonisieren und die Lagerung von Keimzellen, 2-PN-Zellen und Embryonen genommen werden. Hierbei sollte ein Arztvorbehalt im Sinne des § 9 Nr. 4 ESchG für die Kryokonservierung von 2-PN-Zellen und Embryonen bestimmt werden.

Aufgrund der bestehenden Rechtsunsicherheit und dem damit einhergehenden Risiko für Reproduktionsmediziner wäre es wünschenswert, wenn der Gesetzgeber bezüglich der andauernden Debatte hinsichtlich der „*Dreierregel*" und des „*Deutschen Mittelwegs*" für Klarheit sorgt. In Betracht kommt hierbei die gesetzliche Normierung einer numerischen Höchstgrenze für die Erzeugung und Kryokonservierung 2-PN-Zellen und Embryonen. Um eine praxisnahe Auswahlmöglichkeit von Embryonen zu gewährleisten, die sich möglicherweise gut für einen Transfer eignen, wäre eine Limitierung auf zehn 2-PN-Zellen und Embryonen sinnvoll. Dadurch wäre zu einem späteren Zeitpunkt ein weiterer Versuch der Herbeiführung einer Schwangerschaft möglich.

Unter Berücksichtigung des gleichrangigen verfassungsrechtlichen Schutzes von 2-PN-Zellen und Embryonen sollten die gesetzlichen Vorgaben zum

---

849 BFH, NJW 2017, 3022, 3024, Rn. 21, 23; BT-Drs. 11/8057, 14. Zur Bewertung des rechtlichen Diskurses bzgl. der „*Dreierregel*" und des „*Deutschen Mittelwegs*" s. zweites Kapitel, A, VII, 1, c, d.

850 Vgl. *Schaaf*, Kinderwunschbehandlung, Zellhaufen oder Leben?, FAZ vom 02.09.2017; zu den Gründen einer Kryokonservierung s. *Choi*, Der Umgang mit überzähligen Embryonen in Deutschland und Südkorea (2009), S. 152 ff.

Kryonisieren und der Lagerung dieser beiden Zellstadien zudem dahingehend angeglichen werden, dass auch die Erzeugung von 2-PN-Zellen im Rahmen einer Kinderwunschbehandlung deren Erhalt dienen sollte.

Demgegenüber sollte die Kryokonservierung von Keimzellen im Vergleich zu 2-PN-Zellen und Embryonen weiterhin geringeren Beschränkungen unterliegen, da hierfür bereits eine arzneimittelrechtliche Kontrolle normiert ist.

II. Verwerfen kryokonservierter Keimzellen und 2-PN-Zellen sowie Sterbenlassen kryokonservierter Embryonen

Wie bereits erörtert, besteht die Möglichkeit, kryokonservierte Keimzellen und 2-PN-Zellen zu verwerfen bzw. Embryonen sterben zu lassen. Dies erfolgt normalerweise dadurch, dass das Kryogut aufgetaut und (schlicht) stehengelassen wird, bis es abgestorben ist.[851] Grundsätzlich ist hierbei der Einwilligung des genetischen Elternteils (Keimzellen) bzw. der genetischen Elternteile (2-PN-Zellen und Embryonen) eine entscheidende Bedeutung zuzuschreiben. Im Falle von Embryonen sind jedoch darüber hinaus die Vorgaben des ESchG zu berücksichtigen.

1. Konsentiertes Verwerfen bzw. Sterbenlassen

Das konsentierte Verwerfen von 2-PN-Zellen und das konsentierte Sterbenlassen von Embryonen sind verfassungsgemäß. So ist weder eine willkürliche Behandlung dieser Zellstadien gegeben, wenn das Ziel der Herbeiführung einer Schwangerschaft unmöglich geworden ist, noch wenn eine Schwangerschaft im Rahmen einer Kinderwunschbehandlung bereits erfolgreich herbeigeführt wurde oder nicht mehr gewünscht ist. Das konsentierte Verwerfen kryokonservierter 2-PN-Zellen und das konsentierte Sterbenlassen kryokonservierter Embryonen ist mit dem objektiv-rechtlichen Schutzgehalt der Menschenwürde gem. Art. 1 Abs. 1 GG und der Ausstrahlungswirkung des Rechts auf Leben gem. Art. 2 Abs. 2 S. 1 GG vereinbar.

Das ESchG steht dem Verwerfen von Keimzellen und 2-PN-Zellen nicht entgegen.[852] So besteht gem. §§ 10, 9 Nr. 4 ESchG keine Verpflichtung des Reproduktionsmediziners zur Fortsetzung der Kryokonservierung. Jedoch sind kryokonservierte 2-PN-Zellen zu verwerfen, wenn ein entsprechendes

---

851 Vgl. HK-AKM/*Schumann*, 66. Akt. (November 2016), Fortpflanzungsmedizin, Rn. 52.

852 Saliger/Tsambikakis/*Rosenau*, Strafrecht der Medizin, 1. Aufl. (2022), § 6, Rn. 53.

Verlangen der intendierten Eltern geäußert wurde.[853] Dies beruht auf der Entscheidungsbefugnis, die sich aus dem Recht auf reproduktive Selbstbestimmung bzw. dem Recht auf Familiengründung ergibt.

Embryonen können – trotz des erheblichen Schutzgehalts des ESchG – sterben gelassen werden, sofern sie nicht zur Herbeiführung einer Schwangerschaft verwendet werden und demnach überzählig sind. Anders als das aktive Vernichten embryonalen Lebens stellt das Sterbenlassen als rein passives „*Stehenlassen*" des Embryos kein missbräuchliches Verwenden im Sinne des § 2 Abs. 1 ESchG dar.[854] „*Nimmt der Reproduktionsmediziner lediglich eine bestimmte Handlung – etwa das Nachfüllen von flüssigem Stickstoff oder das Umbetten des Embryos von dem Gefrierschutz – in ein Kultivierungsmedium – nicht vor, ist ohne weiteres von einem solchen straflosen Unterlassen auszugehen.*"[855]

Grund hierfür ist, dass die Entsprechungsklausel des § 13 Abs. 1 Hs. 2 StGB beim Unterlassen lebenserhaltender Maßnahmen nicht einschlägig ist.[856] So erfordert ein unechtes Unterlassungsdelikt eine Garantenstellung. Jedoch ist eine Stellung des Reproduktionsmediziners als Beschützergarant des Embryos bereits nicht dem Kryovertrag zu entnehmen, wenn dieser die Bestimmung enthält, dass ein konsentiertes Sterbenlassen möglich ist. Auch eine Garantenstellung aus Ingerenz kommt vorliegend nicht in Betracht. Hierfür bedarf es eines gefährlichen Vorverhaltens des Reproduktionsmediziners. Das Kryonisieren eines überzähligen Embryos hat allerdings keine Gefahrenquelle geschaffen, sondern bezweckt den Erhalt des Embryos. Daher kann der Reproduktionsmediziner auch nicht als Ingerent des Embryos angesehen werden.[857] Es fehlt somit an einer Garantenstellung des Reproduktionsmediziners, aufgrund derer er verpflichtet wäre, den Embryo am Leben zu halten bzw. gar eine Weiterentwicklung des Embryos durch Transfer zu ermöglichen.[858] Auch der

853 So auch: Clausen/Schroeder-Printzen/*Makoski*, Münchener Anwaltshandbuch Medizinrecht, 3. Aufl. (2020), § 19, Rn. 91.

854 BGHSt 55, 206, 217 ff. = BGH, NJW 2010, 2672, 2675 f.; Spickhoff/*Müller-Terpitz*, Medizinrecht, 4. Aufl. (2022), § 2 ESchG, Rn. 2; Saliger/Tsambikakis/*Rosenau*, Strafrecht der Medizin, 1. Aufl. (2022), § 6, Rn. 54.

855 *Frister/Börgers*, in: Frister/Olzen, Reproduktionsmedizin, 1. Aufl. (2010), S. 115.

856 Günther/Taupitz/Kaiser/*Günther*, ESchG, 2. Aufl. (2014), C, § 2, Rn. 32 ff. m.w.N.

857 Zur Stellung des Beschützergaranten und des Ingerenten s. Schönke/Schröder/*Bosch*, StGB, 30. Aufl. (2019), § 13, Rn. 10, 12/13.

858 Vgl. *Frister/Börgers*, in: Frister/Olzen, Reproduktionsmedizin, 1. Aufl. (2010), S. 115.

BGH zweifelt an dem Vorliegen einer Garantenstellung des Arztes gegenüber dem kryokonservierten Embryo.[859]

Das Sterbenlassen kryokonservierter überzähliger Embryonen ist mithin nicht verboten. Entscheidend ist jedoch auch hierbei, dass die intendierten Eltern in das Sterbenlassen eingewilligt haben.

2. *Eigenmächtiges Verwerfen bzw. Sterbenlassen durch den Reproduktionsmediziner*

Wird das kryokonservierte Keimgut indes gegen oder ohne den Willen der genetischen Eltern bzw. der genetischen Mutter verworfen bzw. sterben gelassen, kann dies Ansprüche auf Schadensersatz gegen den Reproduktionsmediziner mit sich bringen und überdies auch strafrechtliche Folgen haben.

So kann der genetische Vater bzw. die genetische Mutter gegen den Reproduktionsmediziner, der die Keimzellen eigenmächtig verworfen hat, aus dem Kryovertrag (§ 695 BGB)[860] gem. § 280 Abs. 1, 3, § 283 S. 1 BGB einen Anspruch auf Schadensersatz haben.[861] Zudem besteht nach Ansicht des BGH ein deliktischer Anspruch auf Schadensersatz aufgrund einer Körperverletzung gem. § 823 Abs. 1 BGB.[862] Wie bereits erörtert, wurde diese sog. „*Sperma-Entscheidung*“ vielfach kritisiert. Überzeugender ist es daher, im Rahmen des § 823 Abs. 1 BGB auf eine Verletzung des Rechts auf reproduktive Selbstbestimmung gem. Art. 2 Abs. 1 GG i.V.m. 1 Abs. 1 GG als Verletzung des allgemeinen Persönlichkeitsrechts abzustellen. Demnach kommt ein Anspruch auf Schadensersatz gem. § 823 Abs. 1 BGB in Form der Zahlung eines Schmerzensgeldes in Betracht.[863] Ob eine Verletzung des Persönlichkeitsrechts einen Anspruch auf Zahlung einer Geldentschädigung zur Folge hat, ist nach Ansicht des BGH jedoch von der Bedeutung und der Tragweite des Eingriffs, dem Anlass und Beweggrund des Schädigers und von dem Grad seines Verschuldens abhängig.[864] Durch das unerlaubte Verwerfen kryokonservierter

859 BGHSt 55, 206, 220, Rn. 38 = BGH, NJW 2010, 2672, 2676, Rn. 38.

860 Zur direkten Anwendung der Vorgaben des Verwahrungsvertrages bei der Kryokonservierung von Keimzellen s. viertes Kapitel, B, II, 1.

861 *Möller/Hilland*, in: Frister/Olzen, Reproduktionsmedizin, 1. Aufl. (2010), S. 144.

862 BGHZ 124, 52, 56 = BGH, NJW 1994, 127, 128.

863 *Deutsch/Spickhoff*, Medizinrecht, 7. Aufl. (2014), Rn. 1220.

864 BGH, NJW 1996, 985, 986.

Keimzellen kann sich der Reproduktionsmediziner ferner gem. § 303 StGB strafbar machen.[865]

Werden 2-PN-Zellen oder Embryonen eigenmächtig vom Reproduktionsmediziner verworfen bzw. sterben gelassen, kommt den intendierten Eltern aus dem Kryovertrag (§ 695 BGB analog)[866] ein vertraglicher Schadensersatzanspruch gem. § 280 Abs. 1, 3, § 283 S. 1 BGB zu. Aufgrund einer Verletzung des Rechts auf reproduktive Selbstbestimmung, welches dem Allgemeinen Persönlichkeitsrecht gem. Art. 2 Abs. 1 GG i.V.m. Art. 1 Abs. 1 GG zu entnehmen ist, können die genetischen Eltern (homologes Verfahren) bzw. die genetische Mutter (heterologes Verfahren) gegen den Reproduktionsmediziner zudem einen Anspruch auf Schadensersatz gem. § 823 Abs. 1 BGB haben. Auch hierbei ist jedoch im Sinne des BGH, sowohl die Bedeutung und Tragweite des Eingriffs als auch den Anlass und Beweggrund des Schädigers sowie den Grad seines Verschuldens zu berücksichtigen.

Das eigenmächtige Verwerfen bzw. Sterbenlassen von 2-PN-Zellen und Embryonen durch den Reproduktionsmediziner ist im ESchG nicht geregelt. Aufgrund des Analogieverbotes gem. Art. 103 Abs. 2 GG dürfen strafrechtliche Regelungen nicht im Einzelfall analog auf ungeregelte Fälle angewendet werden.[867] Da es sich bei 2-PN-Zellen und Embryonen zudem um keine Rechtsobjekte und demnach um keine Sachen mehr handelt, macht sich der Reproduktionsmediziner durch ein unerlaubtes Verwerfen bzw. Sterbenlassen auch nicht gem. § 303 StGB strafbar.[868]

3. *Begrenzung der ärztlichen Lagerungspflicht*

Es stellt sich die Frage, ob ein Reproduktionsmediziner kryokonservierte Keimzellen und 2-PN-Zellen verwerfen bzw. Embryonen sterben lassen kann, wenn die Zahlung der Kosten für die Kryokonservierung ausbleibt.

Nach Ansicht des BGH ist aus dem ESchG „*keine Pflicht zur unbegrenzten Kryokonservierung*“ abzuleiten.[869] Die Verpflichtung des Reproduktionsmediziners

865 BeckOK StGB/*Wittig*, 56. Edition (Stand 01.02.2023), § 303, Rn. 4 mit Verweis auf die Ausführungen zum Sachbegriff in BeckOK StGB/*Weidemann*, 56. Edition (01.02.2023), § 242, Rn. 4.2.

866 Zur analogen Anwendung der Vorgaben des Verwahrungsvertrages bei der Kryokonservierung von 2-PN-Zellen und Embryonen s. viertes Kapitel, B, II, 1.

867 Zum Analogieverbot s. Kindhäuser/Neumann/Paeffgen/*Hassemer/Kargl*, StGB, 5. Aufl. (2017), § 1, Rn. 70 ff.

868 Anders sehen dies *Frister/Börgers*, in: Frister/Olzen, Reproduktionsmedizin, 1. Aufl. (2010), S. 109.

869 BGHSt 55, 206, 220 = BGH, NJW 2010, 2672, 2676.

zur Lagerung kryokonservierter Keimzellen, 2-PN-Zellen und Embryonen ergibt sich vielmehr unmittelbar aus dem Kryovertrag. Dieser beinhaltet normalerweise Vorgaben zur Beendigung des Vertragsverhältnisses. Jedoch kann auch ein ausdrückliches und endgültiges Verweigern der intendierten Eltern zur Zahlung der Lagerungskosten in Kenntnis der sich daraus ergebenden Konsequenzen oder das schlichte Einstellen der Kostenzahlung die ärztliche Lagerungspflicht begrenzen.

In einem solchen Fall ist der Reproduktionsmediziner *Frister* und *Börgers* zufolge nicht mehr zur Fortsetzung der Kryokonservierung verpflichtet. Die von ihm übernommene Schutz- und Überwachungsfunktion fuße auf dem Vertrauen der intendierten Eltern in das Aufrechterhalten der Kryokonservierung sowie der Gefahrabwendung für das Kryogut. Dieses Vertrauen erfordere jedoch die Zahlung der Lagerungskosten. Wird eine solche Zahlung verweigert oder eingestellt, könne sich der Arzt dadurch von seiner Aufbewahrungspflicht lösen, dass er eine Zahlung der Aufbewahrungskosten mehrfach anmahnt und eine angemessene Frist setzt, wobei er die Beendigung der Kryokonservierung im Falle einer Nichtzahlung androht. Nach Fristablauf könne die Kryokonservierung beendet werden. Reagieren die intendierten Eltern auf die Anfragen des Arztes nicht, so verhalten sie sich treuwidrig. In diesem Fall sei von einer Einwilligungsfiktion in die Beendigung der Kryokonservierung auszugehen. Der Arzt könne nach Treu und Glauben annehmen, dass kein weiteres Interesse an der Kryokonservierung besteht. Wird indes eine Fortsetzung der Lagerung eingefordert, ohne dass für deren Kosten aufgekommen wird, so sei auch dies widersprüchlich und verstoße gegen die Gebote von Treu und Glauben gem. § 242 BGB.[870]

Diese Herleitung überzeugt in vielerlei Hinsicht. So können die intendierten Eltern als Gegenleistung zur Zahlung der Lagerungskosten von dem Reproduktionsmediziner verlangen, dass dieser ein Fortbestehen des kryokonservierten Keimgutes sichert. Da die Verpflichtung zur Zahlung in dem Kryovertrag festgelegt wird,[871] stellt eine Verweigerung oder Einstellung der Zahlung die Verletzung einer vertraglichen Leistungspflicht dar. Die Verpflichtung des Reproduktionsmediziners zum Schutz und zur Überwachung des Kryogutes besteht daher nur, solange die Vergütung gezahlt wird. Der Arzt kann somit nach erfolglosen Mahnungen und Fristablauf berechtigt darauf

870 *Frister/Börgers*, in: Frister/Olzen, Reproduktionsmedizin, 1. Aufl. (2010), S. 110 f. Hierzu auch *Möller/Thaele*, ReproMed 2002, 136, 138.

871 Hierzu s. viertes Kapitel, B, II, 2, c.

vertrauen, dass eine Fortsetzung der Kryokonservierung nicht mehr gewollt ist. In diesem Fall kann eine Einwilligung der intendierten Eltern in die Beendigung der Kryokonservierung nach Treu und Glauben fingiert werden. Da die Schutz- und Überwachungspflichten des Reproduktionsmediziners jedoch der vertraglichen Abrede entspringen, bedarf es des von *Frister* und *Börgers* vorausgesetzten Vertrauensaspektes nicht. Der Vertrag kann in diesem Fall somit gekündigt werden, sodass eine Fortsetzung der Kryokonservierung nicht mehr erforderlich ist.

4. *Regelungsvorschlag* de lege ferenda

In einem Fortpflanzungsmedizingesetz sollte – wie bereits im Regelungsvorschlag *de lege ferenda* zur Einwilligung in die Kryokonservierung angedeutet – auch ein genauer rechtlicher Rahmen für das Verwerfen kryokonservierter Keimzellen und 2-PN-Zellen bzw. das Sterbenlassen kryokonservierter Embryonen geschaffen werden.

Hierfür ist im Falle kryokonservierter Keimzellen entscheidend auf den Willen des genetischen Elternteils und im Falle kryokonservierter 2-PN-Zellen und Embryonen auf den Willen der intendierten Eltern abzustellen. Findet sich kein Konsens der intendierten Eltern, sollte die bereits erörterte „*cooling-off*"-Periode eintreten.[872] Mit Ablauf der „*cooling-off*"-Periode oder bei einer endgültigen Weigerung des genetischen Elternteils bzw. des Wunschelternteils zur Zahlung der Lagerungskosten sollte das kryokonservierte Keimgut jedoch unmittelbar zu verwerfen sein bzw. sterben gelassen werden.

III. Erfordernis einer zeitlichen Höchstgrenze der Kryokonservierung?

Die Kryokonservierung zeichnet sich durch das Aufheben der zeitlich-räumlichen Koppelung der Befruchtung und des Embryotransfers aus. Dadurch, dass die Kryokonservierung mittlerweile größtenteils ohne Schädigungen des Keimmateriales gewährleistet werden kann,[873] ist es möglich, Keimzellen, 2-PN-Zellen und Embryonen auf unbestimmte Zeit, also für Jahrzehnte

---

872 Hierzu s. viertes Kapitel, C, I, 4, a, cc, (1), (b) und III, 3.

873 *Riggs et al.*, Fertil Steril 2010, 109, 109 ff. haben in einer Studie über einen Zeitraum von mehr als 10 Jahren die Ergebnisse von Kryotransfers untersucht und kamen zu dem Ergebnis, dass die Lagerungsdauer keinen Einfluss auf die Überlebensrate von 2-PN-Zellen oder Embryonen, die Schwangerschaftsrate sowie die Anzahl der Fehl- bzw. Lebendgeburten hat.

oder sogar für Jahrhunderte, zu lagern. Das ESchG enthält hierfür jedoch keine zeitliche Höchstgrenze.[874]

1. *Forderungen nach einem Tätigwerden des Gesetzgebers*

Die Festlegung einer Höchstlagerungsdauer für Keimzellen, 2-PN-Zellen und Embryonen wird in Deutschland bereits seit längerem diskutiert. So bedauerte das OLG Rostock in einer Entscheidung über die Herausgabe von 2-PN-Zellen nach dem Tod des genetischen Vaters den Umstand, dass der Gesetzgeber die Frage nach der Befristung der Lagerungsdauer kryokonservierter 2-PN-Zellen nicht beantwortet hat, auch wenn diese bereits im Schlussbericht der Enquete-Kommission „*Recht und Ethik der modernen Medizin*" im Jahre 2002 angesprochen wurde.[875] Diese befürwortete eine Höchstlagerungsdauer, welche jedoch lediglich bereits bestehende kryokonservierte 2-PN-Zellen betreffen sollte. Gleichzeitig sollte jedoch geregelt werden, wie mit diesen nach dem Ablauf einer solchen Frist zu verfahren sei. Hierbei sollte eine Differenzierung dahingehend vorgenommen werden, dass einerseits genetische Eltern berücksichtigt werden, die weiterhin einen Kinderwunsch haben und andererseits solche, die kein weiteres Interesse am Verbleib der 2-PN-Zellen haben.[876]

Auch in der rechtswissenschaftlichen Literatur wird erhebliche Kritik an der fehlenden zeitlichen Limitierung der Kryokonservierung geübt. Die Kryokonservierung über einen längeren Zeitraum hinweg könne das Keimgut für andere benutzbar machen und somit eine „*neue Form von Ungleichzeitigkeit zwischen dem Erzeuger und seinem Kind*" herbeiführen.[877] So sei die Geburt generationsversetzter Menschen nun nicht mehr rein theoretisch, sondern vielmehr auch praktisch möglich.[878] Bei der Einbindung des Kindes

---

874 Spickhoff/*Müller-Terpitz*, Medizinrecht, 4. Aufl. (2022), § 9 ESchG, Rn. 2; Günther/Taupitz/Kaiser/*Taupitz*, ESchG, 2. Aufl. (2014), C, § 9, Rn. 12; *Möller/Hilland*, in: Frister/Olzen, Reproduktionsmedizin, 1. Aufl. (2010), S. 129.

875 OLG Rostock, FamRZ 2010, 1117, 1119; hierzu s. auch *Spranger*, MedR 2010, 878.

876 Schlussbericht der Enquete-Kommission „*Recht und Ethik der modernen Medizin*", BT-Drs. 14/9020, S. 64.

877 *Wuermeling*, in: Flöhl, Gentechnologie 3 (1985), S. 280.

878 Die natürliche Generationenfolge wird bei einer Kryokonservierung über einen Zeitraum von 30 Jahren um eine Generation verzögert. Unter einem „*Generationssprung*" ist die Verzögerung einer Generation zu verstehen. Ausführlich hierzu *Wohn*, Medizinische Reproduktionstechniken und das neue Abstammungsrecht (2001), S. 114 f. Kritisch zu Generationssprüngen auch *Deutsch*, NJW 1986, 1971, 1972.

in das familiäre und verwandtschaftliche Umfeld könnten Schwierigkeiten auftreten, die eine nachhaltige Störung verwandtschaftlicher Bezüge mit sich bringen könnten.[879] Ein „*Durcheinander in den Familienbeziehungen*" könnte jedoch durch die Einführung einer Maximallagerungsdauer verhindert werden.[880] Daher sprechen sich viele Stimmen in der rechtswissenschaftlichen Literatur für ein Tätigwerden des Gesetzgebers durch die Normierung einer zeitlichen Höchstlagerungsdauer der Kryokonservierung oder eines gesetzlichen Verbotes der Kryokonservierung über einen längeren Zeitraum hinweg aus.[881]

Relevant ist die Forderung der Normierung einer Höchstlagerungsdauer auch hinsichtlich des Umganges mit überzähligen Embryonen. So stößt die langfristige Kryokonservierung überzähliger Embryonen in der rechtswissenschaftlichen Literatur auf starke Kritik. Dies könne lediglich angedacht werden, wenn ansonsten keine andere akute Verwendungsmöglichkeit für die Embryonen bestehe. Jedoch lasse es den Bestand überzähliger Embryonen stetig ansteigen. Auch wenn der Embryo vor dem Sterben bewahrt werde, behindere ihn die Konservierung letztlich an der Weiterentwicklung.[882] Mit der Kryokonservierung werde das Erfordernis einer Lösung dieser Problematik zudem lediglich zeitlich nach hinten verschoben, da die Embryonen nicht für alle Zeit eingefroren bleiben können.[883]

Ein Schutzanspruch von Embryonen *in vitro* könne sich überdies nur auf eine Weiterentwicklung und nicht auf eine dauerhafte Lagerung beziehen.[884] *Pap* kritisiert das Aufbewahren als „*stille Reserve*" für fehlgeschlagene

---

879 *Wohn*, Medizinische Reproduktionstechniken und das neue Abstammungsrecht (2001), S. 115.

880 Günther/Taupitz/Kaiser/*Taupitz*, ESchG, 2. Aufl. (2014), C, § 4, Rn. 30.

881 *Wohn*, Medizinische Reproduktionstechniken und das neue Abstammungsrecht (2001), S. 115; *Koch*, MedR 1986, 259, 260; *Möller/Thaele*, ReproMed 2002, 136, 138 f. Die Leopoldina fordert in ihrer Stellungnahme aus dem Jahre 2019 ebenfalls eine Begrenzung der maximalen Lagerungsdauer der Kryokonservierung, wobei jedoch eine Möglichkeit zur Fristverlängerung oder -verkürzung bestehen soll, *Leopoldina*, Fortpflanzungsmedizin in Deutschland (2019), S. 71, 77.

882 *Zimmermann*, Reproduktionsmedizin und Gesetzgebung (2011), S. 151.

883 Vgl. *Choi*, Der Umgang mit überzähligen Embryonen in Deutschland und Südkorea (2009), S. 154; *Lehmann*, Die *In-vitro*-Fertilisation und ihre Folgen (2007), S. 127; *Schächinger*, Menschenwürde und Menschheitswürde (2014), S. 125; Clausen/Schroeder-Printzen/*Makoski*, Münchener Anwaltshandbuch Medizinrecht, 3. Aufl. (2020), § 19, Rn. 27.

884 *Frister/Börgers*, in: Frister/Olzen, Reproduktionsmedizin, 1. Aufl. (2010), S. 117.

Versuche und erachtet die Kryokonservierung überzähliger Embryonen daher als *„nicht mit Art. 1 I GG vereinbar“*.[885] *Hübner* zweifelt ebenfalls an einer Vereinbarkeit der zeitlich unbegrenzt möglichen Kryokonservierung von Embryonen mit der Menschenwürde.[886] Auch *Hillgruber* erachtet die dauerhafte Kryokonservierung überzähliger Embryonen als menschenunwürdig: *„Wenngleich tiefgefroren und daher äußerlich betrachtet ohne Qualen, ähnelt sein unmenschliches Los doch dem des an einen Felsen gefesselten Prometheus, der nach dem Willen des Zeus weder frei leben noch einfach sterben darf.“*[887]

2. Regelungen zur Höchstlagerungsdauer im internationalen Vergleich

Im Gegensatz zum deutschen Recht wurde eine zeitliche Beschränkung der Kryokonservierung in vielen europäischen Ländern bereits gesetzlich festgelegt. So beinhaltet das österreichische Recht eine Bestimmung zur maximalen Konservierungsdauer in § 17 Abs. 1 S. 2 FMedG. Hiernach dürfen entwicklungsfähige Zellen höchstens zehn Jahre aufbewahrt werden. Eine differenzierende Behandlung von Keimzellen, 2-PN-Zellen und Embryonen erfolgt somit nicht.

In der Schweiz weist das Fortpflanzungsmedizingesetz eine ähnliche Regelung auf. Dort ist die Kryokonservierung von Keimzellen in Art. 15 FMedG normiert. Gem. Abs. 1 beträgt die Höchstlagerungsdauer fünf Jahre, wobei die Keimzellen nach Fristablauf unverzüglich zu verwerfen sind (Abs. 4). Die Frist kann jedoch auf Antrag des genetischen Vaters bzw. der genetischen Mutter um weitere fünf Jahre verlängert werden (Abs. 1 S. 2). Im Falle einer Kryokonservierung zur Erzeugung eigener Nachkommen lässt sich die Konservierungsdauer bei einer möglichen Infertilität oder Schädigung des Erbgutes verlängern (Abs. 2). Für 2-PN-Zellen und Embryonen *in vitro* besteht gem. Art. 16 Abs. 2 S. 1 FMedG ebenfalls eine maximale Konservierungsdauer von fünf Jahren. Eine Fristverlängerung um maximal fünf Jahre erfolgt nach Abs. 2 S. 2 *„auf Antrag des betroffenen Paares“*. Im Gegensatz zu 2-PN-Zellen und Embryonen lässt sich die Lagerungsdauer bei Keimzellen, nachdem sie bereits einmal verlängert wurde, aufgrund einer medizinischen Indikation somit noch weiter verlängern.

---

885 *Pap*, MedR 1986, 229, 235.
886 *Hübner*, Die Embryoadoption (2009), S. 26.
887 *Hillgruber*, in: FS für Link (2003), S. 639.

Auch in Belgien, Dänemark, Frankreich, Griechenland, Spanien und Schweden ist gesetzlich eine zeitliche Höchstgrenze der Kryokonservierung zwischen fünf und zehn Jahren festgeschrieben.[888]

3. *Bewertung*

Die Einführung einer zeitlichen Höchstlagerungsdauer der Kryokonservierung wird nun seit mehreren Jahrzehnten diskutiert. Während andere Länder hierfür bereits eine Regelung getroffen haben, ist der deutsche Gesetzgeber bisher noch nicht tätig geworden. Daher besteht in Deutschland weiterhin die Möglichkeit, Keimzellen, 2-PN-Zellen und Embryonen ohne zeitliche Begrenzung zu kryokonservieren. Es stellt sich die Frage, ob es der Normierung einer zeitlichen Höchstgrenze bedarf und – sollte dies der Fall sein – wie diese bestimmt werden sollte.

a. *Erfordernis der zeitlichen Begrenzung der Kryokonservierung von Keimzellen?*

In mehreren europäischen Ländern ist gesetzlich eine zeitliche Höchstlagerungsdauer für die Kryokonservierung von Keimzellen von zehn Jahren normiert. Mit einer derartigen Fristbestimmung lassen sich die Vorteile einer medizinisch indizierten Kryokonservierung bei einer bestehenden oder möglicherweise bevorstehenden Infertilität grundsätzlich gewährleisten.

Jedoch sollte sich die gesetzliche Bestimmung einer Höchstlagerungsdauer von Keimzellen nicht zu Lasten der Möglichkeit eines *Social Freezings* auswirken. Zwar erwägen Frauen durchschnittlich erst im Alter von 38 Jahren eine solche rein sozial motivierte Kryokonservierung von Keimzellen, um die Familienplanung aufgrund des Fehlens eines geeigneten Partners oder zugunsten der eigenen Karriere zeitlich verschieben zu können.[889] Sollte eine Frau von Anfang zwanzig ihre Keimzellen mittels eines *Social Freezings* lagern,[890] würde

---

888 *Wagner*, Die Fortpflanzungsmedizin auf dem Prüfstand der europäischen Dienstleistungsfreiheit (2018), S. 54, 57, 61, 66, 80 f.

889 *Nawroth*, Der Gynäkologe 2013, 648, 649.
Im Jahre 2012 waren über 20 % der Mütter bei der Geburt ihrer Kinder mehr als 35 Jahre alt. 0,2 % der Mütter wiesen sogar ein Alter zwischen 45 und 49 Jahren auf, s. *Dorn*, in: Woopen, Fortpflanzungsmedizin in Deutschland (2016), S. 74 m.w.N. Durch *Social Freezing* können in Zukunft vermehrt Schwangerschaften in höherem Alter auftreten, wodurch möglicherweise sowohl die Medizin als auch die Gesellschaft langfristig mit neuen Problemen konfrontiert werden wird, *v. Wolff*, Gynäkologische Endokrinologie 2013, 222, 224.

890 Zum *Social Freezing* s. zweites Kapitel, D, II, 2.

eine zu kurz bemessene Höchstlagerungsdauer – beispielsweise von zehn Jahren – diese Frau jedoch an einer Verwendungsmöglichkeit des Keimgutes mit Anfang oder Mitte dreißig hindern, während eine Schwangerschaft in diesem Alter auf natürlichem Wege durchschnittlich möglich ist.[891] In diesem Fall wäre der Zweck des *Social Freezings* gänzlich verfehlt. Demnach würde sich eine zu kurze Höchstlagerungsdauer letztlich zu Lasten von Frauen auswirken, die eine Kryokonservierung von Keimzellen in einem jungen Alter bei hoher Fertilität durchführen.

Auch wenn die weibliche Fertilität bereits ab der Mitte der dritten Lebensdekade abnimmt[892] und bei Frauen im Alter von 45 Jahren durchschnittlich bei fast null liegt, ist eine Schwangerschaft bei Frauen zum Teil noch in einem Alter von 45 oder 50 Jahren möglich.[893] Die männliche Zeugungsfähigkeit bleibt überdies zum Teil noch im hohen Alter bestehen, auch wenn die Spermaqualität mit zunehmendem Alter des Mannes graduell abnimmt.[894] Dass die Zeugungsfähigkeit demnach auch in höheren Altersstufen fortbestehen kann, sollte bei der Frage nach der Bestimmung einer Höchstlagerungsdauer berücksichtigt werden.

Fraglich ist, welche Gründe gegen eine langfristige Kryokonservierung von Keimzellen sprechen könnten. Wie bereits von *Wohn* erörtert, kann es bei einer Lagerung von Keimzellen über einen Zeitraum von mehreren Jahrzehnten zu Generationssprüngen kommen, die sich negativ auf die verwandtschaftlichen Bezüge einer Familie auswirken und einer Einbindung des Kindes in die Familie abträglich sein könnten. Es muss jedoch berücksichtigt werden, dass Generationssprünge über mehrere Jahrzehnte bei Männern auch bei einer Fortpflanzung auf natürlichem Wege möglich sind. Diese Problematik besteht mithin sowohl bei einer Zeugung auf natürlichem Weg als auch bei einer Fortsetzung der Kinderwunschbehandlung nach einer lange andauernden Krykonservierung.

Mit einer zunehmenden Zeitspanne der Kryokonservierung steigt ferner die Wahrscheinlichkeit, dass der genetische Elternteil verstirbt. Demnach kann es aufgrund einer zeitlich unbegrenzt möglichen Kryokonservierung in Zukunft auch vermehrt zum Wunsch nach einer Kinderwunschbehandlung *post mortem* kommen, beispielsweise zum Zwecke der Zeugung von Vollgeschwistern.

---

891 Vgl. *Gnoth*, Gynäkologische Endokrinologie 2020, 81, 81 ff.

892 *Nawroth*, Der Gynäkologe 2013, 648.

893 Vgl. *Gnoth*, Gynäkologische Endokrinologie 2020, 81, 84 m.w.N.

894 *Hagemann/Haidl*, Reproduktionsmedizin 2001, 254, 254 ff.

Jedoch bedarf es zur Regelung dieser Fallgruppen nicht notwendigerweise der Normierung einer Höchstlagerungsdauer von Keimzellen. Vielmehr sind gem. § 4 Abs. 1 Nr. 3 ESchG und § 1 Abs. 1 Nr. 2 ESchG bereits gesetzliche Vorgaben zur Regelung dieser Fallgruppe normiert, wenngleich es – wie es im weiteren Verlauf dieser Arbeit noch erörtert wird – aufgrund von Wertungswidersprüchen einer Anpassung der gesetzlichen Vorgaben zu dieser Fallgruppe bedarf.[895]

Unter Berücksichtigung der genannten Argumente ist die gesetzliche Normierung einer zeitlichen Begrenzung der Kryokonservierung von Keimzellen nicht erforderlich. Es erscheint vielmehr sinnvoller, Rechtsfragen, die mit einer langfristigen Kryokonservierung von Keimzellen einhergehen (wie z.B. die Kinderwunschbehandlung *post mortem*), gesetzlich präziser zu regeln.

Der Zweck der Kryokonservierung liegt gerade darin, das Kryogut – aufgrund einer medizinischen Indikation bei Fertilitätsstörungen, einer sozialen Motivation beim *Social Freezing* oder auch zur Zeugung von Vollgeschwistern – über einen längeren Zeitraum zu lagern. Wenn auf natürlichem Wege eine Schwangerschaft auch in einem höheren Alter der genetischen Eltern möglich ist, sollte dies im Falle einer Kinderwunschbehandlung nicht anders sein. Von Bedeutung ist hierbei allerdings, dass eine genaue Aufklärung der intendierten Eltern bzw. der genetischen Mutter über die Risiken einer Schwangerschaft mit zunehmendem Alter der genetischen Mutter erfolgt, sodass diese eine überlegte Entscheidung für oder gegen die Verwendung der kryokonservierten Keimzellen treffen können.[896]

b. Zeitliche Begrenzung der Kryokonservierung von 2-PN-Zellen und Embryonen

Anders als bei der Kryokonservierung von Keimzellen könnte im Falle von 2-PN-Zellen und Embryonen eine zeitliche Begrenzung der Kryokonservierung erforderlich sein. Grund hierfür sind sowohl der verfassungsrechtliche Schutz von 2-PN-Zellen und Embryonen als auch die verfassungsrechtlichen Rechte der intendierten Eltern.

aa. Erfordernis einer zeitlichen Begrenzung der Kryokonservierung?

Das Fehlen einer zeitlichen Begrenzung der Kryokonservierung von 2-PN-Zellen und Embryonen erweist sich dahingehend als problematisch,

---

895 Zur Kinderwunschbehandlung *post mortem* s. viertes Kapitel, G.

896 Zu den Risiken der Schwangerschaft ab einem Alter von 40 Jahren s. *Fluhr/Sohn*, Gynäkologische Endokrinologie 2014, 6, 6 f.

dass nach geltender Rechtslage die Einwilligungen der intendierten Eltern zu Beginn der Kinderwunschbehandlung eingeholt werden. Diese Einwilligungen beziehen sich auf die verschiedenen Zwischenschritte der Kinderwunschbehandlung, unter anderem auf die ärztlich assistierte Befruchtung, die Kryokonservierung und den Embryotransfer. Dauert die Kryokonservierung jedoch über mehrere Jahre oder Jahrzehnte an, besteht die Möglichkeit, dass die ursprünglich erteilten Einwilligungen der intendierten Eltern den tatsächlichen Gegebenheiten nicht mehr entsprechen. So könnten sich die intendierten Eltern in der Zwischenzeit (beispielsweise aufgrund einer Trennung) über die Fortsetzung der Kinderwunschbehandlung oder ein Verwerfen bzw. Sterbenlassen des Kryogutes nicht mehr einig sein. Somit kann eine langfristige Kryokonservierung von 2-PN-Zellen und Embryonen vermehrt zu Fällen des gespaltenen Elternwillens führen.

Oftmals werden überzählige 2-PN-Zellen und Embryonen schlicht kryokonserviert, wenn ein konkreter Kinderwunsch nach einer erfolgreich herbeigeführten Schwangerschaft nicht länger fortbesteht. Dadurch bleibt den intendierten Eltern die Möglichkeit erhalten, eine überlegte Entscheidung über den weiteren Umgang mit dem Kryogut zu treffen. Wurden die 2-PN-Zellen und Embryonen ursprünglich zur Erfüllung des Kinderwunsches kryokonserviert, kommt ihnen nun jedoch, da sie auf unbestimmte Zeit kryokonserviert werden, keine wirkliche Chance auf eine Weiterentwicklung zu. Die Kryobank gleicht im Falle kryokonservierter 2-PN-Zellen und Embryonen demnach einem Friedhof, sofern keine Freigabe zur Embryoadoption erfolgt. Eine langfristige Kryokonservierung vermag die Problematik des Umganges mit überzähligen 2-PN-Zellen und Embryonen folglich nicht zu lösen. Hiermit wird eine endgültige Entscheidung über den Fortbestand der 2-PN-Zellen und Embryonen letztlich nur auf einen späteren Zeitpunkt verschoben.

Der zeitlich unbegrenzt möglichen Kryokonservierung von 2-PN-Zellen und Embryonen stehen schließlich auch verfassungsrechtliche Gründe entgegen. So wird den überzähligen 2-PN-Zellen und Embryonen hiermit die Möglichkeit genommen, sich jemals zu einem Rechtssubjekt entwickeln zu können. Sie werden somit faktisch zu Objekten degradiert. Eine dauerhafte Kryokonservierung überzähliger 2-PN-Zellen und Embryonen ist mit dem objektiv-rechtlichen Schutzgehalt der Menschenwürde demnach unvereinbar.

Eine gesetzliche Höchstlagerungsdauer der Kryokonservierung von 2-PN-Zellen und Embryonen sollte in einem Fortpflanzungsmedizingesetz mithin sowohl aus rechtlichen als auch aus ethischen Gründen bestimmt werden.

bb. Bestimmung einer zeitlichen Höchstgrenze der Kryokonservierung

Um sicherzustellen, dass der Zweck einer Kryokonservierung von 2-PN-Zellen erfüllt werden kann, sollte weiterhin eine Lagerung des Kryogutes über mehrere Jahre hinweg möglich sein. Nur dann kann eine Kryokonservierung aufgrund einer medizinischen Indikation oder einer sozialen Motivation (beispielsweise im Falle des *Social Freezings* eines Paares, das die Familienplanung zugunsten der eigenen Karriere zeitlich verschieben möchte oder um die Möglichkeit zur Zeugung von Vollgeschwistern aufrechtzuerhalten) sinnvoll erfolgen.

Allerdings darf sich eine zeitliche Höchstgrenze – wie bereits im Falle von Keimzellen erörtert – nicht zu Lasten intendierter Eltern auswirken, die eine Kryokonservierung von 2-PN-Zellen und Embryonen in einem jungen Alter vornehmen. Darüber hinaus ist auch bei der Kryokonservierung von 2-PN-Zellen und Embryonen zu berücksichtigen, dass bei Frauen zum Teil eine Schwangerschaft auch noch in einem Alter von 45 oder 50 Jahren möglich ist und dass Männer oftmals selbst noch im hohen Alter zeugungsfähig sind.[897]

Jedoch könnte eine über Jahrzehnte mögliche Kryokonservierung von 2-PN-Zellen und Embryonen zur Folge haben, dass der tatsächliche Wille eines intendierten Elternteils bzgl. der Fortsetzung der Kinderwunschbehandlung den ursprünglich erteilten Einwilligungen nicht mehr entspricht, sodass es vermehrt zu Fällen des gespaltenen Elternwillens kommen könnte. Daher erscheint es sinnvoll, die Kryokonservierung von 2-PN-Zellen und Embryonen zunächst für einen Zeitraum zu ermöglichen, der sowohl hinsichtlich einer medizinischen Indikation sowie einer sozialen Motivation der Kryokonservierung zweckmäßig ist. Die Fortsetzung der Kryokonservierung sollte sodann – ähnlich der Schweizer Regelung – mittels periodischer Fristverlängerungen ermöglicht werden, sodass die intendierten Eltern ihre Einwilligung in die Kryokonservierung erneut erteilen müssen, damit das Kryogut nach Fristablauf nicht verworfen wird. An die Fristverlängerungen sollten neben der Einwilligung der intendierten Eltern keine weiteren Erfordernisse geknüpft werden. Die Fortsetzung der Kryokonservierung sollte mithin auch unabhängig von einer medizinischen Indikation möglich sein.

Es sollte jedoch verhindert werden, dass 2-PN-Zellen und Embryonen über Jahre bis Jahrzehnte hinweg kryokonserviert werden, obwohl der Kinderwunsch der intendierten Eltern bereits erfüllt wurde oder nicht mehr fortbesteht. Sofern keine Freigabe zur Embryoadoption erfolgt, würden diese ansonsten schlicht fortdauernd kryokonserviert werden, ohne dass eine

---

897 Hierzu s. viertes Kapitel, E, III, 3, a.

Verwendung zur Herbeiführung einer Schwangerschaft gewollt ist. Daher sollte die Kryokonservierung von 2-PN-Zellen und Embryonen insgesamt nur für einen begrenzten Zeitraum möglich sein.

Unter Berücksichtigung dieser Aspekte sollte die erste Frist für die Kryokonservierung von 2-PN-Zellen und Embryonen – in Anlehnung an die gesetzliche Regelung in Österreich – zehn Jahre betragen. Es sollte den intendierten Eltern ermöglicht werden, diese Frist zweimal durch eine erneute schriftliche Erteilung der Einwilligungen in die Kryokonservierung um jeweils fünf Jahre zu verlängern. Die Kryokonservierung von 2-PN-Zellen und Embryonen sollte mithin insgesamt für einen Zeitraum von 20 Jahren möglich sein. Mit dem Erreichen dieser zeitlichen Höchstgrenze sollten die 2-PN-Zellen und Embryonen unmittelbar verworfen bzw. sterben gelassen werden.

4. *Regelungsvorschlag* de lege ferenda

In einem Fortpflanzungsmedizingesetz sollte eine zeitliche Höchstgrenze für die Kryokonservierung von 2-PN-Zellen und Embryonen normiert werden.

Diese sollte zunächst für einen Zeitraum von zehn Jahren möglich sein. Die intendierten Eltern sollten diese Frist durch erneute schriftliche Erteilung der Einwilligungen in die Kryokonservierung zweimal um jeweils fünf Jahre verlängern können, ohne dass es hierfür eines besonderen Grundes bedarf. Demnach sollte die Kryokonservierung von 2-PN-Zellen und Embryonen gesetzlich insgesamt für einen Zeitraum von 20 Jahren möglich sein. Mit dem Erreichen dieser zeitlichen Höchstgrenze sollte das Kryogut jedoch unverzüglich zu verwerfen sein bzw. sterben gelassen werden.

IV. Anspruch auf Herausgabe kryokonservierter Keimzellen, 2-PN-Zellen und Embryonen

In diesem Abschnitt wird untersucht, ob die intendierten Eltern gegenüber dem Reproduktionsmediziner bzw. der Kryo-Gesellschaft einen Anspruch auf Herausgabe der kryokonservierten Keimzellen, 2-PN-Zellen und Embryonen haben. Neben der Frage nach der Anspruchsgrundlage für diesen Herausgabeanspruch ist auch zu beantworten, ob eine unmittelbare Herausgabe des Kryogutes an die intendierten Eltern rechtlich zulässig ist.

1. *Anspruchsgrundlage eines Herausgabeanspruchs*

a. *Herausgabeanspruch aus dem Kryovertrag*

Da es sich bei einem Kryovertrag über die Lagerung von Keimzellen um einen entgeltlichen Verwahrungsvertrag gem. § 688 BGB handelt, hat der genetische Vater bzw. die genetische Mutter einen Anspruch auf Herausgabe bzw. „*Rückforderung*" der Keimzellen gem. § 695 Abs. 1 S. 1 BGB. Werden demgegenüber 2-PN-Zellen oder Embryonen gelagert, ist der Kryovertrag aufgrund der fehlenden Sacheigenschaft als ein verwahrungsähnliches Rechtsverhältnis zu erachten. Hierauf finden die Regelungen des Verwahrungsvertrages – wie bereits erörtert – analog Anwendung.[898] Daher haben die intendierten Eltern einen Anspruch auf Herausgabe bzw. „*Rückforderung*" der kryokonservierten 2-PN-Zellen bzw. Embryonen gem. § 695 Abs. 1 S. 1 BGB analog. Die Herausgabe kann zur Fortsetzung der Kinderwunschbehandlung nach dem Auftauen des Kryogutes erfolgen. Außerdem kann eine Herausgabe des Kryogutes an eine andere Kryo-Gesellschaft (bzw. Arztpraxis oder Klinik) erfolgen, damit die weitere Kryokonservierung dort vorgenommen werden kann.

Die meisten Kryoverträge enthalten genaue Vorgaben über die Herausgabe des Kryogutes. So sind auch in den Kryoverträgen, die dem Anhang beigefügt sind, überwiegend genaue Klauseln bezüglich der Herausgabe des Kryogutes bestimmt.[899] Hiernach können oft nur beide intendierte Eltern gemeinsam über das Kryogut verfügen.[900]

b. *Anspruch gem. § 985 BGB*

Aufgrund der Eigentumsfähigkeit von Keimzellen ergibt sich ein dinglicher Herausgabeanspruch des genetischen Vaters bzw. der genetischen Mutter aus § 985 BGB.

Demgegenüber fehlt es für einen Anspruch des Wunschelternteils auf Herausgabe kryokonservierter Keimzellen gem. § 985 BGB an der erforderlichen Eigentumsposition. Auch der Samenspender kann die von ihm stammenden Keimzellen nicht gem. § 985 BGB herausverlangen, da er bereits mit der

---

898 Hierzu s. viertes Kapitel, B, II, 1. *Möller/Hilland*, in: Frister/Olzen, Reproduktionsmedizin, 1. Aufl. (2010), S. 137, 142; *Kramp*, Arzthaftung bei fehlerhafter Präimplantationsdiagnostik, 1. Aufl. (2015), S. 128.

899 Vertrag 1, § 2 Nr. 3, § 10 Nr. 2; Vertrag 2, § 3 Nr. 2, § 11 Nr. 2; Vertrag 3, § 5; Vertrag 4, § 12 Nr. 3; Vertrag 5, § 12 Nr. 3; Vertrag 6, § 11 Nr. 3; Vertrag 9, § 11 Nr. 3; Vertrag 10, § 11 Nr. 3; Vertrag 11, § 11 Nr. 3.

900 Vertrag 7 Nr. 3; Vertrag 9 § 11 Nr. 1, 3.

Übergabe der Samenspende das Eigentum daran an den Reproduktionsmediziner bzw. die Entnahmeeinrichtung überträgt.

Im Falle der Herausgabe kryokonservierter 2-PN-Zellen und Embryonen ist § 985 BGB indes nicht anwendbar.[901] So bewirkt deren Einstufung in einem rechtlichen Zwischenstadium (weder Rechtsobjekt noch -subjekt), dass diese dem Vindikationsanspruch nicht als *„Sache"* unterfallen und eine direkte Anwendbarkeit des Sachenrechts demnach nicht möglich ist.

c. *Analoge Anwendung des § 985 BGB im Falle von 2-PN-Zellen und Embryonen?*

Jedoch könnte § 985 BGB auf kryokonservierte 2-PN-Zellen und Embryonen analog anzuwenden sein. Hierauf deutet die Aussage *Spickhoffs* hin, wonach sich diesbezüglich *„ein Rückgriff auf § 985 BGB jedenfalls unmittelbar nicht* [anbiete]".[902] Gegen die Möglichkeit einer derartigen Analogie im Sachenrecht könnte indes das Bestimmtheitsgebot des Art. 20 Abs. 3 GG sprechen, da im Gesetzeswortlaut des § 985 BGB lediglich von der *„Sache"* die Rede ist und Ausnahmen nur in geringer Zahl zulässig sind (so z.B. beim Anwartschaftsrecht).[903] Ein jeder Übereignungsgegenstand, also jede Sache, muss demnach klar definiert und bestimmt sein. Dass jedoch Analogien im Sachenrecht insbesondere mit dem Persönlichkeitsrecht verknüpft sein können, zeigt bereits die allgemein anerkannte Anspruchsgrundlage des quasinegatorischen Unterlassungsanspruchs gem. § 1004 BGB i.V.m. § 823 Abs. 1 BGB analog. Eine analoge Anwendbarkeit des § 985 BGB aufgrund der Entscheidungsbefugnisse über 2-PN-Zellen und Embryonen, die sich aus dem Recht auf reproduktive Selbstbestimmung gem. Art. 2 Abs. 1 GG i.V.m. Art. 1 Abs. 1 GG sowie dem Recht auf Familiengründung gem. Art. 6 Abs. 1 GG ergeben, ist folglich grundsätzlich mit dem Bestimmtheitsgebot des § 20 Abs. 3 GG vereinbar.

Als Voraussetzung einer Analogie müssten eine planwidrige Regelungslücke und eine vergleichbare Interessenlage vorliegen. Im Rahmen des § 985 BGB ergibt sich eine Regelungslücke bereits daraus, dass 2-PN-Zellen und Embryonen nicht als Rechtsobjekte zu erachten sind und an diesen mithin weder

901 Anders hingegen *Mayr*, NZFam 2018, 913, 919, wonach ein Anspruch auf Herausgabe kryokonservierter 2-PN-Zellen *„jedenfalls"* gem. § 985 BGB bestehen könne. Hierzu auch LG Darmstadt, BeckRS 2019, 20419, Rn. 27.

902 *Spickhoff*, FamRZ 2016, 1792, 1793.

903 Zu vergleichbaren Fallgruppen, in denen § 985 BGB eine analoge Anwendung findet, s. Staudinger/*Thole* (2019), Vorbemerkungen zu §§ 985–1007 BGB, Rn. 12.

Eigentums- noch Besitzrechte bestehen können. Dass diese Regelungslücke auch planwidrig ist, zeigt sich daran, dass § 985 BGB mit der Einführung des BGB am 01.01.1900 in Kraft trat, während das Verfahren der Kryokonservierung erst in den 1980er Jahren erfolgreich durchgeführt werden konnte. Herausgabeansprüche bzgl. kryokonservierter 2-PN-Zellen oder Embryonen waren beim Inkrafttreten dieser Norm noch nicht relevant.

Weiterhin besteht auch eine Vergleichbarkeit der Interessenlage. So möchten die genetischen Eltern im homologen Verfahren über den Bestimmungsort der von ihnen stammenden kryokonservierten 2-PN-Zellen und Embryonen entscheiden. Ihre Interessenlage ist daher mit derjenigen des genetischen Vaters bzw. der genetischen Mutter vergleichbar, der bzw. die über den Umgang mit den eigenen kryokonservierten Keimzellen entscheiden möchten. Verfassungsrechtlich ergeben sich hierbei in beiden Fällen Entscheidungsbefugnisse der genetischen Eltern aus deren Recht auf reproduktive Selbstbestimmung gem. Art. 2 Abs. 1 GG i.V.m. Art. 1 Abs. 1 GG. Diese beziehen sich unter anderem auf die Lagerung und demnach auch auf den bestimmten Lagerungsort, sodass auch die Herausgabe der kryokonservierten 2-PN-Zellen und Embryonen hiervon umfasst ist.

Im heterologen Verfahren sind die Entscheidungsbefugnisse der genetischen Mutter und des Wunschelternteils über den Umgang mit den kryokonservierten 2-PN-Zellen und Embryonen betroffen. Die genetische Mutter wird hierbei ebenfalls in ihrem Recht auf reproduktive Selbstbestimmung berührt. Daneben werden jedoch auch die persönlichkeitsrechtlichen Interessen des Wunschelternteils berührt, der eine rechtliche Zuordnung zum Kind anstrebt. Verfassungsrechtlich ist dies in seinem Recht auf Familiengründung gem. Art. 6 Abs. 1 GG verankert, solange die Paarbeziehung mit der genetischen Mutter fortbesteht bzw. die intendierten Eltern eine gemeinsame Elternschaft anstreben. Daher stehen der genetischen Mutter und dem Wunschelternteil gemeinsame verfassungsrechtlich geschützte Entscheidungsbefugnisse über die im heterologen Verfahren erzeugten 2-PN-Zellen und Embryonen zu. Dies betrifft auch die Herausgabe der 2-PN-Zellen und Embryonen. Es besteht mithin auch hier eine Vergleichbarkeit der Interessenlage mit den Entscheidungsbefugnissen des genetischen Vaters bzw. der genetischen Mutter über den Umgang mit den eigenen kryokonservierten Keimzellen.

Da der Samenspender mit der Abgabe der Samenspende auf sein Recht auf reproduktive Selbstbestimmung gem. Art. 2 Abs. 1 GG i.V.m. Art. 1 Abs. 1 GG sowie die spätere Wahrnehmung seines Elternrechts gem. Art. 6 Abs. 2 GG verzichtet und das Eigentum an der Samenspende mit der Übergabe an den Reproduktionsmediziner bzw. die Entnahmeeinrichtung überträgt, fehlt es hier an einer vergleichbaren Interessenlage. Daher sind die Voraussetzungen einer analogen Anwendung des § 985 BGB hier nicht erfüllt, sodass der Samenspender 2-PN-Zellen und Embryonen, die mittels von ihm stammender Keimzellen gezeugt wurden, nicht gem. § 985 BGB analog herausverlangen kann.

Die Voraussetzungen einer Analogie sind mithin bzgl. der intendierten Eltern im homologen und heterologen Verfahren erfüllt, nicht jedoch im Falle des Samenspenders. Demnach haben die intendierten Eltern hinsichtlich der kryokonservierten 2-PN-Zellen und Embryonen einen Herausgabeanspruch gem. § 985 BGB analog. Da jedoch die persönlichkeitsrechtlichen Interessen beider intendierter Eltern durch die Entscheidungen über den Umgang mit den 2-PN-Zellen und Embryonen berührt sind, können diese den Anspruch auf Herausgabe nur gemeinsam geltend machen.

Bei einer Entscheidungsbefugnis gelten letztlich die eigentumsrechtlichen Grundsätze, nur dass 2-PN-Zellen und Embryonen, auf die das Persönlichkeitsrecht der intendierten Eltern weiterhin einwirkt, keine Sachqualität zugeschrieben werden kann.[904] Eine Entscheidungsbefugnis bedarf jedoch einfachgesetzlicher Anspruchsgrundlagen. Die Ausgestaltungsfreiheit des Gesetzgebers für das Eigentum gem. Art. 14 GG hat eine umfassende einfachgesetzliche Abbildung der Eigentumsrechte bewirkt, sodass auch ein Herausgabeanspruch gem. § 985 BGB normiert wurde. Daher sollte auch die Entscheidungsbefugnis aus dem Recht auf reproduktive Selbstbestimmung einfachgesetzlich abgesichert werden. Der Gesetzgeber ist hierbei jedoch noch nicht tätig geworden. Zur Überbrückung dieser Regelungslücke ist § 985 BGB daher analog anzuwenden.

d. Anspruch gem. § 1912 Abs. 2 BGB

Zu einem anderen Ergebnis kommt hingegen *Mayr*, die als geeignete Anspruchsgrundlage eines Herausgabeanspruchs der genetischen Eltern über eine „*befruchtete Eizelle*“ („*werdendes Leben*“) § 1912 Abs. 2 BGB analog anwendet. Den genetischen Eltern stehe die Fürsorge für die befruchtete Eizelle dergestalt zu, wie ihnen auch die elterliche Sorge zustünde, wenn das Kind bereits geboren wäre. Daher könnten die genetischen Eltern dieselben Befugnisse wie die werdenden Eltern eines *Nasciturus* wahrnehmen.[905] Ein ähnlicher Ansatz wird bereits im Verfassungsrecht vertreten, wonach den genetischen Eltern infolge der Entstehung des vorgeburtlichen menschlichen Lebens ein Elternrecht gem. Art. 6 Abs. 2 GG einzuräumen sei, welches dann an die Stelle des

904 Hierzu s. viertes Kapitel, A, I, 2, c, 3, c.

905 *Mayr*, NZFam 2018, 913, 919 f.

Persönlichkeitsrechts trete und diesen Bestimmungsbefugnisse verschaffe.[906] Diese Herleitung eines Herausgabeanspruchs vermag grundsätzlich zu überzeugen. Jedoch hängt sie entscheidend von dem Zeitpunkt ab, in welchem dem vorgeburtlichen menschlichen Leben ein verfassungsrechtlicher Schutzgehalt zukommt.

Der Schutzgehalt des Rechts auf Leben wird allerdings erst ab der Nidation des Embryos in die Gebärmutter gewährleistet. Auch wenn 2-PN-Zellen und Embryonen eine Ausstrahlungswirkung des Rechts auf Leben zukommt, wonach diese vor einem willkürlichen Verwerfen bzw. Sterbenlassen geschützt werden, sind sie dennoch keine Träger dieses Grundrechts. Demnach ergibt sich ein Bestimmungsrecht der intendierten Eltern über kryokonservierte 2-PN-Zellen und Embryonen auch nicht aus Art. 6 Abs. 2 GG. Einfachgesetzlich wirkt sich dies dahingehend aus, dass eine analoge Anwendung des § 1912 Abs. 2 BGB nicht als geeignete Anspruchsgrundlage für die Herausgabe von Keimzellen, 2-PN-Zellen und Embryonen angesehen werden kann.

Ein Anspruch auf Herausgabe kryokonservierter 2-PN-Zellen und Embryonen besteht gem. § 1912 Abs. 2 BGB nicht.

2. *Keine unmittelbare Herausgabe an die intendierten Eltern*

a. *Keimzellen*

Die Möglichkeit einer unmittelbaren Herausgabe von Keimzellen an den genetischen Vater bzw. die genetische Mutter wird maßgeblich durch das sog. Dokumentations- und Rückverfolgbarkeitsgebot des TPG (und der TPG-GewV) bestimmt. Dieses Gebot ist verwaltungsrechtlich und durch Bußgelder abgesichert. Es wird eine vollumfängliche Rückverfolgbarkeit des Gewebes vorausgesetzt, weshalb sich das Gewebe ausschließlich innerhalb der staatlich kontrollierten Gewebeeinrichtungen und Einrichtungen der medizinischen Versorgung gem. § 1a Nr. 8, 9 TPG befinden darf.[907] Gesetzlich ist dieses Gebot in § 8d Abs. 2 TPG geregelt. Es beinhaltet die Verpflichtung der zugelassenen Einrichtungen, zu denen auch reproduktionsmedizinische Einrichtungen zu zählen sind, jede Gewebeentnahme und -abgabe gem. § 8d Abs. 2 TPG zu dokumentieren. Bei Keimzellen handelt es sich um Gewebe im Sinne des § 1a Nr. 4 TPG. Wird Gewebe im Sinne des TPG herausverlangt, kann eine Herausgabe lediglich an einen anderen Arzt erfolgen, während dem Arzt eine

---

906 *Brohm*, JuS 1998, 197, 201; *Harks*, NJW 2002, 716, 719; *Lehmann*, Die *In-vitro*-Fertilisation und ihre Folgen (2008), S. 123 ff.

907 *Frister/Börgers*, in: Frister/Olzen, Reproduktionsmedizin, 1. Aufl. (2010), S. 101 f.

direkte Herausgabe an die Personen, von denen das Gewebe stammt gem. § 275 Abs. 1 BGB rechtlich unmöglich ist.[908] Keimzellen können daher nur an einen anderen Arzt herausgegeben werden.[909]

Eine direkte Herausgabe kryokonservierter Keimzellen an die genetische Mutter bzw. den genetischen Vater ist demnach aufgrund des Verstoßes gegen § 8d Abs. 2 TPG gem. § 275 Abs. 1 BGB rechtlich unmöglich. Dies betrifft sowohl den Herausgabeanspruch aus dem Kryovertrag als auch den Anspruch gem. § 985 BGB, wobei § 275 Abs. 1 BGB bezüglich des Vindikationsanspruchs analog anzuwenden ist. So findet § 275 Abs. 1 BGB grundsätzlich keine Anwendung auf den Vindikationsanspruch.[910] Eine Ausnahme hiervon gilt jedoch in dem vorliegenden Fall, da es dem Reproduktionsmediziner als Besitzer der Keimzellen aufgrund des Dokumentations- und Rückverfolgbarkeitsgebotes gem. § 8d Abs. 2 TPG nicht erlaubt ist, die Keimzellen an den genetischen Vater bzw. die genetische Mutter herauszugeben. Einer Herausgabe der Keimzellen stehen somit rechtliche Gründe entgegen. In einem solchen Fall ist § 275 Abs. 1 BGB analog auf den Vindikationsanspruch anwendbar.[911] Auch eine Übergabe an die genetische Mutter bzw. den genetischen Vater zu dem Zweck, dass dieser bzw. diese eine Weiterleitung an einen anderen Reproduktionsmediziner veranlasst, ist mit dem Dokumentations- und Rückverfolgbarkeitsgebot unvereinbar und daher rechtlich unmöglich.[912]

b. 2-PN-Zellen und Embryonen

Da es sich bei 2-PN-Zellen und Embryonen nicht um Gewebe gem. § 1a Nr. 4 TPG handelt, erlangt Dokumentations- und Rückverfolgbarkeitsgebot gem. § 8d Abs. 2 TPG für diese keine Geltung.

Eine unmittelbare Herausgabe kryokonservierter 2-PN-Zellen an die intendierten Eltern ist jedoch aufgrund der Vorgaben des § 1 Abs. 1 Nr. 2 ESchG verboten. So ist ein Weiterkultivieren von 2-PN-Zellen nur zulässig, wenn bei der genetischen Mutter eine Schwangerschaft herbeigeführt werden soll.

---

908 *Prehn*, MedR 2011, 559, 562.

909 A.A.: OLG Rostock, FamRZ 2010, 1117. Richtigerweise kritisiert *Schafhausen*, dass die Entscheidung des OLG Rostock mit den Vorgaben des TPG nicht vereinbar ist und eine Herausgabe nur an einen anderen Reproduktionsmediziner erfolgen kann, s. *Schafhausen*, jurisPR-Medizinrecht 9/2010, Anm. 1.

910 BeckOGK/*Spohnheimer* (01.11.2022), § 985 BGB, Rn. 22.

911 BeckOGK/*Spohnheimer* (01.11.2022), § 985 BGB, Rn. 22; vgl. MüKoBGB/*Baldus*, 9. Aufl. (2023), § 985, Rn. 170.

912 *Frister/Börgers*, in: Frister/Olzen, Reproduktionsmedizin, 1. Aufl. (2010), S. 101 f.

Um dies sicherstellen zu können, ist die Aufbewahrung bei einem Reproduktionsmediziner vorgeschrieben.[913] Eine Herausgabe kryokonservierter 2-PN-Zellen an die intendierten Eltern ist daher gem. § 134 BGB rechtlich verboten. Demnach ist dem Reproduktionsmediziner die Herausgabe kryokonservierter 2-PN-Zellen an die intendierten Eltern, wenn diese ihren Herausgabeanspruch aus dem Kryovertrag gem. § 695 Abs. 1 S. 1 BGB analog geltend machen, gem. § 275 Abs. 1 BGB rechtlich unmöglich. Auch hinsichtlich des Herausgabeanspruchs gem. § 985 BGB analog besteht eine rechtliche Unmöglichkeit gem. § 275 Abs. 1 BGB, wenn auch in analoger Anwendung. Die analoge Anwendbarkeit des § 275 Abs. 1 BGB auf den Vindikationsanspruch ist hier ausnahmsweise zulässig, da der Reproduktionsmediziner die 2-PN-Zellen aufgrund eines rechtlichen Verbots gem. § 134 BGB nicht herausgeben darf.

Demgegenüber sind Embryonen von § 1 Abs. 1 Nr. 2 ESchG nicht erfasst. Dies könnte bedeuten, dass eine unmittelbare Herausgabe kryokonservierter Embryonen an die intendierten Eltern keinen Verstoß gegen ein gesetzliches Verbot gem. § 134 BGB darstellt. Dem könnte jedoch der verfassungsrechtliche Schutz von Embryonen entgegenstehen. Da es sich bei § 134 BGB um eine Generalklausel handelt, sind bei einer Anwendung dieser Norm die Vorgaben des Verfassungsrechts zu berücksichtigen. Dies beruht darauf, dass Generalklauseln den Grundrechten als „*Einbruchstellen* [...] *in das bürgerliche Recht*" dienen.[914] Eine Abwägungsmöglichkeit ergibt sich aus dem Normzweckvorbehalt des § 134 BGB („*wenn sich nicht aus dem Gesetz ein anderes ergibt*"). Die Frage, ob eine unmittelbare Herausgabe kryokonservierter Embryonen an die intendierten Eltern mit dem Verfassungsrecht vereinbar ist, lässt sich durch eine praktische Konkordanz der gegenüberstehenden Grundrechtspositionen beantworten. Die kollidierenden verfassungsrechtlichen Positionen sind gegeneinander abzuwägen, um letztlich schonend zum Ausgleich gebracht zu werden.[915] Es stellt sich mithin die Frage, ob die betroffenen Grundrechtspositionen der intendierten Eltern diejenigen des Embryos bzw. der 2-PN-Zelle im konkreten Fall überwiegen. Ist dies der Fall, würde eine unmittelbare Herausgabe an die intendierten Eltern gegen kein gesetzliches Verbot gem. § 134 BGB verstoßen und wäre auch nicht gem. § 275 Abs. 1 GG rechtlich unmöglich.

---

913 *Frister/Börgers*, in: Frister/Olzen, Reproduktionsmedizin, 1. Aufl. (2010), S. 103 f.

914 BVerfGE 7, 198, 206 = BVerfG, NJW 1958, 257.

915 Zur praktischen Konkordanz s. Sachs/*Sachs*, GG, 9. Aufl. (2021), Einführung, Rn. 50 m.w.N.

Die Entscheidungsbefugnis der intendierten Eltern ergibt sich aus deren Recht auf reproduktive Selbstbestimmung gem. Art. 2 Abs. 1 GG i.V.m. Art. 1 Abs. 1 GG bzw. im Falle des Wunschelternteils aus dem Recht auf Familiengründung gem. Art. 6 Abs. 1 GG. Diese Rechte kollidieren mit dem verfassungsrechtlichen Schutz kryokonservierter Embryonen und 2-PN-Zellen. Auch wenn die 2-PN-Zellen und Embryonen nicht dem personalen Schutzbereich eines Grundrechts unterfallen, gewährt ihnen die Menschenwürde gem. Art. 1 Abs. 1 GG einen objektiv-rechtlichen Schutz vor objektivierenden und willkürlichen Behandlungen. Vor letzteren schützt diese auch eine Ausstrahlungswirkung des Rechts auf Leben gem. Art. 2 Abs. 2 S. 1 GG. Bei den Grundrechtspositionen von Embryonen und 2-PN-Zellen handelt es sich um die höchsten Verfassungsgüter, weshalb diese abstrakt eine weitaus höhere Wertigkeit aufweisen als das Recht der genetischen Eltern auf reproduktive Selbstbestimmung bzw. das Recht des Wunschelternteils auf Familiengründung.

Mit der Möglichkeit einer unmittelbaren Herausgabe an die intendierten Eltern könnte nicht mehr gewährleistet werden, dass die Embryonen durch reproduktionsmedizinische Einrichtungen vor willkürlichen und objektivierenden Behandlungen geschützt werden. Dies wäre den Vorgaben der Menschenwürde und des Rechts auf Leben zuwider und demnach verfassungsrechtlich nicht zu rechtfertigen. Eine unmittelbare Herausgabe der Embryonen an die intendierten Eltern ist demnach verfassungswidrig und gem. § 134 BGB verboten. Die Herausgabe ist im Falle des Anspruchs aus dem Kryovertrag gem. § 695 Abs. 1 S. 1 BGB analog somit gem. § 275 Abs. 1 BGB rechtlich unmöglich. Im Falle des Vindikationsanspruchs gilt § 275 Abs. 1 BGB – wie bereits im Falle von Keimzellen und 2-PN-Zellen – analog, da der Reproduktionsmediziner die Embryonen aufgrund eines rechtlichen Verbots gem. § 134 BGB nicht herausgeben darf.

Eine verfassungskonforme Auslegung ist jedoch dahingehend möglich, dass den intendierten Eltern zwar ein Herausgabeanspruch gem. § 985 BGB analog zuzuschreiben ist. Allerdings kann hiermit lediglich eine Übergabe der kryokonservierten 2-PN-Zellen und Embryonen an einen anderen Reproduktionsmediziner bewirkt werden.

3. *Ergebnis*

Der genetische Vater bzw. die genetische Mutter hat aus dem Kryovertrag gem. § 695 Abs. 1 S. 1 BGB einen Anspruch auf Herausgabe der kryokonservierten

Keimzellen. Zudem hat er bzw. sie einen Anspruch auf Herausgabe der kryokonservierten Keimzellen gem. § 985 BGB.

Im Falle der Kryokonservierung von 2-PN-Zellen und Embryonen haben die intendierten Eltern aus dem Kryovertrag einen Anspruch auf Herausgabe des Kryogutes gem. § 695 Abs. 1 S. 1 BGB analog. Zudem können die intendierten Eltern die kryokonservierten 2-PN-Zellen und Embryonen gem. § 985 BGB analog herausverlangen. Diese Herausgabeansprüche können beide intendierte Elternteile jedoch nur gemeinsam geltend machen.

Eine Herausgabe der kryokonservierten Keimzellen, 2-PN-Zellen und Embryonen kann ausschließlich an einen anderen Reproduktionsmediziner und nicht unmittelbar an die intendierten Eltern erfolgen.

V. Ergebnis

1. Gesetzlicher Regelungsbedarf

Die geltende Rechtslage zur Kryokonservierung von Keimzellen, 2-PN-Zellen und Embryonen ist unzureichend, da es unter anderem an genauen gesetzlichen Vorgaben zum Kryonisieren, Lagern, Verwerfen bzw. Sterbenlassen von Keimzellen, 2-PN-Zellen und Embryonen sowie an einer zeitlichen Höchstgrenze zur Kryokonservierung von 2-PN-Zellen und Embryonen fehlt. Der Gesetzgeber sollte hier tätig werden.

So sollte in einem Fortpflanzungsmedizingesetz explizit auf das Kryonisieren und die Lagerung von Keimzellen, 2-PN-Zellen und Embryonen Bezug genommen und ein Arztvorbehalt im Sinne des § 9 Nr. 4 ESchG für die Kryokonservierung von 2-PN-Zellen und Embryonen bestimmt werden.

Da aufgrund der andauernden Debatte hinsichtlich der „*Dreierregel*“ und des „*Deutschen Mittelwegs*“ eine Rechtsunsicherheit besteht und Reproduktionsmediziner, die gemäß des – grundsätzlich überzeugenden – „*Deutschen Mittelwegs*“ vorgehen, dem Risiko einer strafrechtlichen Sanktionierung unterliegen, sollte sich der Gesetzgeber dieser Thematik annehmen. Hierbei kommt die gesetzliche Normierung einer numerischen Begrenzung der Erzeugung und Kryokonservierung von 2-PN-Zellen und Embryonen in Betracht, beispielsweise auf zehn 2-PN-Zellen und Embryonen. Zudem sollte unter Berücksichtigung des gleichrangigen verfassungsrechtlichen Schutzes von 2-PN-Zellen und Embryonen bestimmt werden, dass auch die Erzeugung von 2-PN-Zellen im Rahmen einer Kinderwunschbehandlung deren Erhalt dienen sollte.

In einem Fortpflanzungsmedizingesetz sollte auch ein genauer rechtlicher Rahmen für das Verwerfen kryokonservierter Keimzellen und 2-PN-Zellen bzw. das Sterbenlassen kryokonservierter Embryonen geschaffen werden. Hierbei sollte hinsichtlich kryokonservierter Keimzellen der Wille des genetischen Vaters bzw. der genetischen Mutter und hinsichtlich kryokonservierter 2-PN-Zellen und Embryonen der Wille der intendierten Eltern entscheidend sein. Bei einem fehlenden Konsens der intendierten Eltern über den weiteren Umgang mit den 2-PN-Zellen und Embryonen sollte eine „*cooling-off*"-Periode eintreten, in welcher den intendierten Eltern die Möglichkeit zur Einigung gegeben wird. Mit Ablauf der „*cooling-off*"-Periode oder bei einer endgültigen Weigerung des genetischen Elternteils bzw. des Wunschelternteils zur Zahlung der Lagerungskosten sollten die 2-PN-Zellen bzw. Embryonen unmittelbar zu verwerfen sein bzw. sterben gelassen werden.

Überdies sollte in einem Fortpflanzungsmedizingesetz eine zeitliche Höchstgrenze für die Kryokonservierung von 2-PN-Zellen und Embryonen normiert werden. Hiernach sollte die Kryokonservierung von 2-PN-Zellen und Embryonen zunächst für einen Zeitraum von zehn Jahren möglich sein. Danach sollten die intendierten Eltern die Frist zweimal – jeweils durch erneute schriftliche Erteilung der Einwilligungen in die Kryokonservierung – um fünf Jahre verlängern können, ohne dass es hierfür eines besonderen Grundes bedarf. Demnach sollte die Kryokonservierung von 2-PN-Zellen und Embryonen gesetzlich insgesamt für einen Zeitraum von 20 Jahren möglich sein. Mit dem Erreichen dieser zeitlichen Höchstgrenze sollte das Kryogut unverzüglich zu verwerfen sein bzw. sterben gelassen werden.

2. *Keine unmittelbare Herausgabe des Kryogutes an die intendierten Eltern*

Der genetische Vater bzw. die genetische Mutter hat aus dem Kryovertrag gem. § 695 Abs. 1 S. 1 BGB sowie gem. § 985 BGB einen Anspruch auf Herausgabe der kryokonservierten Keimzellen.

Die intendierten Eltern haben aus dem Kryovertrag gem. § 695 Abs. 1 S. 1 BGB analog sowie gem. § 985 BGB analog einen Anspruch auf Herausgabe der kryokonservierten 2-PN-Zellen und Embryonen, den sie nur gemeinsam geltend machen können. Eine Herausgabe der kryokonservierten Keimzellen, 2-PN-Zellen und Embryonen kann ausschließlich an einen anderen Reproduktionsmediziner und nicht unmittelbar an den genetischen Vater, die genetische Mutter oder die intendierten Eltern erfolgen.

F. Kostenübernahme der Kryokonservierung

Mit Abschluss des Kryovertrags verpflichten sich die intendierten Eltern zur Zahlung der Kosten für die Vornahme der Kryokonservierung.[916]

Die Kosten einer Kryokonservierung im Rahmen einer Kinderwunschbehandlung können unter Umständen von der Krankenversicherung oder der Beihilfe übernommen werden.[917] Während eine Reformierung des § 27a SGB V[918] im Mai 2019 maßgebliche Änderungen für Ansprüche gegen die gesetzlichen Krankenkassen mit sich brachte, orientiert sich eine Kostenerstattung privater Krankenkassen entscheidend an § 1 Abs. 2 MB/KK 2009. Demgegenüber bestimmen sich Ansprüche von Beamten und deren Angehörigen auf Kostenübernahme der Kryokonservierung anhand der beihilferechtlichen Vorgaben der Länder bzw. des Bundes.[919]

I. Gesetzliche Krankenversicherungen

Für eine Kostenübernahme der Kryokonservierung durch gesetzliche Krankenversicherungen kommen die §§ 27, 27a SGB V in Betracht. Während § 27 SGB V Leistungen im Rahmen einer Kinderwunschbehandlung erfasst, welche die Wiederherstellung der Zeugungsfähigkeit bezwecken, enthält § 27a SGB V Regelungen bezüglich der Kompensation der Zeugungsfähigkeit. Letztere Norm betrifft somit Fälle, in denen eine ärztlich assistierte Befruchtung für die Zeugung genetisch verwandter Kinder aufgrund einer Infertilität erforderlich ist.[920]

---

916 Zur Kostenhöhe s. viertes Kapitel, B, II, 2, c.

917 Zur Möglichkeit der Berücksichtigung der Kosten im Rahmen der Einkommens-, Umsatz- und Gewerbesteuer s. HK-AKM/*Schumann*, 66. Akt. (November 2016), Fortpflanzungsmedizin, Rn. 51; *Möller/Hilland*, in: Frister/Olzen, Reproduktionsmedizin, 1. Aufl. (2010), S. 149 f.

918 Sozialgesetzbuch (SGB) Fünftes Buch (V) – Gesetzliche Krankenversicherung – vom 20. Dezember 1988, BGBl 1988, 2477; zuletzt geändert durch Art. 1, 1a, 1b Gesetz zur Pflegepersonalbemessung im Krankenhaus sowie zur Anpassung weiterer Regelungen im Krankenhauswesen und in der Digitalisierung (Krankenhauspflegeentlastungsgesetz – KHPflEG) vom 20. Dezember 2022, BGBl I 2022, 2793.

919 HK-AKM/*Schumann*, 66. Akt. (November 2016), Fortpflanzungsmedizin, Rn. 50.

920 Becker/Kingreen/*Lang*, SGB V, 8. Aufl. (2022), § 27, Rn. 52.

1. *Keine Einordnung als Krankenbehandlung gem. § 27 Abs. 1 S. 5 SGB V*

Gem. § 27 Abs. 1 S. 5 SGB V werden Leistungen zur Herstellung der Zeugungs- oder Empfängnisfähigkeit auch erfasst, „*wenn diese Fähigkeit nicht vorhanden war oder durch Krankheit oder wegen einer durch Krankheit erforderlichen Sterilisation verlorengegangen war.*“ Zur Krankenbehandlung zählen gem. Abs. 1 S. 2 jedoch nur Maßnahmen, die selbst eine Behebung der Zeugungs- oder Empfängnisunfähigkeit bezwecken. Demgegenüber gelten Maßnahmen zur Kompensation dieser Beeinträchtigungen nicht als eine solche Krankenbehandlung.[921] In diesem Sinne lehnt das BSG einen Anspruch auf Kostenerstattung der Kryokonservierung von Keimzellen ab.[922] Auch bei einer drohenden Infertilität sei die Kryokonservierung von Samenzellen nicht von § 27 Abs. 1 S. 5 SGB V erfasst. Wurden die Samenzellen für eine ärztlich assistierte Befruchtung verwendet, bewirke dies lediglich eine Kompensation der fehlenden Zeugungsfähigkeit des Mannes, jedoch keine Wiederherstellung, weshalb es an dem Merkmal der Behandlungsfähigkeit der Krankheit fehle. Die Kryokonservierung sei vielmehr dem Bereich der Eigenverantwortung des Versicherten gem. § 2 Abs. 1 S. 1 SGB V zuzuordnen.[923]

Demgegenüber geht das BSG von einer Möglichkeit der Kostenerstattung der Kryokonservierung von Eierstockgewebe aus, sofern dies durch eine spätere Reimplantation eine Wiederherstellung der Empfängnisfähigkeit der Frau bezweckt. Im Falle des § 27 SGB V sei es – anders als im Falle des § 27a SGB V – nicht erforderlich, dass die Maßnahme auf die Herbeiführung einer Schwangerschaft gerichtet ist.[924]

2. *Maßnahme zur Herbeiführung einer Schwangerschaft gem. § 27a Abs. 4, 1 SGB V*

Bis vor kurzem unterfiel die Kryokonservierung und Lagerung von Keimzellen, 2-PN-Zellen und Embryonen grundsätzlich auch nicht dem Anwendungsbereich des § 27a Abs. 1 SGB V. Hierfür fehlte es an der Zweckbestimmung als

---

921 Spickhoff/*Nebendahl*, Medizinrecht, 4. Aufl. (2022), § 27 SGB V, Rn. 42.

922 BSG, BeckRS 2018, 5725, Rn. 10 m.w.N.

923 BSG, FamRZ 2011, 296, 296 f. Hierzu auch Becker/Kingreen/*Lang*, SGB V, 8. Aufl. (2022), § 27, Rn. 52.

924 BSG, NZS 2011, 20, 21 f. Hierzu s. HK-AKM/*Schumann*, 66. Akt. (November 2016), Fortpflanzungsmedizin, Rn. 47.

medizinische Maßnahme zur Herbeiführung einer Schwangerschaft im Sinne des § 27a SGB V.[925]

Mit der Einführung des Terminservice- und Versorgungsgesetzes (TSVG)[926] im Mai 2019 wurde der Anwendungsbereich des § 27a SGB V jedoch erweitert. Nach dem neu eingeführten § 27a Abs. 4 S. 1 SGB V steht Versicherten nun ein „*Anspruch auf Kryokonservierung von Ei- oder Samenzellen oder von Keimzellgewebe sowie auf die dazugehörigen medizinischen Maßnahmen* [zu], *wenn die Kryokonservierung wegen einer Erkrankung und deren Behandlung mit einer keimzellschädigenden Therapie medizinisch notwendig erscheint, um spätere medizinische Maßnahmen zur Herbeiführung einer Schwangerschaft nach Absatz 1 vornehmen zu können.*" Erforderlich ist somit, dass aufgrund einer Krankheit eine möglicherweise keimzellschädigende Behandlung durchzuführen ist, sodass eine Infertilität zu befürchten ist.[927] Demnach ist die im Gesetzeswortlaut in § 27a Abs. 4 S. 1 SGB V verwendete Bezeichnung „*medizinisch notwendig*" als „*medizinisch für die Kryokonservierung indiziert*" zu verstehen.

Die Vorgaben des § 27a Abs. 3 S. 1 Hs. 2 SGB V gelten hierbei gem. § 27a Abs. 4 S. 2 SGB V entsprechend, weshalb weiblichen Versicherten, die das 40. Lebensjahr vollendet haben und männlichen Versicherten, die das 50. Lebensjahr vollendet haben, kein Anspruch zukommt.[928] Auch § 92 Abs. 1 S. 2 Nr. 10 SGB V wurde dahingehend erweitert, dass der Gemeinsame Bundestagsausschuss insbesondere Richtlinien über „*die Kryokonservierung nach § 27a Absatz 4*" beschließen soll.[929]

Die Neuregelung des § 27a Abs. 4 SGB V bestimmt eine vollumfassende Kostenübernahme der Kryokonservierung durch die gesetzlichen Krankenversicherungen und ist nach Angaben der Bundesregierung ausdrücklich nicht auf Krebspatienten beschränkt.[930] Die Voraussetzungen sowie die Art und der Umfang des Anspruchs des Versicherten gem. § 27a Abs. 4 SGB V

925 Zur alten Rechtslage: BT-Drs. 11/6760, S. 14; HK-AKM/*Schumann*, 66. Akt. (November 2016), Fortpflanzungsmedizin, Rn. 47.

926 Gesetz für schnellere Termine und bessere Versorgung (Terminservice- und Versorgungsgesetz – TSVG) vom 6. Mai 2019, BGBl I 2019, 646.

927 BeckOK SozR/*Knispel*, 67. Edition (01.12.2022), § 27a, Rn. 32c.

928 BGBl I 2019, 646, 647.

929 BGBl I 2019, 661.

930 BT-Drs. 19/5015, S. 2 f.; BeckOK SozR/*Knispel*, 67. Ed. (01.12.2022), § 27a SGB V, Rn. 32b ff.

hat der Gemeinsame Bundesausschuss in seiner Richtlinie vom 16. Juli 2022 (sog. „*Kryo-RL*") bestimmt, die am 15. November 2022 in Kraft getreten ist.[931]

Das Tätigwerden des Gesetzgebers durch die Neuregelung ist grundsätzlich zu begrüßen, da nun eine Kostenübernahme durch die gesetzlichen Krankenversicherungen im Falle einer medizinischen Indikation der Kryokonservierung ermöglicht wird. Hierbei ist positiv hervorzuheben, dass keine Beschränkung auf Krebspatienten erfolgt ist, sodass die Kostenübernahme einem etwas größeren Kreis von Menschen zugutekommen kann. Jedoch ist die Normierung des § 27a Abs. 4 SGB V aufgrund der zahlreichen enthaltenen Beschränkungen im Falle einer „*normalen*" Kinderwunschbehandlung nicht wirklich hilfreich. So wird nur die Kryokonservierung von „*Ei- oder Samenzellen oder von Keimzellgewebe*" erfasst, während die Kryokonservierung von 2-PN-Zellen und Embryonen unberücksichtigt bleibt. Außerdem muss die Kryokonservierung „*wegen einer Erkrankung und deren Behandlung mit einer keimzellschädigenden Therapie medizinisch notwendig*" *erscheinen.* Bei einer „*normalen*" Kinderwunschbehandlung ist dies jedoch nicht notwendigerweise der Fall. Hiermit bleiben zudem auch Fälle des *Social Freezings* außen vor. Es wäre daher wünschenswert, dass der Gesetzgeber eine entsprechende Anpassung dieser Norm vornimmt, damit die Kostenübernahme zukünftig deutlich mehr Paaren helfen kann, die eine Kinderwunschbehandlung vornehmen.

II. Private Krankenversicherung

1. Kostenerstattung gem. § 1 Abs. 2 MB/KK 2009

Die Kosten einer Kryokonservierung überzähliger Eizellen, 2-PN-Zellen und Embryonen und des anschließenden Kryozyklus können von der privaten Krankenversicherung erstattet werden.[932]

Dies beruht auf dem Verständnis des Begriffs der Heilbehandlung. Hierunter ist nach Ansicht des BGH „*jegliche ärztliche Tätigkeit anzusehen, die durch*

931 Richtlinie zur Kryokonservierung von Ei- oder Samenzellen oder Keimzellgewebe sowie entsprechende medizinische Maßnahmen wegen keimzellschädigender Therapie (Kryo-RL) vom 17. Dezember 2020, BAnz AT 2021, 19.02.2021, B7, zuletzt geändert durch Beschluss des Gemeinsamen Bundesausschusses über eine Änderung der Richtlinie zur Kryokonservierung: Kryokonservierung von Keimzellgewebe vom 18. August 2022, BAnz AT 2022, 14. November 2022, B2.

932 LG Magdeburg, NJOZ 2006, 2697, 2698; LG Dortmund, BeckRS 2008, 8547, Rn. 31 ff.; Clausen-Schroeder-Printzen/*Makoski*, Münchener Anwaltshandbuch Medizinrecht, 3. Aufl. (2020), Rn. 71.

die betreffende Krankheit verursacht worden ist, sofern die Leistung des Arztes von ihrer Art her in den Rahmen der medizinisch notwendigen Krankenpflege fällt und auf Heilung, Besserung oder auch Linderung der Krankheit abzielt."[933]

Die medizinische Notwendigkeit einer Heilbehandlung bestimmt sich nach ständiger Rechtsprechung des BGH anhand eines objektiven Maßstabs. Eine medizinisch notwendige Heilbehandlung ist demnach jedenfalls dann gegeben, „*wenn es nach den objektiven medizinischen Befunden und Erkenntnissen im Zeitpunkt der Vornahme der ärztlichen Behandlung vertretbar war, sie als notwendig anzusehen*".[934] Maßnahmen der assistierten Reproduktion zählen nach einer Grundsatzentscheidung des BGH, wonach eine Infertilität als Krankheit angesehen wurde, grundsätzlich als „*medizinisch notwenige Heilbehandlung*" gem. § 1 Abs. 2 MB/KK 2009. Daher besteht diesbezüglich ein Versicherungsschutz gem. Abs. 1.[935]

Sowohl die Vornahme der Kryokonservierung als auch der Auftauvorgang seien nach Ansicht des LG Magdeburg als Teilmaßnahmen der ärztlichen Heilbehandlung zu erachten.[936] Jedoch ist ein Anspruch auf Erstattung der Kosten der Kryokonservierung von Eizellen nach Ansicht des LG Köln auf maximal fünf Eizellen limitiert. Hierbei müsse berücksichtigt werden, dass die Kosten für eine Kryokonservierung nicht benötigter Eizellen „*auf Verdacht*", wenn eine Schwangerschaft bereits erfolgreich herbeigeführt wurde, unter Berücksichtigung von Treu und Glauben nur begrenzt zu ersetzen sei.[937]

2. *Kostenübernahme im heterologen Verfahren*

Umstritten ist jedoch, ob die Kosten auch im heterologen Verfahren übernommen werden.[938] So führt das LG Mannheim aus, dass „*die biologisch nicht*

933 BGHZ 133, 208, 211 = BGH, NJW 1996, 3074, 3075. Hierzu s. Bach/Moser/*Wiemer*, Private Krankenversicherung, 6. Aufl. (2023), § 1 MB/KK, Rn. 75 ff. Die medizinische Notwendigkeit der Heilbehandlung bestimmt sich anhand objektiv medizinischer Befunde, LG Dortmund, BeckRS 2008, 8547, Rn. 26.

934 BGH, NJW-RR 2014, 295, 296, Rn. 13; NJW 1979, 1250, 1251.

935 BGHZ 99, 229, 229 ff. = BGH, NJW 1987, 703 f.; hierzu s. HK-AKM/*Schumann*, 66. Akt. (November 2016), Fortpflanzungsmedizin, Rn. 48.

936 LG Magdeburg, NJOZ 2006, 2697, 2698. Vgl. hierzu auch BGHZ 158, 166, 170 ff. = BGH, NJW 2004, 1658, 1659. S. auch LG Dortmund, BeckRS 2008, 8547, Rn. 34 ff.

937 LG Köln, VersR 2004, 1127; Bach/Moser/*Wiemer*, Private Krankenversicherung, 6. Aufl. (2023), § 1 MB/KK, Rn. 117.

938 HK-AKM/*Schumann*, 66. Akt. (November 2016), Fortpflanzungsmedizin, Rn. 48 m.w.N.

vorhandene oder eingeschränkte Körperfunktion" im Falle der Verwendung einer Fremdsamenspende im Rahmen einer ärztlich assistierten Befruchtung „*gerade nicht ersetzt wird.* [...] *Die Behandlung mit dem Ziel einer rechtlichen Vaterschaft gem. § 1592 Nr. 1 BGB reicht allein nicht aus, um eine Heilbehandlung einer Unfruchtbarkeit zu begründen*".[939] Auf die Kryokonservierung nimmt es diesbezüglich jedoch keinen Bezug.

Das LG Dortmund spricht sich demgegenüber explizit für eine Kostenübernahme einer Kryokonservierung durch eine private Krankenkasse im heterologen Verfahren aus. Die medizinische Notwendigkeit der Heilbehandlung gem. § 1 Abs. 2 MB/KK 2009 ergebe sich bei der genetischen Mutter aus den Erfolgsaussichten der Kinderwunschbehandlung. Weiterhin sei auch die Kryokonservierung bereits gewonnener Eizellen medizinisch notwendig.[940]

Dem ist zuzustimmen. Allein die Tatsache, dass die Kinderwunschbehandlung für den Wunschelternteil nicht als Heilbehandlung einer Infertilität einzuordnen ist, ändert nichts daran, dass die Kryokonservierung bereits gewonnener Eizellen für die genetische Mutter eine medizinische Notwendigkeit darstellt. Hierbei ist wenigstens für einen der beiden Partner das Merkmal der Heilbehandlung erfüllt. Demnach ist die Kryokonservierung von Eizellen, 2-PN-Zellen und Embryonen auch im heterologen Verfahren als Heilbehandlung im Sinne des § 1 Abs. 2 MB/KK 2009 anzusehen, weshalb sich der Versicherungsschutz gem. Abs. 1 auch hierauf bezieht.

III. Beihilfe für Beamte und deren Angehörige

Nach den Vorgaben des Bundes besteht gem. § 43 Abs. 7 S. 1 Bundesbeihilfeverordnung (BBhV)[941] grundsätzlich keine Beihilfefähigkeit der „*Kryokonservierung von Samenzellen, imprägnierten Eizellen oder noch nicht transferierten Embryonen*" für Beamte und deren Angehörige. Anders verhält sich dies indes nach Abs. 7 S. 2, „*wenn die Kryokonservierung unmittelbar durch eine Krankheit bedingt ist und die oberste Dienstbehörde zugestimmt hat.*" In einem solchen Fall wird eine Beihilfefähigkeit angenommen, wobei es für die Zustimmung

939 LG Mannheim, NJW-RR 2009, 1629.

940 Vgl. LG Dortmund, BeckRS 2008, 8547, Rn. 31 ff.

941 Verordnung über Beihilfe in Krankheits-, Pflege- und Geburtsfällen (Bundesbeihilfeverordnung – BBhV) vom 13. Februar 2009, BGBl I 2009, 326; zuletzt geändert durch Art. 1 Neunte Verordnung zur Änderung der Bundesbeihilfeverordnung vom 1. Dezember 2020, BGBl I 2020, 2713, ber. BGBl I 2021, 343.

der obersten Dienstbehörde nach Abs. 7 S. 3 jedoch zuvor eines Einvernehmens mit dem Bundesministerium des Innern, für Bau und Heimat bedarf.

Die Länder haben jeweils eigene Landesbeihilfeverordnungen erlassen, welche insgesamt nicht einheitlich sind. Des Öfteren orientieren sie sich an § 27a SGB V, verweisen hierauf oder enthalten weitergehende Vorgaben. Fehlt es an einer medizinischen Indikation der Kryokonservierung, ist diese in der Regel nicht beihilfefähig.[942] Aufgrund der Reformierung des § 27a SGB V ist es jedoch möglich, dass die Beihilfeverordnungen der Länder in Zukunft entsprechende Vorgaben für die Kostenerstattung der Kryokonservierung einführen werden.

IV. Ergebnis

Auch wenn der Gesetzgeber mit der Normierung des § 27a Abs. 4 SGB V nun eine Kostenübernahme der Kryokonservierung von „*Ei- oder Samenzellen oder von Keimzellgewebe*" durch die gesetzlichen Krankenversicherungen im Falle einer medizinischen Indikation der Kryokonservierung bestimmt hat, ist dies aufgrund der erheblichen Beschränkungen keine wirkliche Hilfe für eine „*normale*" Kinderwunschbehandlung. So wird weder die Kryokonservierung von 2-PN-Zellen und Embryonen noch eine Kinderwunschbehandlung berücksichtigt, bei der kein intendierter Elternteil die Kryokonservierung aufgrund einer medizinischen Notwendigkeit vornimmt. Auch das *Social Freezing* bleibt unbeachtet. Der Gesetzgeber sollte den Anwendungsbereich der Regelung daher entsprechend erweitern.

Die Kosten einer Kryokonservierung überzähliger Eizellen, 2-PN-Zellen und Embryonen und des anschließenden Kryozyklus können im homologen und heterologen Verfahren grundsätzlich von der privaten Krankenversicherung erstattet werden.

Für Beamte und ihre Angehörigen ist die Kryokonservierung von Keimzellen, 2-PN-Zellen und Embryonen indes gem. § 43 Abs. 7 S. 1 BBhV grundsätzlich nicht beihilfefähig. Eine Ausnahme gilt nach Abs. 7 S. 2 jedoch im Falle einer medizinischen Indikation der Kryokonservierung, sofern die oberste Dienstbehörde zugestimmt hat und nach Abs. 7 S. 3 zuvor das Einvernehmen des Bundesministeriums des Innern, für Bau und Heimat eingeholt hat.

---

942 HK-AKM/*Schumann*, 66. Akt. (November 2016), Fortpflanzungsmedizin, Rn. 50. Zur Kostentragung durch die Beihilfe s. auch *Möller/Hilland*, in: Frister/Olzen, Reproduktionsmedizin, 1. Aufl. (2010), S. 147.

G. Kinderwunschbehandlung *post mortem*

Werden kryokonservierte Keimzellen, 2-PN-Zellen und Embryonen über einen längeren Zeitraum gelagert, kann es vorkommen, dass der genetische Vater bzw. die genetische Mutter stirbt, bevor im Rahmen der Kinderwunschbehandlung eine Schwangerschaft herbeigeführt wurde. Die Problematik der Kinderwunschbehandlung *post mortem* betrifft Fälle, in denen der genetische Elternteil die Kinderwunschbehandlung nach dem Tod des anderen genetischen Elternteils fortsetzen möchte. Die Vorgaben des ESchG stehen dem entgegen.

So ist in § 4 Abs. 1 Nr. 3 ESchG das Verbot zur postmortalen Befruchtung nach dem Tod des genetischen Vaters bestimmt. Überdies verbietet § 1 Abs. 1 Nr. 2 ESchG die Vornahme einer künstlichen Befruchtung zur Herbeiführung einer Schwangerschaft bei einer anderen Frau als der genetischen Mutter und beinhaltet somit ein Verbot der Verwendung des kryokonservierten Keimgutes der genetischen Mutter nach ihrem Tod. Jedoch sind die Tathandlungen in beiden Verbotsnormen ungenau bezeichnet und auch der Normzweck ist in beiden Fällen fragwürdig. Zudem wird auch die Verfassungsmäßigkeit beider Verbotsnormen teilweise angezweifelt. Daher ist eine umfassende Prüfung der Verbote der Kinderwunschbehandlung *post mortem* gem. § 4 Abs. 1 Nr. 3 ESchG sowie gem. § 1 Abs. 1 Nr. 2 ESchG erforderlich, um diese bedeutende Problematik im Rahmen der Untersuchung der Kryokonservierung umfassend abbilden zu können.

Zwar wurden die Vorgaben des deutschen Rechts zur Kinderwunschbehandlung *post mortem* im Falle des verstorbenen genetischen Vaters bereits tiefgreifend in der Dissertation von *Velte* aus dem Jahre 2015 behandelt. Jedoch haben Fälle der Kinderwunschbehandlung *post mortem* die Gerichte seitdem wiederholt beschäftigt, sodass neue Rechtsprechung hierzu zu berücksichtigen ist.[943] Auch in der Literatur wurde in den vergangenen Jahren wiederholt Stellung zu dieser Problematik genommen.[944] Die überwiegenden Beiträge in der Literatur

---

943 Bedeutsam sind insbesondere die folgenden Entscheidungen: OLG Hamburg, NZFam 2022, 20; LG Augsburg, BeckRS 2018, 35087; OLG München, FamRZ 2017, 904; OLG Karlsruhe, FamRZ 2016, 1790.

944 Zur Kinderwunschbehandlung *post mortem* haben sich in den letzten Jahren unter anderem geäußert: *Taupitz/Hermes*, NJW 2015, 1802, 1804 ff.; *Taupitz/Geisthövel et al.*, Journal für Reproduktionsmedizin und Endokrinologie 2015 – 12 (2), 42, 53; *Spickhoff*, Anm. zu OLG Karlsruhe, FamRZ 2016, 1792, 1792 f.; *Spranger*, FamRZ 2017, 257, 261; *Gülzow*, GesR 2017, 552; *Mayr*, FamRZ 2018, 913, 914 ff.; *Inthorn/Pisani*, Anm. zu OLG München, MedR 2018, 419, 419 ff.; *Löhnig*, Anm. zu

zu dieser Thematik beziehen sich allerdings insbesondere auf die Fortsetzung der Kinderwunschbehandlung nach dem Tod des genetischen Vaters. Demgegenüber bedarf auch die Fortsetzung der Kinderwunschbehandlung nach dem Tod der genetischen Mutter einer besonderen Aufmerksamkeit, vor allem unter Berücksichtigung der aktuellen Rechtsprechung des OLG Karlsruhe[945] und des LG Augsburg hierzu.[946]

Näher zu beleuchten ist zudem die vom Gesetzgeber im Rahmen des § 1 Abs. 1 Nr. 2 ESchG und des § 4 Abs. 1 Nr. 3 ESchG vorgenommene Differenzierung von 2-PN-Zellen und Embryonen, die darauf beruht, dass die Verbote entscheidend mit dem Erreichen des Embryostadiums verknüpft sind.

Schließlich sind auch die familien- und erbrechtlichen Vorgaben zur Kinderwunschbehandlung *post mortem* zu untersuchen. Zwar hat sich unter anderem *Velte* hiermit bereits umfassend auseinandergesetzt, jedoch besteht auch hierbei ein wichtiger Bezug zur Kryokonservierung. Daher erfordert eine umfassende Behandlung der Kryokonservierung auch die Untersuchung der familien- und erbrechtlichen Folgefragen der Kinderwunschbehandlung *post mortem*.

I. Verbot gem. § 4 Abs. 1 Nr. 3 ESchG

Die wissentliche künstliche Befruchtung einer Eizelle mit dem Samen eines Mannes nach dessen Tode ist gem. § 4 Abs. 1 Nr. 3 ESchG verboten. Während die genetische Mutter aufgrund des in Abs. 2 bestimmten Strafausschließungsgrundes straflos bleibt, hat der Reproduktionsmediziner strafrechtliche Konsequenzen zu befürchten. So wird ein Verstoß gegen § 4 Abs. 1 Nr. 3 ESchG mit Freiheitsstrafe bis zu drei Jahren oder mit Geldstrafe bestraft.

1. Gesetzgebungsverfahren

In der Diskussion vor der Einführung des ESchG spielte die *post mortem*-Befruchtung zunächst kaum eine Rolle[947] und war vom Regierungsentwurf des ESchG auch nicht umfasst. Dieser bewusste Verzicht auf Normen zur ärztlich

OLG Hamburg, NZFam 2022, 24, 24 f.; *Coester-Waltjen*, Anm. zu OLG München, FamRZ 2017, 908, 908 ff.; *Biermann*, Anm. zu OLG München, NZFam 2017, 962, 962 ff.; *Schumann*, in: Beier/Brügge/Thorn/Wiesemann, Assistierte Reproduktion mit Hilfe Dritter (2020), S. 86 ff.

945 OLG Karlsruhe, FamRZ 2016, 1790.

946 LG Augsburg, BeckRS 2018, 35087.

947 *Velte*, Die postmortale Befruchtung (2015), S. 22 m.w.N.

assistierten Befruchtung nach dem Tod ist darauf zurückzuführen, dass die Vorschriften einer Gesamtregelung noch ausstehender Fragen beigefügt werden sollten.[948] Erst ein Änderungsantrag führte doch noch zu einer gesetzlichen Normierung des Verbots der postmortalen Befruchtung im ESchG. § 4 Abs. 1 Nr. 3 ESchG wurde jedoch eine äußerst geringe Bedeutung beigemessen. So fand die Änderung in der Inhaltsangabe des überarbeiteten Gesetzesentwurfs in der BT-Drs. 11/8057 keinerlei Erwähnung.[949]

2. *Ratio legis*

Über die Motive des Gesetzgebers zu § 4 Abs. 1 Nr. 3 ESchG gibt allein der Bericht des Rechtsausschusses des Deutschen Bundestages Aufschluss. Mit der Einführung dieser Norm sollte geklärt werden, wie mit einer ärztlich assistierten Befruchtung mit dem Samen eines Mannes nach dessen Tod zu verfahren ist.[950] Jedoch fehlte es hierbei sowohl an einer genauen Begründung als auch an hinreichend bestimmten Angaben zur Schutzrichtung des § 4 Abs. 1 Nr. 3 ESchG.[951]

a. *Schutz des Kindeswohls*

Dass der Gesetzgeber mit § 4 Abs. 1 Nr. 3 ESchG den Schutz des Kindeswohls bezweckt, könnte sich anhand von Äußerungen des Gesetzgebers zeigen, welche dieser zum Verbot der Eierstocktransplantation gem. § 1 Abs. 1 Nr. 1 RegE-ESchG traf. Diesbezüglich erachtete der Gesetzgeber den Gedanken, von einem Toten abzustammen, als dem Kindeswohl abträglich: Das Kind sei – zusätzlich zur gespaltenen Mutterschaft – mit der Situation konfrontiert, dass seine genetische Mutter zur Zeit der Zeugung bereits verstorben war. Wie sich dies konkret auf das Kind auswirke und wie es zu verkraften sei, sei hingegen ungeklärt. Diese Ausführungen könnten sich auf die Situation der postmortalen Befruchtung übertragen lassen.[952]

---

948 BT-Drs. 11/8057, 16; Günther/Taupitz/Kaiser/*Taupitz*, ESchG, 2. Aufl. (2014), C, § 4, Rn. 26.

949 *Velte*, Die postmortale Befruchtung (2015), S. 24 f.

950 BT-Drs. 11/8057, S. 16.

951 Vgl. BT-Drs. 11/8057, S. 16; hierzu ausführlich *Velte*, Die postmortale Befruchtung (2015), S. 27 f.

952 BT-Drs. 11/5460, S. 7 f.; hierzu *Velte*, Die postmortale Befruchtung (2015), S. 28; Günther/Taupitz/Kaiser/*Taupitz*, ESchG, 2. Aufl. (2014), C, § 4, Rn. 27.

In der rechtswissenschaftlichen Literatur[953] und der Rechtsprechung[954] wird vielfach angenommen, dass mit dem Verbot des § 4 Abs. 1 Nr. 3 ESchG primär der Schutz des Kindeswohls gewährleistet werden soll. Jedoch ist die Rechtslage in Deutschland hierzu weiterhin unsicher.[955] So hat sich das OLG Hamburg – anders als wenige Jahre zuvor das OLG München[956] – zumindest in dem zu entscheidenden Fall gegen eine Kindeswohlgefährdung im Rahmen des § 4 Abs. 1 Nr. 3 ESchG ausgesprochen.[957]

Ob bzw. inwiefern die *post mortem*-Befruchtung eine Kindeswohlgefährdung bewirkt, ist somit umstritten. Das Kindeswohl ist verfassungsrechtlich im allgemeinen Persönlichkeitsrecht des Kindes gem. Art. 2 Abs. 1 GG i.V.m. Art. 1 Abs. 1 GG und in der Elternverantwortung gem. Art. 6 Abs. 2 GG verankert.[958]

aa. Uneinigkeit im Rahmen der Rechtsprechung

Das OLG München entschied Jahre 2017, dass die Herausgabe kryokonservierter Keimzellen oder 2-PN-Zellen nach dem Tod des genetischen Vaters zur Fortsetzung des Befruchtungsvorganges in einem anderen Land, in dem kein Verbot der *post mortem*-Befruchtung besteht, gem. § 275 Abs. 1 BGB rechtlich unmöglich sei.[959] Der Reproduktionsmediziner könnte sich demnach gem. § 9 Abs. 2 S. 2 StGB der Beihilfe einer von der Witwe begangenen Auslandstat gem. § 4 Abs. 1 Nr. 3 ESchG strafbar machen. Zwar sei § 9 Abs. 2 S. 2 StGB einschränkend zu interpretieren, sodass der Auslandsbezug der Haupttat bei der Beurteilung des strafrechtlich relevanten Verhaltens zu berücksichtigen sei. Dafür sei entscheidend, ob der Tatbestand der Verbotsnorm ausschließlich dem Schutz inländischer Rechtsgüter diene. Sollte dies der Fall sein, sei § 9 Abs. 2 S. 2 StGB teleologisch zu reduzieren. Dann wäre die Inlandsteilnahme an einer straflosen Auslandstat nicht strafbar. Im Falle des § 4 Abs. 1 Nr. 3 ESchG bestehe jedoch ein Auslandsbezug, da dem Kindeswohl ein universeller Schutz

953 So z.B. *Spranger*, FamRZ 2017, 257, 261; *Velte*, Die postmortale Befruchtung (2015), S. 27 ff.

954 OLG München, FamRZ 2017, 904, 907; OLG Rostock, FamRZ 2010, 1117, 1118.

955 *Löhnig*, Anm. zu OLG Hamburg, NZFam 2022, 24, 25.

956 OLG München, FamRZ 2017, 904, 906 f.

957 OLG Hamburg, NZFam 2022, 20, 23.

958 Statt vieler: BVerfGE 79, 51, 63 f. = BVerfG, NJW 1989, 519, 520; Spickhoff/*Müller-Terpitz*, Medizinrecht, 4. Aufl. (2022), Art. 6 GG, Rn. 12.

959 OLG München, FamRZ 20917, 904.

zukomme. Dies zeige sich beispielsweise an § 5 Nr. 6b StGB,[960] wonach das deutsche Strafrecht im Falle einer Kindesentziehung gem. § 235 Abs. 2 Nr. 2 StGB unabhängig vom Recht des Tatortes anwendbar ist.[961] § 235 Abs. 2 Nr. 2 StGB dient ebenfalls dem Schutz des Kindeswohls.[962]

Nach Ansicht des OLG München sei ernsthaft zu befürchten, dass eine Beeinträchtigung des Kindeswohls mit zunehmender Zeitspanne zwischen dem Tod des genetischen Vaters und der (möglichen) Geburt des Kindes zunehme. Je größer die Zeitspanne zwischen dem Tod des genetischen Vaters und der Geburt des Kindes sei, desto stärker könnte für das Kind der Eindruck entstehen, die eigene Zeugung sei vom verstorbenen Vater unerwünscht gewesen. Dies könnte negative psychologische Folgen für das Kind haben.[963]

Auch das LG Darmstadt hält Kindeswohlaspekte im Rahmen des § 4 Abs. 1 Nr. 3 ESchG für relevant.[964] Nach Ansicht des OLG Rostock sei eine Kindeswohlgefährdung durch eine ärztlich assistierte Befruchtung nach dem Tod des genetischen Vaters (unter Berücksichtigung der Gesetzesbegründung) lediglich dann zu befürchten, wenn nicht auszuschließen sei, dass die Art der Zeugung mit dem Willen der genetischen Eltern unvereinbar sei.[965]

Zu einem anderen Ergebnis als das OLG München kam im Jahre 2021 indes das OLG Hamburg. In dem der Entscheidung zugrundeliegenden Fall hatte ein an einem Hirntumor erkrankter Mann seine Spermien kryokonservieren und lagern lassen und mit der Klinik zunächst vereinbart, dass diese nach seinem Tod zu verwerfen seien. Später kündigte er diesen Vertrag jedoch und teilte der Klinik mit, dass er die Abholung des Kryogutes mit einem Kinderwunschzentrum in Madrid organisieren werde. Mit dem spanischen Kinderwunschzentrum schloss er daraufhin einen Vertrag, der unter anderem die Erklärung des Mannes enthielt, dass eine Verwendung seiner Spermien zur Herbeiführung einer Schwangerschaft bei seiner Lebensgefährtin auch innerhalb von 12 Monaten

960 Das OLG München und der vom OLG zitierte *Krüger* beziehen sich beide auf § 5 Nr. 6a StGB a.F., s. OLG München, FamRZ 2017, 904, 905; *Krüger*, Das Verbot der post-mortem-Befruchtung (2010), S. 23. Der Verweis auf § 235 Abs. 2 Nr. 2 StGB findet sich jedoch mittlerweile in § 5 Nr. 6b StGB.

961 OLG München, FamRZ 2017, 904, 905; *Krüger*, Das Verbot der post-mortem-Befruchtung (2010), S. 22 ff.

962 Schönke/Schröder/*Eisele*, StGB, 30. Aufl. (2019), § 235, Rn. 1; *Krüger*, Das Verbot der post-mortem-Befruchtung (2010), S. 22 ff.

963 OLG München, FamRZ 2017, 904, 907.

964 LG Darmstadt, BeckRS 2019, 20419, Rn. 28.

965 OLG Rostock, FamRZ 2010, 1117, 1119; BT-Drs. 11/5460, S. 10.

nach seinem Tod erfolgen könne. Nach dem Tod des Mannes beantragte seine Lebensgefährtin den Erlass einer einstweiligen Verfügung bezüglich der Herausgabe der kryokonservierten Keimzellen an das Kinderwunschzentrum in Madrid, um die – zu Lebzeiten des Mannes bzw. des genetischen Vaters vereinbarte – Kinderwunschbehandlung *post mortem* durchführen zu können.[966]

Der Senat gab dem Antrag der Ehefrau des verstorbenen genetischen Vaters auf Erlass einer einstweiligen Verfügung statt. Das Eilbedürfnis bestehe darin, dass nach spanischem Recht eine künstliche Befruchtung nur innerhalb von 12 Monaten nach dem Tod des genetischen Vaters möglich sei.[967]

Eine Herausgabe der kryokonservierten Spermien an eine Klinik in Madrid, um diese – wie vom genetischen Vater zu Lebzeiten gewünscht – zur Herbeiführung einer Schwangerschaft bei dessen Ehefrau verwenden zu können, berühre den Schutzzweck des § 4 Abs. 1 Nr. 3 ESchG nicht. „*Wie sich aus dem Gesamtzusammenhang des § 4 ESchG* [ergebe], [sei] *der Schutzzweck der Norm im Wesentlichen das Selbstbestimmungsrecht der sog. Gametenspender, d. h. des Mannes als Samenspender und der Frau als Spenderin der Eizelle*". [...] *Das* [gelte] *nicht nur für § 4 I Nr. 1 und 2 ESchG, sondern auch für die hier einschlägige Norm des § 4 I Nr. 3 ESchG.* [...] *Soweit es um den Schutz dieser beiden Personen* [gehe], [werde] *dieser im vorliegenden Fall durch eine Herausgabe des Keimmaterials durch die Antragsgegnerin an die Antragstellerin erkennbar in keiner Weise beeinträchtigt.*" Zwar „*dürfte der Schutzzweck des § 4 I Nr. 3 ESchG grundsätzlich auch das Wohl des (noch ungeborenen bzw. noch nicht einmal gezeugten) Kindes sein*", „*der Senat* [sehe] *hier aber keine Kindewohlgefährdung*".

Grund hierfür sei, dass „*die Erzeugung des Kindes ja gerade in einer dem Willen der Beteiligten entsprechenden Weise erfolgen*" solle. Daher könnten im Sinne der Begründung zum Gesetzesentwurf der Bundesregierung Gefahren für die Entwicklung des Kindes ausgeschlossen werden.[968] Zwar verweise das OLG München[969] auf den Gesetzesentwurf der SPD-Fraktion zum Fortpflanzungsmedizingesetz. Dieser beinhalte folgende Aussage: „*Unzulässig ist nach dem Wortlaut der Vorschrift auch die Verwendung von Samenzellen Verstorbener bei einer künstlichen Befruchtung. Die Insemination post mortem ist keine Sterilitätsbehandlung eines Paares, sondern entfernt sich in besonderem Maße von den natürlichen Voraussetzungen einer Zeugung. Vor allem aber läuft die*

966 OLG Hamburg, NZFam 2022, 20, 20.
967 OLG Hamburg, NZFam 2022, 20, 21 f.
968 OLG Hamburg, NZFam 2022, 20, 22 f.; BT-Drs. 11/5460, 10.
969 OLG München, FamRZ 2017, 904, 906.

Methode dem Kindeswohl zuwider: Bei der Identitätsfindung des Kindes könnte sich die Vorstellung belastend auswirken, von einem zur Zeit der Zeugung bereits Gestorbenen abzustammen".[970] Jedoch sei dieser Gesetzesentwurf „*nicht Gesetz geworden*". Im Gesetzgebungsverfahren zum ESchG sei diese Begründung insbesondere hinsichtlich der Einführung des § 4 Abs. 1 Nr. 3 ESchG nicht aufgegriffen worden.[971]

Das OLG Hamburg bestreitet somit zwar nicht, dass § 4 Abs. 1 Nr. 3 ESchG auch den Schutz des Kindeswohls bezweckt. Es hebt jedoch hervor, dass eine solche Gefährdung im Einzelfall, wenn sich der verstorbene genetische Vater zu Lebzeiten eindeutig für eine postmortale Verwendung seiner Keimzellen ausgesprochen hat, nicht in Betracht kommt.[972]

bb. Vertretbare Annahme einer Kindeswohlgefährdung?

Auch in der rechtswissenschaftlichen Literatur finden sich mittlerweile vermehrt Stimmen, die in Frage stellen, dass eine psychische Belastung des Kindes aufgrund der Erkenntnis, von einem Toten abzustammen, bestehe.

So sei die Situation des Kindes im Falle der postmortalen Befruchtung mit derjenigen von Kindern vergleichbar, die von einer hirntoten Mutter entbunden wurden. Bei Letzteren gebe es keine Anzeichen einer seelischen Beeinträchtigung. Hieraus könne der Schluss gezogen werden, dass es sich im Falle des verstorbenen genetischen Vaters bei der postmortalen Befruchtung ähnlich verhalte.[973] „*Wie schon bei der Etablierung der In-Vitro-Fertilisation werden durch keinerlei Empirie gesicherte Bedenken in Bezug auf die künftige Entwicklung des Kindes instrumentalisiert, um ein bestimmtes technisch mögliches Verfahren zu desavouieren.*" Zudem bleibe hierbei unberücksichtigt, dass insbesondere eine vom Verstorbenen gewollte postmortale Befruchtung die Psyche des Kindes auch positiv beeinflussen könne.[974] Auch unter Berücksichtigung der Rechtsprechung des BVerfG seien negative Folgen für das Kindeswohl nicht

---

970 BT-Drs. 11/5710, 10.

971 OLG Hamburg, NZFam 2022, 20, 23.

972 OLG Hamburg, NZFam 2022, 20, 22 f.

973 Günther/Taupitz/Kaiser/*Taupitz*, ESchG, 2. Aufl. (2014), C, § 4, Rn. 27. Dem zustimmend: *Gülzow*, GesR 2017, 552, 554.

974 *Spranger*, FamRZ 2017, 257, 261. Teils wird kritisiert, dass „*der Gesetzgeber bei der Prognoseeinschätzung möglicherweise nicht valides Datenmaterial zugrunde gelegt*" haben könnte, *Gülzow*, GesR 2017, 552, 556.

nachgewiesen. Eine entscheidende Bedeutung sei vielmehr der Eltern-Kind-Beziehung nach der Geburt zuzuschreiben.[975]

Entscheidend sei nicht die Art der Zeugung, sondern vielmehr die Qualität der Eltern-Kind-Beziehung. Daher könne die Frage aufgeworfen werden, inwieweit eine Kindeswohlgefährdung (überhaupt) dadurch besteht, dass dem Kind wissentlich die Möglichkeit entzogen werde, den genetischen Vater persönlich kennenzulernen. Diesbezüglich sei das neu eingeführte SaRegG zu berücksichtigen, in welchem die Bedeutung des Rechts auf Kenntnis der eigenen Abstammung für das Kindeswohl anerkannt und gestärkt wurde. So habe der Gesetzgeber im Zuge dieser Gesetzesreform keine Ergänzung der Verbotsnormen des § 4 ESchG vorgenommen und überdies eine Kindeswohlgefährdung durch das Fehlen eines sozialen Vaters verneint. Dies lasse den Schluss zu, der Gesetzgeber stehe aufgrund wandelnder gesellschaftlicher Verhältnisse neuen familiären Strukturen offener gegenüber.[976]

Andere Stimmen in der rechtswissenschaftlichen Literatur halten es demgegenüber für möglich, dass ein vaterloses Aufwachsen sich potenziell nachteilig auf das Kindeswohl auswirke.[977] Jedoch gelte es auch, die zahlreichen Fälle zu beachten, in denen der genetische Vater vor der Geburt gestorben sei oder in denen die genetische Mutter diesen nicht mehr ausmachen könne. Dass eine Unterscheidung anhand des geringfügigen Differenzierungsmerkmales getroffen werde, ob der genetische Vater schon bei der Befruchtung gestorben ist, sei *„völlig aus der Luft gegriffen"*.[978]

Auch wenn die Meinungen bei der Frage nach den Ursachen einer Beeinträchtigung oder Gefährdung des Kindeswohls eines postmortal gezeugten Kindes auseinandergehen, wird jedoch überwiegend angenommen, dass der

---

975 *Mayr*, FamRZ 2018, 913, 919; BVerfGE 96, 375, 402 = BVerfG, NJW 1998, 519, 522.

976 *Inthorn/Pisani*, Anm. zu OLG München, MedR 2018, 419, 421; vgl. BT-Drs. 18/11291. Auch *Mayr* betont, dass primär auf die Qualität der Eltern-Kind-Beziehung abgestellt werden müsse, *Mayr*, FamRZ 2018, 913, 919. Dass mit § 4 Abs. 1 Nr. 3 ESchG keine bestimmte Art der Zeugung bestraft werden soll, unterstreicht auch *Taupitz*, dass durch das begründungslose Erheben der Natürlichkeit einer Zeugung zum Maßstab, das Fehlen dieser Natürlichkeit für eine Pönalisierung dieser Handlung nicht ausreiche, Günther/Taupitz/Kaiser/*Taupitz*, ESchG, 2. Aufl. (2014), C, § 4, Rn. 29.

977 *Velte*, Die postmortale Befruchtung (2015), S. 28; *Schroeder*, in: FS für Miyazawa (1995), S. 545; kritisch zum vorbestimmten Dasein des Kindes als Halbwaise *Zierl*, DRiZ 1986, 302, 303.

978 *Schroeder*, in: FS für Miyazawa (1995), S. 545. S. auch Günther/Taupitz/Kaiser/*Taupitz*, ESchG, 2. Aufl. (2014), C, § 4, Rn. 28; *Müller-Terpitz*, ZRP 2016, 51, 54.

Gesetzgeber mit § 4 Abs. 1 Nr. 3 ESchG den Schutz vor einer Beeinträchtigung des Kindeswohls verfolgte.[979]

cc. Bewertung

Der Gesetzgeber äußerste im allgemeinen Teil der Begründung des ESchG, dass strafrechtliche Verbote nur dort vorzusehen seien, *„wo sie zum Schutz besonders hochrangiger Rechtsgüter unverzichtbar erscheinen.“* Dabei werde der Wahrung des Kindeswohls besondere Beachtung geschenkt.[980] Dies spricht grundsätzlich bereits dafür, dass § 4 Abs. 1 Nr. 3 ESchG auch den Schutz des Kindeswohls bezweckt. Jedoch wurde § 4 Abs. 1 Nr. 3 ESchG erst im späteren Verlauf des Gesetzgebungsverfahrens in das ESchG eingefügt. Weder eine eingehende Begründung des Verbots der postmortalen Befruchtung noch eine genauere Darstellung des Verbotszwecks liegen vor. Daher erweckt die Normierung des Verbots den Anschein, als sei sie überhastet erfolgt.

Insgesamt ist allerdings davon auszugehen, dass zumindest der Gesetzgeber eine Gefährdung des Kindeswohls in dieser Fallgruppe angenommen hat, als er die Verbotsnorm des § 4 Abs. 1 Nr. 3 ESchG schaffte. Hierfür spricht vor allem der Vergleich mit den Aussagen, die zum Verbot der Eierstocktransplantation gem. § 1 Abs. 1 Nr. 1 RegE-ESchG getroffen wurden.[981]

Wie die unterschiedliche Rechtsprechung zu dieser Fallgruppe allerdings verdeutlicht, ist vor allem fraglich, ob eine Kindeswohlgefährdung durch die postmortale Befruchtung überhaupt glaubhaft angenommen werden kann.

Natürlich ist es denkbar, dass der Tod eines genetischen Elternteils vor der Zeugung eine grundsätzliche Belastung für das Kind darstellt. Jedoch ist unter anderem *Schroeder* und *Taupitz* dahingehend beizupflichten, dass Fälle, in

---

979 So z.B. Spickhoff/*Müller-Terpitz*, Medizinrecht, 4. Aufl. (2022), § 4 ESchG, Rn. 1; *Schroeder*, in: FS für Miyazawa (1995), S. 545; OLG München, FamRZ 2017, 904, 907; OLG Rostock, FamRZ 2010, 1117, 1119. Auch das OLG Hamburg erkennt das Kindeswohl Grundsätzlich als Schutzgut des § 4 Abs. 1 Nr. 3 ESchG an, auch wenn eine Gefährdung des Kindeswohles im Falle einer konsentierten postmortalen Befruchtung nicht vorliege, vgl. OLG Hamburg, NZFam 2022, 20, 22 f.

Ein weiterer Grund für eine Kindeswohlgefährdung wurde in der Vergangenheit noch darin gesehen, dass ein postmortal gezeugtes Kind gem. §§ 1593, 1592 Nr. 1 ESchG a.F. oft als nichteheliches Kind angesehen wurde. Dieses Argument ist jedoch seit der gesetzlichen Gleichstellung ehelicher und nichtehelicher Kinder nicht mehr aktuell, s. *Velte*, Die postmortale Befruchtung (2015), S. 28 f.

980 BT-Drs. 5460, 6.

981 BT-Drs. 11/5460, S. 7 f.

denen ein genetischer Elternteil vor der Geburt verstirbt, auch bei natürlichen Zeugungen immer wieder vorkommen. Überdies kann es beispielsweise auch bei einer natürlichen Befruchtung ohne feste Partnerschaft vorkommen, dass das Kind niemals erfährt, wer sein genetischer Vater ist. In einem solchen Fall erscheint eine psychische Belastung des Kindes dadurch, dass es annimmt, „*nicht gewollt zu sein*“, durchaus plausibel.

Demgegenüber ist zu berücksichtigen, dass eine Willensäußerung des genetischen Vaters, wonach sein Samen auch nach dem Tod verwendet werden könne, dem Kind verdeutlichen kann, dass es – sogar in Anbetracht des Todes des genetischen Vaters – gewollt war. Daher lässt sich – wie bereits von *Spranger* angemerkt – auch die Frage aufwerfen, ob sich die bewusste postmortale Befruchtung möglicherweise sogar positive Auswirkungen auf das Kindeswohl haben könnte.[982] Infolge einer postmortalen Befruchtung müsste das Kind nicht zwangsweise mit nur einem Elternteil auskommen. Vielmehr kann die durch den Tod des genetischen Vaters entstandene Lücke auch durch einen Wunschelternteil, der die rechtliche Elternschaft einnimmt, geschlossen werden. Das Kind hätte dann mehr als nur eine elterliche Bezugsperson. Die Einführung des SaRegG hat verdeutlicht, dass auch der Gesetzgeber – wie von *Inthorn* und *Pisani* erläutert – mittlerweile offener gegenüber neuen familiären Beziehungen ist.

Für eine Beantwortung der Frage, ob sich eine postmortale Befruchtung wirklich negativ auf die Psyche des Kindes auswirkt und das Kindeswohl gefährdet, fehlt es letztlich (wie es bereits vermehrt in der rechtswissenschaftlichen Literatur kritisiert wurde) an empirischen Erhebungen. Nur so ließe sich ein umfassendes Bild von psychischen Belastungen postmortal gezeugter Kinder zeichnen. Da in der Rechtsprechung zur Kinderwunschbehandlung *post mortem* keine Einigkeit hinsichtlich einer Gefährdung des Kindeswohls besteht, sollte sich der Gesetzgeber zeitnah mit dieser Problematik befassen, um der bestehenden Rechtsunsicherheit in dieser Fallgruppe entgegenzuwirken.

---

982 Andere Ansicht: *Velte*, Die postmortale Befruchtung (2015), S. 88: „*Es erscheint wenig überzeugend, dass der Wille des Mannes, welcher sich nach der Geburt des Kindes nicht mehr weitergehend manifestieren kann, signifikanten Einfluss auf die Entwicklung des Kindes haben soll. Wird davon ausgegangen, dass das Aufwachsen ohne Vater potentiell eine Beeinträchtigung des Kindeswohls mit sich bringt, kann die subjektive Einstellung des nunmehr Verstorbenen sein Fehlen als soziale Bezugsperson, welches causa des befürchteten Defizits des Kindes ist, nicht überbrücken.*“

b. *Schutz des postmortalen Persönlichkeitsrechts des Verstorbenen*

Neben dem Schutz des Kindeswohls wird von § 4 Abs. 1 Nr. 3 ESchG nach Ansicht der rechtswissenschaftlichen Literatur und der Rechtsprechung auch der Schutz des postmortalen Persönlichkeitsrechts des genetischen Vaters bezweckt. Dies betrifft jedoch ausschließlich Fälle, in denen ein Einverständnis des genetischen Vaters für eine Verwendung der Keimzellen nach dessen Tod nicht geäußert wurde.[983]

c. *Schutz der genetischen Mutter*

Anders als bei § 4 Abs. 1 Nr. 1, 2 ESchG dient das in Nr. 3 normierte Verbot dem Schutz der genetischen Mutter lediglich im Einzelfall. Dies betrifft beispielsweise Fälle, in denen sie keine Kenntnis davon hat, dass die Befruchtung mit dem Samen eines Verstorbenen erfolgt.[984] Dieses Verbot schützt sie somit in ihrem Recht auf reproduktive Selbstbestimmung.

d. *Zwischenergebnis*

Der Zweck des § 4 Abs. 1 Nr. 3 ESchG ist primär auf den Schutz des Kindeswohls gerichtet, auch wenn eine ernsthafte Gefährdung aufgrund der postmortalen Befruchtung mittlerweile durchaus angezweifelt werden kann. Weiterhin ist in bestimmten Fällen der Schutz des postmortalen Persönlichkeitsrechts des genetischen Vaters sowie der genetischen Mutter bezweckt.

3. *Unpräzise bezeichnete Tathandlung: Künstliches Befruchten einer Eizelle*

§ 4 Abs. 1 Nr. 3 ESchG bestraft das wissentliche künstliche Befruchten einer Eizelle mit dem Samen eines Mannes nach dessen Tode. Der Bedeutung des Begriffs „*befruchtet*" ist demnach eine entscheidende Bedeutung zuzuschreiben. Bei einer Befruchtung handelt es sich jedoch nicht um ein punktuelles Ereignis, vielmehr erfolgt die Befruchtungskaskade über einen Zeitraum von ungefähr 24 Stunden.

Wird eine 2-PN-Zelle, die zu Lebzeiten eines Mannes mit dessen Samen imprägniert wurde und danach eingefroren wurde, nach dessen Tod

---

983 *Velte*, Die postmortale Befruchtung (2015), S. 29; Günther/Taupitz/Kaiser/*Taupitz*, ESchG, 2. Aufl. (2014), C, § 4, Rn. 31; *Krüger*, Das Verbot der post-mortem-Befruchtung (2010), S. 12 ff.; Keller/Günther/Kaiser/*Keller*, ESchG (1992), § 4, Rn. 4; OLG München, FamRZ 2017, 904, 905.

984 *Krüger*, Das Verbot der post-mortem-Befruchtung (2010), S. 11.

weiterkultiviert, um im Embryostadium transferiert zu werden, könnte dies einen Verstoß gegen § 4 Abs. 1 Nr. 3 ESchG darstellen. Andererseits könnte das Auftauen und Weiterkultivieren der 2-PN-Zellen auch dergestalt interpretiert werden, dass die Befruchtung noch zu Lebzeiten des Mannes begonnen hat und lediglich durch Kryonisieren gestoppt wurde. Dann würde die Fortsetzung des Befruchtungsvorganges nicht gegen § 4 Abs. 1 Nr. 3 ESchG verstoßen. Diese Ungenauigkeit des Wortlautes bewirkt, dass sich Reproduktionsmediziner nicht sicher sein können, wie sich zu verhalten haben.[985] Gerade für diese birgt die Rechtslage die Gefahr strafrechtlicher Konsequenzen.

Die Auswirkungen einer unterschiedlichen Auslegung des Befruchtungsbegriffs zeigt der folgende Beispielsfall: Ein Paar hat im homologen Verfahren 2-PN-Zellen eingefroren und hiermit bereits zwei Kinder gezeugt. Es soll jedoch noch ein drittes Kind von demselben genetischen Vater dazu kommen, welcher jedoch mittlerweile verstorben ist. Wird die Tathandlung des § 4 Abs. 1 Nr. 3 ESchG dahingehend verstanden, dass eine Konjugation erforderlich ist, so ist das Auftauen und Weiterkultivieren der bereits vorhandenen 2-PN-Zellen zu Embryonen verboten. Die genetische Mutter müsste vielmehr auf eine Samenspende im heterologen Verfahren zurückgreifen und das Kind hätte letztlich – entgegen dem ursprünglichen Wunsch der genetischen Eltern – einen anderen genetischen Vater als seine beiden Geschwister. Wird hingegen an die Tathandlung das Erfordernis der Imprägnation gestellt, so läge kein Verstoß gegen § 4 Abs. 1 Nr. 3 ESchG vor. Der Befruchtungsvorgang hätte dann noch zu Lebzeiten des Verstorbenen begonnen.

Es ist somit zu klären, welche Anforderungen an ein künstliches Befruchten gem. § 4 Abs. 1 Nr. 3 ESchG zu stellen sind.

a. Verwirklichung einer Befruchtung erst mit erfolgter Konjugation

Neben dem LG Neubrandenburg wird in der rechtswissenschaftlichen Literatur vielfach angenommen, dass die Tathandlung der künstlichen Befruchtung erst mit erfolgter Konjugation im Rahmen des § 4 Abs. 1 Nr. 3 ESchG erfüllt sei.[986]

---

985 Vgl. *Krüssel/Leeb*, Der Gynäkologe 2010, 696, 698.

986 So (wohl) *Krüger*, Das Verbot der post-mortem-Befruchtung (2010), S. 3 ff.; *Prehn*, MedR 2011, 559, 565 ff. 568; *Velte*, Die postmortale Befruchtung (2015), S. 31 ff., 40; Günther/Taupitz/Kaiser/*Taupitz*, ESchG, 2. Aufl. (2014), C, § 4, Rn. 35; LG Neubrandenburg, FamRZ 2010, 686, 686 f.

So zeige der Wortlaut der Norm, dass eine Eizelle nach allgemeinem Sprachgebrauch erst mit der Konjugation als „*befruchtet*" zu erachten sei.[987] Ob eine derart differenzierte Betrachtungsweise dem allgemeinen Sprachgebrauch der Bevölkerung zugeschrieben werden könne, zweifelt *Krüger* indes an.[988] Jedoch bewirken die verschiedenen Teilschritte der Befruchtungskaskade, dass sogar Mediziner dem Befruchtungsbegriff je nach Kontext eine unterschiedliche Bedeutung zumessen, weshalb eine fortpflanzungsmedizinische und biologische Begriffsbestimmung nicht hilfreich erscheine.[989] „*Befruchtung*" werde oftmals schlichtweg als Synonym für die Befruchtungskaskade verwendet, ohne Bezug auf einen konkreten Zeitpunkt dieses Vorganges zu nehmen.[990]

Jedoch sei in gesetzessystematischer Hinsicht zu berücksichtigen, dass der Gesetzgeber – im Gegensatz zu § 1 Abs. 2 Nr. 1 und 2 ESchG – nicht darauf abgestellt habe, dass das Eindringen einer Samenzelle in eine Eizelle oder das Verbringen einer Samenzelle in eine Eizelle bewirkt werde. Hieraus könne geschlossen werden, dass der Gesetzgeber diesbezüglich die Konjugation als maßgeblich erachtete.[991] Auch handele es sich bei § 4 Abs. 1 Nr. 3 ESchG (anders als beispielsweise § 4 Abs. 1 ESchG) nicht um ein sog. echtes Unternehmensdelikt,[992] sondern vielmehr um ein Erfolgsdelikt, weshalb e contrario angenommen werden könne, dass erst die Vollendung der Befruchtung nach dem Tod des Mannes von § 4 Abs. 1 Nr. 3 ESchG zu pönalisieren sei.[993] Demgegenüber erachtet *Velte* diese Argumentation, wonach Versuchsbeginn die Imprägnation und die Vollendung durch die Konjugation erfolge, als nicht gänzlich schlüssig. So könne der Versuchsbeginn eher durch das räumliche Zusammenführen der beiden Keimzellen *in vitro* oder *in utero* und eine Vollendung bereits durch

---

987 LG Neubrandenburg, FamRZ 2010, 686, 687; *Velte*, Die postmortale Befruchtung (2015), S. 35; vgl. Günther/Taupitz/Kaiser/*Taupitz*, ESchG, 2. Aufl. (2014), C, § 1 Abs. 1 Nr. 1, Rn. 19.

988 *Krüger*, Das Verbot der post-mortem-Befruchtung (2010), S. 4.

989 *Prehn*, MedR 2011, 559, 565 f.; *Krüger*, Das Verbot der post-mortem Befruchtung (2010), S. 4 ff.

990 *Velte*, Die postmortale Befruchtung (2015), S. 34.

991 Günther/Taupitz/Kaiser/*Taupitz*, ESchG, 2. Aufl. (2014), C, § 4, Rn. 35; *Prehn*, MedR 2011, 559, 566.

992 Bei einem echten Unternehmensdelikt gem. § 11 Abs. 1 Nr. 6 StGB sind Versuch und Vollendung tatbestandlich gleichgestellt, MüKoStGB/*Radtke*, 4. Aufl. (2020), § 11, Rn. 135.

993 *Krüger*, Das Verbot der post-mortem-Befruchtung (2010), S. 6; Günther/Taupitz/Kaiser/*Taupitz*, ESchG, 2. Aufl. (2014), C, § 4, Rn. 35; *Prehn*, MedR 2011, 559, 566.

Imprägnation erfolgen.[994] Letztlich habe der Gesetzgeber jedoch selbst klargestellt, dass eine Befruchtung im Sinne einer Konjugation zu verstehen sei.[995]

Nach historischer Auslegung würden die Normen des ESchG indes nicht den Schluss zulassen, dass der Gesetzgeber eine Unterscheidung zwischen befruchteten und unbefruchteten Eizellen vornehmen wollte. Demnach könne aus der Gesetzesbegründung nicht notwendigerweise abgeleitet werden, ob eine Befruchtung im Rahmen des ESchG bereits durch Imprägnation der Eizelle oder erst durch die Konjugation erfolge. Ob der Gesetzgeber also nach dem Tode des genetischen Vaters die Verwendung von 2-PN-Zellen, die zu Lebzeiten beider Partner eingefroren wurden, bestrafen wollte, bleibe somit unklar.[996]

Auch wenn die Befruchtungskaskade durch das Einfrieren im Pronucleusstadium unterbrochen werde, erfolge eine *„Befruchtung“* im Sinne des § 4 Abs. 1 Nr. 3 ESchG erst durch das Auftauen, Weiterkultivieren und die anschließende Konjugation.[997] Unter Berücksichtigung des Telos der Norm könne angenommen werden, dass ein Vorsatz auf den Abschluss der Befruchtung – im Gegensatz zur Zeit der Imprägnation – erst zur Zeit der Konjugation gegeben sei. Ist hingegen lediglich eine Imprägnation erfolgt, sei noch nicht notwendigerweise geklärt, ob die imprägnierte Eizelle eine Verwendung im Rahmen einer Kinderwunschbehandlung finden oder ob diese womöglich *„überzählig“* werde. Ein Vorsatz könne zu dieser Zeit somit noch nicht auf die Befruchtung gerichtet sein.[998]

b. Verwirklichung einer Befruchtung bereits mit erfolgter Imprägnation

Demgegenüber erachtet das OLG Rostock die Imprägnation als entscheidendes Erfordernis für die Verwirklichung der Tathandlung des § 4 Abs. 1 Nr. 3 ESchG und setzt ein Befruchten überdies mit der Verwendung der Spermien eines verstorbenen Mannes gleich. Ist die Imprägnation der Eizelle mit dem Samen des genetischen Vaters noch zu dessen Lebzeiten erfolgt, so habe die Befruchtung noch vor dessen Tod begonnen und wurde durch die Kryokonservierung im Pronucleusstadium lediglich unterbrochen. Das Auftauen und Weiterkultivieren der 2-PN-Zelle zum Embryo stelle dann keine wissentliche künstliche Befruchtung nach dem Tode des Mannes dar. Die 2-PN-Zelle befinde sich noch im

994 *Velte*, Die postmortale Befruchtung (2015), S. 35.
995 BT-Drs. 11/5460, S. 8; *Velte*, Die postmortale Befruchtung (2015), S. 36 f.
996 *Prehn*, MedR 2011, 559, 567; *Velte*, Die postmortale Befruchtung (2015), S. 37 f.
997 *Krüger*, Das Verbot der post-mortem-Befruchtung (2010), S. 6.
998 *Prehn*, MedR 2011, 559, 567.

Befruchtungsvorgang, sodass die Fortsetzung einer der Befruchtung nach dem Tod des genetischen Vaters dann nicht als Verstoß gegen § 4 Abs. 1 Nr. 3 ESchG zu werten sei. Sofern der genetische Vater mithin zu Lebzeiten einen entsprechenden Willen geäußert habe, habe die Klinik die 2-PN-Zellen an die genetische Mutter herauszugeben, damit diese ihren Kinderwunsch verwirklichen könne.[999]

Eine Verwendung des Samens erfolge bereits durch die Imprägnation der Eizelle, da aufgrund der „*innige*[n] *Verbindung*“ keine weiteren Spermien mehr eindringen können, ein Isolieren des eingedrungenen Spermiums auch nicht möglich sei.[1000] Weiterhin sei auf den Sinn und Zweck des ESchG zu verweisen. Bezweckt werde die Beschränkung extrakorporaler Befruchtungen auf Fortpflanzungsvorgänge, damit (auch) das Aufkommen überzähliger Embryonen vermieden werde. Ein Verständnis des § 4 Abs. 1 Nr. 3 ESchG dahingehend, dass ein Befruchten bereits mit der Imprägnation erfolge, trage zur Förderung dieses Ziels bei und ließe gleichzeitig keine Strafbarkeitslücken aufkommen.[1001]

Überdies halte der Gesetzgeber eine Kindeswohlgefährdung dann für möglich, wenn die Verwendung des Keimmaterials im Rahmen einer Kinderwunschbehandlung dem zu Lebzeiten geäußerten Willen des verstorbenen genetischen Elternteils zuwiderlaufe. Aus der Begründung des Gesetzgebers zu § 4 ESchG[1002] könne demnach der Schluss gezogen werden, dass eine Kindeswohldienlichkeit bestehe, wenn dem Willen aller Beteiligten entsprochen werde.[1003] Maßgeblich sei demnach die Imprägnation der Eizelle mit dem Samen des Verstorbenen.

---

999 OLG Rostock, FamRZ 2010, 1117, 1118.

1000 OLG Rostock, FamRZ 2010, 1117, 1119.

1001 OLG Rostock, FamRZ 2010, 1117, 1119. Dem wird jedoch entgegengesetzt, dass mit dem Verbot der postmortalen Befruchtung primär der Schutz des Kindeswohls bewirkt werden soll und demnach ein anderer als der allgemeine Gesetzeszweck des ESchG verfolgt werde, *Velte*, Die postmortale Befruchtung (2015), S. 38 f.

1002 BT-Drs. 11/5460, S. 10.

1003 OLG Rostock, FamRZ 2010, 1117, 1119 f. Dies wird dahingehend kritisiert, dass der vom OLG Rostock zitierte Gesetzesentwurf die postmortale Befruchtung noch gar nicht beinhaltete. So nehmen die dortigen Aussagen vielmehr Bezug auf eine Verwendung von Keimzellen zu Lebzeiten aller Beteiligten, bei welcher nicht dem Willen aller Beteiligten entsprochen werde, *Velte*, Die postmortale Befruchtung (2015), S. 39.

c. *Bewertung*

Die in der rechtswissenschaftlichen Literatur vorgenommenen Auslegungen des Befruchtungsbegriffs des § 4 Abs. 1 Nr. 3 ESchG können die Frage nach dem Verwirklichen des Befruchtens weder auf grammatikalischer noch auf historischer Ebene beantworten.

Demgegenüber spricht die Tatsache, dass § 1 Abs. 2 Nr. 1 und 2 ESchG anders als § 4 Abs. 1 Nr. 3 ESchG explizit auf das Eindringen der Samenzelle abstellen aus gesetzessystematischer Sicht dagegen, dass es für die Tathandlung des § 4 Abs. 1 Nr. 3 ESchG lediglich der Imprägnation der Eizelle bedarf. Ein Abstellen auf die Konjugation ist naherliegender. Für Letzteres spricht des Weiteren, dass § 4 Abs. 1 Nr. 3 ESchG als Erfolgsdelikt die Vollendung der Befruchtung und nicht bereits deren Beginn bezweckt. Dass der Gesetzgeber sogar selbst geäußert hat, eine Befruchtung sei im Sinne der Konjugation zu verstehen, lässt sich überdies nur schwer ignorieren. Wie *Velte* bereits erläutern konnte, ist das Abstellen des OLG Rostock auf den (vermeintlichen) Willen des Gesetzgebers verfehlt, da der in der Entscheidung zitierte Gesetzesentwurf ein Verbot der postmortalen Befruchtung, welches erst im späteren Verlauf des Gesetzgebungsvorganges des ESchG berücksichtigt wurde, noch gar nicht beinhaltete. Die in dieser Gerichtsentscheidung vorgebrachten Argumente können demnach nicht überzeugen.

Insgesamt ist daher *Krüger, Prehn, Velte* und *Taupitz* dahingehend beizupflichten, dass an ein Befruchten im Sinne des § 4 Abs. 1 Nr. 3 ESchG das Erfordernis der Konjugation zu stellen ist. Wurden Eizellen noch zu Lebzeiten des genetischen Vaters imprägniert und sollen diese nach dessen Tod weiterkultiviert werden, bedeutet dies: Auch wenn die Kryokonservierung die Befruchtungskaskade im Pronucleusstadium lediglich unterbrochen hat, kann ein Auftauen und Weiterkultivieren der 2-PN-Zellen nicht als einfaches Fortsetzen dieser vor dem Tod des genetischen Vaters begonnenen Befruchtung angesehen werden. Mit erfolgter Konjugation beendet das Weiterkultivieren der 2-PN-Zelle zum Embryo die Befruchtungskaskade und ist daher vielmehr als das von § 4 Abs. 1 Nr. 3 ESchG verbotene Befruchten zu erachten.

4. *Materielle Verfassungsmäßigkeit des in § 4 Abs. 1 Nr. 3 ESchG bestimmten absoluten Verbotes*

Weder das LG Neubrandenburg noch das OLG Rostock zweifelten die Verfassungsmäßigkeit des § 4 Abs. 1 Nr. 3 ESchG an. Sie gingen auch nicht genauer darauf ein, ob dieses Verbot möglicherweise Grundrechte der genetischen

Eltern verletzt haben könnte.[1004] Eine Prüfung der Verfassungsmäßigkeit des § 4 Abs. 1 Nr. 3 ESchG nahm demgegenüber das OLG München vor, das eine Verhältnismäßigkeit des absoluten Verbotes annahm.[1005] In der rechtswissenschaftlichen Literatur wurde dies vielfach diskutiert.[1006] Daher gilt es zu untersuchen, ob die Absolutheit dieses Verbotes – insbesondere hinsichtlich des Bestimmtheitsgebotes des Art. 103 Abs. 2 GG und des Verhältnismäßigkeitsgrundsatzes gem. Art. 20 Abs. 3 GG[1007] – als materiell verfassungsgemäß erachtet werden kann.

a. Postmortales Persönlichkeitsrecht des Verstorbenen

Zunächst stellt sich die Frage, ob das absolute Verbot des § 4 Abs. 1 Nr. 3 ESchG den verstorbenen genetischen Vater in dessen postmortalen Persönlichkeitsrecht verletzt.

aa. Eröffnung des Schutzbereichs

Hat der genetische Vater zu Lebzeiten im homologen Verfahren sein Einverständnis in die Verwendung von ihm stammender kryokonservierter Keimzellen oder 2-PN-Zellen nach seinem Tod abgegeben, damit eine Schwangerschaft bei seiner Ehefrau oder Lebensgefährtin herbeigeführt werden kann, so ist der Schutzbereich seines postmortalen Persönlichkeitsrechts eröffnet, das sich aus dem Recht auf reproduktive Selbstbestimmung gem. Art. 2 Abs. 1 GG i.V.m. Art. 1 Abs. 1 GG ergibt.

1004 LG Neubrandenburg, FamRZ 2010, 686, 688; OLG Rostock, FamRZ 2010, 1117; *Prehn*, MedR 2011, 559, 568.

1005 OLG München, FamRZ 2017, 904, 905 ff.

1006 *Velte*, Die postmortale Befruchtung (2015), S. 43 ff.; *Prehn*, MedR 2011, 559, 560 ff.; *Gülzow*, GesR 2017, 552, 552 ff.; *Spranger*, FamRZ 2017, 257, 261; *Coester-Waltjen*, Anm. zu OLG München, FamRZ 2017, 908; *Biermann*, Anm. zu OLG München, NZFam 2017, 962; *Inthorn-Pisani*, Anm. zu OLG München, MedR 2018, 419.

1007 Die rechtliche Verankerung des Grundsatzes der Verhältnismäßigkeit ist umstritten. Als Rechtsgrundlagen werden neben dem Rechtsstaatsprinzip gem. Art. 20 Abs. 3 GG noch Art. 1 GG, die Wesensgehaltsgarantie gem. Art. 19 Abs. 2 GG, Art. 3 Abs. 1 GG sowie die Grundrechte erachtet, s. Maunz/Dürig/*Grzeszick*, GG, 99. EL (September 2022), Art. 20, Rn. 110 m.w.N.

bb. Eingriff

Als Grundrechtseingriff gilt jedes dem Staat zurechenbare Verhalten, das die Ausübung einer grundrechtlichen Freiheit ganz oder teilweise unmöglich macht oder zumindest erschwert.[1008] Das Recht auf reproduktive Selbstbestimmung verfolgt als Ausprägung des allgemeinen Persönlichkeitsrechts einen konkreten Schutzzweck, weshalb der weite Eingriffsbegriff anwendbar ist.[1009] Der Eingriff kann somit unmittelbar oder mittelbar erfolgen.[1010] Das Keimmaterial wird in ärztlicher Obhut gelagert, weshalb das Verbot des § 4 Abs. 1 Nr. 3 ESchG dem Reproduktionsmediziner eine Herausgabe zur Befruchtung oder Fortsetzung des Befruchtungsvorganges gem. § 275 Abs. 1 BGB rechtlich unmöglich macht. Es liegt demnach ein mittelbarer Eingriff in das postmortale Persönlichkeitsrecht des Verstorbenen vor.[1011]

cc. Rechtfertigung

Dieser Eingriff könnte jedoch gerechtfertigt sein. Es gilt zu berücksichtigen, dass das allgemeine Persönlichkeitsrecht nicht vorbehaltlos gewährleistet wird. Vielmehr wird es durch die Schrankentrias gem. Art. 2 Abs. 1, 2. Hs. GG einem einfachen Gesetzesvorbehalt unterstellt,[1012] sodass eine Einschränkung durch ein verfassungskonformes einfaches Gesetz möglich ist. Der Gesetzesvorbehalt besteht in dem Schutz der verfassungsmäßigen Ordnung.[1013]

dd. Schranken-Schranken

Das BVerfG hat eine vielfältige Rechtsprechung zur grundsätzlichen Einschränkbarkeit des allgemeinen Persönlichkeitsrechts vorgenommen, die sich denknotwendig auch auf das Recht auf reproduktive Selbstbestimmung übertragen lässt. Es bedarf hiernach einer bereichsspezifischen Rechtsgrundlage,[1014] welche vorliegend in § 4 Abs. 1 Nr. 3 ESchG zu erkennen ist. Diese

---

1008 Spickhoff/*Müller-Terpitz*, Medizinrecht, 4. Aufl. (2022), Art. 6 GG, Rn. 8 m.w.N.

1009 Zum weiten Eingriffsbegriff s. Sachs/*Rixen*, GG, 9. Aufl. (2021), Art. 2, Rn. 79 ff., 84.

1010 Spickhoff/*Müller-Terpitz*, Medizinrecht, 4. Aufl. (2022), Art. 6 GG, Rn. 8.

1011 So auch *Gülzow*, GesR 2017, 552, 554; *Velte*, Die postmortale Befruchtung (2015), S. 54 f.

1012 Statt vieler: BVerfGE 99, 185, 195 = BVerfG, NJW 1999, 1322, 1323; Sachs/*Murswiek/Rixen*, GG, 9. Aufl. (2021), Art. 2, Rn. 103.

1013 Statt vieler: BVerfGE 79, 256, 269 = BVerfG, NJW 1989, 891, 892; hierzu s. Sachs/*Rixen*, GG, 9. Aufl. (2021), Art. 2, Rn. 103.

1014 Statt vieler BVerfGE 120, 274, 302 = BVerfG, NJW 2008, 822, 824.

Rechtsgrundlage muss jedoch den materiellen verfassungsrechtlichen Anforderungen genügen. Fraglich ist daher insbesondere, ob der Grundsatz der Verhältnismäßigkeit gem. Art. 20 Abs. 3 GG gewahrt ist.

Für eine Einschränkung des Allgemeinen Persönlichkeitsrechts gelten gesteigerte Verhältnismäßigkeitsanforderungen. So stellte das BVerfG bezüglich des sich ebenfalls aus dem allgemeinen Persönlichkeitsrecht ergebenden Recht auf informationelle Selbstbestimmung fest, dass Einschränkungen des Einzelnen hinzunehmen seien, die dem überwiegenden Allgemeininteresse dienen. Zudem muss die Rechtsgrundlage sowohl die Voraussetzungen als auch den Umfang der Beschränkung in erkennbarer Weise vorgeben und auf diese Weise dem rechtsstaatlichen Gebot der Normenklarheit gem. Art. 103 Abs. 2 GG gerecht werden. Der Gesetzgeber muss dadurch einer Gefahr der Verletzung des Persönlichkeitsrechts entgegenwirken.[1015]

(1). Bestimmtheitsgebot

Wie bereits ausführlich dargelegt, ist die Tathandlung des § 4 Abs. 1 Nr. 3 ESchG aufgrund der Verwendung des Begriffes „*befruchten*" äußerst unpräzise. Zu klären ist somit, ob der Gesetzgeber mit der in § 4 Abs. 1 Nr. 3 ESchG verwendeten Formulierung „*befruchtet*" die Anforderungen des Bestimmtheitsgebotes gem. Art. 103 Abs. 2 GG erfüllt hat. Dieses Gebot beinhaltet die Verpflichtung des Gesetzgebers, „*die Voraussetzungen der Strafbarkeit so konkret zu umschreiben, daß Tragweite und Anwendungsbereich der Straftatbestände zu erkennen sind und sich durch Auslegung ermitteln lassen*".[1016] Damit soll gewährleistet werden, dass der Bürger sein eigenes Verhalten an den Rechtsnormen orientieren kann.[1017]

Es muss jedoch berücksichtigt werden, dass Strafnormen eine gewisse „*Allgemeinheit und Abstraktheit*" erfordern, sodass es stets zu Grenzfällen kommen kann, bei denen die Frage aufkommt, ob ein Verhalten dem Straftatbestand unterfällt oder nicht.[1018] „*Die Anforderungen an die Bestimmtheit und Klarheit der Norm erhöhen sich, wenn die Unsicherheit bei der Beurteilung der Gesetzeslage die Betätigung von Grundrechten erschwert.*"[1019] Kann die Norm jedoch mittels der üblichen Auslegungsmethoden zuverlässig ausgelegt und

---

1015 BVerfGE 65, 1, 43 f. = BVerfG, NJW 1984, 419, 422.

1016 BVerfGE 47, 109, 120 = BVerfG, NJW 1978, 933, 934.

1017 BVerfGE 110, 33, 53 f. = BVerfG, NJW 2004, 2213, 2215; Maunz/Dürig/*Grzeszick*, GG, 99. EL (September 2022), Art. 20, Rn. 58.

1018 BVerfGE 47, 109, 120 f. = BVerfG, NJW 1978, 933, 934.

1019 BVerfGE 110, 33, 53 = BVerfG, NJW 2004, 2213, 2215.

angewendet werden, so ist ein unbestimmter Begriff als verfassungsgemäß zu erachten.[1020] Um den Erfordernissen des Bestimmtheitsgrundsatzes gerecht zu werden, müsste sich durch Auslegung des Gesetzestextes ermitteln lassen, ob die Tathandlung einer künstlichen Befruchtung bereits durch den Beginn oder erst durch die Beendigung der Befruchtungskaskade erfüllt ist.[1021] Dies ist – wie bereits geprüft – der Fall. An eine künstliche Befruchtung im Sinne dieser Norm ist das Erfordernis der Konjugation geknüpft.[1022] Die Verwendung des Begriffes „*befruchtet*" ist mit dem Bestimmtheitsgebot gem. Art. 103 Abs. 2 GG vereinbar.

(2). Verhältnismäßigkeit

Weiterhin müsste das absolute Verbot des § 4 Abs. 1 Nr. 3 ESchG verhältnismäßig sein. Nach der Rechtsprechung des BVerfG gilt ein enger Verhältnismäßigkeitsmaßstab, da das Strafrecht nur als „*ultima ratio*" anwendbar ist.[1023] Das staatliche Verhalten muss demnach zur Erreichung eines legitimen Zwecks geeignet, erforderlich und angemessen sein.[1024]

(a). Legitimer Zweck

Wie bereits dargestellt bezweckt § 4 Abs. 1 Nr. 3 ESchG primär den Schutz des Kindeswohls. Dieses ist verfassungsrechtlich im allgemeinen Persönlichkeitsrecht des Kindes gem. Art. 2 Abs. 1 GG i.V.m. Art. 1 Abs. 1 GG und in der Elternverantwortung gem. Art. 6 Abs. 2 GG verankert. Im Rahmen des staatlichen Wächteramtes ist gem. Art. 6 Abs. 2 GG eine Schutzpflicht des Staates vor Verletzungen der elterlichen Fürsorgepflichten bestimmt.[1025] Dem Kindeswohl kann daher als bestimmender Maßstab eine Funktion als „*Richtpunkt*" staatlicher Interventionsrechte gegenüber den Eltern zugeschrieben werden.[1026] Einen allgemeineren und umfassenderen Schutz des Kindeswohls gewährt demgegenüber das allgemeine Persönlichkeitsrecht des Kindes gem. Art. 2 Abs. 1 GG i.V.m. Art. 1 Abs. 1 GG.[1027] Im Rahmen des § 4 Abs. 1 Nr. 3 ESchG sind Verletzungen

---

1020 *Prehn*, MedR 2011, 559, 565.

1021 St. Rspr. des BVerfG zum Bestimmtheitsgebot, statt vieler BVerfGE 92, 1, 11 f. = BVerfG, NJW 1995, 1141.

1022 Hierzu s. viertes Kapitel, G, I, 3, c.

1023 BVerfGE 120, 224, 239 f. = BVerfG, NJW 2008, 1137, 1138.

1024 St. Rspr. des BVerfG, statt vieler: BVerfGE 65, 1, 54 = BVerfG, NJW 1984, 419, 424.

1025 V. Mangoldt/Klein/Starck/*Robbers*, GG, 7. Aufl. (2018), Art. 6 Abs. 2, Rn. 241; *Velte*, Die postmortale Befruchtung (2015), S. 75 m.w.N.

1026 BVerfG NJW 1999, 3622, 3623.

1027 *Velte*, Die postmortale Befruchtung (2015), S. 75 m.w.N. Vgl. Rspr. des BVerfG, statt vieler: BVerfGE 79, 51, 63 f. = NJW 1989, 519, 520.

der elterlichen Fürsorgepflichten nicht relevant. Einen Schutz des Kindes vor psychischen Belastungen durch den Gedanken „*von einem Toten abzustammen*" könnte diesbezüglich vielmehr das Allgemeine Persönlichkeitsrecht des Kindes gewähren. Ein Verstoß der postmortalen Befruchtung gegen die „*Würde der Menschheit*", da diese zu einer „*Überschreitung der Generationenschranke*" führen könnte, ist bereits aufgrund der wenigen Einzelfälle, die diese Problematik in der Praxis betreffen, abzulehnen.[1028]

Ein Teil der rechtswissenschaftlichen Literatur erkennt eine Unvereinbarkeit mit dem Kindeswohl darin, dass mit dem Verbot der postmortalen Befruchtung letztlich die Nichtexistenz des Kindes bewirkt werde. Es müsse eher dem Wohle des Kindes entsprechen, wenn es geboren werde.[1029] Um das Wohl künftiger Menschen schützen zu können, sei primär auch die Entstehung ihres Lebens zu schützen.[1030]

Dem OLG München zufolge lasse „*das BVerfG dem Gesetzgeber weitestgehend freie Hand für die Auswahl der strafrechtlich schützenswerten Rechtsgüter*". Mit der Entscheidung des BVerfG seien die einleuchtenden Erwägungen der Kritik jedoch relativiert worden. Das BVerfG habe die Intention gebilligt, den Nachwuchs durch ein Verbot von seiner Zeugung letztlich zu schützen.[1031] Auch in der rechtswissenschaftlichen Literatur wird vielfach im Sinne der Inzest-Entscheidung angenommen, dass grundrechtliche Schutzpflichten auch den *nondum conceptus*[1032] erfassen und auf dessen Nichtexistenz gerichtet sein können.[1033] Diese Entscheidung habe *Prehn* zufolge bestätigt, dass Belange des Kindeswohls auch im Rahmen der Strafbewehrung grundsätzlich als legitimes Ziel zu erachten seien.[1034] Demnach kann eine Vorwirkung des Kindeswohls

---

1028 *Velte*, Die postmortale Befruchtung (2015), S. 64 f.; hierzu auch Günther/Taupitz/Kaiser/*Taupitz*, ESchG, 2. Aufl. (2014), § 4, Rn. 30.

1029 So z.B. *Coester-Waltjen*, Gutachten B für den 56. DJT (1986), S. B 46.

1030 *Bernat*, MedR 1991, 308, 310.

1031 OLG München, FamRZ 2017, 904, 906 unter Bezugnahme auf BVerfGE 120, 224 = BVerfG, NJW 2008, 1137.

1032 *Nondum conceptus* ist, wer noch nicht empfangen und überhaupt noch gar nicht gezeugt wurde, *Neuner*, JuS 2019, 1.

1033 Statt vieler: *Müller-Terpitz*, Der Schutz des Pränatalen Lebens (2007), S. 107; *Gülzow*, GesR 2017, 552, 555, Rn. 44 m.w.N.

1034 *Prehn*, MedR 2011, 559, 563; BVerfGE 120, 224, 243 f. = BVerfG, NJW 2008, 1137, 1139. Jedoch begrenzen *Velte* und *Gülzow* im Rahmen des § 4 Abs. 1 Nr. 3 ESchG eine Vorwirkung des Kindeswohls aus gesetzessystematischen Gründen darauf, dass die Existenz des späteren Grundrechtsträgers nicht ausgeschlossen werde, *Velte*, Die postmortale Befruchtung (2015), S. 80 ff.; *Gülzow*, GesR 2017, 552, 555.

im Sinne der Rechtsprechung des BVerfG grundsätzlich einen legitimen Zweck einer Strafnorm darstellen, selbst wenn damit die Nichtexistenz des zu schützenden Kindes bewirkt wird.[1035]

Als weiterer legitimer Zweck des absoluten Verbotes des § 4 Abs. 1 Nr. 3 ESchG wird der Schutz des genetischen Vaters in dessen postmortalen Persönlichkeitsrecht angeführt, wenn kein Einverständnis in die Verwendung seiner Keimzellen nach dem Tod gegeben wurde. Auch dient diese Norm dem Schutz der genetischen Mutter im heterologen Verfahren in ihrem Recht auf reproduktive Selbstbestimmung gem. Art. 2 Abs. 1 GG i.V.m. Art. 1 Abs. 1 GG, sofern diese keine Kenntnis davon hat, dass der Samen von einem Verstorbenen stammt.

(b). Geeignetheit

Es stellt sich die Frage, ob das absolute Verbot des § 4 Abs. 1 Nr. 3 ESchG auch ein geeignetes Mittel für die Zweckverfolgung darstellt. Die Eignung der staatlichen Mittel bemisst sich daran, ob der Zweck erreicht oder zumindest gefördert werden kann.[1036] Dass mit dem Verbot des § 4 Abs. 1 Nr. 3 ESchG der Schutz der genetischen Mutter in ihrem Recht auf reproduktive Selbstbestimmung bezweckt wird, wenn diese keine Kenntnis von dem Tod des genetischen Vaters hat, stellt eher eine Ausnahme dar. Ein absolutes Verbot wirkt derartigen Fällen jedoch entgegen und ist daher zur Zweckverfolgung geeignet. Eine Geeignetheit des absoluten Verbotes ist auch hinsichtlich des Schutzes des postmortalen Persönlichkeitsrechts des Verstorbenen anzunehmen, wenn dieser kein Einverständnis in die Verwendung seiner Keimzellen oder 2-PN-Zellen nach dem Tod erteilt hat oder keine Willensäußerung hierzu erfolgt ist.

Es erscheint jedoch fraglich, ob dieses Verbot wirklich den primär bezweckten Schutz des Kindeswohls erreichen oder fördern kann. So liegen keine empirischen Daten vor, die belegen, dass sich der Gedanke, *„von einem Toten abzustammen“*, als psychische Belastung des Kindes erweist und das Kindeswohl dadurch gefährdet. Diesbezüglich ist auf die zuvor im Rahmen der *ratio legis* des § 4 Abs. 1 Nr. 3 ESchG getroffenen Äußerungen zu verweisen. *Gülzow* zufolge sei § 4 Abs. 1 Nr. 3 ESchG zum Schutz des Kindeswohls bereits nicht geeignet, da der Gesetzgeber seiner Pflicht zur Beobachtung und Nacherfüllung nicht nachgekommen sei. Diese Norm fuße lediglich auf der Vermutung, dass Schäden in der kindlichen Entwicklung zu befürchten seien.[1037]

1035 Vgl. BVerfGE 120, 224, 243 ff., 247 f. = BVerfG, NJW 2008, 1137, 1138 ff.

1036 Maunz/Dürig/*Grzeszick*, GG, 99. EL (September 2022), Art. 20, Rn. 114.

1037 *Gülzow*, GesR 2017, 552, 556.

Der Gesetzgeber geht somit von einer Gefährdung aus, die in der rechtswissenschaftlichen Literatur und der Rechtsprechung vielfach angezweifelt wird und für die keine empirischen Daten erhoben wurden. Fraglich ist mithin, wie weit der Gestaltungsspielraum des Gesetzgebers geht und ob fehlende empirische Befunde bereits ausreichen, um eine Geeignetheit abzulehnen. Der Gesetzgeber ist gestaltender „*Erstinterpret der Verfassung*".[1038] Bereits die geringste Wahrscheinlichkeit für eine Gefährdung des Kindeswohles reicht aus, um die Förderlichkeit des gewählten Mittels zu bejahen, da dem Gesetzgeber bezüglich der Geeignetheit eine weite Einschätzungsprärogative zukommt.[1039]

Nach Ansicht des OLG München war sich der Gesetzgeber bei der Normierung des Verbotes gem. § 4 Abs. 1 Nr. 3 ESchG seiner Verantwortung bewusst.[1040] Auch *Prehn* hält die Geeignetheit des Verbotes aufgrund der fehlenden empirischen Daten für zweifelhaft, nimmt diese jedoch letztlich an. Solange es an hinreichend gesicherten Erkenntnissen über Kindeswohlgefährdungen nach postmortalen Befruchtungen mangele, seien kindliche Entwicklungsstörungen zumindest ernsthaft zu befürchten. Daher spreche letztlich der Beurteilungsspielraum des Gesetzgebers dafür, dass diese Wertung verfassungsrechtlich noch unbedenklich erscheine.[1041] *Krüger* zufolge reiche es aus, wenn ein Strafgesetz vor naheliegenden Gefahren schütze, die jedoch auf keine empirischen Befunde gestützt werden. Anders verhalte es sich indes mit ungenauen Andeutungen oder offenen Fragen.[1042]

Dass eine postmortale Befruchtung psychische Belastungen für das Kind mit sich bringt und somit das Kindeswohl gefährden könnte, lässt sich zwar mit guten Gründen anzweifeln, jedoch ist es nicht unvorstellbar. Die Gefährdung kann daher als derart naheliegend betrachtet werden, dass eine Geeignetheit auch ohne empirische Befunde anzunehmen ist. Das absolute Verbot ist mithin als geeignetes Mittel zur Zweckverfolgung anzusehen.

(c). Erforderlichkeit

Das absolute Verbot des § 4 Abs. 1 Nr. 3 ESchG müsste jedoch auch erforderlich sein. Dies ist der Fall, wenn ein gleich wirksames, weniger beeinträchtigendes

---

1038 *Kirchhof*, in: Bumke, Richterrecht zwischen Gesetzesrecht und Rechtsgestaltung (2012), S. 78; *Schlaich/Korioth*, Das Bundesverfassungsgericht, 12. Aufl. (2021), Rn. 530.

1039 BVerfGE 90, 145, 172 f. = BVerfG, NJW 1994, 1577, 1579.

1040 OLG München, FamRZ 2017, 904, 907; BT-Drs. 11/5460, S. 6.

1041 *Prehn*, MedR 2011, 559, 565.

1042 *Krüger*, Das Verbot der post-mortem-Befruchtung (2010), S. 18.

Mittel nicht gegeben ist.[1043] Hat sich der Verstorbene gegen eine postmortale Befruchtung ausgesprochen oder diesbezüglich gar keinen Willen geäußert, so ist das absolute Verbot zweifelslos als erforderliches Mittel anzusehen.[1044]

Allerdings könnten dahingehend Zweifel an der Erforderlichkeit des absoluten Verbotes aufkommen, dass § 4 Abs. 1 Nr. 3 ESchG in keinerlei Hinsicht eine Differenzierung in Bezug auf den zu Lebzeiten geäußerten Willen des Verstorbenen vornimmt. So äußerte bereits das OLG Rostock, dass die postmortale Befruchtung dem Kindeswohl dann zuwiderlaufe, wenn sie nicht dem Willen der Beteiligten entspreche.[1045] Wie verhält es sich jedoch, wenn die Befruchtung konsentiert, also im Willen beider genetischer Eltern stattfinden soll? Ein absolutes Verbot würde zwar den Schutz des postmortalen Persönlichkeitsrechts des Verstorbenen bezwecken, jedoch ist es in diesem Fall gar nicht gefährdet. Vielmehr bewirkt erst das Verbot, dass dem Willen des Verstorbenen nicht entsprochen werden kann.

Von der Absolutheit dieses Verbotes könnte vielmehr abgesehen werden.[1046] Um eine gewisse Differenzierung zu gewährleisten, könnte das gesetzliche Verbot der postmortalen Befruchtung mit einer eng definierten Ausnahme für den Fall versehen werden, dass der Verstorbene im homologen Verfahren zu Lebzeiten eine Einwilligung in die Zeugung eines Kindes mit seinen Keimzellen nach dem Tod gegeben hat und auch die genetische Mutter nach dem Tod des Verstorbenen in die postmortale Befruchtung einwilligt. Eine Ausnahme sollte jedoch allein das homologe Verfahren betreffen. Nur dort hätte der genetische Vater die rechtliche Elternschaft erlangt, wenn er nicht verstorben wäre.

Im heterologen Verfahren besteht demgegenüber keine ausreichende Nähe zwischen dem Spender und dem Kind, als dass eine Verwendung der Spendersamen zur Befruchtung *post mortem* notwendig wäre. Auch die Zeugung von Vollgeschwistern vermag diesbezüglich keinen derart hoch zu gewichtenden Grund darstellen und rechtfertig somit keine Ausnahme für das heterologe Verfahren.

Zu prüfen ist somit, ob die Ausnahme für Fälle der konsentierten postmortalen Befruchtung gleich geeignet und milder als das absolute Verbot ist. Die Ausnahme vom absoluten Verbot könnte sich milder auf das postmortale

---

1043 BVerfGE 100, 313, 375 = BVerfG, NJW 2000, 55, 61; Maunz/Dürig/*Grzeszick*, GG, 99. EL (September 2022), Art. 20, Rn. 115.

1044 So bereits: *Velte*, Die postmortale Befruchtung (2015), S. 88.

1045 OLG Rostock, FamRZ 2010, 1117, 1119.

1046 So bereits *Velte*, Die postmortale Befruchtung (2015), S. 271, Thesen II, 1–4; *Spranger*, FamRZ 2017, 257, 261.

Persönlichkeitsrecht des Verstorbenen auswirken, das nach Ansicht des OLG München nicht unberücksichtigt bleiben dürfe. Das Recht des verstorbenen genetischen Vaters erfordere eine eindeutige eigene Willenserklärung über die postmortale Verwendung der kryokonservierten Spermien und könne nicht durch eine mutmaßliche Einwilligung fingiert werden.[1047] Ein Einverständnis in die postmortale Verwendung seiner Keimzellen könnte der Verstorbene dem OLG München zufolge zu Lebzeiten beispielsweise in einem Testament oder auch dem Kryovertrag erklärt haben.[1048] Liegt eine Erklärung des Verstorbenen vor, so zweifelt auch *Velte* die Erforderlichkeit eines absoluten Verbotes an. Ihrer Ansicht nach bedürfe es für den Schutz des postmortalen Persönlichkeitsrechts des Verstorbenen keines absoluten Verbotes, da ein Eingriff nicht zu befürchten sei, wenn eine wirksame Einwilligung in die postmortale Befruchtung durch das leibzeitige Persönlichkeitsrecht erteilt wurde. Der bezweckte Schutz sei daher bereits gewährleistet, wenn sich das Verbot lediglich auf eine Verwendung des Keimmaterials Verstorbener gegen oder ohne deren Willen erstrecke.[1049] Ähnlich sieht dies *Taupitz*, der die befürchteten Gefahren für das Kindeswohl als nicht hinreichend naheliegend erachtet, als dass diese einen solchen erheblichen Eingriff in das Persönlichkeitsrecht des genetischen Vaters durch ein Strafgesetz rechtfertigen könnten.[1050]

Es stellt sich jedoch die Frage, ob eine Ausnahme für Fälle der konsentierten postmortalen Befruchtung gleich geeignet ist wie ein absolutes Verbot. Zu klären ist daher, ob in Fällen der konsentierten postmortalen Befruchtung eine Kindeswohlgefährdung durch psychische Belastungen aufkommen kann, die auf dem Gedanken beruhen, von einem Toten abzustammen.[1051] Nach Ansicht des OLG Rostock sei dies nicht der Fall.[1052] Demnach wäre ein absolutes Verbot auch nicht erforderlich, da es ausreichend sei, lediglich die Fälle der postmortalen Befruchtung gegen oder ohne den zu Lebzeiten geäußerten Willen des

---

1047 OLG München, FamRZ 2017, 904, 907. In dem zu entscheidenden Fall wurde jedoch kein Wille bzgl. des Falles der Kinderwunschbehandlung *post mortem* geäußert, s. OLG München, FamRZ 2017, 904, 908.

1048 OLG München, FamRZ 2017, 904, 907. Ausführlich zu der Rechtswirksamkeit der Einwilligung nach dem Tod des genetischen Vaters, s. *Velte*, Die postmortale Befruchtung, (2015), S. 89 ff.

1049 *Velte*, Die postmortale Befruchtung (2015), S. 88, 96. A.A.: *Prehn*, MedR 2011, 559, 564; OLG München, FamRZ 2017, 904, 908.

1050 Günther/Taupitz/Kaiser/*Taupitz*, ESchG, 2. Aufl. (2014), C, § 4, Rn. 28.

1051 Vgl. *Velte*, Die postmortale Befruchtung (2015), S. 88.

1052 OLG Rostock, FamRZ 2010, 1117, 1119.

Verstorbenen zu verbieten.[1053] *Velte* ist ebenso der Ansicht, eine rein abstrakte Gefährdung der Persönlichkeitsentwicklung des Kindes könne für ein absolutes Verbot der postmortalen Befruchtung nicht genügen.[1054] Auch wenn – wie bereits im Rahmen der *ratio legis* dieser Norm dargelegt – gute Gründe gegen eine Kindeswohlgefährdung durch die postmortale Befruchtung sprechen, lässt sich diese Frage jedoch aufgrund der fehlenden empirischen Daten nicht beantworten und kann mithin nicht bejaht werden.[1055] Die Ausnahme könnte somit gleich geeignet sein wie ein absolutes Verbot, wenn das Kindeswohl durch die postmortale Befruchtung nicht negativ beeinflusst wird. Der Gesetzgeber, dem auch im Rahmen der Erforderlichkeit ein gewisser Beurteilungsspielraum zukommt,[1056] ist jedoch davon ausgegangen, dass eine Kindeswohlgefährdung nur durch ein umfassendes Verbot verhindert werden kann.

Es kann daher nicht mit der notwendigen Sicherheit angenommen werden, dass die Ausnahme von der Absolutheit des Verbotes des § 4 Abs. 1 Nr. 3 ESchG in Fällen der konsentierten postmortalen Befruchtung dieselbe Eignung aufweist wie ein absolutes Verbot. Daher ist das absolute Verbot als erforderlich anzusehen.

(d). Angemessenheit

Das Verbot gem. § 4 Abs. 1 Nr. 3 ESchG müsste auch angemessen sein. Dies ist anzunehmen, wenn der durch den Eingriff erreichte Vorteil nicht außer Verhältnis zu den damit herbeigeführten Beeinträchtigungen steht.[1057] Im Falle der konsentierten postmortalen Befruchtung liegt sowohl eine zu Lebzeiten erteilte Einwilligung des genetischen Vaters als auch eine Einwilligung der genetischen Mutter vor. Im Wege der praktischen Konkordanz sind die kollidierenden verfassungsrechtlichen Positionen gegeneinander abzuwägen und schonend zum Ausgleich zu bringen. Zu klären ist demnach, ob § 4 Abs. 1 Nr. 3 ESchG einen angemessenen Ausgleich zwischen der Beschränkung des postmortalen Persönlichkeitsrechts des verstorbenen genetischen Vaters und dem Kindeswohl des *nondum conceptus* zu schaffen vermag.

1053 *Velte*, Die postmortale Befruchtung (2015), S. 88.

1054 Dies beruht darauf, dass *Velte* eine Vorwirkung des Kindeswohls nur für Fälle anerkennt, in denen § 4 Abs. 1 Nr. 3 ESchG zwingend zur Nicht-Existenz des *nondum conceptus* führt, *Velte*, Die postmortale Befruchtung (2015), S. 74, 106.

1055 *Schroeder*, in: FS für Miyazawa (1995), S. 545; *Velte*, Die postmortale Befruchtung (2015), S. 97.

1056 BVerfGE 90, 145, 172 f. = BVerfG, NJW 1994, 1577, 1579.

1057 Statt vieler: BVerfGE 50, 217, 227 = BVerfG, NJW 1979, 1345; Maunz/Dürig/*Grzeszick*, GG, 99. EL (September 2022), Art. 20, Rn. 119.

Aufgrund der Tatsache, dass das postmortale Persönlichkeitsrecht des Verstorbenen eine Fortwirkung des allgemeinen Persönlichkeitsrechts gem. Art. 2 Abs. 1 GG i.V.m. Art. 1 Abs. 1 GG darstellt, ist die sog. Sphärentheorie zu beachten. Diese hat das BVerfG entwickelt, um zu gewährleisten, dass die unterschiedliche Schutzbedürftigkeit verschiedener Lebenssachverhalte ausreichend berücksichtigt werden kann.[1058] Daher ist das Recht auf reproduktive Selbstbestimmung einer Sphäre des allgemeinen Persönlichkeitsrechts zuzuordnen. Dies bestimmt sich daran, ob der Inhalt eines bestimmten Sachverhaltes einen höchstpersönlichen Charakter aufweist. Nach den Gegebenheiten des jeweiligen Einzelfalls sind die Art und Intensität entscheidend, in der die Sphäre anderer oder die Belange der Gemeinschaft betroffen sind.[1059] Hierbei ist zu differenzieren: Überwiegend wird vertreten, dass Fragen nach dem „*Ob*", dem „*Wann*" und dem „*Wie*" der Fortpflanzung höchstpersönlicher Natur seien und der Intimsphäre zuzuordnen seien. Der Staat könne einem Einzelnen daher grundsätzlich nicht untersagen, sich (nicht) fortzupflanzen.[1060]

Ein Teil der rechtswissenschaftlichen Literatur nimmt an, eine Fortpflanzung, die unter Zuhilfenahme reproduktionsmedizinischer Maßnahmen

---

1058 Mit der Sphärentheorie werden Sphären der Persönlichkeitsentfaltung mit verschieden stark wirkender Eingriffsresistenz unterschieden. Die Intimsphäre stellt als innerste Sphäre den letzten unantastbaren Kernbereich privater Lebensgestaltung bzw. menschlicher Freiheit dar. Diese Sphäre soll nach Ansicht des BVerfG aufgrund der besonderen Nähe zur Menschenwürde unantastbar sein und demnach einen absoluten Schutz genießen, statt vieler: BVerfGE 6, 32, 41 = BVerfG, NJW 1957, 297, 298; BVerfGE 119, 1, 29 = BVerfG, NJW 2008, 39, 42. Um diesen Kernbereich lagert die Privat- oder Geheimsphäre, in welche unter strenger Berücksichtigung des Grundsatzes der Verhältnismäßigkeit eingegriffen werden kann, statt vieler: BVerfGE 27, 344, 350 ff. = BVerfG, NJW 1970, 555. Demgegenüber sind Eingriffe in die Sozialsphäre, welche die äußerste Sphäre darstellt, mit den Kriterien für Eingriffe in die Handlungsfreiheit zu rechtfertigen, statt vieler: BVerfGE 35, 202, 220 = BVerfG, NJW 1973, 1226, 1228. Ausführlich zur Sphärentheorie: Sachs/*Rixen*, GG, 9. Aufl. (2021), Art. 2, Rn. 104 ff. m.w.N.

Die Sphärentheorie wird unter anderem hinsichtlich einer kaum möglichen Abgrenzbarkeit kritisiert, s. *Hieb*, Die gespaltene Mutterschaft (2005), S. 23 m.w.N.

1059 Vgl. BVerfGE 80, 367, 374 = BVerfG, NJW 1990, 563; *Inthorn/Pisani*, Anm. zu OLG München, MedR 2018, 419, 420.

1060 *Velte*, Die postmortale Befruchtung, (2015), S. 59 m.w.N.; *Coester-Waltjen*, in: Arndt/Obe, Fortpflanzungsmedizin in Deutschland (2001), S. 158; vgl. *Günther*, Der Kindeswohlbegriff als Zulassungskriterium für die *In-vitro*-Fertilisation (1996), S. 58 f., 139.

erfolgt, gehöre aufgrund der erheblichen Beteiligung medizinischen Fachpersonals am Zeugungsakt nicht der Intimsphäre, sondern vielmehr der Privatsphäre an.[1061] Dem wird entgegengesetzt, dass die Einbeziehung des Fachpersonals in den persönlichen Lebensbereich bewusst erfolge und diese Sphäre damit nicht der Öffentlichkeit preisgegeben werde.[1062] Auch sei eine Differenzierung zwischen natürlicher und artifizieller Befruchtung aufgrund der Vielfältigkeit der modernen Medizin und der teils fließenden Übergänge kaum möglich.[1063] Ob eine Schwangerschaft mit oder ohne eine Involvierung medizinischen Fachpersonals herbeigeführt wird, könne nicht ausschlaggebend für einen differenzierenden verfassungsrechtlichen Schutz sein. Dies sei in der heutigen Zeit nicht mehr angemessen.[1064] Dem ist zuzustimmen, da vordergründig der Entscheidung über die Fortpflanzung Bedeutung beizumessen ist und nicht der Frage, inwieweit ein Arzt hierbei helfen konnte. Das Verbot der postmortalen Befruchtung schließt den zu Lebzeiten geäußerten Fortpflanzungswillen des genetischen Vaters aus. Vorliegend ist somit das „*Ob*" der Fortpflanzung betroffen, weshalb das postmortale Persönlichkeitsrecht der Intimsphäre angehört.

Dies bedeutet jedoch nicht notwendigerweise, dass Abwägungen von vornherein ausgeschlossen sind. Vielmehr ist es auch möglich, dass das Recht des Verstorbenen einen Sozialbezug aufweist und demnach nicht in den unantastbaren Kernbereich der Intimsphäre, sondern in ihrem äußersten Rand einzuordnen ist. In diesem Randbereich sind streng definierte Abwägungen möglich.[1065] Nach Angaben des BVerfG ist der Sozialbezug im Rahmen der Privatsphäre intensiver als in der Intimsphäre.[1066] Vorliegend greift das postmortale Persönlichkeitsrecht des Verstorbenen sowohl in die Sphäre der genetischen Mutter als auch des *nondum conceptus* ein. Für einen Sozialbezug spricht, dass die Persönlichkeitssphäre einer anderen Person betroffen ist.[1067] Das postmortale

---

1061 Vgl. *Keller*, in: Jeschek/Vogler, FS für Tröndle (1989), S. 715; *May*, Rechtliche Grenzen der Fortpflanzungsmedizin (2003), S. 160; hierzu *Velte*, Die postmortale Befruchtung, (2015), S. 59 m.w.N.

1062 *Hieb*, Die gespaltene Mutterschaft (2005), S. 29; *Velte*, Die postmortale Befruchtung (2015), S. 60 m.w.N.

1063 *Schlüter*, Schutzkonzepte für menschliche Keimbahnzellen in der Fortpflanzungsmedizin (2008), S. 176; *Coester-Waltjen*, in: Arndt/Obe, Fortpflanzungsmedizin in Deutschland (2001), S. 159; *Hieb*, Die gespaltene Mutterschaft (2005), S. 29; *Velte*, Die postmortale Befruchtung (2015), S. 61.

1064 Vgl. *Velte*, Die postmortale Befruchtung (2015), S. 61.

1065 Vgl. BVerfGE 141, 220, 307 = BVerfG, NJW 2016, 1781, 1795, Rn. 219.

1066 BVerfGE 6, 389, 433 = BVerfG, NJW 1957, 865, 867.

1067 *Velte*, Die postmortale Befruchtung (2015), S. 62 f.

Persönlichkeitsrecht des Verstobenen ist demnach in den Randbereich der Intimsphäre einzuordnen, sodass Abwägungen möglich sind.[1068]

Des Weiteren ist auch das Kindeswohl, welches sich aus dem allgemeinen Persönlichkeitsrecht ergibt, einer Sphäre zuzuordnen. Es wird befürchtet, dass das Kindeswohl durch psychische Belastungen des Kindes gefährdet ist. Die Annahme, dass die Zeugung vom genetischen Vater nicht gewünscht gewesen sei, wirke sich möglicherweise belastend auf die Psyche eines Kindes aus. Dies betrifft jedoch nicht den letzten, unantastbaren Bereich der privaten Lebensgestaltung und demnach nicht die Intimsphäre des Kindes. Es besteht vielmehr eine Verknüpfung mit den Rechten des genetischen Vaters, sodass das Kindeswohl diesbezüglich aufgrund eines Sozialbezuges der Privatsphäre angehört. Eingriffe in die Privatsphäre erfordern eine strenge Wahrung des Verhältnismäßigkeitsgrundsatzes.[1069] Im vorliegenden Sachverhalt befindet sich das postmortale Persönlichkeitsrecht des genetischen Vaters demnach in dem Randbereich der Intimsphäre, während das Kindeswohl der Privatsphäre angehört. Die Rechtsposition des genetischen Vaters ist daher abstrakt gesehen höherwertig.

Fraglich ist jedoch, mit welcher Intensität im vorliegenden Sachverhalt in die beiden Rechtsgüter eingegriffen wird. Das Verbot des § 4 Abs. 1 Nr. 3 ESchG schließt das Recht des genetischen Vaters auf reproduktive Selbstbestimmung hinsichtlich einer postmortalen Befruchtung gänzlich aus. Die konkrete Eingriffsintensität ist diesbezüglich somit erheblich.

Demgegenüber stellt sich die Frage, inwiefern eine konsentierte postmortale Befruchtung überhaupt in das Kindeswohl eingreift. In der Literatur wird teils angenommen, dass das postmortale Persönlichkeitsrecht des Verstorbenen im Falle einer Kindeswohlgefährdung zurückzutreten habe. Eine Beschränkung der Rechte der Eltern durch eine vorrangige Behandlung der psychischen Interessen des Kindes sei solange vertretbar, wie Gefahren des Kindeswohls

---

1068 Im Falle der natürlichen Fortpflanzung kommt *Hieb* unter Berücksichtigung der Rechtsphäre des anderen genetischen Elternteils zu einem vergleichbaren Ergebnis: Die natürliche Fortpflanzung betreffe niemals isoliert den Persönlichkeitsbereich einer Person, sondern wirke besonders intensiv in die enge persönliche Lebenssphäre eines anderen Menschen hinein. Aufgrund dieser aufeinandertreffenden Grundrechtspositionen des Mannes und der Frau sei nicht die Intimsphäre betroffen, obwohl der Charakter der Entscheidung über den eigenen Nachwuchs außerordentlich persönlicher Natur sei, s. *Hieb*, Die gespaltene Mutterschaft (2005), S. 23.

1069 Sachs/*Rixen*, GG, 9. Aufl. (2021), Art. 2, Rn. 104.

(insbesondere für die psychische Entwicklung des Kindes) nicht ausgeschlossen werden können.[1070] Das Verbot der postmortalen Befruchtung könne als Schutz vor einer zu weitreichenden Einwilligung über den Tod hinaus verstanden werden. Generell werde die Autonomie durch das Kindeswohl begrenzt. Da diese Generalklausel jedoch ein Rechtsprinzip darstelle, sei dieses vor dem Hintergrund eines (gesellschaftlichen) Wertesystems zu lesen und im Einzelfall durch Richter zu konkretisieren.[1071]

Der unter anderem von *Taupitz* vorgebrachte Vergleich mit der Entbindung von einer bereits verstorbenen Mutter legt nahe, dass das Abstammen von einem Toten weder Probleme der Identitätsfindung noch der Entwicklung bewirkt und sich demnach nicht negativ auf das Kindeswohl auswirkt.[1072] Nachteile könnten sich indes aus dem Umstand ergeben, dass eine postmortale Befruchtung in dem Bewusstsein erfolgt, dass das Kind nur einen genetischen Elternteil haben wird.[1073] Dennoch steht dem Kind nicht notwendigerweise eine Zukunft mit nur einer elterlichen Bezugsperson bevor. Vielmehr kann die durch den Tod des genetischen Vaters aufgerissene Lücke von einem Wunschelternteil, der die rechtliche Vaterschaft übernimmt, geschlossen werden. Im Falle der konsentierten postmortalen Befruchtung erscheint es daher nicht plausibel, dass eine Gefährdung des Kindeswohles durch den Gedanken, von einem Toten abzustammen, besteht. Für den verstorbenen genetischen Vater ist die Zeugung des Kindes in diesem Fall sogar derart bedeutsam, dass er sogar in eine postmortale Befruchtung mit seinem Keimgut einwilligt. Das Kind wächst demnach mit dem Wissen auf, dass die Zeugung von den genetischen Eltern unbedingt gewollt war. Im Falle der konsentierten postmortalen Befruchtung im homologen Verfahren ist eine Kindeswohlgefährdung somit nicht zu erwarten, während das Verbot des § 4 Abs. 1 Nr. 3 ESchG das postmortale Persönlichkeitsrecht des genetischen Vaters erheblich beschränkt wird.

Das absolute Verbot der postmortalen Befruchtung schließt das postmortale Persönlichkeitsrecht des verstorbenen genetischen Vaters bezüglich der Entscheidung über die Verwendung seiner kryokonservierten Keimzellen oder 2-PN-Zellen zu Fortpflanzungszwecken komplett aus, ohne dass eine Kindeswohlgefährdung zu befürchten ist. Das Verbot des § 4 Abs. 1 Nr. 3 ESchG

1070 *Prehn*, MedR 2011, 559, 565.

1071 *Inthorn/Pisani*, Anm. zu OLG München, MedR 2018, 419, 421.

1072 Günther/Taupitz/Kaiser/*Taupitz*, ESchG, 2. Aufl. (2014), C, § 4, Rn. 27; vgl. auch *Velte*, Die postmortale Befruchtung (2015), S. 97.

1073 *Velte*, Die postmortale Befruchtung (2015), S. 97.

ist demnach nicht angemessen, sofern für diese Fallgruppe keine Ausnahme geschaffen wird.[1074]

(e). Ergebnis der Verhältnismäßigkeitsprüfung

Das in § 4 Abs. 1 Nr. 3 ESchG bestimmte absolute Verbot postmortaler Befruchtungen ist im Falle der konsentierten postmortalen Befruchtung nicht angemessen. Hierbei ist keine Kindeswohlgefährdung zu befürchten, sodass das postmortale Persönlichkeitsrecht des Verstorbenen überwiegt. Die Norm ist daher nicht verhältnismäßig. Es ist vielmehr anzunehmen, dass eine Ausnahme im homologen Verfahren keine Gefährdung des Kindeswohls mit sich bringt.

ee. Ergebnis

Das absolute Verbot des § 4 Abs. 1 Nr. 3 ESchG verletzt den verstorbenen genetischen Vater in Fällen der konsentierten postmortalen Befruchtung in seinem postmortalen Persönlichkeitsrecht.

b. Grundrechte der genetischen Mutter

Neben dem postmortalen Persönlichkeitsrecht des Verstorbenen sind auch die Grundrechte der genetischen Mutter zu berücksichtigen. Insbesondere betrifft dies den Fall, dass diese eine Fortsetzung des Befruchtungsvorganges mit den von ihrem verstorbenen Ehemann oder Partner stammenden 2-PN-Zellen begehrt.

aa. Eröffnung des Schutzbereiches

In Fällen des § 4 Abs. 1 Nr. 3 ESchG umfasst der Schutzbereich des Rechts auf reproduktive Selbstbestimmung eine Entscheidungsbefugnis der genetischen Mutter über kryokonservierte 2-PN-Zellen. Weiterhin ist für die genetische Mutter der Schutzbereich des Rechts auf Familiengründung gem. Art. 6 Abs. 1 GG eröffnet.

1074 So bereits *Velte*, Die Postmortale Befruchtung (2015), S. 102 f. Eine Unvereinbarkeit des absoluten Verbotes des § 4 Abs. 1 Nr. 3 ESchG mit höherrangigem Verfassungsrecht nehmen auch *Inthorn/Pisani*, Anm. zu OLG München, MedR 2018, 419, 421 an. Zu berücksichtigen ist auch die Aussage von *Müller-Terpitz*, ZRP 2016, 51, 54: „*Diese Verbotstatbestände sind verfassungsrechtlich nicht geboten und sollten auf den rechtspolitischen Prüfstand gestellt werden.*"

bb. Eingriff

Zum Schutzbereich der Fortpflanzungsfreiheit ist auch die Wahl des Fortpflanzungspartners zu zählen. Das Verbot des § 4 Abs. 1 Nr. 3 ESchG macht dem Reproduktionsmediziner eine Herausgabe des Keimgutes rechtlich unmöglich. Es verhindert damit, dass sich die Frau mit den kryokonservierten Keimzellen des Verstorbenen oder die genetische Mutter mit den kryokonservierten 2-PN-Zellen des Verstorbenen fortpflanzen kann und greift folglich mittelbar in ihr Recht auf reproduktive Selbstbestimmung gem. Art. 2 Abs. 1 GG i.V.m. Art. 1 Abs. 1 GG ein.[1075]

Ferner könnte § 4 Abs. 1 Nr. 3 ESchG in das Recht der Frau auf Familiengründung gem. Art. 6 Abs. 1 GG eingreifen. Eingriffe in das Recht des Einzelnen auf Familiengründung können durch staatliche Maßnahmen erfolgen, die eine Störung, Schädigung oder sonstige Beeinträchtigung der Familie bewirken.[1076] § 4 Abs. 1 Nr. 3 ESchG verhindert, dass die Frau die kryokonservierten Spermien bzw. die genetische Mutter die kryokonservierten 2-PN-Zellen des Verstorbenen verwenden kann, um damit eine Familie zu gründen. Damit greift diese Vorschrift in das Recht der genetischen Mutter auf Familiengründung gem. Art. 6 Abs. 1 GG ein.[1077]

cc. Rechtfertigung

Der Eingriff in das Recht der Frau oder der genetischen Mutter auf reproduktive Selbstbestimmung und das Recht auf Familiengründung könnte gerechtfertigt sein. Das sich aus dem allgemeinen Persönlichkeitsrecht ergebende Recht auf reproduktive Selbstbestimmung unterliegt einem einfachen Gesetzesvorbehalt. Art. 6 Abs. 1 GG gewährleistet das Recht auf Familiengründung vorbehaltlos.[1078] Freiheitsbeschränkende Eingriffe können jedoch erfolgen, wenn diese eine Legitimation durch kollidierendes Verfassungsrecht aufweisen.[1079]

1075 So bereits: *Velte*, Die postmortale Befruchtung (2015), S. 54 f.

1076 Jarass/Pieroth/*Jarass*, GG, 17. Aufl. (2022), Art. 6, Rn. 13 m.w.N.

1077 So bereits: *Velte*, Die postmortale Befruchtung (2015), S. 105 f.

1078 BVerfGE 24, 119, 135 = BVerfG, NJW 1968, 2233; BVerfGE 31, 58, 68 f. = BVerfG, NJW 1971, 1509; Sachs/*v. Coelln*, GG, 9. Aufl. (2021), Art. 6, Rn. 23 m.w.N.

1079 ErfK/*Schmidt*, 23. Aufl. (2023), Art. 6 GG, Rn. 11; Sachs/*v. Coelln*, GG, 9. Aufl. (2021), Art. 6, Rn. 23; *Kingreen*, JURA 1997, 401, 404.

dd. Schranken-Schranken

Fraglich ist, ob § 4 Abs. 1 Nr. 3 ESchG als bereichsspezifische Rechtsgrundlage den allgemeinen Verfassungsstandards genügt. Die Anforderungen des Bestimmtheitsgrundsatzes gem. Art. 103 Abs. 2 GG sind erfüllt. Es ist jedoch zu prüfen, ob die Anforderungen des Grundsatzes der Verhältnismäßigkeit gem. Art. 20 Abs. 3 GG gewahrt sind.

(1). Legitimer Zweck

§ 4 Abs. 1 Nr. 3 ESchG bezweckt primär den Schutz des Kindeswohls gem. Art. 2 Abs. 1 GG i.V.m. Art. 1 Abs. 1 GG, indem das Kind vor psychischen Belastungen durch das Abstammen „*von einem Toten*" geschützt werden soll. Weiterhin wird der Schutz des genetischen Vaters in seinem postmortalen Persönlichkeitsrecht bezweckt, wenn kein Einverständnis in die Verwendung seiner Keimzellen nach seinem Tode gegeben wurde.

(2). Geeignetheit

Das absolute Verbot des § 4 Abs. 1 Nr. 3 ESchG ist für die Zweckverfolgung unter Berücksichtigung der Einschätzungsprärogative des Gesetzgebers auch als ein geeignetes Mittel anzusehen. Es verhindert, dass von einem Toten stammende Keimzellen oder 2-PN-Zellen zur Befruchtung verwendet werden und gewährleistet damit einen Schutz des Kindeswohles sowie des postmortalen Persönlichkeitsrechts des Verstorbenen.[1080]

(3). Erforderlichkeit

Unter Berücksichtigung des Ermessensspielraumes des Gesetzgebers ist das absolute Verbot des Abs. 1 Nr. 3 erforderlich, auch wenn die vermuteten psychischen Belastungen des Kindes durch die postmortale Befruchtung empirisch nicht bestätigt sind. Aus diesem Grund kann eine Ausnahme für den Fall der konsentierten postmortalen Befruchtung mit hinreichender Sicherheit auch nicht als gleich geeignetes, milderes Mittel angesehen werden.[1081]

(4). Angemessenheit

Das absolute Verbot des § 4 Abs. 1 Nr. 3 ESchG müsste angemessen, also auch im engeren Sinne verhältnismäßig sein. Die kollidierenden verfassungsrechtlichen Positionen sind demnach mittels einer praktischen

---

1080 Ausführlich zur Geeignetheit des § 4 Abs. 1 Nr. 3 ESchG s. viertes Kapitel, G, I, 4, a, dd, (2), (b).

1081 Ausführlich zur Erforderlichkeit des § 4 Abs. 1 Nr. 3 ESchG s. viertes Kapitel, G, I, 4, a, dd, (2), (c).

Konkordanz gegeneinander abzuwägen und schonend zum Ausgleich zu bringen. Es ist somit zu klären, ob das Verbot gem. § 4 Abs. 1 Nr. 3 ESchG die beschränkten Rechte der genetischen Mutter auf reproduktive Selbstbestimmung gem. Art. 2 Abs. 1 GG i.V.m. Art. 1 Abs. 1 GG und auf Familiengründung gem. Art. 6 Abs. 1 GG mit dem Kindeswohl des *nondum conceptus* gem. Art. 2 Abs. 1 GG i.V.m. Art. 1 Abs. 1 GG sowie dem postmortalen Persönlichkeitsrecht des genetischen Vaters gem. Art. 2 Abs. 1 GG i.V.m. Art. 1 Abs. 1 GG in einen angemessenen Ausgleich bringen.

Das Recht der genetischen Mutter auf reproduktive Selbstbestimmung ist in Bezug auf die Partnerwahl („*Mit wem*") in der Privatsphäre einzuordnen und folglich einer Abwägung zugänglich. Das Recht auf Familiengründung gem. Art. 6 Abs. 1 GG wird vorbehaltlos gewährleistet und kann nur zum Schutz von kollidierendem Verfassungsrecht beschränkt werden. Demgegenüber ist das Kindeswohl als Schutzgut des § 4 Abs. 1 Nr. 3 ESchG – wie bereits erörtert – in der Privatsphäre einzuordnen.[1082] Es ist lediglich dann betroffen, wenn eine Kindeswohlgefährdung durch die postmortale Befruchtung zu befürchten ist. Das postmortale Persönlichkeitsrecht des Verstorbenen ergibt sich aus Art. 2 Abs. 1 GG i.V.m. Art. 1 Abs. 1 GG. In Bezug auf das „*Ob*" der Fortpflanzung gehört es der Intimsphäre an und schließt eine Abwägung aus. Es ist somit entscheidend der zu Lebzeiten geäußerte Willes des verstorbenen genetischen Vaters zu berücksichtigen, weshalb eine Differenzierung der verschiedenen Fallgruppen vorzunehmen ist.

Liegt kein Einverständnis des Verstorbenen in die Verwendung seines Keimgutes nach dem Tod vor oder hat er sich dagegen ausgesprochen, schließt das postmortale Persönlichkeitsrecht des Verstorbenen, welches diesbezüglich der Intimsphäre angehört, eine postmortale Befruchtung aus.

Eine Abwägungsmöglichkeit besteht demgegenüber im Falle der konsentierten postmortalen Befruchtung. Hat der genetische Vater zu Lebzeiten eine Einwilligung in die Verwendung der von ihm stammenden kryokonservierten Keimzellen und 2-PN-Zellen erteilt, so ist sein postmortales Persönlichkeitsrecht nicht durch das Recht der genetischen Mutter auf reproduktive Selbstbestimmung betroffen. Vielmehr erfolgt die Beschränkung durch die Regelung des § 4 Abs. 1 Nr. 3 ESchG selbst. Das Verbot verhindert die Verwendung der von ihm stammenden Keimzellen oder 2-PN-Zellen im Rahmen einer Kinderwunschbehandlung *post mortem* mit der genetischen Mutter. Jedoch würde die Befruchtung dem Willen der genetischen Eltern entsprechen, sodass negative

1082 Hierzu s. viertes Kapitel, G, I, 4, a, dd, (2), (d).

Auswirkungen auf die Psyche des Kindes nicht zu erwarten wären. In die Sphäre des Kindes wird somit nicht eingegriffen, sodass das Kindeswohl nicht berührt wird. Während das Recht des genetischen Vaters auf reproduktive Selbstbestimmung in diesem Fall beschränkt wird, fehlt es mithin an einem Rechtsgut, welches durch § 4 Abs. 1 Nr. 3 ESchG geschützt wird. Das Verbot ist daher nicht angemessen.[1083]

Die kollidierenden Rechtspositionen lassen sich jedoch in Einklang bringen, wenn für den Fall der konsentierten postmortalen Befruchtung eine Ausnahmeregelung geschaffen wird. Das von § 4 Abs. 1 Nr. 3 ESchG normierte absolute Verbot ist ohne eine solche Ausnahme im Falle der konsentierten postmortalen Befruchtung jedoch nicht angemessen und demnach unverhältnismäßig.

(5). Zwischenergebnis

Hat der Verstorbene zu Lebzeiten keine Einwilligung in die postmortale Befruchtung erteilt oder sich dagegen ausgesprochen, so ist das in § 4 Abs. 1 Nr. 3 ESchG normierte Verbot der postmortalen Befruchtung verhältnismäßig. Im Fall der konsentierten postmortalen Befruchtung schränkt das absolute Verbot das Recht der genetischen Mutter auf reproduktive Selbstbestimmung gem. Art. 2 Abs. 1 GG i.V.m. Art. 1 Abs. 1 GG jedoch in unangemessener Weise ein. Das absolute Verbot ist somit nicht verhältnismäßig.

c. Ergebnis

Das in § 4 Abs. 1 Nr. 3 ESchG normierte absolute Verbot ist im Fall der konsentierten postmortalen Befruchtung nicht verhältnismäßig, da es sowohl das postmortale Persönlichkeitsrecht des genetischen Vaters als auch das Recht der genetischen Mutter auf reproduktive Selbstbestimmung beschränkt, ohne dass eine Kindeswohlgefährdung zu befürchten ist. Die Norm ist daher materiell verfassungswidrig.[1084]

II. Verbot gem. § 1 Abs. 1 Nr. 2 ESchG

Während § 4 Abs. 1 Nr. 3 ESchG den Tod des genetischen Vaters explizit benennt, ist im Rahmen der Kinderwunschbehandlung *post mortem* für den Fall, dass die genetische Mutter verstirbt, § 1 Abs. 1 Nr. 2 ESchG zu berücksichtigen. Diese Norm bestraft denjenigen, der „*es unternimmt, eine Eizelle zu*

1083 So i.E. auch *Dorneck*, Das Recht der Reproduktionsmedizin (2018), S. 171 ff.

1084 So bereits *Velte*, Die postmortale Befruchtung (2015), S. 101 ff.

einem anderen Zweck künstlich zu befruchten, als eine Schwangerschaft der Frau herbeizuführen, von der die Eizelle stammt".

1. Ratio legis

a. Verhinderung einer gespaltenen Mutterschaft

Das Verbot des § 1 Abs. 1 Nr. 2 ESchG verfolgt einen doppelten Zweck: So dient es einerseits dazu, ärztlich assistierte Befruchtungen zu unterbinden, die zu einem anderen Zweck als der Herbeiführung einer Schwangerschaft durchgeführt werden.

Andererseits – und für das Verbot der postmortalen Befruchtung relevant – sollen ärztlich assistierte Befruchtungen verhindert werden, die eine gespaltene Mutterschaft herbeiführen würden.[1085] Es fehle an empirischen Daten darüber, wie junge Menschen seelisch verkraften, dass die eigene Existenz sowohl durch eine genetische als auch eine austragende Mutter bedingt wurde. Die Prägung des Kindes erfolgt hierbei entscheidend durch die Erbanlagen der genetischen Mutter sowie die enge Bindung mit der austragenden Mutter während der Schwangerschaft. Die Tatsache, dass dieser junge Mensch sein Leben drei Elternteilen verdankt, könne sich möglicherweise negativ auf die eigene Identitätsfindung auswirken.[1086]

b. Glaubhafte Gefährdung des Kindeswohls?

Es stellt sich demnach auch im Rahmen des § 1 Abs. 1 Nr. 2 ESchG die Frage, ob eine Gefährdung des Kindeswohls durch die gespaltene Mutterschaft ernsthaft zu befürchten ist.

Der Gesetzgeber hat die Folgen für das Kindeswohl lediglich vermutet, ohne dass diese empirisch belegt wurden. Auch wenn Kinder nach einer Embryoadoption bisher in wenigen Langzeitstudien befragt wurden, sprechen neuere Untersuchungen dafür, dass anstelle der Zeugungsart vielmehr der Qualität des Familienlebens eine entscheidende Bedeutung für das Kindeswohl

---

1085 Spickhoff/*Müller-Terpitz*, Medizinrecht, 4. Aufl. (2022), § 1 ESchG, Rn. 9; *Spickhoff*, Anm. zu OLG Karlsruhe, FamRZ 2016, 1792, 1793; Günther/Taupitz/Kaiser/*Günther*, ESchG, 2. Aufl. (2014), C, § 1 Abs. 1 Nr. 2, Rn. 1; vgl. BT-Drs. 11/5460, S. 6, 8.

1086 BT-Drs. 11/5460, S. 7. Diese zu § 1 Abs. 1 Nr. 1 ESchG getroffenen Ausführungen zur gespaltenen Mutterschaft können auf § 1 Abs. 1 Nr. 2 ESchG weitgehend übertragen werden, s. BT-Drs. 11/5460, S. 8.

beizumessen sei.[1087] Negative Folgen könnten lediglich dadurch entstehen, dass die Eltern dem Kind die Zeugungsart zunächst verschweigen. Dies kann zu einem Vertrauensverlust gegenüber den Eltern führen.[1088] *Schumann* weist darauf hin, dass bezüglich des Kindeswohls die gespaltene Mutterschaft stärker problematisiert werde als die gespaltene Vaterschaft. So sei „[d]*ie Vorstellung, dass zwischen Kind und Eizellspenderin eine stärkere emotionale Bindung als zwischen Kind und Samenspender bestehe,* [...] *ebenso wie die Behauptung, dass das Risiko einer Identitätskrise beim Kind im Falle einer ‚gespaltenen Mutterschaft' größer sei als bei der ‚gespaltenen Vaterschaft' weit verbreitet, jedoch wissenschaftlich bislang nicht belegt.*“[1089]

Die in der rechtswissenschaftlichen Literatur vorgebrachten Argumente überzeugen. Dass die postmortale Befruchtung in dieser Fallgruppe aufgrund der Befürchtung negativer Auswirkungen der gespaltenen Mutterschaft für das Kindeswohl verboten ist, ohne dass Studien eben diese Auswirkungen belegen, spricht dafür, dass der Normzweck verfehlt ist. Zumindest über eine Ausnahme der postmortalen Befruchtung von dieser Verbotsnorm kann aufgrund des fragwürdigen Schutzzwecks nachgedacht werden.

2. *Unpräzise bezeichnete Tathandlung: Künstliches Befruchten einer Eizelle*

§ 1 Abs. 1 Nr. 2 ESchG bestraft das künstliche Befruchten einer Eizelle zu einem anderen Zweck als der Herbeiführung einer Schwangerschaft der Frau, von der die Eizelle stammt. Auch im Rahmen dieser Norm kommt dem Befruchtungsvorgang durch den Begriff „*befruchten*“ demnach eine maßgebliche Bedeutung zu. Wurde die Befruchtung durch eine Kryokonservierung unterbrochen, könnte der Zweck der Herbeiführung einer Schwangerschaft einer anderen Frau als derjenigen, von der die Eizelle stammt, erst Jahre nach der Imprägnation der Eizelle aufkommen und das Befruchten zu einer strafbaren Handlung machen. Aufgrund der Eigenständigkeit dieser Norm, lässt sich hierfür die Begriffsbedeutung der Tathandlung des § 4 Abs. 1 Nr. 3 ESchG nicht übertragen.[1090]

1087 *Thorn*, Hessisches Ärzteblatt 2006, 173, 175 m.w.N.; vgl. *Mayr*, NZFam 2018, 913, 916.

1088 *Thorn*, Hessisches Ärzteblatt 2006, 173, 175.

1089 *Schumann*, MedR 2014, 736, 738 m.w.N.

1090 Deutscher Ethikrat, Stellungnahme „*Embryospende, Embryoadoption und elterliche Verantwortung*“ (2016), S. 38 f.; vgl. *Taupitz/Hermes*, NJW 2015, 1802, 1804.

Es stellt sich somit die Frage, welche Erfordernisse für die Tathandlung des § 1 Abs. 1 Nr. 2 ESchG bestehen. So könnte es hierfür einerseits bereits ausreichen, dass das Pronucleusstadium erreicht wurde. Andererseits könnte ein Befruchten auch dahingehend zu verstehen sein, dass es einer Beendigung des Befruchtungsvorganges (also einer Konjugation) bedarf.[1091]

a. Befruchtung bereits mit dem Erreichen des Pronucleusstadiums

Das LG Augsburg nahm im Jahre 2018 eine eigene Bewertung des Befruchtungsbegriffs des § 1 Abs. 1 Nr. 2 ESchG vor und stellte entscheidend auf die genetische Identität ab, welche ab dem Pronucleusstadium gegeben sei. Alle darauffolgenden Entwicklungsschritte, auch die Konjugation, seien lediglich als eine natürliche Entwicklung infolge einer bereits vollendeten Befruchtung anzusehen. Die Imprägnation der Eizelle stelle den Beginn der Befruchtung dar. Jedoch würden die Leitlinien der Bundesärztekammer vorgeben, dass bereits mit dem Erreichen des Pronucleusstadiums die Befruchtung der Eizelle vollendet sei. Die Vorkernbildung stelle daher eine strafrechtliche Vollendung und die Konjugation eine Beendigung des Delikts dar. Für das Unternehmensdelikt des § 1 Abs. 1 Nr. 2 ESchG sei allein die Vollendung relevant. Demgegenüber setze die Gegenmeinung dieses Unternehmensdelikt mit einem Erfolgsdelikt gleich.[1092]

Auch nach Ansicht *Frommels* müsse die Tathandlung des § 1 Abs. 1 Nr. 2 ESchG restriktiv ausgelegt werden, da die Rechte des Spender- und des Empfängerpaares zu berücksichtigen seien und sich dies zu Gunsten eines potenziell Beschuldigten auswirke.[1093] Mit einer Kryokonservierung im Pronucleusstadium sei dieses Unternehmensdelikt (ohne dass es zu einem Auftauen und Weiterkultivieren kommen muss) bereits vollendet, da sich die Unternehmensdelikte des ESchG am Vorsatz des Handelnden sowie am Handlungsunrecht und nicht am Erfolg orientierten.[1094]

1091 Eine ausführliche Darstellung und Bewertung der Ansichten von *Taupitz*, *Hermes*, und *Frommel* zu dieser Problematik findet sich in *Dorneck*, medstra 2018, 259, 260 ff.

1092 LG Augsburg, BeckRS 2018, 35087, Rn. 49 ff., 59 ff.

1093 *Taupitz/Geisthövel et al.*, Journal für Reproduktionsmedizin und Endokrinologie 2015 - 12 (2), 42, 53.

1094 *Taupitz/Geisthövel et al.*, Journal für Reproduktionsmedizin und Endokrinologie 2015 - 12 (2), 42, 52.

b. Befruchtungsende erst mit erfolgter Konjugation

Demgegenüber vertritt das OLG Karlsruhe die Ansicht, ein Auftauen und das Weiterkultivieren von 2-PN-Zellen zu Embryonen, um eine Schwangerschaft bei einer anderen Frau als derjenigen von der die Keimzellen stammen, herbeizuführen, stelle einen Verstoß gegen § 1 Abs. 1 Nr. 2 ESchG dar. An eine Befruchtung im Sinne dieser Norm sei demnach das Erfordernis der Konjugation zu knüpfen.[1095] Zu demselben Ergebnis kommt auch das Bayerische Oberste Landesgericht. So stehe gem. § 1 Abs. 2 ESchG die Imprägnation (als Erfolgsdelikt) unter Strafe, wobei der Terminus „*Befruchtung*" nicht verwendet werde. Die Imprägnation werde im ESchG demnach nicht mit einer Befruchtung gleichgesetzt. „*Daraus wiederum lässt sich schließen, dass sich umgekehrt im [...] § 1 Abs. 1 Nr. 2 ESchG die dort genannte Befruchtung als Gegenstand des Unternehmensdelikts nicht in der Imprägnation als dem die Befruchtungskaskade in Gang setzenden Ereignis erschöpfen kann.*"[1096] Das Auftauen und Weiterkultivieren kryokonservierter 2-PN-Zellen zu Embryonen, um diese einer anderen Frau als der genetischen Mutter zu übertragen, sei gem. § 1 Abs. 1 Nr. 2 ESchG strafbar.[1097]

Viele Stimmen der rechtswissenschaftlichen Literatur stellen ebenfalls entscheidend auf die Konjugation ab.[1098] Das Handlungsunrecht dieses Unternehmensdeliktes sei nicht notwendigerweise durch die Imprägnation der Eizelle erfüllt. Als geeignete Tathandlung käme vielmehr das Auftauen und Weiterkultivieren in Betracht, wodurch ein Embryo erzeugt werde. In gesetzessystematischer Hinsicht müsse berücksichtigt werden, dass – wenn Abs. 1 Nr. 2 ein eigener Regelungsgehalt zukommen soll – der Tathandlung „*befruchten*" des Abs. 1 Nr. 2 nicht dieselbe Bedeutung zugeschrieben werden könne wie der Tathandlung der Imprägnation des § 1 Abs. 2 ESchG. Daher seien lediglich Handlungen, die sich auf ein späteres Stadium als die Imprägnation der Eizelle beziehen, als „*befruchten*" im Sinne des Abs. 1 Nr. 2 anzusehen. Die

---

1095 OLG Karlsruhe, FamRZ 2016, 1790, 1791. Dies entspricht der wohl herrschenden Meinung, HK-AKM/*Schumann*, 66. Akt. (November 2016), Fortpflanzungsmedizin, Rn. 26, Fn. 99 m.w.N.

1096 BayObLG, BeckRS 2020, 32545, Rn. 30.

1097 BayObLG, BeckRS 2020, 32545, Rn. Rn. 19 ff.

1098 *Taupitz*, NJW 2019, 337, 338 f.; *Taupitz/Hermes*, NJW 2015, 1802, 1804 ff.; Günther/Taupitz/Kaiser/*Günther*, ESchG, 2. Aufl. (2014), C, § 1 Abs. 1 Nr. 2, Rn. 10, 15; Spickhoff/*Müller-Terpitz*, Medizinrecht, 4. Aufl. (2022), § 1 ESchG, Rn. 10; so auch *Frister* in *Taupitz/Geisthövel et al.*, Journal für Reproduktionsmedizin und Endokrinologie 2015 – 12 (2), 42, 53 f.

Phase zwischen Imprägnation und Pronucleusstadium bliebe dann jedoch unberücksichtigt.[1099]

Ferner wäre sowohl das Erzeugen als auch das Kryokonservieren überzähliger 2-PN-Zellen (wie es in der Praxis üblich ist) mit § 1 Abs. 1 Nr. 5 ESchG unvereinbar, wenn 2-PN-Zellen als bereits *„befruchtet"* im Sinne des Abs. 1 Nr. 2 zu erachten seien. So habe der Gesetzgeber vorgesehen, die Möglichkeit der Kryokonservierung von 2-PN-Zellen als Alternative zum unerwünschten Vorrats-Erzeugen von Embryonen zu schaffen.[1100] Es gebe keine Hinweise darauf, dass dem Befruchtungsbegriff nach dem Willen des Gesetzgebers in zwei Teilen einer Norm (Abs. 1 Nr. 2, 5) eine verschiedene Bedeutung beizumessen sei. Schließlich sei zu beachten, dass § 1 Abs. 1 Nr. 2 ESchG, um im Sinne der *ratio legis* vor einer Kindeswohlgefährdung durch eine gespaltene Mutterschaft schützen zu können, auch für das Weiterkultivieren von 2-PN-Zellen gelten müsse. Nur so umfasse der Regelungsgehalt der Norm auch die Entwicklung eines Embryos, der infolgedessen transferiert und ausgetragen werden könne.[1101]

Der Deutsche Ethikrat stimmt dem hinsichtlich des zeitlichen Verhältnisses der Verbote des § 1 Abs. 1 Nr. 2 ESchG und § 1 Abs. 2 ESchG zu. So beziehe sich § 1 Abs. 2 ESchG auf Handlungen, die sich auf das Vorfeld des Anwendungsbereiches des § 1 Abs. 1 Nr. 2 ESchG erstrecken, während die Verbote im Rahmen des späteren Befruchtungsvorganges direkt aneinander anknüpfen und Handlungen im Vorfeld einer Embryoadoption demnach von beiden Tatbeständen übereinstimmend erfasst würden.[1102] Auch gesetzessystematische Gründe sprächen dafür, dass sich die Geltung des § 1 Abs. 1 Nr. 2 ESchG bis zur Konjugation entfalte und damit auch das Weiterkultivieren von 2-PN-Zellen beinhalte, da es erst infolgedessen zum Embryotransfer und zur gespaltenen Mutterschaft kommen könne.[1103]

1099 *Taupitz*, NJW 2019, 337, 338 f.; *Taupitz*, Journal für Reproduktionsmedizin und Endokrinologie 2019, 74, 74 f.; Taupitz/*Hermes*, NJW 2015, 1802, 1805 f.; so auch Spickhoff/*Müller-Terpitz*, Medizinrecht, 4. Aufl. (2022), § 1 ESchG, Rn. 10.

1100 *Taupitz/Hermes*, NJW 2015, 1802, 1805; vgl. Günther/Taupitz/Kaiser/*Günther*, ESchG, 2. Aufl. (2014), C, § 1 Abs. 1 Nr. 5, Rn. 3; s. auch *Frister* in *Taupitz/Geisthövel* et al., Journal für Reproduktionsmedizin und Endokrinologie 2015 – 12 (2), 42, 54.

1101 *Taupitz/Hermes*, NJW 2015, 1802, 1805 f.

1102 Deutscher Ethikrat, Stellungnahme *„Embryospende, Embryoadoption und elterliche Verantwortung"* (2016), S. 39 f.

1103 Deutscher Ethikrat, Stellungnahme *„Embryospende, Embryoadoption und elterliche Verantwortung"* (2016), S. 40 f.

c. *Bewertung*

Der Gesetzgeber äußerte in der Gesetzesbegründung zum ESchG, dass es sich bei § 1 Abs. 1 Nr. 2 ESchG um ein Unternehmensdelikt im Sinne des § 11 Abs. 1 Nr. 6 StGB handle, weshalb ein Versuch der vollendeten Tat gleichstehe.[1104] Dies könnte in gesetzessystematischer Hinsicht dafürsprechen, dass nach dem Willen des Gesetzgebers ein Befruchten im Sinne dieser Norm bereits mit der Imprägnation als Beginn der Tatausführung erfolgt. Andererseits wird eine „*Befruchtung*" in der Gesetzesbegründung zu § 1 Abs. 1 Nr. 2 ESchG mit der „*Kernverschmelzung*", also der Konjugation, gleichgesetzt.[1105] Demnach könnte der Wille des Gesetzgebers auch dahingehend zu deuten sein, dass eine gültige Tathandlung erst mit erfolgter Konjugation gegeben ist. Die Aussagen des Gesetzgebers führen somit zu keinem eindeutigen Ergebnis.

Dem Wortlaut lässt sich nicht entnehmen, dass gerade im Falle des § 1 Abs. 1 Nr. 2 ESchG auf den Befruchtungsbeginn oder das Pronucleusstadium abzustellen ist. Insbesondere die vom Bayerischen Obersten Landesgericht, *Taupitz* und *Hermes* vorgebrachten gesetzessystematischen Argumente überzeugen. So muss eine Auslegung des Befruchtungsbegriffs des § 1 Abs. 1 Nr. 2 ESchG unter Berücksichtigung des Abs. 1 Nr. 5 und Abs. 2 erfolgen. Sowohl der Wille des Gesetzgebers, mit Abs. 1 Nr. 5 die Kryokonservierung von 2-PN-Zellen zu ermöglichen, als auch die von Abs. 2 erfasste Tathandlung der Imprägnation einer Eizelle sprechen eindeutig dafür, dass die Tathandlung des Abs. 1 Nr. 2 erst mit erfüllter Konjugation gegeben sein kann. Überdies entspricht es dem Telos der Norm, dass das Verbot auch das Auftauen und Weiterkultivieren kryokonservierter 2-PN-Zellen erfasst, damit einer gespaltenen Mutterschaft im Sinne des Gesetzgebers vorgebeugt wird.

Demnach ist sowohl dem LG Augsburg als auch *Frommel* zu widersprechen und die Annahme einer Befruchtung im Sinne des Abs. 1 Nr. 2 ab dem Pronucleusstadium abzulehnen. Dass im Ergebnis – wie bereits im Rahmen des § 4 Abs. 1 Nr. 3 ESchG – auf die Konjugation abgestellt wird, stellt auch dahingehend keinen Widerspruch dar, dass es sich bei § 4 Abs. 1 Nr. 3 ESchG um ein Erfolgsdelikt und bei § 1 Abs. 1 Nr. 2 ESchG um ein Unternehmensdelikt handelt: Die Regelungsgehalte beider Normen sind gänzlich verschieden, da § 4 Abs. 1 Nr. 3 ESchG (primär) den Schutz des Kindeswohls bezweckt und § 1 Abs. 1 Nr. 2 ESchG (auch) vor den Folgen der gespaltenen Mutterschaft schützen soll. Weiterhin bedeutet das Heranziehen des Erfordernisses der

---

1104 BT-Drs. 11/5460, S. 8.

1105 BT-Drs. 11/5460, S. 8.

Konjugation auch nicht, dass nun im Rahmen der Tathandlung dieses Unternehmensdelikts der Deliktserfolg und nicht der Handlungsunwert entscheidend ist. Vielmehr muss selbstverständlich das Weiterkultivieren zum Embryo mitsamt dem entsprechenden Vorsatz gegeben sein.

Die Tathandlung des § 1 Abs. 1 Nr. 2 ESchG erfordert somit eine Konjugation. Das Auftauen und Weiterkultivieren von 2-PN-Zellen, die zu Lebzeiten der genetischen Mutter kryokonserviert wurden, um die späteren Embryonen einer anderen Frau zu transferieren, ist daher als Verstoß gegen § 1 Abs. 1 Nr. 2 ESchG zu werten.

3. *Materielle Verfassungsmäßigkeit des in § 1 Abs. 1 Nr. 2 ESchG bestimmten Verbotes*

Die materielle Verfassungsmäßigkeit in § 1 Abs. 1 Nr. 2 ESchG bestimmten Verbotes kann durchaus angezweifelt werden. Einerseits betrifft dies den unpräzisen Wortlaut „*künstlich zu befruchten*", weshalb zu prüfen ist, ob die Erfordernisse des Bestimmtheitsgebotes erfüllt wurden. Andererseits wurde bereits in der rechtswissenschaftlichen Literatur darauf hingewiesen, dass das Verbot des § 1 Abs. 1 Nr. 2 ESchG Männer und Frauen im Rahmen der Kinderwunschbehandlung *post mortem* ungleich behandelt.[1106] Daher könnte das Verbot in diesem Fall gegen Art. 3 Abs. 1 GG verstoßen und somit materiell verfassungswidrig sein.

a. Bestimmtheitsgebot

Unter Berücksichtigung der erheblichen Strafandrohung („*Mit Freiheitsstrafe bis zu drei Jahren oder mit Geldstrafe*") des Verbotes gem. § 1 Abs. 1 Nr. 2 ESchG könnte die Formulierung des Wortlautes, die sich letztlich auf die ungefähr 24 Stunden andauernde Befruchtungskaskade bezieht, gerade aufgrund der Möglichkeit der Kryokonservierung nicht ausreichend bestimmt sein. Fraglich ist demnach, ob der Gesetzgeber im Rahmen des § 1 Abs. 1 Nr. 2 ESchG die Anforderungen des Bestimmtheitsgebotes gem. Art. 103 Abs. 2 GG erfüllt hat.

Wie bereits erörtert, sprechen jedoch auch im Falle des § 1 Abs. 1 Nr. 2 ESchG insbesondere gesetzessystematische Gründe dafür, dass die Tathandlung des künstlichen Befruchtens einer Eizelle zu einem anderen Zweck als der Herbeiführung einer Schwangerschaft der genetischen Mutter erst mit erfolgter Konjugation vorliegt. Eine Auslegung des Gesetzestextes zeigt daher, dass

---

1106 *Spickhoff*, Anm. zu OLG Karlsruhe, FamRZ 2016, 1792, 1793; *Mayr*, NZFam 2018, 913, 915 f.

sich die Tathandlung auf die Beendigung der Befruchtungskaskade bezieht. § 1 Abs. 1 Nr. 2 ESchG erfüllt mithin die Anforderungen des Bestimmtheitsgrundsatzes gem. Art. 103 Abs. 2 GG.

b. Verstoß gegen Art. 3 Abs. 1 GG?

Das Verbot gem. § 1 Abs. 1 Nr. 2 ESchG könnte gegen Art. 3 Abs. 1 GG verstoßen. Dafür müsste eine Ungleichbehandlung zwischen den genetischen Eltern gem. Art. 3 Abs. 1 GG vorliegen. Diese sind als natürliche Personen grundrechtsberechtigt.[1107]

aa. Ungleichbehandlung von wesentlich Gleichem

Die genetische Mutter und der genetische Vater sind dem Oberbegriff der genetischen Eltern zuzuordnen.

Es müsste eine Ungleichbehandlung der genetischen Eltern vorliegen. Eine solche Ungleichbehandlung könnte in Fällen der Kinderwunschbehandlung *post mortem* gegeben sein. Ist eine Konjugation noch zu Lebzeiten des verstorbenen genetischen Vaters erfolgt, so untersagt es § 4 Abs. 1 Nr. 3 ESchG der genetischen Mutter nicht, die Kinderwunschbehandlung nach dem Tod des genetischen Vaters fortzuführen. Demgegenüber verbietet § 1 Abs. 1 Nr. 2 ESchG den umgekehrten Fall, nämlich die Verwendung des Keimgutes der verstorbenen genetischen Mutter zur Herbeiführung der Schwangerschaft bei einer anderen Frau, ohne dass es auf das Entwicklungsstadium des Keimgutes zum Zeitpunkt des Todes der genetischen Mutter ankommt. Nach dem geltenden Recht ist dem genetischen Vater nach dem Tod der genetischen Mutter die Kinderwunschbehandlung *post mortem* mithin grundsätzlich untersagt. So ist ein Verstoß gegen § 1 Abs. 1 Nr. 2 ESchG selbst dann gegeben, wenn eine zu Lebzeiten erklärte Einwilligung der genetischen Mutter in die Fortsetzung der Befruchtung der von ihr stammenden kryokonservierten 2-PN-Zellen nach ihrem Tod vorliegt und auch die Frau, auf die der Embryotransfer erfolgen soll, hiermit einverstanden ist.[1108]

Es liegt demnach eine gesetzliche Ungleichbehandlung der genetischen Eltern vor, die sich nachteilhaft auf den genetischen Vater auswirkt.[1109]

1107 Sachs/*Nußberger*, GG, 9. Aufl. (2021), Art. 3, Rn. 69.

1108 OLG Karlsruhe, FamRZ 2016, 1790, 1791 f.

1109 Eine Vergleichbarkeit der Fallgruppen lehnen *Wasserburg* und *Meller* hingegen ab, *Wasserburg/Meller*, NStZ 2018, 640, 643.

bb. Rechtfertigung der Ungleichbehandlung

(1). Bestimmung der Intensität der Ungleichbehandlung
Vorliegend ist eine Ungleichbehandlung zwischen dem genetischen Vater und der genetischen Mutter und demnach eine unterschiedliche Behandlung von Personengruppen gegeben.

(2). Rechtfertigender Grund für die Ungleichbehandlung
Die Rechtfertigung der Ungleichbehandlung von Personengruppen bestimmt sich anhand der *„neuen"* Formel des BVerfG, die eine Ergänzung des Willkürverbotes darstellt. Die neue Formel ergibt sich letztlich aus den Grundsätzen der Verhältnismäßigkeit. Eine solche Prüfung ist jedoch nicht nur freiheits- sondern auch gleichheitsrechtlich geboten, weshalb die Grundsätze der Verhältnismäßigkeit zur Rechtfertigung der Ungleichbehandlung übertragen werden können.[1110] Der in Art. 3 Abs. 1 GG normierte Gleichheitssatz ist demnach verletzt, *„wenn eine Gruppe von Normadressaten im Vergleich zu anderen Normadressaten anders behandelt wird, obwohl zwischen beiden Gruppen keine Unterschiede von solcher Art und solchem Gewicht bestehen, daß sie die ungleiche Behandlung rechtfertigen könnten"*.[1111]

(a). Differenzierungszweck
Das Verbot des § 1 Abs. 1 Nr. 2 ESchG soll im Falle der postmortalen Befruchtung vor dem Aufkommen einer gespaltenen Mutterschaft schützen. Damit wird der Schutz des Kindeswohls bezweckt. Da im Rahmen des § 1 Abs. 1 Nr. 2 ESchG eine Verletzung der elterlichen Fürsorgepflicht nicht relevant ist, kann eine Verortung des Kindeswohls in Art. 6 Abs. 2 GG diesbezüglich verneint werden. Das Kindeswohl ist im Rahmen des § 1 Abs. 1 Nr. 2 ESchG vielmehr im allgemeinen Persönlichkeitsrecht des Kindes gem. Art. 2 Abs. 1 GG i.V.m. Art. 1 Abs. 1 GG verankert. Auch wenn die hierbei befürchtete Kindeswohlgefährdung nicht nachgewiesen ist, liegt die Festlegung eines derartigen Schutzzwecks im Ermessensspielraum des Gesetzgebers.

(b). Geeignetheit der Differenzierungskriterien
Die Verbotsnorm des § 1 Abs. 1 Nr. 2 ESchG schränkt das Aufkommen gespaltener Mutterschaften ein und ist folglich zumindest zur Förderung des Differenzierungszwecks auch geeignet.

1110 Hierzu s. Sachs/*Nußberger*, GG, 9. Aufl. (2021), Art. 3, Rn. 13 ff.
1111 BVerfGE 55, 72, 88 = BVerfG, NJW 1981, 271, 272 f.

(c). Erforderlichkeit der Differenzierung

Um den Anforderungen an die Erforderlichkeit gerecht zu werden, dürfte kein gleich geeignetes, milderes Mittel als das Verbot gem. § 1 Abs. 1 Nr. 2 ESchG vorliegen, um das Aufkommen einer gespaltenen Mutterschaft im Falle der postmortalen Befruchtung zu verhindern.

Auch beim Verbot des § 1 Abs. 1 Nr. 2 ESchG könnte eine eng definierte Ausnahme für die Fallgruppe der konsentierten postmortalen Befruchtung ein milderes Mittel als das Verbot gem. § 1 Abs. 1 Nr. 2 ESchG darstellen. So könnte eine Ausnahme von der Absolutheit des Verbotes die Rechte der genetischen Eltern weniger beschränken und das Kindeswohl im gleichen Maße schützen. Indes fehlt es an empirischen Erhebungen zu den Auswirkungen der gespaltenen Mutterschaft auf das Kindeswohl. Daher lassen sich die negativen Folgen einer gespaltenen Mutterschaft für das Kindeswohl zwar berechtigterweise anzweifeln, sie können jedoch nicht abgestritten werden.

Unter Berücksichtigung des gesetzgeberischen Gestaltungsspielraumes ist eine Erforderlichkeit des Verbotes gem. § 1 Abs. 1 Nr. 2 ESchG daher anzunehmen.

(d). Angemessenheit

Fraglich ist, ob dem Schutz des Kindeswohls vor den Folgen einer gespaltenen Mutterschaft, was die von § 1 Abs. 1 Nr. 2 ESchG bewirkte Differenzierung bezweckt, eine derart große Bedeutung zugeschrieben werden kann, als dass es die Ungleichbehandlung des genetischen Vaters und der genetischen im Falle der Kinderwunschbehandlung *post mortem* rechtfertigt. Bei den Rechtspositionen, die hierbei gegenüberstehen, handelt es sich um das Recht des genetischen Vaters auf reproduktive Selbstbestimmung und das Kindeswohl, die jeweils Art. 2 Abs. 1 GG i.V.m. Art. 1 Abs. 1 GG zu entnehmen sind. Diese Rechtspositionen sind im Wege der praktischen Konkordanz abzuwägen und schonend in Einklang zu bringen.

Zunächst ist zu klären, welche abstrakte Wertigkeit den einzelnen Rechtspositionen zukommt. Da es sich vorliegend um zwei Ausprägungen des allgemeinen Persönlichkeitsrechts handelt, ist hierbei die Sphärentheorie des BVerfG heranzuziehen. Daher ist sowohl das Recht des genetischen Vaters auf reproduktive Selbstbestimmung als auch das Kindeswohl der Privatsphäre, Sozialsphäre oder Intimsphäre zuzuordnen.

Das Verbot gem. § 1 Abs. 1 Nr. 2 ESchG bewirkt, dass der genetische Vater die kryokonservierten Keimzellen der genetischen Mutter oder die kryokonservierten 2-PN-Zellen der genetischen Eltern nicht zur Herbeiführung einer Schwangerschaft bei einer anderen Frau als der verstorbenen genetischen Mutter verwenden kann. Demnach ist das „*Ob*" der Fortpflanzung betroffen, sodass das Recht des genetischen Vaters auf reproduktive Selbstbestimmung – wie bereits erörtert – der Intimsphäre angehört. Es ist jedoch zu berücksichtigen, dass die Kinderwunschbehandlung *post mortem* die Sphäre der verstorbenen genetischen Mutter, des Kindes und der Wunschmutter eingreift. Daher besteht ein Sozialbezug, sodass nicht der unantastbare Kernbereich der Intimsphäre betroffen ist, sondern deren Randbereich zur Privatsphäre. Wie bereits zuvor dargestellt, kann dieser Randbereich streng definierten Abwägungen unterliegen.[1112] Demgegenüber kommt dem Kindeswohl in der vorliegenden Konstellation – ähnlich wie in der von § 4 Abs. 1 Nr. 3 ESchG umfassten Fallgruppe – ein erheblicher Sozialbezug zu, da es neben den Rechten der genetischen Eltern auch die Rechtspositionen der Wunschmutter berührt, auf deren Körper der Embryo später transferiert werden soll. Das Kindeswohl ist mithin der Privatsphäre zuzuordnen. In dieser Fallgruppe ist die Rechtsposition des genetischen Vaters somit abstrakt gesehen höherwertiger als das Kindeswohl.

Es stellt sich jedoch die Frage, mit welcher Intensität hierbei in die beiden Rechtsgüter eingegriffen wird. Das Verbot des § 1 Abs. 1 Nr. 2 ESchG bewirkt, dass es dem genetischen Vater nicht möglich ist, die von der genetischen Mutter stammenden kryokonservierten Keimzellen oder 2-PN-Zellen für eine Kinderwunschbehandlung *post mortem* zu verwenden, auch wenn dies dem zu Lebzeiten geäußerten Willen der genetischen Mutter entspricht und eine Wunschmutter mit dem späteren Embryotransfer einverstanden ist. Das Recht des genetischen Vaters auf reproduktive Selbstbestimmung wird daher hinsichtlich einer postmortalen Befruchtung gänzlich ausgeschlossen. Die konkrete Eingriffsintensität ist diesbezüglich somit erheblich.

Demgegenüber fehlt es an empirischen Belegen dafür, dass sich die gespaltene Mutterschaft negativ auf die Identitätsfindung des Kindes auswirkt und das Kindeswohl dadurch gefährdet. Eine Kindeswohlgefährdung liegt insbesondere im Falle der konsentierten Befruchtung fern, in der beide genetischen Eltern und auch die Wunschmutter die Zeugung des Kindes bewirken möchten. Die Identitätsfindung wird maßgeblich von der Eltern-Kind-Beziehung bestimmt, sodass die gespaltene Mutterschaft sowie der Gedanke, von einer Toten abzustammen, keine Auswirkungen auf das Kindeswohl haben sollten. Entscheidend ist ein offener Umgang mit dem Kind, sodass eine verspätete Kenntnisnahme von den Umständen der Zeugung vermieden wird. Im Falle der konsentierten postmortalen Befruchtung wird das Kindeswohl somit nicht

---

1112 Hierzu s. viertes Kapitel, G, I, 4, a, dd, (2), (d).

gefährdet. Daher beschränkt das Verbot des § 1 Abs. 1 Nr. 2 ESchG in dieser Fallgruppe das Recht des genetischen Vaters auf reproduktive Selbstbestimmung erheblich, während es an einem zu schützenden Rechtsgut fehlt.

Die vom Verbot gem. § 1 Abs. 1 Nr. 2 ESchG bewirkte Ungleichbehandlung der genetischen Eltern ist im Falle der konsentierten postmortalen Befruchtung nicht angemessen. Für diese Fallgruppe ist eine Ausnahmeregelung zu schaffen.

cc. Zwischenergebnis: Verstoß gegen Art. 3 Abs. 1 GG

Da das Kindeswohl im Falle der konsentierten postmortalen Befruchtung nicht gefährdet ist, während das Recht des genetischen Vaters auf reproduktive Selbstbestimmung erheblich beschränkt wird, bewirkt das Verbot gem. § 1 Abs. 1 Nr. 2 ESchG eine Ungleichbehandlung der genetischen Eltern. Der genetische Vater wird durch das Verbot des § 1 Abs. 1 Nr. 2 ESchG mithin in seinem Recht auf Gleichbehandlung gem. Art. 3 Abs. 1 GG verletzt.

c. Ergebnis

Das Verbot gem. § 1 Abs. 1 Nr. 2 ESchG entspricht zwar den Anforderungen des Bestimmtheitsgebotes, jedoch verstößt es im Falle der konsentierten postmortalen Befruchtung gegen das Recht des genetischen Vaters auf Gleichbehandlung gem. Art. 3 Abs. 1 GG. Es ist daher materiell verfassungswidrig.

III. Ungleichbehandlung von 2-PN-Zellen und Embryonen

Die Verbote gem. § 4 Abs. 1 Nr. 3 ESchG und § 1 Abs. 1 Nr. 2 ESchG beziehen sich lediglich auf den Zeitraum vor der Konjugation. Ist die Befruchtung abgeschlossen, steht das ESchG einem Embryotransfer *post mortem* indes grundsätzlich nicht entgegen. Dies beruht darauf, dass der Gesetzgeber mit § 1 Abs. 1 Nr. 2 ESchG kein generelles Verbot der Embryoadoption normieren wollte. Wurde die Kryokonservierung im Embryostadium zu Lebzeiten eines genetischen Elternteils vorgenommen und kann der Embryo nur durch einen Transfer vor einem Absterben bewahrt werden, so ist die Embryoadoption rechtlich möglich. Das Verhindern der gespaltenen Mutterschaft sei nach Ansicht des Gesetzgebers hierbei nachrangig.[1113]

1113 Vgl. BT-Drs. 11/5460, S. 8; Deutscher Ethikrat, Stellungnahme „*Embryospende, Embryoadoption und elterliche Verantwortung*" (2016), S. 34 f.; *Taupitz/Hermes*, NJW 2015, 1802, 1803.

Inwiefern ein Verbot der postmortalen Befruchtung vor einem Erreichen des Embryostadiums sinnvoll ist, ist insbesondere unter Berücksichtigung der Tatsache fraglich, dass die Embryoadoption an ein Empfängerpaar im Falle von Embryonen, die zu Lebzeiten eines genetischen Elternteils kryokonserviert wurden, nach seinem Tod rechtlich möglich ist und auch praktiziert wird.

Demgegenüber steht § 1 Abs. 1 Nr. 2 ESchG der Fortsetzung der Kinderwunschbehandlung entgegen, wenn die genetische Mutter verstorben ist und der genetische Vater die kryokonservierten 2-PN-Zellen nun über die Konjugation hinweg weiterkultivieren und auf eine Wunschmutter transferieren möchte, die das Kind austragen möchte.[1114] Jedoch wäre in diesem Fall zumindest die Zuordnung des Kindes zum genetischen Vater als intendierter Elternteil möglich, der die Kinderwunschbehandlung gemeinsam mit einer Wunschmutter fortsetzt.

Wie bereits erörtert, nimmt der Gesetzgeber an, dass das Auftauen und Weiterkultivieren einer 2-PN-Zelle nach dem Tod eines genetischen Elternteils das Kindeswohl gefährdet. So wird im Falle des § 4 Abs. 1 Nr. 3 ESchG befürchtet, dass sich der Gedanke, von einem Toten abzustammen, negativ auf die Psyche des Kindes auswirken könnte.[1115] Im Falle des § 1 Abs. 1 Nr. 2 ESchG befürchtet der Gesetzgeber demgegenüber, dass sich die gespaltene Mutterschaft negativ auf das Kindeswohl auswirken könnte.[1116]

Selbst wenn im Sinne des Gesetzgebers eine solche zweifelhafte Kindeswohlgefährdung im Falle von 2-PN-Zellen angenommen werden könnte, erscheint es schlichtweg nicht plausibel, dass eine Kindeswohlgefährdung demgegenüber nicht besteht, wenn das Embryostadium noch zu Lebzeiten des verstorbenen genetischen Elternteils erreicht wurde. Allein die Tatsache, dass der Gesetzgeber im ESchG entscheidend auf die Konjugation abstellt, kann nicht bewirken, dass sich die Auswirkungen auf das Kindeswohl im Falle von 2-PN-Zellen und Embryonen gänzlich unterscheiden. Beide Entwicklungsstadien trennen lediglich wenige Stunden. Ob der genetische Elternteil verstorben ist, als das Pronucleusstadium oder das Embryostadium erreicht war, kann für das Kind keinen Unterschied machen. Die vom Gesetzgeber im Rahmen des

---

1114 *Schumann* bezeichnet diese Fallgruppe treffend als „*Stiefembryoadoption*". Hierzu s. *Schumann*, Anm. zu LG Augsburg, FamRZ 2019, 1378, 1379; *Schumann*, in: Beier/Brügge/Thorn/Wiesemann, Assistierte Reproduktion mit Hilfe Dritter (2020), S. 72.

1115 Hierzu s. viertes Kapitel, G, I, 2, a.

1116 Hierzu s. viertes Kapitel, G, II, 1.

§ 1 Abs. 1 Nr. 2 ESchG und des § 4 Abs. 1 Nr. 3 ESchG vorgenommene Differenzierung von 2-PN-Zellen und Embryonen kann daher nicht überzeugen. In beiden Fällen fehlt es zudem an empirischen Belegen für eine Gefährdung des Kindeswohls. Die Ungleichbehandlung von 2-PN-Zellen und Embryonen beruht folglich auf Normen, die einen Schutzzweck verfolgen, der als verfehlt zu bewerten ist und auch in der rechtswissenschaftlichen Literatur vermehrt abgelehnt wird.

Welche Schwierigkeiten die gesetzliche Ungleichbehandlung von 2-PN-Zellen und Embryonen für Reproduktionsmediziner in praktischer Hinsicht mit sich bringt, verdeutlicht die Entscheidung des LG Augsburg zur Spende von 2-PN-Zellen aus dem Jahre 2018. Dort erläuterten die Reproduktionsmediziner, dass eine genaue Bestimmung des Zellstadiums bei einem Transfer nicht immer möglich sei. In manchen Fällen könne lediglich vermutet werden, ob 2-PN-Zellen oder Embryonen übertragen wurden, da zwischen der „*Bestimmung und dem tatsächlichen Einfrieren* […] *aus organisatorischen Gründen etliche Stunden* [lägen], *in denen sich die Eizelle weiterentwickle. In welchem Stadium sie also letztlich tatsächlich eingefroren werde, wisse niemand. Eine nochmalige Bestimmung unmittelbar vor dem Einfrieren gebe es nicht.*“[1117]

Von der differenzierenden Behandlung von 2-PN-Zellen und Embryonen sollte daher abgesehen werden. So empfiehlt auch die *Leopoldina* eine Gleichbehandlung von 2-PN-Zellen und Embryonen hinsichtlich der möglichen Spende.[1118]

IV. Familien- und erbrechtliche Folgefragen

1. Abstammungsrechtliche Zuordnung des postmortal gezeugten Kindes

Verstirbt die genetische Mutter, so bedarf es zur Zeugung des Kindes einer weiteren Frau, auf die der Embryo übertragen wird. Diese gilt gem. § 1591 BGB mit der Geburt des Kindes als rechtliche Mutter. Demgegenüber stellt sich die Frage, ob das Kind dem verstorbenen genetischen Vater rechtlich zugeordnet werden kann. Gem. § 1592 BGB kann die Vaterschaft durch Ehe, Anerkennung oder gerichtliche Feststellung zugeordnet werden. Diese drei Möglichkeiten stehen in einem Ausschließlichkeitsverhältnis zueinander.[1119]

1117 LG Augsburg, BeckRS 2018, 35087, Rn. 35, 28, 30, 62 ff.

1118 *Leopoldina*, Fortpflanzungsmedizin in Deutschland (2019), S. 76.

1119 MüKoBGB/*Wellenhofer*, 8. Aufl. (2020), § 1592, Rn. 16.

a. *Ehelichkeitsvermutung und Vaterschaft bei Auflösung der Ehe durch Tod*

Mit dem Tod eines genetischen Elternteils ist auch die (mögliche) Ehe mit dem anderen intendierten Elternteil aufgelöst. Das Kind kann dem verstorbenen genetischen Vater daher rechtlich nicht gem. § 1592 Nr. 1 BGB zugeordnet werden.[1120]

Jedoch beinhaltet § 1593 BGB, der auch für die Kinderwunschbehandlung *post mortem* Geltung erlangt, die Vorgabe, dass § 1592 Nr. 1 BGB eine entsprechende Anwendung findet, wenn das Kind innerhalb von dreihundert Tagen nach der Auflösung der Ehe durch Tod geboren wird. Sofern eine längere Empfängniszeit feststeht, besteht eine Vaterschaft nach S. 2 auch für den Fall, dass das Kind mehr als dreihundert Tage vor seiner Geburt empfangen wurde.[1121]

b. *Präkonzeptionelle Anerkennung der Vaterschaft*

Darüber hinaus könnte die Möglichkeit bestehen, dass der genetische Vater die Vaterschaft bereits vor seinem Tod gem. §§ 1592 Nr. 2, 1594 BGB präkonzeptionell anerkennt. Die Anerkennung stellt eine Willenserklärung dar, die sich auf die Übernahme der gesetzlichen Folgen der Vaterschaft bezieht.[1122] Hierbei ist die biologische Richtigkeit des Anerkenntnisses grundsätzlich nicht entscheidend.[1123] Die Anerkennung bewirkt, dass eine Vaterschaft von der Geburt an besteht.[1124] Sie muss jedoch zu Lebzeiten erfolgen, da das Recht zur Anerkennung nur bis zum Tod besteht.

Ob eine Anerkennung der Vaterschaft auch präkonzeptionell erfolgen kann, ist hingegen umstritten. Die herrschende Ansicht in der Literatur lehnt dies ab.[1125] So stehe die Anerkennung unter der Bedingung einer späteren Empfängnis und sei daher gem. § 1594 Abs. 3 BGB unwirksam.[1126]

1120 *Velte*, Die postmortale Befruchtung (2015), S. 108.

1121 *Velte*, Die postmortale Befruchtung (2015), S. 108 f.; Spickhoff/*Spickhoff*, Medizinrecht, 4. Aufl. (2022), § 1593 BGB, Rn. 1 ff.

1122 MüKoBGB/*Wellenhofer*, 8. Aufl. (2020), § 1594, Rn. 5; Spickhoff/*Spickhoff*, Medizinrecht, 4. Aufl. (2022), § 1594 BGB, Rn. 1.

1123 MüKoBGB/*Wellenhofer*, 8. Aufl. (2020), § 1592, Rn. 15; Spickhoff/*Spickhoff*, Medizinrecht, 4. Aufl. (2022), § 1592 BGB, Rn. 3; s. auch BGH, NJW 1985, 804.

1124 MüKoBGB/*Wellenhofer*, 8. Aufl. (2020), § 1592, Rn. 15.

1125 Hierzu s. Münch/*Müller-Engels*, Familienrecht in der Notar- und Gestaltungspraxis, 3. Aufl. (2020), § 13, Rn. 19 m.w.N.

1126 *Kirchmeier*, FamRZ 1998, 1281, 1286; *Wehrstedt*, RNotZ 2005, 109, 113; vgl. Staudinger/*Rauscher*, (2011), § 1592 BGB, Rn. 56.

Zudem fehle es an einem Rechtssubjekt, auf das sich die Erklärung beziehen könnte.[1127]

Dem wird entgegengehalten, dass § 1594 Abs. 3 BGB für Fälle der präkonzeptionellen Anerkennung im Rahmen einer (homologen und heterologen) ärztlich assistierten Befruchtung teleologisch zu reduzieren sei. Dies wird damit begründet, dass Abs. 3 einer „*möglichst frühzeitigen Klärung des Personenstands* [diene]. *Vor einer Zeugung* [bestehe] *insoweit aber naturgemäß keinerlei Rechtsunklarheit.*“[1128] Auch eine pränatale Anerkennung der Vaterschaft erfolge unter der aufschiebenden Bedingung, dass ein lebendes Kind geboren wird. Daher könnte in diesem Sinne auch die (aufschiebende) Bedingung der erfolgreichen Befruchtung als zulässig anzusehen sein.[1129]

Da eine präkonzeptionelle Anerkennung der Vaterschaft eindeutig mit der Bedingung einer späteren Empfängnis verknüpft ist, ist diese gem. § 1594 Abs. 3 BGB unwirksam. Für eine teleologische Reduktion dieser Norm besteht kein Bedarf, da die Vaterschaft des genetischen Vaters auch nach dessen Tod festgestellt werden kann.[1130]

c. *Vaterschaftsfeststellung* post mortem

Auch wenn der genetische Vater bereits verstorben ist, kann dessen Vaterschaft gem. § 1600d BGB festgestellt werden, die dann gem. § 1592 Nr. 3 BGB besteht.[1131] Das Feststellungsverfahren bleibt trotz des Todes möglich und statthaft.[1132] Dies hat jedoch zur Folge, dass das Kind erst mit Abschluss des Feststellungsverfahrens rechtlich dem Vater zugeordnet wird, sodass es in seinen ersten Lebensmonaten über keinen rechtlichen Vater verfügt.[1133]

1127 *Kirchmeier*, FamRZ 1998, 1281, 1286, Münch/*Müller-Engels*, Familienrecht in der Notar- und Gestaltungspraxis, 3. Aufl. (2020), § 13, Rn. 19 m.w.N.

1128 Spickhoff/*Spickhoff*, Medizinrecht, 4. Aufl. (2022), § 1594 BGB, Rn. 6.

1129 *Wilms*, RNotZ 2012, 141, 145 f.

1130 Hierzu s. viertes Kapitel, G, IV, 1, c.

1131 MüKoBGB/Wellenhofer, 8. Aufl. (2020), § 1592 BGB, Rn. 21; vgl. MüKoBGB/*Leipold*, 9. Aufl. (2022), § 1924, Rn. 23; *Velte*, Die postmortale Befruchtung (2015), S. 115.

1132 Zum postmortalen Feststellungsverfahren s. MüKoBGB/*Wellenhofer*, 8. Aufl. (2020), § 1600d, Rn. 25 ff.

1133 *Velte*, Die postmortale Befruchtung (2015), S. 115.

2. *Erbrecht des Kindes bei der Kinderwunschbehandlung* post mortem?

Des Weiteren ist zu klären, ob das Kind in Folge der Kinderwunschbehandlung *post mortem* Erbe des verstorbenen genetischen Elternteils wird. So erweist es sich als problematisch, dass eine Befruchtung erst nach dem Tod des genetischen Elternteils erfolgt. Der Wortlaut des § 1923 Abs. 2 BGB spricht hier gegen ein Erbrecht des Kindes („*Wer zur Zeit des Erbfalls noch nicht lebte, aber bereits gezeugt war, gilt als vor dem Erbfall geboren*").[1134]

a. Testamentarische erbrechtliche Berücksichtigung

Eine testamentarische erbrechtliche Berücksichtigung des Kindes ist möglich. So kann der *nondum conceptus* von dem (später verstorbenen) genetischen Elternteil noch zu Lebzeiten gem. § 2101 Abs. 1 BGB als Nacherbe eingesetzt werden. Dadurch kann die Erbschaft gem. § 2106 Abs. 2 S. 1 BGB mit der Geburt anfallen.[1135] In erbrechtlicher Hinsicht ist die Stellung des Kindes im Falle der postmortalen Befruchtung daher sogar besser als bei der Solomutterschaft, da der Vater sein Kind testamentarisch als Nacherben einsetzen kann.

b. Gesetzliches Erbrecht gem. § 1923 Abs. 2 BGB analog?

Umstritten ist jedoch, ob § 1923 Abs. 2 BGB für postmortal gezeugte Kinder analog anwendbar ist. In diesem Fall würde dem Kind in diesem Fall ein gesetzliches Erbrecht zukommen.[1136] Dafür müssten die Voraussetzungen einer Analogie gegeben sein.

aa. Planwidrige Regelungslücke

Dadurch, dass Kinder im Falle einer Kinderwunschbehandlung *post mortem* nicht als Erben im Sinne des § 1923 Abs. 2 BGB gelten, besteht eine

---

1134 *Coester-Waltjen*, Gutachten B für den 56. Deutschen Juristentag (1986), S. B 42; *Neuner*, JuS 2019, 1, 2.; jurisPK-BGB/*M. Schmidt*, 9. Aufl. (30.01.2023), § 1923, Rn. 13.

1135 *Neuner*, JuS 2019, 1, 2.

1136 So unter anderem: MüKoBGB/*Leipold*, 9. Aufl. (2022), § 1923, Rn. 23 ff. m.w.N.; Soergel/*Stein*, 13. Aufl. (2002), § 1923, Rn. 6; *Spranger*, FamRZ 2017, 257, 261; *Neuner*, JuS 2019, 1, 2.

Gegen eine Analogie sprechen sich unter anderem aus: Staudinger/*Otte* (2017), § 1923 BGB, Rn. 24 ff.; Coester-*Waltjen*, Gutachten B zum 56. DJT (1986), S. B 42; vgl. *Schumacher*, FamRZ 1987, 313, 314; *Britting*, Die postmortale Insemination (1989), S. 152 ff.

Regelungslücke. Diese müsste planwidrig sein. Zwar deuten Vorschriften wie die §§ 2101 Abs. 1, 2106 Abs. 2 BGB darauf hin, dass der Gesetzgeber durchaus Überlegungen bezüglich der erbrechtlichen Stellung eines *nondum conceptus* getroffen hat.[1137] Jedoch war es für den damaligen Gesetzgeber wohl kaum vorhersehbar, dass die Kryokonservierung eine zeitliche Entkoppelung zwischen der Befruchtung und dem Embryotransfer ermöglichen würde und infolgedessen Fälle der bewussten postmortalen Befruchtung mit dem Samen eines Verstorbenen aufkommen würden.[1138] Daher ist eine planwidrige Regelungslücke gegeben.

bb. Vergleichbare Interessenlage

Es stellt sich ferner die Frage, ob die Interessenlage von Kindern des verstorbenen genetischen Vaters mit derjenigen von Kindern des Erblassers im Sinne des § 1923 Abs. 2 BGB verglichen werden kann.

Für eine analoge Anwendung des § 1923 Abs. 2 BGB wird in der Literatur vorgebracht, dass ein Versagen der Erbfähigkeit des postmortal gezeugten Kindes einen erheblichen Eingriff in dessen Erbrecht gem. Art. 14 Abs. 1 S. 1 GG i.V.m. Art. 6 Abs. 1 GG darstelle. Auch müsse das Erbrecht von Kindern des verstorbenen genetischen Vaters gem. Art. 3 Abs. 1 GG für alle Kinder des Erblassers gelten, da ansonsten eine Ungleichbehandlung bestünde, für die kein sachlicher Grund vorliege.[1139] Dies entspreche dem hypothetischen Willen des Gesetzgebers.[1140] Es dürfe keine Rolle spielen, ob der genetische Vater während der Befruchtung noch am Leben sei.[1141]

Demgegenüber sprechen sich Teile der Literatur gegen eine Analogie aus: So gelte es zu berücksichtigen, dass in der vom Gesetzgeber gemeinten Fallgruppe des § 1923 Abs. 2 BGB die Geburt des Kindes nur zufällig nach dem Erbfall erfolge, während eine postmortale Zeugung auf die Geburt nach dem Erbfall gerade abziele. Es bestehe somit die Möglichkeit der Manipulation der Erbfolge.[1142] Für die Witwe könne sich eine Motivation zur Durchführung der postmortalen Befruchtung allein daraus ergeben, erbrechtliche Vorteile zu erlangen.[1143] Diese – in der Theorie grundsätzlich nachvollziehbare – Befürchtung dürfte

---

1137 *Britting*, Die postmortale Insemination (1989), S. 153.

1138 Vgl. BeckOK BGB/*Müller-Christmann*, 65. Ed. (01.02.2023), § 1923, Rn. 7.

1139 Vgl. *Velte*, Die postmortale Befruchtung (2015), S. 123 ff.

1140 Soergel/*Stein*, 13. Aufl. (2002), § 1923, Rn. 6.

1141 MüKoBGB/*Leipold*, 9. Aufl. (2022), § 1923, Rn. 24.

1142 Staudinger/*Otte* (2017), § 1923 BGB, Rn. 26a.

1143 *Britting*, Die postmortale Insemination (1989), S. 154.

in der Praxis allerdings kaum relevant sein, da im klassischen Fall einer Kinderwunschbehandlung *post mortem* der gemeinsame Wunsch eines Paares zur Zeugung eines Kindes oder zur Zeugung weiterer Vollgeschwister im Vordergrund steht. Sollten die gesetzlichen Vorgaben zur Kinderwunschbehandlung *post mortem* überarbeitet werden, könnte dieser Befürchtung zudem durch eine genaue Bestimmung der ausschließlichen Zulässigkeit einer konsentierten Kinderwunschbehandlung *post mortem* begegnet werden, sodass der Wille des Verstorbenen eindeutig berücksichtigt werden würde.[1144]

Gegen eine Analogie spreche überdies, dass die Rechtsfolgen der Analogie diejenigen des Abs. 2 weit übersteigen würden: Die Norm beinhalte eine Schwebelage, die dreihundert Tage nach dem Erbfall beendet ist. Demgegenüber ermögliche es die Kryokonservierung, dass die Geburt Kindes im Falle der Kinderwunschbehandlung *post mortem* auch erst Jahre oder Jahrzehnte nach dem Tod des genetischen Vaters erfolgen kann. Dies würde den Wert der Erbenstellung deutlich mindern und für eine große Unsicherheit sorgen.[1145] Jedoch stellt sich dieses Problem nicht, wenn die gesetzlichen Vorgaben zur Kinderwunschbehandlung *post mortem* dahingehend angepasst werden, dass diese nur zeitnah nach dem Tod des genetischen Elternteils vorgenommen werden kann.

Außerdem wird die Notwendigkeit einer Analogie in dieser Fallgruppe aufgrund der Möglichkeit der testamentarischen Erbfolge noch nicht gezeugter Personen gem. §§ 2101 Abs. 1, 2102 BGB angezweifelt.[1146] Allerdings ist die Möglichkeit, als testamentarischer Erbe eingesetzt zu werden nicht mit einem gesetzlichen Erbrecht gem. § 1923 Abs. 2 BGB gleichzusetzen.

Hervorzuheben ist insbesondere das in der Literatur für eine Analogie vorgebrachte Argument, wonach die grundrechtliche Position des Kindes im Falle der Kinderwunschbehandlung *post mortem* gem. Art. 14 Abs. 1 GG i.V.m. Art. 6 Abs. 1 GG im Vergleich zu anderen Kindern in unverhältnismäßiger Weise geschmälert wäre, wenn § 1923 Abs. 2 BGB in diesem Fall nicht anwendbar wäre. Für die dann bestehende Ungleichbehandlung gem. Art. 3 Abs. 1 GG im Vergleich zu anderen Kindern eines Erblassers fehlt es an tragfähigen

---

1144 Zum Regelungsvorschlag bzgl. der Kinderwunschbehandlung *post mortem* s. viertes Kapitel, G, VI.

1145 Staudinger/*Otte* (2017), § 1923 BGB, Rn. 26b f.; *Britting*, Die postmortale Insemination (1989), S. 153 f.; Gegenansicht: vgl. MüKoBGB/*Leipold*, 9. Aufl. (2022), § 1923, Rn. 25.

1146 *Britting*, Die postmortale Insemination (1989), S. 154.

sachlichen Gründen. Ob der Vater vor oder nach der Befruchtung stirbt oder ob er stirbt, während von ihm stammende 2-PN-Zellen eingelagert sind, kann sich nicht zu Lasten der erbrechtlichen Stellung des Kindes auswirken. Vielmehr ist *Leipold* dahingehend beizupflichten, dass „*eine Verpflichtung der Rechtsordnung* [besteht], *jedem Kind eine rechtlich geschützte Verbindung zu seinem Vater und seiner Mutter zu gewähren*".[1147] Daraus ist zwingend ein Erbrecht des Kindes hinsichtlich der Mutter und des Vaters zu folgern.[1148]

Eine vergleichbare Interessenlage mit derjenigen von Kindern des Erblassers im Sinne des § 1923 Abs. 2 BGB liegt daher vor. § 1923 Abs. 2 BGB ist somit auf Kinder im Falle der Kinderwunschbehandlung *post mortem* analog anwendbar, auch wenn diese gem. § 4 Abs. 1 Nr. 3 ESchG sowie gem. § 1 Abs. 1 Nr. 2 ESchG verboten ist.

3. *Ergebnis*

Im Falle der Kinderwunschbehandlung *post mortem* ist eine Zuordnung des Kindes zum genetischen Vater unter der Maßgabe des § 1593 BGB, wonach § 1592 Nr. 1 BGB entsprechend gilt, oder durch gerichtliche Feststellung der Vaterschaft gem. § 1592 Nr. 3 BGB möglich.

Erbrechtlich besteht die Möglichkeit zur testamentarischen Berücksichtigung des Kindes. Zudem ist § 1923 Abs. 2 BGB im Falle der Kinderwunschbehandlung *post mortem* zugunsten des Kindes analog anzuwenden.

V. Forderungen nach einer gesetzlichen Neuregelung und internationaler Vergleich

1. *Forderung eines Tätigwerdens des Gesetzgebers in Wissenschaft und Praxis*

In der rechtswissenschaftlichen Literatur wird vielfach gefordert, dass die Normen zur postmortalen Befruchtung verändert werden sollten. So erachtet *Müller-Terpitz* das Verbot der postmortalen Befruchtung als „*rechtspolitisch fragwürdig* […] *wenn nicht gar verfassungswidrig* […] *und seit den Entscheidungen des OLG Rostock sowie des OLG Karlsruhe zudem nicht frei von Wertungswidersprüchen* […]. [§ 4 Abs. 1 Nr. 3 ESchG] *sollte vom Gesetzgeber deshalb dringend überdacht und reformiert werden*".[1149] *Velte* und *Taupitz* werten das

---

1147 MüKoBGB/*Leipold*, 9. Aufl. (2022), § 1923, Rn. 24.

1148 So bereits BeckOGK/*Tegelkamp* (01.01.2023), § 1923 BGB, Rn. 42.

1149 Spickhoff/*Müller-Terpitz*, Medizinrecht, 4. Aufl. (2022), § 4 ESchG, Rn. 4.

Verbot der postmortalen Befruchtung im Zusammenhang des § 4 ESchG als nicht passend, da es – anders als Abs. 1 Nr. 1, 2 – primär dem Schutz des Kindeswohles diene.[1150] *Dorneck* zufolge fehle es an überzeugenden Argumenten zur Aufrechterhaltung des Verbotes. „*Der Gesetzgeber sollte daher das Verbot aufheben*".[1151]

Ein Verbot sollte *Inthorn* und *Pisani* zufolge in Fällen der postmortalen Befruchtung ohne den Willen des verstorbenen genetischen Vaters bestehen.[1152] Jedoch sollte nach Ansicht von *Velte* die konsentierte postmortale Befruchtung zugelassen werden. Überdies sollte das Verbot generell nicht in einem Gesetz zum Schutz von Embryonen aufgeführt werden, sondern das ESchG vielmehr einer Überarbeitung unterzogen werden und zumindest Normen, welche nicht tatsächlich dem Embryonenschutz dienen, in einem anderen Gesetz aufgeführt werden.[1153] *Müller-Terpitz* ist der Ansicht, dass es bei einer Gesetzesreform einer Konkretisierung der Voraussetzungen bedarf, unter denen die Möglichkeit einer derartigen Maßnahme besteht. Hierbei könnten gegebenenfalls zeitliche Begrenzungen in Betracht kommen. Das Selbstbestimmungsrecht könnte dadurch geschützt werden, dass das Erfordernis einer informierten Einwilligung der genetischen Eltern in die Kinderwunschbehandlung *post mortem* eingeführt wird.[1154]

Die *Leopoldina* schlägt vor, dass grundsätzlich ein Verbot für die Embryoadoption bestehen sollte, wenn ein genetischer Elternteil oder beide genetischen Eltern gestorben sind. Hiervon solle jedoch eine Ausnahme gemacht werden können, wenn seit dem Tod nur eine vom Gesetzgeber bestimmte Frist über wenige Jahre vergangen ist, eine Einwilligung des überlebenden genetischen Elternteils vorliegt und der Wille des verstorbenen Elternteils dem nicht zuwider ist.[1155]

1150 *Velte*, Die postmortale Befruchtung (2015), S. 29; Günther/Taupitz/Kaiser/*Taupitz*, ESchG, 2. Aufl. (2014), C, § 4, Rn. 31. Kritik an der Systematik des Verbots findet sich ferner in: *Jung*, JuS 1991, 431, 433.

1151 *Dorneck*, Das Recht der Reproduktionsmedizin (2018), S. 174.

1152 *Inthorn/Pisani*, Anm. zu OLG München, MedR 2018, 419, 421.

1153 *Velte*, Die postmortale Befruchtung (2015), S. 30, 273, These IV.1.3.

1154 *Müller-Terpitz*, ZRP 2016, 51, 54. Für strenge Formerfordernisse der Einwilligungserklärung des Mannes spricht sich auch *Velte* aus: *Velte*, Die postmortale Befruchtung (2015), S. 273, These IV, 1.3.

1155 *Leopoldina*, Fortpflanzungsmedizin in Deutschland (2019), S. 76 f.

2. *Internationaler Vergleich*

Anders als in Deutschland ist die Kinderwunschbehandlung *post mortem* unter anderem in England, Griechenland, Belgien, Spanien und Portugal erlaubt.[1156] So knüpft das spanische Recht eine Erlaubnis an die Vorgaben, dass eine Zustimmung des Verstorbenen vor dessen Tod erfolgt ist und die Behandlung innerhalb einer vorgegebenen Frist vorgenommen wird.[1157]

Demgegenüber verbietet das Schweizer Recht die Verwendung von Keimzellen nach dem Tod des genetischen Elternteils gem. Art. 3 Abs. 4 S. 1 FMedG sowie die Fortsetzung der Kinderwunschbehandlung *post mortem* für imprägnierte Eizellen und Embryonen *in vitro* nach dem Tod eines genetischen Elternteils nach Abs. 5. Erlaubt ist hingegen eine postmortale Verwendung von Keimzellen nach dem Tod des Samenspenders im heterologen Verfahren, Art. 3 Abs. 4 S. 2 FMedG.

In Österreich kann eine Kryokonservierung von Keimzellen und „*entwicklungsfähigen Zellen*" nur bis zum Tod des genetischen Elternteils erfolgen, § 17 Abs. 1 S. 1 FMedG.

VI. Regelungsvorschlag *de lege ferenda*

Es bedarf der Normierung einer Vorschrift zur Kinderwunschbehandlung *post mortem* in einem Fortpflanzungsmedizingesetz. Grundsätzlich sollte die postmortale Verwendung kryokonservierter Keimzellen, 2-PN-Zellen und Embryonen im Rahmen einer Kinderwunschbehandlung verboten sein, sofern keine Einwilligung des verstorbenen genetischen Elternteils hierzu vorliegt. Eine Verwendung gegen oder ohne den Willen des Verstorbenen wäre demnach unter Berücksichtigung des postmortalen Persönlichkeitsrechts ausgeschlossen.

Dieses Verbot sollte jedoch als präventives Verbot mit Erlaubnisvorbehalt normiert werden. Eine Ausnahmeregelung sollte für Fälle der konsentierten postmortalen Befruchtung im homologen Verfahren geschaffen werden. Verstirbt der genetische Vater oder die genetische Mutter, sollte die Möglichkeit bestehen, dass der andere intendierte Elternteil die Kinderwunschbehandlung mit den kryokonservierten Keimzellen, 2-PN-Zellen oder Embryonen fortsetzen kann, sofern der bzw. die Verstorbene hierzu zu Lebzeiten eingewilligt hat.

1156 *Dethloff*, in: Dethloff, Familienrecht, 33. Aufl. (2022), § 10, Rn. 115; hierzu auch *Schumann*, in: Beier/Brügge/Thorn/Wiesemann, Assistierte Reproduktion mit Hilfe Dritter (2020), S. 86, Fn. 107.

1157 *Velte*, Die postmortale Befruchtung (2015), S. 174 ff., 181 ff.

Ist die genetische Mutter verstorben, bedarf es einer weiteren Frau, die damit einverstanden ist, dass von der Verstorbenen stammende Embryonen auf sie transferiert werden.

An diese Ausnahme sollten enge Voraussetzungen geknüpft werden. Einerseits sollte eine zeitliche Komponente zu berücksichtigen sein. Dem intendierten Elternteil sollte eine gewisse Zeit zum Trauern zugestanden werden, ehe über die Fortsetzung der Kinderwunschbehandlung zu entscheiden ist. Der Zeitraum zur Fortsetzung der Kinderwunschbehandlung *post mortem* sollte jedoch limitiert werden, sodass diese lediglich innerhalb weniger Jahre nach dem Tod des genetischen Elternteils möglich sein sollte. In Betracht kommt ein Zeitraum von drei Jahren.

Die informierte Einwilligung in die Fortsetzung der Kinderwunschbehandlung mit den eigenen Keimzellen, 2-PN-Zellen oder Embryonen nach dem eigenen Tod sollte zudem an bestimmte Formerfordernisse geknüpft werden. Unter Berücksichtigung der Tragweite der Entscheidung erscheint eine notarielle Beurkundung angemessen.[1158] Auch sollte für die Fallgruppe der konsentierten postmortalen Befruchtung für beide intendierte Elternteile die Möglichkeit einer psychosozialen Beratung geschaffen werden. Dies würde sich dahingehend auswirken, dass eine überlegte Entscheidung zur Fortsetzung der Kinderwunschbehandlung getroffen werden kann.

H. Umgang mit überzähligen Keimzellen, 2-PN-Zellen und Embryonen

Wird eine Kinderwunschbehandlung unter Berücksichtigung der Vorgaben des ESchG anhand der „*Dreierregel*" oder dem „*Deutschen Mittelweg*" durchgeführt, verbleiben oftmals 2-PN-Zellen und Embryonen, die nicht weiterkultiviert und auf die genetische Mutter transferiert wurden.[1159] Zudem können sich die intendierten Eltern auch endgültig gegen eine Verwendung der von ihnen stammenden kryokonservierten 2-PN-Zellen und Embryonen zur Herbeiführung einer Schwangerschaft entscheiden. Die kryokonservierten 2-PN-Zellen

1158 Eine notarielle Beurkundung soll einen Schutz vor Übereilung gewährleisten und beinhaltet ferner eine Warnfunktion für die Beteiligten. Ferner kommt der Beurkundung eine sog. Beratungs- und Schutzfunktion zu, die sich auf den Inhalt des Vertrages bezieht, MüKoBGB/*Ruhwinkel*, 9. Aufl. (2022), § 311b BGB, Rn. 2.

1159 Zum Aufkommen überzähliger Embryonen s. *Sanders*, Mehrelternschaft (2018), S. 269. Zur „*Dreierregel*" und dem Deutschen Mittelweg s. zweites Kapitel, A, VII, 1 sowie viertes Kapitel, E, I, 2, b.

und Embryonen sind in diesen Fällen überzählig. Im Falle kryokonservierter Keimzellen kann sich der genetische Vater bzw. die genetische Mutter ebenfalls gegen eine Verwendung des Kryogutes im Rahmen einer Kinderwunschbehandlung entscheiden, sodass diese überzählig sind. Auch können beispielsweise überzählige Eizellen entstehen, wenn einer Frau infolge einer hormonellen Stimulation für eine *In-vitro*-Fertilisation mehr Eizellen entnommen wurden, als ihr wieder übertragen werden können.[1160]

Mit der Verwendung des Wortes *„überzählig"* wird *Lehmann* zufolge eine die Embryonen abwertende Haltung vermittelt. Damit könne die Assoziation aufkommen, die Embryonen sollten einen Zweck erfüllen und seien nun nicht mehr *„verwendbar"*.[1161] *Spranger* beschreibt die Problematik bzgl. des Umganges mit überzähligen Embryonen als *„Dilemma"*: Es sei kaum realisierbar, überzählige Embryonen auf eine ethisch-rechtlich vollkommen unbedenkliche Weise zu handhaben.[1162] Die Gefahr eines Missbrauches überzähliger Embryonen liegt auf der Hand.[1163]

Das ESchG regelt den Umgang mit überzähligen Embryonen nur punktuell, indem es in § 2 ESchG die Verwendung von Embryonen zu anderen Zwecken als der Fortpflanzung verbietet.[1164] Es mangelt diesbezüglich an genaueren gesetzlichen Vorgaben.[1165] Überwiegend werden vier Umgangsmöglichkeiten mit überzähligen Embryonen diskutiert: Die Kryokonservierung, das Sterbenlassen, die Freigabe zur Embryoadoption oder die Verwendung für Forschungszwecke.[1166] Mit Ausnahme der Embryoadoption führen diese Möglichkeiten jedoch letztlich dazu, dass die überzähligen Embryonen (wenn auch zu einem ungewissen

---

1160 Günther/Taupitz/Kaiser/*Taupitz*, ESchG, 2. Aufl. (2014), C, § 1 Abs. 1 Nr. 1, Rn. 2.

1161 *Lehmann*, Die *In-vitro*-Fertilisation und ihre Folgen (2008), S. 121. Weitere Nachweise zu den unterschiedlichen Bezeichnungen für überzählige Embryonen finden sich in *Choi*, Der Umgang mit überzähligen Embryonen in Deutschland und Südkorea (2009), S. 150, Fn. 580.

1162 *Spranger*, FamRZ 2017, 257, 258.

1163 Hierzu *Schächinger*, Menschenwürde und Menschheitswürde (2014), S. 123.

1164 Laufs/Katzenmeier/Lipp/*Lipp*, Arztrecht, 8. Aufl. (2021), VIII, Rn. 18.

1165 Günther/Taupitz/Kaiser/*Günther*, ESchG, 2. Aufl. (2014), B, Rn. 78; *Choi*, Der Umgang mit überzähligen Embryonen in Deutschland und Südkorea (2009), S. 149.

1166 *Wohn*, Medizinische Reproduktionstechniken und das neue Abstammungsrecht (2001), S. 99; *Spranger*, FamRZ 2017, 257, 258; *Schächinger*, Menschenwürde und Menschheitswürde (2014), S. 124; Clausen/Schroeder-Printzen/*Makoski*, Münchener Anwaltshandbuch Medizinrecht, 3. Aufl. (2020), § 19, Rn. 23 ff.

Zeitpunkt in der Zukunft) sterben. Daher wird für diese mitunter auch der Begriff der „*todgeweihten*" oder „*verwaisten*" Embryonen verwendet.

Es stellt sich jedoch nicht nur die Frage, wie mit überzähligen Embryonen umzugehen ist, sondern ebenso, welche Umgangsmöglichkeiten bezüglich überzähliger Keimzellen und 2-PN-Zellen bestehen. Auch hierbei kommen die Kryokonservierung, das Verwerfen, die 2-PN-Zell-Adoption, die Keimzellspende oder die Verwendung für Forschungszwecke in Betracht.

Sowohl die Kryokonservierung[1167] als auch das Verwerfen[1168] von Keimzellen und 2-PN-Zellen bzw. das Sterbenlassen von Embryonen wurde in dieser Arbeit bereits untersucht. Daher betreffen die Ausführungen in diesem Abschnitt die Embryoadoption, die 2-PN-Zell-Adoption, die Keimzellspende sowie die Verwendung überzähliger Keimzellen, 2-PN-Zellen und Embryonen für Forschungszwecke.

I. Embryoadoption, 2-PN-Zell-Adoption und Keimzellspende

Mit der Freigabe überzähliger Keimzellen, 2-PN-Zellen und Embryonen an ein Wunschelternpaar bzw. eine Wunschmutter lässt sich ein Verwerfen bzw. Sterbenlassen des Keimgutes verhindern, während dem empfangenen Wunschelternpaar bzw. der Wunschmutter zur Erfüllung des Kinderwunsches verholfen werden kann. Während sowohl eine Samenspende als auch eine Embryoadoption rechtlich möglich ist, verbietet das ESchG die Spende von Eizellen und die 2-PN-Zell-Adoption gänzlich. Vermehrt kommen jedoch Stimmen auf, welche die an der geltenden Rechtslage bestehenden Zweifel verstärken.

1. Embryoadoption

a. Geltende Rechtslage

Überzählige Embryonen können durch eine Embryoadoption an ein Wunschelternpaar übertragen werden. Wie bereits erörtert, ist dies in Deutschland nach den Regelungen des ESchG nicht ausdrücklich verboten. So bezieht der Gesetzgeber das Verbot des § 1 Abs. 1 Nr. 2 ESchG jedenfalls nicht auf die Fallgruppe der Adoption ungewollt überzähliger Embryonen.[1169]

1167 Hierzu s. viertes Kapitel, E, I.

1168 Hierzu s. viertes Kapitel, E, II.

1169 BT-Drs. 11/5460, S. 8; vertiefend hierzu Günther/Taupitz/Kaiser/*Günther*, ESchG, 2. Aufl. (2014), C, § 2, Rn. 44; *Schumann*, MedR 2014, 736, 738; *Müller-Terpitz*, ZRP 2016, 51, 53; *Brewe*, Embryonenschutz und Stammzellgesetz (2006), S. 88 m.w.N.

Die Zulässigkeit einer Embryoadoption ergibt sich insbesondere aus § 2 Abs. 1 ESchG. Das in dieser Norm enthaltende Verbot ist auf Zwecke gerichtet, die nicht der Erhaltung des Embryos dienen, während ein Embryotransfer die Weiterentwicklung des Embryos ermöglicht.[1170] Die Übertragung erfolgt somit zur Rettung des Embryos.[1171] Es besteht daher keine unbewusste Strafbarkeitslücke.[1172] Zwar wird die gespaltene Mutterschaft zwischen der genetischen Mutter und der austragenden Wunschmutter generell als nicht wünschenswert erachtet,[1173] die Rettung des Embryos habe jedoch Vorrang.[1174] In diesem Sinne erachtet auch *Sales* die Freigabe überzähliger Embryonen zur Embryoadoption *„als die gangbarste und menschlichste unter allen von der Wissenschaft vorgestellten Optionen.“*[1175]

Die Entscheidung über die Freigabe kryokonservierter überzähliger Embryonen betrifft die genetischen Eltern (homologes Verfahren) bzw. die genetische Mutter (heterologes Verfahren) in ihrem Recht auf reproduktive Selbstbestimmung gem. Art. 2 Abs. 1 GG i.V.m. Art. 1 Abs. 1 GG und den Wunschelternteil in seinem Recht auf Familiengründung gem. Art. 6 Abs. 1 GG. Jedoch ist die Willenserklärung zur Freigabe der Embryonen an ein Wunschelternpaar bzw. eine Wunschmutter kein Teil des ursprünglichen Behandlungsvertrages i.S.d. § 630a Abs. 1 BGB. Grund hierfür ist, dass sich der Vertrag über die Freigabe der Embryonen zur Embryoadoption nicht auf eine medizinische Behandlung im Interesse der intendierten Eltern richtet.[1176] Die Freigabe der Embryonen hängt nicht mit der ursprünglichen Kinderwunschbehandlung der intendierten Eltern zusammen.

Hierbei wird in Deutschland in der Praxis vielmehr eine neue Vereinbarung zwischen den (vorigen) intendierten Eltern und dem Netzwerk Embryonenspende e.V. geschlossen. Den Angaben auf der Website des Netzwerks

---

1170 *Taupitz/Hermes*, NJW 2015, 1802, 1803.

1171 *Leopoldina*, Fortpflanzungsmedizin in Deutschland (2019), S. 75.

1172 *Schumann*, MedR 2014, 736, 738. Unter Berücksichtigung der Vorgaben von § 1 Abs. 1 Nr. 6 ESchG können jedoch lediglich *in vitro* befindliche Embryonen zur Embryoadoption freigegeben werden, Spickhoff/*Müller-Terpitz*, Medizinrecht, 4. Aufl. (2022), § 1 ESchG, Rn. 8.

1173 *Brewe*, Embryonenschutz und Stammzellgesetz (2006), S. 88.

1174 *Taupitz/Hermes*, NJW 2015, 1802, 1803 m.w.N.

1175 *Sales*, Überzählige Embryonen in der Reproduktionsmedizin (2014), S. 107.

1176 Zum Behandlungsvertrag im Rahmen der Kinderwunschbehandlung s. Laufs/Katzenmeier/Lipp/*Lipp*, Arztrecht, 8. Aufl. (2021), VIII, Rn. 36 ff.; viertes Kapitel, B, I.

Embryonenspende e.V. zufolge handelt es sich bei dieser Vereinbarung um einen notariellen Rahmenvertrag.[1177] In Rahmenverträgen werden neben den Grundlagen des weiteren Vertragsverhältnisses oftmals auch grundlegende Rechte und Pflichten der Vertragsparteien bestimmt.[1178]

b. Forderung nach gesetzlicher Klarheit

Der Deutsche Ethikrat hat im Jahre 2016 empfohlen, einfachgesetzlich insbesondere das Verfahren zur Auswahl der Wunscheltern, die Abgabe und Übernahme der elterlichen Rechte und Pflichten sowie die Sicherstellung des Rechts des Kindes auf Kenntnis der eigenen Abstammung zu normieren.[1179] Auch für den Fall, dass die Embryoadoption entgegen den Willen eines genetischen Elternteils erfolgen soll, fehle es an gesetzlichen Vorgaben.[1180]

Einen Handlungsbedarf des Gesetzgebers bestätigte im Jahre 2019 zudem die *Leopoldina*. Hiernach sollte unter anderem die Entscheidung über eine Embryoadoption, die nicht kommerziell erfolgen dürfe, den genetischen Eltern zukommen, wobei die Zustimmung beider genetischer Eltern zum Zeitpunkt des Embryotransfers erforderlich sein sollte. Darüber hinaus sei für den Entscheidungsprozess über die Freigabe der Embryonen die Möglichkeit einer psychosozialen Beratung zu schaffen. Auch sollten die Wunscheltern mit der Geburt des Kindes die rechtliche Elternschaft erlangen, wobei eine Anfechtung durch das Spenderpaar auszuschließen sei. Ferner sollte das Recht des Kindes auf Kenntnis der eigenen Abstammung im Falle einer Embryoadoption dadurch gesichert werden, dass das Samenspenderregister auf diese Fallgruppe erweitert wird.[1181] Insgesamt kommen in der rechtswissenschaftlichen Literatur vermehrt Stimmen auf, die sich für eine einfachgesetzliche Normierung der Voraussetzungen und familienrechtlichen Folgen der Embryoadoption aussprechen.[1182]

1177 https://www.netzwerk-embryonenspende.de/Haeufig_gestellte_Fragen_zur_Embryonenspende_in_Deutschland.pdf (zuletzt aufgerufen am 27.03.2023).

1178 BeckOGK/*Herresthal* (15.01.2023), § 311 BGB, Rn. 67 m.w.N.

1179 Deutscher Ethikrat, Stellungnahme „*Embryospende, Embryoadoption und elterliche Verantwortung*" (2016), S. 126 ff.

1180 Deutscher Ethikrat, Stellungnahme „*Embryospende, Embryoadoption und elterliche Verantwortung*" (2016), 65 f. m.w.N.

1181 *Leopoldina*, Fortpflanzungsmedizin in Deutschland (2019), S. 77.

1182 Spickhoff/*Müller-Terpitz*, Medizinrecht, 4. Aufl. (2022), § 1 ESchG, Rn. 8; *Müller-Terpitz*, ZRP 2016, 51; Günther/Taupitz/Kaiser/*Günther*, ESchG, 2. Aufl. (2014), C, § 2, Rn. 44; unter Bezugnahme auf Prinzipien des Adoptionsrechts, *Schumann*, MedR 2014, 736, 739 ff.; *Lipp*, in: Laufs/Katzenmeier/Lipp, Arztrecht, 8. Aufl.

Bedenken werden jedoch dahingehend geäußert, dass Bemühungen, überzählige Embryonen nicht entstehen zu lassen, aufgrund der rechtlich möglichen Embryoadoption unterlaufen werden könnten.[1183] Eine Tätigkeit des Gesetzgebers zeichnet sich zumindest hinsichtlich der Feststellung der Vaterschaft des genetischen Vaters im Falle einer Embryoadoption ab. So beinhaltet der Diskussionsteilentwurf des BMJV in § 1598c BGB Abs. 1 S. 2 Reg-E die Vorgabe, dass der „*Mann, mittels dessen Samen der Embryo im Fall der Embryospende entstanden ist*", als Samenspender gilt und schließt diesen somit von einer Feststellung der Vaterschaft aus.[1184]

c. *Gesetzlicher Regelungsbedarf*

Wie bereits von zahlreichen Stimmen der Literatur gefordert, sollte der Gesetzgeber genaue Vorgaben für die Embryoadoption schaffen.

aa. *Einwilligungserfordernis der intendierten Eltern*

Ein gesetzlicher Regelungsbedarf besteht vor allem hinsichtlich der Einwilligungserfordernisse der intendierten Eltern.

Die Entscheidung über die Freigabe überzähliger Embryonen an ein Wunschelternpaar ist mit der Kryokonservierung eng verknüpft, da hierbei die Persönlichkeitsrechte der intendierten Eltern betroffen sind. So ergeben sich die Entscheidungsbefugnisse der genetischen Eltern (homologes Verfahren) bzw. der genetischen Mutter (heterologes Verfahren) aus dem Recht auf reproduktive Selbstbestimmung.

Sollte die genetische Mutter die ursprüngliche Kinderwunschbehandlung, aus der die überzähligen Embryonen stammen, gemeinsam mit einem Wunschelternteil durchgeführt haben, so ist dieser bei der Entscheidung über die Freigabe der Embryonen zur Embryoadoption in seinem Recht auf Familiengründung betroffen. Zwar kann er sich hinsichtlich der Embryonen nur auf das Recht auf Familiengründung berufen, solange die Paarbeziehung mit der genetischen Mutter fortbesteht bzw. beide eine gemeinsame Elternschaft anstreben. Jedoch betrifft ihn diese Entscheidung in vergleichbarer Weise wie die Entscheidung bzgl. des Verwerfens der Embryonen: Sollte die Freigabe

---

(2021), VIII, Rn. 18; ausführliche Vorschläge *de lege ferenda* finden sich auch in *Zimmermann*, Reproduktionsmedizin und Gesetzgebung (2011), S. 154 ff.

1183 *Zimmermann*, Reproduktionsmedizin und Gesetzgebung (2011), S. 153 m.w.N.

1184 BMJV, Diskussionsteilentwurf – Entwurf eines Gesetzes zur Reform des Abstammungsrechts (13.03.2019), S. 9.

erfolgen, können die Embryonen nicht mehr zur Herbeiführung einer Schwangerschaft bei der genetischen Mutter verwendet werden, sodass sich dies unmittelbar auf die Familiengründung mit der genetischen Mutter auswirkt. Es sollte daher einfachgesetzlich bestimmt werden, dass die Embryoadoption nur erfolgen kann, wenn die intendierten Eltern ihre Einwilligung hierzu erteilt haben. Diese Einwilligungen sollten bis zur Vornahme des Embryotransfers widerrufen werden können.

Sind sich die intendierten Eltern über die Freigabe überzähliger Embryonen zur Embryoadoption indes nicht einig, sollte sowohl im homologen als auch im heterologen Verfahren keine Embryoadoption möglich sein. Entscheidend ist hierbei die negative Ausprägung des Rechts auf reproduktive Selbstbestimmung. Die von einem genetischen Elternteil stammenden Embryonen sollten nicht gegen dessen Willen an ein Wunschelternpaar zur Embryoadoption freigegeben werden können. Auch im heterologen Verfahren sollte dies für die genetische Mutter gelten. Jedoch sollte eine Embryoadoption ebenfalls nicht gegen den Willen des Wunschelternteils erfolgen können. Obwohl dieser keine genetische Verbindung zu den Embryonen aufweist, sind seine persönlichkeitsrechtlichen Interessen – solange er diesbezüglich Träger des Rechts auf Familiengründung ist – gleichwertig zu berücksichtigen. Dafür spricht, dass er die Kinderwunschbehandlung, der die überzähligen Embryonen entstammen, gemeinsam mit der genetischen Mutter durchgeführt hat. Überzählige Embryonen sollten mithin sowohl im homologen als auch im heterologen Verfahren nur konsentiert, nicht jedoch gegen den Willen eines intendierten Elternteils zur Embryoadoption an ein Wunschelternpaar freigegeben werden können.

Bei einer fehlenden Einigkeit der intendierten Eltern über die Freigabe der überzähligen Embryonen zur Embryoadoption sollte (dem Regelungsvorschlag zum Verwerfen kryokonservierter 2-PN-Zellen und Embryonen entsprechend)[1185] eine „*cooling-off*"-Periode von einem Jahr eintreten. Den intendierten Eltern sollte innerhalb dieser Jahresfrist die Möglichkeit zur Einigung über den weiteren Umgang mit den überzähligen Embryonen gegeben werden. Können sich die intendierten Eltern innerhalb der Frist einigen, sollte die „*cooling-off*"-Periode enden. Fehlt es nach Fristablauf hingegen an einem Konsens der intendierten Eltern, sollten die überzähligen Embryonen sterben gelassen werden.

Den intendierten Eltern sollte hierbei der Zugang zu einer psychosozialen Beratung gewährt werden, damit diese eine überlegte Entscheidung über die Freigabe der Embryonen treffen können.

1185 Zum Regelungsvorschlag siehe viertes Kapitel, C, III, 3.

bb. Erweiterung des Samenspenderregisters und rechtliche Elternschaft der Wunscheltern

Der Gesetzgeber hat die aus einer Embryoadoption stammenden Kinder bisher nicht berücksichtigt. Da sich das Samenspenderregistergesetz (SaRegG) auf diese nicht bezieht, können die Kinder aus dem Register keine Auskunft bzgl. ihrer Abstammung erhalten.[1186] Wie es bereits die *Leopoldina* gefordert hat, sollte das Samenspenderregister auf Fälle der Embryoadoption erweitert werden. Nur so lässt sich das Recht des Kindes auf Kenntnis der eigenen Abstammung absichern. § 1600d Abs. 4 BGB sollte ebenfalls auf die Embryoadoption erstreckt werden.

Der *Leopoldina* und auch dem Deutschen Ethikrat ist schließlich noch dahingehend zuzustimmen, dass es gesetzlich festgelegt werden sollte, dass die Wunscheltern mit der Geburt des Kindes auch die rechtliche Elternschaft erlangen und eine Anfechtungsmöglichkeit durch die intendierten Eltern sowie die Wunscheltern ausgeschlossen wird.

2. 2-PN-Zell-Adoption

a. Geltende Rechtslage

Die Spende überzähliger 2-PN-Zellen ist gem. § 1 Abs. 1 Nr. 2 ESchG verboten.[1187] Ein Verstoß hiergegen wird mit Freiheitsstrafe bis zu drei Jahren oder mit Geldstrafe bestraft. Wie bereits erörtert, beruht dies darauf, dass das Tatbestandsmerkmal des Unternehmens, eine Eizelle „*künstlich zu befruchten*“, insbesondere aus Gründen der Gesetzessystematik dahingehend zu verstehen ist, dass hierfür ein vollständiges Befruchten, also eine Konjugation, zu erfolgen hat.[1188] Demnach unterfällt das Auftauen und Weiterkultivieren überzähliger 2-PN-Zellen zum Zwecke der Herbeiführung einer Schwangerschaft bei

---

1186 *Schumann*, in: Beier/Brügge/Thorn/Wiesemann, Assistierte Reproduktion mit Hilfe Dritter (2020), S. 85 f.

1187 *Taupitz/Hermes*, NJW 2015, 1802, 1804 ff.; vgl. Günther/Taupitz/Kaiser/*Günther*, ESchG, 2. Aufl. (2014), C, § 1 Abs. 1 Nr. 2, Rn. 10; *Grziwotz*, notar 2018, 163, 164; *Frister/Börgers*, in: Frister/Olzen, Reproduktionsmedizin, 1. Aufl. (2010), S. 113; vgl. Deutscher Ethikrat, Stellungnahme „*Embryospende, Embryoadoption und elterliche Verantwortung*“ (2016), S. 125.

1188 Würde man die Imprägnation der Eizelle als Befruchtung ansehen, liefe § 1 Abs. 2 ESchG nach Ansicht von *Taupitz* leer und die strafbare Handlung wäre gänzlich von § 1 Abs. 1 Nr. 2 ESchG erfasst, *Taupitz/Geisthövel et al.*, Journal für Reproduktionsmedizin und Endokrinologie 2015 – 12 (2), 42, 53.

einer anderen Frau als der genetischen Mutter dem Anwendungsbereich des § 1 Abs. 1 Nr. 2 ESchG, da der Befruchtungsvorgang im Pronucleusstadium noch nicht abgeschlossen ist.[1189]

Warum ein solches Verbot insbesondere zum Schutze des Kindeswohls vor den befürchteten Folgen einer gespaltenen Mutterschaft normiert wurde, kann indes durchaus in Frage gestellt werden, insbesondere da diese Befürchtung – wie bereits erörtert – wissenschaftlich nicht belegt ist und berechtigterweise vielfach angezweifelt wird.[1190]

In Deutschland wurden bereits zahlreiche Spenden von 2-PN-Zellen vorgenommen. So vermittelte das *Netzwerk Embryonenspende e.V.* bereits 125 Embryonen und 2-PN-Zellen an Empfängerpaare, um deren Kinderwunsch zu erfüllen. Hiermit konnten 28 Kinder geboren werden.[1191] Die Mitglieder des Vereins hatten sich vor der Vereinsgründung von einem zwischenzeitlichen Vereinsmitglied, einer Rechtsprofessorin, eine rechtliche Beratung bzgl. der Embryoadoption und der 2-PN-Zell-Adoption eingeholt, wonach dieses Vorgehen rechtlich unbedenklich sei.[1192] Nachdem die Vermittlung der 2-PN-Zellen jedoch strafrechtliche Konsequenzen mit sich brachte,[1193] hat das Netzwerk die 2-PN-Zell-Adoption ausgesetzt.[1194]

Angeklagt waren zwei Ärzte, die Mitglieder des Netzwerks Embryonenspende e.V. sind. Die Ärzte hatten zahlreiche Kinderwunschbehandlungen durchgeführt und hierbei entstandene überzählige 2-PN-Zellen und Embryonen – dem

---

1189 So *Taupitz* und *Frister* in *Taupitz/Geisthövel et al.*, Journal für Reproduktionsmedizin und Endokrinologie – 12 (2), 42, 53 f. Anders hingegen *Frommel* in *Taupitz/Geisthövel et al.*, Journal für Reproduktionsmedizin und Endokrinologie 2015 – 12 (2), 42, 52: Die Freigabe überzähliger 2-PN-Zellen sei gesetzlich nicht geregelt und demnach auch nicht verboten. Beim Befruchten und Imprägnieren sei vielmehr der Vorsatz zu Beginn der Befruchtungskaskade entscheidend. Eine vollendete Befruchtung sei bereits erfolgt, wenn 2-PN-Zellen entstehen, die bis zur Syngamie weiterkultiviert werden sollen. Der „*Gesinnungswandel*" zur Spende komme erst nach einer zeitlich erheblichen Zäsur nach Abschluss der Kinderwunschbehandlung. Erst jetzt seien die genetischen Eltern ein Spenderpaar.

1190 Zu den Erwägungen des Gesetzgebers s. BT-Drs. 11/5460, S. 7 f. Hierzu s. viertes Kapitel, G, II, 1, b.

1191 *Leopoldina*, Fortpflanzungsmedizin in Deutschland (2019), S. 76 m.w.N.

1192 *Ratzel*, Anm. zu BayObLG, GuP 2021, 75, 76.

1193 BayObLG, BeckRS 2020, 32545; Vorinstanzen: AG Dillingen, Urt. v. 20.03.2018, Az. 306 Cs 202 Js 143548/17 (2), LG Augsburg, BeckRS 2018, 35087.

1194 *Leopoldina*, Fortpflanzungsmedizin in Deutschland (2019), S. 76.

Willen der intendierten Eltern entsprechend – auf Wunschmütter transferiert. In mehreren Fällen hatten sie keine Kenntnis von dem genauen Entwicklungsstadium der Zellen, sodass unklar blieb, ob kryokonservierte 2-PN-Zellen oder Embryonen auf die Wunschmütter transferiert wurden.

Das Amtsgericht Dillingen hatte die Angeklagten zunächst freigesprochen.[1195] Daraufhin hatte das Landgericht Augsburg die Berufung und die sofortige Beschwerde der Staatsanwaltschaft als unbegründet verworfen.[1196] Das Bayerische Oberste Landesgericht hat im Jahre 2020 zu Lasten der Angeklagten entschieden. Es hat das Urteil der Vorinstanz teilweise aufgehoben und zur Neuverhandlung und Entscheidung an eine andere Strafkammer des Landgerichts Augsburg zurückverwiesen.[1197] Der Senat des Bayerischen Obersten Landesgerichts hat bekräftigt, dass das Auftauen und Weiterkultivieren überzähliger 2-PN-Zellen zum Zwecke des Transfers auf eine andere Frau als die genetische Mutter gem. § 1 Abs. 1 Nr. 2 ESchG strafbar sei. So werde von § 1 Abs. 1 Nr. 2 ESchG „*auch ein Vorgang umfasst, wie er den Anklagevorwürfen zugrunde* [liege], *dass die Eizelle einer Frau, die zum Zweck der Herbeiführung ihrer Schwangerschaft künstlich mit einer Samenzelle zusammengeführt worden [sei], und die, zum fortdauernden Zweck der (späteren) Herbeiführung der Schwangerschaft derselben Frau vor der Verschmelzung der Zellkerne durch Einfrieren konserviert* [worden sei], *wieder aufgetaut und weiter verwendet* [werde], *nunmehr jedoch zu dem Zweck, die Schwangerschaft einer anderen Frau herbeizuführen*“.[1198]

Bei dem Befruchtungsbegriff des § 1 Abs. 1 Nr. 2 ESchG handle es sich um einen zeitlich gestreckten Vorgang von der Imprägnation bis zur Konjugation. Tathandlung sei „*jede Handlung* […], *die die Entwicklung vom Zusammenführen von Ei- und Samenzelle bis zum Embryo künstlich* [herbeiführe, unterstütze oder fördere], *gleich zu welchem Zeitpunkt sie in den bezeichneten Befruchtungsvorgang* [eingreife]“. Das Auftauen und Weiterkultivieren einer 2-PN-Zelle zum Embryo, um diesen auf eine andere Frau als die genetische Mutter zu transferieren, stelle demnach eine „*künstliche Befruchtung*“ im Sinne dieser Norm dar.[1199]

1195 AG Dillingen, Urt. v. 20.03.2018, Az. 306 Cs 202 Js 143548/17 (2).
1196 LG Augsburg, BeckRS 2018, 35087.
1197 BayObLG, BeckRS 2020, 32545.
1198 BayObLG, BeckRS 2020, 32545, Rn. 23.
1199 BayObLG, BeckRS 2020, 32545, Rn. 28, 39.

Dass die Ärzte die 2-PN-Zellen zunächst zum Zwecke eines späteren Embryotransfers auf die genetische Mutter kryokonserviert haben, während die Zellen indes Monate später aufgetaut wurden, um auf eine Wunschmutter übertragen zu werden, wirke sich auf den Vorsatz nicht aus. Es handle sich „*nicht um ein durch engen zeitlichen Zusammenhang begründetes einheitliches Tatgeschehen, sondern um weitere selbständige Handlungen, die sich als neuer Angriff auf das geschützte Rechtsgut* [darstellten]. […] *Entscheidend* [sei] *nach allgemeinen Regeln lediglich, dass der maßgebliche Tatvorsatz im Zeitpunkt der zum Taterfolg führenden Handlung* [vorliege].“[1200]

Die beiden Ärzte haben angegeben, sie hätten „*regelrecht angelegte 2-PN-Zellen*“ zum Einfrieren weitergegeben. Jedoch „*wisse niemand*“ was in den Stunden bis zum Einfrieren passiere und in welchem Stadium sich die Zellen beim Kryonisieren befänden. Unter den bezeichneten Fällen seien „*sehr wahrscheinlich*“ 2-PN-Zellen gewesen. Die Kammer hat hieraus geschlossen, die Zellen könnten jeweils bereits das Embryostadium erlangt haben. Bei § 1 Abs. 1 Nr. 2 ESchG handle es sich um ein Unternehmensdelikt. Strafbar seien demnach auch Handlungen im Versuchsstadium gem. § 22 StGB. Hierzu würden gem. § 23 Abs. 3 StGB auch Fälle zählen, „*in denen der Versuch nicht mehr zur Vollendung führen* [könne], *etwa weil, wie es nach den Feststellungen der Kammer nicht auszuschließen sein* [solle], *bereits beim Einfrieren der Zellen und damit zur Zeit der Tathandlung beim Wiederauftauen die weiterverwendeten Zellen objektiv keine tauglichen Tatobjekte der Herbeiführung einer Befruchtung mehr sein* [könnten]. Sofern die beiden Ärzte jeweils zumindest billigend in Kauf genommen haben, dass zur Zeit der Kryokonservierung noch keine Embryonenbildung erfolgt sei, läge „*trotz objektiv bereits für eine Befruchtung nicht mehr tauglichen Tatobjekts trotzdem eine, aus Sicht der Angeklagten auf eine 2-PN-Zelle gerichtete Handlung und damit ein auf Tatvollendung gerichteter wenigstens bedingter Vorsatz vor*“.[1201]

Während die Vorinstanz noch hilfsweise angenommen hatte, die Angeklagten seien jedenfalls aufgrund des Gutachtens, welches ihnen die Rechtsprofessorin erstellt hatte, einem unvermeidbaren Verbotsirrtum gem. § 17 S. 1 StGB unterlegen,[1202] weshalb sie ohne Schuld gehandelt hätten, spricht sich der Strafsenat des Bayerischen Obersten Landesgerichts dagegen aus. Entscheidend sei, ob der Rechtsrat nach eingehender sorgfältiger Prüfung der Anfragenden

1200 BayObLG, BeckRS 2020, 32545, Rn. 61.
1201 BayObLG, BeckRS 2020, 32545, Rn. 94 ff.
1202 LG Augsburg, BeckRS 2018, 35087, Rn. 64 ff.

erfolge und von der notwendigen Sachkenntnis getragen sei. Für eine Entlastung würden „*erkennbar vordergründig oder mangelhaft*[e]“ Auskünfte oder – unter Bezugnahme auf die Rechtsprechung des BGH – Auskünfte, die nur eine „*Feigenblattfunktion*“ hätten,[1203] nicht genügen.[1204] So hätten sich die Angeklagten vor der Vereinsgründung bzgl. der Rechtmäßigkeit informiert, wobei sie jedoch „*von verschiedensten staatlichen Stellen auf Bundes- und Landesebene keine verbindliche Antwort bekommen*“ hätten. Danach hätten sie die Rechtsprofessorin um eine rechtliche Beratung gebeten. Aus dem Gutachten habe sich ergeben, dass es kritische Gegenansichten zu der von der Gutachterin bestehenden rechtlichen Auffassung gegeben habe. Dies sei den Angeklagten somit voraussichtlich bewusst gewesen. Der genaue Inhalt des Gutachtens habe dem Strafsenat allerdings nicht vorgelegen.[1205]

In der Literatur wird die Entscheidung des Bayerischen Obersten Landesgerichts teils kritisiert. So sei *Rosenau* zufolge auch ein Abstellen auf ein Befruchtungsende mit dem Erreichen des Pronucleusstadiums vertretbar. Dass die Befruchtung bis zur Konjugation andauere, sei „*allein schon deshalb schief, weil sich das ESchG gerade nicht am aktuellen Stand der medizinischen Wissenschaft* [orientiere] [...] *und in der Folge vielfach zur Reproduktionsmedizin konträre Begriffe* [nutze].“[1206] Nach Ansicht *Kudlichs* sei es, obwohl der Senat verschiedene Anknüpfungspunkte aus dem ESchG heranziehe, „*keineswegs eindeutig, dass auch nach Erreichen des 2-PN-Stadiums*“ Befruchtungshandlungen im rechtlichen Sinne möglich seien. Zwar spreche § 8 Abs. 3 ESchG von der „*mit der Kernverschmelzung abgeschlossenen Befruchtung*“, nicht hingegen von einer damit „*erfolgten*“ Befruchtung. Eine „*weniger punitive Betrachtung* [wäre] *möglich und letztlich vorzugswürdig gewesen.*“[1207]

Die Entscheidung des Bayerischen Obersten Landesgerichts verdeutlicht, dass das geltende Recht der 2-PN-Zell-Adoption gem. § 1 Abs. 1 Nr. 2 ESchG entgegensteht. Nach den Vorgaben des ESchG ist das Weiterkultivieren von 2-PN-Zellen über das Embryostadium hinweg, um diese einer anderen Frau als der genetischen Mutter zu übertragen, verboten. Problematisch ist jedoch, dass es – wie von den beiden Ärzten im vorliegenden Fall erläutert – in der reproduktionsmedizinischen Praxis oftmals kaum feststellbar ist, ob sich die

1203 BGH, NJW 2017, 1487, 1489, Rn. 59.

1204 BayObLG, BeckRS 2020, 32545, Rn. 105 ff.

1205 BayObLG, BeckRS 2020, 32545, Rn. 108 ff.

1206 Saliger/Tsambikakis/*Rosenau*, Strafrecht der Medizin, 1. Aufl. (2022), § 6, Rn. 59 ff.

1207 *Kudlich*, NJW 2021, 359, 360, 362.

Zellen beim Kryonisieren noch im Pronucleusstadium befinden oder ob es sich bei diesen bereits um Embryonen i.S.d. § 8 Abs. 1 ESchG handelt. Hierbei entscheiden Unterschiede über eine Strafbarkeit, die mit dem bloßen Auge nicht erkennbar sind. Den beiden Ärzten hätte zugute getragen werden sollen, dass sie sich – als rechtliche Laien – zunächst um eine Klärung der Rechtslage bemüht haben. In Anbetracht der Gesamtumstände wäre hier ein unvermeidbarer Verbotsirrtum gem. § 17 S. 1 StGB anzunehmen gewesen.

b. Rechtlicher Diskurs um eine Legalisierung der 2-PN-Zell-Adoption

Das Verbot der Spende überzähliger Eizellen und der 2-PN-Zell-Adoption wird mitunter sowohl verfassungsrechtlich als auch rechtspolitisch angezweifelt.[1208] Die Gründe für die befürchtete Gefährdung des Kindeswohls seien *„dürftig"*. Es sei bezeichnend, dass der Gesetzgeber es ausreichen ließ, dass negative Auswirkungen auf das Kindeswohl nicht ausgeschlossen werden können.[1209]

Nach Ansicht des Deutschen Ethikrates ließe eine Zulassung der 2-PN-Zell-Adoption (*„Spende von Vorkernstadien"*) als Alternative zum Verwerfen aufgrund der höheren Zahl überzähliger 2-PN-Zellen vermehrt gespaltene Elternschaften aufkommen, jedoch sollte dies durch das ESchG verhindert werden. Indes haben sich die Befürchtungen des Gesetzgebers vor den negativen Folgen einer gespaltenen Mutterschaft für das Kindeswohl nach derzeitigem Kenntnisstand nicht bewahrheitet. Weiter spreche für eine Zulassung der Freigabe, dass die 2-PN-Zellen sonst verworfen würden und dass unfruchtbaren Paaren der Weg zu einem Kind nicht erschwert oder verwehrt würde. Sofern angenommen werde, dass der moralische Status von Embryonen höher sei als derjenige von 2-PN-Zellen, entspreche dies dem Schutzkonzept des ESchG. Sollte 2-PN-Zellen indes derselbe moralische Status wie Embryonen zugesprochen werden (was bislang jedoch nicht allgemein anerkannt ist), wäre eine rechtliche Gleichbehandlung angezeigt. Der Umgang mit 2-PN-Zellen könne einerseits durch eine Anwendung des hohen Schutzniveaus von Embryonen auf 2-PN-Zellen vereinheitlicht werden. Andererseits könnte der bisher für Embryonen bestehende hohe Schutzgehalt auch aufgehoben werden, sodass diese wie 2-PN-Zellen zu behandeln wären.[1210]

1208 *Taupitz/Hermes*, NJW 2015, 1802, 1806 f.; *Taupitz*, NJW 2019, 337, 340; so bzgl. des Verbots der Eizellspende auch Spickhoff/*Müller-Terpitz*, Medizinrecht, 4. Aufl. (2022), § 1 ESchG, Rn. 7.

1209 *Taupitz/Hermes*, NJW 2015, 1802, 1806 f.

1210 Deutscher Ethikrat, Stellungnahme *„Embryospende, Embryoadoption und elterliche Verantwortung"* (2016), S. 114 f. Der Deutsche Ethikrat bezieht die

In diesem Sinne empfiehlt die *Leopoldina*, 2-PN-Zellen und Embryonen im Falle einer möglichen Adoption rechtlich gleich zu behandeln und die 2-PN-Zell-Adoption (als „*Spende freigegebener Vorkernstadien*" bezeichnet) somit zu legalisieren. So sei das Verbot im Falle von 2-PN-Zellen im Hinblick auf die rechtlich mögliche Embryoadoption äußerst fraglich, da es in beiden Fällen um die Erfüllung des Kinderwunsches eines Paares gehe, dem weder geeignete Spermien noch geeignete Eizellen zur Verfügung stünden. Mit der Schwangerschaft könne zumindest eine biologische Verbindung des Kindes zur Mutter geschaffen werden. Da sich 2-PN-Zellen bereits im Befruchtungsvorgang befänden, würden die psychischen Belastungen der genetischen Eltern bezüglich eines Verwerfens überzähliger 2-PN-Zellen dem Fall des Sterbenlassens überzähliger Embryonen ähneln. Die 2-PN-Zell-Adoption stelle daher eine bessere Alternative zum Verwerfen dar, da sich auch die vom Gesetzgeber befürchteten Folgen der gespaltenen Mutterschaft für das Kindeswohl nicht bewahrheiten konnten. Die von der *Leopoldina* getroffenen Normierungsvorschläge zur Embryoadoption beziehen sich daher auch auf die 2-PN-Zell-Adoption.[1211]

Taupitz erachtet das Verbot gem. § 1 Abs. 1 Nr. 2 ESchG als „*rechtspolitisch zweifelhaft*". Er sieht in der Entscheidung des LG Augsburg zur 2-PN-Zell-Adoption, „*ein deutliches Zeichen dafür, in welchem Ausmaß in der Praxis der Unmut darüber steigt, dass der Gesetzgeber den zahllosen Forderungen, ein zeitgemäßes Fortpflanzungsmedizingesetz zu schaffen, immer noch nicht nachgekommen ist.*"[1212] Auch *Sales* spricht sich gegen ein Verbot der Adoption überzähliger 2-PN-Zellen aus. Das „*juristische System* [müsse] *immer mehr in Kohärenz zu einer Zeit* [treten], *in der der Embryonenschutz zu einer Herausforderung für die zukünftigen Generationen geworden* [sei]. *So* [könne] *nur davor gewarnt werden, dass die Auswahl der Embryonen nicht zu einer weiteren Form* [werde], *rassistische und sexistische Vorurteile zu stärken*".[1213]

Empfehlungen zum gesetzgeberischen Handlungsbedarf hinsichtlich des Rechts des Kindes auf Kenntnis der eigenen Abstammung, der Abgabe und Übernahme elterlicher Rechte und Pflichten, der Auswahl von Wunscheltern und den Konsequenzen eines gespaltenen Elternwillens hinsichtlich des Verwerfens und der Spende auch auf 2-PN-Zellen. Dafür wäre es jedoch erforderlich, dass deren Spende zunächst legalisiert werde, *ebd.*, S. 125 ff.

1211 *Leopoldina*, Fortpflanzungsmedizin in Deutschland (2019), S. 76 f.

1212 *Taupitz*, NJW 2019, 337, 340.

1213 *Sales*, Überzählige Embryonen in der Reproduktionsmedizin (2014), S. 111 f.

c. *Bewertung: Gleichbehandlung von 2-PN-Zellen und Embryonen erforderlich*

Die Ungleichbehandlung von 2-PN-Zellen und Embryonen sollte nicht länger Bestand haben, da die Differenzierung auf keiner sachlichen Grundlage beruht. Der *Leopoldina* ist diesbezüglich beizupflichten. Wenn der Gesetzgeber eine Embryoadoption ausnahmsweise erlaubt,[1214] sollte auch eine Ausnahme für die Adoption überzähliger 2-PN-Zellen geschaffen werden.

aa. Legalisierung der Adoption überzähliger 2-PN-Zellen

Neben den von der *Leopoldina* bereits dargestellten vergleichbaren Fallkonstellationen mit überzähligen Embryonen und der Möglichkeit, zumindest eine genetische Verbindung des Kindes zur Mutter zu schaffen, spricht hierfür insbesondere der verfassungsrechtliche Schutz hinsichtlich der Menschenwürde und des Rechts auf Leben, der überzähligen Embryonen und 2-PN-Zellen im gleichen Maße zukommt. Unter Berücksichtigung des verfassungsrechtlichen Status von 2-PN-Zellen und Embryonen ist somit eine Legalisierung der Adoption überzähliger 2-PN-Zellen zu fordern.

Bzgl. der Einwilligungserfordernisse der intendierten Eltern sollten hierbei – mit Ausnahme des Widerrufs der Einwilligungen – dieselben Vorgaben wie im Falle des Regelungsvorschlags zur Embryoadoption gelten.

So sollte die Freigabe überzähliger 2-PN-Zellen zur Adoption nur erfolgen können, wenn die intendierten Eltern hierzu eingewilligt haben. Diese Einwilligungen sollten bis zum Auftauen der kryokonservierten 2-PN-Zellen, wonach diese über das Embryostadium hinaus weiterkultiviert werden, widerrufen werden können. Bei fehlender Einigkeit der intendierten Eltern über die Adoption der überzähligen 2-PN-Zellen sollte eine einjährige „*cooling-off*"-Periode eintreten. Den intendierten Eltern sollte innerhalb der Jahresfrist die Möglichkeit zur Einigung über den weiteren Umgang mit den überzähligen 2-PN-Zellen gegeben werden. Können sie sich innerhalb dieser Frist einigen, sollte die „*cooling-off*"-Periode enden. Sollte indes nach Fristablauf keine Einigung erzielt worden sein, sollten die überzähligen 2-PN-Zellen zu verwerfen sein.

Den intendierten Eltern sollte hierbei eine psychosoziale Beratung ermöglicht werden.

1214 BT-Drs. 11/5460, S. 8.

bb. Erweiterung des Samenspenderregisters und rechtliche Elternschaft der Wunscheltern

Sollte der Gesetzgeber entsprechend tätig werden, wäre es darüber hinaus erforderlich, das Spenderregister des DIMDI dahingehend zu ergänzen, dass es auch Daten der genetischen Eltern der freigegebenen 2-PN-Zellen enthält. Hiermit ließe sich das Recht des Kindes auf Kenntnis der eigenen Abstammung auch im Fall der Adoption überzähliger 2-PN-Zellen gewährleisten.[1215] Gleichzeitig müsste § 1600d Abs. 4 BGB auch die Adoption überzähliger 2-PN-Zellen erfassen und die Feststellung der Vaterschaft des genetischen Vaters, der erst nach Beendigung der Kinderwunschbehandlung zum Spender wird, diesbezüglich ausschließen.

Auch im Falle der Adoption überzähliger 2-PN-Zellen sollte gesetzlich bestimmt werden, dass die Wunscheltern mit der Geburt des Kindes auch die rechtliche Elternschaft erlangen und eine Anfechtungsmöglichkeit durch die intendierten Eltern sowie die Wunscheltern ausgeschlossen wird.[1216]

3. Spende überzähliger Keimzellen

a. Samenspende

Eine Samenspende wird vom ESchG nicht verboten und ist in Deutschland daher grundsätzlich möglich. Sie stellt ein etabliertes Verfahren zur Erfüllung des Kinderwunsches dar. In Deutschland wurden ungefähr 100.000–120.000 Kinder durch Samenspenden im heterologen Verfahren gezeugt.[1217]

Aufgrund der Beschränkung des SaRegG auf offizielle Samenspenden ist es grundsätzlich möglich, dass im homologen Verfahren kryokonservierte überzählige Spermien, die ärztlich assistiert gewonnen wurden, an eine Samenbank übergeben werden und die Erfordernisse des SaRegG nachträglich erfüllt werden. Auf den genetischen Vater, der somit erst im Nachhinein zum Samenspender wird, ist § 1600d Abs. 4 BGB in einem solchen Fall ebenfalls anwendbar. Eine Herausgabe an den genetischen Vater zur Weitergabe als private Samenspende ist dem Arzt hingegen aufgrund des Verstoßes gegen das Dokumentations- und

1215 So auch *Leopoldina*, Fortpflanzungsmedizin in Deutschland (2019), S. 77.

1216 Vgl. *Leopoldina*, Fortpflanzungsmedizin in Deutschland (2019), S. 77, wobei im Rahmen dieses Vorschlages nur von „*überzähligen Embryonen*“ gesprochen wird. Allerdings empfiehlt die *Leopoldina* eine Gleichbehandlung von 2-PN-Zellen und Embryonen bzgl. der Freigabe an ein Wunschelternpaar bzw. eine Wunschmutter, *ebd.*, S. 76.

1217 *Leopoldina*, Fortpflanzungsmedizin in Deutschland (2019), S. 59.

Rückverfolgbarkeitsgebot des § 8d Abs. 2 TPG gem. § 275 Abs. 1 BGB rechtlich unmöglich.

b. Eizellspende

Unter einer Eizellspende ist die Freigabe und Übertragung einer *„fremden“* Eizelle im heterologen Verfahren zu verstehen.[1218] Hiermit besteht die Möglichkeit, Frauen zur Erfüllung des Kinderwunsches zu verhelfen, die über keine oder nicht genügend geeignete Eizellen verfügen, um schwanger werden zu können.[1219]

aa. Geltende Rechtslage und internationaler Vergleich

Die Eizellspende ist in Deutschland gem. § 1 Abs. 1 Nr. 1, 2 ESchG verboten. Das Verbot gem. Abs. 1 Nr. 1 bezieht sich darauf, eine fremde unbefruchtete Eizelle auf eine Frau zu übertragen und richtet sich daher gegen jede Form der Eizellspende.[1220] Demgegenüber untersagt Abs. 1 Nr. 2 jede Form der künstlichen Befruchtung, die bezweckt, eine Schwangerschaft bei einer anderen Frau als der genetischen Mutter herbeizuführen. Mit diesen Verboten sollte aus Kindeswohlinteressen primär eine gespaltene Mutterschaft verhindert werden.[1221] Sowohl die Spenderin als auch die Empfängerin selbst werden gem. § 1 Abs. 3 ESchG jedoch nicht bestraft.

In den meisten europäischen Staaten – so zum Beispiel in Belgien, Dänemark, Frankreich, Griechenland, Großbritannien, den Niederlanden, Österreich, Spanien und Schweden – ist die Eizellspende erlaubt. Zum Teil werden hieran jedoch bestimmte Vorgaben geknüpft. So hat die Eizellspende freiwillig zu erfolgen. Auch wird überwiegend vorausgesetzt, dass hiermit keine kommerziellen Zwecke verfolgt werden dürfen. Während beispielweise in

---

1218 *Taupitz/Hermes*, NJW 2015, 1802; Spickhoff/*Müller-Terpitz*, Medizinrecht, 4. Aufl. (2022), § 1 ESchG, Rn. 5, hierzu s. zweites Kapitel, A, VI, 2, c.

1219 *Taupitz/Hermes*, NJW 2015, 1802. Dies betrifft etwa 1–2 % aller Frauen unter 40 Jahren, *Leopoldina*, Fortpflanzungsmedizin in Deutschland (2019), S. 66. Zum genauen Ablauf der Eizellspende s. *Radatz*, Die Eizellspende im deutschen und dänischen Recht (2014), S. 11 f.

1220 Günther/Taupitz/Kaiser/*Taupitz*, ESchG, 2. Aufl. (2014), C, § 1 Abs. 1 Nr. 1, Rn. 2; *Schewe*, FamRZ 2014, 90, 92.

1221 BT-Drs. 11/5460, S. 7 f.; *Shenfield et al.*, Human Reproduction, Vol. 25 (6), 2010, 1361, 1362 ff.; *Leopoldina*, Fortpflanzungsmedizin in Deutschland (2019), S. 69. Krit. zum Abstellen auf das Kindeswohl s. Günther/Taupitz/Kaiser/*Taupitz*, ESchG. 2. Aufl. (2014), C, § 1 Abs. 1 Nr. 1, Rn. 8 f.; hierzu s. viertes Kapitel, G, II, 1.

Großbritannien eine Rückverfolgbarkeit der Spenderin gewährleistet werden muss, wird in anderen Ländern wie z.B. in Spanien, Belgien und Frankreich eine Anonymität der Spende vorausgesetzt.[1222] Ein Verbot der Eizellspende besteht demgegenüber in Luxemburg, Norwegen und der Schweiz.[1223]

Allein im Jahre 2014 haben in Europa ca. 57.000 Patientinnen eine Eizellspende empfangen.[1224] Jährlich lassen mehrere tausend Frauen aus Deutschland Behandlungszyklen im Ausland durchführen.[1225] Für deutsche Ärzte bedeutet das Verbot der Eizellspende, dass bereits Ratschläge zur Vornahme einer Eizellspende in einem Land, in dem diese legal ist, oder deren Vorbehandlung strafrechtliche Konsequenzen mit sich bringen können. Über entsprechende Fälle hatten deutsche Gerichte wiederholt zu entscheiden.[1226]

bb. Grundsätzliche Probleme der Eizellspende

Im Gegensatz zur Samenspende handelt es sich bei der Eizellspende um ein Verfahren, das erhebliche körperliche Belastungen und Risiken für die Spenderin mit sich bringt. So bedarf es zur Eizellentnahme eines risikobehafteten invasiven Eingriffes. Die mehrere Wochen andauernde Hormonstimulation kann möglicherweise Eierstockkrebs auslösen. Ferner besteht unter anderem das Risiko des gefährlichen Überstimulationssyndroms und infolge der Follikelproduktion können Verletzungen, Blutungen und Entzündungen erfolgen.[1227]

1222 *Wagner*, Die Fortpflanzungsmedizin auf dem Prüfstand der europäischen Dienstleistungsfreiheit (2018), S. 54, 57, 61, 66, 69, 74, 77, 80 f.; *Leopoldina*, Fortpflanzungsmedizin in Deutschland (2019), S. 68 f.

1223 *Leopoldina*, Fortpflanzungsmedizin in Deutschland (2019), S. 68.

1224 *Leopoldina*, Fortpflanzungsmedizin in Deutschland (2019), S. 66.

1225 *Schewe*, FamRZ 2014, 90, 92; *Kentenich/Griesinger*, Journal für Reproduktionsmedizin und Endokrinologie 2013, 273, 274; *Leopoldina*, Fortpflanzungsmedizin in Deutschland (2019), S. 60 m.w.N.

1226 So statt vieler: AG Augsburg, medstra 2016, 383; KG, BeckRS 2014, 15250, Rn. 38 ff.; LG Berlin, Urt. v. 25.11.2008 – 15 O 146/08, Rn. 22 ff.

1227 Zu den Belastungen und Risiken der Eizellspende s. Schlussbericht der Enquete-Kommission „*Recht und Ethik der modernen Medizin*", BT-Drs. 14/9020, S. 36; *Graumann*, in: Bockenheimer-Lucius/Thorn/Wendehorst, Umwege zum eigenen Kind (2008), S. 177 ff.; *Radatz*, Die Eizellspende im deutschen und dänischen Recht (2014), S. 14 f.; *Leopoldina*, Fortpflanzungsmedizin in Deutschland (2019), S. 66 f. Zu den Risiken für den Schwangerschaftsverlauf infolge einer Eizellspende *ebd.*, S. 66.

Bei der Eizellspende bestehen auch Missbrauchsgefahren. So kann mit einer Kommerzialisierung der Eizellspende unter Umständen die Gefahr der Ausbeutung der Spenderinnen einhergehen.[1228] Die Nachfrage zahlungskräftiger Wunschmütter wird oft durch junge Frauen befriedigt, die auf einen solchen Gelderwerb angewiesen sind. In Ländern, in denen die Eizellspende legal ist, habe sich daher *Hüppe* zufolge mittlerweile ein „*Marktgeschehen etabliert*". Dort böten professionelle Agenturen gegen Zahlung eines Entgeltes eine „*katalogmäßige Auswahl verfügbarer Eizellspenderinnen*" an.[1229] Zwar verbietet die EU-Geweberichtlinie aus dem Jahre 2004 das Anbieten von Eizellspenden gegen Entgelt. Jedoch definieren einige EU-Staaten wie z.B. Spanien den Begriff „*Entgelt*" äußerst unpräzise, sodass es „*faktisch einen grauen Markt* [gebe] *und es massenhaft zu einer an und für sich verbotenen Kommerzialisierung* [komme]."[1230] Im Internet können potenzielle Spenderinnen mit Bildern und Beschreibungen bzgl. der Karriere und Hobbys betrachtet werden.[1231]

Selbst bei einer altruistischen Eizellspende im Familienkreis können in Aussicht gestellte finanzielle Transaktionen kaum überprüft werden. Im persönlichen Umfeld könnten emotionale Abhängigkeiten der Spenderin überdies dazu führen, dass die Freiwilligkeit der Spende umgangen wird und zu einem konfliktbelasteten sozialen Verpflichtungsverhältnis führt.[1232] *Graumann* zufolge stelle die Eizellspende eine Problematik für ganz Europa dar und beruhe auf ausbeuterischen Strukturen. Eine Legalisierung der Eizellspende in Deutschland würde die Nachfrage nicht decken, da strenge Regelungen das Verfahren komplizierter und kostenintensiver machen würden. Daher würde weiterhin vermehrt auf Spenden im Ausland zurückgegriffen werden.[1233]

1228 Spickhoff/*Müller-Terpitz*, Medizinrecht, 4. Aufl. (2022), § 1 ESchG, Rn. 7; Saliger/Tsambikakis/*Rosenau*, Strafrecht der Medizin, 1. Aufl. (2022), § 6, Rn. 85; *Gassner*, ZRP 2015, 126; *Hüppe*, ZRP 2015, 126; vgl. MüKoBGB/*Wellenhofer*, 8. Aufl. (2020), § 1591, Rn. 51.

1229 *Hüppe*, ZRP 2015, 126.

1230 *Frommel*, GesR 2018, 413, 420.

1231 *Radatz*, Die Eizellspende im deutschen und dänischen Recht (2014), S. 18.

1232 Schlussbericht der Enquete-Kommission „*Recht und Ethik der modernen Medizin*", BT-Drs. 14/9020, S. 37.

1233 *Graumann*, Spender und Spenderkinder – ethische Fragen, Vortrag auf dem 4. Göttinger Symposium zum Medizinrecht im Juni 2019, *Schmechel/Spangenberg*, Der Gynäkologe 2019, 948, 949 f.

cc. Kritik an dem Verbot der Eizellspende

Die Ungleichbehandlung der legalen Samenspende und der illegalen Eizellspende in Deutschland wird vielfach kritisiert.[1234] Das Verbot der Eizellspende beschränke das Recht auf reproduktive Selbstbestimmung und bewirke eine Ungleichbehandlung gem. Art. 3 Abs. 2, 3 GG. „*Zwingende verfassungsrechtliche Gründe, die eine solche* [...] *Ungleichbehandlung der Geschlechter (Art. 3 II, III GG) rechtfertigen könnten* [seien] *nur schwer ersichtlich*".[1235]

Ferner wird angezweifelt, dass die vom Gesetzgeber befürchtete Gefährdung des Kindeswohls ernsthaft als Folge der gespaltenen Mutterschaft aufkommen könnte.[1236] Eine umfassende Untersuchung der vorliegenden empirischen Daten zu den Auswirkungen der Keimzellspende auf das Kindeswohl und die Eltern-Kind-Beziehung hat *Klein* vorgenommen. Sie erachtet die Annahme des Gesetzgebers, mit einer gespaltenen Mutterschaft gehe eine Kindeswohlgefährdung einher, als „*äußerst fragwürdig*". „*Soweit in den Untersuchungen Besonderheiten festgestellt wurden, die im Zusammenhang mit der Geburt nach Gametenspende stehen, gründeten diese in einer späten Aufklärung der Kinder über ihre besondere Entstehung. Derartigen, nicht ohne Weiteres mit einer* [Beeinträchtigung] *des Kindeswohls gleichzusetzenden, Belastungen kann jedoch vorgebeugt werden, weshalb das Verbot der Eizellspende nicht nur zum Schutz des Kindeswohls ungeeignet, sondern darüber hinaus nicht erforderlich sowie unangemessen ist.*"[1237] Wurde eine bessere Eltern-Kind-Beziehung empirisch festgestellt, wird

---

1234 *Schewe*, FamRZ 2014, 90, 93; *Kaiser*, in: FS für Brudermüller (2014), S. 362 f.; *Leopoldina*, Fortpflanzungsmedizin in Deutschland (2019), S. 70. Zur Ungleichbehandlung s. auch MüKoBGB/*Wellenhofer*, 8. Aufl. (2020), § 1591, Rn. 49.

Auch die I. Sektion des EGMR erachtete das Verbot einer heterologen Eizellspende nach österreichischem Recht als unvereinbar mit Art. 14 i.V.m. Art. 8 Abs. 1 EMRK. Die große Kammer des EGMR beurteilte dies hingegen anders und hob das Urteil auf, EGMR (S. H. u.a./Vereinigtes Königreich), NJW 2012, 207; Spickhoff/*Müller-Terpitz*, Medizinrecht, 4. Aufl. (2022), § 1 ESchG, Rn. 7. Die Entscheidung des EGMR beruhte jedoch darauf, dass es zum Zeitpunkt der Entscheidung im Jahre 1999 noch an europäischen Standards fehlte, *Taupitz*, NJW 2019, 337, 340.

1235 Spickhoff/*Müller-Terpitz*, Medizinrecht, 4. Aufl. (2022), § 1 ESchG, Rn. 7.

1236 Statt vieler *Taupitz*, NJW 2019, 337, 340; Günther/Taupitz/Kaiser/*Taupitz*, ESchG, 2. Aufl. (2014), C, § 1 Abs. 1 Nr. 1, Rn. 5 ff., Spickhoff/*Müller-Terpitz*, Medizinrecht, 4. Aufl. (2022), § 1 ESchG, Rn. 7.

1237 *Klein*, Zur verfassungsrechtlichen Rechtfertigung des Verbots der Eizellspende mit dem Argument des Schutzes des Kindeswohls (2019), S. 219 ff., 237.

dies vielfach mit dem großen Engagement von Wunscheltern begründet, deren Weg zur Wunschelternschaft nicht leicht ist.[1238]

Teils wird in der Literatur überdies die Frage aufgeworfen, wieso umgekehrt eine „*gespaltene Vaterschaft*“ vom Gesetzgeber als vergleichsweise unbedenklich erachtet wird, obwohl die (vermeintlichen) psychischen Folgen und familienrechtlichen Probleme ähnlicher Natur sein müssten.[1239] Auch wenn die Mutter durch das Austragen des Kindes „*körperlich stärker involviert* [sei] *als der Vater*“,[1240] könne mit empirischen Befunden bisher kein substanzieller Unterschied in der Bewertung der gespaltenen Mutterschaft und Vaterschaft durch heterolog gezeugte Kinder nachgewiesen werden.[1241]

Einer Kommerzialisierung der Eizellspende in Deutschland stehe bereits „*das sehr viel konsequentere Gewebegesetz des Transplantationsgesetzes*“ entgegen.[1242] Ferner könnte einer Kommerzialisierung durch das Gebot der Unentgeltlichkeit und eine Überwachung reproduktionsmedizinischer Maßnahmen entgegengewirkt werden.[1243] Eine Ausbeutung der Spenderinnen könne in Deutschland (wie das Beispiel der Lebendorganspende zeigt) verhindert werden. Zudem würde sich die Legalisierung der Eizellspende positiv auf die Gewährleistung des Rechts des Kindes auf Kenntnis der eigenen Abstammung auswirken. Medizinische Risiken der Eizellspende könnten mittlerweile dadurch verringert werden, dass die Stimulationsprotokolle verbessert wurden. Es sei nachgewiesen, dass die Eizellspende sich nicht auf die Fertilität der Spenderin auswirke.[1244] Schließlich gelte es zu berücksichtigen, dass die Eizellentnahme auch im homologen Verfahren eine medizinische Gefährdung der genetischen

---

1238 *Klein*, Zur verfassungsrechtlichen Rechtfertigung des Verbots der Eizellspende mit dem Argument des Schutzes des Kindeswohls (2019), S. 224.

1239 *Leopoldina*, Fortpflanzungsmedizin in Deutschland (2019), S. 69 f.; *Magnus*, NStZ 2015, 57, 58 m.w.N.; *Schumann*, MedR 2014, 736, 738 f.; *Schewe*, FamRZ 2014, 90, 92 f.; Günther/Taupitz/Kaiser/*Taupitz*, ESchG, 2. Aufl. (2014), C, § 1 Abs. 1 Nr. 1, Rn. 11 f.

1240 Günther/Taupitz/Kaiser/*Taupitz*, ESchG, 2. Aufl. (2014), C, § 1 Abs. 1 Nr. 1, Rn. 12 m.w.N.

1241 *Leopoldina*, Fortpflanzungsmedizin in Deutschland (2019), S. 70.

1242 Vgl. *Frommel*, GesR 2018, 413, 419.

1243 Spickhoff/*Müller-Terpitz*, Medizinrecht, 4. Aufl. (2022), § 1 ESchG, Rn. 7. Nach Ansicht *Wellenhofers könnte* einer ungewollten Kommerzialisierung von Eizellspenden auch durch eine konkrete Regelung des Aufwendungsersatzes für die Spenderinnen entgegengewirkt werden, MüKoBGB/*Wellenhofer*, 8. Aufl. (2018), § 1591, Rn. 51.

1244 *Leopoldina*, Fortpflanzungsmedizin in Deutschland (2019), S. 70 f. m.w.N.

Mutter darstelle. Daher reiche eine umfassende Risikoaufklärung der Spenderin bei Beachtung und Kontrolle der medizinischen Standards aus.[1245]

Einige Stimmen der rechtswissenschaftlichen Literatur sprechen sich daher für eine Legalisierung der Eizellspende aus.[1246] *Radatz* erachtet das bestehende Verbot der Eizellspende als verfassungswidrig. Die Eizellspende sei jedoch nur unter bestimmten Rahmenbedingungen zu erlauben. Sie schlägt unter anderem vor, dass sowohl die Spenderin als auch die Empfängerin volljährig sein sollten, wobei die Spenderin das 40. Lebensjahr noch nicht vollendet haben sollte. Beide sollten in keinem Verwandtschaftsverhältnis zueinander stehen. Auch sollte nach ärztlicher Beurteilung eine über das Operationsrisiko hinausgehende Gefährdung oder eine über die unmittelbaren Folgen der Eizellentnahme hinausgehende schwere gesundheitliche Beeinträchtigung der Spenderin und der Empfängerin ausgeschlossen werden. Die Eizellspende sollte für die Empfängerin zur Überwindung einer ungewollten Kinderlosigkeit medizinisch indiziert sein und der Eingriff sollte von einem Arzt in einem Krankenhaus vorgenommen werden.[1247]

Auch die *Leopoldina* fordert eine Legalisierung der nicht kommerziellen Eizellspende in Deutschland unter Wahrung des Rechts des Kindes auf Kenntnis der eigenen Abstammung.[1248]

dd. Egg-sharing und Spende überzähliger Eizellen

Ebenfalls vom Verbot des § 1 Abs. 1 Nr. 2 ESchG umfasst ist sog. *egg-sharing*. Dies beschreibt den Fall, dass während einer Stimulation der genetischen Mutter im Rahmen einer Kinderwunschbehandlung viele Eizellen zu erwarten sind, sodass diese einen Teil der Eizellen an eine Wunschmutter freigeben könnte.[1249] Zwar ist die Spenderin gleichzeitig Patientin im Rahmen einer Kinderwunschbehandlung, jedoch wirke sich dies nicht negativ auf die Geburtenrate aus.[1250] Allerdings weisen die freigegebenen Eizellen oftmals

---

1245 Spickhoff/*Müller-Terpitz*, Medizinrecht, 4. Aufl. (2022), § 1 ESchG, Rn. 7.

1246 So z.B. *Kießling*, GesR 2013, 458, 461 ff.; *Gassner*, ZRP 2015, 126; *Schewe*, FamRZ 2014, 90. Gegen eine Legalisierung der Eizellspende s. beispielsweise *Hüppe*, ZRP 2015, 126; *Radatz*, Die Eizellspende im deutschen und dänischen Recht (2014), S. 162.

1247 *Radatz*, Die Eizellspende im deutschen und dänischen Recht (2014), S. 162 ff., 167.

1248 *Leopoldina*, Fortpflanzungsmedizin in Deutschland (2019), S. 71 f.

1249 *Kentenich/Griesinger*, Journal für Reproduktionsmedizin und Endokrinologie 2013, 273, 275.

1250 *Ahuja/Simons/Fiamanya* et al., Human Reproduction 1996, 1126, 1129 m.w.N.

geringere Nidationschancen auf, da die genetische Mutter die *„besten"* Eizellen im Rahmen der eigenen Kinderwunschbehandlung verwenden möchte.[1251] Ferner besteht das Risiko des Überstimulationssyndroms, da für das *egg-sharing* der Gewinn vergleichsweise vieler Eizellen erforderlich ist. International findet das *egg-sharing* deshalb kaum Anwendung.[1252]

Die Legalisierung der Spende überzähliger Eizellen wird teils als nicht gewinnbringend erachtet. Dies stelle lediglich eine *„theoretische Möglichkeit"* dar, da eine Kryokonservierung meist im Pronucleus- oder Embryostadium erfolge.[1253] Auch würde der in der Praxis bestehende Bedarf an Eizellen mittels einer Legalisierung der Spende überzähliger Eizellen voraussichtlich nicht gedeckt werden. Zu berücksichtigen ist allerdings, dass mit einer wachsenden Akzeptanz des *Social Freezings* und einer zunehmenden Kryokonservierung von Eizellen im Rahmen einer Kinderwunschbehandlung in Deutschland zukünftig eine größere Anzahl kryokonservierter überzähliger Eizellen zur Verfügung stehen werden.

ee. Bewertung

(1). Das Verbot der Eizellspende sollte fortbestehen

Während das deutsche Recht eine Samenspende richtigerweise erlaubt, ist eine Freigabe überzähliger Eizellen verboten. Diese Ungleichbehandlung von Männern und Frauen erscheint auf den ersten Blick kaum gerechtfertigt. Warum sollte es einer infertilen Frau nicht möglich sein, eine Eizellspende zu empfangen oder selbst zu entscheiden, ob sie ihre Eizellen an eine andere Frau spendet? Beide Fallgruppen unterscheidet jedoch, dass die Eizellentnahme – anders als die Samenspende – für die Spenderin risikobehaftet ist.

Die Eizellentnahme stellt einen erheblichen Eingriff in den Körper der Spenderin dar, der negative Folgen für ihre Gesundheit und Fertilität haben kann, welche die Spenderinnen ein ganzes Leben lang begleiten können. Auch wenn die medizinischen Risiken mittlerweile gesenkt werden konnten, ist zu berücksichtigen, dass es sich bei den Spenderinnen meist um junge Frauen handelt, die ihre Eizellen primär aus finanziellen Gründen spenden möchten. Die Eizellspende erfolgt demnach insbesondere in Ländern, in denen die Spenderinnen

---

1251 *Kentenich/Griesinger*, Journal für Reproduktionsmedizin und Endokrinologie 2013, 273, 275.

1252 *Kentenich/Griesinger*, Journal für Reproduktionsmedizin und Endokrinologie 2013, 273, 275; *Leopoldina*, Fortpflanzungsmedizin in Deutschland (2019), S. 67.

1253 *Leopoldina*, Fortpflanzungsmedizin in Deutschland (2019), S. 67.

über wenig finanzielle Mittel verfügen und die Eizellen nicht aus rein altruistischen Motiven spenden. Wie bereits erörtert, hat das finanzielle Ungleichgewicht zwischen Spenderin und Empfängerin ein Marktgeschehen aufkommen lassen, das sich auf ganz Europa ausbreitet. Dies zeigt sich beispielsweise daran, dass jährlich mehrere tausend Frauen aus Deutschland auf eine Eizellspende im Ausland zugreifen.

Es ist zweifelhaft, dass ein Großteil der Frauen – abgesehen von einer Spende im Familien- oder Bekanntenkreis – eine Eizellspende aus rein altruistischen Motiven, ohne Zahlung eines Entgeltes oder einer Entschädigung vornehmen würden. Demnach liegt der Schluss nahe, dass es bei einer Legalisierung der Eizellspende in Deutschland unter dem ausdrücklichen Verbot der Zahlung eines Entgeltes an Spenderinnen mangeln würde und das Angebot innerhalb Deutschlands der großen Nachfrage nicht gerecht werden könnte. Daher würde womöglich weiterhin auf Spenden im Ausland zurückgegriffen werden, sodass die Ausbeutungsstrukturen anhalten würden.[1254]

An dem Verbot der Eizellspende in Deutschland sollte mithin grundsätzlich festgehalten werden.

(2). Egg-Sharing

Ein altruistisch motiviertes *egg-sharing* vermag ebenfalls nicht zu überzeugen. Es müssen viele Eizellen gewonnen werden, damit im Rahmen einer Kinderwunschbehandlung die Nidation einer Eizelle in die Gebärmutter der genetischen Mutter und einer Wunschmutter möglich ist. Daher ist das gefährliche Überstimulationssyndrom eng mit dem *egg-sharing* verknüpft.

(3). Erfordernis der Legalisierung der Spende überzähliger Eizellen

Als Alternative zur Eizellspende, bei der insbesondere die Eizellgewinnung risikobehaftet ist, könnte indes eine Legalisierung der Spende überzähliger Eizellen in Betracht kommen.

Die genetische Mutter würde dadurch eine Verwendungsmöglichkeit für ihre überzähligen Eizellen erhalten. Zwar würde der Bedarf an Eizellen in der Praxis dadurch voraussichtlich nicht gedeckt werden, jedoch ist zu erwarten, dass die Anzahl der kryokonservierten überzähligen Eizellen mit einer wachsenden Akzeptanz der Kryokonservierung in der Gesellschaft zunehmen wird. Sollten sich zukünftig mehr Frauen für ein *Social Freezing* entscheiden, wird

1254 So bereits *Graumann*, Spender und Spenderkinder – ethische Fragen, Vortrag auf dem 4. Göttinger Symposium zum Medizinrecht im Juni 2019, *Schmechel/Spangenberg*, Der Gynäkologe 2019, 948, 949 f.

langfristig auch eine größere Zahl überzähliger Eizellen verfügbar sein. Dass die Erfolgsraten der Kryokonservierung von Eizellen durch das Verfahren der Vitrifikation deutlich verbessert worden sind,[1255] dürfte ebenfalls dazu beitragen, dass der Bestand an kryokonservierten überzähligen Eizellen zunimmt.

Ein weiterer Vorteil der Spende überzähliger Eizellen besteht darin, dass die Eizellen zunächst zum Zwecke der späteren Herbeiführung einer Schwangerschaft bei der genetischen Mutter gewonnen und kryokonserviert werden. Die genetische Mutter entscheidet sich somit aus freien Stücken und nicht aus finanziellen Gründen für die Gewinnung und Kryokonservierung der Eizellen. Anders als bei der Eizellspende besteht hierbei mithin kein Risiko der Ausbeutung junger, finanziell abhängiger Eizellspenderrinnen. Wie bereits erörtert, fehlt es zudem an empirischen Belegen dafür, dass sich eine gespaltene Mutterschaft negativ auf das Kindeswohl auswirkt.[1256] Entscheidend für die Qualität des konkreten Familienlebens ist vielmehr das Eltern-Kind Verhältnis nach der Geburt.[1257]

Während an dem Verbot der Eizellspende somit grundsätzlich festzuhalten ist, sollte die Spende überzähliger Eizellen unter genauen Vorgaben legalisiert werden. Hierbei sollte ein Verbot hinsichtlich des kommerziellen Handels mit überzähligen Eizellen normiert werden, um dem Aufkommen ausbeuterischer Strukturen entgegenzuwirken. Demnach sollte die Zahlung eines Entgeltes als Gegenleistung für die Spende der überzähligen Eizellen verboten werden.

Die Spende der überzähligen Eizellen sollte nur erfolgen können, wenn die genetische Mutter ihre Einwilligung hierzu erteilt hat. Diese Einwilligung sollte sie bis zur heterologen Verwendung, also der Imprägnation der Eizelle, widerrufen können.[1258]

1255 *Walker et al.*, Reproductive Biomedicine Online 2004 May; 8 (5), 558, 558 ff.; *Dittrich et al.*, Gynäkologe 2013, 613, 619; *Liebermann*, in: Diedrich/Ludwig/Griesinger, Reproduktionsmedizin, 2. Aufl. (2020), S. 238; *Nawroth*, Der Gynäkologe 2013, 648.

1256 Hierzu s. viertes Kapitel, G, II, 1, b.

1257 *Leopoldina*, Fortpflanzungsmedizin in Deutschland (2019), S. 70.

1258 Entsprechende Empfehlungen hinsichtlich des Einwilligungserfordernisses und des Verbotes des kommerziellen Handels mit Eizellen hat die *Leopoldina* bzgl. der Legalisierung der Eizellspende abgegeben, *Leopoldina*, Fortpflanzungsmedizin in Deutschland (2019), S. 71.

Hier besteht ein Unterschied zur Situation eines Samenspenders, der eine pauschale Einwilligung in die heterologe Verwendung seiner Samenspende erteilt und bereits mit der Abgabe der Samenspende diesbezüglich auf sein Recht auf reproduktive Selbstbestimmung gem. Art. 2 Abs. 1 GG i.V.m. Art. 1 Abs. 1 GG und die spätere Wahrnehmung seines Elternrechts gem. Art. 6 Abs. 2 GG verzichtet. Grund hierfür ist, dass die Eizellgewinnung zuvor nicht zur fremdnützigen Verwendung im heterologen Verfahren erfolgt ist und die genetische Mutter hierfür keine Aufwandsentschädigung enthält. Im Falle der Spende überzähliger Eizellen erfolgte die Kryokonservierung der Eizellen der genetischen Mutter ursprünglich, damit diese möglicherweise zur Herbeiführung einer Schwangerschaft bei ihr verwendet werden können. Besteht ihr Kinderwunsch nun nicht länger fort oder wurde dieser bereits erfüllt, sollte ihr fremdnütziger Entschluss zur Freigabe der überzähligen Eizellen an eine Wunschmutter bzw. ein Wunschelternpaar dahingehend berücksichtigt werden, dass ihr Widerrufsrecht bis zur Verwendung der Eizellen besteht. Erst dann sollte die genetische Mutter hinsichtlich der Eizellen auf ihr Recht auf reproduktive Selbstbestimmung gem. Art. 2 Abs. 1 GG i.V.m. Art. 1 Abs. 1 GG und die spätere Wahrnehmung ihres Elternrechts gem. Art. 6 Abs. 2 GG verzichten.

Der genetischen Mutter sollte vor der Entscheidung über die Spende der überzähligen Eizellen die Möglichkeit zum Erhalt einer psychosozialen Beratung gegeben werden.

(4). Erweiterung des Samenspenderregisters und rechtliche Elternschaft

Das zentrale Spenderregister des DIMDI sollte im Falle einer Legalisierung der Spende überzähliger Eizellen auf diese Fallgruppe erweitert werden. Demnach sollte das Auskunftsrecht des Kindes in diesem Fall auch hinsichtlich der genetischen Mutter ermöglicht werden.

Es sollte überdies (wie bereits von der *Leopoldina* empfohlen) gesetzlich festgelegt werden, dass die Wunscheltern bzw. die Wunschmutter im Falle der Spende überzähliger Eizellen mit der Geburt des Kindes die rechtliche Elternschaft erlangen und eine Anfechtungsmöglichkeit durch die genetische Mutter sowie die Wunscheltern ausgeschlossen wird.[1259]

c. *Ergebnis*

Während die Samenspende rechtlich zulässig ist, sollte die Eizellspende grundsätzlich weiterhin verboten sein. Jedoch sollte die Spende überzähliger Eizellen legalisiert werden.

1259 So bereits *Leopoldina*, Fortpflanzungsmedizin in Deutschland (2019), S. 71 f.

II. Verwendung zu Forschungszwecken

1. Überzählige 2-PN-Zellen und Embryonen

a. Rechtslage

Vielfach wird diskutiert, überzählige 2-PN-Zellen und Embryonen zu Forschungszwecken freizugeben. Zur Verwendung überzähliger Embryonen für die sog. verbrauchende Forschung ist beispielsweise die Gewinnung embryonaler Stammzellen vom Embryo *in vitro* zu zählen. Befürworter der Forschung an Embryonen versprechen sich hiervon einen Erkenntnisgewinn und bessere Therapiemöglichkeiten, mit denen sich Krankheiten wie z.B. AIDS, Krebs oder Parkinson besser bekämpfen lassen.[1260] Jedoch bedeutet die Freigabe des Embryos zur Forschung gleichzeitig dessen Vernichtung, weshalb einer Erhaltung des Embryos somit nicht gedient wird und ein Verstoß gegen § 2 Abs. 1 ESchG vorliegt. Deutschland hat sich mit der Normierung des Verbotes des Kernbereiches der Embryonenforschung durch das Strafrecht für die restriktivste Variante einer Regulierung der Forschung an Embryonen entschieden.[1261]

Um überzählige 2-PN-Zellen zu Forschungszwecken zu verwenden, müssten diese zunächst aufgetaut werden. Damit würde jedoch eine Fortsetzung des Befruchtungsvorganges zu einem anderen Zweck als der Herbeiführung einer Schwangerschaft erfolgen und demnach ein Verstoß gegen § 1 Abs. 1 Nr. 2 ESchG vorliegen. In der Gesetzesbegründung wurde explizit klargestellt, dass diese Norm eine ärztlich assistierte Befruchtung zu Forschungszwecken verbietet.[1262]

b. Öffentlicher Diskurs

Während der öffentlichen Diskussion vor der Verabschiedung des ESchG fand sich keine einheitliche Meinung, wie mit der Problematik der Forschung an menschlichen Embryonen verfahren werden könnte.[1263] Hierbei handelt es sich weiterhin um eine der besonders kontrovers diskutierten Fragen im Rahmen

---

1260 *Choi*, Der Umgang mit überzähligen Embryonen in Deutschland und Südkorea (2009), S. 159, 167.

1261 *Haßmann*, Embryonenschutz im Spannungsfeld (2003), S. 201.
Zur möglichen Umgehung des Verbotes gem. § 2 Abs. 1 ESchG durch Verwendung einer künstlichen „*Entwicklungsbremse*“ des Embryos, damit eine Entwicklung über das Blastozystenstadium hinaus verhindert wird, s. Günther/Taupitz/Kaiser/*Günther*, ESchG, 2. Aufl. (2014), B, Rn. 72 m.w.N.

1262 BT-Drs. 11/5460, S. 8; Günther/Taupitz/Kaiser/*Günther*, ESchG, 2. Aufl. (2014), C, § 1 Abs. 1 Nr. 2, Rn. 4.

1263 *Iliadou*, Forschungsfreiheit und Embryonenschutz (1999), S. 29.

des Embryonenschutzes.[1264] Daher fordern Mediziner und Humangenetiker seit Jahren Gesetzesnormierungen, mit denen eine Grundlagenforschung an Frühformen des menschlichen Lebens zumindest im gewissen Maße ermöglicht wird, während sich Reproduktionsmediziner für die Normierung eines Fortpflanzungsmedizingesetzes aussprechen.[1265]

aa. *Argumente für eine Zulassung der Forschung an überzähligen Embryonen*

Befürworter der Forschung an überzähligen Embryonen fordern eine Aufhebung des Verbotes der Tötung von Embryonen bei sog. hochrangigen Forschungszielen.[1266] Als hochrangige Forschungsziele im Sinne des § 5 Nr. 1 StZG gelten *Dederer* zufolge schwere bis unheilbare Krankheiten, die unmittelbar zum Tod oder zumindest einer schweren Behinderung führen (so z.B. *Chorea Huntington*, *Multiple Sklerose* oder *Parkinson*).[1267]

Das Verwenden dieser *„ohnehin dem Tode geweihten"* Embryonen zu Forschungszwecken verschaffe diesen nach Ansicht *Brewes „einen letzten Sinn"* und degradiere sie nicht zu Objekten. Es sei demnach verantwortbar, wenn das Leben oder die Gesundheit eines bestimmten Personenkreises erhalten oder verbessert werde.[1268] Vielfach wird vorgebracht, dass klar definierte, bedeutende medizinische Erkenntnisse erlangt werden sollen, wodurch sich womöglich menschliches Leiden mindern lasse und daher letztlich auf entscheidende Art und Weise dem Leben anderen Menschen gedient werde. Dies spreche dafür, dass die Möglichkeit einer verbrauchenden Forschung an überzähligen Embryonen bestehen sollte.[1269] Weiterhin könne dem Grundgesetz kein völliges Verbot der Embryonenforschung entnommen werden.[1270]

1264 *Brewe*, Embryonenschutz und Stammzellgesetz (2006), S. 85.

1265 *Frommel*, GesR 2018, 413; HK-AKM/*Schumann*, 66. Akt. (November 2016), Fortpflanzungsmedizin, Rn. 8, Fn. 28 m.w.N. zu den Stimmen in der rechtswissenschaftlichen Literatur, die den Erlass eines Fortpflanzungsmedizingesetzes fordern.

1266 Dies vertritt unter anderem *Dederer*, JZ 2003, 986, 994; vgl. *Choi*, Der Umgang mit überzähligen Embryonen in Deutschland und Südkorea (2009), S. 159, 167 m.w.N.

1267 *Dederer*, JZ 2003, 986, 994; *Dederer*, StZG, 1. Aufl. (2012), § 5, Rn. 5 f.

1268 *Brewe*, Embryonenschutz und Stammzellgesetz (2006), S. 85, 89 f.

1269 So unter anderem *Herdegen*, JZ 2001, 773, 775; *Ipsen*, JZ 2001, 989, 996, *Kloepfer*, JZ 2002, 417 und *Taupitz*, ZRP 2002, 111, 114, vgl. *Choi*, Der Umgang mit überzähligen Embryonen in Deutschland und Südkorea (2009), S. 167 m.w.N.

1270 *Haßmann*, Embryonenschutz im Spannungsfeld (2003), S. 123.

Das umfassende Verbot gem. § 2 Abs. 1 ESchG sei 1990 normiert worden, da bestimmte hochrangige Forschungsprojekte, welche eine verbrauchende Forschung an Embryonen im Frühstadium erfordern, noch nicht genau bestimmt waren. Eine derartige Konkretisierung könne jedoch heutzutage möglicherweise erfolgen, weshalb die Normierung eines an enge Voraussetzungen geknüpften rechtfertigenden Notstandes angedacht wird, welcher die Forschung an überzähligen Embryonen erlaube.[1271] Weiterhin finden sich auch in dem *Augsburg-Münchner-Entwurf* eines Fortpflanzungsmedizingesetzes Überlegungen bezüglich der gesetzlichen Normierung einer Forschung an überzähligen Embryonen: So beinhaltet § 14 AME-FMedG zunächst das Erfordernis der Zustimmung der genetischen Eltern, die hierfür kein Entgelt bekommen sollen. Weiterhin müsse es sich um hochrangige Forschungszwecke für den wissenschaftlichen Erkenntnisgewinn handeln, welcher ansonsten alternativlos wäre. Gem. § 15 AME-FMedG soll es zudem einer Genehmigung des Robert Koch-Institutes bedürfen.[1272]

bb. Argumente für eine Beibehaltung des Verbotes gem. § 2 Abs. 1 ESchG

Demgegenüber sehen Gegner der Forschung an überzähligen Embryonen *„die Grundwerte menschlichen Zusammenlebens"* in Gefahr.[1273] Das Degradieren des Embryos zu wissenschaftlichen Experimenten sei mit der Menschenwürde des Embryos unvereinbar.[1274] Eine jede Verwendung embryonalen Lebens habe sich an der Menschenwürde zu messen.[1275]

Müller-Terpitz zufolge verschaffe Art. 2 Abs. 2 S. 1 GG überzähligen Embryonen einen grundrechtlicher Schutzanspruch. Zwar mangele es an einer genauen Lebensperspektive, jedoch bestehe der Grundrechtsschutz bis zu deren tatsächlichen Lebensende fort. Bis dahin seien diese als grundrechtliche geschützte menschliche Individuen zu erachten, denen im Rahmen ihres biologisch-physischen Daseins ein Lebens- und Leibesschutz zukomme. Wenn keine Aussichten auf einen Transfer oder eine Adoption bestehen, sollten überzählige Embryonen *„in Würde sterben"* können.[1276] Zwar seien die Ziele des wissenschaftlichen Fortschritts nach Ansicht *Schächingers* lebensbejahend.

1271 Günther/Taupitz/Kaiser/*Taupitz*, ESchG, 2. Aufl. (2014), B, Rn. 80 m.w.N.

1272 *Gassner et al.*, AME-FMedG (2013), S. 73 f.

1273 *Choi*, Der Umgang mit überzähligen Embryonen in Deutschland und Südkorea (2009), S. 159.

1274 *Kamps*, MedR 1994, 339, 340 f.; *Laufs*, NJW 2000, 2716, 2717.

1275 *Schächinger*, Menschenwürde und Menschheitswürde (2014), S. 124.

1276 Spickhoff/*Müller-Terpitz*, Medizinrecht, 4. Aufl. (2022), Art. 2 GG, Rn. 37.

Dennoch sei der *„konkrete Achtungsanspruch jedes menschlichen Lebens nicht ungefährdet.“*[1277]

c. Bewertung

Durch eine Freigabe überzähliger 2-PN-Zellen und Embryonen für eine Verwendung zu Forschungszwecken käme diesen noch ein gewisser Sinn zu, indem sich mit ihrem Opfer möglicherweise Erkenntnisse zur Erforschung von Krankheiten gewinnen lassen. Dadurch könnte das überzählige Keimgut für die Menschheit noch von erheblicher Bedeutung sein, anstatt dass es verworfen bzw. sterben gelassen wird. Ihr Opfer würde somit zum Wohle der Allgemeinheit erfolgen.

Bei einer Freigabe zu Forschungszwecken sind jedoch die verfassungsrechtlichen Vorgaben entscheidend. Der Forschungsfreiheit gem. Art. 5 Abs. 3 S. 1 GG steht der verfassungsrechtliche Schutz überzähliger 2-PN-Zellen und Embryonen gegenüber: Diese werden durch einen objektiv-rechtlichen Schutz der Menschenwürde gem. Art. 1 Abs. 1 GG vor willkürlichen und objektivierenden Behandlungen sowie durch eine Ausstrahlungswirkung des Rechts auf Leben gem. Art. 2 Abs. 2 S. 1 GG vor willkürlichen Behandlungen geschützt.

aa. Verletzung der Menschenwürde

Ist die Menschenwürde betroffen, so schließt deren Unantastbarkeit bereits jede Abwägung aus. Sie wäre betroffen, wenn eine Verwendung überzähliger 2-PN-Zellen und Embryonen als willkürliche Behandlung anzusehen ist. Nach Vorgabe des BVerfG ist entscheidend darauf abzustellen, ob ein sachlicher Grund vorliegt.[1278] Daher stellt sich die Frage, ob die Verwendung überzähliger 2-PN-Zellen und Embryonen zu Forschungszwecken eines jeden sachlichen Grundes entbehrt. Die Forschung bezweckt einen Erkenntnisgewinn zur Behandlung bestimmter schwerer Krankheiten. Demnach dient sie sowohl dem Wohle der Menschheit als auch dem Wohle eines bestimmten Kreises an Personen, die an den zu erforschenden Erkrankungen leiden. Es sind somit mehrere sachliche Gründe einschlägig und eine Willkür demnach nicht gegeben.

Die Verwendung zu Forschungszwecken könnte sich jedoch als objektivierende Behandlung erweisen. Diesbezüglich ist *Pap* zuzustimmen, wonach ein Gebrauchen eines Embryo *in vitro* als bloßes Mittel erfolge, wenn dieser zur Erlangung wissenschaftlicher Erkenntnisse *„zum bloßen Experimentiermaterial*

1277 *Schächinger*, Menschenwürde und Menschheitswürde (2014), S. 124.

1278 BVerfGE 87, 273, 279 = BVerfG, NJW 1993, 996, 997; BVerfGE 57, 39, 42.

degradiert" werde. Die Forschung bewirke eine Behinderung der Embryonen in dem ihnen immanenten Lebensprogramm. Den Embryonen werde jede Entwicklungschance genommen und deren potenzielle Subjektqualität demnach abgelehnt.[1279] Eine Verwendung kryokonservierter 2-PN-Zellen und Embryonen zu Forschungszwecken stellt somit eine objektivierende Behandlung dar. Dies ist mit dem objektiv-rechtlichen Schutzgehalt der Menschenwürde unvereinbar.

Der objektiv-rechtliche Schutzgehalt der Menschenwürde verhindert demnach die Freigabe überzähliger 2-PN-Zellen und Embryonen zu Forschungszwecken.

bb. Verletzung des Rechts auf Leben

Demgegenüber würde eine Freigabe überzähliger 2-PN-Zellen und Embryonen zu Forschungszwecken diese nicht in der Ausstrahlungswirkung des Rechts auf Leben gem. Art. 2 Abs. 2 S. 1 GG verletzen. Diese Ausstrahlungswirkung schützt lediglich vor willkürlichen Behandlungen. Sofern eine Freigabe zu Forschungszwecken dem Willen der intendierten Eltern entspricht, fehlt es an einem willkürlichen Töten der Zellen durch vernichtende Forschung.

cc. Ergebnis

Eine Freigabe überzähliger 2-PN-Zellen und Embryonen zu Forschungszwecken verletzt diese in ihrem objektiv-rechtlichen Schutzgehalt der Menschenwürde. Dies widerspricht den Vorgaben des Verfassungsrechts.

2. Keimzellen

Keimzellen kommt kein eigener verfassungsrechtlicher Schutz zu. Eine Verwendung überzähliger Keimzellen zu Forschungszwecken ist in einem eng definierten Rahmen möglich.[1280] Zwar verbietet § 5 Abs. 1 ESchG jede künstliche Veränderung der Erbinformation einer menschlichen Keimbahnzelle, jedoch beinhaltet Abs. 4 Ausnahmen, die Experimente an und mit Keimbahnzellen ermöglichen, sofern eine Gefährdung der Schutzgüter des § 5 Abs. 1 ESchG ausgeschlossen ist. Nach Abs. 4 Nr. 1 ist die künstliche Veränderung der Erbinformationen einer Keimzelle *in vitro* möglich, wenn ausgeschlossen ist, dass

---

1279 *Pap*, MedR 1986, 229, 234.

1280 Zum Bedarf an Eizellen für die Forschung s. Schlussbericht der Enquete-Kommission „*Recht und Ethik der modernen Medizin*", BT-Drs. 14/9020, S. 36.

diese zur Befruchtung verwendet wird.[1281] Erforderlich ist jedoch, dass ein Einverständnis des genetischen Vaters bzw. der genetischen Mutter vorliegt.

Einer Verwendung von Keimzellen zu Forschungszwecken in dem von § 5 Abs. 4 Nr. 1 ESchG eng definierten Rahmen ist mithin zuzustimmen. Liegen die Voraussetzungen vor, sind die Schutzgüter des § 5 Abs. 1 ESchG nicht gefährdet.

III. Ergebnis

Es kommen verschiedene Umgangsmöglichkeiten mit kryokonservierten überzähligen Keimzellen, 2-PN-Zellen und Embryonen in Betracht. Diese können kryokonserviert[1282] und verworfen bzw. sterben gelassen[1283] werden.

Darüber hinaus besteht die Möglichkeit der Embryoadoption, die nicht als verbotenes Verwenden im Sinne des § 2 Abs. 1 ESchG gilt. Die 2-PN-Zell-Adoption ist demgegenüber gem. § 1 Abs. 1 Nr. 2 ESchG verboten. Bei der Spende überzähliger Keimzellen ist zu differenzieren: Während ärztlich assistiert gewonnene überzählige Spermien durch nachträgliches Erfüllen der Anforderungen des SaRegG auch eine Verwendung im heterologen Verfahren finden können, ist die Eizellspende gem. § 1 Abs. 1 Nr. 1, 2 ESchG verboten.

Die Freigabe überzähliger 2-PN-Zellen und Embryonen zu Forschungszwecken ist mit der Menschenwürde unvereinbar. Einfachgesetzlich ist die Freigabe überzähliger Embryonen bereits gem. § 2 Abs. 1 ESchG verboten. Auch die Verwendung überzähliger 2-PN-Zellen zu Forschungszwecken ist gem. § 1 Abs. 1 Nr. 2 ESchG verboten, sofern diese zu Embryonen weiterkultiviert werden, ohne dass eine Schwangerschaft bei der genetischen Mutter herbeigeführt werden soll. Demgegenüber können überzählige Keimzellen in dem von § 5 Abs. 4 Nr. 1 ESchG vorgegebenen Rahmen zu Forschungszwecken verwendet werden.

IV. Regelungsvorschlag *de lege ferenda*

1. *Embryoadoption und Adoption überzähliger 2-PN-Zellen*

Der Gesetzgeber sollte genaue Vorgaben für die Embryoadoption schaffen und die Adoption überzähliger 2-PN-Zellen legalisieren. Ein gesetzlicher

1281 Günther/Taupitz/Kaiser/*Günther*, ESchG, 2. Aufl. (2014), C, § 5, Rn. 16 ff.

1282 Hierzu s. viertes Kapitel, E, I.

1283 Hierzu s. viertes Kapitel, E, II.

Regelungsbedarf besteht vor allem hinsichtlich der Einwilligungserfordernisse der intendierten Eltern.

Die Embryoadoption und die Adoption überzähliger 2-PN-Zellen sollte nur erfolgen können, wenn die intendierten Eltern ihre schriftliche Einwilligung hierzu erteilt haben. Diese Einwilligungen sollten im Falle der Embryoadoption bis zur Vornahme des Embryotransfers schriftlich widerrufen werden können. Eine Widerrufsmöglichkeit der Einwilligungen sollte im Falle der überzähligen 2-PN-Zellen bis zum Auftauen der kryokonservierten 2-PN-Zellen bestehen, wonach diese über das Embryostadium hinaus weiterkultiviert werden, ehe der Transfer auf die Wunschmutter erfolgt.

Bei einer fehlenden Einigkeit der intendierten Eltern über die Freigabe der überzähligen Embryonen bzw. 2-PN-Zellen sollte eine „*cooling-off*"-Periode eintreten. Demnach sollten die intendierten Eltern innerhalb einer Jahresfrist die Möglichkeit zur Einigung über den weiteren Umgang mit den überzähligen Embryonen bzw. 2-PN-Zellen erhalten. Können sie sich innerhalb dieser Frist einigen, sollte die „*cooling-off*"-Periode enden. Fehlt es indes nach Fristende an einem Konsens der intendierten Eltern, sollten die überzähligen Embryonen bzw. 2-PN-Zellen sterben gelassen bzw. verworfen werden.

2. *Spende überzähliger Eizellen*

Während eine Samenspende nach geltendem Recht bereits zulässig ist, sollte auch die Spende überzähliger Eizellen an ein Wunschelternpaar bzw. eine Wunschmutter legalisiert werden. Im Übrigen sollte das Verbot der Eizellspende jedoch fortbestehen.

Voraussetzung der Spende der überzähligen Eizellen sollte sein, dass die genetische Mutter ihre schriftliche Einwilligung hierzu erteilt hat. Diese Einwilligung sollte die genetische Mutter bis zur heterologen Verwendung der Eizelle, also der Imprägnation, schriftlich widerrufen können. Der genetischen Mutter sollte vor der Entscheidung über die Spende der überzähligen Eizellen die Möglichkeit zum Erhalt einer psychosozialen Beratung gegeben werden.

Der kommerzielle Handel mit überzähligen Eizellen sollte explizit verboten werden, damit diesbezüglich keine ausbeuterischen Strukturen entstehen. Daher sollte die Zahlung eines Entgeltes als Gegenleistung für die Spende der überzähligen Eizellen verboten werden.

3. *Verwendung zu Forschungszwecken*

In einem Fortpflanzungsmedizingesetz sollte die Verwendung überzähliger 2-PN-Zellen und Embryonen zu Forschungszwecken Stellung ausdrücklich verboten werden. Denn dies verletzt die 2-PN-Zellen und Embryonen in ihrem objektiv-rechtlichen Schutzgehalt der Menschenwürde, sodass es den Vorgaben des Verfassungsrechts zuwider ist.

4. *Erweiterung des zentralen Spenderregisters und rechtliche Elternschaft der Wunscheltern*

Das mit dem SaRegG eingeführte zentrale Spenderregister des DIMDI sollte dahingehend erweitert werden, dass es neben der Samenspende auch die Adoption überzähliger 2-PN-Zellen und die Embryoadoption umfasst. Wurden 2-PN-Zellen und Embryonen im homologen Verfahren erzeugt, sollten die Daten der genetischen Eltern und bei einer Erzeugung im heterologen Verfahren die Daten der genetischen Mutter und des Samenspenders in das Spenderregister aufzunehmen sein. Zudem sollte das zentrale Spenderregister des DIMDI auf die Spende überzähliger Eizellen erweitert werden, sollte diese legalisiert werden.

Es sollte gesetzlich bestimmt werden, dass die Wunscheltern im Falle der Embryoadoption, der Adoption überzähliger 2-PN-Zellen und der Spende überzähliger Eizellen mit der Geburt des Kindes die rechtliche Elternschaft erlangen und eine Anfechtungsmöglichkeit durch die intendierten Eltern bzw. die genetische Mutter sowie die Wunscheltern ausgeschlossen wird.

Außerdem sollte § 1600d Abs. 4 BGB auf die Embryoadoption und die Adoption überzähliger 2-PN-Zellen erweitert werden.

Abschließendes Kapitel

A. Fazit

Es hat sich gezeigt, dass das geltende Recht den aus der Kryokonservierung von Keimzellen, 2-PN-Zellen und Embryonen resultierenden Problemen an vielen Stellen noch nicht gerecht wird. Seit mehreren Jahrzehnten wird nun bereits über die Normierung eines Fortpflanzungsmedizingesetzes in Deutschland diskutiert, dennoch ist eine solche *„große Lösung“* bisher ausgeblieben. Die Diskrepanz zwischen den vom einfachen Recht explizit erfassten und den praktisch möglichen, aber rechtlich nicht geregelten Maßnahmen einer Kinderwunschbehandlung wird mit der stetig fortschreitenden Reproduktionsmedizin immer größer. Zwar wurden einzelne Aspekte der Kryokonservierung, wie zum Beispiel der Arztvorbehalt für die Kryokonservierung von 2-PN-Zellen und Embryonen gem. §§ 9 Nr. 4, 12 ESchG, einfachgesetzlich geregelt. Für weitreichende Teile der Kryokonservierung fehlt es demgegenüber an speziellen gesetzlichen Vorgaben. So finden sowohl das TPG als auch Gesetze, die sich isoliert auf die Gewebedefinition des § 1a Nr. 4 TPG beziehen (z.B. das AMG oder die AMWHV), grundsätzlich keine Anwendung auf 2-PN-Zellen und Embryonen. Eine umfassende Regelung sämtlicher aus der Kryokonservierung resultierender Rechtsfragen ist auch nicht Aufgabe des ESchG. Zwar werden hierin einige Problematiken der Kryokonservierung explizit erfasst, jedoch handelt es sich bei dem ESchG um ein strafrechtliches Nebengesetz. Daher würde eine Erweiterung des ESchG die zivilrechtlichen Regelungslücken der Kryokonservierung nicht schließen.

Ob sich der Gesetzgeber zu einer umfassenden gesetzlichen Regelung der Reproduktionsmedizin bewegen lässt, bleibt abzuwarten. Es lässt sich jedoch anzweifeln, dass die umfassende Problematik der Kinderwunschbehandlung, zu der auch die Kryokonservierung von Keimzellen, 2-PN-Zellen und Embryonen zu zählen ist, durch einzelne Änderungen bestehender Gesetze angemessen gelöst werden kann. Wie es bereits in mehreren europäischen Ländern der Fall ist, sollte vielmehr auch in Deutschland ein umfassendes Fortpflanzungsmedizingesetz erlassen werden. Dies sollte genaue Vorgaben für den Umgang mit Keimzellen, 2-PN-Zellen und Embryonen im Rahmen einer Kinderwunschbehandlung bestimmen und einen rechtlichen Rahmen für die Kryokonservierung und ihre möglichen Folgen schaffen. Hierbei sollte 2-PN-Zellen und Embryonen – anders als es der Gesetzgeber im Jahre 1990 bei der Normierung des ESchG vorgenommen hat – unter Berücksichtigung ihrer biologisch-physiologischen Eigenschaften derselbe rechtliche Schutz zugeschrieben werden. Diese sind aufgrund des objektiv-rechtlichen Schutzgehaltes der Menschenwürde und der Ausstrahlungswirkung des Rechts auf Leben in einem rechtlichen Zwischenstadium (weder Rechtsobjekt noch -subjekt) einzuordnen. Die intendierten Eltern haben daher kein Eigentum an kryokonservierten 2-PN-Zellen und Embryonen. Jedoch ergeben sich aus dem Recht der genetischen Eltern auf reproduktive Selbstbestimmung sowie dem Recht des Wunschelternteils auf Familiengründung Entscheidungsbefugnisse über diese.

Die zivil- und strafrechtlichen Vorgaben des geltenden Rechts zu den Einwilligungen in die Kryokonservierung, die ärztlich assistierte Befruchtung, den Embryotransfer und deren Widerruf sind vielfach nicht ausreichend präzise. Jedoch erfordern es die Unterschiede bzgl. des Umganges mit Keimzellen, 2-PN-Zellen und Embryonen sowie die verschiedenen Personenkonstellationen im homologen und heterologen Verfahren, dass spezielle gesetzliche Vorgaben hierfür geschaffen werden. In einem Fortpflanzungsmedizingesetz sollten die Umgangsrechte der intendierten Eltern daher unter Berücksichtigung des Rechts der genetischen Eltern auf reproduktive Selbstbestimmung sowie des Rechts des Wunschelternteils auf Familiengründung abgebildet werden. Hierbei sollte genau berücksichtigt werden, inwiefern der Umgang mit dem Kryogut die persönlichkeitsrechtlichen Interessen der intendierten Eltern betrifft.

Zudem sollte berücksichtigt werden, dass der Samenspender vor der Abgabe der Samenspende eine pauschale Einwilligung in die heterologe Verwendung seiner Samenspende erteilt. Mit der Abgabe der Samenspende verzichtet er diesbezüglich auf sein Recht auf reproduktive Selbstbestimmung gem. Art. 2 Abs. 1 GG i.V.m. Art. 1 Abs. 1 GG und die spätere Wahrnehmung seines Elternrechts gem. Art. 6 Abs. 2 GG.

Gänzlich ungeregelt ist derzeit die zeitliche Höchstlagerungsdauer der Kryokonservierung von Keimzellen, 2-PN-Zellen und Embryonen. Dass nach geltender Rechtslage eine zeitlich unbegrenzte Kryokonservierung über Jahrzehnte oder Jahrhunderte möglich ist, ist im Falle von 2-PN-Zellen und Embryonen ethisch mehr als zweifelhaft und mit dem objektiv-rechtlichen Gehalt der Menschenwürde, wonach 2-PN-Zellen und Embryonen unter anderem vor objektivierenden Behandlungen geschützt werden müssen, unvereinbar. Auch bezüglich des Verwerfens kryokonservierter Keimzellen und 2-PN-Zellen bzw. des Sterbenlassens kryokonservierter Embryonen fehlt es an gesetzlichen Vorgaben. So sollte gesetzlich bestimmt werden, ob bereits ein intendierter Elternteil durch den Widerruf seiner Einwilligung in die Kryokonservierung ein Verwerfen bzw. Sterbenlassen des Keimgutes bewirken kann oder ob dies einen Konsens beider intendierter Elternteile erfordert. Auch sollten weitere

Begrenzungen der ärztlichen Lagerungspflicht festgelegt werden, damit z.B. im Falle einer endgültigen Weigerung der Zahlung der Kosten einer Kryokonservierung keine Rechtsunsicherheit über die Möglichkeit des Verwerfens bzw. Sterbenlassens des Kryogutes besteht.

Zwar enthält das geltende Recht in § 4 Abs. 1 Nr. 3 ESchG und in § 1 Abs. 1 Nr. 2 ESchG Vorgaben zur postmortalen Befruchtung, jedoch wird die umfassende Problematik der Kinderwunschbehandlung *post mortem* hiermit nur unzureichend geregelt. Der von § 4 Abs. 1 Nr. 3 ESchG verfolgte Normzweck wird in der rechtswissenschaftlichen Literatur berechtigterweise angezweifelt. Auch der Normzweck des § 1 Abs. 1 Nr. 2 ESchG erscheint hinsichtlich der befürchteten negativen Folgen der gespaltenen Mutterschaft für das Kindeswohl zweifelhaft. Darüber hinaus ist sowohl das Verbot des § 4 Abs. 1 Nr. 3 ESchG im Falle einer konsentierten postmortalen Befruchtung nach dem Tod des genetischen Vaters als auch das Verbot des § 1 Abs. 1 Nr. 2 ESchG im Falle der konsentierten postmortalen Befruchtung nach dem Tod der genetischen Mutter verfassungswidrig. In einem Fortpflanzungsmedizingesetz sollten mithin genaue Vorgaben zur Kinderwunschbehandlung *post mortem* geschaffen werden, um diesen Problemen angemessen zu begegnen. Bei einer Regelung der Kinderwunschbehandlung *post mortem* sollte von einer differenzierenden Behandlung von 2-PN-Zellen und Embryonen abgesehen werden. So kann es für das Kindeswohl kaum von Bedeutung sein, ob der genetische Elternteil verstorben ist, als sich das kryokonservierte Keimgut noch im Pronucleus- oder bereits im Embryostadium befunden hat.

Angepasst werden sollten zudem die gesetzlichen Vorgaben zum Umgang mit überzähligen Keimzellen, 2-PN-Zellen und Embryonen. Die Verwendung überzähliger 2-PN-Zellen und Embryonen zu Forschungszwecken sollte explizit verboten werden. Indes sollte sowohl die Adoption überzähliger 2-PN-Zellen als auch die Spende überzähliger Eizellen legalisiert werden, sodass diese als weitere Umgangsmöglichkeiten neben der bereits rechtlich zulässigen Samenspende und der Embryoadoption in Betracht kommen. Hierbei sollten die Einwilligungserfordernisse der intendierten Eltern bzgl. der Freigabe des überzähligen Kryogutes an ein Wunschelternpaar bzw. eine Wunschmutter genau bestimmt werden.

Das mit dem SaRegG geschaffene zentrale Samenspenderregister des DIMDI sollte erweitert werden, sodass es zukünftig offizielle und private Samenspenden sowie alle Formen der legalen Weitergabe menschlichen Keimgutes erfasst. § 1600d Abs. 4 BGB sollte auf die Embryoadoption und die Adoption überzähliger 2-PN-Zellen erweitert werden. Zudem sollten die Wunscheltern im Falle der Embryoadoption, der Adoption überzähliger 2-PN-Zellen und der Spende überzähliger Eizellen mit der Geburt des Kindes die rechtliche Elternschaft erlangen. Eine Anfechtungsmöglichkeit durch die intendierten Eltern bzw. die genetische Mutter sowie die Wunscheltern sollte hierbei ausgeschlossen werden.

Es wäre wünschenswert, dass ein Fortpflanzungsmedizingesetz einen rechtlichen Rahmen für die Kinderwunschbehandlung und die Kryokonservierung schafft, damit das deutsche Recht den aktuellen Möglichkeiten der Reproduktionsmedizin entsprechen kann.

B. Thesenhafte Darstellung der Ergebnisse der Arbeit

Zweites Kapitel

Anders als vom ESchG bestimmt, sollte 2-PN-Zellen und Embryonen unter Berücksichtigung der biologisch-physiologischen Gegebenheiten der vorgeburtlichen menschlichen Entwicklung derselbe Rechtsschutz zukommen.

Im Gegensatz zur Konjugation sollte die Bedeutung der Nidation oder der Bildung des Primitivstreifens für die vorgeburtliche menschliche Entwicklung hervorgehoben werden.

Drittes Kapitel

2-PN-Zellen und Embryonen werden verfassungsrechtlich in demselben Maße geschützt, obwohl sie selbst keine Grundrechtsträger sind. Keimzellen kommt hingegen kein verfassungsrechtlicher Schutz zu.

Der Schutz der Menschenwürde wird mit der Geburt gewährleistet. Der objektiv-rechtliche Schutzgehalt der Menschenwürde gem. Art. 1 Abs. 1 GG kommt kryokonservierten 2-PN-Zellen und Embryonen zu und schützt diese vor objektivierenden und willkürlichen Behandlungen.

Das Recht auf Leben gem. Art. 2 Abs. 2 S. 1 GG besteht ab der Nidation des Embryos in den Mutterleib. Kryokonservierte 2-PN-Zellen und Embryonen werden durch eine Ausstrahlungswirkung des Rechts auf Leben vor willkürlichen Behandlungen geschützt.

Das Recht auf reproduktive Selbstbestimmung ist aus dem allgemeinen Persönlichkeitsrecht der genetischen Eltern herzuleiten. Rechtsträger sind im homologen Verfahren die genetischen Eltern und im heterologen Verfahren die genetische Mutter und – bis zur Abgabe der Samenspende – der Samenspender, jedoch nicht der Wunschelternteil. Der sachliche Schutzbereich umfasst die Entscheidungsbefugnis über den Umgang mit kryokonservierten Keimzellen, 2-PN-Zellen und Embryonen und entfaltet zudem eine postmortale Wirkung.

Die Entscheidungsbefugnisse betreffen die Keimzellgewinnung, die ärztlich assistierte Befruchtung, den Embryotransfer, das Kryonisieren, die Lagerung und das Verwerfen von Keimzellen, 2-PN-Zellen und Embryonen sowie die Entscheidung über die Freigabe überzähliger Embryonen zur Embryoadoption. Werden Keimzellen, 2-PN-Zellen oder Embryonen gegen den Willen eines genetischen Elternteils verwendet, wird dieser in seinem Recht auf reproduktive Selbstbestimmung verletzt.

Träger des Rechts auf Familiengründung sind im homologen Verfahren die genetischen Eltern und im heterologen Verfahren die genetische Mutter und der Wunschelternteil. Das Recht des Wunschelternteils auf Familiengründung hängt vom Fortbestehen der Paarbeziehung zur genetischen Mutter bzw. dem Willen der intendierten Eltern zur gemeinsamen Elternschaft ab. Der Samenspender ist kein Träger des Rechts auf Familiengründung.

Der sachliche Schutzbereich des Rechts auf Familiengründung deckt sich beim genetischen Elternteil grundsätzlich mit dem Recht auf reproduktive Selbstbestimmung. Der Umgang mit kryokonservierten 2-PN-Zellen und Embryonen berührt die persönlichkeitsrechtlichen Interessen des Wunschelternteils, solange die Paarbeziehung mit der genetischen Mutter fortbesteht bzw. die intendierten Eltern eine gemeinsame Elternschaft anstreben. Dem Wunschelternteil stehen – gemeinsam mit der genetischen Mutter – Entscheidungsbefugnisse bzgl. des Umgangs mit kryokonservierten 2-PN-Zellen und Embryonen zu. Dies betrifft die ärztlich assistierte Befruchtung, den Embryotransfer, das Kryonisieren, das Auftauen, die Lagerung sowie das Verwerfen von 2-PN-Zellen bzw. das Sterbenlassen von Embryonen und auch die Entscheidung über die Freigabe überzähliger Embryonen zur Embryoadoption.

Embryonen und 2-PN-Zellen werden im Gegensatz zu Keimzellen von einem vorwirkenden Schutz der Menschenwürde aus Art. 2 EMRK geschützt. Jedoch kommt Embryonen, 2-PN-Zellen und Keimzellen kein Schutz des Rechts auf Leben gem. Art. 2 Abs. 1 EMRK zu.

Spenderkinder haben gem. Art. 2 Abs. 1 GG i.V.m. Art. 1 Abs. 1 GG sowie gem. Art. 8 Abs. 1 EMRK ein Recht auf Kenntnis der eigenen Abstammung.

Die genetischen Eltern haben bei einem effektiven Zusammenleben das Recht auf Familienleben gem. Art. 8 EMRK. Von Art. 8 EMRK ist auch das Recht auf Privatleben umfasst, welches das Recht auf reproduktive Selbstbestimmung beinhaltet. Sind die genetischen Eltern ferner miteinander verheiratet, kommt ihnen das Recht auf Familiengründung gem. Art. 12 EMRK zu. Im heterologen Verfahren gilt dies lediglich für die genetische Mutter und nicht für den Samenspender.

Wunscheltern haben weder ein Recht auf reproduktive Selbstbestimmung gem. Art. 8 Abs. 1 EMRK noch das Recht auf Familiengründung gem. Art. 12 EMRK.

Viertes Kapitel

Es bedarf der Normierung eines Fortpflanzungsmedizingesetzes in Deutschland. Dieses sollte unter anderem Bestimmungen für die Keimzellgewinnung, die ärztlich assistierte Befruchtung, den Embryotransfer, die Kryokonservierung, die Kinderwunschbehandlung *post mortem* sowie den Umgang mit überzähligen Keimzellen, 2-PN-Zellen und Embryonen enthalten.

Nach einer Keimzellgewinnung oder -entnahme erlangt der genetische Elternteil gem. § 953 BGB analog das Eigentum hieran. Eine Eigentumsübertragung an Dritte ist möglich, jedoch darf eine Verwendung der Keimzellen das Recht des genetischen Elternteils auf reproduktive Selbstbestimmung nicht verletzen.

2-PN-Zellen und Embryonen sind aufgrund ihres bedingten verfassungsrechtlichen Schutzes weder Rechtssubjekte noch Rechtsobjekte. Sie sind nicht eigentumsfähig und ihre Verkehrsfähigkeit ist aufgrund der Verknüpfung mit den persönlichkeitsrechtlichen Interessen der intendierten Eltern beschränkt. Das Recht auf reproduktive Selbstbestimmung verschafft den genetischen Eltern (homologes Verfahren) bzw. der genetischen Mutter (heterologes Verfahren) Entscheidungsbefugnisse bzgl. des Umganges mit 2-PN-Zellen und Embryonen. Im heterologen Verfahren hat auch der Wunschelternteil aufgrund seines Rechts auf Familiengründung Entscheidungsbefugnisse bzgl. des Umganges mit 2-PN-Zellen und Embryonen.

Bei Keimzellen handelt es sich um Gewebe im Sinne des § 1a Nr. 4 TPG. Für die Kryokonservierung von Keimzellen ist daher eine arzneimittelrechtliche Kontrolle notwendig. 2-PN-Zellen und Embryonen sind nicht als Gewebe im Sinne des § 1a Nr. 4 TPG zu erachten. Das TPG und Normen, die sich auf § 1a Nr. 4 TPG beziehen, sind auf diese grundsätzlich nicht anwendbar.

Für die Keimzellgewinnung ist gem. § 630d Abs. 1 S. 1 BGB sowie gem. § 8b Abs. 2, 1 S. 1 TPG die Einwilligung des genetischen Elternteils erforderlich. Dieser ist gem. §§ 630d Abs. 2, 630e Abs. 1–4 BGB sowie gem. § 8b Abs. 2, 1 S. 1 TPG i.V.m. § 8 Abs. 2 S. 1, 2 TPG aufzuklären. Ein Widerruf der Einwilligung ist gem. § 630d Abs. 3 BGB sowie gem. § 8b Abs. 3 TPG i.V.m. § 8 Abs. 2 S. 6 TPG bis zur Keimzellgewinnung möglich.

Die ärztlich assistierte Befruchtung erfordert, dass die intendierten Eltern ihre Einwilligung gem. § 630d Abs. 1 S. 1 BGB erteilt haben und zuvor gem. §§ 630d Abs. 2, 630e Abs. 1–4 BGB aufgeklärt worden sind. Die intendierten Eltern können ihre Einwilligungen gem. § 630d Abs. 3 BGB bis zur Imprägnation der Eizelle widerrufen. Das Einwilligungserfordernis der genetischen Eltern in die ärztlich assistierte Befruchtung besteht zudem gem. § 4 Abs. 1 Nr. 1 ESchG. Hiernach bedarf es einer Aufklärung der genetischen Eltern. Die Einwilligung kann bis zur Imprägnation der Eizelle widerrufen werden. Das Einwilligungserfordernis des genetischen Vaters in die ärztlich assistierte Befruchtung ist außerdem in § 8b Abs. 2, 1 S. 1 TPG i.V.m. § 8 Abs. 2 S. 1, 2 TPG bestimmt. Die Aufklärung ist gem. § 8b Abs. 2, 1 S. 1 TPG i.V.m. § 8 Abs. 2, S. 1, 2 TPG erforderlich. Der genetische Vater kann die Einwilligung gem. § 8b Abs. 3 TPG i.V.m. § 8 Abs. 2 S. 6 TPG bis zur Imprägnation der Eizelle widerrufen.

Die Vornahme eines Embryotransfers setzt voraus, dass die intendierten Eltern gem. § 630d Abs. 1 S. 1 BGB eingewilligt haben. Ein Widerruf der Einwilligungen ist nach Abs. 3 bis zur Vornahme des Transfers möglich. Die Wirksamkeit der Einwilligungen setzt eine Aufklärung gem. §§ 630d Abs. 2, 630e Abs. 1–4 BGB voraus. Im Falle einer Trennung der genetischen Mutter und des Wunschelternteils endet dessen Recht auf Familiengründung, wenn kein Einverständnis bzgl. einer gemeinsamen Elternschaft der intendierten Eltern besteht. In diesem Fall entfällt die Rechtswirkung der gem. § 630d Abs. 1 S. 1 BGB erteilten Einwilligung des Wunschelternteils in den Embryotransfer. Strafrechtlich erfordert der Embryotransfer gem. § 4 Abs. 1 Nr. 2 ESchG die Einwilligung der Frau, auf die der Embryo übertragen wird. Im homologen und heterologen Verfahren handelt es sich hierbei um die genetische Mutter. Diese muss umfassend aufgeklärt werden und kann ihre Einwilligung bis zur Vornahme des Embryotransfers formfrei widerrufen.

Es bedarf einer gesetzlichen Neuregelung der Einwilligungen in den Embryotransfer, die das homologe und heterologe Verfahren sowie die Embryoadoption berücksichtigt.

Das Kryonisieren und das Auftauen von Keimzellen erfordert gem. § 630d Abs. 1 S. 1 BGB eine Einwilligung des genetischen Vaters bzw. der genetischen Mutter. Dieser bzw. diese ist gem. §§ 630d Abs. 2, 630e Abs. 1–4 BGB aufzuklären. Ein Widerruf der Einwilligung ist gem. § 630d Abs. 3 BGB möglich. Für das Kryonisieren und Auftauen von 2-PN-Zellen und Embryonen bedarf es gem. § 630d Abs. 1 S. 1 BGB einer Einwilligung der intendierten Eltern. Auch hier ist eine Aufklärung gem. §§ 630d Abs. 2, 630e Abs. 1–4 BGB erforderlich. Die intendierten Eltern können ihre Einwilligungen gem. § 630d Abs. 3 BGB widerrufen.

Für die Lagerung des Kryogutes wird ein Kryovertrag geschlossen. Im Falle von Keimzellen sind die §§ 688 ff. BGB direkt und im Falle von 2-PN-Zellen und Embryonen analog anwendbar. Die Lagerung kryokonservierter Keimzellen erfordert eine Willenserklärung des genetischen Vaters bzw. der genetischen Mutter, während für die Lagerung kryokonservierter 2-PN-Zellen und Embryonen die Willenserklärung der intendierten Eltern notwendig ist.

Das Verwerfen kryokonservierter Keimzellen erfordert gem. § 630d Abs. 1 S. 1 BGB eine Einwilligung des genetischen Vaters bzw. der genetischen Mutter. Das Verwerfen kryokonservierter 2-PN-Zellen bzw. das Sterbenlassen kryokonservierter Embryonen erfordert, dass die intendierten Eltern gem. § 630d Abs. 1 S. 1 BGB eingewilligt haben. Eine Aufklärung ist jeweils gem. §§ 630d Abs. 2, 630e Abs. 1–4 BGB notwendig und ein Widerruf der Einwilligungen ist gem. § 630d Abs. 3 BGB möglich.

Das Kryonisieren und Auftauen, die Lagerung sowie das Verwerfen bzw. Sterbenlassen des Kryogutes wird von § 4 Abs. 1 Nr. 1 ESchG nicht erfasst, sodass es an strafrechtlichen Vorgaben zur Einwilligung fehlt.

Für die Kryokonservierung menschlicher Keimzellen, 2-PN-Zellen und Embryonen sollte eine gesetzliche Regelung geschaffen werden, in welcher die Einwilligungserfordernisse des genetischen Vaters bzw. der genetischen Mutter bzgl. Keimzellen und der intendierten Eltern bzgl. 2-PN-Zellen und Embryonen bestimmt werden.

Es sollte gesetzlich explizit bestimmt werden, dass kryokonservierte 2-PN-Zellen und Embryonen nur verworfen werden können, wenn die intendierten Eltern dem zugestimmt haben. Im Falle des gespaltenen Elternwillens bezüglich des Verwerfens von 2-PN-Zellen bzw. des Sterbenlassens von Embryonen sollte den intendierten Eltern eine einjährige *„cooling-off“*-Periode gewährt werden. Während dieser Frist sollte den intendierten Eltern die Möglichkeit zur Einigung über den Umgang mit dem Kryogut verschafft werden, wobei ihnen eine psychosoziale Beratung angeboten werden sollte. Die *„cooling-off“*-Periode sollte beim Vorliegen eines übereinstimmenden Willens der intendierten Eltern bzgl. des Umgangs mit dem Kryogut enden. Bei einer fehlenden Einigung nach Fristablauf sollten die 2-PN-Zellen und Embryonen unmittelbar zu verwerfen sein bzw. sterben gelassen werden.

Der Samenspender willigt vor der Abgabe der Samenspende pauschal in die Verwendung seines Spendersamens im Rahmen der heterologen Kinderwunschbehandlung ein. Diese Einwilligung umfasst eine Vielzahl von Befruchtungen und ist nach der Abgabe der Spende unwiderruflich.

Nach der Abgabe der Samenspende übergibt der Spender diese an den Reproduktionsmediziner bzw. die Entnahmeeinrichtung. Zudem überträgt er das Eigentum an der Samenspende gem. § 929 S. 1 BGB an diesen bzw. diese. Hat der Samenspender in die heterologe Verwendung seines Samens eingewilligt, verzichtet er mit der Abgabe der Samenspende diesbezüglich auf sein Recht auf reproduktive Selbstbestimmung gem. Art. 2 Abs. 1 GG i.V.m. Art. 1 Abs. 1 GG und die spätere Wahrnehmung seines Elternrechts gem. Art. 6 Abs. 2 GG.

Die Keimzellgewinnung erfordert, dass der Samenspender hierzu gem. § 630d Abs. 1 S. 1 BGB eingewilligt hat und zuvor gem. §§ 630d Abs. 2, 630e Abs. 1–4 BGB aufgeklärt worden ist. Der Samenspender kann diese Einwilligung gem. § 630d Abs. 3 BGB bis zur Abgabe der Samenspende widerrufen. Zudem bedarf es gem. § 8b Abs. 2, 1 S. 1 TPG einer Aufklärung und Einwilligung des gem. § 8b Abs. 2, 1 S. 1 TPG einwilligungsfähigen Samenspenders in die Keimzellgewinnung. Der Samenspender kann die Einwilligung gem. § 8b Abs. 3 TPG i.V.m. § 8 Abs. 2 S. 6 TPG bis zur Abgabe der Samenspende widerrufen. Bei einer offiziellen Samenspende ist der Samenspender zudem gem. § 2 Abs. 1 S. 1 SaRegG aufzuklären. Die Samenspende darf gem. § 3 Abs. 1 SaRegG nur abgegeben werden, wenn der Samenspender die Aufklärung gem. § 2 Abs. 1 S. 1 SaRegG und das Verständnis der Aufklärungsinhalte (S. 2) schriftlich bestätigt hat.

Für die ärztlich assistierte Befruchtung bedarf es einer Einwilligung des Samenspenders gem. § 630d Abs. 1 S. 1 BGB sowie einer Aufklärung gem. §§ 630d Abs. 2, 630e Abs. 1–4 BGB. Zudem ist das Erfordernis einer Aufklärung und Einwilligung des Samenspenders in § 4 Abs. 1 Nr. 1 ESchG bestimmt. Ein weiteres Erfordernis zur Aufklärung und Einwilligung des gem. § 8b Abs. 1 S. 1 TPG einwilligungsfähigen Samenspenders besteht gem. § 8b Abs. 2, 1 S. 1 TPG i.V.m. § 8 Abs. 2 S. 1, 2 TPG. Bis zur Abgabe der Samenspende kann der Samenspender seine Einwilligung in die ärztlich assistierte Befruchtung gem. § 630d Abs. 3 BGB, § 4 Abs. 1 Nr. 1 ESchG und § 8b Abs. 3 TPG i.V.m. § 8 Abs. 2 S. 6 TPG widerrufen.

Es sollte gesetzlich bestimmt werden, dass Spermien eines Samenspenders von höchstens drei Frauen zur ärztlich assistierten Befruchtung einer Eizelle verwendet werden dürfen.

§ 1600d Abs. 4 BGB sollte auf die Embryoadoption und – sofern diese legalisiert wird – auch auf die Adoption überzähliger 2-PN-Zellen erweitert werden.

Das SaRegG sollte auf alle Formen der legalen Weitergabe menschlichen Keimgutes erweitert und zu einem generellen Spenderregister werden.

2-PN-Zellen und Embryonen, die vor Inkrafttreten des SaRegG kryokonserviert wurden, gelten bereits als „*verwendet*" gem. § 13 Abs. 4 SaRegG, Art. 229, § 46 EGBGB. Für diese gilt die alte Rechtslage, sodass § 1600d Abs. 4 BGB gem. Art. 229, § 46 EGBGB nicht anwendbar ist und den Spenderkindern kein Anspruch gem. § 10 Abs. 1 S. 1 SaRegG zukommt.

Die geltende Rechtslage zur Kryokonservierung von Keimzellen, 2-PN-Zellen und Embryonen ist unzureichend, da es unter anderem an genauen gesetzlichen Vorgaben zum Kryonisieren, Lagern, Verwerfen bzw. Sterbenlassen von Keimzellen, 2-PN-Zellen und Embryonen sowie an einer zeitlichen Höchstgrenze zur Kryokonservierung von 2-PN-Zellen und Embryonen fehlt. Der Gesetzgeber sollte hier tätig werden.

Ein Vorgehen anhand des „*Deutschen Mittelwegs*" ist bei einer verantwortlichen medizinischen Prognose zum Ausschluss der Erzeugung von Embryonen, die nicht in demselben Zyklus übertragen werden sollen, zulässig. Jedoch ist eine Strafbarkeit des Reproduktionsmediziners hierbei nicht auszuschließen, da im Einzelfall ein Eventualvorsatz des Reproduktionsmediziners bzgl. der Erzeugung überzähliger Embryonen vorliegen kann. Der Gesetzgeber sollte sich dieser Thematik annehmen und eine numerische Höchstgrenze für die Erzeugung und Kryokonservierung 2-PN-Zellen und Embryonen bestimmen. Um eine praxisnahe Auswahlmöglichkeit geeigneter Embryonen zu ermöglichen, erscheint eine Limitierung auf zehn 2-PN-Zellen und Embryonen sinnvoll.

Das ESchG steht dem Verwerfen von Keimzellen und 2-PN-Zellen und dem Sterbenlassen überzähliger Embryonen nicht entgegen.

In einem Fortpflanzungsmedizingesetz sollte eine zeitliche Höchstgrenze für die Kryokonservierung von 2-PN-Zellen und Embryonen normiert werden. Diese sollte zunächst für einen Zeitraum von zehn Jahren möglich sein. Die intendierten Eltern sollten diese Frist zweimal durch erneute Erteilung der Einwilligungen in die Kryokonservierung um jeweils fünf Jahre verlängern können, ohne dass es hierfür eines besonderen Grundes bedarf. Die Kryokonservierung von 2-PN-Zellen und Embryonen sollte demnach insgesamt für einen Zeitraum von 20 Jahren möglich sein. Mit dem Erreichen dieser zeitlichen Höchstgrenze sollte das Kryogut unverzüglich zu verwerfen sein bzw. sterben gelassen werden.

Der genetische Vater bzw. die genetische Mutter hat aus dem Kryovertrag gem. § 695 Abs. 1 S. 1 BGB sowie gem. § 985 BGB einen Anspruch auf Herausgabe der kryokonservierten Keimzellen. Die intendierten Eltern haben aus dem Kryovertrag gem. § 695 Abs. 1 S. 1 BGB analog sowie gem. § 985 BGB analog einen Anspruch auf Herausgabe der 2-PN-Zellen und Embryonen, den sie nur gemeinsam geltend machen können. Eine Herausgabe der kryokonservierten Keimzellen, 2-PN-Zellen und Embryonen kann ausschließlich an einen anderen Reproduktionsmediziner und nicht unmittelbar an den genetischen Vater, die genetische Mutter oder die intendierten Eltern erfolgen.

Der Gesetzgeber sollte den Anwendungsbereich des § 27a Abs. 4 SGB V auf die Kryokonservierung von 2-PN-Zellen und Embryonen erweitern und keine medizinische Notwendigkeit voraussetzen.

Das von § 4 Abs. 1 Nr. 3 ESchG bestimmte absolute Verbot der postmortalen Befruchtung ist im Falle der konsentierten postmortalen Befruchtung nach dem Tod des genetischen Vaters im homologen Verfahren materiell verfassungswidrig. Auch das von § 1 Abs. 1 Nr. 2 ESchG bestimmte Befruchtungsverbot nach dem Tod der genetischen Mutter ist im Falle der konsentierten postmortalen Befruchtung im homologen Verfahren materiell verfassungswidrig.

Der Zweck des § 4 Abs. 1 Nr. 3 ESchG ist primär auf den Schutz des Kindeswohls gerichtet, auch wenn eine ernsthafte Gefährdung aufgrund der postmortalen Befruchtung mittlerweile durchaus angezweifelt werden kann. Auch der Normzweck des Verbotes gem. § 1 Abs. 1 Nr. 2 ESchG ist verfehlt, da die befürchteten negativen Auswirkungen der gespaltenen Mutterschaft für das Kindeswohl im Falle der postmortalen Befruchtung empirisch nicht belegt sind.

Das Befruchten einer Eizelle im Sinne des § 4 Abs. 1 Nr. 3 ESchG erfordert eine Konjugation. Wurden Eizellen noch zu Lebzeiten des genetischen Vaters imprägniert und sollen diese nach dessen Tod weiterkultiviert werden, kann ein Auftauen und Weiterkultivieren der 2-PN-Zellen nicht als einfaches Fortsetzen dieser – vor dem Tod des genetischen Vaters begonnenen – Befruchtung angesehen werden.

Die Tathandlung des § 1 Abs. 1 Nr. 2 ESchG erfordert eine Konjugation. Das Auftauen und Weiterkultivieren von 2-PN-Zellen, die zu Lebzeiten der genetischen Mutter kryokonserviert wurden, um die späteren Embryonen einer anderen Frau zu transferieren, ist daher als Verstoß gegen § 1 Abs. 1 Nr. 2 ESchG zu werten.

Im Falle der Kinderwunschbehandlung *post mortem* ist eine Zuordnung des Kindes zum genetischen Vater unter der Maßgabe des § 1593 BGB, wonach § 1592 Nr. 1 BGB entsprechend gilt, oder durch gerichtliche Feststellung der Vaterschaft gem. § 1592 Nr. 3 BGB möglich. Erbrechtlich besteht die Möglichkeit zur testamentarischen Berücksichtigung des Kindes. Zudem ist § 1923 Abs. 2 BGB im Falle der Kinderwunschbehandlung *post mortem* zugunsten des Kindes analog anzuwenden.

Die Kinderwunschbehandlung *post mortem* sollte in einem Fortpflanzungsmedizingesetz verboten werden, wobei eine Ausnahme für Fälle der konsentierten postmortalen Befruchtung geschaffen werden sollte.

Die Embryoadoption ist rechtlich zulässig und stellt kein verbotenes Verwenden im Sinne des § 2 Abs. 1 ESchG dar. Die 2-PN-Zell-Adoption ist gem.

§ 1 Abs. 1 Nr. 2 ESchG und die Eizellspende gem. § 1 Abs. 1 Nr. 1, 2 ESchG verboten.

Die Freigabe überzähliger 2-PN-Zellen und Embryonen zu Forschungszwecken ist mit der Menschenwürde unvereinbar. § 2 Abs. 1 ESchG verbietet die Freigabe überzähliger Embryonen und § 1 Abs. 1 Nr. 2 ESchG die Freigabe überzähliger 2-PN-Zellen zu Forschungszwecken, sofern diese zu Embryonen weiterkultiviert werden, ohne dass eine Schwangerschaft bei der genetischen Mutter herbeigeführt werden soll. Überzählige Keimzellen können in dem von § 5 Abs. 4 Nr. 1 ESchG vorgegebenen Rahmen zu Forschungszwecken verwendet werden.

Der Gesetzgeber sollte genaue Vorgaben für die Embryoadoption schaffen und die Adoption überzähliger 2-PN-Zellen legalisieren. Ein gesetzlicher Regelungsbedarf besteht vor allem hinsichtlich der Einwilligungserfordernisse der intendierten Eltern. Die Embryoadoption und die Adoption überzähliger 2-PN-Zellen sollte nur erfolgen können, wenn die intendierten Eltern ihre Einwilligung hierzu erteilt haben. Bei einer fehlenden Einigkeit der intendierten Eltern sollte eine einjährige „*cooling-off*"-Periode eintreten, in der sich die intendierten Eltern über den Umgang mit den überzähligen Embryonen bzw. 2-PN-Zellen einigen können. Liegt nach Fristende keine Einigung der intendierten Eltern vor, sollten die überzähligen Embryonen bzw. 2-PN-Zellen sterben gelassen bzw. verworfen werden.

Die Spende überzähliger Eizellen sollte legalisiert werden. Im Übrigen sollte das Verbot der Eizellspende fortbestehen. Die genetische Mutter sollte ihre Einwilligung hierzu bis zur Imprägnation der Eizelle widerrufen können. Vor der Entscheidung über die Spende sollte ihr eine psychosoziale Beratung ermöglicht werden. Der kommerzielle Handel mit überzähligen Eizellen sollte verboten werden.

Es sollte gesetzlich bestimmt werden, dass die Wunscheltern im Falle der Embryoadoption, der Adoption überzähliger 2-PN-Zellen und der Spende überzähliger Eizellen mit der Geburt des Kindes die rechtliche Elternschaft erlangen und eine Anfechtungsmöglichkeit durch die intendierten Eltern bzw. die genetische Mutter sowie die Wunscheltern ausgeschlossen wird.

C. Regelungsvorschläge *de lege ferenda* für ein Fortpflanzungsmedizingesetz

Im Folgenden werden die in dieser Arbeit erörterten Regelungsvorschläge *de lege ferenda* für ein Fortpflanzungsmedizingesetz konkret formuliert. Diese beziehen sich auf die ärztlich assistierte Befruchtung, die Kryokonservierung, den Embryotransfer und den Umgang mit überzähligen Keimzellen, 2-PN-Zellen und Embryonen. In Ergänzung finden sich in § 8 Strafvorschriften, die in der Arbeit zuvor jedoch nicht erörtert wurden. Die weiteren Normen eines umfassenden Fortpflanzungsmedizingesetzes bleiben hierbei unberücksichtigt.

Für die notwendigen gesetzlichen Änderungen des SaRegG, des ESchG und des BGB ist auf die im Rahmen dieser Arbeit unterbreiteten Regelungsvorschläge *de lege ferenda* zu verweisen.[1284]

§ 1 Kryokonservierung

(1) [1]Die Kryokonservierung von Keimzellen, 2-PN-Zellen und Embryonen ist von einem Arzt vorzunehmen. [2]Das Kryonisieren, die Lagerung und das Auftauen von Keimzellen erfordert die schriftliche Einwilligung des genetischen Vaters bzw. der genetischen Mutter. [3]Diese Einwilligung kann schriftlich widerrufen werden, wonach die Keimzellen umgehend zu verwerfen sind.

(2) [1]Die Kryokonservierung von 2-PN-Zellen und Embryonen muss deren Erhalt dienen. [2]Es dürfen maximal zehn 2-PN-Zellen und Embryonen zum Zwecke eines Embryotransfers erzeugt und kryokonserviert werden. [3]Das Kryonisieren, die Lagerung und das Auftauen von 2-PN-Zellen und Embryonen erfordert die schriftliche Einwilligung der intendierten Eltern. [4]Die intendierten Eltern können ihre Einwilligungen schriftlich widerrufen.

(3) [1]Mit Einwilligung der intendierten Eltern können kryokonservierte 2-PN-Zellen und Embryonen verworfen bzw. sterben gelassen werden. [2]Bei einer fehlenden Einigkeit der intendierten Eltern bzgl. des Verwerfens bzw. Sterbenlassens überzähliger 2-PN-Zellen bzw. Embryonen wird den intendierten Eltern eine Frist von einem Jahr zur Einigung gesetzt. [3]Die Frist des Abs. 3 S. 2 endet, wenn sich die intendierten Eltern über den weiteren Umgang mit den kryokonservierten 2-PN-Zellen bzw. Embryonen geeinigt haben. [4]Liegt nach dem Ablauf der Frist keine Einigung der intendierten Eltern vor, sind die kryokonservierten 2-PN-Zellen und Embryonen umgehend zu verwerfen bzw. sterben zu lassen.

(4) [1]Die Kryokonservierung von 2-PN-Zellen und Embryonen kann für einen Zeitraum von zehn Jahren erfolgen. [2]Die intendierten Eltern können die Höchstlagerungsdauer des Abs. 4 S. 1 durch erneute schriftliche Erteilung ihrer Einwilligungen in die Kryokonservierung der 2-PN-Zellen und Embryonen zweimal um jeweils fünf Jahre verlängern. [3]Kryokonservierte

---

1284 Hierzu s. viertes Kapitel, C, III, D, II, 2, e, III, 4, c, E, I, 2, c, II, 4, III, 4, G, VI und H, IV.

2-PN-Zellen und Embryonen sind unmittelbar nach dem Ablauf der zeitlichen Höchstlagerungsdauer oder einer endgültigen Weigerung der intendierten Eltern zur Zahlung der Kosten für die Kryokonservierung zu verwerfen bzw. sterben zu lassen.

§ 2 Ärztlich assistierte Befruchtung einer Eizelle

(1) [1]Für die ärztlich assistierte Befruchtung einer Eizelle ist die schriftliche Einwilligung der intendierten Eltern erforderlich. [2]Das Einwilligungserfordernis des Wunschelternteils hängt von dem Fortbestehen der Partnerschaft mit der genetischen Mutter bzw. dem Vorliegen eines Einverständnisses der genetischen Mutter und des Wunschelternteils hinsichtlich einer gemeinsamen Elternschaft ab. [3]Die intendierten Eltern können ihre Einwilligungen bis zur Imprägnation der Eizelle schriftlich widerrufen.

(2) [1]Im heterologen Verfahren ist zusätzlich zu den Einwilligungserfordernissen des Abs. 1 S. 1 eine Einwilligung des Samenspenders in die Verwendung des Spendersamens zur ärztlich assistierten Befruchtung der Eizellen von maximal drei Frauen notwendig. [2]Die Einwilligung muss der Samenspender vor der Abgabe der Samenspende abgeben. [3]Ein Widerruf der Einwilligung des Samenspenders ist bis zur Abgabe der Samenspende möglich. [4]Mit der Abgabe der Samenspende verzichtet der Samenspender auf sämtliche an der Samenspende bestehenden Rechte.

(3) Die Spermien eines Samenspenders dürfen für die ärztlich assistierte Befruchtung von maximal drei Frauen verwendet werden.

§ 3 Embryotransfer

[1]Für den Embryotransfer ist die schriftliche Einwilligung der intendierten Eltern erforderlich. [2]Das Einwilligungserfordernis des Wunschelternteils hängt von dem Fortbestehen der Partnerschaft mit der genetischen Mutter bzw. dem Vorliegen eines Einverständnisses der genetischen Mutter und des Wunschelternteils hinsichtlich einer gemeinsamen Elternschaft ab. [3]Die Einwilligungen können bis zur Vornahme des Embryotransfers schriftlich widerrufen werden.

§ 4 Kinderwunschbehandlung *post mortem*

Die Verwendung kryokonservierter Keimzellen, 2-PN-Zellen und Embryonen nach dem Tod eines genetischen Elternteils durch den anderen genetischen Elternteil zur Herbeiführung einer Schwangerschaft ist verboten, es sei denn

- der verstorbene genetische Elternteil hat zu Lebzeiten eine notariell beurkundete Einwilligung in die postmortale Verwendung der kryokonservierten Keimzellen, 2-PN-Zellen und Embryonen erteilt und
- die Verwendung erfolgt innerhalb von drei Jahren nach dem Tod des genetischen Elternteils.

§ 5 Keimzellspende, Adoption überzähliger 2-PN-Zellen und Embryoadoption

(1) [1]Die Spende überzähliger Keimzellen, die ärztlich assistiert gewonnen wurden, erfordert die schriftliche Einwilligung des genetischen Vaters bzw. der genetischen Mutter. [2]Der genetische Vater bzw. die genetische Mutter kann die Einwilligung bis zur heterologen Verwendung der Keimzellen im Rahmen einer ärztlich assistierten Befruchtung widerrufen.

(2) [1]Die Adoption überzähliger 2-PN-Zellen und die Embryoadoption erfordern die schriftliche Einwilligung der intendierten Eltern. [2]Das Einwilligungserfordernis des Wunschelternteils hängt von dem Fortbestehen der Partnerschaft mit der genetischen Mutter bzw. dem Vorliegen eines Einverständnisses der genetischen Mutter und des Wunschelternteils hinsichtlich einer gemeinsamen Elternschaft ab. [3]Die intendierten Eltern können ihre Einwilligungen im Falle von 2-PN-Zellen bis zum Auftauen der kryokonservierten 2-PN-Zellen und im Falle von Embryonen bis zur Vornahme des Embryotransfers schriftlich widerrufen.

(3) [1]Bei einer fehlenden Einigkeit der intendierten Eltern bzgl. der Freigabe überzähliger 2-PN-Zellen bzw. Embryonen im Sinne des Abs. 2 wird diesen eine Frist von einem Jahr zur Einigung gesetzt. [2]Die Frist endet, wenn sich die intendierten Eltern über den weiteren Umgang mit den überzähligen 2-PN-Zellen bzw. Embryonen geeinigt haben. [3]Liegt nach dem Ablauf der Frist keine Einigung der intendierten Eltern vor, sind die überzähligen 2-PN-Zellen bzw. Embryonen umgehend zu verwerfen bzw. sterben zu lassen.

§ 6 Verbot der Eizellspende

(1) Die Spende einer Eizelle an eine andere Frau als die genetische Mutter zur Herbeiführung einer Schwangerschaft ist verboten.

(2) [1]Eine Ausnahme von dem Verbot des Abs. 1 gilt für die Spende überzähliger Eizellen im Sinne des § 5 Abs. 1. [2]Der kommerzielle Handel mit überzähligen Eizellen ist verboten.

§ 7 Verbot der Freigabe überzähliger 2-PN-Zellen und Embryonen zu Forschungszwecken

Die Freigabe überzähliger 2-PN-Zellen und Embryonen für eine Verwendung zu Forschungszwecken ist verboten.

§ 8 Strafvorschriften

(1) Mit Freiheitsstrafe bis zu drei Jahren oder mit Geldstrafe wird bestraft, wer
1. dem Verbot des § 4 entgegen kryokonservierte Keimzellen, 2-PN-Zellen und Embryonen nach dem Tod eines genetischen Elternteils zur Herbeiführung einer Schwangerschaft verwendet.
2. dem Verbot des § 6 Abs. 1 entgegen eine Eizelle an eine andere Frau als die genetische Mutter zur Herbeiführung einer Schwangerschaft freigibt.
3. dem Verbot des § 6 Abs. 2 S. 2 entgegen den kommerziellen Handel mit überzähligen Eizellen betreibt.
4. dem Verbot des § 7 entgegen überzählige 2-PN-Zellen bzw. Embryonen zu Forschungszwecken verwendet oder hierfür freigibt.

(2) Nicht bestraft nach Abs. 1 wird die genetische Mutter sowie die Frau, auf die die Eizelle bzw. der Embryo übertragen wird bzw. übertragen werden soll.

Anhang

A. Vertrag über das Kryonisieren und Auftauen des Kryogutes

Vertrag zur Vitrifizierung (Kryokonservierung) von Vorkernstadium/Embryozellen

Pat.-Name

Partner-Name

Wir wünschen die Vitrifizierung von befruchteten Eizellen (Eizellen im Vorkernstadium / in bes. Fällen auch Embryozellen, bzw. auch in Ausnahmefällen 5 bzw. 6 Tage nach Eizellgewinnung), sofern in dem bevorstehenden Behandlungszyklus überzählige, befruchtete Eizellen zur Verfügung stehen und die Vitrifizierung auf Anraten der o.g. Ärzte sinnvoll ist. Wir erteilen o.g. [Ärzten] hierzu unsere Einwilligung. Wir sind darüber informiert, dass sowohl der Einfriervorgang, wie auch das Auftauen die Zellen zerstören können.

Wir sind darüber informiert und damit einverstanden, dass o.g. Ärzte [eine Praxis] mit der Lagerung der eingefrorenen Zellen beauftragen. Wir sind damit einverstanden, dass die Rechnungsstellung der Lagerung der eingefrorenen Zellen über die [Praxis] erfolgt. Wir haben hierüber einen Vertrag mit der [Praxis] abgeschlossen.

Die Rechnungsstellung des Einfrierens und des Auftauens erfolgt durch die Ärzte selbst [...].

Wir sind damit einverstanden, dass auf unseren Wunsch hin die Lagerung der Eizellen solange erfolgt, wie die Kosten hierfür unsererseits getragen werden. Auf unseren Wunsch hin und mit unserer beider schriftlichen Einverständnis können die Eizellen – jederzeit – verworfen werden.

Wir sind darüber informiert, dass das Einfrieren (die Vitrifizierung), die Lagerung des Konservierungsgutes, das Auftauen der eingefrorenen Zellen, die embryonale Zellkultur und der Embryotransfer *nicht* zum Leistungsumfang der Krankenkassen gehören. Wir sind informiert, dass sowohl die u.U. notwendigen Medikamente wie auch die ärztlichen Untersuchungen des Behandlungszyklus, in dem die Zellen aufgetaut und übertragen werden sollen, ebenfalls *nicht* über die Kasse abgerechnet werden können.

Wir sind bereit, die unten aufgelisteten Kosten (Leistungen analog der GOÄ) selbst zu tragen.

I. Vitrifizierung (Einfrieren) für Vorkern-Eizellen und Embryozellen

(jeweils separate Rechnung!)

A: Vitrifizierung von *befruchteten* Eizellen im Vorkernstadium, inkl. aller Lösungen, Materialien und Zellkulturmedien, bei mehr als acht Zellen zusätzlich max. € […]

- *Rechnungsstellung über [die Praxis]*

B: Vitrifizierung von Embryozellen im Blastocystenstadium (oder von *unbefruchteten* Eizellen) inkl. aller Lösungen, Materialien und Zellkulturmedien, bei mehr als zwei Zellen zusätzlich max. € […]

- *separate Rechnung über [die Praxis]*

<u>plus Lagerung des Konservierungsgutes</u>

Miete für Lagerbehälter inkl. Verbrauch an flüssigem Stickstoff für alle angefangenen 6 Monate

- *separate Rechnung über die [Praxis]*

II. Auftauen der eingefrorenen Zellen/Embryotransfer

Auftauen und Weiterkultivieren der Eizellen bzw. Embryozellen, Mikroskopische Beurteilung der Zellteilung, Durchführen des Embryotransfers inkl. Embryotransferkatheter und aller Lösungen, Materialien und Zellkulturmedien

- *separate Rechnung über [die Praxis]*

III. Zyklus-Überwachung (Behandlungszyklus)

Je nach <u>Häufigkeit</u> von Ultraschall- und Hormonuntersuchungen

IV. Gidget – Elektronische Identitätssicherung

----------------------	--------------------------	----------------------
Ort, Datum	Unterschrift Patientin	Unterschrift Patient

Unterschrift Arzt

B. Kryoverträge

I. Vertrag 1

Vertrag über die Lagerung von Keimzellen

Zwischen […] [der Gesellschaft] und Frau […] (Geburtsdatum, Straße, PLZ, Wohnort) sowie Herrn […] (Geburtsdatum, Straße, PLZ, Wohnort, Telefon) – im Folgenden: Paar.

§ 1 Vertragsgegenstand

Die Gesellschaft übernimmt die kryokonservierten Keimzellen des Paares, die im Rahmen einer Maßnahme der *In-Vitro*-Fertilisation (IVF oder ICSI) entstanden sind, zur Lagerung.

Die ärztlichen Leistungen für IVF/ICSI einschließlich des Einfrierens wurden zuvor von der [Praxis] […] oder anderen IVF-Zentren erbracht. Damit sind die vorausgehenden ärztlichen Behandlungen im Rahmen von Maßnahmen der sogenannten künstlichen Befruchtung einschließlich des Einfrierens und Auftauens der Keimzellen nicht Gegenstand dieses Vertrages.

§ 2 Lagerung

1. Die Gesellschaft bereitet die zur Verfügung gestellten eingefrorenen Keimzellen für die Lagerung vor und lagert die gefrorenen Keimzellen in flüssigem Stickstoff bei minus 196 °C für die Dauer dieses Vertrages.
2. Die Gesellschaft ist berechtigt, mit der Durchführung der Lagerung Dritte zu beauftragen und den Ort oder die technische Art und Weise der Lagerung zu ändern.
3. Soweit das Paar die Herausgabe der Keimzellen zur weiteren Verwendung für einen Kryotransfer oder zur Vernichtung verlangt, ist mit der Übergabe der eingefrorenen Keimzellen an das Paar oder berechtigte Dritte die Tätigkeit der Gesellschaft beendet.

§ 3 Vertragsdauer

1. Das Vertragsverhältnis beginnt nach der Unterzeichnung dieses Vertrages mit der schriftlichen Auftragserteilung zur Kryokonservierung am Punktionstag oder nach Eingang von bereits eingefrorenen Keimzellen aus einer anderen Praxis.

Es endet am Tage der vollständigen Übergabe des Gefriergutes an das Paar oder eine von diesem genannte Reproduktionspraxis. Das Paar ist berechtigt, durch gemeinschaftliche schriftliche Anzeige nachträglich die Übergabe des Gefriergutes an eine andere Reproduktionspraxis zu verlangen (z.B. bei einem Umzug usw.).

2. Findet vorher keine Übergabe statt, so endet das Vertragsverhältnis mit dem Erreichen des 48. Lebensjahres (Tag des 48. Geburtstages) der Frau. Im Falle einer gewünschten Vertragsverlängerung über das 48. Lebensjahr der Frau hinaus, ist das Paar verpflichtet, seinen Verlängerungswunsch der Gesellschaft spätestens einen Monat vor dem 48. Geburtstag der Frau schriftlich mitzuteilen. Maßgebend ist der Eingang der schriftlichen Erklärung bei der Gesellschaft.
3. Der Vertrag endet im Übrigen:
   a) durch Kündigung,
   b) im Falle des Todes eines Partners, in diesem Fall ist die Kenntniserlangung durch die Gesellschaft maßgeblich.
4. Der Vertrag endet ferner, wenn durch Änderungen der Gesetzeslage oder der Rechtsprechung die Kryokonservierung von Keimzellen unzulässig werden sollte, oder Vorgaben des Gesetzgebers die Lagerung von Keimzellen mit Auflagen verbinden, die unter den gegebenen baulichen und personellen Bedingungen von der Gesellschaft nicht erfüllt werden können.

§ 4 Qualitätssicherung

1. Die Gesellschaft arbeitet zur Erfüllung ihrer Aufgaben nach § 1 und § 2 ausschließlich mit qualifizierten Mitarbeitern eines reproduktionsmedizinischen Zentrums (Ärzte/Ärztinnen, Biologinnen und MTA) zusammen.
2. Die Gesellschaft gewährleistet die kontinuierliche technische Überwachung des Konservierungsguts.

§ 5 Vergütung

1. Das Entgelt für die Lagerung der Keimzellen beträgt für die ersten sechs Monate 150 € (inkl. MwSt.) beginnend mit dem Tag der Einlagerung der Keimzellen. Die Zahlung hat von Seiten des Paares per Überweisung spätestens 2 Wochen nach Rechnungsstellung zu erfolgen. Die vorzeitige Beendigung des Vertragsverhältnisses innerhalb dieses Zeitraumes hat keinen Einfluss auf die Höhe der Vergütung für die Lagerung.

   Für die weitere Lagerung über diesen ersten Zeitraum von 6 Monaten hinaus werden monatlich 25 € (inkl. MwSt.) in Rechnung gestellt.

In der Regel erfolgt die Rechnungszustellung dann in Sammelrechnungen über einen Zeitraum von etwa 6 Monaten. Berechnet werden in diesem Fall, also nach Ablauf der ersten sechs Monate, nur die jeweils angefallenen Monate der Lagerung.

Die Zahlung hat von Seiten des Paares auch für die Folgerechnungen spätestens 2 Wochen nach Rechnungsstellung zu erfolgen.

Sollten sich innerhalb der Vertragslaufzeit die Kosten der Lagerung (z.B. durch Änderung der Stickstoffpreise, der Löhne, der Steuern usw.) erhöhen, so kann die Gesellschaft das Entgelt verhältnismäßig anpassen.

2. Verlangt das Paar die Weitergabe des Konservierungsgutes an eine andere Reproduktionspraxis als die [Praxis] [...], so hat es die entsprechenden Kosten im Voraus an die Gesellschaft zu entrichten.
3. Für sämtliche Ansprüche der Gesellschaft aus diesem Vertrag haften die Partner des Paares als Gesamtschuldner. Die Gesellschaft kann sich also nach ihrer Wahl an den jeweiligen Partner als Schuldner des gesamten Zahlungsbetrages halten.

§ 6 Mitwirkungspflichten, Vollmacht

1. Das Paar ist verpflichtet, die Gesellschaft unverzüglich zu informieren über
   a) die Änderung seiner Anschrift oder seines Aufenthaltsortes,
   b) über den Fall der Abwesenheit von mehr als drei Monaten, damit bei evtl. Zahlungsverzug aufgrund von Nichterreichbarkeit die vertragsgemäße Vernichtung des Kryogutes durch die Gesellschaft vermieden wird,
   c) im Falle des Todes eines der Vertragspartner sind Vorkehrungen zu treffen, damit die Gesellschaft umgehend informiert wird. Die Mitteilung hat schriftlich durch den verbliebenen Partner zu erfolgen.

2. Das Paar bevollmächtigt sich wechselseitig zur Abgabe von Willenserklärungen gegenüber der Gesellschaft und zur Entgegennahme von Willenserklärungen der Gesellschaft. Dies gilt auch für die Entgegennahme von Kündigungsschreiben der Gesellschaft.
3. Im Falle der Ziffer 1. ist die Gesellschaft nicht verpflichtet, die Richtigkeit der Information zu überprüfen oder weitere Nachweise zu verlangen.

   Insbesondere muss der männliche Partner die Gesellschaft zwingend für den Fall informieren, dass zu einem späteren Zeitpunkt eine ursprünglich geplante Vaterschaft durch Übertragung der befruchteten gelagerten Keimzellen auf die Partnerin nicht mehr gewünscht wird. Versäumt dies der Auftraggeber, so haftet weder die Gesellschaft noch die behandelnden Ärzte der [Praxis] [...] in keinem Fall für mögliche Unterhaltsansprüche, die in der

Folge aus einer solchen Behandlung entstehen und an den männlichen Vertragspartner herangetragen werden.

§ 7 Information des Paares durch die Gesellschaft

Die Gesellschaft erfüllt ihre Mitteilungs- und Informationspflichten nach diesem Vertrag, wenn sie Schreiben an die letzte, ihr bekannte Anschrift des Paares oder eines Partners des Paares richtet. Sie ist nicht verpflichtet, neue Anschriften oder Aufenthaltsorte zu ermitteln.

§ 8 Haftung

1. Die Gesellschaft ist ausschließlich für die ordnungsgemäße Lagerung des Verwahrungsgutes in tiefkaltem Stickstoff nach den gesetzlichen Vorgaben verantwortlich. Im Besonderen übernimmt die Gesellschaft keine Gewähr für die Qualität und Beschaffenheit des Verwahrungsgutes, insbesondere nicht dafür, ob dieses nach dem Auftauen geeignet ist, um eine Schwangerschaft nach Transfer herbeizuführen.
2. Die Haftung der Gesellschaft für etwaige Schäden oder den Verlust des Verwahrungsgutes ist auf Vorsatz oder grobe Fahrlässigkeit der Mitarbeiter beschränkt und bezieht sich nicht auf Schäden infolge höherer Gewalt. In diesen Fällen ist der Schadensersatz auf die Höhe der bis dato aufgewandten Lagerungskosten beschränkt.

   Weitergehend Ansprüche, insbesondere auf Schadensersatz oder Ersatz von Vermögensschäden sind ausgeschlossen.
3. Für Schäden infolge des Transportes haftet das Transportunternehmen, nicht die Gesellschaft. Die Gesellschaft beauftragt nur zertifizierte Transportunternehmen.
4. Die Haftung für Schäden im Sinne dieses Vertrages sind auf einen maximalen Betrag von höchstens 1.500 € für das gesamte Verwahrungsgut begrenzt.

§ 9 außerordentliche Kündigung des Vertrages

1. Die Gesellschaft ist zur außerordentlichen Kündigung berechtigt, wenn das Paar mit der Zahlung eines Rechnungsbetrages in Verzug ist. Der Vertrag endet in diesem Fall einen Monat nach Absendung des 2. Mahnschreibens (mit Hinweis auf die Vernichtung der Keimzellen) über die ausstehende Rechnungssumme an die letzte bekannte Adresse. Ein weiteres, besonderes Kündigungsschreiben wird in diesen Fällen vor der Vernichtung der Keimzellen nicht zugestellt. Die bis zum Zeitpunkt der Kündigung und

Vernichtung des Kryogutes angefallenen Kosten für die Lagerung sind vom Paar in vollem Umfang zu begleichen.
2. Dies gilt auch dann, wenn das Paar seinen Pflichten nach § 6 nicht nachkommt (Mitwirkungspflichten).
3. Jeder der beiden Partner ist für sich allein zu jedem Zeitpunkt berechtigt, diesen Vertrag ohne Angabe von Gründen außerordentlich zu kündigen. Die Gesellschaft nimmt dann die unmittelbare Vernichtung der Keimzellen durch Auftauen vor. Die Kündigung muss in schriftlicher Form an die Gesellschaft erfolgen und genau die Art der Keimzellen bezeichnen, die vernichtet werden sollen. Der Vertrag läuft dann mit Ende des Monats aus, in dem das Kündigungsschreiben der Gesellschaft zugegangen ist (Datum des Posteinganges). Die Gesellschaft ist in diesen Fällen nicht verpflichtet nachzuprüfen, ob der andere Partner mit der Kündigung des Vertrages ebenfalls einverstanden ist.

§ 10 Verbleib des Konservierungsguts

1. Bei Beendigung des Vertrages durch Zeitablauf, Kündigung oder Tod eines Partners wird das Konservierungsgut unverzüglich von der Gesellschaft vernichtet.
2. Einer schriftlichen, von einem Partner unterzeichneten Weisung, die kryokonservierten Keimzellen an einen Dritten zur Lagerung weiterzugeben, kommt die Gesellschaft auf Kosten des Paares nach. Die Gesellschaft ist berechtigt, die hieraus entstehenden Kosten im Voraus zu verlangen. Kommt das Paar seiner Zahlungspflicht nicht innerhalb der von der Gesellschaft gesetzten Zahlungsfrist nach, so ist die Gesellschaft zur umgehenden Vernichtung des Konservierungsgutes berechtigt.

§ 11 Aufzeichnungen

Im Zusammenhang mit der Vertragsdurchführung gefertigte Aufzeichnungen der Gesellschaft verbleiben in ihrem Eigentum.

§ 12 Verjährung

1. Wechselseitige Ansprüche der Vertragspartner aus diesem Vertrag verjähren in 2 Jahren, es sei denn es handelt sich um deliktische Ansprüche. Für diese verbleibt es bei den gesetzlichen Verjährungsregeln.
2. Die Verjährung beginnt mit dem Schluss des Jahres, in welchem der Anspruch entstanden ist.

§ 13 Verschwiegenheit

1. Die Gesellschaft ist zur Verschwiegenheit verpflichtet.
2. Das Paar befreit sie jedoch insoweit von Ihrer Verpflichtung zur Verschwiegenheit als die Weitergabe persönlicher Informationen zur Erfüllung ihrer Aufgaben erforderlich ist. Die Befreiung gilt insbesondere gegenüber Ärzten, die das Paar im Rahmen der Kinderwunschbehandlung medizinisch betreuen.

§ 14 Sonstiges

1. Änderungen und Ergänzungen dieses Vertrages bedürfen der Schriftform. Dies gilt auch für die Aufhebung des Schriftformerfordernisses.
2. Sollte eine Bestimmung dieses Vertrages unwirksam sein oder werden, oder der Vertrag eine Lücke enthalten, so bleibt die Rechtswirksamkeit der übrigen Bestimmungen hiervon unberührt. Anstelle der unwirksamen Bestimmungen gilt eine wirksame Bestimmung als vereinbart, die dem von den Vertragsparteien Gewollten am nächsten kommt; das gleiche gilt im Falle einer Lücke.

----------------------	----------------------	----------------------
Gesellschaft	Frau	Mann

II. Vertrag 2

Vertrag über die Lagerung von Humansperma/Hodengewebe

Zwischen […] der [Gesellschaft] und Herrn […] (Geburtsdatum, Straße, PLZ, Wohnort, Telefon) – im Folgenden: Auftraggeber.

§ 1 Vertragsgegenstand

Die Gesellschaft übernimmt die technische Vorbereitung zur Lagerung und die Lagerung in flüssigem Stickstoff bei minus 196 °C von Samenzellen/Keimgewebe des Auftraggebers aus Hoden, Nebenhoden oder Ejakulaten (im folgenden Konservierungsgut).

§ 2 Einfrieren von Humansperma/Hodengewebe

Der Auftraggeber verpflichtet sich, das Konservierungsgut vor der Lagerung auf seine Quantität und Qualität untersuchen und einfrieren zu lassen und stellt der Gesellschaft den ärztlichen Befundbericht (Spermiogramm) und das Einfrierprotokoll zur Verfügung. Die Gewinnung und medizinische Aufbereitung des Konservierungsgutes sind nicht Gegenstand dieses Vertrages.

§ 3 Lagerung

1. Die Gesellschaft lagert das Konservierungsgut in flüssigem Stickstoff bei minus 196 °C für die Dauer dieses Vertrages.
2. Soweit der Auftraggeber die Herausgabe des Konservierungsgutes verlangt, sind mit der Übergabe des Konservierungsgutes an den Auftraggeber die Tätigkeit und der Verantwortungsbereich der Gesellschaft beendet. Dies gilt auch, wenn das Konservierungsgut von einem dazu beauftragten Arzt zum Auftauen für eine Behandlung (Samenübertragung in die Gebärmutter (Insemination)) oder für die Befruchtung im Reagenzglas (IVF, IVF erweitert mit ICSI) übernommen wird.
3. Die Gesellschaft kann aus Kapazitätsgründen nur Proben einlagern, die für die zeitnahe Kinderwunschbehandlung in der [Praxis] […] verwendet werden. Sofern die Lagerung des Humanspermas/Hodengewebes nicht mehr zur Kinderwunschbehandlung des Paares erfolgt, ist die Gesellschaft berechtigt, das Konservierungsgut (Humansperma oder Hodengewebe) an eine Kryobank […] weiterzuleiten. Diese Kryobank sorgt für die längerfristige Aufbewahrung des Kryokonservierungsgutes. Der Auftraggeber wird in diesem Fall von der Gesellschaft auf diesen Umstand hingewiesen und

unterzeichnet einen Vertrag mit der Lagerungsfirma, die die weitere Lagerung auf unbestimmte Zeit übernehmen soll. Die ggf. für den Transport anfallenden Transportkosten für die Überführung in die von ihm gewählte Kryobank werden vom Auftraggeber getragen.

§ 4 Qualitätssicherung

1. Die Gesellschaft setzt zur Erfüllung ihrer Aufgaben nach § 2 und § 3 ausschließlich mit qualifizierten Mitarbeitern eines reproduktionsmedizinischen Zentrums (Ärzte/Ärztinnen, Biologinnen und MTA) zusammen.
2. Die Gesellschaft gewährleistet die kontinuierliche technische Überwachung des Konservierungsguts.

§ 5 Vergütung

1. Für die technische Vorbereitung des Konservierungsgutes und der Lagerung zahlt der Auftraggeber beginnend mit dem Tag der Einlagerung an die Gesellschaft ein Entgelt in Höhe von 150 € (inkl. MwSt.) für die ersten 6 Monate. Die Zahlung hat von Seiten des Auftraggebers per Überweisung spätestens 2 Wochen nach Rechnungsstellung zu erfolgen. Die vorzeitige Beendigung des Vertragsverhältnisses innerhalb dieses Zeitraumes hat keinen Einfluss auf die Höhe der Vergütung für die Lagerung.

   Für die weitere Lagerung über diesen ersten Zeitraum von 6 Monaten hinaus werden monatlich 25 € (inkl. MwSt.) in Rechnung gestellt.

   In der Regel erfolgt die Rechnungszustellung dann in Sammelrechnungen über einen Zeitraum von etwa 6 Monaten. Berechnet werden in diesem Fall, also nach Ablauf der ersten sechs Monate, nur die jeweils angefallenen Monate der Lagerung.

   Die Zahlung hat von Seiten des Auftraggebers auch für die Folgerechnungen spätestens 2 Wochen nach Rechnungsstellung zu erfolgen.

   Sollten sich innerhalb der Vertragslaufzeit die Kosten der Lagerung erhöhen (z.B. durch Änderung der Stickstoffpreise, der Löhne, der Steuern usw.), so kann die Gesellschaft das Entgelt verhältnismäßig anpassen.
2. Verlangt der Auftraggeber die Weitergabe des Konservierungsgutes an eine andere Reproduktionspraxis als die [Praxis] […], so hat er die entsprechenden Kosten (Bearbeitungsgebühr 100 € zuzüglich Transportkosten) hierfür im Voraus an die Gesellschaft zu entrichten.
3. Für sämtliche Ansprüche der Gesellschaft aus diesem Vertrag haftet der Partner des Auftraggebers als Gesamtschuldner. Die Gesellschaft kann sich also nach ihrer Wahl an den jeweiligen Partner als Schuldner des gesamten Zahlungsbetrages halten.

§ 6 Mitwirkungspflichten, Vollmacht

1. Der Auftraggeber ist verpflichtet, die Gesellschaft unverzüglich zu informieren über
   a) die Änderung seiner Anschrift oder seines Aufenthaltsortes,
   b) über den Fall der Abwesenheit von mehr als drei Monaten, damit bei evtl. Zahlungsverzug aufgrund von Nichterreichbarkeit die vertragsgemäße Vernichtung des Kryogutes durch die Gesellschaft vermieden wird
   c) im Falle des Todes des Auftraggebers sind Vorkehrungen zu treffen, dass die Gesellschaft umgehend informiert wird (in der Regel durch die Partnerin).
   d) Die Mitteilung hat schriftlich durch den verbliebenen Partner zu erfolgen.
2. Im Falle der Ziffer 1. ist die Gesellschaft nicht verpflichtet, die Richtigkeit der Information zu überprüfen oder weitere Nachweise zu verlangen.
3. Insbesondere muss der Auftraggeber die Gesellschaft zwingend für den Fall informieren, dass zu einem späteren Zeitpunkt eine ursprünglich geplante Vaterschaft durch Übertragung des gelagerten Humanspermas/Hodengewebes auf die Partnerin nicht mehr gewünscht wird. Versäumt dies der Auftraggeber, so haftet die Gesellschaft in keinem Fall für mögliche Unterhaltsansprüche, die in der Folge aus einer solchen Behandlung entstehen können.

§ 7 Information

Die Gesellschaft erfüllt ihre Mitteilungs- und Informationspflichten nach diesem Vertrag, wenn sie Schreiben an die letzte, ihr bekannte Anschrift des Auftraggebers richtet. Sie ist nicht verpflichtet, neue Anschriften oder Aufenthaltsorte des Auftraggebers zu ermitteln.

§ 8 Haftung

1. Die Gesellschaft ist ausschließlich für die ordnungsgemäße Lagerung des Verwahrungsgutes in tiefkaltem Stickstoff nach den gesetzlichen Vorgaben verantwortlich. Im Besonderen übernimmt die Gesellschaft keine Gewähr für die Qualität und Beschaffenheit des Verwahrungsgutes, insbesondere nicht dafür, ob dieses nach dem Auftauen geeignet ist, um eine Schwangerschaft auf dem Weg der natürlichen oder künstlichen Befruchtung herbeizuführen.

2. Die Haftung der Gesellschaft für etwaige Schäden oder den Verlust des Verwahrungsgutes ist auf Vorsatz oder grobe Fahrlässigkeit der Mitarbeiter beschränkt und bezieht sich nicht auf Schäden infolge höherer Gewalt. In diesen Fällen ist der Schadensersatz auf die Höhe der bis dato aufgewandten Lagerungskosten beschränkt.

   Weitergehende Ansprüche, insbesondere auf Schadensersatz oder Ersatz von Vermögensschäden sind ausgeschlossen.
3. Für Schäden infolge des Transportes haftet ggf. das Transportunternehmen, nicht die Gesellschaft. Die Gesellschaft beauftragt nur zertifizierte Transportunternehmen.
4. Die Haftung für Schäden im Sinne dieses Vertrages sind auf einen maximalen Betrag von höchstens 1.500 € für das gesamte Verwahrungsgut begrenzt.

§ 9 Vertragsdauer

1. Das Vertragsverhältnis beginnt mit der Übernahme und Einlagerung des eingefrorenen Kryokonservierungsgutes und endet in der Regel mit der vollständigen Verwendung der Proben zum Zwecke einer Kinderwunschbehandlung. Eine besondere Kündigung ist in diesem Fall nicht notwendig.
2. Das Vertragsverhältnis endet im Übrigen durch eine Kündigung nach § 10, im Falle des Todes des Auftraggebers und dann, wenn der Auftraggeber die Rückgabe des Konservierungsguts verlangt.
3. Der Vertrag endet ferner, wenn durch Änderungen der Gesetzeslage oder Rechtsprechung die Kryokonservierung von Humansperma und Hodengewebe unzulässig werden sollte.

§ 10 Kündigung des Vertrages

1. Die Gesellschaft ist zur außerordentlichen Kündigung berechtigt, wenn der Auftraggeber mit der Zahlung eines Rechnungsbetrages in Verzug ist. Der Vertrag endet in diesem Fall einen Monat nach Absendung des 2. Mahnschreibens (mit Hinweis auf die Vernichtung des Humanspermas/Hodengewebes) über die ausstehende Rechnungssumme an die letzte bekannte Adresse. Ein weiteres, besonderes Kündigungsschreiben wird in diesen Fällen vor der Vernichtung nicht zugestellt. Die bis zum Zeitpunkt der Kündigung und Vernichtung des Kryogutes angefallenen Kosten für die Lagerung sind vom Auftraggeber in vollem Umfang zu begleichen.
2. Die Gesellschaft ist weiterhin zur außerordentlichen Kündigung des Vertrages mit einer Auslauffrist von einem Monat berechtigt, wenn der Vertragspartner seinen Pflichten nach § 6 nicht nachkommt (Mitwirkungspflichten).

§ 11 Verbleib des Konservierungsguts

1. Das Konservierungsgut bleibt Eigentum des Auftraggebers und unterliegt seinem Verfügungsrecht.
2. Der Auftraggeber ist jederzeit berechtigt, die Herausgabe des Konservierungsguts an sich oder einen Dritten zu verlangen.
3. Bei Beendigung des Vertrages durch Zeitablauf, Kündigung oder aus sonstigen Gründen wird das Konservierungsgut unverzüglich von der Gesellschaft vernichtet, es sei denn, der Gesellschaft geht rechtzeitig alternativ mindestens 4 Wochen vor diesem Zeitpunkt eine schriftliche, vom Auftraggeber persönlich unterzeichnete Anweisung zu, an wen das Konservierungsgut übergeben werden soll.
4. Einer schriftlichen Weisung des Auftraggebers, das Konservierungsgut an einen Dritten zur Lagerung weiterzugeben, kommt die Gesellschaft auf dessen Kosten nach. Die Gesellschaft ist berechtigt, die entstehenden Kosten im Voraus zu verlangen. Kommt der Auftraggeber seiner Zahlungspflicht nicht bis zum Ablauf des Vertrages nach, ist die Gesellschaft zur Vernichtung des Konservierungsgutes berechtigt.
5. Verstirbt der Auftraggeber, ist die Gesellschaft zur umgehenden Vernichtung des Konservierungsgutes berechtigt.

§ 12 Aufzeichnungen

Im Zusammenhang mit der Vertragsdurchführung gefertigte Aufzeichnungen der Gesellschaft verbleiben in ihrem Eigentum.

§ 13 Verjährung

1. Wechselseitige Ansprüche der Vertragspartner aus diesem Vertrag verjähren in 2 Jahren, es sei denn, es handelt sich um deliktische Ansprüche. Für diese verbleibt es bei den gesetzlichen Verjährungsregeln.
2. Die Verjährung beginnt mit dem Schluss des Jahres, in welchem der Anspruch entstanden ist.

§ 14 Verschwiegenheit

1. Die Gesellschaft ist zur Verschwiegenheit verpflichtet.
2. Der Auftraggeber befreit sie jedoch insoweit von ihrer Verpflichtung zur Verschwiegenheit, als die Weitergabe persönlicher Informationen zur Erfüllung ihrer Aufgaben erforderlich ist. Die Befreiung gilt insbesondere gegenüber Ärzten, die den Auftraggeber medizinisch betreuen.

§ 15 Sonstiges

1. Änderungen und Ergänzungen dieses Vertrages bedürfen der Schriftform. Dies gilt auch für die Aufhebung des Schriftformerfordernisses.
2. Sollte eine Bestimmung dieses Vertrages unwirksam sein oder werden, oder der Vertrag eine Lücke enthalten, so bleibt die Rechtswirksamkeit der übrigen Bestimmungen hiervon unberührt. Anstelle der unwirksamen Bestimmung gilt eine wirksame Bestimmung als vereinbart, die dem von den Vertragsparteien Gewollten am nächsten kommt; das gleiche gilt im Falle einer Lücke.

------------------------ ------------------------

Gesellschaft Auftraggeber

III. Vertrag 3

Verwahrungsvertrag für die Lagerung von Humansperma/Hodengewebe

Zwischen […] [der Gesellschaft] und Herrn […] (Geburtsdatum, Straße, PLZ, Wohnort, Telefon) – im Folgenden: Auftraggeber – wird folgender Vertrag geschlossen:

§ 1 Art der Verwahrung

Die [Gesellschaft] übernimmt in ihren Räumen die technische Vorbereitung zur Lagerung sowie die Lagerung von Samenzellen/Keimgewebe des Auftraggebers aus Hoden, Nebenhoden oder Ejakulaten (im folgenden Verwahrungsgut) in ihren Lagerungsbehältern in flüssigem Stickstoff oder in der Gasphase bei minus 150–196 C.

§ 2 Zulässiges Verwahrungsgut

Der Auftraggeber versichert mit seiner Unterschrift, dass das Verwahrungsgut von ihm persönlich stammt.

Das Verwahrungsgut kann in [der Gesellschaft] nur eingelagert werden, wenn

- es vor der Lagerung in einer nach dem Gewebegesetz nach §§ 20b und c AMG zugelassenen medizinischen Einrichtung untersucht und eingefroren wurde.
- es eindeutig beschriftet ist und dem Auftraggeber zweifelsfrei zugeordnet werden kann
- der Auftraggeber vor der Einlagerung des Verwahrungsgutes in einem nach dem Gewebegesetz hierzu zugelassenen Labor eine Untersuchung auf HIV, Hepatitis B und C durchgeführt hat und die Ergebnisse unauffällig waren.

  Die Befunde müssen zeitnah zur Samenabgabe/Gewebeentnahme erstellt worden sein und zum Zeitpunkt der Einlagerung bei der Gesellschaft schriftlich vorliegen.

§ 3 Übersendung und Einlagerung des Verwahrungsgutes

1. Der Auftraggeber beauftragt die medizinische Einrichtung, welche das Verwahrungsgut nach dem Stand von Wissenschaft und Technik sowie unter Achtung der gesetzlichen Bestimmungen eingefroren hat, das Verwahrungsgut herauszugeben und an die [Gesellschaft] zu versenden.

Die [Gesellschaft] stellt in diesem Fall den für den Transport notwendigen Transportbehälter und organisiert diesen. Die Rechnung hierfür (Leihgebühr Transportbehälter, Personalkosten, Transportkosten je nach Entfernung) trägt der Auftraggeber.

Wird die Kryokonservierung in der [Praxis] [...] durchgeführt, so werden keine Transportkosten in Rechnung gestellt.

Die [Gesellschaft] trägt keine Risiken für irgendwelche Schäden am Verwahrungsgut (z.B. infolge unsachgemäßer Herstellung der Proben, Befüllung/Kühlung der Transportbehälter) oder Verlust/Schädigung auf dem Transportweg bis zum Zeitpunkt der Übernahme des Verwahrungsgutes.

2. Der Auftraggeber erhält nach erfolgter Einlagerung seines Verwahrungsgutes in der [Gesellschaft]
   a) einen schriftlichen Bericht, in welchem mitgeteilt wird:
      - die Anzahl der eingelagerten einzelnen Probenbehältnisse seines Verwahrungsgutes
      - die Qualität der Proben (sofern in der Gesellschaft hergestellt)
   b) einen individualisierten Anforderungsschein, mit dem er zu einem späteren Zeitpunkt
      - sein Verwahrungsgut anfordern und durch ein Transportunternehmen um- oder auslagern lassen kann
      - sein Verwahrungsgut persönlich selbst abholen kann
      - das Vertragsverhältnis über die Lagerung seines Verwahrungsgutes kündigen kann.

Dieser Anforderungsschein sollte sorgfältig und unter Verschluss aufbewahrt werden, da er vom Auftraggeber unterschrieben als alleiniger Nachweis genügt, um bei der [Gesellschaft] z.B. eine Vernichtung des Verwahrungsgutes zu beauftragen.

§ 4 Vergütung

1. Für die Vorbereitung und Lagerung des Verwahrungsgutes zahlt der Auftraggeber beginnend mit dem Tag der Einlagerung an die [Gesellschaft] ein Entgelt in Höhe von 299 € (inkl. MwSt.) für jedes begonnene Vertragsjahr. Ein Vertragsjahr bezieht sich auf den Zeitraum vom Tag der Einlagerung bis zum Ende dieses Tages im folgenden Jahr.

   Die vorzeitige Beendigung des Vertragsverhältnisses innerhalb dieses Zeitraumes hat keinen Einfluss auf die Höhe der Vergütung für die Lagerung.

2. Für die Entnahme/Umlagerung des Verwahrungsgutes oder Teilen hierfür wird eine Bearbeitungsgebühr von 100 € pro Umlagerungsvorgang zuzüglich evtl. Transportkosten in Rechnung gestellt. Diese entfällt bei einem Versand in die [Praxis] [...] zur Durchführung einer Kinderwunschbehandlung.
3. Für die Vernichtung der Proben fallen keine Kosten für den Auftraggeber an.
4. Die Zahlung für die erste Jahresrechnung und aller Folgerechnungen hat von Seiten des Auftraggebers per Überweisung spätestens 2 Wochen nach Rechnungsstellung zu erfolgen.

   Sollten sich innerhalb der Vertragslaufzeit die Kosten der Lagerung (z.B. durch Änderung der Stickstoffpreise, der Löhne, der Steuern usw.) erhöhen, so kann die Gesellschaft das Entgelt verhältnismäßig anpassen.

§ 5 Herausgabe des Verwahrungsgutes

1. Der Auftraggeber kann zu jedem Zeitpunkt die Umlagerung, den Versand oder die persönliche Entgegennahme des Verwahrungsgutes anfordern.

   Hierzu verwendet er den bei der Einlagerung erhaltenen Anforderungsschein und sendet diesen unterschrieben mit seiner Anforderung an die [Gesellschaft].
2. Herausgabe, Umlagerung und Versand werden von der [Gesellschaft] nach Eingang in der Regel innerhalb von 7 Arbeitstagen wochentags zu den üblichen Geschäftszeiten vorgenommen.
3. Der Versand kann in der Regel nur in eine medizinische Einrichtung erfolgen, welche über eine behördliche Zulassung nach § 20b und c AMG verfügt.
4. Der Auftraggeber muss sicherstellen, dass der Transportbehälter innerhalb von 10 Arbeitstagen wieder an die [Gesellschaft] zurückgeschickt wird. Ist dies nicht der Fall, ist die [Gesellschaft] berechtigt, dem Auftraggeber ab dem 11. Arbeitstag Mietkosten von 20 €/Tag in Rechnung zu stellen. Hat der Transportbehälter nach 4 Wochen die [Gesellschaft] nicht erreicht, ist die [Gesellschaft] berechtigt, dem Auftraggeber den Wert des Transportbehälters (1.500 €) in Rechnung zu stellen.
5. Die Kosten für den beauftragten Versand trägt der Auftraggeber. Diese werden ggf., insbesondere bei Versendung ins Ausland, vorab in Rechnung gestellt.

   Soweit der Auftraggeber die Herausgabe des Verwahrungsgutes verlangt, sind mit der Übergabe des Verwahrungsgutes an den Auftraggeber oder das

Transportunternehmen die Tätigkeit und der Verantwortungsbereich der [Gesellschaft] beendet.

§ 6 Qualitätssicherung

1. Die [Gesellschaft] setzt zur Erfüllung ihrer Aufgaben ausschließlich qualifizierte Mitarbeiter (Ärzte/Ärztinnen, Biologinnen und MTA) ein und ist eine nach §§ 20b und c AMG behördlich zugelassene medizinische Einrichtung.
2. Die [Gesellschaft] gewährleistet die kontinuierliche technische Überwachung des Verwahrungsgutes.

§ 7 Mitwirkungspflichten

1. Der Auftraggeber ist verpflichtet, die [Gesellschaft] unverzüglich zu informieren über
   a) die Änderung seiner Anschrift,
   b) über den Fall einer längeren Abwesenheit, damit bei evtl. Zahlungsverzug aufgrund von Nichterreichbarkeit die vertragsgemäße Vernichtung des Verwahrungsgutes durch die [Gesellschaft] vermieden wird

   Im Falle des Todes des Auftraggebers sind Vorkehrungen zu treffen, damit die [Gesellschaft] umgehend darüber informiert wird und die Proben vernichten kann.
2. Im Falle der Ziffer 1. ist die [Gesellschaft] nicht verpflichtet, die Richtigkeit der Information zu überprüfen oder weitere Nachweise zu verlangen.
3. Die [Gesellschaft] erfüllt ihre Mitteilungs- und Informationspflichten nach diesem Vertrag, wenn sie Schreiben an die letzte, ihr bekannte Anschrift des Auftraggebers richtet. Sie ist nicht verpflichtet, neue Anschriften oder Aufenthaltsorte des Auftraggebers zu ermitteln.

§ 8 Haftung/Gewährleistung

1. Die [Gesellschaft] ist ausschließlich für die ordnungsgemäße Lagerung des Verwahrungsgutes in tiefkaltem Stickstoff nach den gesetzlichen Vorgaben verantwortlich. Insbesondere übernimmt die [Gesellschaft] keine Gewähr für die Qualität und Beschaffenheit des Verwahrungsgutes, insbesondere nicht dafür, ob dieses nach dem Auftauen geeignet ist, um eine Schwangerschaft auf dem Weg der natürlichen oder künstlichen Befruchtung herbeizuführen.

2. Die Haftung der [Gesellschaft] für etwaige Schäden oder den Verlust des Verwahrungsgutes ist auf Vorsatz oder grobe Fahrlässigkeit der Mitarbeiter beschränkt und bezieht sich nicht auf Schäden infolge höherer Gewalt. In diesen Fällen ist der Schadensersatz auf die Höhe der bis dato aufgewandten Lagerungskosten beschränkt.

   Weitergehende Ansprüche, insbesondere auf Schadensersatz oder Ersatz von Vermögensschäden sind ausgeschlossen.
3. Für Schäden infolge des Transportes haftet das Transportunternehmen, nicht die [Gesellschaft].

Die [Gesellschaft]beauftragt nur zertifizierte Transportunternehmen.

4. Die Haftung für Schäden im Sinne dieses Vertrages sind auf einen maximalen Betrag von höchstens 1.500 € für das gesamte Verwahrungsgut begrenzt.

§ 9 Vertragsdauer

1. Der Vertrag hat eine Laufzeit von einem Jahr und beginnt am Tag der Übernahme und Einlagerung des eingefrorenen Verwahrungsgutes. Er verlängert sich jeweils um ein weiteres Jahr, sofern der Vertrag nicht mindestens 3 Monate vor Vertragsablauf schriftlich per Einschreiben gekündigt wird.
2. Das Vertragsverhältnis endet
   - zum Zeitpunkt der Übergabe des Verwahrungsgutes an ein vom Auftraggeber beauftragtes Transportunternehmen
   - zum Zeitpunkt der Übergabe des Verwahrungsgutes an den Auftraggeber selbst
   - mit dem Tod des Auftraggebers zu dem Zeitpunkt, an dem die [Gesellschaft] hierüber schriftlich Kenntnis erlangt
   - wenn der Auftraggeber seinen Pflichten nicht nachkommt mit der Vernichtung des Verwahrungsgutes (siehe § 10)
3. Der Vertrag endet ferner, wenn durch Änderungen der Gesetzeslage oder der Rechtsprechung die Lagerung von Humansperma und Hodengewebe unzulässig werden sollte.
4. Für den Fall der Geschäftsaufgabe steht der [Gesellschaft] ein Sonderkündigungsrecht zu.

§ 10 Vernichtung des Verwahrungsgutes

Die [Gesellschaft] ist zur Vernichtung des Verwahrungsgutes berechtigt,

- wenn der Auftraggeber mit der Zahlung eines Rechnungsbetrages in Verzug ist.

Der Vertrag endet in diesem Fall einen Monat nach Absendung des 2. Mahnschreibens (mit Hinweis auf die Vernichtung des Humanspermas/Hodengewebes) über die ausstehende Rechnungssumme an die letzte bekannte Adresse. Ein weiteres, besonderes Kündigungsschreiben wird in diesen Fällen vor der Vernichtung des Verwahrungsgutes nicht zugestellt. Die bis zum Zeitpunkt der Kündigung und Vernichtung des Verwahrungsgutes angefallenen Kosten für die Lagerung sind vom Auftraggeber in vollem Umfang zu begleichen.

- wenn der Auftraggeber der [Gesellschaft] nach Kündigung des Vertrages nicht innerhalb von 4 Wochen mitteilt, was mit dem Verwahrungsgut geschehen soll.
- wenn der Auftraggeber verstorben ist.

§ 11 Speicherung von Daten, Aufzeichnungen

Der Auftraggeber erklärt sich mit der Speicherung und Verwendung seiner Daten im Zusammenhang mit der Lagerung seines Verwahrungsgutes bei der [Gesellschaft] einverstanden. Die [Gesellschaft] versichert, dass diese Daten unter Wahrung der gültigen datenschutzrechtlichen Bestimmungen nur zum internen Gebrauch gespeichert und vor Missbrauch geschützt werden. Alle im Zusammenhang mit der Vertragsdurchführung angefertigten Aufzeichnungen der [Gesellschaft] verbleiben in ihrem Eigentum.

§ 12 Verjährung

1. Wechselseitige Ansprüche der Vertragspartner aus diesem Vertrag verjähren in 2 Jahren, es sei denn, es handelt sich um deliktische Ansprüche. Für diese verbleibt es bei den gesetzlichen Verjährungsregeln.
2. Die Verjährung beginnt mit dem Schluss des Jahres, in welchem der Anspruch entstanden ist.

§ 13 Verschwiegenheit

1. Die [Gesellschaft] ist zur Verschwiegenheit verpflichtet.
2. Der Auftraggeber befreit sie jedoch insoweit von ihrer Verpflichtung zur Verschwiegenheit, als die Weitergabe persönlicher Informationen zur Erfüllung ihrer Aufgaben erforderlich ist. Die Befreiung gilt insbesondere gegenüber Ärzten/medizinischen Einrichtungen, die den Auftraggeber medizinisch betreuen oder an die das Verwahrungsgut auf Anforderung des Auftraggebers verschickt werden soll.

§ 14 Aufhebungen, Änderungen, Ergänzungen

1. Aufhebung, Änderungen und Ergänzungen dieses Vertrages bedürfen der Schriftform. Der Nachweis für die Aufhebung oder das Außerkraftsetzen der Schriftform bedarf ebenfalls der Schriftform.
2. Sollten einzelne Bestimmungen dieses Vertrages unwirksam oder undurchführbar sein oder werden oder der Vertrag eine Lücke enthalten, so bleibt die Rechtswirksamkeit der übrigen Bestimmungen hiervon unberührt. Anstelle der unwirksamen Bestimmung gilt eine wirksame Bestimmung als vereinbart, die dem von den Vertragsparteien Gewollten am nächsten kommt; das gleiche gilt im Falle einer Lücke. § 139 BGB findet keine Anwendung.

------------------------ ------------------------

[Gesellschaft] Auftraggeber

IV. Vertrag 4

Vertrag über die Kryokonservierung und Lagerung von Humansperma oder Hodengewebe

Zwischen […] [der Gesellschaft] und Herrn (Geburtsdatum, Anschrift, Telefon, E-Mail) – im Folgenden „Auftraggeber" genannt.

§ 1 Vertragsgegenstand

[Die Gesellschaft] übernimmt das Einfrieren sowie die Lagerung (= Kryokonservierung) von Keimmaterial des Auftraggebers aus Hoden, Nebenhoden und/oder Ejakulaten (im Folgenden: Konservierungsgut). Die Kryokonservierung erfolgt durch einen Arzt oder unter der Aufsicht und nach fachlicher Weisung eines Arztes. Auf dieses Rechtsverhältnis finden die §§ 688 ff. BGB in der durch diesen Vertrag modifizierten Fassung Anwendung.

§ 2 Einfrieren des Konservierungsguts

1. Der Auftraggeber stellt [der Gesellschaft] Konservierungsgut zur Verfügung. Die vorausgehende ärztliche Behandlung im Rahmen von Maßnahmen der medizinisch unterstützten Befruchtung ist nicht Gegenstand dieses Vertrages.
2. [Die Gesellschaft] bereitet das Konservierungsgut für das Einfrieren vor. Im Anschluss daran führt sie den Einfriervorgang durch. Die Gewinnung und medizinische Aufbereitung des Konservierungsguts sind nicht Gegenstand dieses Vertrages.

§ 3 Lagerung

1. [Die Gesellschaft] lagert das Konservierungsgut in flüssigem Stickstoff oder in seiner tiefkalten Gasphase für die Dauer dieses Vertrages. Es ist berechtigt, mit der Durchführung der Lagerung Dritte zu beauftragen und den Ort oder die technische Art und Weise der Lagerung zu ändern, sofern der Dritte die gesetzlichen Voraussetzungen zur Kryokonservierung erfüllt und dem Auftraggeber hierdurch keine zusätzlichen Kosten entstehen. [Die Gesellschaft] informiert den Auftraggeber auf Nachfrage über den Dritten und den momentanen Lagerungsort des Konservierungsguts.
2. Sollte [die Gesellschaft ihre] Tätigkeit einstellen, ist [sie] zur Weitergabe des Konservierungsguts sowie der Aufzeichnungen gemäß § 7 TPG-GewV an eine andere Einrichtung gemäß § 20c AMG berechtigt. [Die Gesellschaft] wird dem Auftraggeber schriftlich den Namen und die Anschrift

der empfangenden Einrichtung mitteilen. Der Auftraggeber wird mit dieser Einrichtung einen Vertrag über die Lagerung schließen.

3. Eine etwaige Zusendung des Konservierungsgutes muss in geeignetem Versand-Kryobehältern erfolgen. Alle Kosten und Risiken in Zusammenhang mit der Zusendung des Konservierungsgutes bis zur Übergabe an [die Gesellschaft] trägt der Auftraggeber. [Die Gesellschaft] behält sich vor, die Verpackung und Zusendung des Konservierungsguts zu überprüfen. Ungeeignete Verpackung und/oder ungeeignete Zusendung des Konservierungsguts kann zur Verweigerung der Annahme und Ablehnung der Einlagerung durch [die Gesellschaft] führen.

§ 4 Vertragsdauer

1. Das Vertragsverhältnis beginnt mit der Unterzeichnung dieses Vertrages und der Übergabe des Konservierungsguts durch den Auftraggeber oder von diesem beauftragte Dritte an [die Gesellschaft]. Es endet
   - nach Ablauf eines Jahres, und zwar gerechnet ab der Übergabe, sofern keine Vertragsverlängerung vereinbart wird;
   - am Tage der vollständigen Übergabe des Konservierungsguts an einen vom Auftraggeber benannten Dritten gemäß § 12;
   - bei vertragsgemäßer Verwerfung des Konservierungsguts.

Einer Kündigung durch eine Vertragspartei bedarf es in den vorgenannten Fällen nicht.

2. Der Auftraggeber ist berechtigt, eine Vertragsverlängerung um jeweils ein weiteres Jahr zu verlangen. Er ist in diesem Fall verpflichtet, seinen Verlängerungswunsch [der Gesellschaft] spätestens einen Monat vor dem Ende der Vertragslaufzeit in Schriftform mitzuteilen; maßgebend ist der Zugang der Erklärung [bei der Gesellschaft].

Darüber hinaus ist er verpflichtet, das Entgelt für die weitere Lagerung des Konservierungsguts gemäß § 5 Absatz 1 ebenfalls einen Monat vor Ablauf des Vertrages zu entrichten. [Die Gesellschaft] kann die Vertragsverlängerung andernfalls ablehnen. Im Übrigen gilt § 5.

Eine weitere Vertragsverlängerung ist nur einvernehmlich möglich. [Die Gesellschaft] kann [ihrerseits] eine Vertragsverlängerung um jeweils ein Jahr dadurch anbieten, dass es dem Auftraggeber eine Rechnung über die weitere Lagerung zusendet. Der Auftraggeber stimmt der Vertragsverlängerung zu, indem er die Rechnung innerhalb eines Monats ausgleicht. Hierauf hat [die Gesellschaft] den Auftraggeber bei der Übersendung der Rechnung hinzuweisen.

3. Das Vertragsverhältnis endet im Übrigen:
   a) durch Kündigung nach § 10;
   b) im Falle des Todes des Auftraggebers.

Insoweit ist die Kenntniserlangung durch [die Gesellschaft] maßgebend.

4. Der Vertrag endet ferner, wenn durch Änderungen der Gesetzeslage oder der Rechtsprechung die Kryokonservierung von Keimzellen unzulässig werden oder [die Gesellschaft ihre] Tätigkeit einstellen sollte.

§ 5 Vergütung

1. Für die Durchführung der technischen Aufbereitung und das Einfrieren nach § 2 sowie die Lagerung nach § 3 zahlt der Auftraggeber an [die Gesellschaft] ein Entgelt gemäß der als Anlage beigefügten Preisliste. Die Preisliste ist Vertragsbestandteil.
2. Die vorzeitige, [von der Gesellschaft] nicht zu vertretende Beendigung des Vertragsverhältnisses hat keinen Einfluss auf die Höhe der Vergütung für die Lagerung.
3. Kosten für eine Weitergabe des Konservierungsguts auf Weisung des Auftraggebers nach § 12 Absatz 3 werden gesondert berechnet.
4. Die nach den Absätzen 1 und 2 vereinbarte Vergütung ist im Voraus zur Zahlung fällig und vom Auftraggeber mit Rechnungserhalt auszugleichen.
5. Ändern sich nach Abschluss dieses Vertrages die Kosten für Lohn, Energie, Beschaffung von Flüssigstickstoff oder gesetzliche Abgaben, so ist [die Gesellschaft] berechtigt, die Vergütung entsprechend anzupassen.

§ 6 Qualitätssicherung

1. [Die Gesellschaft] setzt zur Erfüllung seiner Aufgaben nach §§ 2 und 3 ausschließlich Ärzte, Biologen oder andere geeignete Mitarbeiter unter der Aufsicht und nach fachlicher Weisung eines Arztes ein. Der jeweilige Stand der medizinischen und technischen Wissenschaft wird berücksichtigt.
2. Die Kryo-GmbH gewährleistet die kontinuierliche Überwachung der technischen Anlagen zur Lagerung des Konservierungsguts.

§ 7 Mitwirkungspflichten, Vollmacht

1. Der Auftraggeber ist verpflichtet, [die Gesellschaft] unverzüglich zu informieren über Änderungen seiner Anschrift und des Aufenthaltsortes sowie

Abwesenheiten von mehr als sechs Wochen. Seine Erben sind verpflichtet, [die Gesellschaft] über seinen Tod zu informieren. Die Mitteilungen haben schriftlich zu erfolgen.

2. Für die Verbindlichkeit einer Mitteilung nach Absatz 1 gegenüber [der Gesellschaft] genügt die Anzeige des Auftraggebers. [Die Gesellschaft] ist nicht verpflichtet, die Richtigkeit zu überprüfen oder weitere Nachweise zu verlangen.
3. Solange der Auftraggeber [die Gesellschaft] nicht über das Vorliegen eines Sachverhaltes gemäß Absatz 1 informiert hat, ist [diese] berechtigt, vom Fortbestehen der bisherigen Verhältnisse auszugehen. [Die Gesellschaft] ist nicht verpflichtet, eigene Ermittlungen anzustellen.

§ 8 Information des Auftraggebers

[Die Gesellschaft] erfüllt seine Mitteilungs- und Informationspflichten nach diesem Vertrag, wenn es Schreiben an die letzte ihm bekannte Anschrift des Auftraggebers richtet. [Sie] ist nicht verpflichtet, neue Anschriften oder Aufenthaltsorte des Auftraggebers zu ermitteln.

§ 9 Haftung

1. Für sonstige Schäden, die nicht auf der Verletzung von Leben, Körper und Gesundheit beruhen, haften [die Gesellschaft] und/oder deren Erfüllungsgehilfen bei Verlust, Beschädigung oder Vernichtung des Konservierungsguts nur, wenn die Schadensursache auf Vorsatz oder grober Fahrlässigkeit beruht; für leichte Fahrlässigkeit besteht keine Haftung.
2. Dem Auftraggeber ist bekannt, dass bei Kryokonservierungsmaßnahmen im Sinne des § 1 dieses Vertrages das Konservierungsgut aus biologischen, von den Vertragspartnern nicht zu vertretenden Gründen seine Vitalität verlieren kann. Daher haftet [die Gesellschaft] nicht, wenn das Konservierungsgut, ohne dass [sie] dies zu vertreten hat, nach einem Auftauvorgang keine Vitalität aufweist und somit nicht verwendet werden kann.

§ 10 Kündigung des Vertrages

1. [Die Gesellschaft] ist zur außerordentlichen Kündigung mit einer Auslauffrist von einem Monat berechtigt, wenn der Auftraggeber mit der Zahlung der Vergütung in Verzug ist.
2. [Die Gesellschaft] ist weiterhin zur außerordentlichen Kündigung des Vertrages mit einer Auslauffrist von einem Monat berechtigt, wenn der Auftraggeber seinen Pflichten nach § 7 nicht nachkommt (Mitwirkungspflichten).

§ 11 Widerrufsrecht

Der Auftraggeber ist zu jedem Zeitpunkt berechtigt, sein Einverständnis mit der Fortführung der Kryokonservierung durch schriftliche Erklärung gegenüber [der Gesellschaft] zu widerrufen.

§ 12 Verbleib des Konservierungsguts

1. Das Konservierungsgut ist Eigentum des Auftraggebers und unterliegt seinem Verfügungsrecht im Rahmen der gesetzlichen Bestimmungen.
2. Bei Beendigung des Vertrages durch Zeitablauf, Kündigung, Widerruf gemäß § 11 oder aus sonstigen Gründen verwirft [die Gesellschaft] das Konservierungsgut unverzüglich, es sei denn, [der Gesellschaft] geht rechtzeitig, mindestens jedoch zwei Wochen vor diesem Zeitpunkt, eine schriftliche Anweisung des Auftraggebers zu, an wen das Konservierungsgut zu übergeben ist.
3. Der Auftraggeber ist jederzeit berechtigt, die Herausgabe des Konservierungsguts an einen Dritten zur Durchführung der Behandlung oder zum Zwecke der Fortsetzung der Kryokonservierung zu verlangen.
   a) Die Erklärung bedarf der Schriftform.
   b) Zur Entgegennahme des Konservierungsguts ist ein vom Auftraggeber bevollmächtigter Dritter, der die Anforderungen an eine Einrichtung nach § 20c AMG erfüllt, berechtigt, sofern er hierzu in schriftlicher Form durch den Auftraggeber bevollmächtigt wurde. Die Vollmacht darf nicht älter als einen Monat vor dem Herausgabetermin sein.
   [Die Gesellschaft] kann vom Auftraggeber verlangen, dass dem Herausgabebegehren eine schriftliche Bestätigung des bevollmächtigten Dritten beigefügt ist, mit der dieser bestätigt, zur Lagerung von Konservierungsgut gemäß den Anforderungen des § 20c AMG berechtigt zu sein. Die Bestätigung darf nicht älter als einen Monat vor dem Herausgabetermin sein. Für die Auswahl des Dritten ist [die Gesellschaft] nicht verantwortlich.
   c) Bei der Herausgabe des Konservierungsguts an einen vom Auftraggeber benannten Dritten geht die Gefahr mit Besitzübergang auf den vom Auftraggeber benannten Dritten über.
   d) [Die Gesellschaft] ist berechtigt, ihm entstehende Kosten im Voraus zu verlangen. Kommt der Auftraggeber seiner Zahlungspflicht nicht bis zum Ablauf des Vertrages nach, ist [die Gesellschaft] zur Verwerfung des Konservierungsguts berechtigt.

4. Verstirbt der Auftraggeber, ist [die Gesellschaft] vorbehaltlich einer Änderung der zum Zeitpunkt des Vertragsbeginns geltenden Rechtslage zur umgehenden Verwerfung des Konservierungsguts berechtigt und verpflichtet. Zwischen den Vertragsparteien besteht Einvernehmen, dass das Konservierungsgut nach dem Tod des Auftraggebers nicht an seine Erben oder einen Dritten herausgegeben werden darf. Dies gilt selbst dann, wenn [der Gesellschaft] eine anderslautende Weisung vorliegen sollte.

§ 13 Aufzeichnungen und Datenübermittlung

1. Im Zusammenhang mit der Vertragsdurchführung gefertigte Aufzeichnungen [der Gesellschaft] verbleiben in [ihrem] Eigentum.
2. Dem Auftraggeber ist bekannt, dass [die Gesellschaft] gesetzlich zum Führen von Aufzeichnungen über das Konservierungsgut und dessen Verbleib verpflichtet ist. [Die Gesellschaft] verpflichtet sich, diese Aufzeichnungen nur in den gesetzlich vorgesehenen Fällen oder in Absprache mit dem Auftraggeber zu übermitteln.
3. Soweit Konservierungsgut im Auftrag des Auftraggebers an Dritte übergeben werden, wird [die Gesellschaft] diesen die gemäß § 7 TPG-GewV notwendigen Angaben übermitteln.
4. Sollte [die Gesellschaft ihre] Tätigkeit einstellen, ist es gesetzlich verpflichtet und berechtigt, seine Aufzeichnungen zur Aufbewahrung an eine andere Einrichtung gemäß § 20c AMG zu übermitteln. [Die Gesellschaft] wird dem Auftraggeber schriftlich den Namen und die Anschrift der empfangenden Einrichtung mitteilen.

§ 14 Verjährung

1. Ansprüche der Vertragspartner aus diesem Vertrag verjähren nach Ablauf eines Jahres, es sei denn, es handelt sich um deliktische Ansprüche. Für diese verbleibt es bei den gesetzlichen Verjährungsregeln.
2. Die Verjährung beginnt mit dem Schluss des Jahres, in welchem der Anspruch entstanden ist.

§ 15 Verschwiegenheit

1. [Die Gesellschaft] ist zur Verschwiegenheit verpflichtet.
2. Der Auftraggeber befreit [die Gesellschaft] jedoch insoweit von seiner Verpflichtung zur Verschwiegenheit, als die Weitergabe persönlicher Informationen gesetzlich vorgeschrieben oder zur Erfüllung seiner Aufgaben

erforderlich ist. Die Befreiung gilt insbesondere gegenüber Ärzten, die den Auftraggeber im Rahmen der Kinderwunschbehandlung medizinisch betreuen.

3. [Die Gesellschaft] ist insbesondere berechtigt, Informationen gemäß § 7 Absatz 1 an die Ärzte weiterzugeben, die den Auftraggeber bisher medizinisch betreut haben.

§ 16 Sonstiges

1. Änderungen und Ergänzungen dieses Vertrages bedürfen der Schriftform. Dies gilt auch für die Aufhebung des Schriftformerfordernisses.
2. Sollte eine Bestimmung dieses Vertrages unwirksam sein oder werden oder der Vertrag eine Lücke enthalten, so bleibt die Rechtswirksamkeit der übrigen Bestimmungen hiervon unberührt. Anstelle der unwirksamen Bestimmung gilt eine wirksame Bestimmung als vereinbart, die dem von den Vertragsparteien Gewollten am nächsten kommt; das gleiche gilt im Falle einer Lücke.

§ 17 Einwilligung in die Datenweitergabe

Mit seiner Unterschrift erteilt der Auftraggeber die jederzeit widerrufliche Einwilligung, dass [die Gesellschaft] die zur Abrechnung erforderlichen wesentlichen Daten der Behandlung, insbesondere solche aus der Patientenkartei (Name, Geburtsdatum, Anschrift, Krankenversicherung, Befunde, Behandlungsverläufe), auch soweit es sich dabei um „besondere Arten personenbezogener Daten" i.S.v. § 3 Abs. 9 des Bundesdatenschutzgesetzes (BDSG) handelt, der damit beauftragten Abrechnungsstelle […] ausschließlich zum Zwecke der Rechnungsstellung und des Inkassos zur Verfügung stellt. Insoweit entbindet der Auftraggeber [die behandelnden Ärzte bzw. die Gesellschaft] ausdrücklich von der ärztlichen Schweigepflicht.

Die nachfolgende Preisliste ist Vertragsbestandteil und wird vom Auftraggeber mit seiner Unterschrift anerkannt. […]

Behandlung Kosten in Euro (inkl. 19 % MwSt.)

- Einfrieren Sperma: 350,00
- Einfrieren Hodengewebe (TESE): 350,00
- Erst-Lagerungsgebühr für 1 Jahr: 210,00
- Lagerungsgebühr für jedes weitere angefangene Jahr: 210,00
- Einfrieren und Kurzzeitlagerung (max. 6 Monate) von Sperma für einen IUI/IVF/ICSI Versuch (im Sinne einer Notreserve): 250,00

Hinweis: Nach Ablauf der 6 Monate wird automatisch eine weitere Rechnung über 210 € für die weitere Lagerung gestellt, falls Ihrerseits keine schriftliche Kündigung erfolgt.

- Kaution für Transportbehälter: 100,00

-----------------------	------------------------
Gesellschaft	Auftraggeber

V. Vertrag 5

Vertrag über die Kryokonservierung und Lagerung von reproduktiven Geweben und Zellen einer Frau

Zwischen [...] [der Gesellschaft] und Frau (Geburtsdatum, Anschrift, Telefon, E-Mail) – im Folgenden „Auftraggeberin" genannt.

§ 1 Vertragsgegenstand

[Die Gesellschaft] übernimmt das Einfrieren sowie die Lagerung (= Kryokonservierung) von Keimmaterial (Ovarialgewebe, Follikel, Eizellen) der Auftraggeberin (im Folgenden: Konservierungsgut). Die Kryokonservierung erfolgt durch einen Arzt oder unter der Aufsicht und nach fachlicher Weisung eines Arztes. Auf dieses Rechtsverhältnis finden die §§ 688 ff. BGB in der durch diesen Vertrag modifizierten Fassung Anwendung.

§ 2 Einfrieren des Konservierungsguts

1. Die Auftraggeberin stellt [der Gesellschaft] Konservierungsgut zur Verfügung. Die vorausgehende ärztliche Behandlung im Rahmen von Maßnahmen der medizinisch unterstützten Befruchtung ist nicht Gegenstand dieses Vertrages.
2. [Die Gesellschaft] bereitet das Konservierungsgut für das Einfrieren vor. Im Anschluss daran führt sie den Einfriervorgang durch. Die Gewinnung und medizinische Aufbereitung des Konservierungsguts sind nicht Gegenstand dieses Vertrages.

§ 3 Lagerung

1. [Die Gesellschaft] lagert das Konservierungsgut in flüssigem Stickstoff oder in seiner tiefkalten Gasphase für die Dauer dieses Vertrages. Es ist berechtigt, mit der Durchführung der Lagerung Dritte zu beauftragen und den Ort oder die technische Art und Weise der Lagerung zu ändern, sofern der Dritte die gesetzlichen Voraussetzungen zur Kryokonservierung erfüllt und der Auftraggeberin hierdurch keine zusätzlichen Kosten entstehen. [Die Gesellschaft] informiert die Auftraggeberin auf Nachfrage über den Dritten und den momentanen Lagerungsort des Konservierungsguts.
2. Sollte [die Gesellschaft ihre] Tätigkeit einstellen, ist [sie] zur Weitergabe des Konservierungsguts sowie der Aufzeichnungen gemäß § 7 TPG-GewV an

eine andere Einrichtung gemäß § 20c AMG berechtigt. [Die Gesellschaft] wird der Auftraggeberin schriftlich den Namen und die Anschrift der empfangenden Einrichtung mitteilen. Die Auftraggeberin wird mit dieser Einrichtung einen Vertrag über die Lagerung schließen.

§ 4 Vertragsdauer

1. Das Vertragsverhältnis beginnt mit der Unterzeichnung dieses Vertrages und der Übergabe des Konservierungsguts durch die Auftraggeberin oder von dieser beauftragten Dritter an [die Gesellschaft]. Es endet
   - nach Ablauf eines Jahres, und zwar gerechnet ab der Übergabe, sofern keine Vertragsverlängerung vereinbart wird;
   - am Tage der vollständigen Übergabe des Konservierungsguts an einen von der Auftraggeberin benannten Dritten gemäß § 12;
   - bei vertragsgemäßer Verwerfung des Konservierungsguts.

Einer Kündigung durch eine Vertragspartei bedarf es in den vorgenannten Fällen nicht.

2. Die Auftraggeberin ist berechtigt, eine Vertragsverlängerung um jeweils ein weiteres Jahr zu verlangen. Sie ist in diesem Fall verpflichtet, ihren Verlängerungswunsch [der Gesellschaft] spätestens einen Monat vor dem Ende der Vertragslaufzeit in Schriftform mitzuteilen; maßgebend ist der Zugang der Erklärung bei [der Gesellschaft].

   Darüber hinaus ist sie verpflichtet, das Entgelt für die weitere Lagerung des Konservierungsguts gemäß § 5 Absatz 1 ebenfalls einen Monat vor Ablauf des Vertrages zu entrichten. [Die Gesellschaft] kann die Vertragsverlängerung andernfalls ablehnen. Im Übrigen gilt § 5.

   Eine weitere Vertragsverlängerung ist nur einvernehmlich möglich. [Die Gesellschaft] kann [ihrerseits] eine Vertragsverlängerung um jeweils ein Jahr dadurch anbieten, dass es der Auftraggeberin eine Anfrage über die weitere Lagerung zusendet. Die Auftraggeberin stimmt der Vertragsverlängerung zu, indem sie die Anfrage innerhalb eines Monats beantwortet. Hierauf hat [die Gesellschaft] die Auftraggeberin bei der Übersendung der Anfrage hinzuweisen.
3. Das Vertragsverhältnis endet im Übrigen:
   a) durch Kündigung nach § 10;
   b) im Falle des Todes der Auftraggeberin.

Insoweit ist die Kenntniserlangung durch [die Gesellschaft] maßgebend.

4. Der Vertrag endet ferner, wenn durch Änderungen der Gesetzeslage oder der Rechtsprechung die Kryokonservierung von Keimzellen unzulässig werden oder [die Gesellschaft ihre] Tätigkeit einstellen sollte.

§ 5 Vergütung

1. Für die Durchführung der technischen Aufbereitung und das Einfrieren nach § 2 sowie die Lagerung nach § 3 zahlt die Auftraggeberin an [die Gesellschaft] ein Entgelt gemäß der als Anlage beigefügten Preisliste. Die Preisliste ist Vertragsbestandteil.
2. Die vorzeitige, von [der Gesellschaft] nicht zu vertretende Beendigung des Vertragsverhältnisses hat keinen Einfluss auf die Höhe der Vergütung für die Lagerung.
3. Kosten für eine Weitergabe des Konservierungsguts auf Weisung der Auftraggeberin nach § 12 Absatz 3 werden gesondert berechnet.
4. Die nach den Absätzen 1 und 2 vereinbarte Vergütung ist im Voraus zur Zahlung fällig und von der Auftraggeberin mit Rechnungserhalt auszugleichen.
5. Ändern sich nach Abschluss dieses Vertrages die Kosten für Lohn, Energie, Beschaffung von Flüssigstickstoff oder gesetzliche Abgaben, so ist [die Gesellschaft] berechtigt, die Vergütung entsprechend anzupassen.

§ 6 Qualitätssicherung

1. [Die Gesellschaft] setzt zur Erfüllung seiner Aufgaben nach §§ 2 und 3 ausschließlich Ärzte, Biologen oder andere geeignete Mitarbeiter unter der Aufsicht und nach fachlicher Weisung eines Arztes ein. Der jeweilige Stand der medizinischen und technischen Wissenschaft wird berücksichtigt.
2. [Die Gesellschaft] gewährleistet die kontinuierliche Überwachung der technischen Anlagen zur Lagerung des Konservierungsguts.

§ 7 Mitwirkungspflichten, Vollmacht

1. Die Auftraggeberin ist verpflichtet, [die Gesellschaft] unverzüglich zu informieren über Änderungen ihrer Anschrift und des Aufenthaltsortes sowie Abwesenheiten von mehr als sechs Wochen. Ihre Erben sind verpflichtet, das [die Gesellschaft] über ihren Tod zu informieren. Die Mitteilungen haben schriftlich zu erfolgen.

2. Für die Verbindlichkeit einer Mitteilung nach Absatz 1 gegenüber [der Gesellschaft] genügt die Anzeige der Auftraggeberin. [die Gesellschaft] ist nicht verpflichtet, die Richtigkeit zu überprüfen oder weitere Nachweise zu verlangen.
3. Solange die Auftraggeberin [die Gesellschaft] nicht über das Vorliegen eines Sachverhaltes gemäß Absatz 1 informiert hat, ist diese berechtigt, vom Fortbestehen der bisherigen Verhältnisse auszugehen. [Die Gesellschaft] ist nicht verpflichtet, eigene Ermittlungen anzustellen.

§ 8 Information der Auftraggeberin

[Die Gesellschaft] erfüllt [ihre] Mitteilungs- und Informationspflichten nach diesem Vertrag, wenn es Schreiben an die letzte ihm bekannte Anschrift der Auftraggeberin richtet. [Sie] ist nicht verpflichtet, neue Anschriften oder Aufenthaltsorte der Auftraggeberin zu ermitteln.

§ 9 Haftung

1. Für sonstige Schäden, die nicht auf der Verletzung von Leben, Körper und Gesundheit beruhen, haften das [die Gesellschaft] und/oder dessen Erfüllungsgehilfen bei Verlust, Beschädigung oder Vernichtung des Konservierungsguts nur, wenn die Schadensursache auf Vorsatz oder grober Fahrlässigkeit beruht; für leichte Fahrlässigkeit besteht keine Haftung.
2. Der Auftraggeberin ist bekannt, dass bei Kryokonservierungsmaßnahmen im Sinne des § 1 dieses Vertrages das Konservierungsgut aus biologischen, von den Vertragspartnern nicht zu vertretenden Gründen seine Vitalität verlieren kann. Daher haftet [die Gesellschaft] nicht, wenn das Konservierungsgut, ohne dass es dies zu vertreten hat, nach einem Auftauvorgang keine Vitalität aufweist und somit nicht verwendet werden kann.

§ 10 Kündigung des Vertrages

1. [Die Gesellschaft] ist zur außerordentlichen Kündigung mit einer Auslauffrist von einem Monat berechtigt, wenn die Auftraggeberin mit der Zahlung der Vergütung in Verzug ist.
2. [Die Gesellschaft] ist weiterhin zur außerordentlichen Kündigung des Vertrages mit einer Auslauffrist von einem Monat berechtigt, wenn die Auftraggeberin ihren Pflichten nach § 7 nicht nachkommt (Mitwirkungspflichten).

§ 11 Widerrufsrecht

Die Auftraggeberin ist zu jedem Zeitpunkt berechtigt, ihr Einverständnis mit der Fortführung der Kryokonservierung durch schriftliche Erklärung gegenüber [der Gesellschaft] zu widerrufen.

§ 12 Verbleib des Konservierungsguts

1. Das Konservierungsgut ist Eigentum der Auftraggeberin und unterliegt ihrem Verfügungsrecht.
2. Bei Beendigung des Vertrages durch Zeitablauf, Kündigung, Widerruf gem. § 11 oder aus sonstigen Gründen verwirft [die Gesellschaft] das Konservierungsgut unverzüglich, es sei denn, [der Gesellschaft] geht rechtzeitig, mindestens jedoch zwei Wochen vor diesem Zeitpunkt, eine schriftliche Anweisung der Auftraggeberin zu, an wen das Konservierungsgut zu übergeben ist.
3. Die Auftraggeberin ist jederzeit berechtigt, die Herausgabe des Konservierungsguts an einen Dritten zur Durchführung der Behandlung oder zum Zwecke der Fortsetzung der Kryokonservierung zu verlangen.
   a) Die Erklärung bedarf der Schriftform.
   b) Zur Entgegennahme des Konservierungsguts ist ein von der Auftraggeberin bevollmächtigter Dritter, der die Anforderungen an eine Einrichtung nach § 20c AMG erfüllt, berechtigt, sofern er hierzu in schriftlicher Form durch die Auftraggeberin bevollmächtigt wurde. Die Vollmacht darf nicht älter als einen Monat vor dem Herausgabetermin sein.
   [Die Gesellschaft] kann von der Auftraggeberin verlangen, dass dem Herausgabebegehren eine schriftliche Bestätigung des bevollmächtigten Dritten beigefügt ist, mit der dieser bestätigt, zur Lagerung von Konservierungsgut gemäß den Anforderungen des § 20c AMG berechtigt zu sein. Die Bestätigung darf nicht älter als einen Monat vor dem Herausgabetermin sein. Für die Auswahl des Dritten ist [die Gesellschaft] nicht verantwortlich.
   c) Bei der Herausgabe des Konservierungsguts an einen von der Auftraggeberin benannten Dritten geht die Gefahr mit Besitzübergang auf den von der Auftraggeberin benannten Dritten über.
   d) [Die Gesellschaft] ist berechtigt, ihm entstehende Kosten im Voraus zu verlangen. Kommt die Auftraggeberin ihrer Zahlungspflicht nicht bis zum Ablauf des Vertrages nach, ist [die Gesellschaft] zur Verwerfung des Konservierungsguts berechtigt.

4. Verstirbt die Auftraggeberin, ist [die Gesellschaft] vorbehaltlich einer Änderung der zum Zeitpunkt des Vertragsbeginns geltenden Rechtslage zur umgehenden Verwerfung des Konservierungsguts berechtigt und verpflichtet. Zwischen den Vertragsparteien besteht Einvernehmen, dass das Konservierungsgut nach dem Tod der Auftraggeberin nicht an ihre Erben oder einen Dritten herausgegeben werden darf. Dies gilt selbst dann, wenn [der Gesellschaft] eine anderslautende Weisung vorliegen sollte.

§ 13 Aufzeichnungen und Datenübermittlung

1. Im Zusammenhang mit der Vertragsdurchführung gefertigte Aufzeichnungen [der Gesellschaft] verbleiben in [ihrem] Eigentum.
2. Der Auftraggeberin ist bekannt, dass [die Gesellschaft] gesetzlich zum Führen von Aufzeichnungen über das Konservierungsgut und dessen Verbleib verpflichtet ist. [Die Gesellschaft] verpflichtet sich, diese Aufzeichnungen nur in den gesetzlich vorgesehenen Fällen oder in Absprache mit der Auftraggeberin zu übermitteln.
3. Soweit Konservierungsgut im Auftrag der Auftraggeberin an Dritte übergeben wird, wird [die Gesellschaft] diesen die gemäß § 7 TPG-GewV notwendigen Angaben übermitteln.
4. Sollte [die Gesellschaft ihre] Tätigkeit einstellen, ist [sie] gesetzlich verpflichtet und berechtigt, [ihre] Aufzeichnungen zur Aufbewahrung an eine andere Einrichtung gemäß § 20c AMG zu übermitteln. [Die Gesellschaft] wird der Auftraggeberin schriftlich den Namen und die Anschrift der empfangenden Einrichtung mitteilen.

§ 14 Verjährung

1. Ansprüche der Vertragspartner aus diesem Vertrag verjähren nach Ablauf eines Jahres, es sei denn, es handelt sich um deliktische Ansprüche. Für diese verbleibt es bei den gesetzlichen Verjährungsregeln.
2. Die Verjährung beginnt mit dem Schluss des Jahres, in welchem der Anspruch entstanden ist.

§ 15 Verschwiegenheit

1. [Die Gesellschaft] ist zur Verschwiegenheit verpflichtet.
2. Die Auftraggeberin befreit [die Gesellschaft] jedoch insoweit von seiner Verpflichtung zur Verschwiegenheit, als die Weitergabe persönlicher Informationen gesetzlich vorgeschrieben oder zur Erfüllung seiner Aufgaben

erforderlich ist. Die Befreiung gilt insbesondere gegenüber Ärzten, die die Auftraggeberin im Rahmen der Kinderwunschbehandlung medizinisch betreuen.

3. [Die Gesellschaft] ist insbesondere berechtigt, Informationen gemäß § 7 Absatz 1 an die Ärzte weiterzugeben, die die Auftraggeberin bisher medizinisch betreut haben.

§ 16 Sonstiges

1. Änderungen und Ergänzungen dieses Vertrages bedürfen der Schriftform. Dies gilt auch für die Aufhebung des Schriftformerfordernisses.
2. Sollte eine Bestimmung dieses Vertrages unwirksam sein oder werden oder der Vertrag eine Lücke enthalten, so bleibt die Rechtswirksamkeit der übrigen Bestimmungen hiervon unberührt. Anstelle der unwirksamen Bestimmung gilt eine wirksame Bestimmung als vereinbart, die dem von den Vertragsparteien Gewollten am Nächsten kommt; das Gleiche gilt im Falle einer Lücke.

------------------------	------------------------
Arzt	Auftraggeberin

Anlage: Preisliste

Behandlung	Kosten in Euro (incl. 19 % MwSt.)
Kryokonservierung von Eizellen	349,00
Lagerungsgebühr für 6 Monate	104,30
Kaution für Transportbehälter	100,00

Einwilligung in die Datenweitergabe

Ich erteile hiermit die jederzeit widerrufliche Einwilligung, dass [die Gesellschaft] die zur Abrechnung erforderlichen wesentlichen Daten der Behandlung, insbesondere solche aus der Patientenkartei (Name, Geburtsdatum, Anschrift, Krankenversicherung, Befunde, Behandlungsverläufe), auch soweit es sich dabei um „besondere Arten personenbezogener Daten" i.S.v. § 3 Abs. 9 des Bundesdatenschutzgesetzes (BDSG) handelt, der damit beauftragten Abrechnungsstelle, [dem Abrechnungsservice der Gesellschaft], ausschließlich zum Zwecke der Rechnungsstellung und des Inkassos zur Verfügung stellt. Insoweit entbinde ich [...] ausdrücklich von der ärztlichen Schweigepflicht.

----------------------- -----------------------

Ort, Datum

Unterschrift des Patienten bzw. seines Vertreters (bei minderjährigen Patienten des oder der Sorgeberechtigten)

VI. Vertrag 6

Vertrag über die Kryokonservierung und Lagerung von Eizellen im Vorkernstadium (Pronukleus-Phase), Stand 05.08.2008

Zwischen [dem Klinikum] [...] einerseits und Frau (Name/Vorname, Geburtsname/-datum, Anschrift, Telefon/Fax) sowie Herrn (Name/Vorname, Geburtsname/-datum, Anschrift, Telefon/Fax) – im Folgenden: Auftraggeber – andererseits.

§ 1 Vertragsgegenstand

Das [Klinikum] übernimmt das Einfrieren sowie die Kryokonservierung von Eizellen im Vorkernstadium (Pronucleus-Phase), die im Rahmen einer Maßnahme der so genannten „künstlichen Befruchtung" als Keimzellen der Auftraggeber entstanden sind. Sowohl das Einfrieren als auch die Lagerung erfolgen durch einen Arzt oder unter der Aufsicht und nach fachlicher Weisung eines Arztes.

§ 2 Einfrieren der Eizellen

1. Die Auftraggeber stellen dem [Klinikum] Eizellen im Vorkernstadium zur Verfügung. Die vorausgehende ärztliche Behandlung im Rahmen von Maßnahmen der so genannten „künstlichen Befruchtung" ist nicht Gegenstand dieses Vertrages.
2. Das [Klinikum] bereitet die zur Verfügung gestellten Eizellen für das Einfrieren vor. Im Anschluss daran führt es den Einfriervorgang durch.

§ 3 Lagerung

Das [Klinikum] lagert die gefrorenen Eizellen in flüssigem Stickstoff bei ca. minus 190 °C für die Dauer dieses Vertrages.

§ 4 Vertragsdauer

1. Das Vertragsverhältnis beginnt mit der Unterzeichnung dieses Vertrages und endet zwölf Monate, nachdem die Auftraggeber oder von diesen beauftragte Dritte die Eizellen dem [Klinikum] übergeben haben. Ferner endet der Vertrag, wenn alle kryokonservierten Eizellen im Pronucleusstadium auf die Auftraggeberin übertragen wurden. Er endet darüber hinaus am Tage der vollständigen Übergabe des Gefriergutes an die Auftraggeber oder

einen von diesen benannten Dritten sowie bei vertragsgemäßer Vernichtung des Gefriergutes. Einer Kündigung durch eine Vertragspartei bedarf es in diesen Fällen nicht.

2. Die Auftraggeber sind berechtigt, eine Vertragsverlängerung um jeweils ein weiteres Jahr zu verlangen. Sie sind in diesem Fall verpflichtet, ihren Verlängerungswunsch dem [Klinikum] spätestens zwei Monate vor dem Ende der Vertragslaufzeit schriftlich mitzuteilen; maßgebend ist der Zugang der Erklärung beim [Klinikum].

Darüber hinaus sind sie verpflichtet, das Entgelt für die weitere Lagerung der Eizellen gemäß § 5 Absatz 1 halbjährig im Voraus zu entrichten. Das [Klinikum] kann die Vertragsverlängerung andernfalls ablehnen. Im Übrigen gilt § 5.

3. Das Vertragsverhältnis endet im Übrigen:

   a) durch Kündigung nach § 10
   b) bei rechtskräftiger Scheidung oder dauerhafter Trennung der Vertragspartner
   c) im Falle des Todes eines oder beider Auftraggeber

Insoweit ist die Kenntniserlangung durch das [Klinikum] maßgebend.

4. Der Vertrag endet ferner, wenn durch Änderungen der Gesetzeslage oder der Rechtsprechung die Kryokonservierung von Eizellen im Vorkernstadium unzulässig werden sollte.

§ 5 Vergütung

1. Für die Durchführung der technischen Aufbereitung und das Einfrieren nach § 2 sowie die Lagerung nach § 3 zahlen die Auftraggeber an das [Klinikum] ein Entgelt gemäß der jeweils gültigen Preisliste, die als Anlage Bestandteil dieses Vertrages ist.
2. Die vorzeitige, vom [Klinikum] nicht zu vertretende Beendigung des Vertragsverhältnisses hat keinen Einfluss auf die Höhe der Vergütung für die Lagerung.
3. Kosten für eine Weitergabe der konservierten Eizellen auf Weisung der Auftraggeber werden gesondert berechnet.
4. Die nach den Absätzen 1 und 2 vereinbarte Vergütung ist im Voraus zur Zahlung fällig und von den Auftraggebern mit Rechnungsstellung auszugleichen. Für sämtliche Ansprüche des [Klinikums] aus diesem Vertrag haften die Auftraggeber als Gesamtschuldner.

§ 6 Qualitätssicherung

1. Die Kryokonservierung erfolgt unter der Aufsicht und nach fachlicher Weisung eines Arztes. Der jeweilige Stand der medizinischen und technischen Wissenschaft wird berücksichtigt.
2. Das [Klinikum] gewährleistet die kontinuierliche Überwachung der technischen Anlagen zur Lagerung der Eizellen.

§ 7 Mitwirkungspflichten, Vollmacht

1. Die Auftraggeber sind verpflichtet, das [Klinikum] unverzüglich zu informieren über:

   - Änderungen ihrer Anschrift und des Aufenthaltsortes sowie Abwesenheiten von mehr als sechs Wochen;
   - eine Scheidung der verheirateten oder dauerhafte Trennung der nicht verheirateten Auftraggeber;
   - den Tod eines Auftraggebers.

2. Die Auftraggeber bevollmächtigen sich wechselseitig zur Abgabe von Willenserklärungen gegenüber dem [Klinikum] und zum Empfang von Willenserklärungen des [Klinikums], soweit sich aus diesem Vertrag nichts anderes ergibt. Dies gilt auch für den Zugang von Kündigungserklärungen gemäß § 10 des Vertrages.
3. Für die Verbindlichkeit einer Mitteilung nach Absatz 1 gegenüber dem [Klinikum] genügt die Anzeige eines Auftraggebers. Das [Klinikum] ist nicht verpflichtet, die Richtigkeit zu überprüfen oder weitere Nachweise zu verlangen.

§ 8 Information der Auftraggeber

Das [Klinikum] erfüllt seine Mitteilungs- und Informationspflichten nach diesem Vertrag, wenn es Schreiben an die letzte ihr bekannte Anschrift der Auftraggeber richtet. Es ist nicht verpflichtet, neue Anschriften oder Aufenthaltsorte der Auftraggeber zu ermitteln.

§ 9 Haftung

1. Für sonstige Schäden, die nicht auf der Verletzung von Leben, Körper und Gesundheit beruhen, haftet das [Klinikum] und/oder dessen Mitarbeiter bei Verlust, Beschädigung oder Vernichtung der Eizellen nur, wenn die Schadensursache auf Vorsatz oder grober Fahrlässigkeit beruht. Die Haftung ist

auf den Ersatz der vergeblich aufgewandten Kosten für das Einfrieren der Zellen beschränkt. Für leichte Fahrlässigkeit besteht keine Haftung.

2. Den Auftraggebern ist bekannt, dass bei Kryokonservierungsmaßnahmen im Sinne des § 1 dieses Vertrages das Konservierungsgut aus biologischen, von den Vertragspartnern nicht zu vertretenden Gründen seine Vitalität verlieren kann. Daher haftet das [Klinikum] nicht, wenn die Eizellen im Vorkernstadium nach einem Auftauvorgang zum Zwecke der Herbeiführung einer Schwangerschaft mittels Embryokultur und -transfer keine Vitalität aufweisen und somit nicht verwendet werden können.

§ 10 Kündigung des Vertrages

1. Das [Klinikum] ist zur außerordentlichen Kündigung mit einer Auslauffrist von einem Monat berechtigt, wenn die Auftraggeber mit der Zahlung der Vergütung in Verzug sind.
2. Das [Klinikum] ist weiterhin zur außerordentlichen Kündigung des Vertrages mit einer Auslauffrist von einem Monat berechtigt, wenn die Auftraggeber ihren Pflichten nach § 7 nicht nachkommen (Mitwirkungspflichten).
3. Für die Wirksamkeit einer Kündigungserklärung des [Klinikums] genügt der Zugang bei einem Vertragspartner.
4. Die Kündigung bedarf der Schriftform.

§ 11 Verbleib der Eizellen

1. Die konservierten Eizellen sind gemeinschaftliches Eigentum der Auftraggeber und unterliegen ihrem gemeinschaftlichen Verfügungsrecht.
2. Bei Beendigung des Vertrages durch Zeitablauf, Kündigung oder aus sonstigen Gründen vernichtet das [Klinikum] die Eizellen unverzüglich, es sei denn, dem [Klinikum] geht rechtzeitig, mindestens jedoch zwei Wochen vor diesem Zeitpunkt, eine gemeinsame schriftliche Anweisung der Auftraggeber zu, an wen die Eizellen zu übergeben sind.
3. Die Auftraggeber sind jederzeit gemeinschaftlich berechtigt, die Herausgabe der konservierten Eizellen im Vorkernstadium an sich oder einen Dritten zur Durchführung der Behandlung oder zum Zwecke der Fortsetzung der Kryokonservierung zu verlangen. Die Erklärung bedarf der Schriftform. Zur Entgegennahme der kryokonservierten Eizellen im Vorkernstadium ist jeder der Auftraggeber berechtigt, sofern er hierzu in schriftlicher Form durch den anderen Auftraggeber bevollmächtigt wurde. Das Ausstellungsdatum der Vollmacht soll längstens einen Monat vor dem Herausgabetermin liegen.

Sind die konservierten Eizellen im Vorkernstadium an einen Dritten herauszugeben, ist dieser in der von beiden Auftraggebern gemeinschaftlich unterzeichneten Anweisung zu benennen. Für die Auswahl des Dritten ist das [Klinikum] nicht verantwortlich.

Bei der Herausgabe der konservierten Eizellen an die Auftraggeber oder an einen von diesen benannten Dritten geht die Gefahr mit Besitzübergang auf die Auftraggeber bzw. den von diesen benannten Dritten über. Das [Klinikum] ist berechtigt, ihm eventuell entstehende Kosten im Voraus zu verlangen. Die Aushändigung des Kryobehälters kann von der Hinterlegung einer Sicherheit in angemessener Höhe abhängig gemacht werden.

4. Verstirbt einer der Auftraggeber, ist das [Klinikum] vorbehaltlich einer Änderung der zum Zeitpunkt des Vertragsbeginns geltenden Rechtslage zur umgehenden Vernichtung des Konservierungsguts berechtigt und verpflichtet. Zwischen den Vertragsparteien besteht Einvernehmen, dass die konservierten Eizellen im Vorkernstadium nach dem Tod eines Auftraggebers nicht an den überlebenden Auftraggeber oder einen Dritten herausgegeben werden dürfen. Dies gilt selbst dann, wenn dem [Klinikum] eine anders lautende Weisung vorliegen sollte.

§ 12 Aufzeichnungen

Im Zusammenhang mit der Vertragsdurchführung gefertigte Aufzeichnungen des [Klinikums] verbleiben in seinem Eigentum.

§ 13 Verjährung

1. Wechselseitige Ansprüche der Vertragspartner aus diesem Vertrag verjähren nach Ablauf eines Jahres, es sei denn, es handelt sich um deliktische Ansprüche. Für diese verbleibt es bei den gesetzlichen Verjährungsregeln.
2. Die Verjährung beginnt mit dem Schluss des Jahres, in welchem der Anspruch entstanden ist.

§ 14 Verschwiegenheit

1. Das [Klinikum] ist zur Verschwiegenheit verpflichtet.
2. Die Auftraggeber befreien das [Klinikum] jedoch insoweit von ihrer Verpflichtung zur Verschwiegenheit, als die Weitergabe persönlicher Informationen zur Erfüllung seiner Aufgaben erforderlich ist. Die Befreiung gilt insbesondere gegenüber Ärzten, die die Auftraggeber im Rahmen der Kinderwunschbehandlung medizinisch betreuen.

§ 15 Sonstiges

1. Änderungen und Ergänzungen dieses Vertrages bedürfen der Schriftform. Dies gilt auch für die Aufhebung des Schriftformerfordernisses.
2. Sollte eine Bestimmung dieses Vertrages unwirksam sein oder werden oder der Vertrag eine Lücke enthalten, so bleibt die Rechtswirksamkeit der übrigen Bestimmungen hiervon unberührt. Anstelle der unwirksamen Bestimmung gilt eine wirksame Bestimmung als vereinbart, die dem von den Vertragsparteien Gewollten am nächsten kommt; das gleiche gilt im Falle einer Lücke.

------------------------	--
Behandelnde Ärztin/Arzt im Auftrag des [Klinikums]	Auftraggeber Frau Mann

VII. Vertrag 7

Vertrag über die Kryokonservierung, die Aufbewahrung und die Behandlung von befruchteten Eizellen im Vorkernstadium

Zwischen […] [der Gesellschaft] und Frau […] (Geburtsdatum), Herrn […] (Geburtsdatum), Anschrift […].

Die Konservierung von befruchteten Eizellen durch Tiefgefrieren, die sog. Kryokonservierung, ist in Ausnahmefällen statthaft. Sie bedarf aber einer besonderen vertraglichen Regelung.

Die unterzeichnenden Eheleute (bzw. Lebenspartner) erklären sich mit folgenden Vertragspunkten zur Kryokonservierung und Aufbewahrung ihrer befruchteten Eizellen, die nicht im selben Zyklus in die Gebärmutterhöhle oder die Eileiter zurückgegeben werden können, einverstanden.

1. Die unterzeichnenden Eheleute beauftragen die ärztlichen Leiter der reproduktionsmedizinischen Abteilung, ihre befruchteten Eizellen tiefzugefrieren und in flüssigem Stickstoff oder in seiner tiefkalten Gasphase für ein Jahr aufzubewahren und danach zu vernichten. Die endgültige Entscheidung, die befruchteten Eizellen der unterzeichnenden Eheleute tiefzugefrieren, obliegt den Ärzten. Ein Rechtsanspruch der Eheleute auf Kryokonservierung besteht nicht.
2. Die Verlängerung der Aufbewahrungsfrist ist nur in begründeten Ausnahmefällen möglich. Sie bedarf der besonderen schriftlichen Absprache und des Einverständnisses der Eheleute und der ärztlichen Leitung. Wünschen die Eheleute eine Verlängerung der Aufbewahrungszeit, ist spätestens einen Monat vor Ablauf der Aufbewahrungszeit durch die Eheleute eine Verlängerung der Aufbewahrung schriftlich bei der ärztlichen Leitung zu beantragen. Ein Rechtsanspruch der Eheleute auf eine Verlängerung der Aufbewahrungszeit besteht nicht. Alle durch die verlängerte Aufbewahrung anfallenden Kosten gehen zu Lasten der Eheleute.
3. Die tiefgefrorenen befruchteten Eizellen sind Eigentum der Eheleute. Über sie kann nur gemeinsam entschieden werden. Auf Verlangen der beiden Eheleute sowie bei Trennung, Scheidung oder Tod einer der beiden Eheleute wird die Aufbewahrung der kryokonservierten befruchteten Eizellen vorzeitig beendet und die Zellen vernichtet. Veränderungen in Bezug auf die Ehegemeinschaft sind der ärztlichen Leitung unverzüglich mitzuteilen.
4. Aufgrund der ethischen und moralischen Gewichtung der Kryokonservierung in der Gesellschaft erklären sich die unterzeichnenden Eheleute damit einverstanden, ggfs. einen neuen Entscheid der vom Gesetzgeber

eingerichteten Ethik-Kommission bei der Ärztekammer [...] auch in ihrem Fall zu akzeptieren.

5. Die Kryokonservierung und die Aufbewahrung von befruchteten Eizellen gehören nicht zu den Maßnahmen, für die die Krankenkassen aufkommen. Die Kosten für die Kryokonservierung, die Kosten für die Aufbewahrung sowie die Kosten für den nachfolgenden Embryotransfer sind von den unterzeichnenden Eheleuten zu tragen.

Die Kosten für die Kryokonservierung betragen 348,56 €. Für die Aufbewahrung wird eine Mietgebühr für Lagerbehälter incl. Verbrauch von flüssigem Stickstoff in Höhe von 104,30 € pro angefangenes Halbjahr erhoben. Der Behandlungszyklus Auftauen/Embryotransfer wird abhängig von den erbrachten Leistungen – Beratung, Ultraschall, Blutentnahme, Embryonenkultur – mit ca. 350 € berechnet.

Ändern sich nach Abschluss dieses Vertrages die Kosten für Lohn, Energie, Beschaffung von Flüssigstickstoff oder gesetzliche Regelungen, so ist [die Gesellschaft] berechtigt, die Vergütung entsprechend anzupassen.

6. Die Rechnungen sind innerhalb der Zahlungsfrist (2 Wochen) auszugleichen. Erfolgt die Zahlung nicht fristgerecht, kann keine weitere Aufbewahrung erfolgen und die befruchteten Eizellen werden vernichtet.
7. Die Kryokonservierung und die Aufbewahrung der befruchteten Eizellen erfolgen gemäß wissenschaftlichen und medizinischen Erkenntnissen. Dennoch können durch das Tiefgefrieren und den nachfolgenden Auftauprozess kryokonservierte befruchtete Eizellen irreparabel geschädigt werden. Die unterzeichnenden Eheleute sind sich bewußt, dass nach der Kryokonservierung und dem Auftauprozess ein Verlust von befruchteten Eizellen eintreten kann und aus dieser Tatsache heraus nicht zwangsläufig ein Embryotransfer erfolgen kann. Das Risiko tragen allein die Eheleute. Auf eine Kostenerstattung besteht kein Rechtsanspruch.
8. Für den Verlust oder die Beschädigung von kryokonservierten befruchteten Eizellen durch höhere Gewalt sowie nicht vorhersehbare technische Probleme bei der Kryokonservierung, der Aufbewahrung und dem Auftauprozess übernimmt die ärztliche Leitung keinerlei Haftung.
9. Die unterzeichnenden Eheleute sind verpflichtet, die ärztliche Leitung unverzüglich über Adressenveränderungen zu unterrichten. Unterlassen die Eheleute dies, so gehen die dadurch entstandenen Nachteile zu ihren Lasten. Bei einer Abwesenheit von mehr als 6 Wochen sind die Eheleute verpflichtet, dafür Sorge zu tragen, dass ihnen schriftliche Mitteilungen zugestellt werden können.

Wir haben den Inhalt der vorliegenden Vereinbarung sorgfältig gelesen, ihren Inhalt verstanden und bestätigen unser Einverständnis durch unsere Unterschrift.

Frau ______________________________

Mann ______________________________

Behandelnder Arzt / Ärztin ______________________________

Einwilligung in die Datenweitergabe

Ich erteile hiermit die jederzeit widerrufliche Einwilligung, dass [die Gesellschaft] die zur Abrechnung erforderlichen wesentlichen Daten der Behandlung, insbesondere solche aus der Patientenkartei (Name, Geburtsdatum, Anschrift, Krankenversicherung, Befunde, Behandlungsverläufe), auch soweit es sich dabei um „besondere Arten personenbezogener Daten" i.S.v. § 3 Abs. 9 des Bundesdatenschutzgesetzes (BDSG) handelt, der damit beauftragten Abrechnungsstelle [der Gesellschaft] [...] ausschließlich zum Zwecke der Rechnungsstellung und des Inkassos zur Verfügung stellt. Insoweit entbinde ich [...] ausdrücklich von der ärztlichen Schweigepflicht.

-----------------------	-----------------------
Ort, Datum	Unterschrift des Patienten bzw. seines Vertreters (bei minderjährigen Patienten des oder der Sorgeberechtigten)

VIII. Vertrag 8

Vereinbarkeit zur Kryokonservierung und Lagerung von Samenproben

Name, Vorname	Rechnungsadresse
Geb.-Datum	Tel.:
ID:	E-Mail:

Ich verpflichte mich, in meinem eigenen Interesse jede Adressänderung bekanntzugeben.

Hiermit beauftrage ich die [Gesellschaft] mit der Kryokonservierung und Kryolagerung meiner Probe vom

Die Gesamtkosten inkl. MwSt. setzten sich aus den folgenden Posten zusammen:

a) Kosten für die Kryokonservierung der Samenprobe in Höhe von 300 € inkl. MwSt.
b) Kosten für die sechsmonatige Lagerperiode pro Lagereinheit in Höhe von 180 € inkl. MwSt. ab dem Tag der ersten Kryokonservierung
c) Kosten für die gem. TPG-GewV Anlage 4 erforderlichen Laboruntersuchungen 70 € inkl. MwSt.

Nach Ablauf der Sechsmonatsperiode verlängert sich die Lagerung der kryokonservierten Samenproben kostenpflichtig und automatisch um jeweils sechs weitere Monate. Die Kosten für jede weitere sechsmonatige Lagerperiode betragen jeweils 180 € inkl. MwSt.

Nach Ablauf der ersten Lagerperiode (> 180 Tage) bin ich verpflichtet, eine erneute Blutuntersuchung gem. TPG-GewV Anlage 4 vornehmen zu lassen, um die Samenproben aus der Quarantänelagerung freizugeben.

Eine Kündigung der Vereinbarung ist schriftlich bis zu einem Monat vor Ablauf der Sechsmonatsperiode möglich.

Die [Gesellschaft] behält sich ein außerordentliches Kündigungsrecht vor, wenn der Patient seine Zahlungsverpflichtungen nicht erfüllt. Nach zweimaliger

Mahnung ohne erfolgten Zahlungseingang dürfen die Samenproben mit einer Frist von 4 Wochen vernichtet werden. Im Todesfall des o.g. Patienten wird die Lagerung nicht fortgesetzt.

------------------------ ------------------------

Unterschrift Patient Mitarbeiter/-in [Gesellschaft]

Ich bin damit einverstanden, dass mich die [Gesellschaft] über meine E-Mail-Adresse in unverschlüsselter Form kontaktiert.

Ich bin damit einverstanden, dass meine Daten zwecks der infektionsserologischen Untersuchungen an das vertraglich gebundene Labor übertragen werden sowie damit, dass meine medizinischen Daten per Datenfernübertragung übermittelt werden und die Befundübermittlung per Telefax erfolgt.

Unterschrift Patient

Ich bin damit einverstanden, dass mir die entstehenden Kosten durch die vertraglich gebundene Privatärztliche Abrechnungsstelle der [Gesellschaft] in Rechnung gestellt werden.

Unterschrift Patient

IX. Vertrag 9

Vertrag über die Lagerung von kryokonservierten (eingefrorenen) Eizellen im Vorkernstadium bzw. unbefruchteten Eizellen, bzw. (bei med. Notwendigkeit) Embryos (im Folgenden: Konservierungsgut)

Zwischen der [Praxis] einerseits und Frau (Name/Vorname, Geburtsname/-datum, Anschrift, Telefon/Fax) sowie Herrn (Name/Vorname, Geburtsname/-datum, Anschrift, Telefon/Fax) – im Folgenden: Auftraggeber – andererseits

§ 1 Vertragsgegenstand

Die [Praxis] übernimmt die Lagerung des Konservierungsgutes, das im Rahmen der medizinisch unterstützten Befruchtung aus Keimzellen der Auftraggeber entstanden ist. Die Kryokonservierung erfolgt durch einen Arzt oder unter der Aufsicht und nach fachlicher Weisung eines Arztes. Auf dieses Rechtsverhältnis finden die §§ 688 ff. BGB in der durch diesen Vertrag modifizierten Fassung Anwendung.

§ 2 Einfrieren des Konservierungsgutes

Die Auftraggeber stellen der [Praxis] das eingefrorene Konservierungsgut zur Verfügung. Die vorausgehende ärztliche Behandlung im Rahmen von Maßnahmen der medizinisch unterstützten Befruchtung ist nicht Gegenstand dieses Vertrages. Ebenfalls sind der Einfriervorgang und die Maßnahme des Auftauens nicht Gegenstand dieses Vertrages.

§ 3 Lagerung

Die [Praxis] lagert das Konservierungsgut in flüssigem Stickstoff bei ca. minus 190 °C für die Dauer dieses Vertrages.

§ 4 Vertragsdauer

1. Das Vertragsverhältnis beginnt mit der Unterzeichnung dieses Vertrages und der Einlagerung des Konservierungsguts durch die [Praxis]. Die Vertragslaufzeit beträgt jeweils 6 Monate.
2. Eine Vertragsverlängerung um jeweils ein halbes Jahr tritt automatisch mit dem Begleichen der halbjährlichen Lagerungsrechnung in Kraft.
3. Die Auftraggeber sind verpflichtet, das Entgelt für die weitere halbjährliche Lagerung des Konservierungsguts mit Rechnungsstellung fristgerecht zu

entrichten. Die [Praxis] ist anderenfalls berechtigt, die Lagerung des Konservierungsguts zu beenden.

4. Das Vertragsverhältnis endet:
   a) durch Kündigung nach § 9
   b) bei rechtskräftiger Scheidung oder dauerhafter Trennung der Vertragspartner
   c) im Falle des Todes einer oder beider Auftraggeber

§ 5 Vergütung

1. Für die Lagerung nach § 3 zahlen die Auftraggeber als Gesamtschuldner an die [Praxis] ein Entgelt von […] Euro, zzgl. gesetzl. MwSt.
2. Die vorzeitige, von der [Praxis] nicht zu vertretende Beendigung des Vertragsverhältnisses hat keinen Einfluss auf die Höhe der Vergütung für die Lagerung. Die halbjährlichen Lagerungskosten sind in diesem Fall in vollständiger Höhe zu begleichen.
3. Kosten für eine Weitergabe des Konservierungsguts auf Weisung der Auftraggeber nach § 11 Absatz 3 werden gesondert berechnet.
4. Die nach den Absätzen 1 und 2 vereinbarte Vergütung ist im Voraus zur Zahlung fällig und von den Auftraggebern mit Rechnungserhalt auszugleichen. Für sämtliche Ansprüche der [Praxis] aus diesem Vertrag haften die Auftraggeber als Gesamtschuldner.

§ 6 Mitwirkungspflichten, Vollmacht

1. Die Auftraggeber sind verpflichtet, die [Praxis] unverzüglich zu informieren über:

   - Änderungen ihrer Anschrift
   - eine Scheidung der verheirateten oder dauerhafte Trennung der nicht verheirateten Auftraggeber,
   - den Tod eines der Auftraggeber (Information durch Erben).

Die Mitteilungen haben schriftlich zu erfolgen.

2. Solange die Auftraggeber die [Praxis] nicht über das Vorliegen eines Sachverhaltes gemäß Absatz 1 informiert haben, ist diese berechtigt, vom Fortbestehen der bisherigen Verhältnisse auszugehen. Die [Praxis] ist nicht verpflichtet, eigene Ermittlungen anzustellen.

§ 7 Information der Auftraggeber

Die [Praxis] erfüllt ihre Mitteilungs- und Informationspflichten nach diesem Vertrag, wenn sie Schreiben an die letzte ihr bekannte Anschrift der Auftraggeber richtet. Sie ist nicht verpflichtet, neue Anschriften oder Aufenthaltsorte der Auftraggeber zu ermitteln.

§ 8 Haftung

1. Für Schäden, die nicht auf der Verletzung von Leben, Körper und Gesundheit beruhen, haften die [Praxis] und/oder deren Erfüllungsgehilfen bei Verlust, Beschädigung oder Vernichtung des Konservierungsguts, wenn die Schadensursache auf Vorsatz oder grober Fahrlässigkeit beruht; für leichte Fahrlässigkeit besteht keine Haftung.
2. Den Auftraggebern ist bekannt, dass bei Kryokonservierungsmaßnahmen im Sinne des § 1 dieses Vertrages das Konservierungsgut aus biologischen, von den Vertragspartnern nicht zu vertretenden Gründen (seitens der [Praxis] wird der Auftauvorgang selbst nicht vorgenommen), seine Vitalität verlieren kann. Daher haftet die [Praxis] nicht, wenn das Konservierungsgut, ohne dass sie dies zu vertreten hat, nach einem Auftauvorgang keine Vitalität aufweist und somit nicht verwendet werden kann.

§ 9 Kündigung des Vertrages

1. Die [Praxis] ist zur außerordentlichen Kündigung mit einer Auslauffrist von einem Monat berechtigt, wenn die Auftraggeber mit der Zahlung der Vergütung in Verzug sind.
2. Die [Praxis] ist weiterhin zur außerordentlichen Kündigung des Vertrages mit einer Auslauffrist von einem Monat berechtigt, wenn die Auftraggeber ihren Pflichten nach § 6 nicht nachkommen (Mitwirkungspflichten).
3. Für die Wirksamkeit einer Kündigungserklärung der [Praxis] genügt der Zugang bei einem der Auftraggeber.

§ 10 Widerrufsrecht

Jeder Teil der Auftraggeber ist zu jedem Zeitpunkt berechtigt, sein Einverständnis mit der Fortführung der Kryokonservierung durch schriftliche Erklärung gegenüber der [Praxis] zu widerrufen.

§ 11 Verbleib des Konservierungsguts

1. Das Konservierungsgut ist gemeinschaftliches Eigentum der Auftraggeber und unterliegt ihrem gemeinsamen Verfügungsrecht im Rahmen der gesetzlichen Bestimmungen.
2. Bei Beendigung des Vertrages durch Zeitablauf, Kündigung, Widerruf gem. § 10 oder aus sonstigen Gründen veranlasst die [Praxis] unverzüglich, das Konservierungsgut zu verwerfen, es sei denn, der [Praxis] geht rechtzeitig, mindestens jedoch zwei Wochen vor diesem Zeitpunkt, eine gemeinsame schriftliche Anweisung der Auftraggeber zu, an wen das Konservierungsgut zu übergeben ist.
3. Die Auftraggeber sind jederzeit gemeinschaftlich berechtigt, die Herausgabe des Konservierungsguts an einen Dritten zur Durchführung der Behandlung oder zum Zwecke der Fortsetzung der Kryokonservierung zu verlangen.
   a) Die Erklärung bedarf der Schriftform; sie ist von beiden Auftraggebern zu unterzeichnen.
   b) Zur Entgegennahme des Konservierungsguts ist ein von den Auftraggebern bevollmächtigter Dritter, der die Anforderungen an eine Einrichtung nach § 20c AMG erfüllt, berechtigt, sofern er hierzu in schriftlicher Form durch die Auftraggeber bevollmächtigt wurde. Die Vollmacht darf nicht älter als einen Monat vor dem Herausgabetermin sein.
   Die [Praxis] kann von den Auftraggebern verlangen, dass dem Herausgabebegehren eine schriftliche Bestätigung des bevollmächtigten Dritten beigefügt ist, mit der dieser bestätigt, zur Lagerung von Eizellen gemäß den Anforderungen des § 20c AMG berechtigt zu sein. Die Bestätigung darf nicht älter als einen Monat vor dem Herausgabetermin sein. Für die Auswahl des Dritten ist die [Praxis] nicht verantwortlich.
   c) Bei der Herausgabe des Konservierungsguts an einen von den Auftraggebern benannten Dritten geht die Gefahr mit Besitzübergang auf den von den Auftraggebern benannten Dritten über.
   d) Die [Praxis] ist berechtigt, ihr entstehende Kosten im Voraus zu verlangen. Kommen die Auftraggeber ihrer Zahlungspflicht nicht bis zum Ablauf des Vertrages nach, ist die [Praxis] berechtigt, die Verwerfung des Konservierungsguts zu veranlassen.

4. Verstirbt einer oder beide Auftraggeber, ist die [Praxis] vorbehaltlich einer Änderung der zum Zeitpunkt des Vertragsbeginns geltenden Rechtslage zur umgehenden Verwerfung des Konservierungsguts berechtigt und verpflichtet. Zwischen den Vertragsparteien besteht Einvernehmen, dass das

Konservierungsgut nach dem Tod eines Auftraggebers nicht an den überlebenden Auftraggeber oder einen Dritten herausgegeben werden darf. Dies gilt selbst dann, wenn der [Praxis] eine anderslautende Weisung vorliegen sollte.

§ 12 Aufzeichnungen und Datenübermittlung

1. Im Zusammenhang mit der Vertragsdurchführung gefertigte Aufzeichnungen der [Praxis] verbleiben in ihrem Eigentum.
2. Den Auftraggebern ist bekannt, dass die [Praxis] gesetzlich zum Führen von Aufzeichnungen über das Konservierungsgut und dessen Verbleib verpflichtet ist. Die [Praxis] verpflichtet sich, diese Aufzeichnungen nur in den gesetzlich vorgesehenen Fällen oder in Absprache mit den Auftraggebern zu übermitteln.
3. Soweit das Konservierungsgut im Auftrag der Auftraggeber an Dritte übergeben wird, wird die [Praxis] diesen die gemäß § 7 TPG-GewV notwendigen Angaben übermitteln.
4. Sollte die [Praxis] ihre Tätigkeit einstellen, ist sie gesetzlich verpflichtet und berechtigt, ihre Aufzeichnungen zur Aufbewahrung an eine andere Einrichtung gemäß § 20 c AMG zu übermitteln. Die [Praxis] wird den Auftraggebern schriftlich den Namen und die Anschrift der empfangenden Einrichtung mitteilen.

§ 13 Verjährung

1. Ansprüche der Vertragspartner aus diesem Vertrag verjähren nach Ablauf eines Jahres, es sei denn, es handelt sich um deliktische Ansprüche. Für diese verbleibt es bei den gesetzlichen Verjährungsregeln.
2. Die Verjährung beginnt mit dem Schluss des Jahres, in welchem der Anspruch entstanden ist.

§ 14 Verschwiegenheit

1. Die [Praxis] ist zur Verschwiegenheit verpflichtet.
2. Die Auftraggeber befreien sie jedoch insoweit von ihrer Verpflichtung zur Verschwiegenheit, als die Weitergabe persönlicher Informationen gesetzlich vorgeschrieben oder zur Erfüllung ihrer Aufgaben erforderlich ist. Die Befreiung gilt insbesondere gegenüber Ärzten, die die Auftraggeber im Rahmen der Kinderwunschbehandlung medizinisch betreuen.

3. Die [Praxis] ist insbesondere berechtigt, Informationen gemäß § 6 Absatz 1 an die Ärzte weiterzugeben, die die Auftraggeber bisher medizinisch betreut haben.

§ 15 Sonstiges

1. Änderungen und Ergänzungen dieses Vertrages bedürfen der Schriftform. Dies gilt auch für die Aufhebung des Schriftformerfordernisses.
2. Sollte eine Bestimmung dieses Vertrages unwirksam sein oder werden oder der Vertrag eine Lücke enthalten, so bleibt die Rechtswirksamkeit der übrigen Bestimmungen hiervon unberührt. Anstelle der unwirksamen Bestimmung gilt eine wirksame Bestimmung als vereinbart, die dem von den Vertragsparteien Gewollten am nächsten kommt; das gleiche gilt im Falle einer Lücke.

……………………………………, den ………………………

……………………………… ………………………

Auftraggeber [Praxis]

Frau Mann

X. Vertrag 10

Vertrag über die Lagerung von kryokonservierten (eingefrorenen) Spermien, bzw. Hodengewebsproben (TESE), bzw. Hodenpunktate mit Spermien (PESA) (im Folgenden: Konservierungsgut)

zwischen der [Praxis] einerseits und Herrn (Name/Vorname, Geburtsname/-datum, Anschrift, Telefon/Fax) – im Folgenden: Auftraggeber – andererseits.

§ 1 Vertragsgegenstand

Die [Praxis] übernimmt die Lagerung des Konservierungsgutes, des Auftraggebers. Die Kryokonservierung selbst erfolgt durch einen Arzt oder unter der Aufsicht und nach fachlicher Weisung eines Arztes (wird nicht von der [Praxis] durchgeführt). Auf dieses Rechtsverhältnis finden die §§ 688 ff. BGB in der durch diesen Vertrag modifizierten Fassung Anwendung.

§ 2 Einfrieren des Konservierungsgutes

Der Auftraggeber stellt der [Praxis] das eingefrorene Konservierungsgut zur Verfügung. Die vorausgehenden Maßnahmen zur Gewinnung und Einfrierung des Konservierungsgutes sind nicht Gegenstand dieses Vertrages. Ebenfalls sind der Einfriervorgang und die Maßnahme des Auftauens nicht Gegenstand dieses Vertrages.

§ 3 Lagerung

Die [Praxis] lagert das Konservierungsgut in flüssigem Stickstoff bei ca. minus 190 °C für die Dauer dieses Vertrages.

§ 4 Vertragsdauer

1. Das Vertragsverhältnis beginnt mit der Unterzeichnung dieses Vertrages und der Einlagerung des Konservierungsgutes durch die [Praxis]. Die Vertragslaufzeit beträgt jeweils 6 Monate.
2. Eine Vertragsverlängerung um jeweils ein halbes Jahr tritt automatisch mit dem Begleichen der halbjährlichen Lagerungsrechnung in Kraft.
3. Der Auftraggeber ist verpflichtet, das Entgelt für die weitere halbjährliche Lagerung des Konservierungsguts mit Rechnungsstellung fristgerecht zu entrichten. Die [Praxis] ist anderenfalls berechtigt, die Lagerung des Konservierungsguts zu beenden.

4. Das Vertragsverhältnis endet:
   a) durch Kündigung nach § 9
   b) im Falle des Todes des Auftraggebers.

§ 5 Vergütung

1. Für die Lagerung nach § 3 zahlt der Auftraggeber als Gesamtschuldner an die [Praxis] ein Entgelt von [...] Euro, zzgl. gesetzl. MwSt.
2. Die vorzeitige, von der [Praxis] nicht zu vertretende Beendigung des Vertragsverhältnisses hat keinen Einfluss auf die Höhe der Vergütung für die Lagerung. Die halbjährlichen Lagerungskosten sind in diesem Fall in vollständiger Höhe zu begleichen.
3. Kosten für eine Weitergabe des Konservierungsguts auf Weisung des Auftraggebers nach § 11 Absatz 3 werden gesondert berechnet.
4. Die nach den Absätzen 1 und 2 vereinbarte Vergütung ist im Voraus zur Zahlung fällig und vom Auftraggeber mit Rechnungserhalt auszugleichen. Für sämtliche Ansprüche der [Praxis] aus diesem Vertrag haftet der Auftraggeber als Gesamtschuldner.

§ 6 Mitwirkungspflichten, Vollmacht

1. Der Auftraggeber ist verpflichtet, die [Praxis] unverzüglich zu informieren bzw. informieren zu lassen über:
   - Änderungen seiner Anschrift
   - den Tod des Auftraggebers (Information durch Erben).

Die Mitteilungen haben schriftlich zu erfolgen.

2. Solange der Auftraggeber die [Praxis] nicht über das Vorliegen eines Sachverhaltes gemäß Absatz 1 informiert hat, ist diese berechtigt, vom Fortbestehen der bisherigen Verhältnisse auszugehen. Die [Praxis] ist nicht verpflichtet, eigene Ermittlungen anzustellen.

§ 7 Information der Auftraggeber

Die [Praxis] erfüllt ihre Mitteilungs- und Informationspflichten nach diesem Vertrag, wenn sie Schreiben an die letzte ihr bekannte Anschrift des Auftraggebers richtet. Sie ist nicht verpflichtet, neue Anschriften oder Aufenthaltsorte des Auftraggebers zu ermitteln.

§ 8 Haftung

1. Für Schäden, die nicht auf der Verletzung von Leben, Körper und Gesundheit beruhen, haften die [Praxis] und/oder deren Erfüllungsgehilfen bei Verlust, Beschädigung oder Vernichtung des Konservierungsguts, wenn die Schadensursache auf Vorsatz oder grober Fahrlässigkeit beruht; für leichte Fahrlässigkeit besteht keine Haftung.
2. Dem Auftraggeber ist bekannt, dass bei Kryokonservierungsmaßnahmen im Sinne des § 1 dieses Vertrages das Konservierungsgut aus biologischen, von den Vertragspartnern nicht zu vertretenden Gründen (seitens der [Praxis] wird der Auftauvorgang selbst nicht vorgenommen), seine Vitalität verlieren kann. Daher haftet die [Praxis] nicht, wenn das Konservierungsgut, ohne dass sie dies zu vertreten hat, nach einem Auftauvorgang keine Vitalität aufweist und somit nicht verwendet werden kann.

§ 9 Kündigung des Vertrages

1. Die [Praxis] ist zur außerordentlichen Kündigung mit einer Auslauffrist von einem Monat berechtigt, wenn der Auftraggeber mit der Zahlung der Vergütung in Verzug ist.
2. Die [Praxis] ist weiterhin zur außerordentlichen Kündigung des Vertrages mit einer Auslauffrist von einem Monat berechtigt, wenn der Auftraggeber seinen Pflichten nach § 6 nicht nachkommt (Mitwirkungspflichten).
3. Für die Wirksamkeit einer Kündigungserklärung der [Praxis] genügt der Zugang beim Auftraggeber.

§ 10 Widerrufsrecht

Der Auftraggeber ist zu jedem Zeitpunkt berechtigt, sein Einverständnis mit der Fortführung der Kryokonservierung durch schriftliche Erklärung gegenüber der [Praxis] zu widerrufen.

§ 11 Verbleib des Konservierungsguts

1. Das Konservierungsgut ist Eigentum des Auftraggebers und unterliegt seinem Verfügungsrecht im Rahmen der gesetzlichen Bestimmungen.
2. Bei Beendigung des Vertrages durch Zeitablauf, Kündigung, Widerruf gem. § 10 oder aus sonstigen Gründen veranlasst die [Praxis] unverzüglich, das Konservierungsgut zu verwerfen, es sei denn, der [Praxis] geht rechtzeitig, mindestens jedoch zwei Wochen vor diesem Zeitpunkt, eine schriftliche

Anweisung des Auftraggebers zu, an wen das Konservierungsgut zu übergeben ist.

3. Der Auftraggeber ist jederzeit berechtigt, die Herausgabe des Konservierungsguts an einen Dritten zur Durchführung der Behandlung oder zum Zwecke der Fortsetzung der Kryokonservierung zu verlangen.
   a) Die Erklärung bedarf der Schriftform; sie ist vom Auftraggeber zu unterzeichnen.
   b) Zur Entgegennahme des Konservierungsguts ist ein vom Auftraggeber bevollmächtigter Dritter, der die Anforderungen an eine Einrichtung nach § 20c AMG erfüllt, berechtigt, sofern er hierzu in schriftlicher Form durch den Auftraggeber bevollmächtigt wurde. Die Vollmacht darf nicht älter als einen Monat vor dem Herausgabetermin sein.
   Die [Praxis] kann vom Auftraggeber verlangen, dass dem Herausgabebegehren eine schriftliche Bestätigung des bevollmächtigten Dritten beigefügt ist, mit der dieser bestätigt, zur Lagerung von Eizellen gemäß den Anforderungen des § 20c AMG berechtigt zu sein. Die Bestätigung darf nicht älter als einen Monat vor dem Herausgabetermin sein. Für die Auswahl des Dritten ist die [Praxis] nicht verantwortlich.
   c) Bei der Herausgabe des Konservierungsguts an einen vom Auftraggeber benannten Dritten geht die Gefahr mit Besitzübergang auf den vom Auftraggeber benannten Dritten über.
   d) Die [Praxis] ist berechtigt, ihr entstehende Kosten im Voraus zu verlangen. Kommt der Auftraggeber seiner Zahlungspflicht nicht bis zum Ablauf des Vertrages nach, ist die [Praxis] berechtigt, die Verwerfung des Konservierungsguts zu veranlassen.

4. Verstirbt der Auftraggeber, ist die [Praxis] vorbehaltlich einer Änderung der zum Zeitpunkt des Vertragsbeginns geltenden Rechtslage zur umgehenden Verwerfung des Konservierungsguts berechtigt und verpflichtet. Zwischen den Vertragsparteien besteht Einvernehmen, dass das Konservierungsgut nach dem Tod des Auftraggebers nicht an einen Dritten herausgegeben werden darf. Dies gilt selbst dann, wenn der [Praxis] eine anderslautende Weisung vorliegen sollte.

§ 12 Aufzeichnungen und Datenübermittlung

1. Im Zusammenhang mit der Vertragsdurchführung gefertigte Aufzeichnungen der [Praxis] verbleiben in ihrem Eigentum

2. Den Auftraggebern ist bekannt, dass die [Praxis] gesetzlich zum Führen von Aufzeichnungen über das Konservierungsgut und dessen Verbleib verpflichtet ist. Die [Praxis] verpflichtet sich, diese Aufzeichnungen nur in den gesetzlich vorgesehenen Fällen oder in Absprache mit dem Auftraggeber zu übermitteln.
3. Soweit das Konservierungsgut im Auftrag des Auftraggebers an Dritte übergeben wird, wird die [Praxis] diesen die gemäß § 7 TPG-GewV notwendigen Angaben übermitteln.
4. Sollte die [Praxis] ihre Tätigkeit einstellen, ist sie gesetzlich verpflichtet und berechtigt, ihre Aufzeichnungen zur Aufbewahrung an eine andere Einrichtung gemäß § 20c AMG zu übermitteln. Die [Praxis] wird dem Auftraggeber schriftlich den Namen und die Anschrift der empfangenden Einrichtung mitteilen.

§ 13 Verjährung

1. Ansprüche der Vertragspartner aus diesem Vertrag verjähren nach Ablauf eines Jahres, es sei denn, es handelt sich um deliktische Ansprüche. Für diese verbleibt es bei den gesetzlichen Verjährungsregeln.
2. Die Verjährung beginnt mit dem Schluss des Jahres, in welchem der Anspruch entstanden ist.

§ 14 Verschwiegenheit

1. Die [Praxis] ist zur Verschwiegenheit verpflichtet.
2. Der Auftraggeber befreit sie jedoch insoweit von ihrer Verpflichtung zur Verschwiegenheit, als die Weitergabe persönlicher Informationen gesetzlich vorgeschrieben oder zur Erfüllung ihrer Aufgaben erforderlich ist. Die Befreiung gilt insbesondere gegenüber Ärzten, die den Auftraggeber im Rahmen der Kinderwunschbehandlung medizinisch betreuen.
3. Die [Praxis] ist insbesondere berechtigt, Informationen gemäß § 6 Absatz 1 an die Ärzte weiterzugeben, die den Auftraggeber bisher medizinisch betreut haben.

§ 15 Sonstiges

1. Änderungen und Ergänzungen dieses Vertrages bedürfen der Schriftform. Dies gilt auch für die Aufhebung des Schriftformerfordernisses.
2. Sollte eine Bestimmung dieses Vertrages unwirksam sein oder werden oder der Vertrag eine Lücke enthalten, so bleibt die Rechtswirksamkeit

der übrigen Bestimmungen hiervon unberührt. Anstelle der unwirksamen Bestimmung gilt eine wirksame Bestimmung als vereinbart, die dem von den Vertragsparteien Gewollten am nächsten kommt; das gleiche gilt im Falle einer Lücke.

……………………………., den ………………………………

……………………………………..…   ………………………………

Auftraggeber: Mann   [Praxis]

XI. Vertrag 11

Vertrag über die Lagerung von kryokonservierten (eingefrorenen) Eizellen – Social Freezing

zwischen der [Praxis] einerseits und Frau (Name/Vorname, Geburtsname/-datum, Anschrift, Telefon/Fax) – im Folgenden: Auftraggeberin – andererseits.

§ 1 Vertragsgegenstand

Die [Praxis] übernimmt die Lagerung des Konservierungsgutes, also vitrifizierte Eizellen, die aus Keimzellen der Auftraggeberin entstanden sind. Die Kryokonservierung erfolgt durch einen Arzt oder unter der Aufsicht und nach fachlicher Weisung eines Arztes. Auf dieses Rechtsverhältnis finden die §§ 688 ff. BGB in der durch diesen Vertrag modifizierten Fassung Anwendung.

§ 2 Einfrieren des Konservierungsgutes

Die Auftraggeberin stellt der [Praxis] das eingefrorene Konservierungsgut zur Verfügung. Die vorausgehende ärztliche Behandlung im Rahmen von Maßnahmen der medizinisch unterstützten Eizellreifung ist nicht Gegenstand dieses Vertrages. Ebenfalls sind der Einfriervorgang und die Maßnahme des Auftauens nicht Gegenstand dieses Vertrages.

§ 3 Lagerung

Die [Praxis] lagert das Konservierungsgut in flüssigem Stickstoff bei ca. minus 190 °C für die Dauer dieses Vertrages.

§ 4 Vertragsdauer

1. Das Vertragsverhältnis beginnt mit der Unterzeichnung dieses Vertrages und der Einlagerung des Konservierungsgutes durch die [Praxis]. Die Vertragslaufzeit beträgt jeweils 6 Monate.
2. Eine Vertragsverlängerung um jeweils ein halbes Jahr tritt automatisch mit dem Begleichen der halbjährlichen Lagerungsrechnung in Kraft.
3. Die Auftraggeberin ist verpflichtet, das Entgelt für die weitere halbjährliche Lagerung des Konservierungsguts mit Rechnungsstellung fristgerecht zu entrichten. Die [Praxis] ist anderenfalls berechtigt, die Lagerung des Konservierungsguts zu beenden.

4. Das Vertragsverhältnis endet:
   a) durch Kündigung nach § 9
   b) im Falle des Todes der Auftraggeberin

§ 5 Vergütung

1. Für die Lagerung nach § 3 zahlt die Auftraggeberin als Gesamtschuldner an die [Praxis] ein Entgelt von [...] Euro, zzgl. gesetzl. MwSt.
2. Die vorzeitige, von der [Praxis] nicht zu vertretende Beendigung des Vertragsverhältnisses hat keinen Einfluss auf die Höhe der Vergütung für die Lagerung. Die halbjährlichen Lagerungskosten sind in diesem Fall in vollständiger Höhe zu begleichen.
3. Kosten für eine Weitergabe des Konservierungsguts auf Weisung der Auftraggeberin nach § 11 Absatz 3 werden gesondert berechnet.
4. Die nach den Absätzen 1 und 2 vereinbarte Vergütung ist im Voraus zur Zahlung fällig und von der Auftraggeberin mit Rechnungserhalt auszugleichen. Für sämtliche Ansprüche der [Praxis] aus diesem Vertrag haftet die Auftraggeberin als Gesamtschuldner.

§ 6 Mitwirkungspflichten, Vollmacht

1. Die Auftraggeberin ist verpflichtet, die [Praxis] unverzüglich zu informieren über:
   - Änderungen der Anschrift
   - den Tod der Auftraggeberin (Information durch Erben).

Die Mitteilungen haben schriftlich zu erfolgen.

2. Solange die Auftraggeberin die [Praxis] nicht über das Vorliegen eines Sachverhaltes gemäß Absatz 1 informiert hat, ist diese berechtigt, vom Fortbestehen der bisherigen Verhältnisse auszugehen. Die [Praxis] ist nicht verpflichtet, eigene Ermittlungen anzustellen.

§ 7 Information der Auftraggeberin

Die [Praxis] erfüllt ihre Mitteilungs- und Informationspflichten nach diesem Vertrag, wenn sie Schreiben an die letzte ihr bekannte Anschrift der Auftraggeberin richtet. Sie ist nicht verpflichtet, neue Anschriften oder Aufenthaltsorte der Auftraggeberin zu ermitteln.

§ 8 Haftung

1. Für Schäden, die nicht auf der Verletzung von Leben, Körper und Gesundheit beruhen, haften die [Praxis] und/oder deren Erfüllungsgehilfen bei Verlust, Beschädigung oder Vernichtung des Konservierungsguts, wenn die Schadensursache auf Vorsatz oder grober Fahrlässigkeit beruht; für leichte Fahrlässigkeit besteht keine Haftung.
2. Der Auftraggeberin ist bekannt, dass bei Kryokonservierungsmaßnahmen im Sinne des § 1 dieses Vertrages das Konservierungsgut aus biologischen, von den Vertragspartnern nicht zu vertretenden Gründen (seitens der [Praxis] wird der Auftauvorgang selbst nicht vorgenommen), seine Vitalität verlieren kann. Daher haftet die [Praxis] nicht, wenn das Konservierungsgut, ohne dass sie dies zu vertreten hat, nach einem Auftauvorgang keine Vitalität aufweist und somit nicht verwendet werden kann.

§ 9 Kündigung des Vertrages

1. Die [Praxis] ist zur außerordentlichen Kündigung mit einer Auslauffrist von einem Monat berechtigt, wenn die Auftraggeberin mit der Zahlung der Vergütung in Verzug ist.
2. Die [Praxis] ist weiterhin zur außerordentlichen Kündigung des Vertrages mit einer Auslauffrist von einem Monat berechtigt, wenn die Auftraggeberin ihren Pflichten nach § 6 nicht nachkommt (Mitwirkungspflichten).

§ 10 Widerrufsrecht

Die Auftraggeberin ist zu jedem Zeitpunkt berechtigt, ihr Einverständnis mit der Fortführung der Kryokonservierung durch schriftliche Erklärung gegenüber der [Praxis] zu widerrufen.

§ 11 Verbleib des Konservierungsguts

1. Das Konservierungsgut ist Eigentum der Auftraggeberin und unterliegt ihrem Verfügungsrecht im Rahmen der gesetzlichen Bestimmungen.
2. Bei Beendigung des Vertrages durch Zeitablauf, Kündigung, Widerruf gem. § 10 oder aus sonstigen Gründen veranlasst die [Praxis] unverzüglich, das Konservierungsgut zu verwerfen, es sei denn, der [Praxis] geht rechtzeitig, mindestens jedoch zwei Wochen vor diesem Zeitpunkt, eine schriftliche Anweisung der Auftraggeberin zu, an wen das Konservierungsgut zu übergeben ist.
3. Die Auftraggeberin ist jederzeit berechtigt, die Herausgabe des Konservierungsguts an einen Dritten zur Durchführung der Behandlung oder zum Zwecke der Fortsetzung der Kryokonservierung zu verlangen.

a) Die Erklärung bedarf der Schriftform; sie ist von der Auftraggeberin zu unterzeichnen.
b) Zur Entgegennahme des Konservierungsguts ist ein von der Auftraggeberin bevollmächtigter Dritter, der die Anforderungen an eine Einrichtung nach § 20c AMG erfüllt, berechtigt, sofern sie hierzu in schriftlicher Form durch die Auftraggeberin bevollmächtigt wurde. Die Vollmacht darf nicht älter als einen Monat vor dem Herausgabetermin sein.
Die [Praxis] kann von der Auftraggeberin verlangen, dass dem Herausgabebegehren eine schriftliche Bestätigung des bevollmächtigten Dritten beigefügt ist, mit der diese bestätigt, zur Lagerung von Eizellen gemäß den Anforderungen des § 20c AMG berechtigt zu sein. Die Bestätigung darf nicht älter als einen Monat vor dem Herausgabetermin sein. Für die Auswahl des Dritten ist die [Praxis] nicht verantwortlich.
c) Bei der Herausgabe des Konservierungsguts an einen von der Auftraggeberin benannten Dritten geht die Gefahr mit Besitzübergang auf den von der Auftraggeberin benannten Dritten über.
d) Die [Praxis] ist berechtigt, ihr entstehende Kosten im Voraus zu verlangen. Kommt die Auftraggeberin ihrer Zahlungspflicht nicht bis zum Ablauf des Vertrages nach, ist die [Praxis] berechtigt, die Verwerfung des Konservierungsguts zu veranlassen.

4. Verstirbt die Auftraggeberin, ist die [Praxis] vorbehaltlich einer Änderung der zum Zeitpunkt des Vertragsbeginns geltenden Rechtslage zur umgehenden Verwerfung des Konservierungsguts berechtigt und verpflichtet. Zwischen den Vertragsparteien besteht Einvernehmen, dass das Konservierungsgut nach dem Tod der Auftraggeberin nicht an einen Dritten herausgegeben werden darf. Dies gilt selbst dann, wenn der [Praxis] eine anderslautende Weisung vorliegen sollte.

§ 12 Aufzeichnungen und Datenübermittlung

1. Im Zusammenhang mit der Vertragsdurchführung gefertigte Aufzeichnungen der [Praxis] verbleiben in ihrem Eigentum
2. Der Auftraggeberin ist bekannt, dass die [Praxis] gesetzlich zum Führen von Aufzeichnungen über das Konservierungsgut und dessen Verbleib verpflichtet ist. Die [Praxis] verpflichtet sich, diese Aufzeichnungen nur in den gesetzlich vorgesehenen Fällen oder in Absprache mit der Auftraggeberin zu übermitteln.
3. Soweit das Konservierungsgut im Auftrag der Auftraggeberin an Dritte übergeben wird, wird die [Praxis] diesen die gemäß § 7 TPG-GewV notwendigen Angaben übermitteln.

4. Sollte die [Praxis] ihre Tätigkeit einstellen, ist sie gesetzlich verpflichtet und berechtigt, ihre Aufzeichnungen zur Aufbewahrung an eine andere Einrichtung gemäß § 20c AMG zu übermitteln. Die [Praxis] wird der Auftraggeberin schriftlich den Namen und die Anschrift der empfangenden Einrichtung mitteilen.

§ 13 Verjährung

1. Ansprüche der Vertragspartner aus diesem Vertrag verjähren nach Ablauf eines Jahres, es sei denn, es handelt sich um deliktische Ansprüche. Für diese verbleibt es bei den gesetzlichen Verjährungsregeln.
2. Die Verjährung beginnt mit dem Schluss des Jahres, in welchem der Anspruch entstanden ist.

§ 14 Verschwiegenheit

1. Die [Praxis] ist zur Verschwiegenheit verpflichtet.
2. Die Auftraggeberin befreit sie jedoch insoweit von ihrer Verpflichtung zur Verschwiegenheit, als die Weitergabe persönlicher Informationen gesetzlich vorgeschrieben oder zur Erfüllung ihrer Aufgaben erforderlich ist. Die Befreiung gilt insbesondere gegenüber Ärzten, die die Auftraggeberin im Rahmen der Kinderwunschbehandlung medizinisch betreuen.
3. Die [Praxis] ist insbesondere berechtigt, Informationen gemäß § 6 Absatz 1 an die Ärzte weiterzugeben, die die Auftraggeberin bisher medizinisch betreut haben.

§ 15 Sonstiges

1. Änderungen und Ergänzungen dieses Vertrages bedürfen der Schriftform. Dies gilt auch für die Aufhebung des Schriftformerfordernisses.
2. Sollte eine Bestimmung dieses Vertrages unwirksam sein oder werden oder der Vertrag eine Lücke enthalten, so bleibt die Rechtswirksamkeit der übrigen Bestimmungen hiervon unberührt. Anstelle der unwirksamen Bestimmung gilt eine wirksame Bestimmung als vereinbart, die dem von den Vertragsparteien Gewollten am nächsten kommt; das gleiche gilt im Falle einer Lücke.

.................................., den ....

....

Auftraggeberin [Praxis]

C. Spendervertrag

Spendervereinbarung

1. Rechtliche Aspekte

Die ärztliche Behandlung ungewollt kinderloser Paare und Frauen mit der instrumentellen Übertragung von Spendersamen (heterologe Verwendung von Spendersamen) ist eine Behandlungsmethode, die den bestehenden gesetzlichen Bestimmungen in der Bundesrepublik Deutschland nicht widerspricht.

Die Gewinnung der Samenzellen sowie deren Be- und Verarbeitung, ihre Konservierung, ihre Lagerung und ihr Inverkehrbringen erfolgen gem. § 20b und c des Arzneimittelgesetzes (AMG).

Der behandelnde Arzt unterliegt der Schweigepflicht über alle Tatsachen, die ihm über die Person des Samenspenders, die Empfängerin, ihre(n) Ehemann/-frau bzw. Lebenspartner / ihre Lebenspartnerin und ihr Kind bekannt werden.

Der behandelnde Arzt verpflichtet sich, die Spermaspende nicht für *In-vitro*-Experimente mit Embryonen zu verwenden. Die Spenden werden ausschließlich zur Behandlung kinderloser Paare und Ehepaare sowie alleinstehender Frauen verwendet, die schriftlich erklärt haben, dass:

a) die therapeutische donogene Insemination oder *In-vitro*-Fertilisation mit Spendersamen ausdrücklich gewünscht wird,
b) eine Aufklärung über mögliche medizinische Komplikationen sowie über die rechtlichen Probleme erfolgt ist,
c) jedes durch diese Behandlung gezeugte Kind als gemeinsames Kind beider Partner bzw. als eigenes Kind betrachtet und erzogen wird.

Der Samenspender stellt keinerlei Ansprüche und Forderungen an die Empfängerin der Samenspende, an ihren Ehemann bzw. ihren Lebenspartner / ihre Lebenspartnerin oder an das durch therapeutische donogene Insemination seines Spermas gezeugte Kind.

Der Samenspender erklärt, dass er

i) dem behandelnden Arzt über alle Erkrankungen seiner Person sowie seiner Familie Auskunft gibt und sich den erforderlichen Untersuchungen unterziehen wird,
ii) dem behandelnden Arzt über alle Erkrankungen und keimschädigende Störungen, die bei ihm in der Spenderzeit auftreten, berichten wird,
iii) auf Kenntnisnahme von möglichen Behandlungserfolgen (Geburt von Kindern durch seine Samenspende) verzichtet.

2. *Gesundheits-Checks*

Bereits vor Aufnahme in das Spenderprogramm erfolgte mit dem Einverständnis des Spenders die Untersuchung folgender (Infektions-)Parameter:

HIV-1 und -2, Hepatitis B und C, Treponema pallidum, Chlamydia trachomatis, Neisseria gonorrhoeae, Cytomegalievirus, ggf. Blutgruppe und Rhesusfaktor, (HTLV, Malaria, Trypanosoma cruzi unter Einbezug der Vorgeschichte des Spenders gem. Anlage 4 Nr. 2c TPG-GewV)

Einmalig wird neben der Routineuntersuchung Blut für die Überprüfung des Chromosomensatzes (Karyogramm zum Ausschluss von Chromosomenaberrationen) abgenommen.

Während des Spendenzeitraums werden die o.g. Parameter mit Ausnahme der Blutgruppe und des Rhesusfaktors regelmäßig kontrolliert. Die Infektionsuntersuchungen bzgl. HIV-1 und -2, Hepatitis B und C sowie Treponema pallidum erfolgen gem. Anlage 4 der TPG-GewV.

Die Untersuchung auf HIV-1 und -2, Hepatitis B und C, Treponema pallidum (Erreger der Syphilis) und das Cytomegalie-Virus (CMV) erfolgt durch Blutanalyse, die Untersuchung auf Neisseria gonorrhoeae und Chlamydia trachomatis aus dem Urin.

Ein halbes Jahr nach Abgabe der letzten Spende (> 180 Tage) endet die aktive Spendertätigkeit mit einer abschließenden Quarantäne-Blutuntersuchung. Diese ist erforderlich, um die infektionsserologische Unbedenklichkeit der Spenden bzgl. Infektionsparametern mit einer Inkubationszeit von < 180 Tagen zu prüfen.

3. *Organisatorischer Ablauf*

Die Samenspende muss in den dafür vorgesehenen Räumlichkeiten der [Gesellschaft] erfolgen. Mitgebrachte Proben werden auf keinen Fall verwendet. Der Samenspender wäscht sich vor der Samengewinnung entsprechend einer ausliegenden Information Hände, Penis und ggf. Vorhaut. Die Gewinnung der Probe erfolgt in den mit seiner ID beschrifteten Becher und keinesfalls in ein Kondom. Die gewonnene Probe wird sofort im Labor bearbeitet.

Um eine Samenprobe optimaler Qualität zu erhalten, soll der letzte Samenerguss mindestens 3 Tage, aber auch nicht mehr als 5 Tage zurückliegen.

Vor der Gewinnung jeder Samenspende muss die Abgabe von Erststrahlurin zur Infektionsuntersuchung erfolgen, um so eine Infektion mit Chlamydia trachomatis sowie mit Neisseria gonorrhoeae auszuschießen. Außerdem erfolgt zu jedem Spendetermin eine Blutentnahme, die die Untersuchung der geforderten infektionsserologischen Parameter gem. Anlage 4 TPG-GewV ermöglicht.

4. *Qualitätskriterien*

Das Spendersperma sollte im Nativpräparat folgende Mindestanforderungen erfüllen:

• Ejakulatvolumen	> 2 ml
• Spermienkonzentration	> 60 Mio/ml
• Spermiengesamtanzahl	> 120 Mio / Ejakulatgesamtvolumen
• Gute Vorwärtsbeweglichkeit	> 50 % (A- und B-motile Spermien nach WHO-Kriterien)
• Normal geformte Spermien	> 5 % (normomorph nach WHO-Kriterien)

Nach dem Einfrieren und Auftauen muss die Beweglichkeit der Spermien (A- und B-Motilität nach WHO-Kriterien) mind. 20 % betragen. Die Probenbeurteilung erfolgt im Labor.

5. *Aufwandsentschädigung*

Die erste Samenprobe diente ausschließlich zur Überprüfung der Spendereignung und wurde dann vernichtet. Nach allgemeiner körperlicher Untersuchung und mit Unterzeichnung der Vereinbarung wird der Spender in das Spenderprogramm aufgenommen.

Für jede die o.g. Qualitätskriterien erfüllende Samenspende wird, in der Regel innerhalb eines Monats, eine Aufwandsentschädigung per Überweisung gezahlt. Zunächst erhält der Spender 35 €. Weitere 45 € werden bei erneut infektionsserologisch unauffälliger Untersuchung nach mehr als 180 Tagen Quarantänezeit überwiesen. Diese Splittung des Geldbetrages soll absichern, dass sich der Spender tatsächlich in halbjährlichen Abständen zu Untersuchungen einfindet.

Erfüllt eine abgegebene Probe die o.g. Qualitätskriterien nicht, wird sie vernichtet. Diese Probe muss nicht vergütet werden. Über die Auszahlung einer verringerten Aufwandsentschädigung in Höhe von 25 € entscheidet die [Gesellschaft]. Sollte die Urin- oder die Blutuntersuchung eine Infektion mit einer der o. g. Infektionskrankheiten ergeben, werden alle Samenproben, die seit der letzten unauffälligen Infektionsuntersuchung eingefroren wurden, vernichtet. Deshalb behält sich die [Gesellschaft] vor, die hierfür einbehaltenen „Quarantäne-Beträge“ nicht auszuzahlen.

Stellt sich der Spender nicht zu den regelmäßigen Nachuntersuchungen vor, erlischt sein Anrecht auf Zahlung des Quarantänebetrages [...]. Zusätzlich behält sich die [Gesellschaft] vor, pro Abgabe [...] Euro der jeweiligen Aufwandsentschädigung zurückzufordern.

Der Spender erklärt sich durch seine Unterschrift mit den o.g. Punkten einverstanden und bestätigt die Richtigkeit seiner Angaben zur Person. Er verpflichtet sich, dem Arzt umgehend Änderungen seines Gesundheitszustandes oder einen Infektionsverdacht anzuzeigen. Der Samenspender erklärt, dass er keiner sog. „high risk" Gruppe angehört (Personen mit häufig wechselnden Sexualpartnern / Anwender intravenöser Drogen / Homosexuelle). Der Spender hat den Arzt ferner umgehend über erhaltene Blutübertragungen zu informieren.

Bei Vertragsabschluss wird der Spender fotografiert. Die [Gesellschaft] erklärt, dass diese Fotos nur dem internen Gebrauch dienen: zur Eingangskontrolle durch das Laborpersonal sowie zur Unterstützung der Auswahl eines, dem späteren „sozialen Vater" äußerlich möglichst ähnlichen, Spenders.

Keine Person außerhalb der [Gesellschaft] hat das Recht, Angaben zur Person des Spenders zu erhalten oder die Fotos einzusehen.

Zusätzlich können Portraitfotos, gern auch Fotos als Säugling oder Kleinkind, mitgebracht werden, die potenziellen Empfängerinnen und Empfängerpaaren auf Wunsch zur Einsicht vorgelegt werden können. Hierzu ist das explizite schriftliche Einverständnis des Spenders im Rahmen dieses Vertrages notwendig.

6. *Aufklärung des Samenspenders über die rechtlichen Grundlagen einer Samenspende im Rahmen des Samenspenderregistergesetzes (SaRegG)*

Am 18.05.2017 beschloss der Deutsche Bundestag das Samenspenderregistergesetz (SaRegG), welches am 01.07.2018 in Kraft tritt. Dessen Zweck ist es, sicherzustellen, dass Personen, die durch eine heterologe Verwendung von Samen bei einer ärztlich unterstützten künstlichen Befruchtung gezeugt worden sind, ihr Recht auf Kenntnis ihrer Abstammung verwirklichen können (§ 1 Absatz 2 SaRegG).

Gleichzeitig wird eine Rechtssicherheit für die Samenspender erreicht, indem die Feststellung der rechtlichen Vaterschaft des Samenspenders gemäß § 1600d (4) Bürgerliches Gesetzbuch (BGB) ausgeschlossen wird. Somit wird verhindert, dass Sorge-, Unterhalts- und Erbrechtsansprüche an den Samenspender gestellt werden können.

Abbildung 1 vermittelt die Meldepflichten und das Auskunftsverfahren im Rahmen des SaRegG in einer Übersicht.

[...] [Übersicht über die Meldepflichten und das Auskunftsverfahren in Rahmen des SaRegG]

Ich, ____________________________________ (Name, Vorname, Geburtsdatum)

wohnhaft in______________________________________ (Str., Nr., PLZ, Ort)

wurde durch __________________ (Arzt / Ärztin der Entnahmeeinrichtung (EE))

über die rechtlichen Grundlagen einer Samenspende im Rahmen des SaRegG aufgeklärt. Mir wurde insbesondere der Wortlaut des Gesetzes ausgehändigt.

1. Der Arzt / die Ärztin der (EE) hat mir erklärt, dass ein Kind, das durch eine heterologe Verwendung von Samen im Rahmen einer ärztlich unterstützten künstlichen Befruchtung gezeugt und geboren wird, Anspruch auf Informationen über meine Person als Spender hat. Eine rechtliche Vaterschaft entsteht dadurch nicht. Wie bedeutsam die Kenntnis der eigenen Abstammung für die Entwicklung des Menschen ist, wurde erläutert. Auf die Möglichkeit einer externen Beratung über die Folgen einer ärztlich unterstützten künstlichen Befruchtung für mich als Samenspender wurde hingewiesen.
2. Ich bin über die Pflicht der EE im Rahmen des SaRegG hingewiesen worden, bei meiner Samenspende meine personenbezogenen Daten zu erheben und diese zusammen mit meiner Spendenkennungssequenz oder eindeutigen Spendernummer zu speichern. Der gespeicherte Datensatz enthält als Pflichtdaten

   - Familienname, Geburtsname, falls vorhanden
   - Geburtstag und Geburtsort
   - Staatsangehörigkeit und Anschrift

3. Diese Daten werden später bei der Samengewinnung von der EE durch die Spendenkennungssequenz oder die eindeutige Spendennummer ergänzt und gespeichert (§ 41b Absatz 1 Satz 3 bzw. § 41b Absatz 2 Satz 1 der Arzneimittel- und Wirkstoffherstellungsverordnung (AMWHV)).

   Wenn ich es wünsche und schriftlich einwillige, hat die Entnahmeeinrichtung zusätzlich zu den unter Punkt 2. genannten Pflichtangaben weitere freiwillige Angaben zu meiner Person und meine Beweggründe für die Samenspende zu speichern. Diese Einwilligung zur Speicherung der freiwilligen Angaben kann jederzeit schriftlich gegenüber der EE oder dem Deutschen Institut für Medizinische Dokumentation und Information (DIMDI), dem diese Daten eventuell später zur weiteren Speicherung zu übermitteln sind, widerrufen werden.

4. Die unter Punkt 2. genannten Daten sowie die freiwilligen Zusatzangaben sind gem. § 2 Absatz 4 SaRegG getrennt von den Angaben zu speichern, die nach § 5 TPG-Gewebeverordnung (TPG-GewV) von der EE in der Spenderakte und dem Entnahmebericht zu dokumentieren sind. Diese Daten sind nach Ablauf von 10 Jahren nach der Gewinnung des Samens von der EE zu löschen. Die Daten sind unverzüglich zu löschen, wenn ich der heterologen Verwendung meiner Samen vor der Verwendung schriftlich widerspreche.
5. Die EE darf meine Samen zur ärztlich unterstützten künstlichen Spendersamenbehandlung einer Empfängerin an eine Einrichtung der medizinischen Versorgung (EmV) nur dann abgeben, wenn ich die vorliegende Aufklärung verstanden habe. Zusätzlich muss ich der Nutzung meines Samens im Rahmen des SaRegG mit der Unterzeichnung dieses Dokumentes zustimmen. Für die Verwendung der Samenproben zur ärztlich unterstützten künstlichen Befruchtung werden meine Samenproben ohne meine personenbezogenen Daten an die EmV übergeben, wohl aber zusammen mit der Spendenkennungssequenz oder der eindeutigen Spendernummer.
6. Wenn es nach der heterologen Übertragung meines Samens auf die Empfängerin zur Geburt eines oder mehrerer Kinder gekommen ist, wird die EmV die personenbezogenen Daten der Empfängerin und das Geburtsdatum des Kindes / der Kinder unter Nennung der EE und der Spendenkennungssequenz oder der eindeutigen Spendernummer an das DIMDI übermitteln. Gleiches gilt, wenn der Zyklusausgang unbekannt ist. In diesem Falle meldet die EmV anstelle des Geburtsdatums den voraussichtlichen Entbindungstermin an das DIMDI.
7. Anschließend wird das DIMDI unter Nennung der Spendenkennungssequenz oder der eindeutigen Spendennummer meine Daten von der EE anfordern. Das DIMDI speichert diese Daten in einem Zentralregister und wird mich über deren Speicherung informieren. Hierzu wird das DIMDI bei Bedarf eine Anfrage zu meinen Anschriftsdaten bei der Meldebehörde durchführen. Enthält das DIMDI auf Grund seiner Anfrage eine aktuellere Anschrift als die im von der EE übermittelte, ersetzt es die vorhandene Anschrift durch die aktuellere.
8. Das DIMDI wird die Daten im Samenspenderregister speichern und für 110 Jahre aufbewahren. Eine frühere Löschung wird lediglich erfolgen, wenn durch die heterologe Verwendung meines Samens keine Schwangerschaft eingetreten ist und dies erst nachträglich bekannt geworden ist.

9. Ich bin darauf hingewiesen worden, dass das DIMDI auf Antrag einer auskunftsberechtigten Person (geborenes Kind oder gesetzlicher Vertreter) nach Vollendung von deren 16. Lebensjahres Informationen über meine personenbezogenen Daten erteilen wird. Ist das 16. Lebensjahr noch nicht vollendet, können die gesetzlichen Vertreter den Auskunftsanspruch geltend machen. Der Anspruch auf Auskunftserteilung besteht über die gesamte Speicherdauer. Vor Erteilung einer Auskunft empfiehlt das DIMDI der auskunftsberechtigten Person die Inanspruchnahme einer spezifischen Beratung und weist auf bestehende Beratungsangebote hin. Vier Wochen vor der Erteilung einer Auskunft an eine berechtigte Person wird das DIMDI mich über die anstehende Auskunftserteilung informieren. Schlägt meine Information fehl, wird das DIMDI meine personenbezogenen Daten dennoch an die auskunftsberechtigte Person herausgeben.
10. Mir ist bekannt, dass ich einen Auskunfts- und Berechtigungsanspruch gegenüber dem DIMDI nur hinsichtlich meiner personenbezogenen Daten habe. Auskünfte über die Empfängerin oder geborene Kinder werden mir nicht erteilt.
11. Ich wurde darüber aufgeklärt, dass die Feststellung meiner rechtlichen Vaterschaft gemäß § 1600d Absatz 4 BGB ausgeschlossen ist.

Nach der Aufklärung und ausreichend Bedenkzeit bestätige ich, dass ich die Aufklärungsinhalte verstanden habe. Darüber hinaus willige ich in die Samenspende und die heterologe Verwendung des Samens im Rahmen einer ärztlich unterstützten künstlichen Befruchtung durch eine EmV ausdrücklich ein. Mir ist bewusst, dass bei der Geburt eines oder mehrerer auf diese Art und Weise gezeugten Kinder keine rechtliche Vaterschaft entsteht.

___________	________________________	________________________
Ort, Datum	Name, Vorname, Spender-ID	Unterschrift (Samenspender)

Ich habe den unterzeichnenden Samenspender aufgeklärt und ihm den Inhalt dieser Erklärung eingehen dargelegt und ausführlich erklärt.

___________	________________________	___________________
Ort, Datum	Name, Vorname (Arzt)	Unterschrift (Arzt)

7. Der Samenspender wurde zusätzlich über Folgendes aufgeklärt:

- Möglichkeit der psychosozialen Beratung vor und nach der Spende
- den Zweck der Spenden
- die Untersuchungen sowie das Recht, über die Ergebnisse der Untersuchungen unterrichtet zu werden
- Pflicht ggf. auch nach Abschluss der aktiven Spenderphase für weitere Untersuchungen zur Verfügung zu stehen (z. B. Blutentnahme für genetische Untersuchung)
- die Maßnahmen, die dem Schutz des Spenders dienen, sowie den Umfang und mögliche, auch mittelbare Folgen und Spätfolgen der beabsichtigten Gewebeentnahme (Blut) für seine Gesundheit
- die ärztliche Schweigepflicht
- die Erhebung und Verwendung meiner personenbezogenen Daten sowie die Dauer der Aufbewahrung aller Daten zur Identifizierung des Spenders für mindestens 30 Jahre gemäß § 5 TPG-GewV
- die Erhebung und Verwendung meiner personenbezogenen Daten sowie deren Übermittlung an das DIMDI und die dortige Speicherung im Rahmen des SaRegG
- die schriftliche Einwilligung zum Spenden ist Voraussetzung für den Beginn der aktiven Spendetätigkeit
- die Einwilligung kann schriftlich widerrufen werden.

8. Der Samenspender verpflichtet sich zur Mitteilung folgender Sachverhalte:

- Aufenthalt in nichteuropäischen Ländern (auch des Sexualpartners)
- Vorhandene bzw. neu hinzukommende Tätowierungen und Piercings
- Kenntnisnahme von auftretenden Erbkrankheiten in der Familie
- Auftreten chronischer und sonstiger Erkrankungen
- Mögliche Infektionsrisiken (z.B. Bluttransfusionen, Kontakt zu Personen mit Infektionskrankheiten)

9. Der Samenspender erklärt hiermit, dass er seine Einwilligung für die Samenspende zum Zwecke der heterologen Verwendung im Rahmen einer ärztlich unterstützten künstlichen Befruchtung und zur Entnahme von Blutproben sowie zur Abgabe von Urinproben gegeben hat.

Ich stimme der Verwendung meiner Samenzellen für die heterologe Insemination alleinstehender Frauen hiermit o zu o nicht zu.

Ich stimme der Vorlage meiner Fotos für potenzielle Empfängerinnen / Empfängerpaare hiermit o zu o nicht zu.

Ich stimme der Vorlage meiner Baby- bzw. Kleinkindfotos für potenzielle Empfängerinnen / Empfängerpaare hiermit o zu o nicht zu.

Ich stimme der anonymisierten Veröffentlichung meiner Spenderangaben auf der Homepage der [Gesellschaft] hiermit o zu o nicht zu.

(Zutreffendes bitte ankreuzen!)

Name, Vorname des Spenders:
Geburtsdatum des Spenders:

Kontoverbindung: Name der Bank:
Kontoinhaber:
IBAN:
BIC:

Ort, Datum:

_______________________ ________________________________

Unterschrift des Spenders

Bestellter Arzt gem. § 8d TPG
(Name und Unterschrift)

Literaturverzeichnis

Ahuja, K. K./Simons, E. G./Fiamanya, W./Dalton, M./Armar, N.A./Kirkpatrick, P./Sharp, S./Arian-Schad, M./Seaton, A./Watters, A. J., Egg-sharing in assisted conception: ethical and practical considerations, Human Reproduction (11) 1996, S. 1126–1131.

Bach, Peter/Moser, Hans (Begr.)/Hütt, Stephan (Hrsg.), Private Krankenversicherung. Kommentar zu den Musterbedingungen für die Krankheitskosten- und Krankenhaustagegeldversicherung (MB/KK) sowie zu den Musterbedingungen für die Krankentagegeldversicherung (MB/KT) und zu weiteren Gesetzes- und Regelwerken in der privaten Krankenversicherung, 6. Aufl., München 2023.

Backmann, Jan L., Künstliche Fortpflanzung und internationales Privatrecht unter besonderer Berücksichtigung des Persönlichkeitsschutzes, München 2002, zugl. Univ. Diss., München 2001. Zitiert als: „Künstliche Fortpflanzung und IPR".

Balz, Manfred, Heterologe künstliche Samenübertragung beim Menschen – Rechtliche und politische Überlegungen zu einem Vorhaben des Europarats, Tübingen 1980.

Becker, Ulrich/Kingreen, Thorsten, SGB V. Gesetzliche Krankenversicherung. Kommentar, 8. Aufl., München 2022. Zitiert als: „SGB V".

Becker, Walter, Zur Problematik des Lebensbeginns, FamRZ 1968, 409–412.

Beckmann, Rainer, Rechtsfragen der Präimplantationsdiagnostik, MedR 2001, 169–177.

Beckmann, Rainer, Wachsendes Lebensrecht? Erwiderung zu Dreier, ZRP 2002, 377, ZRP 2003, 97–101.

Beier, Henning M., Zum Status des menschlichen Embryos *in vitro* und *in vivo* vor der Implantation, Reproduktionsmedizin 2000, 332–342.

Beitzke, Günther (Begr.)/Dethloff, Nina (Hrsg.), Familienrecht. Ein Studienbuch, 32. Aufl., München 2018. Zitiert als: „Dethloff, Familienrecht".

Bergmann, M., Spermatogenese, Physiologie und Pathophysiologie, Der Urologe 2005, 1131–1138.

Bernat, Erwin, Fortpflanzungsmedizin und Recht – Bemerkungen zum Stand der Gesetzgebung in Österreich, Deutschland und Großbritannien, MedR 1991, 308–315.

Biermann, Bastian, Anmerkung zu OLG München, Urt. v. 22.2.2017, Az. 3 U 4080/16 (LG Traunstein), NZFam 2017, 957, 962–964.

Bilsdorfer, Peter, Rechtliche Probleme der *In-vitro*-Fertilisation und des Embryo-Transfers, MDR 1984, 803–806.

Bleckmann, Albert, Verfassungsrang der Europäischen Menschenrechtskonvention?, EuGRZ 1994, 149–155.

Bockenheimer-Lucius, Gisela/Thorn, Petra/Wendehorst, Christiane, Umwege zum eigenen Kind – Ethische und rechtliche Herausforderungen an die Reproduktionsmedizin, Göttingen 2008.

Böckenförde, Ernst-Wolfgang, Menschenwürde als normatives Prinzip, JZ 2003, 809–815.

Böckenförde-Wunderlich, Barbara, Präimplantationsdiagnostik als Rechtsproblem. Ärztliches Standesrecht, Embryonenschutzgesetz, Verfassung, Tübingen 2002, zugl. Univ. Diss., Heidelberg 2002.

Brambring, Günter/Jerschke, Hans-Ulrich (Begr.)/Heckschen, Heribert/Herrler, Sebastian/Münch, Christof (Hrsg.), Beck'sches Notar-Handbuch, 7. Aufl., München 2019.

Breuer, Clemens, Person von Anfang an? Der Mensch aus der Retorte und die Frage nach dem Beginn des menschlichen Lebens, Paderborn u.a. 1995, zugl. Univ. Diss., Augsburg 1994.

Brewe, Manuela, Embryonenschutz und Stammzellgesetz. Rechtliche Aspekte der Forschung mit embryonalen Stammzellen, Berlin 2006.

Britting, Eva, Die postmortale Insemination als Problem des Zivilrechts, Frankfurt a.M. 1989, zugl. Univ. Diss., Erlangen-Nürnberg 1987. Zitiert als: „Die postmortale Insemination".

Brohm, Winfried, Forum: Humanbiotechnik, Eigentum und Menschenwürde, JuS 1998, 197–205.

Bundesministerium der Justiz und für Verbraucherschutz, Arbeitskreis Abstammungsrecht, Abschlussbericht, Empfehlungen für eine Reform des Abstammungsrechts, Berlin 04.07.2017, abrufbar unter: https://www.bmj.de/SharedDocs/Downloads/DE/Fachpublikationen/07042017_AK_Abstimmung_Abschlussbericht.pdf?__blob=publicationFile&v=4. (zuletzt aufgerufen am 07.09.2023).

Bundesministerium der Justiz und für Verbraucherschutz, Diskussionsteilentwurf. Entwurf eines Gesetzes zur Reform des Abstammungsrechts, Berlin, 13.03.2019. Zitiert als: „BMJV, Diskussionsteilentwurf – Entwurf eines Gesetzes zur Reform des Abstammungsrechts (13.03.2019)", abrufbar unter: https://www.bmj.de/SharedDocs/Downloads/DE/Gesetzgebung/DiskE/DiskE_Reform_Abstammungsrecht.pdf?__blob=publicationFile&v=3. (zuletzt aufgerufen am 07.09.2023).

Cammareri, Raffael, Die Bedeutung der EMRK und der Urteile des EGMR für die nationalen Gerichte, JuS 2016, 791–794.

Chen, Zi-Jiang; Shi, Yuhua; Sun, Yun; Zhang, Bo; Liang, Xiaoyan; Cao, Yunxia; Yang, Jing; Liu, Jiayin; Wei, Daimin; Weng, Ning; Tian, Lifeng; Hao, Cuifang, Fresh versus Frozen Embryos for Infertility in the Polycystic Ovary Syndrome, NEJM 2016, Vol. 375, 523–533.

Choi, Min Su, Der Umgang mit überzähligen Embryonen in Deutschland und Südkorea, Frankfurt a.M. 2010, zugl. Univ. Diss., Göttingen 2009.

Cil, Aylin Pelin/Bang, Heejung/Oktay, Kutluk, Age-specific probality of live-birth with oocyte cryopreservation: An individual patent data meta-analysis, Journal of Fertility and Sterility 2013, 492–499.

Clausen, Tilman; Schroeder-Printzen, Jörn (Hrsg.), Münchener Anwaltshandbuch Medizinrecht, 3. Aufl., München 2020.

Coester-Waltjen, Dagmar, Die künstliche Befruchtung beim Menschen – Zulässigkeit und zivilrechtliche Folgen, 2. Teilgutachten: Zivilrechtliche Probleme, Gutachten B zum. 56. Deutschen Juristentag, München 1986.

Coester-Waltjen, Dagmar, Zivilrechtliche Probleme künstlicher Befruchtungen, Jura 1987, 629–640.

Coester-Waltjen, Dagmar, Elternschaft außerhalb der Ehe – Sechs juristische Prämissen und Folgerungen für die künstliche Befruchtung (S. 158–162), in: Arndt, Dietrich/Obe, Günter (Hrsg.), Fortpflanzungsmedizin in Deutschland. Wissenschaftliches Symposium des Bundesministeriums für Gesundheit in Zusammenarbeit mit dem Robert-Koch-Institut vom 24. bis 26. Mai 2000 in Berlin, Baden-Baden 2001.

Coester-Waltjen, Dagmar, Anmerkung zu OLG Düsseldorf vom 31.07.2015, Az. II-1 UF 83/14, FamRZ 2015, 1981–1982.

Coester-Waltjen, Dagmar, Anmerkung zu OLG München, Urt. v. 22.02.2017, Az. 3 U 4080/16 (LG Traunstein), FamRZ 2017, 908–910.

Czeromin, Ute/Krüssel, Jan Steffen/Tandler-Schneider, Andreas, Deutsches IVF Register, Jahrbuch 2017, Journal für Reproduktionsmedizin und Endokrinologie, Sonderheft 1/2018 (Modifizierter Nachdruck aus Nummer 5–6: 219–49).

Czeromin, Ute/Krüssel, Jan Steffen/Tandler-Schneider, Andreas, Deutsches IVF Register, Jahrbuch 2021, Journal für Reproduktionsmedizin und Endokrinologie, Sonderheft 4/2022 (Modifizierter Nachdruck aus Nummer 5).

Danz, Stefan/Pagel, Cornelia, Wem gehört die Nabelschnur?, MedR 2008, 602–607.

De Lacey, Sheryl, Parent identity and 'virtual' children: why parents discard rather than donate unused embryos, Human Reproduction (20) 2005, S. 1661–1669.

Dederer, Hans-Georg, Verfassungskonkretisierung im Verfassungsneuland – Das Stammzellengesetz, JZ 2003, 986–994.

Dederer, Hans-Georg, Stammzellgesetz, 1. Aufl., Baden-Baden 2012.

Dethloff, Nina/Gerhardt, Rudolf, „Ein Reproduktionsmedizingesetz ist überfällig". Zuordnung des Kindes zu den Wunscheltern, nicht zum Samenspender, ZRP 2013, 91–93.

Dethloff, Nina, Familienrecht in Europa – Quo vadis?, NJW 2018, 23–28.

Dettmeyer, Reinhard, Medizin & Recht. Rechtliche Sicherheit für den Arzt, 2. Aufl., Heidelberg 2006.

Deutsch, Erwin, Artifizielle Wege menschlicher Reproduktion, MDR 1985, 177–183.

Deutsch, Erwin, Des Menschen Vater und Mutter – Die künstliche Befruchtung beim Menschen – Zulässigkeit und zivilrechtliche Folgen, NJW 1986, 1971–1975.

Deutsch, Erwin/ Spickhoff, Andreas *(Hrsg.),* Medizinrecht. Arztrecht, Arzneimittelrecht, Medizinprodukterecht und Transfusionsrecht, 7. Aufl., Berlin 2014.

Deutsche Akademie der Naturforscher Leopoldina e.V., Nationale Akademie der Wissenschaften, Fortpflanzungsmedizin in Deutschland – für eine zeitgemäße Gesetzgebung, Halle (Saale), März 2019. Zitiert als: „Leopoldina, Fortpflanzungsmedizin in Deutschland".

Deutsche Akademie der Naturforscher Leopoldina e.V., Nationale Akademie der Wissenschaften, Neubewertung des Schutzes von *In-vitro*-Embryonen in Deutschland, Halle (Saale), Mai 2021. Zitiert als: „Leopoldina, Neubewertung des Schutzes von *In-vitro*-Embryonen in Deutschland".

Deutscher Ethikrat, Embryospende, Embryoadoption und elterliche Verantwortung – Stellungnahme, Berlin 2016, abrufbar unter: https://www.ethikrat.org/fileadmin/Publikationen/Stellungnahmen/deutsch/stellungnahme-embryospende-embryoadoption-und-elterliche-verantwortung.pdf (zuletzt aufgerufen am 15.03.2023).

Dieterich, Thomas/Hanau, Peter/Schraub, Günter (Begr.), Müller-Glöge, Rudi/Preis, Ulrich/Schmidt, Ingrid (Hrsg.), Erfurter Kommentar zum Arbeitsrecht, 23. Aufl., München 2023. Zitiert als: „ErfK".

Dittrich, R./Lotz, L./Müller, A./Hackl, J./Oppelt, P. G./Hildebrandt, T./Beckmann, M. W., Kryokonservierung von Ovarialgewebe und Eizellen, Gynäkologe 2013, 616–623.

Dorn, Almut, „Social Freezing“ – Psychosoziale Implikationen (S. 74–82), in: Woopen, Christiane, Fortpflanzungsmedizin in Deutschland. Entwicklungen, Fragen, Kontroversen, Bonn 2016.

Dorneck, Carina, Das Recht der Reproduktionsmedizin de lege lata und de lege ferenda. Eine Analyse zum AME-FmedG, 1. Aufl., Baden-Baden 2018. Zugl. Univ. Diss. Halle-Wittenberg 2017.

Dorneck, Carina, Embryonenspende, Netzwerk Embryonenspende und das längst veraltete EschG, medstra 2018, 259–264.

Dreier, Horst, Stufungen des vorgeburtlichen Lebensschutzes, ZRP 2002, 377–383.

Dreier, Horst (Hrsg.), Grundgesetz Kommentar, Band 1, Präambel, Artikel 1–19, 3. Aufl., Tübingen 2013. Zitiert als: „GG“.

Drews, Ulrich, Taschenatlas der Embryologie, 2. Aufl., Stuttgart 2006.

Ellenberger, Jürgen/Götz, Isabell/Grüneberg, Christian/Herrler, Sebastian/Pückler v., Renata/Retzlaff, Björn/Siede, Walther/Sprau, Hartwig/Thorn, Karsten/Weidenkaff, Walter/Weidlich, Dietmar/Wicke, Hartmut, Grüneberg, Bürgerliches Gesetzbuch mit Nebengesetzen insbesondere mit Einführungsgesetz (Auszug) einschließlich Rom I-, Rom II- und Rom III-Verordnungen sowie EU-Güterrechtsverordnungen, Haager Unterhaltsprotokoll und EU-Erbrechtsverordnung, Allgemeines Gleichbehandlungsgesetz (Auszug), Wohn- und Betreuungsvertragsgesetz, Unterlassungsklagengesetz (GrünHome), Produkthaftungsgesetz, Erbbaurechtsgesetz, Wohnungseigentumsgesetz,Versorgungsausgleichsgesetz, Lebenspartnerschaftsgesetz (GrünHome), Gewaltschutzgesetz, 82. Aufl. München 2023. Zitiert als: „Grüneberg“.

Erb, Volker/Schäfer, Jürgen (Hrsg.), Münchener Kommentar zum StGB, Band 1, §§ 1–37, 4. Aufl., München 2020, Band 4, §§ 185–262, 4. Aufl., München 2021. Zitiert als: „MüKoStGB“.

Erbs, Georg (Begr.)/Kohlhaas, Max (vormals Hrsg.)/Häberle, Peter (Hrsg.), Strafrechtliche Nebengesetze, Band 1, 243. Ergänzungslieferung, München August 2022.

Erman, Walter (Begr.), Westermann, Harm Peter/Grunewald, Barbara/Maier-Reimer, Georg (Hrsg.), Bürgerliches Gesetzbuch – Handkommentar mit AGG, EGBGB (Auszug), ErbbauRG, LpartG, ProdHaftG, VBVG, VersAusglG und WEG, Band 1, 16./17. Aufl., Köln 2020/2023. Zitiert als: „BGB“.

Everling Ulrich, Europäische Union, Europäische Menschenrechtskonvention und Verfassungsstaat – Schlusswort auf dem Symposium am 11. Juni 2005 in Bonn, EuR 2005, 411–418.

Faßbender, Kurt, Präimplantationsdiagnostik und Grundgesetz – Ein Beitrag zur verfassungsrechtlichen und -dogmatischen Strukturierung der aktuellen Diskussion, NJW 2001, 2745–2753.

Fink, Udo, Der Schutz des menschlichen Lebens im Grundgesetz – zugleich ein Beitrag zum Verhältnis des Lebensrechts zur Menschenwürdegarantie, JURA 2000, 210–216.

Fluhr, Herbert/Sohn, Christof, Schwangerschaft mit über 40 Jahren, Gynäkologische Endokrinologie 2014, 6–8.

Forkel, Hans, Verfügungen über Teile des menschlichen Körpers, JZ 1974, 593–599.

Freier v., Friedrich, Getrennte Körperteile in der Forschung zwischen leiblicher Selbstverfügung und Gemeinbesitz, MedR 2005, 321–328.

Frie, Birgit, Das neue Samenspenderrecht, NZFam 2018, 817–823.

Frister, Helmut/Börgers, Nicklas, Rechtliche Probleme bei der Kryokonservierung von Keimzellen (S. 93–123), in: Frister, Helmut/Olzen, Dirk (Hrsg.), Reproduktionsmedizin. Rechtliche Fragestellungen, Dokumentation der Tagung zum 10-Jährigen Bestehen des Instituts für Rechtsfragen der Medizin Düsseldorf, 1. Aufl., Düsseldorf 2010. Zitiert als: „Reproduktionsmedizin".

Frister, Helmut, Die „Dreierregel" im Embryonenschutzgesetz, GuP 2012, 10–14.

Frommel, Monika, Stufungen des vorgeburtlichen Lebensschutzes (zu *Dreier*, ZRP 2002, 377), ZRP 2002, 530–531.

Frommel, Monika, Deutscher Mittelweg in der Anwendung des Embryonenschutzgesetzes (EschG) mit einer an den aktuellen wissenschaftlichen Kenntnisstand orientierten Auslegung der für die Reproduktionsmedizin zentralen Vorschrift des § 1, Abs. 1, Nr. 5 EschG, Journal für Reproduktionsmedizin und Endokrinologie 2007; 4 (1), 27–33.

Frommel, Monika, Die Reformen des Embryonenschutzgesetzes (1991) durch patientenfreundliche Auslegung, GesR 2018, 413–421.

Gassner, Ulrich M./Kersten, Jens/Krüger, Matthias/Lindner, Josef Franz/Rosenau, Henning/Schroth, Ulrich, Fortpflanzungsmedizingesetz. Augsburg-Münchener-Entwurf (AME-FmedG), Tübingen 2013. Zitiert als: „AME-FmedG".

Gassner, Ulrich M., Legalisierung der Eizellspende?, ZRP 2015, 126.

Giesen, Peter, Probleme künstlicher Befruchtungsmethoden beim Menschen – Zum Argumentationsstand über das Machbare im Bereich moderner Fortpflanzungstechniken in Großbritannien und Australien –, JZ 1985, 652–661.

Gnoth, Christian, Natürliche Fertilität und Alte, Gynäkologische Endokrinologie 2020, 81–87.

Goeckenjan, M./Glaß, K./Torka, S./Wimberger, P., Indikation zur Fertilitätsprotektion, Gynäkologische Endokrinologie 2019, 71–77.

Grabenwarter, Christoph/Pabel, Katharina, Europäische Menschenrechtskonvention – Ein Studienbuch, 7. Aufl. München 2021. Zitiert als: „EMRK".

Graumann, Sigrid, Eizellspende und Eizellhandel – Risiken und Belastungen für die betroffenen Frauen (S. 175–183), in: Bockenheimer-Lucius, Gisela/Thorn, Petra/Wendehorst, Christiana (Hrsg.), Umwege zum eigenen Kind. Ethische und rechtliche Herausforderungen an die Reproduktionsmedizin 30 Jahre nach Louise Brown, Göttingen 2008.

Griesinger, Georg, Was kann die Reproduktionsmedizin? (S. 20–31), in: Woopen, Christiane (Hrsg.), Fortpflanzungsmedizin in Deutschland. Entwicklungen, Fragen, Kontroversen, Bonn 2016.

Gruber, Malte-Christian, Das Recht des „Spenderkindes" auf Kenntnis seines biologischen Vaters. Zur Konstruktion zivilrechtlicher Auskunftsansprüche aus Generalsklauseln und drittschützenden Verträgen, ZfPW 2016, 68–84.

Grziwotz, Herbert, Rechtsprobleme der „künstlichen" Befruchtung, notar 2018, 163.

Grziwotz, Herbert, Einvernehmliche Kinderwunscherfüllung und Vereinbarungen, NJW 2022, 3255–3259.

Gsell, Beate/Krüger, Wolfgang/Lorenz, Stephan/Reymann, Christoph (Gesamthrsg. Für das Zivilrecht), beck-online.GROSSKOMMENTAR, München, 2023. Zitiert als: „BeckOGK".

Gülzow, Martin, Das Verbot der post-mortem-Befruchtung nach § 4 Abs. 1 Nr. 3 EschG zum Schutz des Kindeswohls?, GesR 2017, 552–557.

Günther, Hans-Ludwig/Taupitz, Jochen/Kaiser, Peter (Hrsg.), Embryonenschutzgesetz, Juristischer Kommentar mit medizinisch-naturwissenschaftlichen Grundlagen, 2. Aufl., Stuttgart 2014. Zitiert als: „EschG".

Günther, Stefan, Der Kindeswohlbegriff als Zulässigkeitskriterium für die *In-vitro*-Fertilisation, Univ. Diss, Frankfurt a.M. 1996.

Hagemann, Tobias/Haidl, Gerhard, Veränderungen der männlichen Fertilität im Alter, Reproduktionsmedizin 2001, 254–260.

Harks, Thomas, Der Schutz der Menschenwürde bei der Entnahme fötalen Gewebes – Zur Bedeutung des Zusammenfallens von pränatalem und postmortalem Grundrechtsschutz, NJW 2002, 716–722.

Hartleb, Torsten, Grundrechtsschutz in der Petrischale. Grundrechtsträgerschaft und Vorwirkungen bei Art. 2 Abs. 2 GG und Art. 1 Abs. 1 GG, Berlin 2006, zugl. Univ. Diss., Freiburg 2006.

Haskamp, Thomas, Embryonenschutz *in vitro*: offene Fragen und Regelungsalternativen im deutschen und internationalen Recht, Hamburg 2012, zugl. Univ. Diss., Würzburg 2011. Zitiert als „Embryonenschutz *in vitro*".

Haßmann, Holger, Embryonenschutz im Spannungsfeld internationaler Menschenrechte, staatlicher Grundrechte und nationaler Regelungsmodelle zur Embryonenforschung. With English Summary, Berlin, Heidelberg 2003, zugl. Univ. Diss., Mannheim 2002. Zitiert als: „Embryonenschutz im Spannungsfeld".

Hau, Wolfgang/Poseck, Roman, BeckOK BGB, 65. Edition, München 2023, Stand 01.02.2023.

Heil, Christiane, Emma Gibson war 25 Jahre eingefroren, FAZ vom 20.12.2017, abrufbar unter: https://www.faz.net/aktuell/gesellschaft/menschen/schneebaby-emma-gibson-war-25-jahre-eingefroren-15351668.html (zuletzt aufgerufen am 15.03.2023).

Heintschel-Heinegg v., Bernd (Hrsg.), BeckOK StGB, 56. Edition, Stand: 01.02.2023, München 2019.

Helms, Tobias, Rechtliche, biologische und soziale Elternschaft – Herausforderungen durch neue Familienformen, Gutachten F zum 71. Deutschen Juristentag (S. F 1–F 104), in: Ständige Deputation des Deutschen Juristentages, Verhandlungen des 71. Deutschen Juristentages, Essen 2016, Band I, Gutachten, München 2016.

Helms, Tobias, Familienrechtliche Aspekte des Samenspenderregistergesetzes, FamRZ 2017, 1537–1542.

Herberger, Maximilian/Martinek, Michael/Rüßmann, Helmut/Weth, Stephan/Würdinger, Markus (Gesamthrsg.)/Ludyga, Hannes (Bandhrsg.), juris Praxiskommentar BGB, Band 5 – Erbrecht, 9. Aufl., Saarbrücken 30.01.2023. Zitiert als: „jurisPK-BGB".

Herdegen, Matthias, Die Menschenwürde im Fluß des bioethischen Diskurses, JZ 2001, 773–779.

Heun, Werner, Embryonenforschung und Verfassung – Lebensrecht und Menschenwürde des Embryos, JZ 2002, 517–524.

Hieb, Anabel Eva, Die gespaltene Mutterschaft im Spiegel des deutschen Verfassungsrechts – Die verfassungsrechtliche Zulässigkeit reproduktionsmedizinischer Verfahren zur Überwindung weiblicher Unfruchtbarkeit, Ein Beitrag zum „Recht auf Fortpflanzung, Berlin 2005, zugl. Univ. Diss., Mannheim 2004. Zitiert als: „Die gespaltene Mutterschaft".

Hilgendorf, Eric, Scheinargumente in der Abtreibungsdiskussion – am Beispiel des Erlanger Schwangerschaftsfalls, NJW 1996, 758–762.

Hilland, Ulrich, BRZ-Mitteilungen. AMWHV. Abgrenzungen im Bereich der Reproduktionsmedizin, Journal für Reproduktionsmedizin und Endokrinologie 2007, 293–294.

Hillgruber, Christian, Recht und Ethik vor der Herausforderung der Fortpflanzungsmedizin und „verbrauchender Embryonenforschung" (S. 637–654), in: de Wall, Heinrich/Germann, Michael, Bürgerliche Freiheit und christliche Verantwortung. Festschrift für Christoph Link zum siebzigsten Geburtstag, Tübingen 2003. Zitiert als: „FS für Link".

Hillgruber, Christian/Goos, Christoph, Grundrechtsschutz für den menschlichen Embryo? ZfL 2008, 43–49.

Hoerster, Norbert, Forum – Das „Recht auf Leben" der menschlichen Leibesfrucht – Rechtswirklichkeit oder Verfassungslyrik?, JuS 1995, 192–197.

Hoerster, Norbert, Ethik des Embryonenschutzes, Ein rechtsphilosophischer Essay, Stuttgart 2002. Zitiert als: „Ethik des Embryonenschutzes".

Hoerster, Norbert, Forum: Ein Lebensrecht für die menschliche Leibesfrucht?, JuS 1989, 172–178.

Hoerster, Norbert, Forum: Kompromisslösungen zum Menschenrecht des Embryos auf Leben?, JuS 2003, 529–532.

Hoerster, Norbert, Stufungen des vorgeburtlichen Lebensschutzes (zu *Dreier*, ZRP 2002, 377), ZRP 2003, 218.

Hoffmeister, Frank, Die Europäische Menschenrechtskonvention als Grundrechtsverfassung und ihre Bedeutung in Deutschland, Der Staat 2001, 349–381.

Hofmann, Hasso, Biotechnik, Gentherapie, Genmanipulation – Wissenschaft im rechtsfreien Raum?, JZ 1986, 253–304.

Hofmann, Hasso, Die versprochene Menschenwürde, AöR (118) 1993, 353–377.

Horn, K./Depenbusch, M./Schultze-Mosgau, A./Neumann, K./Griesinger, G., Fertilitätserhalt bei onkologischen Patientinnen, Der Onkologe 2017, 943–950.

Höfling, Wolfram (Hrsg.), Transplantationsgesetz – Kommentar, 2. Aufl., Berlin 2013. Zitiert als: „TPG".

Huber, Berthold/Eichenhofer, Johannes/Endres de Oliveira, Pauline, Aufenthaltsrecht, 1. Aufl., München 2017.

Hübner, Anke, Die Embryoadoption. Eine rechtliche Untersuchung de lege lata und de lege ferenda, Göttingen 2009, zugl. Univ. Diss. Göttingen 2006. Zitiert als: „Die Embryoadoption".

Hübner, Marlis/Pühler, Wiebke, Systematische Rechtsentwicklung für die Reproduktionsmedizin, MedR 2017, 929–935.

Hufen, Friedhelm, Präimplantationsdiagnostik aus verfassungsrechtlicher Sicht, MedR 2001, 440–451.

Hufen, Friedhelm, Schlusswort in: *Beckmann, Rainer,* Erwiderung zu *Friedhelm Hufen,* Erosion der Menschenwürde? JZ 2004, 313–318, Der menschliche Embryo als Subjekt der Menschenwürde, JZ 2004, 1011–1012.

Hülsmann, Christoph, Strafrechtliche Aspekte höhergradiger Mehrlingsschwangerschaften, JZ 1992, 1106–1114.

Hüppe, Hubert, Legalisierung der Eizellspende?, ZRP 2015, 126.

Iliadou, Ekaterini, Forschungsfreiheit und Embryonenschutz, Berlin 1999, zugl. Univ. Diss., Regensburg 1998.

Inthorn, Julia/ Pisani, Christian, Anmerkung zu OLG München, Urt. v. 22.2.2017 – 3 U 4048/16 (LG Traunstein), MedR 2018, 419–421.

Ipsen, Jörn, Der „verfassungsrechtliche Status" des Embryos *in vitro,* JZ 2001, 989–996.

Isensee, Josef, Der grundrechtliche Konnex von Menschenleben und Menschenwürde, ZfL 2009, 114–124.

Jarass, Hans D. (Begr., Hrsg.)/Kment, Martin (Hrsg.)/Pieroth, Bodo (Begr.), Grundgesetz für die Bundesrepublik Deutschland. Kommentar, 17. Aufl., München 2022. Zitiert als „GG".

Joerden, Jan C., Noch einmal: Wer macht Kompromisse beim Lebensrechtsschutz? – Eine Antwort auf Hoerster, JuS 2003, 529, JuS 2003, 1051–1054.

Jofer, Patricia, Regulierung der Reproduktionsmedizin. Fremdsamenspende, Ersatzmutterschaft und Umgang mit überzähligen Embryonen, 1. Aufl., Baden-Baden 2014, zugl. Univ. Diss., Augsburg 2014.

Jung, Heike, Gesetz zum Schutz von Embryonen, JuS 1991, 431–433.

Kaiser, Dagmar, Elternglück durch Fremdspende und Leihmutterschaft?, S. 357–370, in: Götz, Isabell/Schwenzer, Ingeborg/Seelmann, Kurz/Taupitz, Jochen (Hrsg.), Familie – Recht – Ethik, Festschrift für Gerd Brudermüller zum 65. Geburtstag, München 2014. Zitiert als: „FS für Brudermüller".

Kaiser, Dagmar, Schnitzler, Klaus, Schilling, Roger, Sanders, Anne, BGB Familienrecht, Band 4: §§ 1297–1921, 4 Aufl., Baden-Baden 2021. Zitiert als: „NK-BGB".

Kamps, Hans, Das Recht der Reproduktionsmedizin – Ein Überblick, MedR 1994, 339–348.

Karpenstein, Ulrich/Mayer, Franz (Hrsg.), Konvention zum Schutz der Menschenrechte und Grundfreiheiten, 3. Aufl., München 2022. Zitiert als: „EMRK".

Kasum, Miro/Beketić-Orešković, Lidija/Peddi, Parvin F./Orešković, Slavko/Johnson, Rebecca H., Fertility after breast cancer treatment, European Journal of Obstetrics & Gynecology and Reproductive Biology, 2014, Vol. 173, 13–18.

Katzorke, Thomas/Kolodziej, Franz B., Samenbanken: Organisation und rechtliche Regulierungen (S. 645–655), in: Diedrich, Klaus/Ludwig, Michael/Griesinger, Georg (Hrsg.), Reproduktionsmedizin, 2. Aufl., Berlin 2020.

Keller, Rolf, Das Kindeswohl: Strafschutzwürdiges Rechtsgut bei künstlicher Befruchtung im heterologen System? (S. 705–721), in: Jeschek, Hans-Heinrich/Vogler, Theo (Hrsg.), Festschrift für Herbert Tröndle zum 70. Geburtstag am 24. August 1989, Berlin 1989. Zitiert als: „FS für Tröndle".

Keller, Rolf/Günther, Hans-Ludwig/Kaiser, Peter (Hrsg.), Embryonenschutzgesetz. Kommentar zum Embryonenschutzgesetz, Stuttgart 1992. Zitiert als: „ESchG".

Kemper, Rainer, Neues aus dem Abstammungsrecht – Von Samenspenden, missbräuchlichen Vaterschaftsanerkennungen, Kindern aus Kinderehen und aus gleichgeschlechtlichen Ehen, FamRB 2017, 438–443.

Kentenich, Heribert/Arbeitsgruppe Ethik und Recht der European Society for Human Reproduction & Embryology (ESHRE), Moralischer Status des Präimplantationsembryos, Gynäkologische Endokrinologie 2007, 243–246.

Kentenich, Heribert/Griesinger, G., Zum Verbot der Eizellspende in Deutschland: Medizinische, psychologische, juristische und ethische Aspekte, Journal für Reproduktionsmedizin und Endokrinologie 2013; 10 (5–6), 273–278.

Kießling, Andrea, Das österreichische Verbot der Eizellspende in der Rechtsprechung des EGMR, GesR 2013, 458–463.

Kindhäuser, Urs/Neumann, Ulfrid/Paeffgen, Hans-Ullrich (Hrsg.), Strafgesetzbuch, Band 1, Allgemeiner Teil, §§ 1–79b, 5. Aufl., Baden-Baden 2017. Zitiert als: „StGB".

Kingreen, Thorsten, Das Grundrecht von Ehe und Familie, Jura 1997, 401–408.

Kirchhof, Paul, Rechtsphilosophische Fundierung des Richterrechts: Die Idee des Rechts (S. 71–83), in: Bumke, Christian (Hrsg.), Richterrecht zwischen Gesetzesrecht und Rechtsgestaltung, Tübingen 2012.

Kirchmeier, Karl-Heinz, Zivilrechtliche Fragen der homologen und heterologen Insemination de lege lata et ferenda, FamRZ 1998, 1281–1287.

Klein, Maren, Zur verfassungsrechtlichen Rechtfertigung des Verbots der Eizellspende mit dem Argument des Schutzes des Kindeswohls. Zugleich ein Beitrag zur grundrechtlichen Erfassung der Verwirklichung des Kinderwunsches mittels Gametenspende sowie hierauf gründender Elternverantwortung, Berlin 2019, zugl. Univ. Diss. Hamburg 2018. Zitiert als: „Zur verfassungsrechtlichen Rechtfertigung des Verbots der Eizellspende mit dem Argument des Schutzes des Kindeswohls“.

Kliesch, S./Kamischke, A./Cooper, T. G./Nieschlag, E., Kryokonservierung menschlicher Spermien zur Zeugungsreserve (S. 515–531), in: Nieschlag, Eberhard/Behre, Hermann M./Nieschlag, Susan (Hrsg.), Andrologie, 3. Aufl., Heidelberg 2009.

Kloepfer, Michael, Humangenetik als Verfassungsfrage, JZ 2002, 417–468.

Koch, Hans-Georg, „Medizinisch unterstützte Fortpflanzung“ beim Menschen – Handlungsleitung durch Strafrecht?, MedR 1986, 259–265.

Kolodziej, F. B./Hüppe, P./Katzorke, T., Techniken der assistierten Reproduktion – Wichtigste Verfahren und Ergebnisse in Deutschland und Europa, Der Urologe 2011, 47–52.

Kramp, Angela, Arzthaftung bei fehlerhafter Präimplantationsdiagnostik, 1. Aufl., Baden-Baden 2015, zugl. Univ. Diss., Düsseldorf 2014.

Kreß, Hartmut, Samenspende und Leihmutterschaft – Problemstand, Rechtsunsicherheiten, Regelungsansätze, FPR 2013, 240, 243.

Krüger, Matthias, Das Verbot der post-mortem-Befruchtung, Halle 2010, abrufbar unter: http://digital.bibliothek.uni-halle.de/pe/content/titleinfo/529088 (zuletzt aufgerufen am 15.03.2023).

Krüssel, J.-S./Leeb, C., Oozyten im Vorkernstadium lagern überall, Der Gynäkologe 2010, 696–699.

Kudlich, Hans, Der Umgang mit konservierten Eizellen im Vorkernstadium – Die strafrechtliche Bewertung, NJW 2021, 259–362.

Kupka M. S./Dittrich, R./Nawroth, F./v. Wolff, M., Fertilitätsprotektion bei Frauen, Gynäkologische Endokrinologie 2012, 98–104.

Kügel, J. Wilfried/Müller, Rolf-Georg/Hofmann, Hans-Peter, Arzneimittelgesetz, 3. Aufl. München 2022. Zitiert als: „AMG“.

Larenz, Karl (Begr.)/Wolf, Manfred (Fortgef.)/Neuner, Jörg, Allgemeiner Teil des Bürgerlichen Rechts, 12. Aufl., München 2020. Zitiert als: „AT BGB“.

Laufs, Adolf, Die künstliche Befruchtung beim Menschen – Zulässigkeit und zivilrechtliche Folgen, JZ 1986, 769–777.

Laufs, Adolfs, Fortpflanzungsmedizin und Menschenwürde, NJW 2000, 2716–2718.

Laufs, Adolf, Auf dem Wege zu einem Fortpflanzungsmedizingesetz? Grundfragen der artifiziellen Reproduktion aus medizinrechtlicher Sicht. Vortrag, gehalten am 12. Februar 2002 im Rahmen des Gesamtthemas „Wichtige kodifikatorische Neuerungen im nationalen und internationalen Bereich“, 1. Aufl., Baden-Baden 2003.

Laufs, Adolf (Begr.)/Katzenmeier, Christian/Lipp, Volker (Fortgef.), Arztrecht, 8. Aufl., München 2021.

Laufs, Adolf/Uhlenbruck, Wilhelm (Begr.)/Kern, Bernd-Rüdiger/Rehborn, Martin, Handbuch des Arztrechts, 5. Aufl., München 2019.

Lehmann, Michaela, Die *In-vitro*-Fertilisation und ihre Folgen, Frankfurt a.M. 2008, zugl. Univ. Diss, Bonn 2007.

Liebermann, Jürgen, Kryokonservierung (S. 235–248), in: Diedrich, Klaus/Ludwig, Michael/Griesinger, Georg (Hrsg.), Reproduktionsmedizin, 2. Aufl., Berlin 2020.

Lindner, Josef Franz, Verfassungsrechtliche Aspekte eines Fortpflanzungsmedizingesetzes, S. 127–152, in: Rosenau, Henning (Hrsg.), Ein zeitgemäßes Fortpflanzungsmedizingesetz für Deutschland, Baden-Baden 2012.

Lorenz, Dieter, Die verfassungsrechtliche Garantie der Menschenwürde und ihre Bedeutung für den Schutz menschlichen Lebens vor der Geburt, ZfL 2001, 38–49.

Lorenz, Dieter, Embryonenforschung als Humanexperiment. Zur Bestimmungsbefugnis über vorgeburtliches menschliches Leben, S. 441–454, in: Eberle, Carl-Eugen/Ibler, Martin/Lorenz, Dieter (Hrsg.), Der Wandel des Staates vor den Herausforderungen der Gegenwart, Festschrift für Winfried Brohm, München 2002. Zitiert als: „FS für Brohm".

Losch, Bernhard, Wissenschaftsfreiheit, Wissenschaftsschranken, Wissenschaftsverantwortung. Zugleich ein Beitrag zur Kollision von Wissenschaftsfreiheit und Lebensschutz am Lebensbeginn, Berlin 1993, zugl. Univ. Habil.-Schr., Tübingen 1991–1992.

Löhnig, Martin/Runge-Rannow, Maria-Viktoria, Zur Elternstellung des in eine heterologe Befruchtung einwilligenden Mannes de lege lata und de lege ferenda, FamRZ 2018, 10–14.

Löhnig, Martin, Anmerkung zu OLG Hamburg, Beschluss vom 11.11.2021 – 6 W 28/11, NZFam 2022, 24–25.

Lungstras, Anne Barbara, Der Umgang mit dem Embryo *in vitro,* Eine Analyse der Überzeugungsstrategien in der verfassungsrechtlichen Debatte um die embryonale Stammzellenforschung und die Präimplantationsdiagnostik, Baden-Baden 2008, zugl. Univ. Diss., Heidelberg 2006–2007.

Magnus, Dorothea, Kinderwunschbehandlungen im Ausland: Strafbarkeit beteiligter deutscher Ärzte nach internationalem Strafrecht (§ 9 StGB), NStZ 2015, 57.

Mangoldt, Hermann v. (Begr.)/Klein, Friedrich/Starck, Christian (Fortgef.)/Huber, Peter M./Voßkuhle, Andreas (Hrsg.), Grundgesetz Kommentar, Band 1, Präambel, Artikel 1–19, 7. Aufl., München 2018. Zitiert als: „GG".

Maunz, Theodor/Dürig, Günter (Begr.)/Herzog, Roman/Scholz, Rupert/Herdegen, Matthias/Klein, Hans H. (Hrsg.), Grundgesetz Kommentar, Band I, Texte, Art. 1–5, Band II, Art. 6–16a, Band III, Art. 17–28, Band VI, Art. 87a–106b, 99. Ergänzungslieferung, München September 2022. Zitiert als: „GG".

May, Ulrich, Rechtliche Grenzen der Fortpflanzungsmedizin. Die Zulässigkeit bestimmter Methoden der assistierten Reproduktion und der Gewinnung von Stammzellen vom Embryo *in vitro* im deutsch-israelischen Vergleich, Berlin 2003, zugl. Univ. Diss., Mannheim 2002.

Mayr, Magdalena, „Rechte am Embryo" – Zivil- und familienrechtliche Fragestellungen im Rahmen der *In-vitro*-Fertilisation, NZFam 2018, 913–920.

Merkel, Reinhard, Ärztliche Entscheidungen über Leben und Tod in der Neonatalmedizin, JZ 1996, 1145–1155.

Merz, Bettina, Die medizinische, ethische und juristische Problematik artifizieller menschlicher Fortpflanzung. Artifizielle Insemination, *In-vitro*-Fertilisation mit Embryotransfer und die Forschung an frühen menschlichen Embryonen, Frankfurt a.M. u.a. 1991, zugl. Techn. Univ. Diss, München 1990.

Meyer-Ladewig, Jens/Nettesheim, Martin/von Raumer, Stefan, EMRK – Europäische Menschenrechtskonvention, Handkommentar, 4. Aufl., Baden-Baden 2017. Zitiert als: „EMRK".

Montag, M. (Korrespondierender Autor)/Isachenko, V./Isachenko, E./Al-Hasani, S./van der Ven, K./Dorn, C./von Otte, S./, Diedrich, K./van der Ven, H./Schultze-Mosgau, A., Stellenwert der Vitrifikation in der Reproduktionsmedizin, Gynäkologische Endokrinologie 2005, 245–250.

Motejl, Christina, Das Recht des durch Samenspende gezeugten Kinds zur Anfechtung der Vaterschaft, FamRZ 2017, 345–350.

Möller, Karl-Heinz/Hilland, Ulrich, Kryokonservierung von Keimzellen – Rechtlicher Rahmen und Vertragsgestaltung (S. 125–151), in: Frister, Helmut/Olzen, Dirk (Hrsg.), Reproduktionsmedizin. Rechtliche Fragestellungen, Dokumentation der Tagung zum 10-Jährigen Bestehen des Instituts für Rechtsfragen der Medizin Düsseldorf, 1. Aufl., Düsseldorf 2010. Zitiert als: „Reproduktionsmedizin".

Möller, Karl-Heinz/Thaele, Michael, Das Schicksal nicht transferierter („verwaister") Embryonen, Reproduktionsmedizin 2002, 136–140.

Müller-Terpitz, Ralf, Der Schutz des pränatalen Lebens. Eine verfassungs-, völker- und gemeinschaftsrechtliche Statusbetrachtung an der Schwelle zum biomedizinischen Zeitalter, Tübingen 2007, zugl. Univ. Habil.-Schr., Bonn 2005.

Müller-Terpitz, Ralf, Das Recht der Biomedizin. Textsammlung mit Einführung, Berlin, Heidelberg 2006.

Müller-Terpitz, Ralf, Der Embryo ist Rechtsperson, nicht Sache, ZfL 2006, 34–42.

Müller-Terpitz, Ralf, Recht auf Leben und körperliche Unversehrtheit (S. 3–77), in: Isensee, Josef/Kirchhof, Paul (Hrsg.), Handbuch des Staatsrechts der Bundesrepublik Deutschland, Band VII Freiheitsrechte, 3. Aufl., Heidelberg 2009. Zitiert als: „Handbuch des Staatsrechts VII".

Müller-Terpitz, Ralf/Ruf, Isabelle, Die „medizinisch unterstützte Befruchtung" als Gegenstand des Arzneimittel- und Transplantationsrechts (S. 33–70), in: Spranger, Thade Matthias (Hrsg.), Aktuelle Herausforderungen der Life Sciences, Berlin 2010.

Müller-Terpitz, Ralf, Das Recht auf Fortpflanzung – Vorgaben der Verfassung und der EMRK (S. 10–25), in: Frister, Helmut/Olzen, Dirk (Hrsg.), Reproduktionsmedizin. Rechtliche Fragestellungen, Dokumentation der Tagung zum 10-Jährigen Bestehen des Instituts für Rechtsfragen der Medizin Düsseldorf, 1. Aufl., Düsseldorf 2010. Zitiert als: „Reproduktionsmedizin".

Müller-Terpitz, Ralf, „ESchG 2.0" Plädoyer für eine partielle Reform des Embryonenschutzgesetzes, ZRP 2016, 51–54.

Münch, Christof (Hrsg.), Familienrecht in der Notar- und Gestaltungspraxis, 3. Aufl., München 2020.

Münch v., Ingo/Kunig, Philip, (Begr.)/Kämmerer/Jörn Axel/Kotzur, Markus (Hrsg.), Grundgesetz Kommentar, Band 1: Präambel bis Art. 69, 7. Aufl., München 2021. Zitiert als „GG".

Nationaler Ethikrat, Genetische Diagnostik vor und während der Schwangerschaft. Stellungnahme, Berlin 2003, abrufbar unter: https://www.ethikrat.org/fileadmin/Publikationen/Stellungnahmen/Archiv/Stellungnahme_Genetische-Diagnostik.pdf (zuletzt aufgerufen am 15.03.2023).

Nawroth, Frank, „Social freezing" – Pro und Contra, Der Gynäkologe 2013, 648–652.

Nawroth, Frank, Social Freezing. Kryokonservierung unbefruchteter Eizellen aus nicht-medizinischen Indikationen, Wiesbaden 2015.

Neidert, Rudolf, Brauchen wir ein neues Fortpflanzungsmedizingesetz?, MedR 1998, 347–353.

Neidert, Rudolf, Embryonenschutz im Zwiespalt zwischen staatlichem Gesetz und ärztlicher Lex artis, ZRP 2006, 85–87.

Neidert, Rudolf, „Entwicklungsfähigkeit" als Schutzkriterium und Begrenzung des Embryonenschutzgesetzes, MedR 2007, 279–286.

Neulen, J./Neises, M., Infertilität und Sterilität – Reproduktionsmedizin (S. 145–161), in: Kiechle, Marion (Hrsg.), Gynäkologie und Geburtshilfe, 2. Aufl., München 2011.

Neuner, Jörg, Der nondum conceptus im Privatrecht, JuS 2019, 1–6.

Niederer, Andreas, Reproduktionsmedizinische Methoden zur Überwindung männlicher Infertilität im Spiegel des Rechts, Univ. Diss., Frankfurt a.M. 1989.

Nieschlag, Eberhard/Schlatt, Stefan/Behre, Hermann M./Kliesch, Sabine (Hrsg.), WHO-Laborhandbuch zur Untersuchung und Aufarbeitung des menschlichen Ejakulates, 5. Aufl. 2012.

Nixdorf, Wolfgang, Zur ärztlichen Haftung hinsichtlich entnommener Körpersubstanzen: Körper, Persönlichkeit, Totenfürsorge, VersR 1995, 740–745.

Oktay K./*Rodriguez-Wallberg, Kenny*, Options on fertility preservation in female cancer patients, Cancer Treatment Reviews 2012, Vol. 38, Issue 5, 354–361.

Oldenburger, Marko, Das Embryonenschutzgesetz von 1990 – mission accomplished?, NZFam 2022, 870–879.

Olzen, Dirk, Die gesetzliche Regelung des Rechts auf Kenntnis der eigenen Abstammung – Rechtsfolgenfreistellung des Samenspenders?, GuP 2015, 41–47.

Otte v., S./Diedrich, K./Thill, M., Therapieoptionen bei karzinomerkrankten Frauen mit Kinderwunsch, Der Gynäkologe 2008, 523–532.

Pap, Michael, Die Würde des werdenden Lebens *in vitro*. Verfassungsrechtliche Grenzen der extrakorporalen Befruchtung, MedR 1986, 229–236.

Paul, Annekatrin, Möglichkeiten und Grenzen der Forschung an embryonalen Stammzellen und des therapeutischen Klonens. Eine Untersuchung der verfassungsrechtlichen und einfachgesetzlichen Aspekte, Hamburg 2004, zugl. Univ. Diss., Potsdam 2003.

Peris, Dominik, Vernichtung einer Spermakonserve: Körperverletzung des Spenders, Anmerkung zum BGH, Urt. v. 09.11.1993 – VI ZR 62/93 (OLG Frankfurt a.M.), MedR 1993, 113–115.

Prehn, Anette, Die Strafbarkeit der post-mortem Befruchtung nach dem Embryonenschutzgesetz, MedR 2011, 559–568.

Quaas, Michael/Zuck, Rüdiger/Clemens, Thomas/Gokel, Julia Maria (Hrsg.), Medizinrecht: Öffentliches Medizinrecht – Pflegeversicherungsrecht – Arzthaftpflichtrecht – Arztstrafrecht, 4. Aufl., München 2018. Zitiert als: „Medizinrecht".

Rabe, Thomas/Gör, Ü. B./Runnebaum, Benno Clemens, Physiologie der Fortpflanzung (S. 1–28), in: Runnebaum, Benno Clemens/Rabe, Thomas (Hrsg.),

Gynäkologische Endokrinologie und Fortpflanzungsmedizin, Band 2: Fortpflanzungsmedizin, Berlin, Heidelberg 1994. Zitiert als „Gynäkologische Endokrinologie und Fortpflanzungsmedizin II".

Radatz, Johanna, Die Eizellspende im deutschen und dänischen Recht, Frankfurt a.M. 2014, zugl. Univ. Diss., Berlin 2014.

Rager, Günter, Der Beginn des individuellen Menschseins aus embryologischer Sicht, ZfL 2004, 66–74.

Rager, Günther, Die biologische Entwicklung des Menschen (S. 67–122), in: Rager, Günther (Hrsg.), Beginn, Personalität und Würde des Menschen, 3. Aufl., Freiburg 2009.

Ratzel, Rudolf, Umfang und Grenzen berufsrechtlicher Normen im Bereich der modernen Fortpflanzungsmedizin, Reproduktionsmedizin 2002, 199–205.

Ratzel, Rudolf, Beschränkung des Rechts auf Fortpflanzung durch das ärztliche Berufsrecht, GesR 2009, 281–286.

Reichmann, Judith/Nijmeijer, Bianca/Hossain, Julius/Eguren, Manuel/Schneider, Isabell/Politi, Antonio Z./Roberti, M. Julia/Hufnagel, Lars/Hiragi, Takashi/Ellenberg, Jan, Dual-spindle formation in zygotes keeps parental genomes apart in early mammalian embryos, Science (361) 2018, S. 189–193.

Reister, F., Entstehung und Entwicklung einer Schwangerschaft (S. 165–182), in: Kiechle, Marion, Gynäkologie und Geburtshilfe, 2. Aufl., München 2011.

Renzikowski, Joachim, Embryonenauslese und „Dreierregel", Gynäkologische Endokrinologie 2004, 172–177.

Ress, Georg, Verfassungsrechtliche Auswirkungen der Fortentwicklung völkerrechtlicher Verträge. Überlegungen zum Verhältnis des Grundgesetzes zur Europäischen Wirtschaftsgemeinschaft und zur Europäischen Menschenrechtskonvention (S. 1775–1797), in: Fürst, Walther (Hrsg.), Festschrift für Wolfgang Zeidler, Band 2, Berlin 1987. Zitiert als: „FS für Zeidler II".

Ress, Georg, Wirkung und Beachtung der Urteile und Entscheidungen der Straßburger Konventionsorgane, EuGRZ 1996, 350–353.

Reuß, Philipp M., Theorie eines Elternschaftsrechts, 1. Aufl., Berlin 2018, zugl. Univ. Habil.-Schr., München 2018.

Rieger, Hans-Jürgen/Dahm, Franz Josef/Katzenmeier, Christian/Steinhilper, Gernot; Stellpflug, Martin H. (Hrsg.), Heidelberger Kommentar, Arztrecht, Krankenhausrecht, Medizinrecht, 66. Aktualisierung, Heidelberg, November 2016. Zitiert als: „HK-AKM".

Riggs, Ryan/Mayer, Jacob/Dowling-Lacey, Donna/Chi, Ting-Fing/Jones, Estella/Oehninger, Sergio, Does storage time influence postthaw survival and pregnancy outcome? An analysis of 11,768 cryopreserved human embryos, Fertility and Sterility 2010, 109–115.

Rixe, Georg, Der EGMR als Motor einer Harmonisierung des Familienrechts in Europa, FPR 2008, 222.

Rolfs, Christian/Giesen, Richard/Meßling, Miriam/Udsching, Peter (Hrsg.), BeckOK Sozialrecht, 67. Edition, Stand: 01.12.2022, München 2022. Zitiert als: „BeckOK SozR".

Rosenau, Henning, Der Streit um das Klonen und das deutsche Stammzellgesetz (S. 135–168), in: Schreiber, Hans-Ludwig/Rosenau, Henning/Ishizuka, Shinichi/Kim, Sangyun (Hrsg.), Recht und Ethik im Zeitalter der Gentechnik. Deutsche und japanische Beiträge zu Biorecht und Bioethik, Göttingen 2004.

Roth, Eigentum an Körperteilen. Rechtsfragen der Kommerzialisierung des menschlichen Körpers, Heidelberg 2009, zugl. Univ. Diss., Köln 2008.

Roth-Stielow, Klaus, Stufungen des vorgeburtlichen Lebensschutzes (zu *Dreier,* ZRP 2002, 377), ZRP 2002, 530.

Runge-Rannow, Maria-Viktoria, Kenntnis der eigenen Abstammung bei heterologer Insemination, ZRP 2017, 43–46.

Rüpke G., Persönlichkeitsrecht und Schwangerschaftsunterbrechung, ZRP 1974, 73–77.

Rüsken, Reinhart, Künstliche Befruchtung als Heilbehandlung – Zur steuermindernden Berücksichtigung von Kosten homo- und heterologen Befruchtung, NJW 1998, 1745–1750.

Rütz, Eva Maria K., Heterologe Insemination – die rechtliche Stellung des Samenspenders. Lösungsansätze zur rechtlichen Handhabung, Berlin 2008, zugl. Univ. Diss., Heidelberg 2007.

Sachs, Michael (Hrsg.), Grundgesetz Kommentar, 9. Aufl., München 2021. Zitiert als: „GG".

Säcker, Franz Jürgen/Rixecker, Roland/Oetker, Hartmut/Limpberg, Bettina (Hrsg.), Münchener Kommentar zum Bürgerlichen Gesetzbuch, Band 1, Allgemeiner Teil, §§ 1–240, AllgPersönlR, ProstG, AGG, 9. Aufl., München 2021; Band 2, Schuldrecht – Allgemeiner Teil I, 9. Aufl. München 2022; Band 3, Schuldrecht, Allgemeiner Teil II, 9. Aufl., München 2022; Band 5, Schuldrecht – Besonderer Teil II, §§ 535–630h, BetrKV, HeizkostenV, WärmeLV, EFZG, TzBfG, KSchG, MiLoG, 9. Aufl., München 2023; Band 6, Schuldrecht – Besonderer Teil III, §§ 631–704, 9. Aufl., München 2023; Band 8, Sachenrecht, §§ 854–1296, WEG, ErbbauRG, 9. Aufl., München 2023; Band 10, Familienrecht II, §§ 1589–1921, SGB VIII, 8. Aufl., München 2020; Band 11, Erbrecht, §§ 1922–2385, §§ 27–35 BeurkG, 9. Aufl., München 2022. Zitiert als: „MüKoBGB".

Sadler, Thomas W. (Hrsg.)/Langman, Jan (Begr.), Taschenlehrbuch Embryologie. Die normale menschliche Entwicklung und ihre Fehlbildungen, 13. Aufl., Stuttgart, New York 2020.

Sales, Gabrielle Bezerra, Überzählige Embryonen in der Reproduktionsmedizin. Ein Rechtsvergleich zwischen Deutschland und Brasilien, Baden-Baden (2013), zugl. Univ. Diss. Augsburg 2013. Zitiert als: „Überzählige Embryonen in der Reproduktionsmedizin".

Saliger, Frank, Tsambikakis, Michael, Strafrecht der Medizin. Handbuch für Wissenschaft und Praxis, München 2022.

Sanders, Anne, Was ist eine Familie? – Der EGMR und die Mehrelternschaft, NJW 2017, 925–927.

Sanders, Anne, Mehrelternschaft, Tübingen 2018, zugl. Univ. Habil.-Schr., Köln 2017.

Schaaf, Julia, Kinderwunschbehandlung, Zellhaufen oder Leben? Frankfurter Allgemeine Zeitung vom 02.09.2017, abrufbar unter: https://www.faz.net/aktuell/gesellschaft/gesundheit/kuenstliche-befruchtung-was-passiert-mit-eingefrorenen-embryonen-15180750.html (zuletzt aufgerufen am 15.03.2023).

Schafhausen, Martin, Herausgabe von imprägnierten Eizellen nach dem Tode des Mannes, jurisPR-MedizinR 9/2010, Anm. 1.

Schächinger, Michael, Menschenwürde und Menschheitswürde. Zweck, Konsistenz und Berechtigung strafrechtlichen Embryonenschutzes, Berlin 2014, zugl. Univ. Diss., Regensburg 2014.

Schäfer, Paul, Rechtsfragen zur Verpflanzung von Körper- und Leichenteilen, Univ. Diss, Münster/Westf. 1961.

Schenker, Joseph, G., Sperm, Oocyte, and Pre-embryo Donation, Journal of Assisted Reproduction and Genetics (Vol. 12), 1995, S. 499–508.

Schewe, Anke, Ein Plädoyer für die Abschaffung des Verbotes der Eizellenspende in Deutschland, FamRZ 2014, 90–93.

Schill, Stephan/Steinhauer, Fabian, Würde- und Lebensschutz des Embryo *in vitro* am Beispiel der Präimplantationsdiagnostik, JA 2006, 122–126.

Schlaich, Klaus (Begr.)/Korioth, Stephan (Fortgef.), Das Bundesverfassungsgericht – Stellung, Verfahren, Entscheidungen. Ein Studienbuch, 12. Aufl., München 2021.

Schlatt, S./Kliesch, S., Fertilitätsprotektion bei Männern, Gynäkologische Endokrinologie 2012, 91–97.

Schlüter, Julia, Schutzkonzepte für menschliche Keimbahnzellen in der Fortpflanzungsmedizin, 2008, zugl. Univ. Diss, Mannheim 2007.

Schmechel, Markus, Rechtsunsicherheit bei der postmortalen Befruchtung, RdjB 2019, 82–86.

Schmechel, Markus/Spangenberg, Claudia, „Zwischen Kinderwunsch und Kindeswohl" – Rechtliche und ethische Herausforderungen der Kinderwunschmedizin. 4. Göttinger Symposium zum Medizinrecht, Der Gynäkologe 2019, S. 948–950.

Schmidt-Bleibtreu, Bruno/Klein, Franz (Begr.)/Hofmann, Hans/Henneke, Hans-Günter, (Hrsg.), GG Kommentar zum Grundgesetz, 15. Aufl., Köln 2022. Zitiert als: „GG".

Schnorbus, York, Schmerzensgeld wegen schuldhafter Vernichtung von Sperma – BGH NJW 1994, 127, JuS 1994, 830–836.

Schover, Leslie R./Brey, Kimberley/Lichtin, Alan/Lipshultz, Larry I./Jehu, S., Knowledge and Experience Regarding Cancer, Infertility and Sperm Banking in Younger Male Survivors, Journal of Clinical Oncology 20 (7) 2002, 1880–1889.

Schönke, Adolf (Begr.)/Schröder, Horst (Fortgef.)/Eser, Albin (Gesamtredaktion), Strafgesetzbuch, Kommentar, 30. Aufl., München 2019.

Schroeder, Friedrich Christian, Die Rechtsgüter des Embryonenschutzgesetzes (S. 533–547), in: Kühne, Hans-Heiner (Hrsg.), Festschrift für Koichi Miyazawa. Dem Wegbegleiter des japanisch-deutschen Strafrechtsdiskurses, 1. Aufl., Baden-Baden 1995. Zitiert als: „FS für Miyazawa".

Schroth, Ulrich, Forschung mit embryonalen Stammzellen und Präimplantationsdiagnostik im Lichte des Rechts, JZ 2002, 170–179.

Schroth, Ulrich, Stammzellforschung und Präimplantationsdiagnostik aus juristischer und ethischer Sicht (S. 530–568), in: Roxin, Claus/Schroth, Ulrich (Hrsg.), Handbuch des Medizinstrafrechts, 4. Aufl., Stuttgart 2010.

Schumacher, Klaus, Fortpflanzungsmedizin und Zivilrecht, FamRZ 1987, 313–324.

Schumann, Eva, Elternschaft nach Keimzellspende und Embryoadoption, MedR 2014, 736–749.

Schumann, Eva, Anmerkung zu LG Augsburg, Urt. v. 13.12.2018, Az. 16 Ns 202 Js 143548/14, FamRZ 2019, 1378–1379.

Schumann, Eva, Elternschaft nach Kinderwunschbehandlung, in: Beier, Katharina/Brügge, Claudia/Thorn, Petra/Wiesemann, Claudia (Hrsg.), Assistierte Reproduktion mit Hilfe Dritter. Medizin – Ethik – Psychologie – Recht, Heidelberg 2020.

Schünemann, Hermann, Die Rechte am menschlichen Körper, Frankfurt a.M. 1985, zugl. Univ. Diss., Göttingen 1983–1984.

Schwarz, Fabian, Aktuelle Rechtsfragen zur künstlichen Befruchtung in der notariellen Gestaltungspraxis, RNotZ 2022, 421–441.

Seebode, Karina, Welche Änderungen bringt das Samenspenderregistergesetz?, Der Gynäkologe 2018, 633–638.

Shenfield, F./de Mouzon, J./Pennings, G./Ferraretti, A. P./Nyboe Andersen, A./de Wert, G./Goossens, V./ ESHRE Taskforce on Cross Border Reproductive Care, Cross border reproductive care in six European countries, Human Reproduction (25) 2010, S. 1361–1368.

Shkedi-Rafid, S./Hashiloni-Dolev, Y., Egg freezing for age-related fertility decline: preventive medicine or a further medicalization of reproduction? Analyzing the new Israeli policy, Journal of Fertility and Sterility 2011, 291–294.

Soergel, Hs. Th. (Begr.)/Siebert, W. (Hrsg.), Bürgerliches Gesetzbuch mit Einführungsgesetz und Nebengesetzen, Band 1, Allgemeiner Teil 1, §§ 1–103 BGB, 13. Aufl., Stuttgart 2000, Band 21, Erbrecht 1: §§ 1922–2063 BGB, 13. Aufl. Stuttgart 2002. Zitiert als: „Soergel".

Spickhoff, Andreas, Haftungsrechtliche Fragen der Biomedizin, VersR 2006, 1569–1581.

Spickhoff, Andreas, Anmerkung zu OLG Karlsruhe, Urt. v. 17.06.2016, Az. 14 U 165/15 (AG Pforzheim), FamRZ 2016, 1792–1793.

Spickhoff, Andreas, Vaterschaftsfeststellung, Vaterschaftsanfechtung und das Recht auf Kenntnis der Abstammung nach heterologer Insemination, ZfPW 2017, 257–285.

Spickhoff, Andreas (Hrsg.), Medizinrecht, 4. Aufl., München 2022.

Spickhoff, Andreas, Anmerkung zu LG München I, Urt. v. 02.05.2018 – Az. 9 O 7697/17, MedR 2018, 986–987.

Spilker, Bettina, Das Recht auf Kenntnis der Abstammung im Verfassungsrecht, JuS 2016, 988–992.

Spranger, Tade Matthias, Anmerkung zur Entscheidung des OLG Rostock, Urteil v. 07.05.2010 – 7 U 67/09 – Zum Herausgabeverlangen auf eine imprägnierte Eizelle nach dem Tod des Ehemannes als Samenspender, MedR 2010, 878–879.

Spranger, Tade Matthias, Familie 2.0? Das Familienbild im Licht moderner Lebenswissenschaften, FamRZ 2017, 257–263.

Starck, Christian, Die künstliche Befruchtung beim Menschen – Zulässigkeit und zivilrechtliche Folgen, 1. Teilgutachten: Verfassungsrechtliche Probleme, Gutachten A für den 56. Deutschen Juristentag, München 1986.

Staudinger, Julius von (Begr.)/Roth, Herbert (Hrsg.), J. von Staudingers Kommentar zum Bürgerlichen Gesetzbuch mit Einführungsgesetz und Nebengesetzen, §§ 90–124; §§ 130–133 (Sachbegriff, Geschäftsfähigkeit, Willenserklärung, Anfechtung, Auslegung), Berlin, Köln 2021 (Updatestand 03.03.2023); §§ 985–1011 (Eigentumsschutz und Eigentümer-Besitzer-Verhältnis), Berlin, Köln 2019 (Updatestand 01.07.2022); §§ 1589–1600d (Abstammung), Berlin, Köln 2011; Einleitung zum Erbrecht; §§ 1922–1966 (Erbfolge), Berlin, Köln 2017 (Updatestand: 23.11.2022). Zitiert als: „Staudinger".

Steck, Thomas, Praxis der Fortpflanzungsmedizin. Mit 54 Abbildungen und 271 Tabellen, Stuttgart 2001. Zitiert als: „Praxis der Fortpflanzungsmedizin".

Tallandini, Maria Anna/Zenchettin, Liviana/Gronchi, Giorgo/Morsan, Valentina, Parental disclosure of assisted reproductive technology (ART) conception to their children: a systematic and meta-analytic review, Human Reproduction (31) 2016, S. 1275–1287.

Taubert, H.-D./Licht, P., Sterilität und Infertilität (S. 123–148), in: Schmidt-Matthiesen, Heinrich/Wallwiener, Diethelm (Hrsg.), Gynäkologie und Geburtshilfe: Lehrbuch für Studium und Praxis, 10. Aufl., Stuttgart 2005.

Taupitz, Jochen, Wem gebührt der Schatz im menschlichen Körper? – Zur Beteiligung des Patienten an der kommerziellen Nutzung seiner Körpersubstanzen, AcP 191 (1991), 201–246.

Taupitz, Jochen, Privatrechtliche Rechtspositionen um die Genomanalyse – Eigentum, Persönlichkeit, Leistung, JZ 1992, 1089–1099.

Taupitz, Jochen, Der deliktische Schutz des menschlichen Körpers und seiner Teile, NJW 1995, 745–752.

Taupitz, Jochen, Import embryonaler Stammzellen, Konsequenzen des Bundestagsbeschlusses vom 31.01.2001, ZRP 2002, 111–115.

Taupitz, Jochen/Schlüter, Julia, Heterologe künstliche Befruchtung: Die Absicherung des Samenspenders gegen unterhalts- und erbrechtliche Ansprüche des Kindes, AcP 205, 591–644 (2005).

Taupitz, Jochen/Geisthövel, F./Coester-Waltjen, Dagmar/Frister, H./Frommel, M./Gerke, S./Hermes, B./Hufen, F./Beier, H.M./Thaler, C./Ochsner, A., V. Mannheimer Workshop zur Fortpflanzungsmedizin: Ein juristischer Diskurs zur Präimplantationsdiagnostik und Embryospende auf der Basis neuerer reproduktionsbiologischer Prämissen, Journal für Reproduktionsmedizin und Endokrinologie 2015; 12 (2), 42–56.

Taupitz, Jochen/Hermes, Benjamin, Embryonenschutzgesetz: „Dreierregel" oder „Deutscher Mittelweg"?, Der Gynäkologe 2015, 169–174.

Taupitz, Jochen/Hermes, Benjamin, Eizellspende verboten – Embryonenspende erlaubt?, NJW 2015, 1802–1807.

Taupitz, Jochen/Theodoridis, Athina/, Kentenich, Heribert, Auswirkungen des Samenspenderregistergesetzes auf die Entnahmeeinrichtungen und die Einrichtungen der medizinischen Versorgung, Journal für Reproduktionsmedizin und Endokrinologie 2018, 15 (4), 174–179.

Taupitz, Jochen/Theodoridis, Athina, Das Gesetz zur Regelung des Rechts auf Kenntnis der eigenen Abstammung bei heterologer Verwendung von Samen, MedR 2018, 457–466.

Taupitz, Jochen, Verbot der Eizellspende – „modern" interpretiert?, NJW 2019, 337–340.

Taupitz, Jochen, 2-PN-Spende nicht strafbar – „Kuckucksei" für die Fortpflanzungsmedizin?, Journal für Reproduktionsmedizin und Endokrinologie 2019; 16 (2), 74–78.

Taupitz, Jochen, Assistierte Befruchtung bei homosexuellen Paaren und alleinstehenden Frauen, NJW 2021, 1430–1434.

Thorn, Petra, Gametenspende und Kindeswohl – Entwicklungen in Deutschland und in der internationalen Fortpflanzungsmedizin, Hessisches Ärzteblatt 2006, 173–175.

Thorn, Petra/Hilbig-Lugani, Katharina/Wischmann, Tewes, Mein, dein, unser Embryo. Psychologische und rechtliche Aspekte bei der Familienbildung mit Embryonen Anderer, Gynäkologische Endokrinologie 2017, 73–76.

Tindale, Christopher W., Totipotency and the value of embryonic cells, The Journal of Value Inquiry (28) 1994, 519–528.

Trotnow, Siegfried/Coester-Waltjen, Dagmar, Möglichkeiten, Gefahren und rechtliche Schranken befruchtungstechnischer und gentechnischer Eingriffe unter besonderer Berücksichtigung des Entwurfs des Embryonenschutzgesetzes, Bergisch Gladbach 1990. Zitiert als: „Möglichkeiten, Gefahren und rechtliche Schranken befruchtungstechnischer und gentechnischer Eingriffe".

Trounson, A./Kirby, C., Problems in the cryopreservation of unfertilized eggs by slow cooling in dimethyl sulfoxide, Journal of Fertility and Sterility 1989, S. 778–786.

Velte, Gianna, Die postmortale Befruchtung im deutschen und spanischen Recht, Berlin 2015, zugl. Univ. Diss., Bonn 2014. Zitiert als „Die postmortale Befruchtung".

Voss, Solvejg Sonja, Leihmutterschaft in Deutschland, Hamburg 2015, zugl. Univ. Diss., Erlangen-Nürnberg 2015.

Vossler, Norbert, Kinderrechteverbesserungsgesetz in Kraft getreten, FamRB 2002, 159–160.

Wagner, Anna-Katharina, Die Fortpflanzungsmedizin auf dem Prüfstand der europäischen Dienstleistungsfreiheit, Berlin 2018, zugl. Univ. Diss., Bremen 2017.

Walker, David L./Tummon, Ian S./Hammit, Diane G./Session, Donna R./Dumesic, Daniel A./Thornhill, Alan R., Vitrification versus programmable rate freezing of late stage murine embryos: a randomized comparison prior to application in clinical IVF, Reproductive Biomedicine Online 2004, Vol. 8, No. 5, S. 558–568.

Wanitzek, Ulrike, Ergänzungen des Abstammungsrechts durch das Kinderrechteverbesserungsgesetz, FamRZ 2003, 730–736.

Wapler, Friederike, Reproduktive Autonomie und ihre Grenzen – Leihmutterschaft aus verfassungsrechtlicher Perspektive (S. 107–147), in: Schramm, Edward/Wermke, Michael (Hrsg.), Leihmutterschaft und Familie. Impulse aus Recht, Theologie und Medizin, Berlin 2018.

Wasserburg, Klaus/Meller, Laura, Rechtsprechungsübersicht zum Arztstrafrecht – Teil 3/3, NStZ 2018, 640–647.

Wehrstedt, Stefan, Notarielle Vereinbarungen anlässlich einer künstlichen Befruchtung, RNotZ 2005, 109–117.

Wehrstedt, Stefan, Das neue Samenspenderregister und die Auswirkungen auf notarielle Beurkundungen anlässlich einer heterologen Insemination, MittBayNot 2019, 122–127.

Wellenhofer, Marina, Die Samenspende und ihre (späten) Folgen, FamRZ 2013, 825–830.

Wessels, Johannes (Begr.)/Beulke, Werner/Satzger, Helmut (Fortgef.), Strafrecht, Allgemeiner Teil. Die Straftat und ihr Aufbau, 52. Aufl., Heidelberg 2022. Zitiert als: „Strafrecht, Allgemeiner Teil".

Wilms, Tobias, Die künstliche Befruchtung in der notariellen Beratung, RNotZ 2012, 141–158.

Wisser, Josef, Daten der embryonalen Frühentwicklung beim Menschen (S. 26–33), in: Beckmann, Rainer/Löhr, Mechthild (Hrsg.), Der Status des Embryos. Medizin – Ethik – Recht, 1. Aufl., Würzburg 2003.

Wohn, Annette; Medizinische Reproduktionstechniken und das neue Abstammungsrecht, Bielefeld 2001, zugl. Univ. Diss., Würzburg 1999–2000.

Wolf, Ernst/Naujoks, Hans, Anfang und Ende der Rechtsfähigkeit des Menschen, Frankfurt a.M. 1955.

Wolff v., M./Strowitzki, T., Fertilitätsprotektion. Eine multidisziplinare Herausforderung, Gynäkologische Endokrinologie 2006, 189–196.

Wolff v., M., „Social freezing". Sinn oder Unsinn? Gynäkologische Endokrinologie 2013, 222–224.

Wuermeling, Hans-Bernhard, Randerscheinung bei assistierter Fortpflanzung: Schwund der Gleichzeitigkeit der Beteiligten, (S. 278–285), in: Flöhl, Rainer (Hrsg.), Gentechnologie, Chancen und Risiken, 3. Genforschung – Fluch oder Segen?, München 1985.

Zierl, Gerhard, Zivilrechtliche Aspekte artifizieller Reproduktion, DRiZ 1986, 302–307.

Zimmermann, Roland, Reproduktionsmedizin und Gesetzgebung, Berlin 2011, zugl. Univ. Diss., Würzburg 2011.

Zypries, Brigitte/Zeeb, Monika, Samenspende und das Recht auf Kenntnis der eigenen Abstammung, ZRP 2014, 54–57.

www.ingramcontent.com/pod-product-compliance
Ingram Content Group UK Ltd.
Pitfield, Milton Keynes, MK11 3LW, UK
UKHW021923290926
8980IPUK00016B/1431

9 783631 905630